중학교

국어 3-1 자습서

이삼형 교과서편

새로운 길

윤동주

내를 건너서 숲으로
고개를 넘어서 마을로

어제도 가고 오늘도 갈
나의 길 새로운 길

민들레가 피고 까치가 날고
아가씨가 지나고 바람이 일고

나의 길은 언제나 새로운 길
오늘도… 내일도…

내를 건너서 숲으로
고개를 넘어서 마을로

이 책으로 공부하는 학생들에게

사랑하는 친구들

새로운 마음으로 한 학기를 시작하고 있겠구나.

또다시 시작된 공부의 길~ 포기하고 싶은 유혹이 들 때가 한두 번이 아닐 거야. 그렇지만 여기서 멈출 순 없지.

나의 길은 아직 시작도 되지 않았고, 나의 꿈은 원대하거든.

스스로 자, 익힐 습, 글 서……. 스스로 익히는 책!

하이라이트 자습서!

친절한 핵심 강의를 통해 내용을 이해하고 단계적으로 문제를 풀다 보면 스스로가 주인공이 되어 즐겁게 공부하는 자신의 모습을 만날 수 있을 거야.

언제나 너희가 꽃길을 만들어 나가는 데 든든한 공부의 동반자가 되어 줄게. 같이 떠나 보자고~

구성과 특징

갈래 특강

▶ 각 소단원에서 공부하게 될 갈래별 이론을 정리하여 확인 문제로 핵심 내용을 점검할 수 있도록 하였습니다.

대단원을 펼치며

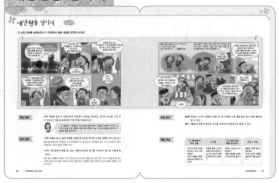

▶ 도입 만화를 통해 대단원에서 공부할 내용을 미리 살펴볼 수 있도록 하였습니다.

소단원 도입

▶ 소단원에서 배워야 할 학습 요소, 핵심 개념을 제시하여 소단원에서 공부할 내용을 미리 살펴볼 수 있도록 하였습니다.

소단원 본문 학습

▶ 교과서 내용을 꼼꼼히 분석하여 제시하고 이를 문제로 확인할 수 있도록 하였습니다.
'찬찬샘 핵심 강의'를 통해 스스로 교과서 본문 내용을 이해할 수 있도록 하였습니다.

학습 활동

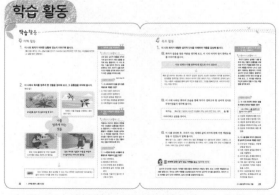

▶ '지학이가 도와줄게'와 같은 팁을 제시하고 예시 답을 자세하게 수록하여 교과서 학습 활동을 스스로 학습할 수 있도록 하였습니다.

소단원 콕! 짚고 가기

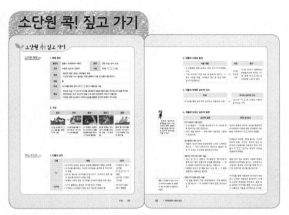

▶ 소단원에 제시된 작품의 핵심 내용과 주요 개념을 일목요연하게 정리하여 주요 내용을 점검할 수 있도록 하였습니다.

소단원 나의 실력 다지기

▶ 소단원에서 꼭 알아야 할 유형의 문제를 출제하여 자신의 실력을 평가할 수 있도록 하였습니다.

단원+단원 / 대단원을 닫으며

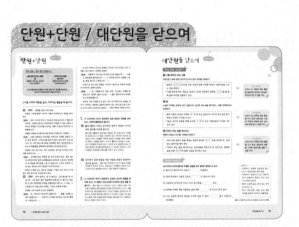

▶ 단원의 내용을 간략하게 정리하여 자신의 실력을 점검할 수 있도록 하였습니다.

대단원 평가 대비하기

▶ 시험에 꼭 나올 만한 문제를 선별하여 문제화함으로써 대단원에서 배운 내용들을 점검하고 학교 시험에 효과적으로 대비할 수 있도록 하였습니다.

정답과 해설

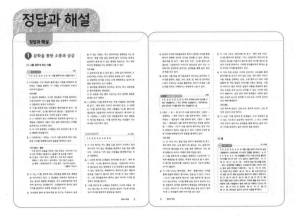

▶ 상세한 해설과 함께 '오답 해설'을 제시하여 동일한 유형의 문제를 반복하여 틀리는 일이 없도록 하였습니다.

이 책의 차례

갈래 특강   8

1 문학을 통한 소통과 공감

(1) 나를 멈추게 하는 것들 _ 반칠환   18

(2) 별 _ 알퐁스 도데 지음 / 임희근 옮김   30

(3) 자연이 하는 말을 받아쓰다 _ 김용택   56

● 대단원 평가 대비하기   80

2 좋은 글, 바른 문장

(1) 문제 해결 과정으로서의 쓰기   94

(2) 문장의 짜임과 양상   114

● 대단원 평가 대비하기   132

3 전략적으로 읽고 논리적으로 쓰기

(1) 모두를 위한 디자인 _ 김신   142

  ● 한 학기 한 권 읽기   154

(2) 주장하는 글 쓰기   168

● 대단원 평가 대비하기   185

4 문학 속의 세상

(1) 천만리 머나먼 길에 _ 왕방연   196

(2) 수난이대 _ 하근찬   206

(3) 성북동 비둘기 _ 김광섭   238

● 대단원 평가 대비하기   250

5 비판적인 읽기와 듣기

(1) 디지털 치매, 걱정할 일 아니다 _ 이준기   266

(2) 비판적으로 분석하며 듣기   284

● 대단원 평가 대비하기   301

정답과 해설

교과서 갈래 특강

1 시

● 시의 화자

- 시에서 말하는 이, 시인이 자신의 생각과 느낌을 효과적으로 드러내기 위하여 시 속에 내세우는 인물을 시의 화자라고 한다.
- 시에서 화자가 놓인 상황을 시적 상황이라 하는데, 화자의 내면이 처한 상황을 내적 상황이라 하고 화자를 둘러싼 사회적·시대적 상황을 외적 상황이라 한다.

● 시의 형상성

- 시는 마음속에 떠오르는 그림을 언어로 구체화하여 표현하는데, 이를 심상 또는 시의 이미지라고 한다.
- 화자의 정서와 태도를 선명하게 감각적으로 형상화하여 드러내려는 의도로 많이 쓰인다.

- 시각적 심상: 눈으로 모양이나 빛깔, 움직임 등을 보는 듯한 느낌
- 청각적 심상: 귀로 소리를 듣는 듯한 느낌
- 후각적 심상: 코로 냄새를 맡는 듯한 느낌
- 미각적 심상: 혀로 맛을 보는 듯한 느낌
- 촉각적 심상: 차가움, 따뜻함 등의 감촉이나 온도 등이 피부에 닿는 듯한 느낌
- 공감각적 심상: 하나의 감각을 다른 감각으로 옮겨서 표현하여 둘 이상의 감각을 동시에 떠오르게 하는 심상

● 시의 감상과 관점

시는 작가가 창작한 작품을 독자와 소통하는 매개체이다. 따라서 작가는 시를 통해 자신의 생각이나 의도를 표현하고, 독자는 이를 관점에 따라 감상하게 된다.

- 내재적 관점은 시의 내용과 형식 및 표현 요소를 중심으로 작품을 감상하는 관점으로, 작가보다는 작품 속의 화자에 초점을 맞추어 정서와 태도, 어조 등을 파악한다.
- 외재적 관점은 작품의 외적 요소들, 즉 '작품에 반영된 현실', '작가', '독자'와 연관시켜 작품을 수용하고 감상한다.

- 표현론적 관점: 작품과 작가와의 관련성을 중시하며, 작가의 삶이나 창작 의도 등과 관련하여 작품을 감상함.
- 반영론적 관점: 작품과 현실 세계와의 관련성을 중시하며, 작품이 쓰인 당대 상황이나 배경과 관련하여 작품을 감상함.
- 효용론적 관점: 작품과 그 작품을 감상하는 독자와의 관련성을 중시하며, 독자가 작품에서 받는 교훈, 감동, 흥미 등에 주목하여 작품을 감상함.

---

2 시조

● 시조의 뜻

고려 말기부터 발달하여 온 우리나라 고유의 정형시이다.

● 시조의 특징

일반적으로 3장 6구 45자 내외로 이루어지며, 각 장은 3(4)·4조, 4음보의 율격을 지닌다. 종장의 첫 음보는 3음절로 고정되어 있다.

동기로∨세 몸 되어∨한 몸같이∨지내다가∨ ← 초장
음보

두 아운∨어디 가서∨돌아올 줄∨모르는고∨ ← 중장
구

날마다∨석양 문외에∨한숨 겨워∨하노라∨ ← 종장
글자 수 고정(3음절)

　　　　　　　　　　　　　　　　　　－ 박인로, 「오륜가」

● 시조의 종류

형식에 따라	평시조	3장 6구 4음보의 기본 형태를 가진 시조로, 단시조 또는 단형시조라고도 함.
	엇시조	평시조의 초장이나 중장 가운데 어느 한 장이 평시조보다 1음보 정도 더 길어진 시조. 평시조와 사설시조의 중간 형태임.
	사설시조	일반적으로 초장·중장이 제한 없이 길며, 종장은 첫 3음절을 제외하고 길어진 시조.
길이에 따라	단시조	한 수의 평시조로만 이루어진 시조
	연시조	윤선도의 「오우가」, 정철의 「훈민가」, 이황의 「도산십이곡」 등과 같이 두 개 이상의 평시조가 하나의 제목으로 엮어져 있는 시조

● 시조의 상징적 의미

• 시조는 3장의 간결한 짜임만으로 구조적 안정성을 유지하며 서정적 완결성을 이루어야 하므로, 비유적·상징적으로 절제된 형태로 표현되고 있다.

대표 어휘 예시	상징적 의미
해, 명월(달)	임금
구름, 까마귀	간신
대나무, 소나무, 매화, 국화	충신, 절개
눈, 바람, 서리	부정적 현실(시련)

• 시어의 상징적 의미는 시어가 가진 지시적 의미에 느낌이나 분위기, 작자의 생각 등이 추가되어 시의 문맥 속에서 '새롭게 형성된 의미'로서 문맥에 따라 구체화된다. 따라서 동일한 시어가 사용되었다 하더라도 시의 문맥에 따라 서로 다른 상징적 의미를 지닐 수 있다.

---

3 소설

● 소설의 인물

- 소설 속 상황에서 대화와 행동 등을 통해 어떤 역할을 하는 사람, 소설의 주제를 구현하는 데 핵심적 역할을 한다.
- 소설에서 인물은 단순히 한 사람으로 등장하는 것이 아니라 그만의 고유한 성격을 표출한다.

역할에 따라	• 주동 인물: 사건을 이끌어 가는 중심 인물로, 사건의 주체가 되는 인물 • 반동 인물: 주인공의 행위나 의지에 대립하여 갈등을 유발하는 인물
성격 변화 에 따라	• 평면적 인물: 인물의 성격이 처음부터 끝까지 변하지 않는 인물 • 입체적 인물: 환경, 작품 전개에 따라 성격의 변화를 보이는 인물
대표성에 따라	• 전형적 인물: 어떤 특정 사회 집단이나 계층을 대표하는 인물 • 개성적 인물: 독특한 자기만의 개성을 지닌 독자적인 인물
중요 정도 에 따라	• 중심 인물: 주인공 또는 주인공에 버금가는 중심적인 인물 • 주변 인물: 주인공 이외 부수적인 인물로, 중심 인물 주변에서 사건 진행을 도움.

- 작가는 소설 속에서 직접적 또는 간접적인 제시 방식을 사용하여 인물을 제시한다.

직접적 제시(말하기 방식)	간접적 제시(보여 주기 방식)
• 분석적, 해설적 • 설명 위주(서사, 서술) • 서술자가 인물의 특성을 직접적으로 설명함. • 작가의 견해를 나타내는 데 알맞음. • 서술 시간이 절약되지만, 인물 제시가 추상적	• 극적, 장면적 • 묘사 위주(행동, 대화, 장면 묘사) • 인물의 성격이 언어와 행동을 통해 드러냄. • 작가의 견해를 나타내기 어려움. • 인물을 생생하게 묘사하여 독자 참여가 가능

● 소설의 배경

- 소설 속 사건이나 인물을 둘러싼 시대적 · 사회적 환경이나 장소를 말한다.
- 현장감을 유발하고 주제를 뒷받침하며, 그 자체로 상징적 의미를 나타내기도 한다.
- 인물의 행동과 사건 전개의 기본적인 제약 조건이 되고, 주로 묘사로 이루어지는데 일정한 분위기와 정조(情調, 감각적 감정)를 조성한다.

● 소설의 사건과 갈등

- 사건은 소설 속 인물들이 벌이는 이야기로, 개별적인 사건들은 인과 관계에 따라 결합되기도 한다. 이때 암시나 복선 등을 활용하여 인과성과 필연성이 부여한다.
- 갈등은 소설 속에서 발생하는 대립과 충돌을 말하며, 글의 전개에 긴장감을 주는 역할을 한다.

내적 갈등	한 인물이 겪는 고민, 근심, 불안, 방황, 망설임, 분노 등
외적 갈등	• 개인 대 개인의 갈등: 서로 다른 가치관을 가진 인물들 사이의 갈등 • 개인 대 자연의 갈등: 한 인물이 자연환경과 부딪쳐 싸우며 겪게 되는 갈등 • 개인 대 사회의 갈등: 인물이 자신이 속한 사회의 제도나 규칙 등에 의해 겪게 되는 갈등 • 개인 대 운명의 갈등: 타고난 자신의 운명에 의해 발생되는 상황에서 겪게 되는 갈등

: 확인 문제

1. 다음 설명이 맞으면 ○표, 틀리면 ×표를 하시오.
(1) 사건의 주체가 되며, 사건을 이끌어 가는 인물은 주동 인물이다. (　　)
(2) 사건의 진행에 따라 성격이 변하는 인물은 평면적 인물이다. (　　)

2. 다음 괄호 안에서 알맞은 말을 고르시오.
(1) 소설에서 인물을 행동, 대화, 장면 묘사 등 묘사를 위주로 드러내는 것은 (직접적, 간접적) 제시 방식이다.
(2) 소설의 (인물, 배경, 사건)은 소설 속 이야기가 일어나는 구체적인 시간과 장소를 말하며 현장감을 유발하고 주제를 뒷받침한다.

3. 〈보기〉에 드러난 갈등 양상으로 적절한 것은?

┤보기├
"그럼 돈만 이리 내."
하고 턱밑에 손을 내민다.
"정말 없대두 그래."
수만이는 내밀었던 손으로 대뜸 멱살을 잡는다.
"이게 그래두 느물대거든."
– 현덕, 「하늘은 맑건만」에서

① 내적 갈등
② 개인 대 개인의 갈등
③ 개인 대 자연의 갈등
④ 개인 대 사회의 갈등
⑤ 개인 대 운명의 갈등

정답: 1. (1) ○ (2) × 2. (1) 간접적
(2) 배경 3. ②

4 강연

● 강연의 뜻
청중 앞에서 일정한 주제에 대하여 체계적으로 설명하는 말하기의 하나이다.

● 강연의 특징
• 청중의 규모가 다양하며, 다양한 소재를 다룬다.
• 강연자는 청중의 흥미를 유발하는 표현 전략을 구사한다.
• 청중과 상호 작용을 하기도 하지만 대체로 강연자의 일방적인 말하기가 중심이 된다.
• 청중이 강연 내용 중 이해하지 못한 점이나 궁금한 점은 강연이 끝난 후 질의응답 시간에 질문할 수 있다.

● 강연의 구성 단계
도입	주제와 관련된 흥미 있는 말로 청중의 주의를 집중시키고, 강연 주제를 소개한다.
전개	청중의 심리를 유도하면서 주제의 구체적인 내용을 전달한다.
마무리	내용을 요약하고 강조하여 설명하거나 주장하는 바를 종합적으로 정리한다.

● 강연을 할 때 고려할 사항
청중	청중의 사전 지식, 강연 주제와 청중의 관련성, 청중의 관심과 요구를 분석해야 한다.
시간	강연이 이루어지는 시간과 청중의 집중도를 고려하여 강연자가 강연 길이를 조절한다.
장소	• 강연 장소를 고려해 청중의 시선을 유도한다. • 강연 장소에 맞게 목소리의 높낮이를 조절한다.

● 강연을 듣는 방법
• 강연 주제나 목적을 명확하게 파악하며 듣는다.
• 강연 내용을 사실과 의견, 주장과 근거, 원리와 사례 등으로 구분하며 듣는다.
• 강연 내용의 타당성과 신뢰성을 판단하며 듣는다.

타당성	주장과 근거가 이치에 맞고 합리적인 것
신뢰성	근거로 든 정보나 자료가 믿을 만한 것

• 강연 내용 중 이해하지 못한 점과 궁금한 점을 기록하며 듣는다.
• 새롭게 알게 된 사실이나 기억하고 싶은 내용을 메모하며 듣는다.

● 강연을 듣고 질문할 때의 유의 사항
• 강연 주제와 밀접한 내용으로 질문한다.
• 청중이 모두 관심을 가질 만한 내용으로 질문한다.
• 강연 내용 중 이해가 안 되는 것, 자신의 생각과 다른 것 등을 질문할 수 있다.

확인 문제

1. 강연은 강연자와 청중이 어떤 문제에 대하여 협의하는 말하기의 하나이다. (○, ×)

2. 강연에 대한 이해로 적절하지 않은 것은?
① 말하기·듣기 활동에 해당해.
② 쉽고 간결한 문장을 구사해야 해.
③ 강연자는 현장감 넘치는 표현을 사용하는 게 좋아.
④ 청중은 필요한 내용을 메모하며 듣는 게 필요해.
⑤ 강연을 들으며 의문이 드는 점은 그때그때 질문해야 돼.

3. 〈보기〉에서 설명하고 있는 강연의 구성 단계를 쓰시오.
┤보기├
청중의 주의를 집중시키기 위해 주제와 관련된 흥미 있는 말을 한다.

4. 다음 빈칸에 알맞은 말을 쓰시오.
(1) 강연을 하기 전에 청중의 □□ 지식, 관련성, 관심과 요구 등을 분석해야 한다.
(2) 강연을 들을 때에는 그 내용을 사실과 의견, 주장과 □□, 원리와 사례 등으로 구분하면서 들어야 한다.

정답: 1. × 2. ⑤ 3. 도입 4. (1) 사전 (2) 근거

5 설명하는 글

● 설명하는 글의 특성

사실성	정확한 지식이나 정보를 사실에 근거하여 전달함.
객관성	글쓴이의 주관적 의견 없이 객관적인 입장에서 내용을 전달함.
명확성	독자에게 뜻이 분명하게 전달되도록 정확한 용어를 사용함.
평이성	알기 쉬운 어휘와 문장으로 간결하고 쉽게 설명함.
체계성	일정한 순서에 따라 짜임새 있게 체계적으로 내용을 전개함.

● 설명하는 글의 구성

처음(머리말)		중간(본문)		끝(맺음말)
글을 쓰게 된 동기 · 목적 · 설명 대상 등을 소개함.	▶	설명 대상을 사용하여 대상을 구체적으로 설명함.	▶	설명 내용을 요약 · 정리하여 마무리함.

● 설명하는 글을 읽는 방법

예측하며 읽기	• 배경지식, 읽기 맥락 등을 활용하며 읽기 • 읽기 과정에 따라 예측하며 읽기	
	읽기 전	제목이나 표지, 글쓴이 정보, 독자의 배경지식 등을 바탕으로 질문을 만듦.
	읽기 중	글의 내용을 더욱 깊이 이해하는 데 도움이 될 만한 질문을 만듦.
	읽기 후	글의 주제와 글쓴이의 의도, 글이 소통되는 맥락 등과 관련한 질문을 만듦.
요약하며 읽기	• 읽기 목적을 고려하여 요약하며 읽기(선택하기, 삭제하기, 일반화하기, 재구성하기) • 글의 특성을 고려하여 요약하며 읽기 　– 글쓴이가 설명하는 대상이 무엇인지 파악하기 　– 글에 사용된 설명 방식, 글의 짜임, 글을 쓴 목적과 의도 등을 파악하기 　– 문단의 연결 관계에 유의하면서 문단의 중심 내용 간추리기	

● 설명 방법

정의	어떤 사물이나 용어의 뜻을 명확하게 밝혀 주는 설명 방법. 대개 '무엇은 무엇이다.'의 형태로 이루어짐.
분류, 구분	어떤 대상에 속하는 것들을 일정한 기준에 따라 종류별로 묶어서 설명하는 방법
예시	어떤 대상에 대한 구체적인 예를 들어 설명하는 방법
비교	둘 이상의 대상을 견주어 서로 간 유사점 등을 들어 설명하는 방법
대조	둘 이상인 대상의 내용을 맞대어 같고 다름을 설명하는 방법
분석	하나의 대상을 구성 요소로 나누어 설명하는 방법
인용	다른 사람의 말이나 글을 빌려 자신의 말이나 글 속에 끌어 쓰는 방법
인과	대상이나 사건의 원인과 결과를 밝혀 설명하는 방법

: 확인 문제

1. 다음 빈칸에 알맞은 말을 쓰시오.
(1) 설명하는 글의 목적은 □□ 전달이다.
(2) 설명하는 글의 구성에서 □□ 부분에는 설명하고자 하는 대상을 제시하고 있다.
(3) 읽기 과정 중 글의 내용을 더욱 깊이 이해하는 데 도움이 될 만한 질문을 만드는 것은 '읽기 □' 단계이다.

2. 설명하는 글에 대한 특성으로 적절하지 않은 것은?
① 간결하고 정확하게 표현한다.
② 글쓴이의 주관적인 견해를 전달한다.
③ 정확한 사실에 근거한 정보를 전달한다.
④ 순서에 따라 체계적으로 내용을 전달한다.
⑤ 독자가 잘 이해할 수 있는 표현을 사용한다.

3. 다음 글에 사용된 설명 방법을 〈보기〉에서 찾아 쓰시오.

| 보기 |
정의, 비교, 대조, 분석, 인과

(1) 시는 마음속에 떠오르는 생각이나 느낌을 운율이 있는 언어로 압축하여 표현한 글이다.
(　　)
(2) 시는 운문 문학이고, 소설은 산문 문학이다. (　　)
(3) 곤충의 몸은 머리, 가슴, 배의 세 부분으로 이루어져 있다.
(　　)

정답: 1. (1) 정보 (2) 처음 (3) 중
2. ② 3. (1) 정의 (2) 대조 (3) 분석

6 주장하는 글

● 주장하는 글의 뜻

독자를 설득하기 위한 목적으로 타당한 근거를 들어 주장이나 의견을 내세우는 글이다.

● 주장하는 글의 특성

설득성	독자를 설득하는 것을 목적으로 함.
주관성	글쓴이의 주관적인 생각(주장)과 의견이 드러남.
타당성	주장을 뒷받침하는 근거는 합리적이고 타당해야 함.
명확성	사용하는 용어가 정확하고 주장과 의견이 분명해야 함.
체계성	논리의 전개가 체계적이고 짜임새 있게 이루어져야 함.

● 주장하는 글의 구성

서론		본론		결론
• 문제 제기, 글을 쓰는 목적과 동기를 제시함. • 독자의 흥미를 유발함.	⇨	여러 가지 타당하고 객관적인 근거를 제시하여 주장이나 의견을 구체적으로 전개함.	⇨	• 주장한 내용을 간단히 요약하고 정리함. • 앞으로의 과제나 당부의 말, 전망을 제시함.

● 주장하는 글을 읽는 방법

• 글쓴이의 주장과 근거를 구분하며 읽는다.
• 글의 내용을 사실과 의견으로 구분하며 읽는다.
• 글쓴이의 주장과 자신의 생각을 비교하며 읽는다.
• 주장을 뒷받침하는 근거가 타당한지 파악하며 읽는다.
• 글의 내용이 논리적으로 일관성을 띠고 있는지 판단하며 읽는다.

● 주장하는 글을 예측하며 읽는 방법

소제목	소제목은 단락의 내용을 압축하여 나타내고 있으므로, 소제목을 통해 단락의 주제나 중심이 되는 내용을 짐작하며 읽음.
배경지식과 경험	주장하는 글은 글쓴이가 타당한 근거를 들어 주장을 펼치는 글이므로, 독자는 자신의 배경지식과 경험을 활용하여 이어질 내용을 예측하며 읽음.
글의 정보	중심 단어나 구절, 시각 자료 등을 통해 글의 내용을 이해하고, 글쓴이의 주장을 예측하며 읽음.
읽기 맥락	글의 흐름이나 글 속 상황, 글과 관련된 외적인 맥락 등을 고려하여 예측하며 읽음.

: 확인 문제

1. 다음 괄호 안에 들어갈 알맞은 말을 써 넣으시오.
(1) 글쓴이의 주장이나 의견을 논리적으로 전개하는 글을 (   )이라고 한다.
(2) 주장하는 글은 독자를 (   ) 하는 것을 목적으로 하는 글이다.

2. 다음 설명에 해당하는 주장하는 글의 특성을 〈보기〉에서 찾아 그 기호를 쓰시오.

┌ 보기 ┐
ㄱ 설득성   ㄴ 주관성
ㄷ 타당성   ㄹ 명확성
ㅁ 체계성

(1) 글쓴이의 주관적인 생각과 의견이 드러나는 특징
(2) 제시된 근거는 합리적이고 타당해야 한다는 특징

3. 다음 중 주장하는 글을 읽는 방법으로 적절하지 <u>않은</u> 것은?
① 사실과 의견을 구분하며 읽는다.
② 글쓴이의 의도를 파악하며 읽는다.
③ 글의 내용이 논리적인지 판단하며 읽는다.
④ 글의 내용이 일관성을 띠고 있는지 판단하며 읽는다.
⑤ 의견에 관한 근거가 자신의 생각과 같은지 파악하며 읽는다.

4. 다음에서 고려하고 있는 예측하며 읽는 방법을 쓰시오.

글의 흐름이나 글 속 상황, 글과 관련된 외적인 맥락 등을 고려하여 예측하며 글을 읽는 방법

정답: 1. (1) 주장하는 글 (2) 설득
2. (1) ㄴ (2) ㄷ 3. ⑤ 4. 읽기 맥락

공동체·대인 관계 역량

이 역량은 공동체의 가치와 공동체 구성원의 다양성을 존중하고 상호 협력하며 관계를 맺고 갈등을 조정할 수 있는 능력을 말해. 이 단원에서는 강연을 들으며 청중 분석의 중요성에 관해 탐구하면서 이 능력을 키워 보자.

의사소통 역량

이 역량은 음성 언어, 문자 언어, 기호와 매체 등을 활용하여 생각과 느낌, 경험을 표현하거나 이해하면서 의미를 구성하고 자아와 타인, 세계의 관계를 점검하고 조정하는 능력을 말해. 이 단원에서는 주제와 표현의 심미성을 파악하고 경험을 표현하는 활동을 하며 이 능력을 키워 보자.

1

문학을 통한
소통과 공감

(1) 나를 멈추게 하는 것들 _ 반칠환

(2) 별 _ 알퐁스 도데 지음 / 임희근 옮김

(3) 자연이 하는 말을 받아쓰다 _ 김용택

문화 향유 역량

이 역량은 다양한 문화의 아름다움과 가
치를 이해하고 자신의 것으로 만들어 수준
높은 문화를 누리고 만들 수 있는 능력을 말
해. 이 단원에서는 문학 작품에 나타나는 심
미적 인식을 이해하고 작품을 감상하면서
이 능력을 키워 보자.

대단원을 펼치며

도입과 계획

❂ 도입 만화를 살펴보면서 이 단원에서 배울 내용을 짐작해 보아요!

핵심 질문

문학 작품을 읽으며 아름다움의 측면에서 대상을 바라보는 작가의 인식을 느낀 적이 있나요? 이를 공유하려면 어떤 방법이 좋을까요?

> 이 질문은 이 단원을 이끄는 핵심 질문이란다. 작품을 감상하며 작가의 심미적 인식을 느낀 경험과 이를 다른 사람과 나눌 수 있는 방법을 생각하며 이 질문의 답을 찾아보자.

보조 질문

• 문학 작품을 읽고, 삶과 세계를 아름답게 바라본 작가의 인식을 경험한 적이 있나요?

예시 답ㅣ복효근의 「세상에서 가장 따뜻했던 저녁」을 읽고서, '붕어빵'에 담긴 친구의 따뜻한 마음이 아름답게 느껴져 감동한 경험이 있다.

• 여러 사람 앞에서 말할 때, 듣는 사람의 관심과 요구를 고려하지 않으면 어떻게 될까요?

예시 답ㅣ사람들은 대부분 자신의 관심과 요구에 맞는 말을 듣고 싶어 한다. 따라서 말을 할 때 듣는 사람의 관심과 요구를 고려하지 않으면 말을 듣는 사람들이 금방 지루해져 말의 내용에 집중하기 힘들 것이다.

학습 목표

[문학] 문학은 심미적 체험을 바탕으로 한 다양한 소통 활동임을 알고 문학 활동을 할 수 있다.

[듣기·말하기] 청중의 관심과 요구를 고려하여 효과적으로 말할 수 있다.

배울 내용

(1) 나를 멈추게 하는 것들	(2) 별	(3) 자연이 하는 말을 받아쓰다	단원 + 단원
·작가의 심미적 인식을 파악하고 삶의 의미 성찰하기 ·심미적 체험을 다양한 방법으로 표현하고 공유하기	·작품을 통해 심미적 표현의 효과 파악하기 ·삶 속의 심미적 체험을 문학적으로 표현하기	·청중의 관심과 요구 분석하기 ·청중의 특성을 고려하여 효과적으로 말하기	·청중을 고려한 말하기 효과 알기 ·작가의 심미적 체험을 중심으로 작품 감상하기

(1) 나를 멈추게 하는 것들

다음 그림을 살펴보고, 그림에 담긴 작가의 생각을 짐작해 봅시다.

본격적인 소단원 공부를 시작하기 전에 우리가 일상생활에서 경험한 심미적 체험을 떠올려 보는 활동이다.

그림은 흑백 처리가 되어 있지만, 딱 한 아이와 딱 한 사물만 색채를 입혀 강조하고 있다. 빨간 옷을 입고 볼이 분홍빛으로 물든 아이는 흑백 처리된 사람들과는 표정이 다르다. 빨간 빛깔의 예쁜 꽃을 보고 미소를 짓고 있는 아이가 어떤 생각을 하고 어떤 감정을 느끼고 있을지 생각해 보자.

그리고 그림 속 아이처럼 자신도 살아가면서 무엇인가의 아름다움을 느껴 본 경험이 있는지 떠올려 보자. 일상생활의 사소하지만 아름다운 것들에 관한 경험을 친구들과 공유하면서 삶 속의 심미적 체험에 대해 생각해 본다. 나아가 문학 작품 속에서는 이런 심미적 인식이나 체험이 어떻게 표현될지 생각해 보자.

• 그림 속 아이의 표정이 다른 사람들의 표정과 다른 까닭은 무엇일까요?

예시 답 | 다른 사람들은 모두 자신의 바쁜 일상에 쫓겨 길가에 핀 예쁜 꽃을 바라보지 못하고 있지만, 아이는 이를 발견하고 꽃의 아름다움에 감동하였기 때문에 미소를 짓고 있다.

• 주변의 사소한 대상을 보고 아름다움을 느낀 경험을 말해 봅시다.

예시 답 | 등굣길에 낮은 담장에 앉아 있는 참새들을 보고 아름답다고 생각하였다. 아침이면 뿔뿔이 흩어져 각자 자기들의 일을 하러 떠나는 인간과 달리 모두 함께 모여 같은 곳을 바라보는 모습이 새롭게 보였기 때문이다.

이 단원의 학습 요소

학습 목표 | 문학은 심미적 체험을 바탕으로 한 다양한 소통 활동임을 알고 문학 활동을 할 수 있다.

작가의 심미적 인식을 파악하고 삶의 의미 성찰하기	▶	문학 작품 속에 담긴 작가의 심미적 인식을 파악하고, 이를 바탕으로 자신의 삶을 돌아보며 삶의 의미를 성찰한다.
심미적 체험을 다양한 방법으로 표현하고 공유하기	▶	일상생활에서 경험한 심미적 체험을 다양한 방법을 활용하여 문학적으로 표현하고 친구들과 공유한다.

소단원 바탕 학습

핵심 개념 미리 보기

1. 심미적 인식과 체험

- 심미(審美): 아름다움을 살펴 찾는 것
- 심미적 인식: 대상의 가치를 아름다움의 측면에서 깨닫는 행위 또는 그러한 깨달음의 결과
- 심미적 체험: 어떤 대상을 감상하고 지각하고 느끼는 경험

2. 문학의 심미성

　문학은 아름다움을 추구하는 언어 예술이므로, 문학 작품을 수용하고 창작하는 활동을 통해 아름다움을 인식하는 능력인 심미성을 기를 수 있다.

3. 문학 작품 감상과 심미적 인식

> - 문학 작품을 감상함으로써 작가의 심미적 인식을 공유할 수 있다.
> - 작품 속에 드러난 심미적 인식을 통해 우리가 사는 세계를 깊이 있게 이해할 수 있다.

↓

> 작품에 담긴 심미적 인식을 바탕으로 한 심미적 체험을 통해 삶의 의미를 성찰할 수 있다.

4. 문학 작품을 통한 심미적 체험의 공유와 소통

작가	독자
가치 있는 경험이나 정서를 통해 얻은 인간의 삶에 대한 심미적 인식과 체험을 작품으로 표현하여 독자들과 소통하고자 함.	작품에 담긴 작가의 심미적 인식과 체험을 이해하고 공유함으로써 자신의 삶과 세계를 심미적으로 바라볼 수 있는 안목을 기름.

5. 시에 담긴 작가의 심미적 인식과 체험

내용	대상의 가치를 아름다움의 측면에서 바라보고 얻은 작가의 깨달음을 화자의 상황과 정서를 통해 드러냄.
표현	운율, 비유와 상징, 심상 등의 다양한 표현 기법을 활용하여 심미적 인식과 체험을 구체적이고 생생하게 표현하며, 언어의 아름다움을 느끼게 함.

> 예 자세히 보아야 / 예쁘다
>
> 　오래 보아야 / 사랑스럽다
>
> 　너도 그렇다.
>
> 　　　　　　　　　　　　－ 나태주, 「풀꽃 1」

└ 작고 보잘것없는 것이라도 관심을 가지고 대한다면 나름의 의미와 가치를 발견할 수 있다는 깨달음을 통해 작가가 체험한 심미적 인식을 시로 형상화하였다.

제재 훑어보기

나를 멈추게 하는 것들(반칠환)

- **해제:** 이 시는 일상의 평범하고 사소한 대상에서 발견한 가치를 통해 삶의 의미를 성찰하고 앞으로 나아가려는 화자의 모습을 형상화한 작품이다.
- **갈래:** 자유시, 서정시
- **성격:** 사색적, 성찰적
- **제재:** 나를 멈추게 하는 것들
- **주제:** 작고 나약하지만 꿋꿋이 살아가는 사물과 사람들이 주는 삶의 위안
- **특징**
  ① 중심 소재를 열거하여 화자에게 깨달음을 준 대상의 공통된 속성을 효과적으로 드러낸다.
  ② '~(하)는 ~이/가 나를 멈추게 한다'라는 문장 구조를 반복하여 운율을 형성하고 주제를 강조한다.
  ③ 시각적 심상을 활용하여 대상을 효과적으로 표현한다.

나를 멈추게 하는 것들 _반칠환

– 속도에 대한 명상 13

□ : '~(하)는 ~이/가 나를 멈추게 한다' 문장 구조의 반복 → 운율 형성, 주제 강조

㉠보도블록 틈에 핀 씀바귀꽃 한 포기가 나를 멈추게 한다

화자에게 깨달음을 준 가치 있는 존재 ①: 작고 연약하지만 생명력을 지닌 사물

→ 1연: '나'를 멈추게 하는 씀바귀꽃

어쩌다 서울 하늘을 선회하는 제비 한두 마리가 나를 멈추게 한다

화자에게 깨달음을 준 가치 있는 존재 ②: 작고 보잘것없지만 꿋꿋이 살아가는 사물

→ 2연: '나'를 멈추게 하는 제비들

육교 아래 봄볕에 탄 까만 얼굴로 도라지를 다듬는 할머니의 옆모습이 나를 멈추게 한다

화자에게 깨달음을 준 가치 있는 존재 ③: 소외된 존재이지만 굳세게 살아가는 사람

→ 3연: '나'를 멈추게 하는 노점 할머니

굽은 허리로 실업자 아들을 배웅하다 돌아서는 어머니의 뒷모습은 나를 멈추게 한다

화자에게 깨달음을 준 가치 있는 존재 ④: 평범하지만 감동을 주는 사람

→ 4연: '나'를 멈추게 하는 어느 실업자의 어머니

이 시의 화자

❶나는 언제나 나를 멈추게 한 힘으로 다시 걷는다

→ 5연: '나'를 멈추게 하는 것들의 의미

① 일상의 평범하고 사소한 대상에서 화자가 발견한 삶의 가치와 의미
② 화자에게 따뜻한 위안을 주어 화자가 다시 걷게 만드는 원동력

– 반칠환, 『뜰채로 죽은 별을 건지는 사랑』

학습 포인트

- 화자를 멈추게 한 것들의 공통점 파악하기
- 화자가 체험한 심미적 인식 파악하기

| 작가 소개: 반칠환(1964 ~)

시인. 1992년 『동아일보』 신춘문예로 등단하며 작품 활동을 시작하였다. 시집 『뜰채로 죽은 별을 건지는 사랑』, 『웃음의 힘』, 시선집 『누나야』, 시평집 『내게 가장 가까운 신, 당신』 등이 있다.

이 시의 주된 심상

- 보도블록 틈에 핀 씀바귀꽃 한 포기
- 서울 하늘을 선회하는 제비 한두 마리
- 육교 아래 봄볕에 탄 까만 얼굴로 도라지를 다듬는 할머니의 옆모습
- 굽은 허리로 실업자 아들을 배웅하다 돌아서는 어머니의 뒷모습

↓

시각적 심상

시어 풀이

- 선회하다(旋回--): 둘레를 빙글빙글 돌다.

시구 풀이

❶ 1~4연의 행위가 화자에게 어떤 의미를 지니는지 이야기하는 부분이다. 일상의 사소한 대상에서 발견한 가치가 화자를 다시 걷게 만드는 힘이라는 것을 보여 주며, 작고 나약하지만 굳세게 살아가는 주변의 사물과 사람들로부터 화자가 위안을 받았음을 알 수 있다.

찬찬샘 핵심 강의

■ 중심 소재들의 공통점

1~2연에는 '나'를 멈추게 한 사물들이, 3~4연에는 '나'를 멈추게 한 사람들이 나와 있어. 이 시의 중심 소재들은 각기 다른 존재이지만 공통점이 있어. 공통점이 무엇일까? 크고 힘센 것들, 특별하고 눈에 잘 띄는 것들이 아니라는 것 반대로 작고 약한 것들, 평범하고 보잘것없는 것들이라는 점이지. 하지만 참 굳세게 살아가는 존재들이야. 바로 이런 공통점이 화자의 발걸음을 멈춰 세운 거란다.

◆핵심 포인트◆

중심 소재	공통점
• 씀바귀꽃 한 포기 • 제비 한두 마리 • 노점 할머니 • 실업자의 어머니	우리 주위에서 흔히 발견할 수 있는 작고 연약한 대상

↓

화자에게는 삶의 의미와 가치를 전해 주는 대상들

■ 화자가 체험한 심미적 인식

'심미'라는 말을 사전에서 찾아보면 '아름다움을 살펴 찾음.'이라고 나와. 그렇다면 '심미적 인식'이란 인간을 포함한 모든 존재의 의미를 아름다움의 차원에서 받아들이고 판단하는 것이라고 할 수 있어.

이 시의 화자가 아름다움의 측면에서 바라보고 발견한 대상의 의미는 무엇일까? 화자를 '멈추게 하는 것들'이 지니는 힘은 무엇이길래 화자를 다시 걷게 하는 것일까? 화자는 어느 날 깨달았을 거야. 쉽게 볼 수 있는 평범하고 사소하고 연약하지만 꿋꿋이 살아가는 존재들을 통해, 자신이 삶의 위안을 받고 다시 살아갈 힘을 얻고 있다는 것을. 그래서 그런 심미적 인식을 우리들과 나누고 싶어서 이 시를 쓴 걸 거야.

◆핵심 포인트◆

'나는 언제나 나를 멈추게 한 힘으로 다시 걷는다.'	작고 나약하지만 굳세게 살아가는 사물과 사람들을 통해 삶의 위안과 힘을 얻고, 그것을 통해 앞으로 나아가게 되었음.

↓

일상의 사소한 대상들이 주는 삶의 위안 또는 가치를 이야기함.

콕콕 확인 문제

1. 이 시에 대한 설명으로 적절하지 <u>않은</u> 것은?
① 사색적이고 성찰적인 성격을 띠고 있다.
② 시각적 심상을 활용해 감각적으로 표현하고 있다.
③ 수미상관의 구조를 통해 화자의 정서를 강조하고 있다.
④ 중심 소재를 열거하여 주제를 효과적으로 드러내고 있다.
⑤ 화자는 일상의 경험에서 삶의 가치와 의미를 발견하고 있다.

2. 이 시에서 운율을 형성하는 요소로 적절한 것은?
① 동일한 연의 반복
② 일정한 음보의 반복
③ 일정한 글자 수의 반복
④ 의성어나 의태어의 사용
⑤ 비슷한 문장 구조의 반복

3. 이 시에 표현된 작가의 심미적 인식으로 적절한 것은?
① 헌신적인 사랑이 주는 감동
② 배려와 희생에 대한 깨달음
③ 개성적인 아름다움의 소중함
④ 고난을 극복하고자 하는 강인한 삶의 의지
⑤ 일상의 사소한 대상들에서 발견한 삶의 가치

4. ㉠과 유사한 의미를 지닌 소재로 적절한 것은?
① 동물원 우리에 갇혀 으르렁거리는 사자
② 매일 아침 낮은 담장에 앉아 지저귀는 참새
③ 세계적인 인기를 누리고 있는 유명 영화배우
④ 피나는 노력으로 큰 성공을 거둔 벤처 사업가
⑤ 꽃다발을 화려하게 장식하는 각양각색의 장미

|서술형|

5. 이 시의 중심 내용을 다음과 같이 정리할 때, 5연에 들어갈 적절한 내용을 쓰시오.

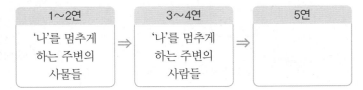

1~2연		3~4연		5연
'나'를 멈추게 하는 주변의 사물들	⇒	'나'를 멈추게 하는 주변의 사람들	⇒	

학습활동

🙂 이해 활동

1. 이 시의 화자가 어떠한 상황에 있는지 이야기해 봅시다.

    예시 답 | 화자는 어느 봄날 길을 걷다가 사소하고 일상적이지만 가치 있는 대상들을 발견하고 길을 멈춘 상황이다.

2. 이 시에서 화자를 멈추게 한 것들을 정리해 보고, 그 공통점을 파악해 봅시다.

    예시 답 |

보도블록 틈에 핀 씀바귀꽃 한 포기

어쩌다 서울 하늘을 선회하는 제비 한두 마리

> 나를
> 멈추게 하는
> 것들

육교 아래 봄볕에 탄 까만 얼굴로 도라지를 다듬는 할머니의 옆모습

굽은 허리로 실업자 아들을 배웅하다 돌아서는 어머니의 뒷모습

공통점   우리 주위에서 흔히 발견할 수 있는 작고 연약한 대상이지만 화자에게는 삶의 의미와 가치를 전해 주는 대상들이다.

1. 화자의 상황 파악하기

⭐ 지학이가 도와줄게! - 1

시에 담긴 심미적 체험을 파악하기에 앞서 화자가 처한 상황을 생각해 보는 활동이야. 이 시의 화자는 '나를 멈추게 한다'는 말을 반복하고 있어. 화자가 길을 멈추게 된 까닭을 생각해 보면서 화자가 처한 상황을 파악해 보렴.

정답과 해설 2쪽

💬 시험엔 이렇게!!

1. 이 시의 화자가 길을 걷다 멈춘 까닭으로 적절한 것은?

① 어린 시절이 생각나서
② 슬픈 감정이 밀려와서
③ 자신의 잘못을 깨달아서
④ 가치 있는 대상들을 발견해서
⑤ 사회 현실의 모순을 인식해서

2. 중심 소재들의 공통점 파악하기

⭐ 지학이가 도와줄게! - 2

작품에서 화자의 행동에 영향을 끼친 대상들의 공통점을 확인하는 활동이야. 1~4연에 제시된 사물들과 사람들의 모습을 살펴보고, 그 특징을 떠올리렴. 우리가 관심을 기울이지 않으면 일상 속에서 쉽게 지나칠 수 있는 것들이라는 점을 주목하도록 하자.

💬 시험엔 이렇게!!

2. 1~4연에 제시된 소재들의 공통점으로 적절하지 <u>않은</u> 것은?

① 작고 연약하다.
② 화려하고 뛰어나다.
③ 우리 주변에 흔히 존재한다.
④ 화자에게 삶의 의미를 전해 준다.
⑤ 관심을 기울이지 않으면 지나칠 수 있다.

목표 활동

1. 이 시의 화자가 체험한 심미적 인식을 이해하며 작품을 감상해 봅시다.

1 화자가 걸음을 멈춘 까닭을 생각해 보고, 이 시의 마지막 연이 뜻하는 바를 이야기해 봅시다.

> 나는 언제나 나를 멈추게 한 힘으로 다시 걷는다

> **예시 답 |** 화자는 평소에는 큰 의미가 없었던 일상의 사소한 대상에서 의미를 발견하여 발걸음을 멈추었을 것이다. 따라서 마지막 연은 화자가 작고 나약하지만 굳세게 살아가는 사물과 사람들을 통해 삶의 위안과 힘을 얻고, 그것을 통해 앞으로 나아가게 되었다는 뜻일 것이다.

2 이 시에 나타난 화자의 모습을 통해 작가가 전하고자 한 심미적 인식은 무엇이었을지 생각해 봅시다.

> 작가는 <u>예시 답 | 일상의 사소한 대상들이 주는 삶의 위안 또는 가치</u> 을/를
>
> 이야기하고 싶었을 것이다.

3 이 시를 감상한 후, 우리가 사는 세계와 삶의 의미에 관해 어떤 깨달음을 얻을 수 있었는지 말해 봅시다.
예시 답 | 나는 그동안 나에게 의미 없던 존재들을 다시 돌아보게 되었어. 그랬더니 모든 사물이 다시 보였어. 다 쓴 몽당연필 한 자루도 내가 그것을 쓰며 보낸 시간들을 생각하니 의미 있는 존재가 되었어.

 세계에 관한 깊이 있는 이해를 돕는 심미적 인식

> 심미적 인식이란 대상의 가치를 아름다움의 측면에서 깨닫는 행위, 또는 그러한 깨달음의 결과를 말합니다. 우리는 문학 작품을 감상함으로써 작가의 심미적 인식을 공유하고, 우리가 사는 세계를 깊이 있게 이해하며, 삶의 의미를 성찰하게 됩니다.

1. 독자와 소통하고자 한 심미적 체험 이해하기

지학이가 도와줄게! – 1

우리가 앞에서 살펴본 '나를 멈추게 하는 것들'의 공통점을 바탕으로 작가가 작품을 통해 어떤 심미적 체험을 독자와 나누고 싶었을지 이해하는 활동이야. 이러한 심미적 인식의 체험이 함축적으로 표현된 마지막 연의 의미를 생각해 보고, 그 의미를 바탕으로 자신의 삶에서 얻을 수 있는 깨달음을 생각해 보자.

시험엔 이렇게!!

3. 이 시의 마지막 연에서 밑줄 친 부분의 의미로 적절한 것은?

> 나는 언제나 나를 멈추게 한 힘으로 다시 걷는다

① 인생의 허망함에 대한 인식
② 사소한 것에서 발견한 가치
③ 세상의 원리에 대한 호기심
④ 갈등을 극복하고자 하는 노력
⑤ 일상의 무의미함에 대한 깨달음

4. 이 시를 통해 작가가 전하고자 한 심미적 인식으로 적절한 것은?

① 부모님의 아낌없는 사랑에 감동을 받는다.
② 다른 사람의 잘못을 통해 자신을 성찰한다.
③ 보이지 않는 존재를 통해 인생의 참모습을 깨닫는다.
④ 서로 돕고 살아가는 모습에서 공동체의 가치와 아름다움을 느낀다.
⑤ 작고 보잘것없지만 꿋꿋이 살아가는 존재들로부터 삶의 위안을 얻는다.

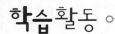

학습활동

2. 이 시는 주로 시각적 심상을 통해 화자의 심미적 체험을 드러내고 있습니다. 이어지는 활동을 바탕으로 이러한 표현의 효과를 생각해 봅시다.

1 나를 멈추게 한 일상 속의 경험을 생각해 보고, 다음 중 한 가지 심상을 골라 그 심상을 중심으로 표현해 봅시다.

청각 후각 미각 촉각

> **예** (촉각) 아침 등굣길, 얼굴에 비친 따스한 햇살이 나를 멈추게 한다.
>
> **예시 답 |** (후각) 오랜만에 할머니를 뵈러 가는 길, 들풀의 싱그러운 냄새가 나를 멈추게 하였다.

2 동일한 심상을 선택한 친구들끼리 모둠을 이뤄 서로의 경험을 나누어 보고, 그 내용을 정리해 봅시다. 예시 답 |

우리 모둠의 심상: 청각	
이름	**걸음을 멈추게 한 경험**
김〇〇	지친 하굣길, 동네 놀이터에서 들려오는 어린아이들의 까르르 웃음소리가 나를 멈추게 한다.
서〇〇	동네 천변을 산책하던 길, 이름 모를 새들이 지저귀는 다양한 소리들이 나를 멈추게 한다.
박〇〇	남자친구와의 가슴 아픈 이별 후 집으로 돌아가는 길, 어느 가게에서 흘러나오는 슬픈 노랫소리가 나를 멈추게 한다.

3 이와 같이 심상을 통해 심미적 인식을 표현한 효과를 말해 봅시다.

예시 답 | 심미적으로 인식한 내용을 심상의 방법으로 표현하니 말하고자 하는 바를 구체적이고 생생하게 느낄 수 있었다.

---

2. 심미적 체험을 문학적으로 표현하기

✹ 지학이가 도와줄게! - 2

이 시의 화자가 경험한 것처럼 자신을 멈추게 한 일상 속 경험을 돌아보면서, 경험한 심미적 체험을 문학적으로 표현해 보는 활동이야. 문학적 표현 방법 중에서 심상을 활용하여 심미적 체험을 표현해 보고, 심상을 사용했을 때의 효과를 알아보자.

➕ 보충 자료
심상
- 뜻: 시를 읽을 때 마음속에 떠오르는 감각적인 느낌이나 모습, 시적 표현을 읽고 머릿속에 떠올리는 감각적 영상
- 종류: 시각, 청각, 후각, 미각, 촉각, 공감각적 심상
- 효과: 표현하려는 내용을 구체적이고 생생하게 드러내고, 시적 분위기를 조성하며, 시어의 함축적 의미를 형성함.

✿ 시험엔 이렇게!!

5. 이 시와 같이 심상을 통해 심미적 인식을 표현한 효과로 가장 적절한 것은?

① 시상 전개를 분명하게 드러낼 수 있다.
② 시적 대상을 비판적 태도로 인식하게 한다.
③ 시를 읽을 때 노래를 부르는 것 같은 리듬감을 느끼게 한다.
④ 독자는 화자가 처한 상황을 보다 객관적으로 파악할 수 있다.
⑤ 화자가 느낀 것을 독자도 구체적이고 생생하게 느낄 수 있다.

★ 창의 · 융합 활동

함께하기 ☺☺☺

▌다음 시를 감상한 후, 이어지는 활동을 해 봅시다.

딸을 위한 시

마종하

한 시인이 어린 딸에게 말했다.

'착한 사람도, 공부 잘하는 사람도 다 말고

관찰을 잘 하는 사람이 되라고. [ ] : '–라고'를 반복
→ 운율 형성, 주제 강조

겨울 창가의 양파는 어떻게 뿌리를 내리며
관찰 대상 ① → 생명의 신비

사람들은 언제 웃고, 언제 우는지를.
관찰 대상 ② → 함께 사는 사람들에 대한 관심

『오늘은 학교에 가서
『 』: 도움이 필요한 대상을 배려하는 사람이 되기를 바라는 아버지의 따뜻한 마음이 표현됨.

도시락을 안 싸 온 아이가 누구인지 살펴서
관찰 대상 ③ → 도움이 필요한 대상에 대한 관심

함께 나누어 먹기도 하라고.』

– 마종하, 『활주로가 있는 밤』

---

1. **이 시를 감상하고, 이를 바탕으로 모둠별로 모방 시를 만들어 봅시다.**

1 이 시의 주제를 파악해 보고, 이 시를 감상한 후의 느낀 점에 관해 모둠
원들과 이야기를 나누어 봅시다.

예시 답ㅣ • 주제: 주변을 관찰하고, 도움이 필요한 대상을 배려할 줄 아는 사람이 되기
를 바라는 아버지의 마음

• 느낀 점: 자기 딸에게 관찰을 통한 관심과 배려가 아름다운 세상을 만들 것을 말하고
있는 아버지의 생각이 마음을 따뜻하게 해 줬어.

2 일상 속 주변의 모습이나 대상을 관찰한 것을 바탕으로 모둠원들과 함께
이 시의 '시인의 말'을 새롭게 만들어 봅시다.

> 한 시인이 어린 자녀에게 말했다.
>
> '착한 사람도, 공부 잘하는 사람도 다 말고
>
> 관찰을 잘 하는 사람이 되라고.
>
> 화단의 개나리는 언제 꽃을 피우고 / 친구들이 언제 기뻐하고 슬퍼하는지를.
>
> 오늘은 학교에 가서 / 손과 뺨이 차가운 친구는 없는지 살피고,
>
> 두 손을 꼭 잡아 주라고.

일상 속 주변의 모습이나 대상을 관찰하여 모방 시 짓기

◐ 활동 제재 개관

갈래: 자유시, 서정시

성격: 일상적, 교훈적

제재: 시인 아버지가 딸에게 건네는 말

주제: 주변을 관찰하고, 도움이 필요한 대상을 배려할 줄 아는 사람이 되기를 바라는 아버지의 마음

특징

① 한 시인이 딸에게 건네는 말을 독자에게 들려주듯이 표현함.

② '–라고'를 반복하여 운율을 형성하고 주제를 강조함.

③ 평이한 일상어를 사용하여 주변을 향한 관심과 타인에 관한 배려라는 보편적 가치를 감동적으로 전달함.

★ 지학이가 도와줄게! – 1

'딸을 위한 시'를 감상하고 모방 시를 짓는 활동이야. 먼저 이 작품에서 시인 아버지가 어린 딸에게 무엇을 관찰하라고 했는지를 파악하고, 이를 바탕으로 작품의 주제를 정리해 보렴. 그런 후에 이 작품을 참고하여 자신의 주변을 관심을 가지고 관찰해 보자. 그러면 평소에 그냥 지나쳤던 주변의 사물이나 사람에게서 새롭게 발견할 수 있는 의미가 보일 거야. 그것을 바탕으로 모방 시를 써 보렴.

2. 1에서 창작한 모방 시를 영상으로 표현하여 친구들과 함께 감상해 봅시다.

1 모둠별로 영상 시를 제작하기 위한 이야기판을 만들어 봅시다.

순서	장면 그림		장면 내용
1	아빠가 어린 딸 아이를 안고 이야기를 하는 모습	화면	부드럽게 미소 지은 아빠의 얼굴에서 해맑은 아이의 얼굴로 화면 전환
		소리	• 따뜻한 느낌의 노래 • 시의 1~3행 낭독
		자막	시의 1~3행 자막 제시
2	화단에 개나리꽃 몇 송이가 꽃피운 모습	화면	피어 있는 꽃에서 점점 전체 화면으로 보여 줌.
		소리	시의 4행 낭독
		자막	시의 4행 자막 제시

2 이야기판을 활용하여 영상 시를 완성한 후, 반 친구들과 함께 감상해 봅시다. **예시 답 | 생략**

활동 더 해 보기 누리 소통망(SNS)에 영상 시 올리기

심미적 체험을 영상 시로 표현하여, 누리 소통망에서 공유하는 활동을 할 수 있다. 대상에 대한 아름다움이나 추함, 숭고함, 우스꽝스러움 등의 다양한 감정을 바탕으로 일상 속 경험의 심미성을 체험하는 기회로 삼도록 하자.

일상 속 심미적 경험 떠올리기	→	심미적 경험을 짧은 글로 표현하기

| 영상 시를 제작하여 누리 소통망에 공유하기 | ← | 짧은 글에 어울리는 매체 자료 찾기 |

지학이가 도와줄게! -2

활동 1을 통해 완성한 모방 시를 영상으로 표현하는 활동이야. 먼저 시를 내용상 몇 부분으로 나눌지 정한 다음, 각 부분에 맞는 영상의 장면을 어떻게 찍을지 예상하여 대략적으로 그림을 그려야 해. 그리고 그에 맞는 촬영 방법, 배경 음악이나 효과음, 자막 등의 활용 방법을 계획하는 거야. 그렇게 완성한 영상 시를 반 친구들과 함께 감상해 보고, 친구들의 반응을 통해 자신이 전하고자 했던 심미적 체험이 제대로 전해졌는지 평가해 보면 더 좋겠지?

➕ 보충 자료
영상 시
• 뜻: 이미지, 자막, 효과음, 음악, 목소리, 동영상 플래시 등을 결합하여 영상물로 표현하는 시
• 특징
① 문자 언어로만 이루어진 시와 달리 다양한 매체 언어를 사용함.
② 시의 내용과 표현을 보다 쉽게 이해할 수 있도록 도움.
③ 다양한 시각과 관점으로 시어의 아름다움을 느끼게 함.

소단원 콕! 짚고 가기

소단원 제재

1. 제재 정리

글쓴이	반칠환(1964~)	성격	사색적, ①□□□
운율	내재율	제재	나를 멈추게 하는 것들
주제	작고 나약하지만 꿋꿋이 살아가는 사물과 사람들이 주는 삶의 위안		
특징	• 중심 소재를 나열하여 화자에게 깨달음을 준 대상의 공통된 속성을 강조함. • 문장 구조의 ②□□을/를 통해 운율을 형성하고 주제 의식을 효과적으로 드러냄. • 시각적 심상을 주로 사용하여 화자가 발견한 가치를 효과적으로 드러냄.		

2. 시의 짜임

1연	2연	3연	4연	5연
'나'를 멈추게 하는 씀바귀꽃	→ '나'를 멈추게 하는 제비들	→ '나'를 멈추게 하는 노점 할머니	→ '나'를 멈추게 하는 어느 실업자의 어머니	→ '나'를 멈추게 하는 것들의 의미

핵심 포인트

1. 화자를 멈추게 한 것들(중심 소재)의 공통점

화자를 멈추게 한 것들
• 보도블록 틈에 핀 씀바귀꽃 한 포기 • 어쩌다 서울 하늘을 선회하는 제비 한두 마리 • 육교 아래 봄볕에 탄 까만 얼굴로 도라지를 다듬는 할머니의 옆모습 • 굽은 허리로 실업자 아들을 배웅하다 돌아서는 어머니의 뒷모습

→

공통점
• 우리 주위에서 흔히 발견할 수 있는 작고 연약한 존재 • 화자에게 삶의 의미와 ③□□을/를 전해 주는 대상

2. 화자의 모습에 담긴 작가의 심미적 인식

화자의 깨달음
'나는 언제나 나를 멈추게 한 힘으로 다시 걷는다': 작고 연약하지만 굳세게 살아가는 사물과 사람들을 통해 살아갈 힘과 삶의 위안을 얻고 그것을 통해 앞으로 나아가게 됨.

→

작가의 심미적 인식
• 일상의 평범하고 사소한 대상들이 지닌 가치에 대한 깨달음 • 작고 나약하지만 꿋꿋하게 살아가는 존재들이 주는 삶의 ④□□

3. 이 시의 운율상 특징과 효과

운율상 특징
• 1~4연에서 '~(하)는 ~이/가 나를 멈추게 한다'라는 문장 구조를 반복함. • 1~5연에서 '나를 멈추게 한다(한)'라는 구절을 반복함.

→

효과
나를 멈추게 하는 것들의 공통점을 효과적으로 드러내어 화자의 ⑤□□적 인식과 체험을 인상적으로 보여 줌.

정답: 정답: ① 성찰적, ② 반복
③ 가치, ④ 위안, ⑤ 심미

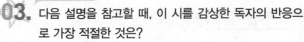
[01~05] 다음 시를 읽고, 물음에 답하시오.

보도블록 틈에 핀 ㉠씀바귀꽃 한 포기가 나를 멈추게 한다

어쩌다 서울 하늘을 선회하는 ㉡제비 한두 마리가 나를 멈추게 한다

육교 아래 봄볕에 탄 까만 얼굴로 도라지를 다듬는 ㉢할머니의 옆모습이 나를 멈추게 한다

굽은 허리로 실업자 아들을 배웅하다 돌아서는 ㉣어머니의 뒷모습은 나를 멈추게 한다

나는 언제나 나를 멈추게 한 힘으로 다시 걷는다

01. 이 시에 대한 설명으로 적절한 것은?

① 어른이 된 '나'가 과거를 회상하고 있다.

② 문장 구조를 반복하여 운율을 형성하고 있다.

③ 현재 상황에서 미래를 가정하여 시상을 전개하고 있다.

④ 부정적 대상들을 나열하여 우울한 분위기를 조성하고 있다.

⑤ 비유적 표현을 사용하여 상황을 구체적이고 생생하게 전달하고 있다.

활동 응용 문제

02. 이 시의 화자에 대한 설명으로 적절한 것은?

① 반복되는 일상에서 벗어나고 싶어 한다.

② 여행길에 우연히 얻은 깨달음을 전하고 있다.

③ 어머니와 할머니에 대한 감정을 진술하게 표현하고 있다.

④ 고향에 있는 꽃과 새와 사람들을 떠올리며 그리워하고 있다.

⑤ 어느 봄날 길을 걷다가 발견한 대상들에 대해 이야기하고 있다.

활동 응용 문제

03. 다음 설명을 참고할 때, 이 시를 감상한 독자의 반응으로 가장 적절한 것은?

> 심미적 인식이란 대상의 가치를 아름다움의 측면에서 깨닫는 행위, 또는 그러한 깨달음의 결과를 말한다. 우리는 문학 작품을 감상함으로써 작가의 심미적 인식을 공유하고, 우리가 사는 세계를 깊이 있게 이해하며, 삶의 의미를 성찰하게 된다.

① 나는 종종 불안감에 시달리는데 나만 그런 게 아니라는 것을 알고 위안을 받았어.

② 그동안 내가 관심을 갖지 않았던 존재들을 돌아보면서 그 의미를 다시 생각해 보았어.

③ 다른 사람들의 시선보다 내가 나를 어떻게 생각하느냐가 더 중요하다는 것을 알게 되었어.

④ 현실에 안주하지 않고 미래를 내다보며 앞으로 나아가는 삶의 가치에 대해 깨닫게 되었어.

⑤ 나와 함께 살아가는 사람들의 마음을 너무 외면하며 살아온 건 아닌지 나 자신을 성찰해 보았어.

04. 이 시의 주된 심상과 동일한 심상이 쓰인 예로 적절한 것은?

① 오늘따라 아침 햇살이 참 따스하다.

② 제비가 지지배배 노래 부르며 봄을 알린다.

③ 낮은 담장 위에 참새들이 나란히 앉아 있다.

④ 들판에는 들풀의 싱그러운 냄새가 가득하다.

⑤ 어린아이들의 까르르 웃음소리가 멈추지 않는다.

활동 응용 문제 | 서술형 |

05. ㉠~㉣의 공통된 특징을 〈조건〉에 맞게 두 가지 이상 쓰시오.

┤ 조건 ├

· 화자가 발견한 가치가 드러나게 쓸 것.

· '~대상들이다.'의 형태로 끝맺을 것.

심미적 체험을 바탕으로 한 문학 활동

약을 팔지 않는 약사 / 김소경

집으로 들어오는 골목 어귀에 약국이 하나 있다. 몇 년 사이에 주인이 세 번쯤 바뀌었는데, 이번에 간판을 건 사람은 꽤 오래 하고 있다. 어쩐 일인지 먼저와는 달리, 약국 안 의자에는 동네 사람들이 늘 모여 앉아 있곤 한다. 지나다 보면, 30대 중반으로 보이는 수더분한 인상의 여주인이 사람들과 얘기하는 모습이 보인다. 약국 규모도 점차 늘어 가는 듯하다.

그 자리에 처음 약국 간판을 건 사람은 중년의 여자였다. 혼자 살고 있다는 그녀는 느지막하게 약국의 문을 열었다가 저녁에는 일찌감치 닫고는 하였다. 가끔 들러 보면, 입고 있는 가운은 솔기가 너저분해 보이고, 약장 안도 제대로 정돈돼 있지 않아서 왠지 어수선했다. 지나는 말로 이사할 생각이냐고 하면, 그저 웃기만 했다. 동네 사람들은 믿음이 안 갔던지, 이 약국을 지나 한참 내려가야 하는 곳으로 약을 사러 가고는 하였다. 그러더니 어느 날, 어수선하던 약국은 문을 닫았다.

오래가지 않아서 새로운 이름을 걸고 약국의 문이 다시 열렸다. 주인은 대학을 갓 졸업한 듯싶은 자매였다. 그들은 늘 흰 가운을 단정하게 입었고, 약국 안도 깔끔하게 정돈했다. 문을 열고 들어가면 언제나 고전 음악이 잔잔하게 흘렀다. 그런데 얼마 안 가서 약국의 문은 다시 내려졌다. 아마도 동네 사람들에게는 선뜻 발을 들여놓기에 주춤거려지는 분위기였던 모양이다.

닫힌 약국의 간판 한쪽이 처진 채 계절이 지나갔다. 그러던 어느 봄날, 약국 간판이 반듯하게 다시 걸렸다. 그리고 얼마 안 가 그 안으로 동네 사람들의 발길이 잦아지는 것 같았다. 약국 안에 놓인 긴 의자는 비어 있는 날이 드물었다. 어느 때는 관절염으로 고생하고 있는 대추나무집 안노인이 앉아 있기도 하고, 때마다 낯익은 얼굴들이 보였다.

그 약국 여주인을 내가 처음 만난 것은 어느 여름날이었다. 그날, 시내에서부터 머리가 아파 집으로 오는 길에 약국에 들렀다. 반갑게 맞아 주는 그녀에게 두통약을 달라고 했더니, 좀 쉬면 괜찮아질 거라면서 찬 보리차를 꺼내 한 컵 따라 주었다. 그러면서 되도록 약은 먹지 말라고 했다. 생각지 않은 처방에 나는 잠시 그녀를 바라보았다.

약국을 나와 집으로 오는데, 더위 속에서 한 줄기 소나기를 만난 듯 심신이 상쾌해졌다. 그 후로 자연스럽게 그녀와 허물없는 이웃이 되었다.

외출을 하거나 산책을 나갈 때면 그 약국을 지나게 된다. 그럴 때마다 유리문 안으로 동네 사람들과 함께 있는 그녀를 볼 수 있다. 사람들은 약만 구하러 가는 것이 아니라 궂은일, 기쁜 일들을 털어놓는다. 그렇다고 그녀가 전문 상담역 노릇을 하는 것은 아니다. 그저 이웃의 일을 자신의 일인 듯 마음을 열고 들어 주는 것이다.

약을 팔려고 애쓰지 않는 약사, 그녀는 약으로만 병을 낫게 하는 것이 아니라, 마음으로 사람들을 치유해 주는 약사이다. 그래서 그 약국은 날로 번창하는 것 같다.

②별

다음은 어느 항공사에서 기내식과 함께 제공하는 소금 봉투에 적힌 문구입니다. 이를 바탕으로 문학적 표현의 효과에 관해 생각해 봅시다.

눈의 빛깔,
눈물의 맛.

The color of snow,
the taste of tears.

• 이렇게 열자 •

'눈의 빛깔, 눈물의 맛'을 읽어 보면서 머릿속에 감각적 심상을 떠올려 본다. 이 문구는 시나 소설의 한 구절이 아니라, 소금 봉투에 적힌 문구이다. '소금'을 '눈의 빛깔, 눈물의 맛'이라고 표현했을 때 어떤 표현 방식이 사용된 것인지 생각해 본 후, 이처럼 일상생활 속에서 쉽게 접할 수 있는 대상인 소금을 문학적으로 표현했을 때 어떤 색다른 느낌이 드는지 이야기해 본다.

그리고 '소금'처럼 우리 주변에서 흔히 볼 수 있는 사물을 비유나 상징과 같은 표현 방식을 활용하여 문학적으로 표현해 보고, 일상의 사물을 문학적으로 표현했을 때 느껴지는 아름다움을 통해 문학적 표현의 심미성에 대해 생각해 보자.

• 이러한 문구가 쓰인 소금 봉투를 본다면 어떠한 느낌이 들지 이야기해 봅시다.

예시 답 l 소금을 비유적으로 표현하여 인상 깊고, 기억에 오래 남을 것 같다.

• 일상에서 쉽게 접할 수 있는 사물 하나를 골라 문학적으로 표현해 봅시다.

예시 답 l 물안개처럼 뿌연 세상, 어느새 다가온 밝음의 미소

이 단원의 학습 요소

학습 목표 l 문학은 심미적 체험을 바탕으로 한 다양한 소통 활동임을 알고 문학 활동을 할 수 있다.

작품을 통해 심미적 표현의 효과 파악하기	▶	문학 작품 속에 나타난 다양한 표현 방식을 통해 심미적 표현을 이해하고, 그 효과를 파악한다.
삶 속의 심미적 체험을 문학적으로 표현하기	▶	자신의 삶 속에서 경험한 심미적 인식과 체험을 다양한 표현 방식을 활용하여 문학적으로 표현한다.

소단원 바탕 학습

핵심 개념 미리 보기

1. 문학 활동과 심미성

문학은 인간과 세계의 진실에 대한 심미적 인식이 형상화된 언어 예술이다.

문학 활동
작가와 독자, 독자와 독자가 인간의 삶에 관한 심미적 인식을 공유함.

⬇

세계를 깊이 있게 이해하고 삶의 의미를 성찰하는 언어 활동

2. 문학 작품에 나타난 심미성

주제의 심미성		표현의 심미성
작품의 내용적 측면에 나타난 가치 있는 경험이나 깨달음, 정서 등을 통해 이루어지는 심미적 인식과 심미적 체험	**+**	• 형식적 측면에서 느낄 수 있는 작품의 아름다움 • 주제를 드러내는 창의적 표현 방식을 통해 이루어지는 심미적 체험

3. 문학의 심미성과 표현의 관계

작품 창작과 표현 방법	• 문학의 표현 방법은 작가의 심미적 인식을 효과적으로 드러냄. • 문학의 표현 방법은 독자에게 작가의 의도를 전달해 주는 역할을 함.
작품 수용과 창의적 표현	• 문학의 창의적 표현 방식은 독자에게 문학 작품에 형상화된 세계의 가치와 아름다움을 만나게 해 줌. • 독자는 문학의 창의적 표현을 통해 문학 작품의 아름다움을 알아보는 심미적 감수성을 기를 수 있음.

4. 소설에 담긴 작가의 심미적 인식과 체험

내용	주요 사건과 갈등 전개 과정, 작품의 주제 의식 등을 통해 삶의 의미와 보편적 가치 및 인간의 삶과 세계에 관한 작가의 심미적 인식을 드러냄.
표현	작품의 배경이나 인물의 감정에 관한 섬세한 묘사, 소재의 함축적 의미를 드러내는 비유적·상징적 표현 등을 통해 미적 가치를 드러냄.

제재 훑어보기

별(알퐁스 도데 지음 / 임희근 옮김)

• **해제**: 이 소설은 자연에 관한 묘사, 인물의 섬세한 감정 묘사 등을 통해 양치기의 순수한 사랑을 아름답게 표현한 작품이다.
• **갈래**: 단편 소설, 순수 소설
• **시점**: 1인칭 주인공 시점
• **제재**: 별
• **주제**: 아가씨를 향한 양치기의 순수하고 아름다운 사랑
• **특징**
  ① '천상 - 지상', '별 - 인간'을 대비하여 하늘의 별과 같은 인간의 순수성을 추구한다.
  ② 전체적으로 크고 두드러진 갈등 구조 없이 잔잔하게 이야기가 흘러간다.
• **구성**

발단	'나'의 소개와 아가씨를 향한 '나'의 사랑
전개	'나'에게 음식을 가져다주러 아가씨가 산에 올라옴.
절정 1	산 아래로 내려갔던 아가씨가 강물에 흠뻑 젖은 채 다시 산으로 올라감.
절정 2	잠 못 이루는 아가씨가 모닥불 근처에 있는 '나'에게 옴.
결말	함께 별 이야기를 나누던 아가씨가 '나'의 어깨에 기대어 잠이 듦.

별 _알퐁스 도데 지음 / 임희근 옮김

– 어느 프로방스 °양치기의 이야기

□: 서술자이자 주인공 → 1인칭 주인공 시점

발단 **1** 내가 뤼브롱산에서 양을 치던 시절 이야깁니다. 『나는 몇 주 동안 내내
_{과거 회상으로 이야기를 시작함.}　　　　　　　『 ·: '나'가 외롭게 생활하고 있음을 보여 줌.
사람 하나 보지 못하고, 기르던 라브리종 개와 양들과 함께 목초지에서 지냈지
요. 어쩌다 약초를 따러 온 뤼르산의 °은둔 °수도자나 °피에몽 지방 °숯쟁이의 시
커먼 얼굴을 보는 정도였지요.』 하지만 그런 사람들은 세정 물정 모르고, 외롭게
　　　　　　　　　　　　　　　　　　　_{세상의 물정}
살다 보니 말도 없고, 말하고 싶다는 생각조차 없어져 버린 사람들인지라, 산 아
랫마을이며 도시에서 요즘 화젯거리가 무엇인지 같은 건 도무지 몰랐답니다. 그
래서 산꼭대기에 이르는 오르막길에 한 달에 두 번씩, 보름마다 먹을 것을 날라
다 주는 우리 농장 노새의 방울 소리가 들리고, 꼬마 미아로(농장의 심부름꾼 아
이)의 똘망똘망한 얼굴이나 노라드 할머니의 불그레한 °머리쓰개가 조금씩 조금
씩 모습을 드러내면 ㉠나는 정말이지 너무나 행복했습니다. 산 아랫마을 소식,
　　　　　　　　　　　　　　_{'나'의 심리를 직접 서술함.}　　　　　　교과서 날개 ②
누가 영세하고 누가 결혼하는지 얘기해 달라고 부탁해서 듣곤 했지요. 그렇지만
　　_{세례를 받고}
❶뭐니 뭐니 해도 가장 관심 있었던 일은, 우리 주인댁 따님 스테파네트 아가씨,
　　　　　　　　　　　　　　　　　　　　_{'나'가 좋아하는 사람}
근방 100리 안에서 가장 예쁜 그 아가씨 소식이었습니다. 그 얘기에 너무 관심
갖는 티는 내지 않으면서도 축제나 밤샘 파티에는 많이 가시는지, 여전히 구애하
　　　　　　　　　　_{아가씨의 근황을 알아봄. → '나'가 아가씨를 좋아하는 마음이 드러난 행동}
는 남자들이 새록새록 찾아오는지, 그런 것을 알아보았지요. 산에 사는 초라한
양치기 주제에 그런 게 무슨 상관이냐고 누가 묻는다면, 난 대답하겠어요. 그때
_{'나'의 신분과 처지가 주인댁 따님인 스테파네트 아가씨와 대조됨.}
내 나이 갓 스물이었고, 스테파네트 아가씨는 그때까지 내가 본 가장 아름다운
사람이었다고.

발단 '나'의 소개와 아가씨를 향한 '나'의 사랑

작가 소개
알퐁스 도데(1840~1897)
소설가. 풍부한 서정과 잔잔한 묘
사가 돋보이는 작가로 평가받는
다. 주요 작품으로 소설 「마지막
수업」, 「아를의 여인」 등이 있다.

읽기 중 활동

교과서 날개 ①
이 부분에서 '나'가 과거를 회
상하며 이야기를 시작한 효과
를 말해 봅시다.
→ 과거 회상의 말투를 사용하
여 실제로 자신에게 일어났던
과거의 이야기를 들려주는 듯
한 느낌과 지나간 일에 대한 애
틋한 느낌을 주는 효과가 있다.

교과서 날개 ②
아가씨를 향한 '나'의 마음은
어떠한가요?
→ '나'는 아가씨를 남몰래 좋
아하고 있다.

어휘 풀이
· 양치기: 양을 치는 일. 또는
　그런 일을 하는 사람.
· 은둔: 세상일을 피하여 숨음.
· 수도자: 1. 도를 닦는 사람. 2.
　수사 또는 수녀를 이르는 말.
· 피에몽: 알프스 산맥 주변을
　칭하는 지명.
· 숯쟁이: 숯 굽는 일을 하는
　사람을 낮잡아 이르는 말.
· 머리쓰개: 여자들이 머리 위
　에 쓰는 수건, 장옷, 너울 따
　위를 통틀어 이르는 말.

어구 풀이
❶ '나'가 스테파네트 아가씨를
남몰래 좋아하고 있음을 고백
하듯이 서술하고 있다. 아가씨
에 대한 묘사와 '나'의 행동을
통해 '나'의 감정이 드러난다.

찬찬샘 핵심 강의

■ 회상 수법의 효과

이 소설은 '내가 뤼브롱산에서 양을 치던 시절의 이야깁니다.'로 시작해. '나'가 자신의 과거를 회상하면서 그 과거의 이야기를 우리에게 들려주는 구조를 취하고 있지. 이렇게 이미 지나간 사건을 등장인물이 돌이켜 보는 방법으로 묘사하는 수법을 '회상 수법'이라고 한단다. 이런 수법을 쓰면 어떤 점이 좋을까? 실제로 자신에게 일어났던 과거의 이야기를 실감나게 들려주는 듯한 느낌을 줄 수 있어. 꾸며 낸 이야기가 아니라 사실처럼 느껴지니까 더 흥미진진하겠지. 게다가 다시는 돌아오지 않을, 이미 지나간 일이기 때문에 애틋한 느낌을 주는 효과가 있단다.

핵심 포인트

회상 수법의 효과	• 실제로 자신에게 일어났던 일인 것처럼 실감나게 이야기를 들려주는 듯한 느낌을 줌. • 지나간 일에 대한 애틋한 느낌을 줌.

■ '나'의 상황과 심리

이 소설에서 이야기를 들려주는 사람은 바로 '나'야. '나'가 자신의 과거 양치기 시절 이야기를 들려주고 있으니까, '나'가 어떤 상황에 처해 있었고 어떤 심리를 보이고 있는지 파악해야 하겠지? '나'는 양들에게 풀을 먹이기 위해 산에서 혼자 생활하면서 외로움을 느끼고 있어. 그래서 보름마다 '나'에게 먹을 것을 날라다 주는 농장 사람들이 오면 행복해하고 있어. 하지만 정말 행복한 이유는, 그들에게서 주인댁 따님인 스테파네트 아가씨에 대한 소식을 들을 수 있기 때문이야. '나'는 아가씨를 무척 좋아하고 있으니까!

핵심 포인트

'나'의 상황		심리
산에서 양을 치면서 사람들을 거의 만나지 못하고 혼자 생활함.	→	외로움
한 달에 두 번씩 꼬마 미아로나 노라드 할머니가 먹을 것을 가져옴.	→	반가움, 행복감
산 아랫마을 소식 중 스테파네트 아가씨의 근황에 가장 관심 있음.	→	아가씨를 남몰래 좋아함.

콕콕 확인 문제

1. 이 글에 대한 설명으로 적절한 것은?
① 주인공은 스테파네트 아가씨이다.
② '나'는 아직 스무 살이 되지 않은 소년이다.
③ 인물 간의 대화를 중심으로 사건이 전개된다.
④ 시대적 배경은 구체적으로 드러나 있지 않다.
⑤ 공간적 배경은 도시 주변에 위치한 농장이다.

2. '나'가 과거를 회상하며 이야기를 시작한 효과를 바르게 이해한 것은?
① 현재의 상황을 더 잘 이해할 수 있도록 도와준다.
② 지금 일어나고 있는 사건에 필연성을 부여해 준다.
③ 과거의 사건을 통해 앞으로 일어날 일을 예측하게 해 준다.
④ 실제 자신에게 일어났던 과거의 일을 들려주는 느낌이 든다.
⑤ 이미 지나간 일이기 때문에 사건을 객관적으로 바라보게 한다.

3. 〈보기〉에서 '나'가 처한 상황을 골라 바르게 묶은 것은?

> **보기**
> ㄱ. 산속에서 양을 치는 일을 하고 있다.
> ㄴ. 가끔 축제나 밤샘 파티에 참가하고 있다.
> ㄷ. 사람들을 거의 만나지 못하고 혼자 생활하고 있다.
> ㄹ. 수도자나 숯쟁이와 자주 대화를 나누며 지내고 있다.

① ㄱ, ㄴ ② ㄱ, ㄷ ③ ㄴ, ㄷ
④ ㄴ, ㄹ ⑤ ㄷ, ㄹ

4. 문맥상 '나'가 ㉠과 같이 표현한 까닭으로 가장 적절한 것은?
① 맛있는 음식을 먹을 수 있기 때문이다.
② 스테파네트 아가씨를 볼 수 있기 때문이다.
③ 부모님의 안부를 확인할 수 있기 때문이다.
④ 산 아랫마을 소식을 들을 수 있기 때문이다.
⑤ 농장 사람들과 함께 며칠을 보낼 수 있기 때문이다.

|서술형|
5. 이 글에서 〈보기〉와 같이 판단할 수 있는 근거가 되는 '나'의 행동을 찾아 한 문장으로 쓰시오.

> **보기**
> '나'는 스테파네트 아가씨를 좋아한다.

전개 **2** 『그러던 어느 일요일, 보름마다 꼬박꼬박 오는 보급품을 기다리는데, 그
_{평소와 다른 상황 → 새로운 사건 전개를 예고함.}
날따라 꽤나 시간이 가도 안 오지 뭡니까. 아침나절엔 "오늘 큰 *미사가 있어서
그럴 거야."라고 혼잣말을 했지요. 그런데 정오쯤 되니 거센 비바람이 몰아쳐서
'올라오는 길이 안 좋아져 노새가 길을 떠나지 못했겠구나.'라고 생각했죠.』그러
『 』 보급품을 전하러 오는 사람이 나타나지 않자 '나'가 불안해하며 걱정함.
다 오후 3시쯤 되니, 하늘이 환해지면서 산은 물기와 햇빛으로 반질거렸고, 나뭇
잎에서 뚝뚝 물 떨어지는 소리와 불어난 시냇물이 콸콸 흐르는 소리 틈새로 노새
방울 소리가 딸랑딸랑, 마치 부활절 날 커다랗게 울려 대는 종소리처럼 명랑하고
또렷하게 들려오더군요. ❶하지만 노새를 끌고 온 사람은 꼬마 미아로도 아니고,
교과서 날개   '나'가 좋아하는 스테파네트 아가씨
노라드 할머니도 아니고, 바로바로…… 누구였을까 맞혀 보세요! 바로 우리 아가
                                        '나'와 독자가 대화하듯 표현된 부분 ①
씨였답니다. 우리 아가씨가 몸소, *버들고리 바구니들 사이에 꼿꼿이 앉아서 산
바람과 한바탕 폭풍우로 서늘해진 공기에 얼굴이 발그레해 가지고……
                      ➔ 보급품을 직접 가지고 산으로 올라온 아가씨
3 꼬마 미아로는 아프고, 노라드 할머니는 휴가라서 자식들 집에 가셨답니다.
     스테파네트 아가씨가 직접 산으로 올라온 까닭
아름다운 스테파네트 아가씨가 노새 등에서 내리며 *죄다 말해 주었고, 오다가
길을 잃어 늦었다고도 했지요. 하지만 꽃 모양 리본을 달고, 반짝거리는 치마와
레이스 장식으로 일요일답게 치장을 한 아가씨를 보니 덤불숲에서 길을 찾느라
늦었다기보다는 어디 잔치에서 춤이라도 추다가 늦은 것 같은 모양새였지요.
스테파네트 아가씨에 대한 '나'의 감정이 직접 드러나는 표현
❷오, 귀여운 사람! ㉠눈에 넣어도 아프지 않을 것만 같더군요. 아무리 보아도 지
        관용 표현 '눈에 넣어도 아프지 않다'의 뜻
치지 않을 것만 같았죠. 내가 아가씨를 그렇게 가까이서 본 적은 그때까지 한 번
도 없었답니다. 어쩌다 양 떼들이 평지로 내려와 있는 겨울철, 내가 저녁을 먹으
러 농장 안집에 들어갈 때면 아가씨는 생기발랄하게 식당을 지나가긴 했어도 하
인들에게 말을 건네는 법이라곤 없었고, 언제나 예쁘게 꾸미고 조금은 으스대는
                      아가씨는 낮은 신분의 '나'가 가까이하기 어려운 고귀한 존재임.
모습이었거든요……. 그런 아가씨가 지금 바로 내 앞에 와 있다니, 그것도 나만
                              '나'의 심리: 자신을 위해 아가씨가 직접 산에 왔음에 감동함.
을 위해. 그야말로 정신 못 차릴 만한 일 아니었겠어요?
    '나'와 독자가 대화하듯 표현된 부분 ②   ➔ 아가씨를 직접 만나게 되어 깜짝 놀라고 설레는 '나'

읽기 중 활동

교과서 날개
'나'와 독자가 대화하듯 표현된 부분을 찾아봅시다.
→ '누구였을까 맞혀 보세요!', '그야말로 정신 못 차릴 만한 일 아니었겠어요?' 등

어휘 풀이
· 미사: 가톨릭교회에서 가장 중심이 되는 의식으로, 예수의 최후의 만찬을 기념하여 행하는 제사 의식.
· 버들고리: 키버들의 가지를 어긋나게 엮어 만든 상자.
· 죄다: 남김없이 모조리.

어구 풀이
❶ 전혀 예상하지 못한 아가씨의 등장에 깜짝 놀라면서도 기뻐하는 '나'의 모습이 표현된다. '나'는 이런 뜻밖의 사건을 독자에게 직접 이야기하듯이 생생하고 친근감 있게 전달하고 있다.
❷ 아가씨를 좋아하는 '나'의 감정이 직접적으로 드러나는 부분이다. 평소에 다가설 수 없던 아가씨를 직접 만나게 되어 설레는 감정을 감추지 못하는 '나'의 모습이 생생하게 그려져 있다.

■ 아가씨에 대한 '나'의 감정

2에서는 특별한 사건이 일어나. 보급품을 날라다 주는 사람이 평소와는 다른 인물, 바로 '나'가 좋아하는 스테파네트 아가씨라는 것! '나'는 예상치 못한 상황에 깜짝 놀라면서도 설레는 마음을 감추지 못하고 있어. **3**에서 아가씨를 '오, 귀여운 사람!'이라고 감탄하며 지칭하고, 눈에 넣어도 아프지 않을 것 같다고 말하는 것에서 '나'가 아가씨를 얼마나 좋아하는지 알 수 있어. 또 아가씨가 자신에게 먹을 것을 가져다주기 위해 왔다는 사실에 감동하고 있지. 이제 '나'가 얼마나 행복해하는지 알 수 있겠지?

▶핵심 포인트◀

- 아가씨에 대해 '오, 귀여운 사람!'이라고 감탄함.
- 아가씨를 '눈에 넣어도 아프지 않을 것만 같은' 사람이라고 표현함.
- 아가씨가 먹을 것을 가지고 오자 '아가씨가 지금 바로 내 앞에 와 있다니, 그것도 나만을 위해.'라고 생각하며 감동함.

↓

'나'의 감정	아가씨를 무척 좋아함.

■ 시점과 효과

이 소설의 서술자는 '나'야. 그 '나'가 자신의 이야기를 우리에게 들려주고 있으니 '나'는 주인공이지. 그렇다면 시점은 1인칭 주인공 시점이 되겠지? 그래서 이 소설에서는 '나'가 자신의 이야기를 독자인 우리에게 직접 이야기하듯 전달하고 있고, 독자는 그런 '나'에게 친근감을 느끼게 된단다. '나'가 독자와 대화를 나누고 있는 것처럼 표현된 부분에서도 확인할 수 있지.

▶핵심 포인트◀

- '누구였을까 맞혀 보세요!'
- '그야말로 정신 못 차릴 만한 일 아니었겠어요?'

↓

시점	1인칭 주인공 시점
효과	'나'가 독자에게 직접 말을 건네듯이 서술함으로써 독자는 '나'에 대해 친밀감과 신뢰감을 느낄 수 있다.

6. 이 글을 읽고 이끌어 낸 내용으로 적절하지 <u>않은</u> 것은?

① 아가씨는 노새를 직접 타고 혼자 산에 올라왔다.
② 산속에 있는 '나'에게 보름마다 먹을 것이 지급된다.
③ 정오에 거센 비바람이 몰아쳤지만 오후에는 맑게 개었다.
④ 오늘이 일요일이라 아가씨는 활동하기 편한 복장을 했다.
⑤ 평소에는 꼬마 미아로나 노라드 할머니가 보급품을 가지고 왔다.

7. 이 글의 서술상 특징을 〈보기〉에서 골라 바르게 묶은 것은?

> **보기**
>
> ㄱ. 서술자가 자신의 생각과 느낌을 진솔하게 표현한다.
> ㄴ. 서술자가 독자와 직접 대화를 나누듯이 이야기를 전달한다.
> ㄷ. 서술자가 다른 인물의 행동을 관찰하여 객관적으로 보여 준다.
> ㄹ. 서술자가 모든 인물의 심리를 훤히 알고 속속들이 설명해 준다.

① ㄱ, ㄴ   ② ㄱ, ㄷ   ③ ㄴ, ㄷ
④ ㄴ, ㄹ   ⑤ ㄷ, ㄹ

8. **2**에 나타난 '나'의 심리 변화로 적절한 것은?

① 기대감 → 설렘   ② 행복감 → 충격
③ 불안함 → 두려움   ④ 안도감 → 긴장됨
⑤ 걱정스러움 → 놀라움

9. 문맥상 ㉠의 의미로 가장 적절한 것은?

① 아가씨가 몹시 귀엽고 사랑스럽다.
② 아가씨를 볼 때마다 마음이 아프다.
③ 아가씨를 돌보고 지켜 주어야 한다.
④ 아가씨와 시선을 마주치기가 어렵다.
⑤ 아가씨를 보니 그동안의 아픔이 사라졌다.

|서술형|
10. **2**, **3**의 중심 사건을 〈조건〉에 맞게 쓰시오.

> **조건**
>
> • 중심 사건에 대한 '나'의 심리를 포함하여 한 문장으로 쓸 것.

4 『바구니에 담아 온 것들을 꺼내고 나자 스테파네트 아가씨는 신기한 듯이 주
『 』: 아가씨의 성격 ①-호기심이 많음.　　　　　주인댁 따님인 아가씨가 산에 올라온 적이 없었음을 짐작할 수 있음.
변을 두리번거리기 시작했어요. 일요일에만 입는 예쁜 치마가 행여 상할까 살짝

추켜올리며 아가씨는 °목책을 쳐 놓은 울안으로 들어와 내가 자는 곳, 밀짚으로

엮고 양가죽을 덮어 잠자리로 쓰는 °구유, 벽에 걸린 커다란 망토, 양 치는 지팡

이, °부싯돌 등을 보려고 했어요. 그 모든 게 흥미로웠나 봅니다.』
　　　　　　　　　　　　　　　　　　아가씨의 행동을 지켜보며 '나'가 생각한 내용
"그러니까 양치기는, 여기 사는 거야? 항상 혼자 지내니 얼마나 심심할까! 무

얼 하지? 무슨 생각을 해?"

❶'아가씨, 당신 생각을 한답니다.'
　　아가씨에 대한 '나'의 감정 상태를 알 수 있음.
라고 대답하고 싶었지요. 그렇다 해도 거짓말은 아니었을 겁니다. 하지만 어찌나

떨리던지 단 한 마디도 할 말을 찾을 수가 없었어요. ❷아가씨도 그걸 눈치챘던
'나'의 성격: 수줍음이 많고 순박함.
것 같은데, 글쎄 이 장난꾸러기 아가씨는 짓궂게도 나를 한층 더 곤혹스럽게 만
　　　　　　　　　　　　　아가씨의 성격 ②: 밝고 쾌활함.
드는 일에 재미를 느끼고 있었지요.

"그럼 양치기 여자 친구는? 가끔 만나러 올라오나? …… 그 여자 친구는 분명

황금 염소일 거야. 아니면 산봉우리만 타고 다닌다는 °에스테렐 요정이거나."

내게 이런 말을 하면서 고개를 뒤로 젖히고 까르르 예쁘게도 웃으며 얼른 가려

고 서두르는—그래서 지금 찾아온 것이 마치 °환영처럼 느껴지는—아가씨가
　　　　　　　　　　　아가씨와 함께할 수 있어서 무척 행복해하는 '나'의 심리가 드러남.
바로 그 에스테렐 요정 같기만 했습니다.
아름답고 신비로우며, 금방 사라져 버리는 꿈과 같은 존재로 아가씨를 묘사함.
"잘 있어, 양치기!"

"안녕히 가세요, 아가씨."

그러고는 빈 바구니를 싣고 아가씨는 떠났습니다.
　　　　　　　　　　　　　　→ 양치기 생활에 호기심을 보이며 '나'에게 짓궂은 농담을 하는 아가씨

전개　'나'에게 음식을 가져다주러 산에 올라온 아가씨

어휘 풀이
· 목책: 말뚝 따위를 죽 잇따라
박아 만든 울타리.
· 구유: 소나 말 따위의 가축들
에게 먹이를 담아 주는 그릇.
흔히 큰 나무토막이나 큰 돌
을 길쭉하게 파내어 만든다.
· 부싯돌: 부시로 쳐서 불을 일
으키는 데 쓰는 석영(石英)의
하나. 아주 단단하고 회색, 갈
색, 검은색 따위를 띤다.
· 에스테렐 요정: 숲의 정령.
· 환영: 눈앞에 없는 것이 있는
것처럼 보이는 것.

어구 풀이
❶ 아가씨의 질문에 한 마디도
못하는 모습에서 '나'가 수줍음
이 많고 순박한 인물임을 알 수
있다. 또한, 자신의 속마음을 서
술함으로써 아가씨를 좋아하는
'나'의 감정을 독자에게는 전달
하고 있다.
❷ 아가씨는 '나'가 자신을 좋
아하고 있음을 짐작하면서도
짓궂게 '나'에게 여자 친구에
대한 질문을 던지고 있다. 낯설
고 신분이 다른 '나'에게 스스
럼없이 말을 거는 모습에서 아
가씨의 밝고 쾌활한 성격을 짐
작할 수 있다.

■ 아가씨의 성격

　　스테파네트 아가씨는 주인댁 따님으로, 양치 기인 '나'와는 신분이 달라. 물론 아가씨의 행동 으로 비추어 볼 때, 이런 산속 외진 곳에도 와 본 적도 없었겠지. 이 낯선 곳에 온 아가씨는 모 든 것이 마냥 신기했나 봐. '나'가 생활하는 울안 을 둘러보면서 '나'에게 이런저런 질문을 던지고 있어. 먹을 것만 주고 가도 될 텐데, 이렇게 '나' 의 생활에 관심을 가지고 질문을 던지는 모습에 서 호기심이 많은 성격임을 알 수 있어. 게다가 평소 교류도 없고 자신보다 낮은 신분인 '나'에 게 스스럼없이 농담까지 던지는 것을 보면 참 밝고 쾌활한 성격임을 알 수 있어.

아가씨의 행동		아가씨의 성격
• '나'가 생활하는 울안을 신기한 듯이 구경함. • '나'에게 스스럼없이 말을 걸고 짓궂은 농담을 함.	→	호기심이 많고, 밝고 쾌활함.

■ '나'의 성격

　　혼자 지내면서 무슨 생각을 하냐는 아가씨의 질문에 '나'는 아가씨 생각을 한다고 대답하고 싶 었지만 그렇게 말하지 못해. '어찌나 떨리던지 단 한 마디도 할 말을 찾을 수가 없었'으니까. 좋아 하는 마음을 표현하지도 못하고 좋아하는 사람 앞에서 쩔쩔매며, 당황스러워하는 스무 살의 '나'! 이런 행동을 보면, '나'가 수줍음이 많고 순박한 성격을 지녔다는 것을 짐작할 수 있겠지?

➤핵심 포인트◀

'나'의 행동		'나'의 성격
• 아가씨의 짓궂은 질문과 농담에 쩔쩔매며 당황스 러워함. • 아가씨를 좋아하는 자신 의 속마음을 솔직하게 이 야기하지 못함.	→	수줍음이 많고 순박함.

11. 이 글의 시점에 대한 설명으로 적절한 것은?
① 등장인물 중 주인공인 '나'가 사건을 직접 서술하고 있다.
② 부수적인 인물인 '나'가 주인공을 관찰한 내용을 서술하고 있다.
③ 등장인물인 '나'가 다른 주인공의 마음속 생각을 전달하고 있다.
④ 이야기 밖의 서술자가 사건의 전모를 파악하여 전달하고 있다.
⑤ 이야기 밖의 서술자가 '나'의 생각과 감정을 직접 서술하고 있다.

12. 이 글의 내용과 일치하지 <u>않는</u> 것은?
① '나'는 현재 교제하고 있는 여자 친구가 없다.
② 아가씨는 '나'가 생활하는 울안을 직접 구경하였다.
③ 아가씨는 산에서 '나'가 혼자 지내는 것을 알고 있다.
④ 아가씨는 바구니에 담아 온 것들을 '나'에게 주고는 떠났다.
⑤ 아가씨는 '나'가 생활하면서 불편한 것들에 대해 알아보고 있다.

13. 이 글에서 알 수 있는 '나'의 성격으로 적절한 것은?
① 순박하고 수줍음이 많다.
② 성실하고 책임감이 강하다.
③ 부끄러움을 잘 타고 눈물이 많다.
④ 거짓말을 종종 하며 정직하지 않다.
⑤ 다른 사람과의 교제에 관심이 없다.

14. 이 글에 나타난 아가씨의 행동으로 적절한 것은?
① 낯선 곳에서 느끼는 두려움을 겉으로 드러내지 않고 있다.
② '나'가 자신을 불편하게 여길까 봐 신중하게 행동하고 있다.
③ '나'와 함께 있는 것이 어색해 일부러 과장된 언행을 하고 있다.
④ '나'를 좋아하는 마음을 적접 표현하고 싶어서 여러 질문을 한다.
⑤ '나'의 생활에 호기심을 느끼고 '나'에게 짓궂은 질문을 하며 즐 거워한다.

|서술형|
15. 이 글에서 '나'가 아가씨를 비유한 대상을 찾아 쓰고(2어절), 그 의미를 한 문장으로 쓰시오.
• 비유적 대상:
• 의미:

5 ❶비탈진 *오솔길로 아가씨가 사라지자, ㉠노새 발굽이 땅을 차면서 이리저리 구르는 자갈돌 하나하나가 내 가슴에 툭툭 떨어지는 것만 같았지요. 그 소리가 귀에 오래오래 들려왔습니다. 날이 저물 때까지 나는 잠에 취한 사람처럼, 행여 내 꿈이 사라져 버릴까 봐 움직일 *엄두도 못 내고 마치 잠에 취한 사람처럼 그렇게 서 있었지요. ㉡저녁이 다 되어 골짜기 저 아래쪽까지 검푸른 빛깔로 변하기 시작하고 양들이 우리에 들어가려고 매매 울어 대며 서로 몸을 부딪치면서 모여들 무렵, 내리막길에서 누가 나를 부르는 소리가 들리더니, ⓐ우리 아가씨가 나타나는 게 아니겠어요. 아까처럼 생글생글 웃는 모습이 아니라 춥고 두려워서 흠뻑 젖은 몸을 덜덜 떨고 있었지요. *소르그강이 저 아래 산기슭에서 쏟아진 비로 콸콸 넘치고 있는 모양이었습니다. 그래서 어떻게든 강을 건너려다 물에 빠질 뻔했던 거지요. 문제는, 한밤중 이 시간은 이미 농장의 본채로 돌아갈 생각을 할 수 없는 시간이라는 것이었습니다. 왜냐하면 빨리 가는 지름길을 우리 아가씨 혼자서는 절대 알 턱이 없을 테고, 나는 양 떼를 떠날 수가 없었으니까요. 산에서 밤을 보내야 한다는 생각에 아가씨는 많이 당황스러워했지요. 특히 집에 있는 가족들이 걱정할까 봐서 그랬지요. 난 최선을 다해 아가씨를 안심시켰어요.

"7월은 밤이 짧답니다, 아가씨…… 불편해도 잠시만 참으시면 돼요."

그러면서 얼른 아가씨의 발과 소르그강 강물로 흠뻑 젖은 치마를 말릴 수 있게 큰 불을 피웠지요. 그런 다음 아가씨 앞에 양젖과 크림치즈를 갖다 놓았어요. 하지만 ㉢❷가엾은 아가씨는 불을 쬘 생각도 먹을 생각도 하지 않았고, 그 두 눈에 그렁그렁 눈물이 차오르는 것을 보니 나도 울고 싶은 심정이었어요.

절정 1 | 산 아래로 내려갔던 아가씨가 강물에 흠뻑 젖은 채 다시 산으로 올라옴.

38 1. 문학을 통한 소통과 공감

학습 포인트
· '나'의 심리 묘사에 쓰인 표현법 이해하기
· 사건 전개 과정 파악하기

읽기 중 활동

교과서 날개
아가씨와 이별하게 된 '나'의 심리는 어떠한가요?
→ 아쉽고 서운한 마음에 멍하니 아무 생각도 하지 못하고 있다.

어휘 풀이
· 오솔길: 폭이 좁은 호젓한 길.
· 엄두: 감히 무엇을 하려는 마음을 먹음. 또는 그 마음.
· 소르그강: 프로방스 지방을 남북으로 흐르는 론강의 한 줄기.

어구 풀이
❶ 아가씨와 이별하는 상황에서의 '나'의 감정과 행동이 묘사된 부분이다. 평소 아가씨를 동경하고 연모하는 마음을 가지고 있던 '나'는 아가씨가 갑자기 왔다가 돌아가자 무척 아쉬워하고 있다. 그런 아쉬운 마음을 비유적 표현을 활용하여 효과적으로 드러내고 있다.
❷ 아가씨는 집으로 돌아가지 못하는 뜻밖의 상황을 당해 결국 눈물을 흘린다. 그런 아가씨를 보면서 '나'는 함께 울고 싶은 마음이 들었다고 서술하고 있다. 이를 통해 '나'가 아가씨의 안타까운 처지에 공감하며 아가씨를 진심으로 염려하고 있음을 알 수 있다. 아가씨에 대한 '나'의 애틋한 사랑이 느껴진다.

■ 비유를 활용한 '나'의 심리 묘사

아가씨와 이별하는 상황에서 '나'의 심정은 비유적 표현을 통해 아름답게 묘사되고 있어. '자갈돌 하나하나가 내 가슴에 툭툭 떨어지는 것만 같은' 느낌은 아가씨가 떠난 아쉬움과 슬픔을 촉각적 심상을 활용하여 생생하게 표현한 거야. 그리고 '나'는 날이 저물 때까지 멍하니 아무 생각도 하지 못하고 서 있어. 아가씨와 함께했던 행복한 순간이 사라져 버릴까 봐 '잠에 취한 사람처럼' 그렇게 서 있었던 거지. 아가씨에 대한 '나'의 순수한 사랑이 아름답게 표현되어 있는 부분이란다.

▶핵심 포인트◀

비유적 표현		'나'의 심리
'노새 발굽이 ~ 자갈돌 하나하나가 내 가슴에 툭툭 떨어지는 것만 같았지요.'	→	아가씨와의 이별에 대한 아쉬움과 서운함
'날이 저물 때까지 ~ 내 꿈이 사라져 버릴까 봐 움직일 엄두도 못 내고 마치 잠에 취한 사람처럼 그렇게 서 있었지요.'		아가씨와 함께한 잠깐의 행복을 오래도록 간직하고 싶은 마음

■ 사건 전개 과정

아가씨와 이별하고 슬픔에 잠겨 있던 '나'에게 놀라운 일이 일어나. 바로 아가씨가 다시 나타난 거야. 마을로 다시 가려면 강을 건너야 하는데 낮에 쏟아진 비로 강이 넘쳐 건널 수 없어 돌아온 거지. 물에 빠질 뻔했던 아가씨는 당황스럽고 두려운 마음에 눈물을 흘리고 '나'는 그런 아가씨를 걱정하고 위로하고 있어.

▶핵심 포인트◀

아가씨와의 이별	아가씨는 산을 내려가고, '나'는 아가씨와의 이별을 아쉬워함.

↓

쏟아진 비로 넘친 소르그강을 아가씨가 무리하게 건너려다 빠질 뻔함.

↓

아가씨와의 재회	아가씨가 다시 산으로 올라오고, '나'는 낙담한 아가씨를 걱정하고 위로하려 함.

16. '아가씨'가 처한 상황에 대한 독자의 반응으로 적절하지 <u>않은</u> 것은?
① 집으로 돌아갈 수 없는 가엾은 상황이구나.
② 가족에게 연락할 길이 없어서 답답한 마음일 거야.
③ 예상하지 못했던 일이 벌어져 울고 싶은 심정일 거야.
④ 낯선 곳에서 밤을 새워야 한다니 얼마나 당황스러울까?
⑤ 자신의 마음도 몰라주는 '나'가 원망스럽게 느껴질 거야.

17. 〈보기〉는 ㉠에 담긴 문학의 심미성에 대해 발표한 내용이다. ㉮와 ㉯에 들어갈 적절한 말을 각각 한 단어로 쓰시오.

> **보기**
>
> ㉠에는 스테파네트 아가씨가 떠나자 '나'가 느끼는 아쉽고 서운한 마음이 진솔하고 생생하게 표현되어 있어 독자에게 안타까움을 느끼게 합니다. 아가씨가 노새를 타고 떠날 때 노새 발굽에 자갈돌이 굴러가는 것을 지켜보면서 '나'는 그 자갈돌이 자신의 가슴에 툭툭 떨어지는 것만 같다고 (㉮)적으로 표현하고 있습니다. 자갈돌이 가슴에 떨어질 때의 느낌을 촉각적 심상과 '툭툭'이라는 (㉯)을/를 사용하여 인상적으로 표현한 이 구절은 이 소설의 뛰어난 문학적 표현 중 하나라고 생각합니다.

18. ㉡의 표현상 특징으로 적절한 것은?
① 대구를 이루는 문장을 사용하여 리듬감을 형성하고 있다.
② 상징적 표현을 사용하여 배경에 특별한 의미를 부여하고 있다.
③ 함축적 의미를 지닌 소재를 통해 인물의 심리를 표현하고 있다.
④ 시각적 심상과 청각적 심상으로 대상을 감각적으로 묘사하고 있다.
⑤ 과장된 표현을 통해 저녁 무렵의 풍경을 효과적으로 그려 내고 있다.

19. ㉢에 나타난 '나'의 심리 상태로 가장 적절한 것은?
① 즐겁고 행복하다.   ② 낯설고 어색하다.
③ 절망적이고 암담하다.   ④ 안타깝고 걱정스럽다.
⑤ 서글프지만 희망이 있다.

|서술형|
20. 이 글의 사건 전개 과정을 고려할 때 ⓐ가 일어나게 된 직접적인 계기가 되는 사건을 한 문장으로 쓰시오.

절정 2 ❻ 그러는 동안 깜깜한 밤이 되었죠. 산의 능선 위에 남은 것이라고는 먼
새로운 사건이 펼쳐질 시간적 배경　　　산등성이를 따라 죽 이어진 선
지 같은 햇빛의 *잔영 그리고 해가 떨어진 방향으로 어슴푸레 마치 한 줄기 김처

럼 남은 *잔광뿐이었습니다. 난 우리 아가씨가 울안에 들어가서 좀 쉬었으면 했

어요. 새로 깐 밀짚 위에 멋진 새 양가죽을 깔고는 아가씨에게 잘 주무시라고 말
아가씨를 위하는 마음이 표현된 행동

하고 밖으로 나와 문 앞에 앉았지요……. 울안 한구석, 아가씨가 자는 모습을 신

기하다는 듯 바라보는 양 떼 바로 곁에서 ❶우리 주인댁 따님이, ㉠다른 모든 양
아가씨의 비유적 표현 → '나'가 보호해야 할 소중하고 연약한 존재

보다 훨씬 더 소중하고 더 하얀 양 한 마리처럼 내가 지켜 주는 가운데 쉬고 있다

고 생각하니 정말이지 자랑스러울 따름이었죠. ㉡그때까지 하늘이 그렇게 깊어
　　　　　　　　　　　　　　'나'의 심리: 자랑스러움

보이고 별들이 그렇게 빛나 보인 적은 없었다니까요……. 갑자기, 양 우리의 울

타리가 살포시 열리더니 어여쁜 스테파네트 아가씨가 나타났어요. 아가씨는 잠
새로운 사건 전개: 아가씨가 잠을 자지 않고 '나'의 곁으로 옴.

들 수가 없었던 거지요. 양들이 몸을 뒤척이면서 건초가 부스럭댔거나, 아니면
　　　　　　　　　아가씨가 울타리 밖으로 나온 까닭을 '나'가 추측.

양들이 잠결에 매매 소리를 냈던 것일 테죠. 아가씨는 불 옆으로 오는 편이 낫다
　　　　　　　　　　　　　　　　아가씨가 '나'를 향한 경계를 누그러뜨렸음을 알 수 있음.

고 생각했던 겁니다. 그걸 본 나는 어깨에 두르고 있던 암사슴 가죽을 아가씨에

게 주고 불길을 더 돋우었고, 우리는 아무 말 없이 그렇게 나란히 앉아 있었어

요. 만약 여러분이 한번이라도 *한데서 밤을 새워 보았다면 알 겁니다. 『❷우리가
　　　　　　　　　　　생명력 넘치는 자연의 모습　　　　　한밤중

잠든 시간에 고독과 침묵 속에서 ㉢신비로운 세상이 깨어난다는 것을 말이죠.
『　』: 전원의 밤 풍경을 묘사한 부분 → 표현의 심미성이 드러남.

그럴 때 샘물은 낮보다 한결 *또랑또랑한 소리로 노래하듯 흐르고, 연못은 작은
　　　　　　　　　　　　　　　의인법을 사용한 문학적 표현

불꽃들을 밝히지요. 산의 모든 *정령들이 자유로이 왔다 갔다 하고요. 허공 중에

는 뭔가 삭삭 스치는 듯한 소리, 알아들을 수 없는 소리들이, 마치 나뭇가지가
　　　　　　　　　　　직유법을 사용한 문학적 표현　　　　　　　사람이나 동식물 등

자라나고 풀들이 쑥쑥 커 오르는 소리처럼 들려온다니까요.』 낮 시간은 존재들의
　　　　　　　　　　　　　　　　　　　　　　　　샘물, 연못, 산 등

삶이지만, 밤은 사물들의 삶입니다. 이런 걸 익숙하게 접해 보지 않았다면 무섭
대구법을 사용하여 생명력 넘치는 자연의 밤 풍경을 서술함.

기 마련이지요……. 그러니 우리 아가씨도 오들오들 떨면서 작은 소리만 들려도
　　　　　　　　　　　　아가씨의 심리: 밤의 낯선 소리들에 두려움을 느낌.

나한테 꼭 달라붙었지요. 한번은 길고

우울한 어떤 울음소리 같은 것이 저 아

래 번쩍이는 연못 쪽에서 우리가 있는

쪽까지 일렁이며 들려왔어요. 바로 그

순간 예쁜 별똥별 하나가 우리 머리 위
'나'가 아가씨와 별에 관한 대화를 나누는 계기가 되는 소재

에서 같은 방향으로 휙 스쳐 가는 겁니

다. 마치 우리가 방금 들은 그 울

음소리가 빛과 함께 움직인 것처

럼 말이죠.　→ 울타리를 열고 모닥불 옆으로
　　　　　　　와 '나'의 곁에 나란히 앉는
　　　　　　　아가씨

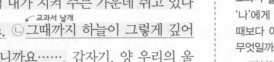

읽기 중 활동

교과서 날개
'나'에게 밤하늘과 별이 다른 때보다 아름답게 보인 까닭은 무엇일까요?
→ 자신이 아가씨를 지켜 주고 있다는 자랑스러운 마음에 밤하늘과 별이 아름답게 보였을 것이다.

어휘 풀이
- 잔영: 희미하게 남은 그림자나 모습.
- 잔광(殘光): 해가 질 무렵의 약한 햇빛.
- 한데: 사방, 상하를 덮거나 가리지 아니한 곳. 집채의 바깥을 이른다.
- 또랑또랑하다: 조금도 흐리지 않고 아주 밝고 똑똑하다.
- 정령: 산천초목이나 무생물 따위의 여러 가지 사물에 깃들어 있다는 혼령.

어구 풀이
❶ '나'는 아가씨를 자신이 돌봐 주고 지켜 주어야 할 소중한 양에 빗대어 표현하면서 그런 아가씨를 지켜 주고 있는 자신에 대해 자랑스러움과 뿌듯함을 느끼고 있다. 이런 감정 덕분에 밤하늘과 별이 다른 때보다 아름답게 보인다고 서술하고 있다.
❷ 대부분의 사람들이 깊이 잠든 밤에 산속에서 어떤 풍경이 펼쳐지는지를 묘사한 부분으로, 자연의 신비롭고 생명력 넘치는 모습을 비유적 표현과 감각적 표현을 활용하여 생생하게 그려 내고 있다.

찬찬샘 핵심 강의

■ '나'의 상황과 정서

'나'는 아가씨가 편히 쉴 수 있도록 밀짚을 새로 깔고 그 위에 새 양가죽까지 깔아 놓고는 울 밖으로 나와. 그러면서 스스로를 자랑스러워해. 자신이 좋아하는 사람을 보호하고 있는 상황에서 어떠한 기분을 느낄지 상상해 보면 '나'의 자랑스러움과 행복감을 이해할 수 있을 거야.

› 핵심 포인트 ‹

'나'의 상황	'나'의 정서
'나'는 자신이 좋아하는 아가씨가 울안에서 쉴 수 있도록 밖에서 지켜 주고 있음. →	자랑스럽고 행복한 마음에 밤하늘과 별이 아름답게 느껴짐.

■ '나'를 대하는 아가씨의 태도 변화

울안에 있던 아가씨는 얼마 지나지 않아 울타리를 열고 밖으로 나와. 이젠 '나'를 더 이상 경계하지 않고 '나'와 함께 있는 게 낫다고 생각했기 때문이겠지. 이런 태도 변화는 '나'가 아가씨에게 별자리 이야기를 들려주는 계기가 된단다.

› 핵심 포인트 ‹

낯선 곳에서 낯선 사람과 보내는 밤을 두려워하는 마음 때문에 '나'를 경계함. →	• '나'를 향한 경계를 누그러뜨리고, 모닥불 곁으로 먼저 다가옴. • '나'가 아가씨에게 별에 관한 이야기를 할 수 있는 계기가 마련됨.

■ 자연 묘사에서 드러나는 표현의 심미성

'나'가 묘사한 산속의 밤 풍경이 참 신비롭지? 비유와 감각적 심상을 활용한 다양한 문학적 표현을 통해 깜깜한 밤의 역동적이고 생기 있는 이면이 그려져 있어. 자연의 신비롭고 생명력 넘치는 모습이 심미적으로 표현되어 있단다.

› 핵심 포인트 ‹

밤 풍경 묘사에 쓰인 심미적 표현	• 자연물을 의인화하여 친근감 있게 표현함. • 다양한 밤의 소리들을 직유법을 사용하여 효과적으로 표현함. • 시각적, 청각적 심상을 사용하여 감각적으로 표현함. • 의성어나 의태어를 사용하여 밤 풍경을 생생하게 표현함.

콕콕 확인 문제

21. 에서 아가씨가 '나'를 대하는 태도로 적절한 것은?

① '나'가 자신을 불편해할까 봐 걱정하고 있다.
② '나'를 좋아하지만 감정을 겉으로 드러내지 않는다.
③ '나'를 더 이상 경계하지 않고 '나'와 함께 있고자 한다.
④ '나'가 자신을 배려해 주지 않는 것에 대해 서운해하고 있다.
⑤ 낯선 곳에서 낯선 사람인 '나'와 시간을 보내는 것을 두려워한다.

22. ㉠의 함축적 의미를 〈보기〉에서 모두 골라 바르게 묶은 것은?

> **보기**
>
> ㄱ. 아가씨의 순수한 모습을 드러낸다.
> ㄴ. 아가씨의 아름답고 고귀한 모습을 드러낸다.
> ㄷ. 아가씨는 언제 사라질지 모르는 꿈같은 존재이다.
> ㄹ. 아가씨는 '나'가 지켜 주어야 할 연약한 존재이다.

① ㄱ, ㄴ　　　② ㄱ, ㄹ　　　③ ㄴ, ㄷ
④ ㄴ, ㄹ　　　⑤ ㄷ, ㄹ

23. '나'가 ㉡과 같이 생각한 이유로 가장 적절한 것은?

① 진지한 태도로 밤하늘을 제대로 관찰하고 있기 때문이다.
② 비온 뒤 하늘이 맑게 개어 별이 선명하게 보였기 때문이다.
③ 산속에서 생활하면서 처음으로 마음의 여유가 생겼기 때문이다.
④ 아가씨가 별을 좋아하기 때문에 '나'도 별을 좋아하게 되었기 때문이다.
⑤ '나'의 자랑스러운 마음이 더해져 밤하늘과 별이 아름다워 보였기 때문이다.

24. ㉢에 대해 구체적으로 서술한 부분에서 사용한 표현법으로 적절한 것은?

① 말의 순서를 바꾸어 표현하는 도치법이 쓰였다.
② 다른 사람의 표현을 빌려 사용하는 인용법이 쓰였다.
③ 자연물을 사람처럼 빗대어 표현하는 의인법이 쓰였다.
④ 말하고자 하는 바를 반대로 표현하는 반어법이 쓰였다.
⑤ 누구나 다 아는 사실을 의문형으로 나타내는 설의법이 쓰였다.

7 "저게 뭐지?"
별똥별을 가리킴.

스테파네트 아가씨가 작은 소리로 내게 물었어요.

"천국으로 들어가는 영혼이랍니다, 아가씨."
'나'가 별똥별에 대해 설명한 말

내가 대답하며 *성호를 그었습니다.

아가씨도 덩달아 성호를 긋고는 잠시 아주 골똘히, 뭔가 생각에 깊이 빠진 사람처럼 앉아 있었어요. 그러더니 내게 말했지요.

"그럼 너희들 양치기가 마법사라는 게 정말이야?"

"무슨 말씀을요, 아가씨. 하지만 여기서는 아무래도 ㉠❶별들과 훨씬 가까이 생활하다 보니 하늘에서 일어나는 일을 평지에 사는 사람들보다 잘 알게 마련이죠."

❷아가씨는 한 손으로 얼굴을 받친 채, ㉡천상의 작은 목동처럼 암사슴 가죽을
아가씨의 비유적 표현 → 아가씨의 선하고 순수한 모습을 드러냄.
두르고 여전히 하늘을 올려다보고 있었습니다.
➡ '나'에게 질문을 하며 '나'와 이야기를 나누는 아가씨

8 "어쩜 별이 많기도 하지! 아, 아름다워라! 이렇게 많은 별들을 본 적이 없
'나'와 별에 대해 대화를 나누면서 처음 느꼈던 무서움은 사라지고 별에 관심을 보임.
어…… 양치기는 저 별들 이름을 알아?"
▸교과서 날개

"알다마다요, 아가씨…… 자 보세요! 우리 머리 바로 위에 있는 저게 "*성 자
크의 길(은하수)'이에요. 프랑스에서 곧장 에스파냐까지 가지요. *갈리시아의
'나'가 아가씨에게 설명해 주는 별 ①
성 자크가 사라센 사람들과 전쟁을 할 때 용감한 *샤를마뉴 왕에게 길을 알려
은하수를 '성 자크의 길'이라고 부르는 까닭
주느라 저걸 표시로 삼은 거랍니다. 좀 더 멀리 보시면, '영혼들의 수레(큰곰자
리)'가 있어요. 수레의 *굴대 네 개가 반짝반짝 빛나고 있죠. 그 앞에 보이는 별
'나'가 아가씨에게 설명해 주는 별 ②
세 개는 '세 마리 짐승'이고요. 세 번째 별과 마주 보는 아주 작은 별은 '짐수레
꾼'이죠. 그 별 주위로 별들이 잔뜩 비 오듯이 쏟아져 내리는 게 보이시나요?
직유법을 사용하여 감각적이고 생생하게 표현함.
저건 하느님이 하늘나라에 받고 싶지 않았던 영혼들이랍니다…… 좀 아래쪽
별을 의인화함.
에는 "*갈퀴' 혹은 '세 왕들(오리온자리)'입니다. 우리 양치기들은 저 별자리를
'나'가 아가씨에게 설명해 주는 별 ③
시계처럼 이용하죠. 저 별자리를 보기만 해도 지금이 자정이 지난 시간이라는
오리온자리
것을 저는 알지요. 좀 더 아래쪽엔 '장 드 밀랑'이 '천체의 횃불(시리우스)'처럼
'나'가 아가씨에게 설명해 주는 별 ④
밝게 빛나고 있고요. 이 별을 두고 양치기들은 이렇게 말하죠.

읽기 중 활동

교과서 날개
'나'가 들려주는 별자리 이야기를 들으며 아가씨는 '나'에 관해 어떤 생각을 했을지 말해 봅시다.
→ 처음 듣는 별자리 이야기에 무서운 감정을 잊을 수 있었으며, 자신이 잘 알지 못하는 것을 설명하는 '나'에게 호감을 가지게 되었을 것이다.

어휘 풀이
• 성호(聖號): 거룩한 표라는 뜻으로, 가톨릭 신자가 손으로 가슴에 긋는 십자가를 이르는 말.
• 성 자크: 기독교의 성자 야고보.
• 갈리시아: 에스파냐 북서부에 있는 지방.
• 샤를마뉴: 프랑크 왕국의 왕. 서로마 제국의 황제.
• 굴대: 수레바퀴의 한가운데에 뚫린 구멍에 끼우는 긴 나무 막대나 쇠막대.
• 갈퀴: 검불이나 곡식 따위를 긁어모으는 데 쓰는 기구. 한쪽 끝이 우그러진 대쪽이나 철사를 부챗살 모양으로 엮어 만든다.

어구 풀이
❶ 양치기들은 높은 산에서 새벽이나 저녁에 별을 보며 지내기 때문에 별들에 관해서는 다른 사람들보다 잘 이해하고 있다는 뜻이다.
❷ 아가씨를 양치기인 자신과 같은 '목동'에 빗대어 표현한 것으로 보아 '나'가 아가씨에 대해 친근감을 느끼고 있음을 짐작할 수 있다.

■ '나'와 아가씨의 관계 변화

'나'와 아가씨가 나란히 앉아 있을 때 마침 하늘에서 별똥별이 떨어져. 그것을 계기로 둘은 직접 대화를 나누기 시작한단다. 평소였다면 주인댁 따님과 양치기 청년이 나란히 앉아 이야기를 주고받기는 당연히 어려웠을거야. 하지만 지금은 '나'와 아가씨만 있고, 이곳은 아가씨가 생활해 본 적이 없는 산속이야. 여기에서 아가씨는 '나'의 보호를 받으며 별에 대해 잘 알고 있는 '나'에게 별에 관한 이야기를 듣고 있어. 아가씨는 낯선 환경에서 '나'를 의지하고, '나'는 두려워하는 아가씨가 안타깝고 지켜 주고 싶기 때문에 '나'와 아가씨의 관계가 평소와는 달라질 수밖에 없었겠지.

▶핵심 포인트◀

평소(마을)	오늘(산속)
• '나'가 일방적으로 아가씨를 동경함. • 아가씨는 주인댁 따님으로 '나'와 친밀한 관계를 맺을 일이 없었음.	• 아가씨가 '나'와 직접 대화를 나누며 친밀한 관계를 형성함. • 아가씨는 연약한 존재이며, '나'는 그러한 아가씨를 지켜 주고 싶어함.

■ 별자리 이야기에 드러나는 표현의 심미성

별자리는 꾸며 낸 상상 속의 대상이 아니야. 실제 우리가 관찰할 수 있는 객관적인 대상이지. 그런데 '나'가 아가씨에게 들려주는 별자리 이야기는 한 편의 동화 같아. 밤하늘에서 환상적인 이야기가 펼쳐지는 것 같은 느낌을 주고 있어. 별을 살아 있는 존재처럼 표현하여 낭만적이고 서정적인 분위기를 조성하고, 문학적 표현의 아름다움을 느끼게 하고 있지.

▶핵심 포인트◀

별자리 이야기에 쓰인 표현의 심미성	• 별을 살아 있는 존재처럼 표현하거나 사람처럼 의인화하는 비유적 표현을 사용하여 문학성을 높임. • 낭만적이고 서정성이 풍부한 이야기를 통해 서정적인 분위기와 정서를 불러일으킴.

---

25. **7**~**8**에 대한 설명으로 적절하지 <u>않은</u> 것은?
① 아가씨가 질문을 하면 '나'는 답변을 하고 있다.
② '나'와 아가씨 사이에 있었던 사건을 요약하여 제시한다.
③ '나'가 아가씨의 외면을 관찰하여 심리를 추측하고 있다.
④ '나'와 아가씨가 주고받는 대화를 중심으로 사건이 전개된다.
⑤ 아가씨에 대한 '나'의 생각을 비유적 표현을 사용하여 드러낸다.

26. 아가씨가 '나'에 대해 생각할 법한 내용으로 가장 적절한 것은?
① 양치기는 주로 산속에서 생활하다 보니 세상일에는 관심이 없네.
② 양치기의 별자리 이야기 덕분에 무서움을 잊을 수 있어서 참 다행이야.
③ 하느님과 천국이 있는 하늘나라를 잘 알고 있는 양치기가 부러워.
④ 다른 사람들과의 교류 없이 늘 혼자 지내야 하는 양치기가 가엾어.
⑤ 산속에 사는 양치기는 평지에 사는 우리들과는 다른 사람이니까 조심해야겠어.

27. **8**의 별자리 이야기에 대한 설명으로 적절하지 <u>않은</u> 것은?
① 별을 의인화하여 표현하고 있다.
② 살아 있는 동물처럼 별을 표현하고 있다.
③ 별들의 이야기를 통해 신분 제도를 비판하고 있다.
④ 별이 양치기에게 어떤 쓸모가 있는지를 알려 주고 있다.
⑤ 별 이름의 유래를 역사적 사건과 관련지어 설명하고 있다

|서술형|
28. '나'의 상황을 고려할 때, ㉠과 같이 말을 한 의미를 유추하여 한 문장으로 서술하시오.

29. 다음은 ㉡에 대한 해석이다. ⓐ와 ⓑ에 들어갈 적절한 말을 각각 한 단어로 쓰시오.

> 아가씨는 천상의 존재처럼 선하고 순수하다는 의미이다. 또한, 아가씨를 '나'와 같은 목동에 (ⓐ)하여 아가씨에 대한 (ⓑ)을/를 표현한다.

• ⓐ:

• ⓑ:

9 **❶**어느 날 '장 드 밀랑'이 '세 왕들'과 '병아리장(황소자리의 여섯 별)'과 함께 친
〔오리온자리〕 〔'나'가 아가씨에게 설명해 주는 별 ⑤〕
구 별의 결혼식에 초대를 받았대요. '병아리장'이 서둘러 제일 먼저 길을 떠나
위쪽 길로 갔지요. 저기 저 위, 하늘 저 끝을 보세요. '세 왕들'은 아래쪽 지름
길로 가서 '병아리장'을 따라잡았어요. 이 게으른 '장 드 밀랑'은 늦잠을 자느라
꼴찌로 뒤처져 화가 나서 먼저 간 별들을 멈추게 하려고 그들에게 지팡이를 던
졌어요. 그래서 '세 왕들'이 '장 드 밀랑의 지팡이'라고도 불리는 거랍니다……
〔오리온자리의 또 다른 이름〕
그렇지만 모든 별 중에 가장 아름다운 별은요, 아가씨 그건 우리의 별이죠.

㉠'양치기의 별'이라고 하는데요, 새벽에 우리가 양 떼를 몰고 나갈 때 빛나고,
〔'나'가 아가씨에게 설명해 주는 별 ⑥〕
저녁에 다시 들어올 때도 빛나거든요. 우린 아직도 그 별을 '마글론'이라 불러
〔금성〕
요. '프로방스의 피에르(토성)'를 쫓아 달려가서 7년마다 한 번씩 그 별과 결혼
하는 아름다운 별이죠."

"뭐라고! 양치기야, 그럼 별들도 결혼을 한단 말이야?"
〔무서움을 잊고 '나'가 들려주는 별자리 이야기를 관심 있게 들음.〕
"그럼요, 아가씨." ➡ 아가씨에게 별 이야기를 들려주는 '나'

〔절정 2〕 잠 못 이루는 아가씨가 모닥불 근처에 있는 '나'에게 옴.

〔결말〕 **10** 별들의 결혼이라는 게 무엇인지 설명하려는데, 뭔가 상큼하면서도 ˚여
〔아가씨가 '나'의 어깨에 기대어 잠이 듦.〕
릿한 것이 내 어깨에 살포시 기대는 느낌이 들었지요. 잠결에 무거워진 아가씨의
머리가, 예쁜 리본과 레이스와 굽슬굽슬한 머리칼이 부딪혀 사각대는 소리를 내
며 기대어 온 것이었어요.

[A] ┌ 아가씨는 이렇게, 희부옇게 밝아 오는 새벽빛으로 하늘의 별빛이 바래어
│ 〔잠든 아가씨를 위해 꼼짝 않고 앉아 있는 '나' → '나'의 성격: 배려심이 많음.〕
│ 마침내 안 보이게 될 때까지 꼼짝 않고 그대로 있었어요. 나는 아가씨가 자
│ 는 모습을 지켜보았지요. 내 존재의 깊은 곳에서는 조금 흔들리는 마음으로,
│ 〔'나'의 성격: 순수한 사랑을 추구함.〕
│ 하지만 이제껏 오직 선한 생각만을 내게 전해 주었던 이 밝은 밤의 성스러운
└ 보호를 받으면서 말입니다.

❷우리 주위에는 별들이 커다란 양 떼처럼 ˚유순하게, 소리 없는 ˚운행을 계속
〔원관념: 별들(직유법)〕
하고 있었습니다. 그렇게 앉은 채로 이따금 난 그려 보곤 했어요. ㉡저 별들 중
〔아가씨의 비유적 표현 → 아가씨의 연약함과 고귀한 아름다움을 드러냄.〕
에 가장 여릿여릿하고 가장 반짝이는 별 하나가 가던 길을 잃고 내게 내려와서는
이 어깨에 기대어 잠든 것이라고요. ➡ '나'의 어깨에 기대어 잠이 든 아가씨

〔결말〕 '나'에게 별 이야기를 듣던 아가씨가 '나'의 어깨에 기대어 잠이 듦.

– 알퐁스 도데 지음 · 임희근 옮김, 『알퐁스 도데』

❝ 학습 포인트
· 주제의 심미성 이해하기
· 아가씨에 관한 서술에서
드러나는 표현의 심미성
이해하기

○ '별'과 '양'의 상징적 의미를 통
해 본 아가씨에 대한 '나'의 생각

별	고귀함, 아름다움
양	순수함, 연약함

아가씨는 고귀하고 아름다우며
순결하고 순수한 존재로 '나'가
지켜 주어야 할 대상임.

어휘 풀이
· 여릿하다: 빛깔이나 소리, 형
체 따위가 선명하지 못하고
약간 흐리거나 약한 듯하다.
· 유순하다: 성질이나 태도, 표
정 따위가 부드럽고 순하다.
· 운행: 천체가 그 궤도를 따라
운동하는 일.

어구 풀이
❶ 별자리들을 사람처럼 의인
화하여 별자리에 얽힌 이야기
를 흥미진진하게 들려주고 있
다. 문학적 표현 기법과 환상적
인 이야기 소재를 통해 낭만적
이고 서정적인 분위기와 정서
를 불러일으키고 있다.
❷ 별자리 이야기를 듣다가 잠
든 아가씨를 보며 '나'가 생각
에 잠기는 부분이다. '아가씨'
를 길을 잃은 별에 비유하여
연약하고 고귀하며 아름다운
존재인 아가씨는 '나'가 지켜
주어야 소중한 대상임을 드러
내고 있다.

■ **주제에 담긴 심미적 인식**

10에는 이 소설을 통해 작가가 전하려는 주제가 잘 드러나 있어. 아가씨는 '나'에게서 별들에 관한 이야기를 듣다가 그만 '나'의 어깨에 기대어 잠이 들고 마는데, '나'는 그런 아가씨를 지켜보면서 꼼짝도 하지 않고 밤을 지새우게 돼. '나'가 평소에 연모하고 동경하던 아가씨를 보며, '나'는 '오직 선한 생각만을 내게 전해 주었던 이 밝은 밤의 성스러운 보호를 받으면서' 아가씨를 지켜 주지. 아가씨에 대한 '나'의 순수하고 아름다운 사랑이 느껴지지? 바로 이런 주제에는 순수하고 정신적인 사랑의 가치에 대한 작가의 심미적 인식이 담겨 있단다.

➤핵심 포인트◄

주제에 담긴 심미적 인식	'나'의 순수하고 아름다운 사랑을 통해 '순수'와 '정신적 사랑의 아름다움'이라는 가치를 전달함.

■ **비유를 활용한 표현의 심미성**

10에서 '나'는 까만 밤하늘의 반짝이는 '별들'을 '양 떼'에 빗대어 표현하고, 자신의 어깨에 기대어 잠든 '아가씨'를 저 밤하늘의 별들 중 '가장 여릿하고 가장 반짝이는 별 하나가 가던 길을 잃고 내게 내려'온 것이라고 표현했어. 이런 비유적 표현 덕분에 밤하늘의 빛나는 별들과, 그 하늘 아래에서 '나'의 어깨에 기대어 잠든 아가씨의 모습을 생생하게 떠올려 볼 수 있지. 이렇게 비유와 심상을 활용한 아름다운 문학적 표현을 통해 우리는 '나'의 순수한 사랑을 더욱 아름답게 느낄 수 있는 거란다.

➤핵심 포인트◄

심미적 표현	'별들'을 '양 떼'에, '아가씨'를 '별'에 빗대어 표현함.
효과	• 아가씨가 연약하고 고귀하며 아름다운 존재이며 '나'에게 더 없이 소중한 대상임을 표현함. • '별'과 같은 존재인 아가씨를 향한 '나'의 순수하고 아름다운 마음을 심미적으로 드러냄.

30. 이 글에 담긴 작가의 심미적 인식으로 적절한 것은?

① 헌신적이고 희생적인 삶의 태도
② 순수하고 아름다운 사랑의 가치
③ 사회적 약자에 대한 관심과 배려의 중요성
④ 어떤 고난도 극복하게 하는 사랑의 위대함
⑤ 자신을 낮추고 남을 존중하는 겸손의 미덕

31. 이 글의 사건 전개 과정에서 별자리 이야기의 역할로 적절한 것은?

① '나'가 아가씨를 동경하는 계기를 마련한다.
② '나'와 아가씨의 안타까운 이별을 암시한다.
③ '나'와 아가씨 사이에 갈등이 일어나게 한다.
④ '나'와 아가씨의 관계를 친밀하게 만들어 준다.
⑤ '나'에 대한 아가씨의 오해가 풀리는 계기가 된다.

32. ㉠에 대한 이해로 적절하지 **않은** 것은?

① '마글론'이라고 불리기도 한다.
② 양치기들만 볼 수 있는 별이다.
③ 7년을 주기로 토성과 결혼하는 별이다.
④ '나'는 별들 중에서 가장 아름다운 별이라고 생각한다.
⑤ 하루에 두 번, 새벽과 저녁에 양 떼를 몰고 들어오고 나갈 때 본다.

33. ㉡에 대한 설명으로 적절하지 **않은** 것은?

① 아가씨를 별에 빗대어 표현하고 있다.
② 아가씨에 대한 '나'의 마음을 짐작하게 한다.
③ 아가씨를 지켜 주어야 하는 존재로 묘사하고 있다.
④ 아가씨가 고귀하며 아름다운 존재라고 생각하고 있다.
⑤ 아가씨와 산속에서 평생 함께 지내고 싶은 소망이 드러나 있다.

|서술형|
34. [A]를 통해 알 수 있는 '나'의 성격을 〈조건〉에 맞게 쓰시오.

조건
• '나'의 성격 두 가지를 포함하여 한 문장으로 쓸 것.

학습활동

이해 활동

1. 이 소설을 감상하고, 사건의 전개 과정에 따라 주요 내용을 정리해 봅시다.

산속에서 홀로 양을 치는 '나'에게 아가씨가 찾아온다.

예시 답 |

양식을 전해 준 뒤 아가씨는 떠나고, '나'는 몹시 아쉬워한다.

점심 때 내린 소나기에 강물이 불어 아가씨가 다시 돌아온다.

울안으로 들어갔던 아가씨가 잠들지 못하고 '나'가 있는 불 옆으로 온다.

'나'에게 별자리 이야기를 듣던 아가씨가 '나'의 어깨에 기대어 잠이 든다.

🌟 지학이가 도와줄게! - 2

'나'가 아가씨를 대할 때 어떻게 행동하고 어떤 태도를 보이는지를 살펴보면, '나'가 어떤 성격을 지닌 인물인지 파악할 수 있을 거야.

2. 다음은 아가씨를 대하는 '나'의 행동들입니다. 이를 통해 알 수 있는 '나'의 성격을 말해 봅시다.

- 짓궂은 아가씨의 질문에 쩔쩔매며, 당황스러워하는 모습을 보인다.
- 어깨에 기대어 잠든 아가씨를 지켜보며 밤을 꼬박 새운다.

예시 답 | 수줍음과 배려심이 많으며 순박한 인물로, 순수한 사랑을 추구한다.

---

1. 사건의 흐름 이해하기

🌟 지학이가 도와줄게! - 1

사건의 전개 과정이 담긴 삽화를 보면서 소설의 중심 내용 및 사건의 흐름을 정리하는 활동이야.

정답과 해설 6쪽

시험엔 이렇게!!

1. 이 글에서 일어난 사건이 **아닌** 것은?

① '나'는 산속에서 혼자 생활하며 양을 치고 있다.
② 아가씨가 '나'에게 양식을 전해 주러 산에 올라왔다.
③ 아가씨는 '나'를 다시 만나고 싶어 산으로 돌아왔다.
④ 아가씨는 울안에서 잠들지 못하고 '나'의 곁으로 온다.
⑤ 아가씨는 별자리 이야기를 해 주는 '나'의 어깨에 기대어 잠이 든다.

2. 인물의 성격 파악하기

시험엔 이렇게!!

2. '나'에 대한 설명으로 적절하지 **않은** 것은?

① 순수한 사랑을 추구한다.
② 이야기를 들려주는 서술자이다.
③ 사건을 이끌어 가는 주인공이다.
④ 아가씨와 연인 관계로 발전한다.
⑤ 배려심이 많은 순박한 인물이다.

목표 활동

1. 이 소설의 주제를 통해 작가가 독자에게 전달하려는 가치가 무엇인지 생각해 봅시다. 예시 답ㅣ

> 작가는 '나'의 '순수하고 아름다운 사랑'을 통해 '순수'와 '정신적 사랑의 아름다움'이라는 가치를 전달하고 있어.

1. 주제에 담긴 심미적 인식 이해하기

🌟 지학이가 도와줄게! - 1

이 소설을 통해 작가가 우리에게 전하고자 한 것은 무엇일까? 소설의 주제를 파악하되, 이 주제에 어떤 가치가 담겨 있고, 작가가 담아내고 싶었던 심미적 인식은 무엇인지 생각해 보렴.

2. 이 소설에서 '나'가 아가씨에게 별자리 이야기를 해 주는 부분과 다음 글을 비교해 보고, 아래 활동을 해 봅시다.

베텔게우스
삼형제별
리겔

오리온자리는 여러 가지로 특별한 별자리이다. 1등성을 둘이나 거느리고 있고, 나머지 별 중에도 2등성이 여럿 있어서 눈에 잘 보인다. 주황색에서 붉은색 사이 어느 색으로 보이는 베텔게우스와 하얗게 빛나는 리겔, 이 두 1등성이 사각형의 한 꼭짓점을 지키면서 서로 마주 보고 있다. 사각형의 가운데 부분에는 오른쪽 위로부터 왼쪽 아래로 세 개의 별이 차례로 정렬되어 있다. 삼형제별이다. 삼형제별이 떠오를 때의 모습은 거의 수직으로 별 세 개가 서 있는 꼴이 된다. 오리온자리가 하늘의 적도 위에 위치하여 정동(正東)에서 떠서 정서(正西)로 지기 때문이다.

– 이명현, 「이명현의 별 헤는 밤」

2. 표현에 담긴 미적 가치 파악하기

🌟 지학이가 도와줄게! - 2

이 소설의 표현을 바탕으로 작품에 나타난 심미적 인식을 이해하기 위한 활동이야. 문학의 한 갈래인 소설을 정보 전달 목적의 설명문과 비교하면서 표현상의 차이를 생각해 보렴. '오리온자리'에 대한 서술이 설명문과 소설에서 어떻게 달라지고 있는지 비교해 보면, 소설의 문학적 표현이 아름다움과 밀접한 관련이 있다는 것을 알 수 있을 거야.

1 이 소설에 나타난 '나'의 별자리 이야기와 위에 제시된 별자리에 관한 글 중 어느 것이 더 아름답다고 생각하나요?

예시 답ㅣ주어진 글은 독자에게 오리온자리에 관한 정보를 전달하는 것을 목적으로 하는 글이다. 이에 비해 이 소설의 별자리 이야기는 비유 등 문학적 표현과 낭만적이고 서정성이 풍부한 환상적인 이야기를 통해 서정적인 분위기와 정서를 불러일으키고 있어 이 소설이 아름답게 느껴진다.

2 문학의 심미성과 표현의 관계를 말해 봅시다.

예시 답ㅣ문학의 심미성은 인간의 삶과 세계에 관한 작가의 심미적 인식을 드러내는 것이다. 따라서 문학의 표현 방법은 작가의 심미적 인식을 효과적으로 드러내고, 독자에게 작가의 의도를 전달해 주는 역할을 한다고 볼 수 있다.

🌟 시험엔 이렇게!!

3. 이 글에서 아가씨에 대한 '나'의 사랑을 통해 작가가 전하고자 한 가치로 가장 적절한 것은?

① 순수　　② 희망
③ 관용　　④ 성찰
⑤ 끈기

ㅣ서술형ㅣ

4. 〈보기〉에 사용된 이 소설의 표현 방법과 그 효과를 쓰시오.

보기

　그 별 주위로 별들이 잔뜩 비 오듯이 쏟아져 내리는 게 보이시나요? 저건 하느님이 하늘나라에 받고 싶지 않았던 영혼들이랍니다……

학습활동

3. 이 소설에서 심미성이 드러난 부분을 찾아보고, 그에 어울리는 노래를 친구들에게 소개해 봅시다.

1 이 소설을 감상한 후 가장 아름답다고 생각한 부분을 찾고, 그렇게 생각한 까닭과 함께 써 봅시다.

> **예시**
>
> 우리가 잠든 시간에 고독과 침묵 속에서 신비로운 세상이 깨어난다는 것을 말이죠. 그럴 때 샘물은 낮보다 한결 또랑또랑한 소리로 노래하듯 흐르고, 연못은 작은 불꽃들을 밝히지요. 산의 모든 정령들이 자유로이 왔다 갔다 하고요. 허공 중에는 뭔가 삭삭 스치는 듯한 소리, 알아들을 수 없는 소리들이, 마치 나뭇가지가 자라나고 풀들이 쑥쑥 커 오르는 소리처럼 들려온다니까요.
>
> → 그렇게 생각한 까닭: 다양한 문학적 표현을 통해 깜깜한 밤의 역동적이고 생기 있는 이면을 묘사하고 있다. 이러한 표현이 작품의 배경이 되는 전원의 밤 풍경과 자연의 신비롭고 생명력 넘치는 모습을 심미적으로 나타내고 있다고 느꼈기 때문에 아름답다고 생각하였다.

예시 답 | 우리 주위에는 별들이 커다란 양 떼처럼 유순하게, 소리 없는 운행을 계속하고 있었습니다. 그렇게 앉은 채로 이따금 난 그려 보곤 했어요. 저 별들 중에 가장 여릿여릿하고 가장 반짝이는 별 하나가 가던 길을 잃고 내게 내려와서는 이 어깨에 기대어 잠든 것이라고요.
→ 그렇게 생각한 까닭: 아가씨를 별에 비유함으로써 아가씨가 연약하면서 고귀하고 아름다운 존재임을 드러내는 동시에 '나'에게 더없이 소중하고 지켜 주어야 하는 대상임을 표현하고 있다. 이러한 표현이 '나'의 아가씨를 향한 순수하고 아름다운 마음을 심미적으로 드러내고 있다고 느꼈기 때문에 아름답다고 생각하였다.

2 **1**의 내용에 어울리는 배경 음악을 찾아 친구들에게 소개해 봅시다.

> **예시**
>
> 이 부분에는 화자의 사랑을 별을 통해 표현한 루시드 폴의 「별은 반짝임으로 말하죠」가 잘 어울리는 것 같아.

예시 답 | 이 부분에는 사랑에 빠진 마음을 따뜻하게 표현한 노래인 아이유, 나윤권의 「첫사랑이죠」가 잘 어울릴 것 같아. 노래 가사가 소설에서 '나'가 아가씨를 봤을 때의 마음을 잘 표현해 주는 것 같아.

문학의 표현과 **심미적 가치**

문학 작품을 수용하는 과정에서 이루어지는 온전한 심미적 체험은 작품의 내용뿐만 아니라 형식적 측면과 창의적 표현 방식까지 모두 고려할 때 이루어지게 됩니다. 특히 문학의 창의적 표현은 문학 작품에 형상화된 세계의 가치와 아름다움을 만나게 해 주는 것으로, 우리는 이러한 표현들을 읽어 나감으로써 문학 작품의 아름다움을 알아보는 심미적 감수성을 기를 수 있습니다.

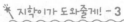
⭐ **지학이가 도와줄게! - 3**

이 소설을 읽으면서 각자 느낀 아름다움에 대해 친구들과 이야기해 보는 활동이야. 아름다움의 기준은 사람마다 다를 수 있기 때문에 아름답다고 생각한 부분도 각자 다를 수 있단다. 그러니까 다른 사람의 눈치 볼 것 없이 내가 생각하고 느낀 아름다움에 대해 이야기해 보렴. 어떤 부분을 읽을 때 '참 아름답구나!'라는 생각이 들었는지 내용과 표현을 모두 고려하여 찾아보고, 그 부분에 어울리는 음악도 찾아 친구들과 나누어 보렴.

➕ **보충 자료**
루시드 폴, 「별은 반짝임으로 말하죠」 노랫말

칠흑 같은 밤이 오고 세상 모두 잠이 들 때 우리 이제 어디로 가는지 물어보지 말아요. 아무 말 하지 않아도 세상 모든 별들은 반짝이는 몸짓 하나로 말해 주고 있어요. 남쪽 하늘의 엄마별도 서쪽 하늘 오빠별도 늦었구나, 어서 오너라 손짓하고 있네요. 동쪽 하늘의 누나별도 북쪽 하늘의 아빠별도 날 부르죠, 돌아올 시간이라고.

🐳 **시험엔 이렇게!**

5. 〈보기〉와 같이 묘사된 부분을 아래와 같이 설명할 때, 빈칸에 들어갈 적절한 말을 쓰시오.

> **보기**
>
> 허공 중에는 뭔가 삭삭 스치는 듯한 소리, 알아들을 수 없는 소리들이, 마치 나뭇가지가 자라나고 풀들이 쑥쑥 커 오르는 소리처럼 들려온다니까요.

> 청각적 심상 등 (㉠) 묘사와 비유법을 활용하여 전원의 밤 풍경과 자연의 신비롭고 생명력 넘치는 모습을 (㉡)으로 나타내고 있다.

✪✪ 창의 · 융합 활동

혼자 하기 😊

❚ 다음은 '달밤의 메밀밭 모습'을 표현한 작품들입니다. **가**, **나**를 비교하여 감상하고, 이어지는 활동을 해 봅시다.

가

나　　조 선달 편을 바라는 보았으나 물론 미안해서가 아니라 달빛에 감동하여서였다. 이지러는 졌으나 보름을 *가제 지난 달은 부드러운 빛을 흐붓이 흘리고 있다. 대화까지는 칠십 리의 밤길, 고개를 둘이나 넘고 개울을 하나 건너고 벌판과 산길을 걸어야 된다. 길은 지금 긴 산허리에 걸려 있다.

배경: 시간−밤, 공간−봉평에서 대화까지의 길

밤중을 지난 무렵인지 죽은 듯이 고요한 속에서 <u>짐승 같은 달의 숨소리가 손에 잡힐 듯이 들리며</u> 콩 포기와 옥수수 잎새가 한층 달에 푸르게 젖었다.

달을 살아 있는 것처럼 생생하게 표현함.

<u>산허리는 온통 메밀밭이어서 피기 시작한 꽃이 소금을 뿌린 듯이 흐붓한 달빛에 숨이 막힐 지경</u>이다.

하얀 메밀꽃에 환한 달빛이 내리비치는 풍경을 소금을 뿌린 것에 빗대어 표현함.

붉은 *대궁이 향기같이 애잔하고 나귀들의 걸음도 시원하다. 길이 좁은

애처롭고 애틋하고

까닭에 세 사람은 나귀를 타고 외줄로 늘어섰다. 방울 소리가 시원스럽게 딸

허 생원, 조 선달, 동이

랑랑 메밀밭께로 흘러간다. 앞장선 허 생원의 이야기 소리는 꽁무니에 선

이 소설의 주인공

동이에게는 *확적히는 안 들렸으나, 그는 그대로 개운한 제멋에 적적하지는 않았다.

　　　　　　　　　　　　　　　　　　　　　　　　　　　− 이효석, 『메밀꽃 필 무렵』

• 가제　이제 막.
• 대궁이　식물의 줄기.
• 확적하다(確的--)　정확하게 맞아 조금도 틀리지 아니하다.

⭘ **활동 제재 개관 나**

갈래: 단편 소설, 순수 소설
성격: 서정적, 낭만적, 묘사적
시점: 전지적 작가 시점
제재: 장돌뱅이의 삶
배경: 1920년대 어느 여름 밤, 강원도 봉평에서 대화 장터로 가는 길
주제: 장돌뱅이 생활의 애환과 육친의 정
특징: 아름답고 서정적인 표현을 통해 시적이고 낭만적인 분위기를 연출함.

⭘ **나 『메밀꽃 필 무렵』에 드러난 심미적 표현**

• '짐승 같은 달의 숨소리가 손에 잡힐 듯이 들리며'
　− 비유: 활유법과 직유법을 사용하여 달을 살아 있는 짐승에 빗대어 표현함.
　− 심상: 공감각적 심상을 사용하여 환한 달빛을 감각적으로 묘사함.

• '피기 시작한 꽃이 소금을 뿌린 듯이 흐붓한 달빛에 숨이 막힐 지경이다.'
　− 비유와 심상: 직유법과 시각적 심상을 사용하여 하얀 메밀꽃밭에 환한 달빛이 내리비치는 풍경을 아름답게 묘사함.

1. ㉮, ㉯를 감상한 느낌을 비교해 보고, 전달 매체에 따라 미적 특성이 어떻게 달라지는지 이야기해 봅시다.

예시 답ㅣ ㉮의 사진은 작가가 포착한 구체적인 상황의 모습과 느낌을 생생하게 전달하는 데 효과적이다. ㉯의 소설은 작가의 심미적 체험과 상상으로 표현된 것으로, 신비스럽고 향토적인 분위기를 아름답게 묘사함으로써 독자의 상상력을 자극한다.

⭐ 지학이가 도와줄게! - 1

사진과 소설은 모두 작가의 심미적 인식과 표현이 담긴 예술 활동의 결과물이야. 하지만 사진은 시각적 이미지를 사용하고, 소설은 언어를 사용하는 예술이라는 점에서 차이가 있지. 이렇게 아름다움을 표현하는 수단이 다르면 미적 특성에서는 어떤 차이가 나타날지 생각하면서, ㉮와 ㉯를 감상해 보렴. 특히 언어 예술인 문학과 문학적 표현의 특성에 초점을 맞춰서 ㉮와 다른 ㉯의 특징을 파악해 보자.

2. '나'의 소중한 경험이 잘 드러나는 사진을 찾아보고, 그 사진에 담긴 이야기를 문학적으로 표현해 봅시다. 예시 답ㅣ

⭐ 지학이가 도와줄게! - 2

오래도록 기억되는 소중한 경험 중에는 심미적 체험이 많이 있단다. 그동안 자신의 삶을 돌아보면서 감동적이었던 경험, 특별한 깨달음을 주었던 경험, 참으로 행복했던 경험, 아니면 너무나 슬프거나 가슴 아팠던 경험 등이 담긴 사진을 찾아보는 거야. 그리고 그 사진에 담긴 이야기를 비유와 상징, 심상 등의 다양한 표현 방식을 사용하여 문학적으로 표현해 보렴.

멀리서 밀려오는 파도 소리. 그 소리와 함께 다가오는 행복감.

하늘을 날아 이곳으로 와서 땅 밑에서 올라오는 아름다움을 느낀다.

가족이라는 큰 바다를.

그 바다에서 잠시 벗어나고 싶은 생각도 있었다. 크게 일렁이며 넘어서는 감정처럼 때로는 저 큰 바다에서 혼자 자유를 맛보며 살아 보고 싶은 생각도 했었다. 그러나 바다를 보러 가서 나는 우리 가족이 바다가 되어 나를 지켜 주고 있음을 알게 되었다. 앞으로 나아갔다가 더 나아가지 못하고 뒤로 밀려났을 때, 그곳에는 나를 받쳐 주는 가족의 바다가 있었고, 다시금 나를 앞으로 나아갈 힘을 모아 주는 것도 우리 가족이라는 것을 알게 되었다.

그 바다에서 가족이라는 바다를 만나고 왔다.

➕ **보충 자료**

문학적 표현 방법

• 비유: 어떤 현상이나 사물을 직접 설명하지 않고 다른 비슷한 현상이나 사물에 빗대어서 설명하는 표현법
  예 내 누님같이 생긴 꽃이여 → '꽃'을 '내 누님'에 빗대어 표현함.
• 상징: 추상적인 개념이나 사물을 구체적인 사물로 대신하여 나타내는 표현법
  예 비둘기 → 평화를 상징함.
• 심상: 마음속에 떠오르는 빛깔, 모양, 소리, 냄새, 맛, 촉감 등의 감각적인 이미지
  예 어마씨 그리운 솜씨에 향그러운 꽃지짐 → 후각적 심상

소단원 콕! 짚고 가기

소단원 제재

1. 제재 정리

글쓴이	알퐁스 도데(1840~1897)	갈래	단편 소설, 순수 소설
성격	서정적, 낭만적, 전원적	시점	1인칭 ①□□□ 시점
배경	• 공간적 배경: 프랑스 뤼브롱산 목장 • 시간적 배경: 어느 일요일, 아침나절부터 다음 날 먼동이 틀 때까지		
제재	별		
주제	아가씨를 향한 양치기의 ②□□하고 아름다운 사랑		
특징	• 천상과 지상, ③□와/과 인간을 대비하여 하늘의 별과 같은 인간의 순수성을 추구함. • 전체적으로 크고 두드러진 갈등 구조 없이 잔잔하게 이야기가 흘러감. • 자연에 관한 묘사에서 비유와 심상을 활용한 감각적 표현이 두드러짐.		

2. 구성

발단	전개	절정 1	절정 2	결말
'나'의 소개와 ④□□□을/를 향한 '나'의 사랑	'나'에게 음식을 가져다주러 아가씨가 산에 올라옴.	산 아래로 내려갔던 아가씨가 강물에 흠뻑 젖은 채 다시 산으로 올라옴.	잠 못 이루는 아가씨가 모닥불 근처에 있는 '나'에게 옴.	함께 별 이야기를 나누던 아가씨가 '나'의 어깨에 기대어 잠이 듦.

핵심 포인트

1. 인물의 성격

인물	행동	성격
'나'	• 아가씨의 짓궂은 질문과 농담에 쩔쩔매며 당황스러워함. • 아가씨를 좋아하는 자신의 속마음을 솔직하게 이야기하지 못함. • 산으로 돌아온 아가씨를 안심시키고, 아가씨가 편히 쉴 수 있도록 최선의 노력을 다함. • 어깨에 기대어 잠든 아가씨를 지켜보며 밤을 꼬박 새움.	• 수줍음이 많고 순박함. • ⑤□□□이/가 많음. • 순수한 사랑을 추구함.
아가씨	• '나'가 생활하는 울안을 신기한 듯이 구경함. • '나'에게 스스럼없이 말을 걸고 짓궂은 농담을 함.	• 호기심이 많음. • 밝고 쾌활함.

2. 작품의 시점과 효과

서술 내용	시점	효과
• '누구였을까 맞혀 보세요! 바로 우리 아가씨였답니다.' • '그런 아가씨가 지금 바로 내 앞에 와 있다니, 그것도 나만을 위해. 그야말로 정신 못 차릴 만한 일 아니었겠어요?'	1인칭 주인공 시점	'나'와 독자가 대화하듯 표현함으로써 독자는 '나'에 대해 ⑥□□□와/과 신뢰감을 느낄 수 있다.

3. 작품의 주제와 심미적 인식

주제		작가의 심미적 인식
아가씨를 향한 양치기의 순수하고 아름다운 사랑	→	'순수'와 '⑦□□적 사랑의 아름다움'이라는 가치

4. 작품에 드러난 심미적 표현

문학의 창의적인 표현들을 읽어 나감으로써 문학 작품의 아름다움을 알아보는 심미적 감수성을 기를 수 있어.

심미적 표현	특징 및 효과
〈아가씨와의 이별 장면〉 • '노새 발굽이 ～ 자갈돌 하나하나가 내 가슴에 툭툭 떨어지는 것만 같았지요.' • '날이 저물 때까지 ～ 잠에 취한 사람처럼 그렇게 서 있었지요.'	비유적 표현과 감각적 심상을 활용하여 아가씨와의 이별에 대한 아쉬움과 서운함을 구체적이고 ⑧□□하게 표현함.
〈밤 풍경에 대한 묘사〉 • '샘물은 낮보다 한결 또랑또랑한 소리로 노래하듯 흐르고, ～ 마치 나뭇가지가 자라나고 풀들이 쑥쑥 커 오르는 소리처럼 들려온다니까요.'	자연물의 의인화, 밤에 들리는 소리의 비유적 표현, 시각적, 청각적 심상 및 의성어나 의태어를 사용하여 밤의 신비롭고 ⑨□□□ 넘치는 역동적 모습을 생생하게 표현함.
〈별자리 이야기에 대한 서술〉 • '어느 날 '장 드 밀랑'이 '세 왕들'과 '병아리장'과 함께 친구 별의 결혼식에 초대를 받았대요. ～ '장 드 밀랑의 지팡이'라고도 불리는 거랍니다……' • '새벽에 우리가 양 떼를 몰고 나갈 때 ～ 그 별과 결혼하는 아름다운 별이죠.'	별을 살아 있는 존재나 사람에 빗대어 표현하여 문학성을 높이고, 낭만적이고 서정성이 풍부한 이야기를 통해 ⑩□□□인 분위기와 정서를 불러일으킴.
〈잠든 아가씨에 대한 서술〉 • '저 별들 중에서 가장 여릿여릿하고 가장 반짝이는 별 하나가 ～ 이 어깨에 기대어 잠든 것이라고요.'	아가씨를 별에 비유하여 아가씨가 여릿하고 고귀한 아름다운 존재이며 '나'에게 소중한 대상임을 강조하고, 별과 같은 존재인 아가씨를 향한 '나'의 순수하고 아름다운 마음을 심미적으로 드러냄.

정답: ① 주인공 ② 순수 ③ 별 ④ 아가씨 ⑤ 배려심 ⑥ 친밀감 ⑦ 정신 ⑧ 생생 ⑨ 생명력 ⑩ 서정적

나의 실력 다지기

[01~04] 다음 글을 읽고, 물음에 답하시오.

 내가 뤼브롱산에서 양을 치던 시절 이야깁니다. 나는 몇 주 동안 내내 사람 하나 보지 못하고, 기르던 라브리종 개와 양들과 함께 목초지에서 지냈지요. [중략] 그래서 산꼭대기에 이르는 오르막길에 한 달에 두 번씩, 보름마다 먹을 것을 날라다 주는 우리 농장 노새의 방울 소리가 들리고, 꼬마 미아로(농장의 심부름꾼 아이)의 똘망똘망한 얼굴이나 노라드 할머니의 불그레한 머리쓰개가 조금씩 조금씩 모습을 드러내면 나는 정말이지 너무나 행복했습니다. 산 아랫마을 소식, 누가 영세하고 누가 결혼하는지 얘기해 달라고 부탁해서 듣곤 했지요. 그렇지만 ㉠뭐니 뭐니 해도 가장 관심 있었던 일은, 우리 주인댁 따님 스테파네트 아가씨, 근방 100리 안에서 가장 예쁜 그 아가씨 소식이었습니다.

 그러던 어느 일요일, 보름마다 꼬박꼬박 오는 보급품을 기다리는데, 그날따라 꽤나 시간이 가도 안 오지 뭡니까. ㉡아침나절엔 "오늘 큰 미사가 있어서 그럴 거야."라고 혼잣말을 했지요. 그런데 정오쯤 되니 거센 비바람이 몰아쳐서 '올라오는 길이 안 좋아져 노새가 길을 떠나지 못했겠구나.'라고 생각했죠. 그러다 오후 3시쯤 되니, 하늘이 환해지면서 산은 물기와 햇빛으로 반질거렸고, 나뭇잎에서 뚝뚝 물 떨어지는 소리와 불어난 시냇물이 콸콸 흐르는 소리 틈새로 ㉢노새 방울 소리가 딸랑딸랑, 마치 부활절 날 커다랗게 울려 대는 종소리처럼 명랑하고 또렷하게 들려오더군요. 하지만 노새를 끌고 온 사람은 꼬마 미아로도 아니고, 노라드 할머니도 아니고, 바로바로…… ㉣누구였을까 맞혀 보세요! 바로 우리 아가씨였답니다.

 "그러니까 양치기는, 여기 사는 거야? 항상 혼자 지내니 얼마나 심심할까! 무얼 하지? 무슨 생각을 해?"
'아가씨, 당신 생각을 한답니다.'
라고 대답하고 싶었지요. 그렇다 해도 거짓말은 아니었을 겁니다. 하지만 어찌나 떨리던지 단 한 마디도 할 말을 찾을 수가 없었어요. 아가씨도 그걸 눈치챘던 것 같은데, 글쎄 이 장난꾸러기 아가씨는 짓궂게도 나를 한층 더 곤혹스럽게 만드는 일에 재미를 느끼고 있었지요.
"그럼 양치기 여자 친구는? 가끔 만나러 올라오나? …… 그 여자 친구는 분명 황금 염소일 거야. 아니면 산봉우리만 타고 다닌다는 에스테렐 요정이거나."
내게 이런 말을 하면서 고개를 뒤로 젖히고 까르르 예쁘게도 웃으며 얼른 가려고 서두르는 — 그래서 지금 찾아온 것이 마치 환영처럼 느껴지는 — ㉤아가씨가 바로 그 에스테렐 요정 같기만 했습니다.

---

01. 이 글에 대한 설명으로 적절하지 <u>않은</u> 것은?
① '나'가 과거를 회상하며 이야기를 시작하고 있다.
② 목초지가 있는 산꼭대기에서 이야기가 펼쳐진다.
③ '나'와 아가씨 사이의 갈등을 중심으로 사건이 전개된다.
④ 본격적인 사건은 어느 일요일, 아가씨의 방문으로 시작된다.
⑤ 주인공인 '나'가 서술자가 되어 자신의 이야기를 들려준다.

02. 이 글의 '나'에 대한 이해로 적절한 것은?
① 평소에는 사람들과 거의 교류하지 못한다.
② 혼자 지내며 사색에 잠기는 것을 좋아한다.
③ 스테파네트 아가씨와 서로 좋아하는 사이이다.
④ 부활절 날에 미사를 드리지 못해 안타까워한다.
⑤ 보급품이 늦게 와서 며칠간 제대로 먹지 못했다.

03. ㉠~㉤에 대한 설명으로 적절하지 <u>않은</u> 것은?
① ㉠: 아가씨에 대한 '나'의 호감이 드러나고 있다.
② ㉡: 문제의 원인을 찾고 '나'가 안도하고 있다.
③ ㉢: 보급품이 오는 것을 '나'가 반가워하고 있다.
④ ㉣: '나'가 독자와 직접 대화하듯 서술하고 있다.
⑤ ㉤: 아가씨를 금방 사라져 버리는 꿈과 같은 신비로운 존재로 묘사하고 있다.

 활동 응용 문제 |서술형|
04. (다)에서 알 수 있는 '나'와 아가씨의 성격을 한 문장으로 쓰시오.

[05~08] 다음 글을 읽고, 물음에 답하시오.

가 비탈진 오솔길로 아가씨가 사라지자, 노새 발굽이 땅을 차면서 이리저리 구르는 자갈돌 하나하나가 내 가슴에 툭툭 떨어지는 것만 같았지요. 그 소리가 귀에 오래오래 들려왔습니다. 날이 저물 때까지 나는 잠에 취한 사람처럼, 행여 내 꿈이 사라져 버릴까 봐 움직일 엄두도 못 내고 마치 잠에 취한 사람처럼 그렇게 서 있었지요. 저녁이 다 되어 골짜기 저 아래쪽까지 검푸른 빛깔로 변하기 시작하고 양들이 우리에 들어가려고 매매 울어 대며 서로 몸을 부딪치면서 모여들 무렵, 내리막길에서 누가 나를 부르는 소리가 들리더니, 우리 아가씨가 나타나는 게 아니겠어요. 아까처럼 생글생글 웃는 모습이 아니라 춥고 두려워서 흠뻑 젖은 몸을 덜덜 떨고 있었지요. 소르그강이 저 아래 산기슭에서 쏟아진 비로 콸콸 넘치고 있는 모양이었습니다. 그래서 어떻게든 강을 건너려다 물에 빠질 뻔했던 거지요.

나 울안 한구석, 아가씨가 자는 모습을 신기하다는 듯 바라보는 양 떼 바로 곁에서 우리 주인댁 따님이, ㉠다른 모든 양보다 훨씬 더 소중하고 더 하얀 양 한 마리처럼 내가 지켜 주는 가운데 쉬고 있다고 생각하니 정말이지 자랑스러울 따름이었죠. 그때까지 하늘이 그렇게 깊어 보이고 별들이 그렇게 빛나 보인 적은 없었다니까요⋯⋯. 갑자기, 양 우리의 울타리가 살포시 열리더니 어여쁜 스테파네트 아가씨가 나타났어요.

다 그걸 본 나는 어깨에 두르고 있던 암사슴 가죽을 아가씨에게 주고 불길을 더 돋우었고, 우리는 아무 말 없이 그렇게 나란히 앉아 있었어요. 만약 여러분이 한번이라도 한데서 밤을 새워 보았다면 알 겁니다.

[A] 우리가 잠든 시간에 고독과 침묵 속에서 신비로운 세상이 깨어난다는 것을 말이죠. 그럴 때 샘물은 낮보다 한결 또랑또랑한 소리로 노래하듯 흐르고, 연못은 작은 불꽃들을 밝히지요. 산의 모든 정령들이 자유로이 왔다 갔다 하고요. 허공 중에는 뭔가 삭삭 스치는 듯한 소리, 알아들을 수 없는 소리들이, 마치 나뭇가지가 자라나고 풀들이 쑥쑥 커 오르는 소리처럼 들려온다니까요. 낮 시간은 존재들의 삶이지만, 밤은 사물들의 삶입니다.

이런 걸 익숙하게 접해 보지 않았다면 무섭기 마련이지요⋯⋯. 그러니 우리 아가씨도 오들오들 떨면서 작은 소리만 들려도 나한테 꼭 달라붙었지요.

05. (가)~(나)에 나타난 '나'의 심리 변화로 적절한 것은?

① 긴장감 → 안도감 → 행복감
② 서글픔 → 초조함 → 즐거움
③ 부끄러움 → 기쁨 → 기대감
④ 아쉬움 → 놀람 → 자랑스러움
⑤ 서운함 → 당황스러움 → 불안감

06. '나'가 아가씨를 ㉠과 같이 표현한 의도를 가장 잘 파악한 것은?

① 아가씨를 위해 '나'가 돌보는 양들을 버릴 수 있다는 각오를 드러내고 있는 것 같아.
② 아가씨가 새하얀 피부를 지닌 눈부시게 아름다운 존재라는 것을 보여 주려는 것 같아.
③ 늘 함께 있는 양들처럼 아가씨와도 영원히 함께할 수 있다는 믿음을 나타내는 것 같아.
④ 아가씨가 잠을 자는 모습이 양 떼들이 잠을 자는 모습과 비슷하다는 것을 말하고 있는 것 같아.
⑤ 하얀 양처럼 순수한 모습의 아가씨가 '나'의 보호를 받아야 하는 연약한 존재라는 것을 표현한 것 같아.

활동 응용 문제

07. [A]에 쓰인 심미적 표현에 대한 설명으로 적절하지 <u>않</u>은 것은?

① 자연물을 의인화하여 친근감 있게 표현하였다.
② 다양한 심상을 사용하여 감각적으로 묘사하였다.
③ 의성어나 의태어로 밤 풍경을 실감나게 그려 내었다.
④ 대구법을 사용하여 밤의 특징을 간결하게 나타내었다.
⑤ 구체적인 서술을 통해 객관적인 정보를 전달하고 있다.

| 서술형 |

08. 이 글의 사건 전개 과정을 다음과 같이 정리할 때, ⓐ 부분에서 일어난 사건을 한 문장으로 쓰시오.

'나'와 아가씨의 이별 → ⓐ → '나'와 아가씨의 재회

[09~12] 다음 글을 읽고, 물음에 답하시오.

가 "그럼 너희들 양치기가 마법사라는 게 정말이야?"

"무슨 말씀을요, 아가씨. 하지만 여기서는 아무래도 별들과 훨씬 가까이 생활하다 보니 하늘에서 일어나는 일을 평지에 사는 사람들보다 잘 알게 마련이죠."

아가씨는 한 손으로 얼굴을 받친 채, ㉠천상의 작은 목동처럼 암사슴 가죽을 두르고 여전히 하늘을 올려다보고 있었습니다.

나 "어쩜 별이 많기도 하지! 아, 아름다워라! 이렇게 많은 별들을 본 적이 없어……. 양치기는 저 별들 이름을 알아?"

"알다마다요, 아가씨……. 자 보세요! 우리 머리 바로 위에 있는 저게 '성 자크의 길(은하수)'이에요. 프랑스에서 곧장 에스파냐까지 가지요. 갈리시아의 성 자크가 사라센 사람들과 전쟁을 할 때 용감한 샤를마뉴 왕에게 길을 알려 주느라 저걸 표시로 삼은 거랍니다. 좀 더 멀리 보시면, '영혼들의 수레(큰곰자리)'가 있어요. 수레의 굴대 네 개가 반짝반짝 빛나고 있죠. 그 앞에 보이는 별 세 개는 '세 마리 짐승'이고요. 세 번째 별과 마주 보는 아주 작은 별은 '짐수레꾼'이죠. 그 별 주위로 별들이 잔뜩 비 오듯이 쏟아져 내리는 게 보이시나요? 저건 하느님이 하늘나라에 받고 싶지 않았던 영혼들이랍니다……."

다 "좀 더 아래쪽엔 '장 드 밀랑'이 '천체의 횃불(시리우스)'처럼 밝게 빛나고 있고요. 이 별을 두고 양치기들은 이렇게 말하죠. 어느 날 '장 드 밀랑'이 '세 왕들'과 '병아리장(황소자리의 여섯 별)'과 함께 친구 별의 결혼식에 초대를 받았대요. '병아리장'이 서둘러 제일 먼저 길을 떠나 위쪽 길로 갔지요. 저기 저 위, 하늘 저 끝을 보세요. '세 왕들'은 아래쪽 지름길로 가서 '병아리장'을 따라잡았어요. 이 게으른 '장 드 밀랑'은 늦잠을 자느라 꼴찌로 뒤처져 화가 나서 먼저 간 별들을 멈추게 하려고 그들에게 지팡이를 던졌어요. 그래서 '세 왕들'이 '장 드 밀랑의 지팡이'라고도 불리는 거랍니다……."

라 나는 아가씨가 자는 모습을 지켜보았지요. 내 존재의 깊은 곳에서는 조금 흔들리는 마음으로, 하지만 이제껏 오직 선한 생각만을 내게 전해 주었던 이 밝은 밤의 성스러운 보호를 받으면서 말입니다. 우리 주위에는 별들이 커다란 양 떼처럼 유순하게, 소리 없는 운행을 계속하고 있었습니다. 그렇게 앉은 채로 이따금 난 그려 보곤 했어요. 저 별들 중에

㉡가장 여릿여릿하고 가장 반짝이는 별 하나가 가던 길을 잃고 내게 내려와서는 이 어깨에 기대어 잠든 것이라고요.

 활동 응용 문제

09. 이 글을 통해 작가가 독자에게 전하려는 가치로 적절한 것은?

① 정신적 사랑의 아름다움
② 열정적 사랑이 주는 매력
③ 자기희생적 사랑의 위대함
④ 충성을 다하는 지극한 마음
⑤ 신분을 뛰어넘는 사랑이 주는 감동

10. 이 글을 읽은 독자의 반응으로 적절하지 않은 것은?

① 아가씨가 잘 모르는 것을 '나'가 알려 주고 있어.
② '나'와 아가씨가 대화를 나누며 친밀해지고 있어.
③ 아가씨는 수많은 별들의 아름다움에 반한 것 같아.
④ '나'는 아가씨 덕분에 참 행복한 밤을 보내고 있어.
⑤ 아가씨가 잠든 걸 보니 '나'의 이야기가 지루했나 봐.

 활동 응용 문제

11. (나)와 (다)에 드러나는 심미성에 대한 설명으로 적절하지 않은 것은?

① 별들을 사람에 빗대어 문학적으로 표현한다.
② 별자리에 얽힌 이야기를 흥미롭게 풀고 있다.
③ 낭만적이고 서정적인 분위기를 불러일으킨다.
④ 별자리 모양을 비유를 활용해 생생하게 묘사한다.
⑤ 각 별자리에 관한 궁금증들을 과학적으로 풀어 준다.

| 서술형 |

12. ㉠과 ㉡이 공통으로 가리키는 대상을 쓰고, 각각의 함축적 의미를 쓰시오.

대상	
㉠	
㉡	

(3) 자연이 하는 말을 받아쓰다

생각 열기

다음 상황에서 강연을 한다고 할 때, 자신이라면 어떤 점을 고려할지 생각해 봅시다.

• 가와 나의 청중이 위 강연에서 기대하는 내용은 각각 무엇일까요?

예시 답ㅣ 가 친구와의 우정, 부모님의 사랑 등 / 나 행복한 노년을 보내는 방법, 가족과의 시간을 보내는 방법, 건강과 운동 등

• 청중의 관심과 요구를 고려하지 않고 말을 했을 때, 청중들은 어떤 반응을 보일지 이야기해 봅시다.

예시 답ㅣ 흥미가 떨어지기 때문에 지루해하고 강연에 집중하지 못할 것이다.

• 이렇게 열자 •

가와 나의 상황을 살펴보면, 강연자와 강연 주제는 같지만, 청중은 다르다는 것을 알 수 있다. 청중이 달라지면 강연의 내용이나 표현 전략도 달라져야 한다. 청중의 관심사나 요구, 기대하는 바가 다르기 때문이다. 가의 청중인 청소년(학생)과 나의 청중인 노인이 기대하는 내용이 무엇일지 생각해 보고, 그것에 따라 강연의 내용이나 표현 전략이 어떻게 달라질지 생각해 보자. 그리고 청중의 관심과 요구를 고려하지 않는다면 청중의 반응은 어떠할지 상상해 보자.

이를 바탕으로 말하기에서 청중을 고려하는 것이 중요함을 이해하고, 청중의 관심과 요구를 고려하며 말하려면 어떻게 해야 할지 생각해 보자.

이 단원의 학습 요소

학습 목표ㅣ 청중의 관심과 요구를 고려하여 효과적으로 말할 수 있다.

청중의 관심과 요구 분석하기	▶	말하기에 앞서 주제와 관련된 청중의 관심과 요구를 분석한다.
청중의 특성을 고려하여 효과적으로 말하기	▶	청중의 특성을 고려하여 내용을 구성하고 표현 전략을 조정하며 효과적으로 말한다.

소단원 바탕 학습

핵심 개념 미리 보기

1. 강연의 뜻과 특징

• 뜻: 일정한 주제에 대하여 청중 앞에서 강의 형식으로 말하는 것이다.
• 특징: 여러 사람을 대상으로 이루어지는 공식적이고 일방적인 말하기로, 청중의 관심사와 요구를 분석하여 내용을 구성하고 표현 전략을 세워야 한다.

2. 강연에서 청중 분석의 중요성

말하기 내용 관련 →	청중 분석은 의사소통 상대에 대한 분석을 바탕으로 말할 내용을 효과적으로 생성하고 조직하기 위한 필수적인 활동임.
말하기 전략 관련 →	청중 분석을 통해 표현 전략과 전달 방식을 마련해야 효과적인 의사소통이 가능해져, 청중의 몰입을 유도하고 말하기의 목적을 달성할 수 있음.

3. 청중 분석의 내용

관심과 요구	• 청중이 원하는 것을 정확히 예측하여 청중의 관심과 요구를 반영한 내용을 마련해야 함. • 화자가 준비한 정보를 일방적으로 나열하는 것이 아니라, 청중이 얻고자 하는 필요에 따라 내용을 구성하고 전달해야 함.
사전 지식	• 청중의 지적 수준을 고려하여 같은 내용이라도 표현 방식을 달리해야 함. • 청중이 주제에 관해 가지고 있는 사전 지식의 정도를 분석하여 세부 내용을 마련하고 표현 전략을 세워야 함.
관련성	• 주제에 관해 청중 개개인이 느끼는 개인적 관련성의 정도를 파악해야 함. • 도입부에서 청중의 흥미를 유발하고 말할 내용이 청자와 관련이 있음을 적극적으로 설명해야 함.

4. 청중을 고려한 말하기 전략

준언어적 표현 전략	청중에게 맞게 말하는 어조, 속도, 목소리 크기 등을 조절함.
비언어적 표현 전략	청중과의 의사소통을 돕는 적절한 몸짓이나 동작을 활용함.
매체 자료의 사용 전략	내용을 청중에게 쉽고 흥미롭게 전달할 수 있는 매체 자료를 적절하게 사용함.

제재 훑어보기

자연이 하는 말을 받아쓰다 (김용택)

• **해제:** 이 글은 시인이자 초등학교 교사인 강연자가 한 방송사의 『교육을 말하다』라는 연작 강연에서 청소년들에게 행복한 삶을 위한 공부를 주제로 강연한 내용을 담은 강연 대본이다.
• **갈래:** 강연문
• **성격:** 설득적, 경험적
• **제재:** 초등학생들에게 글쓰기를 가르친 경험
• **주제:** 행복한 삶을 위한 공부, 창의적 사고를 키우는 공부
• **특징**

① 청중의 관심과 요구를 고려한 말하기 전략을 사용한다.
② 강연자의 경험을 일화로 제시하여 청중의 흥미를 유발하고 설득력을 높인다.
③ 친근한 말하기 방식을 사용하고, 실제 학생의 글을 제시하여 강연에 대한 청중의 이해도를 높인다.

• **구성**

도입	강연자 및 강연 내용 소개
전개	• 아이들과 함께한 창조적 글쓰기 수업 소개 • 창조적 사고를 키우는 방법
마무리	자기가 좋아하는 것을 찾아 자기가 좋아하는 일을 하는 행복하고 안정된 삶을 살아야 함.

자연이 하는 말을 받아쓰다 _김용택

66 학습 포인트
· 강연 주제 파악하기
· 강연 청중 분석하기
· 강연에 쓰인 표현 전략과
  효과 ① 이해하기

 다음은 한 방송사의 『교육을 말하다』 연작 강연 중 세 번째 순서인 김용택 시인의 「자연이 하는 말을 받아쓰다」라는 강연입니다.

l 강연자 소개: 김용택(1948 ~)
시인. 1982년 연작시 「섬진강」을 발표하면서 본격적인 창작 활동을 시작하였다. 이후에도 그의 작품 대부분이 섬진강을 배경으로 하고 있어 섬진강 시인으로 불린다. 주요 작품으로 「나무」, 「콩, 너는 죽었다」, 「그 여자네 집」 등이 있다.

도입 ❶ 청소년 여러분 안녕하세요, 반갑습니다. 시인 김용택입니다. 오늘 저는
　　　　　강연 대상(청중)　　　　　　　　　　　강연자의 직업 ①: 시인
'행복한 삶을 위한 공부'에 관한 강연을 하려고 합니다. 여러분은 혹시 이 주제에
　강연 주제　　　　　　　　　　　표현 전략: 질문을 통해 청중의 주의를 끌고 강연에 몰입하도록 함.
관해 생각해 본 적이 있나요? (청중과 눈을 맞추며 기다린다.) 예, 그렇죠. 아마 누
표현 전략: 시선을 맞추고 기다려 주는 비언어적 표현을 통해 청중의 호응을 유도함.
구나 한 번쯤은 생각해 보았을 것입니다. 그만큼 우리에게 밀접하고, 중요한 주
　　　　　　　강연 주제와 청중과의 관련성을 강조하여 청중이 강연에 몰입하게 함.
제이니까요. 그럼 이제부터 이러한 주제로 강연을 시작하겠습니다.
　　　　　　　　　　　　　　　　　　　　　→ 인사 및 강연자와 강연 주제 소개

도입	강연자 및 강연 주제 소개

전개 1 ❷ 저는 지금 시골의 작은 초등학교에서 2학년 아이들을 가르치고 있습니
　　　　　　　　　　　　　강연자의 직업 ②: 초등학교 교사
다. 그러면서 ❶가르친다는 것이 남을 가르치는 것인 동시에 ㉠아이들을 통해 배
우는 것이라는 점을 알게 되었습니다. ❷저는 아이들을 가르치는 매 순간마다 깨
　　　　　　　　　　　　　　　강연자가 생각하는 '공부'의 의미
닫고, 뉘우치고, 반성하면서 자신을 고쳐가고 바꿔가고 있지요. 이것이 바로 공
부입니다. 아이들이 오히려 저에게 많은 것을 가르치고 있었습니다.
　　　　　　　　　　　　　　→ 아이들을 가르치면서 아이들로부터 가르침을 받고 있음.

❸ 그 많은 것 중 하나가 ㉡진지성입니다. 삶이 진지하기 때문에 아이들은 세상
　　　아이들로부터 받은 가르침
을 바라보는 눈이, 모든 것이 다 새롭습니다. 모든 것이 다 새것이죠. 그래서 심
심한 줄을 모릅니다. 아이들이 °사색하고 °명상하는 것은 좀 어색하죠? 아이들에
게는 사색과 명상보다는 끊임없이 움직이는 것이 행복입니다. 뭘 많이 가져야 행
　　　　까닭: 모든 것이 새롭고 신비로워 쉽게 감동하기 때문에
복한 것이 아니고, 뛰어놀 땅만 있으면 행복합니다. 모든 것들이 새롭고 신비롭
기 때문에 그럽니다. 세상 모든 것이 새것이에요. 그래서 감동을 잘하고, 감동을
잘하기 때문에 교육이 이루어지는 것입니다. 이렇게 ❸아이들은 늘 세상을 새로
운 눈으로 바라보는 신비함을 저에게 가르쳐 주었습니다.
　　아이들로부터 받은 가르침　　　　→ 아이들로부터 받은 가르침: 세상을 새로운 눈으로 바라보는 신비함.

어휘 풀이
· 사색: 어떤 것에 대하여 깊이 생각하고 이치를 따짐.
· 명상: 고요히 눈을 감고 깊이 생각함. 또는 그런 생각.

어구 풀이
❶ 아이들을 가르치는 과정에서 얻은 깨달음에 관해 이야기할 것임을 알 수 있다.
❷ 강연자가 생각하는 '공부'가 무엇인지 밝힌 부분이다. 이 강연의 주제가 '행복한 삶을 위한 공부'라는 점을 고려하면, 강연자가 아이들을 가르치면서 한 공부가 이 강연의 주요 내용이 될 것임을 짐작할 수 있다.
❸ 강연자가 아이들로부터 얻은 깨달음이자 강연자가 아이들을 가르치는 과정에서 한 공부의 내용을 이야기하고 있다. 아이들로부터 받은 가르침으로, 세상을 늘 새로운 눈으로 바라보는 것의 중요성을 강조하고 있다.

찬찬샘 핵심 강의

■ 강연자와 청중, 강연 주제

강연자	청중	강연 주제
시인, 초등학교 선생님	청소년	행복한 삶을 위한 공부

■ 강연 준비를 위한 청중 분석

같은 주제로 강연하더라도 청중이 누구냐에 따라 구성할 내용이나 표현 전략이 달라질 수 있어. 따라서 강연을 준비할 때 청중을 분석하는 것은 아주 중요하단다. 이 강연에서는 청중을 분석하기 위해 어떤 내용을 미리 확인해야 했을까? 주제에 대한 청중의 사전 지식은 어느 정도일지, 이 주제와 청중과의 관련성은 어떤지, 이 주제에 대한 청중의 관심과 요구는 어떠한지 등을 다음과 같이 분석했겠지? 이렇게 청중을 분석하면, 그 내용을 바탕으로 강연 계획을 세울 수 있단다.

▶핵심 포인트◀

청중 분석	• 대상 청중 • 강연 주제에 관한 청중의 사전 지식 • 강연 주제와 청중과의 관련성 • 청중의 관심과 요구

■ 강연에 쓰인 표현 전략과 효과 ①

이 강연에서 강연자는 강연 주제를 청중에게 효과적으로 전달하기 위해서 여러 가지 표현 전략을 쓰고 있단다. **1**에서 강연자는 청중에게 질문을 던진 후에 청중과 눈을 맞추면서 그 대답을 잠시 기다리고 있어. 이런 행동은 청중과의 적극적인 의사소통을 가능하게 하고, 청중의 대답과 호응을 유도하여 강연에 더욱 집중하게 만드는 효과가 있단다.

▶핵심 포인트◀

표현 전략	청중과 눈을 맞추면서 질문하고 답을 기다림.

↓

효과	청중의 대답과 호응을 유도하여 강연에 몰입하게 함.

콕콕 확인 문제

1. 이 강연에 대한 설명으로 적절한 것은?
① 강연의 주제는 효과적인 공부 방법이다.
② 강연이 진행되는 장소는 어느 초등학교의 강당이다.
③ 강연을 하는 사람은 시인이면서 초등학교 교사이다.
④ 강연을 듣는 사람은 학교에 다니지 않는 청소년들이다.
⑤ 강연의 목적은 행복한 삶과 상관없는 교육을 비판하려는 것이다.

2. 이 강연문을 준비할 때 필요한 청중 분석의 내용으로 거리가 먼 것은?
① 강연의 주제나 내용이 청중과 관련성이 있는지 확인한다.
② 청중 개개인의 가족 구성을 고려하여 강연 주제를 수정한다.
③ 청중이 강연 주제에 관한 사전 지식을 갖추고 있는지 알아본다.
④ 강연 내용이 청중의 관심사와 요구를 반영하고 있는지 살펴본다.
⑤ 청중의 수준을 고려할 때 어떤 표현 방식이 적절할지 생각한다.

3. 이 강연문에서 확인할 수 있는 강연자의 생각과 일치하는 것은?
① 학습자의 요구에 맞는 맞춤형 교육이 필요하다.
② 학생들에게 사색과 명상의 시간을 제공해야 한다.
③ 아이들이 뛰어놀 운동장을 충분히 확보해야 한다.
④ 아이들은 이 세상이 늘 새롭고 신비하기 때문에 쉽게 감동한다.
⑤ 학생들은 자신의 잘못을 쉽게 뉘우치고 반성하며 자신을 고쳐 간다.

4. 이 강연에 쓰인 표현 전략과 그 효과로 적절한 것은?
① 청중의 말투를 흉내 내어 청중의 흥미와 관심을 유발한다.
② 요즘 유행하는 말을 사용하여 분위기를 부드럽게 만든다.
③ 청중에게 질문할 기회를 주어 적극적인 참여를 이끌어 낸다.
④ 청중에게 질문을 던지고 대답을 기다리며 청중의 호응을 유도한다.
⑤ 과장된 몸짓을 통해 청중의 주의를 끌고 강연에 몰입하도록 만든다.

|서술형|

5. ㉠과 ㉡이 의미하는 공통적인 내용을 **3**에서 찾아 한 문장으로 쓰시오.

4 <u>그런</u> 아이들과 제가 같이 했던 것이 글쓰기였습니다. 그런데 초등학교 2학년

늘 세상을 새로운 눈으로 바라보는

아이들에게 글쓰기를 가르친 경험을 소개함.

아이들은 *개념이 없습니다. 개념이 없다는 말은 논리가 없다는 말입니다. 그런

아이들에게 글쓰기를 가르치는 것은 너무 힘들어요. 개념이 없고 논리적이지 않

기 때문에 교육이 어렵습니다. 그래서 어떻게 가르쳤냐면, 교육적인 *용어, 문학

적인 용어를 활용하지 않고, 즉, ㉠글쓰기의 방법과 기술을 가르치지 않고 세상

을 바라보는 눈을 갖도록 해줬습니다.

구체적 방법: 아이들에게 자기 나무를 정하여 나무에서 일어나는 일을 쓰게 함.

→ 아이들에게 세상을 바라보는 눈을 갖게 해주어 글쓰기를 할 수 있도록 함.

5 ❶<u>먼저 우리 반이 되면 자기 나무를 정합니다.</u> 온종일 가장 많이 바라볼 수 있

교과서 날개

까닭: 글쓰기의 방법과 기술을 가르치지 않고 세상을 바라보는 눈을 갖게 하려고

는 자기 나무를 정해서 그 나무에서 일어나는 일을 쓰게 한 것입니다. 아이들이

자기 나무를 정합니다. 정하면 물어보는 거죠.

까닭: 아이들이 자기 나무에 관심을 갖게 하려고

❷<u>"(눈앞에 학생이 있는 듯 손가락으로 앞을 가리킨다.) 나무 봤어?"</u>

표현 전략: 비언어적 표현과 준언어적 표현을 통해 대화 장면을 실제처럼 생생하게 전달함.

하면, 안 봅니다. 아이들이 그렇게 말을 잘 듣나요? ㉡<u>그래도 계속해서 물어보</u>

<u>는 겁니다.</u> 물어보다 보면 집에서 놀다가 자기 나무가 눈에 띄겠죠. 눈에 띄면,

'어, 학교에 가면 선생님이 또 나무 봤냐고 물어보시지 않을까?'

하는 생각에 나무를 보게 되는 것입니다.

→ 글쓰기 수업의 1단계: 자기 나무 정하게 하고 그 나무에 관해 물어보기

6 "나무 봤어?"

"봤어요."

그러는 거예요. 그럼,

㉢<u>"네 나무가 어떻게 하고 있던?"</u>

아이들에게 나무를 관찰하게 만들려고 함.

이렇게 물어봐요. 그런데 아이들은 어떻게 하고 있는지는 안 봐요. 그냥 보고

만 온 거예요. 그러니까 그다음부터는 집에 보낼 때마다 그러는 거죠.

"자, 오늘 집에 가서 나무가 혹시 눈에 뜨이면 네 나무에서 어떤 일이 일어났

는가를 보고 와라."

그럼 애들이 집에서 놀다가 나무가 눈에 띌 때가 있겠죠? 그럼 아이들이 나무

를 다시 보게 되는 겁니다. 다시 보는 순간 세상은 달라집니다. 그렇죠? 어제하

나무를 관찰하면서 새로운 것을 알게 되고 이를 통해 세상을 새롭게 바라보게 됨.

고 다르게 보기 때문에 세상이 달라 보이는 것입니다.

→ 글쓰기 수업의 2단계: 자기 나무에서 어떤 일이 일어나는지 관찰하게 하기

읽기 중 활동

교과서 날개

강연자가 아이들에게 자기 나무를 정하여 나무에게 일어나는 일을 쓰게 한 의도는 무엇이었을까요?

→ 아이들에게 글쓰기의 방법과 기술을 가르치지 않고 세상을 바라보는 눈을 갖게 하기 위해 자기 나무를 정하여 관찰하도록 한 것이다.

어휘 풀이

· 개념: 어떤 사물이나 현상에 대한 일반적인 지식.
· 용어: 일정한 분야에서 주로 사용하는 말.

어구 풀이

❶ 아이들과 함께한 글쓰기 수업의 경험을 본격적으로 들려주기 시작하는 부분이다. 개념과 논리가 없는 아이들에게 글쓰기의 방법과 기술을 가르치지 않고 글쓰기 수업을 어떻게 했는지 구체적인 내용을 제시하고 있다.

❷ 아이들과의 일화를 소개하면서 실제 대화 상황을 눈에 보이듯이 구체적이고 생생하게 재현하고 있다. 이를 위해 '눈앞에 학생이 있는 듯 손가락으로 앞을 가리키는' 비언어적 표현을 사용하고, 청중이 아닌 학생에게 직접 이야기하는 말투(준언어적 표현)를 사용함으로써 청중들이 강연자의 이야기에 몰입하게 하고 있다.

■ **강연자가 아이들과 함께한 글쓰기 수업**

강연자는 초등학교 교사로서 아이들을 가르치면서 아이들로부터 배운 것이 있다며 그 배움에 관한 이야기로 강연을 본격적으로 시작했어. 그 배움은 늘 세상을 새로운 눈으로 바라보는 신비함인데, 그 구체적인 내용이 ❹~❻에 제시되어 있어. 강연자는 아이들에게 세상을 바라보는 눈을 갖게 해 주는 글쓰기 수업을 하였다며, 그 구체적인 방법을 청중에게 소개하고 있단다. 강연자의 글쓰기 수업은 아이들에게 자기 나무를 정하게 하고 그 나무에서 일어나는 일을 관찰하여 쓰게 하는 것이었어. 그 과정을 통해 아이들이 어떻게 세상을 바라보는 눈을 갖게 되는지를 보여 주고 있지.

▶핵심 포인트◀

글쓰기 수업	
1단계	아이들에게 자기 나무를 정하게 함.
2단계	자기 나무에서 일어나는 일을 관찰하게 함.
3단계	관찰한 일을 글로 쓰게 함.

■ **강연에 쓰인 표현 전략과 효과 ②**

강연자는 글쓰기 수업을 어떻게 진행했는지 이야기할 때 다양한 표현 전략을 사용하여 효과적으로 내용을 전달하고 있어. 아이들과 실제 나눈 대화를 인용하여 아이들의 말투를 따라 하는 준언어적 표현과 당시의 손동작을 흉내 내는 비언어적 표현을 적절히 활용하여 실제처럼 대화 장면을 생생하게 재현하고 있단다.

▶핵심 포인트◀

표현 전략	효과
아이들과의 일화를 소개할 때 실제처럼 생생하게 전달함.	청중들이 강연자가 소개하는 장면을 눈에 보이듯이 구체적이고 생생하게 떠올릴 수 있음.
상황에 맞는 손짓, 몸동작을 사용함.	청중과 의사소통을 원활하게 함.
친근한 어조로 아이들의 말투를 따라 함.	청중들이 강연자의 이야기에 몰입할 수 있음.

---

6. ❹~❻의 중심 내용으로 적절한 것은?
① 강연자가 아이들과 함께 나무를 키운 일화
② 강연자가 아이들에게 글쓰기를 가르친 경험
③ 강연자가 나무를 통해 아이들과 친해진 사건
④ 나무와 글쓰기의 관계에 대한 강연자의 의견
⑤ 효과적인 글쓰기 방법과 기술에 대한 강연자의 주장

7. ❺와 ❻에서 강연자가 사용한 표현 전략을 〈보기〉에서 모두 골라 바르게 묶은 것은?

> **보기**
>
> ㄱ. 상황에 맞는 비언어적 표현을 적절하게 사용한다.
> ㄴ. 아이들과의 대화 장면을 실제처럼 생생하게 전달한다.
> ㄷ. 아이들의 나무를 매체 자료를 활용하여 직접 보여 준다.

① ㄱ   ② ㄷ   ③ ㄱ, ㄴ
④ ㄴ, ㄷ   ⑤ ㄱ, ㄴ, ㄷ

8. ㉠을 위해 강연자가 아이들에게 시킨 일로 적절한 것은?
① 학교에서 일어난 일들을 소재로 발표하게 한다.
② 하루도 빠짐없이 나무를 관찰한 후 일지를 쓴다.
③ 자기 나무를 정해서 그 나무에서 일어나는 일을 관찰한다.
④ 나무를 화제로 친구들과 대화를 나누고 그 내용을 정리한다.
⑤ 나무를 기르는 것과 글을 쓰는 것의 공통점을 찾아 글을 쓴다.

|서술형|
9. 강연자가 ㉡과 같은 행동을 통해 아이들에게 기대한 반응을 한 문장으로 쓰시오.

10. ㉢의 질문을 통해 강연자가 궁극적으로 의도하는 바로 적절한 것은?
① 아이들이 나무의 가치와 소중함을 깨닫기를 바란다.
② 아이들이 나무에 대한 과학적 지식을 쌓기를 바란다.
③ 아이들이 자연의 일부로 살아가는 삶의 가치를 이해하기를 바란다.
④ 아이들이 나무를 관찰하는 것을 통해 세상을 바라보는 눈을 갖기를 바란다.
⑤ 아이들이 나무를 관찰하며 모든 사물을 사랑하고 아끼는 마음을 갖기를 바란다.

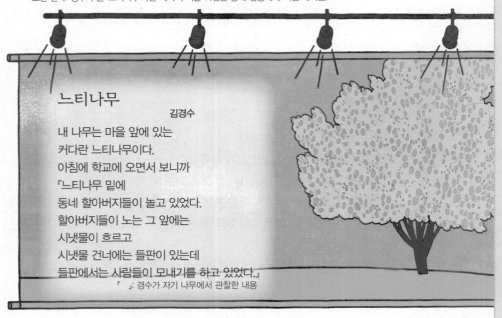

7 자, 그러면 제가 또 물어봅니다.

"나무 봤어? 네 나무 어떻게 하고 있었어?"

제가 충영이란 학생한테 물어봤습니다.
_{충영이라는 학생과의 구체적 일화를 소개함.}

"제 나무는요, 우리 집 앞에 있는 소나무인데요. 소나무에서 새가 앉았다가 날
_{충영이가 관찰한 내용 → 충영이가 본 새로운 세상}

아가던데요."

그러는 거예요. 그래서, / "오, 그래? 그럼 그걸 써 봐."
_{충영이가 관찰한 내용: 소나무에서 새가 앉았다가 날아간 것}

그러는 겁니다. ❶그걸 쓰면 뭐가 되겠습니까? 네, 글이 되고 시가 되는 것이

지요.

→ 자기 나무를 정해 글로 쓰게 한 사례 ①: 충영이가 자기 나무에서
관찰한 내용을 글로 쓰게 함.

8 그러던 어느 날, 제가 경수란 아이에게 물어봤습니다.
_{경수라는 학생과의 구체적 일화를 소개함.}

"경수야, 네 나무 봤어? 어떻게 하고 있었어?"

경수가 이렇게 대답하는 것이었습니다.

"제 나무는 마을 앞에 있는 커다란 느티나무인데요. 아침에 학교 오면서 보니

까요, 느티나무 아래 할아버지들이 놀고 계셨어요. 그리고 그 앞에는 시냇물
_{경수가 관찰한 내용 → 경수가 본 새로운 세상}

이 흐르고 있었고요. 시냇물 건너에는 들판이 있는데 들판에서는 사람들이 모

내기를 하고 있었어요."

이렇게 얘기를 하는 거예요. ❷나무만 보라고 했는데 이 녀석이 그 주위를 자

세히 보게 된 겁니다. 그리고 그것을 종합한 겁니다.
_{경수가 관찰한 내용: 느티나무 주변의 마을 풍경}

"그럼 그걸 써 봐."

_{강연자가 글쓰기를 통해 아이들에게 해주고 싶었던 것}

❸그러면 이런 글이 되는 겁니다. ㉠새로운 세계를 창조한 것이지요.
_{표현 전략: 경수가 쓴 '느티나무'라는 제목의 시를 화면을 통해 청중에게 직접 제시함.}

느티나무

김경수

내 나무는 마을 앞에 있는
커다란 느티나무이다.
아침에 학교에 오면서 보니까
『느티나무 밑에
동네 할아버지들이 놀고 있었다.
할아버지들이 노는 그 앞에는
시냇물이 흐르고
시냇물 건너에는 들판이 있는데
들판에서는 사람들이 모내기를 하고 있었다.』
『 』: 경수가 자기 나무에서 관찰한 내용

→ 자기 나무를 정해 글로 쓰게 한 사례 ②: 경수가 자기 나무에서 관찰한 내용을 시로 씀.

어구 풀이

❶ 자신이 본 새로운 세상을 표현하는 글쓰기 과정을 통해 학생들에게 세상을 보는 새로운 눈을 갖도록 하려는 강연자의 의도를 짐작할 수 있다.

❷ 경수가 기대했던 것 이상의 행동을 한 것에 대해 강연자가 기특해하는 마음이 드러난다. 경수는 자기 나무를 보라는 강연자의 요구에서 한발 더 나가 나무 주변의 마을 풍경까지 관찰하여 이야기했다. 이런 경수의 모습을 통해 새로운 눈으로 새로운 세상을 바라보는 것이 어떤 것인지를 청중이 이해하기 쉽게 구체적으로 설명하고 있다.

❸ 경수는 자신이 관찰한 내용을 '느티나무'라는 제목의 시로 표현하였다. 이렇게 표현한 시 자체가 경수가 창조한 하나의 새로운 세상이라는 뜻이다. 이러한 경수의 시 창작 과정을 통해, 글쓰기를 하면 어떻게 세상을 바라보는 눈을 갖게 되는지를 알기 쉽게 설명하고 있다. 그리고 매체 자료를 활용하여 실제 경수의 시를 화면을 통해 청중에게 직접 보여 줌으로써 강연에 흥미를 느끼게 하고 강연의 신뢰도를 높이고 있다.

■ 글쓰기 사례의 내용과 효과

아이들과 함께한 글쓰기 수업을 소개하면서 강연자는 구체적인 사례 두 가지를 들고 있어. 바로 충영이와 경수의 글쓰기 사례야. 충영이와 경수는 각자 자기 나무를 관찰하면서 본 내용을 글로 쓰게 되는데, 충영이는 새가 소나무에 앉았다가 날아간 것을, 경수는 느티나무 주변의 마을 풍경을 글이나 시로 표현하게 된 거지. 바로 이렇게 자기가 새롭게 관찰한 것을 글로 쓰면 그것이 바로 새로운 세계를 창조한 것이라고 강연자는 설명하고 있어. 어때? 이렇게 강연자의 실제 사례들을 가지고 설명하니까 이해하기가 참 쉽지? '새로운 세계의 창조'라는 어려운 말을 청중인 청소년들이 쉽게 이해하도록 강연자는 구체적 사례를 든 거란다.

›핵심 포인트‹

글쓰기의 사례		효과
[사례 1] 충영이가 소나무에서 새가 앉았다가 날아가는 것을 관찰하고 그것을 써 보게 함.	→	새로운 세계를 창조하는 것, 세상을 새로운 눈으로 바라보는 것의 의미를 청중이 쉽게 이해하게 함.
[사례 2] 경수가 느티나무를 통해 주변의 마을 풍경까지 관찰하고 그것을 시로 씀.		

■ 강연에 쓰인 표현 전략과 효과 ③

강연자는 단지 구체적 사례를 들려주는 데에서 그치지 않고, ⑧에서 실제 경수가 쓴 시를 화면에 제시하여 보여 주고 있단다. 이렇게 매체 자료를 활용하면 청중이 강연에 더욱 흥미를 느끼고 몰입할 수 있도록 만들 수 있어. 게다가 청중은 직접 시를 확인할 수 있으니까 강연자의 말에 더욱 신뢰가 가겠지.

›핵심 포인트‹

표현 전략	일화에 등장하는 학생 경수가 쓴 시를 화면을 통해 청중에게 직접 제시함.
	↓
효과	청중이 강연에 흥미를 느끼도록 하고, 실제 사례를 통해 강연의 신뢰도를 높임.

11. 이 강연을 참고할 때, 다음 질문에 대한 답으로 적절한 것은?

> 강연자는 자신이 설명하려는 것을 청중인 청소년들이 쉽게 이해하도록 어떤 방법을 사용했을까?

① 전문가의 권위 있는 말을 인용하였어.
② 설명 대상의 구체적인 사례를 들려주었어.
③ 실제 대화 장면이 담긴 동영상을 보여 주었어.
④ 어려운 개념들의 뜻을 하나하나 풀이해 주었어.
⑤ 설명 내용과 관련된 객관적인 통계 자료를 제시하였어.

12. 이 강연을 통해 강연자가 전하려는 내용으로 가장 적절한 것은?
① 글쓰기의 단계
② 시를 쓸 때 주의할 점
③ 시를 시답게 만드는 요소
④ 새로운 세계를 창조하는 것의 의미
⑤ 일상의 경험을 시로 표현하는 방법

13. 〈보기〉에서 ㉠에 해당되는 것을 골라 바르게 묶은 것은?

> **보기**
> ㄱ. 충영이가 집 앞의 소나무에서 새가 앉았다가 날아가는 것을 보고 그것을 글로 썼다.
> ㄴ. 충영이가 글쓰기 수업을 하기 위해 선생님과 대화를 나누었다.
> ㄷ. 경수가 아침에 학교에 오면서 마을 앞 느티나무 아래에서 놀고 있는 할아버지들을 만났다.
> ㄹ. 경수가 마을 앞 느티나무 주위 풍경을 자세히 보고 이를 종합하여 시를 지었다.

① ㄱ, ㄴ ② ㄱ, ㄹ ③ ㄴ, ㄷ
④ ㄴ, ㄹ ⑤ ㄷ, ㄹ

|서술형|
14. ⑧에서 다음과 같은 효과를 주는 표현 전략을 한 문장으로 쓰시오.

> • 강연 내용에 대한 청중의 신뢰도를 높일 수 있다.
> • 청중이 강연에 흥미를 느끼도록 할 수 있다.

9 공부란 하나를 가르쳐 주면 하나를 아는 게 아닙니다. ❶공부란 하나를 가르쳐
_{경수의 예: 느티나무} _{경수의 예: 느티나무 주변의 마을 풍경}
주면 열을 아는 것입니다. 하나를 자세히 보면 이것도 보이고 저것도 보이는 것
_{창조란 대상에 대한 지속적인 관심과 진지한 관찰에서 비롯되는 것임.}
입니다. 새로운 세계는 그걸로 만드는 거죠. 이게 창조라는 거예요. 창조란 거기
서 시작되는 것입니다.
→ 아이들의 글쓰기 수업을 통해 본 창조의 의미: 하나를 관찰함
으로써 새로운 세계를 알게 되는 것

> **전개 1** 아이들과 함께한 창조적 글쓰기 수업을 통해 본 창조의 의미

전개 2 **10** 그럼 ㉠창의적 생각, 창조적 사고는 어떻게 키울 수 있을까요? 저는 아
_{표현 전략: 질문을 통해 청중의 주의를 끌고 강연에 몰입하도록 함.}
이들에게 나무를 보게 했어요. 한 그루의 나무는 언제 보아도 완성이 되어 있고,
_{강연자가 아이들에게 나무를 보게 한 까닭: 자연이 늘 완성되어 있고 늘 새롭다는 것을 보여 주려고}
언제 보아도 새롭습니다. 봄, 여름, 가을, 겨울 매 순간이 다 다릅니다. 햇볕이
있을 때, 눈이 올 때, 바람이 불 때, 달이 뜨고 해가 뜰 때 다 다릅니다. 그런데
한 나무를 보고 있으면 늘 다른데, 늘 완성되어 있습니다. 산도, 강물도 늘 다른
것 같지만 언제 보아도 완성이 되어 있습니다. 그래서 우리는 자연 안에 들어가
면 편안합니다. 왜냐하면 완성이 되어 있어서 그렇습니다. 그런데도 놀랍게도 새
로운 것입니다. 새로움을 보여 주는 것입니다. → 자연은 늘 완성되어 있고 늘 새로움.

11 눈이 올 때, 눈이 오기 전 나무와 눈이 온 후의 나무는 전혀 다릅니다. ❷눈이
온 후의 나무는 눈을 받아들이고, 새로운 모습을 우리에게 창조해서 보여 주는
_{강연자는 나무가 변화한 환경을 받아들여 새로운 모습을 창조하는 것을 아이들이 직접 보도록 함.} 📖교과서 날개
것이죠. 그래서 아이들에게 나무를 보여 준 것입니다. 이처럼 자연이, 나무가 늘
_{변화하는 환경을 받아들이는 것의 중요성을 이야기함.}
완성되어 있고 늘 새로운 까닭은 바로 자연이 받아들이는 힘이 있기 때문입니다.
→ 자연이 늘 완성되어 있고 늘 새로운 까닭: 변화하는 환경을 받아들이는 힘이 있기 때문임.

12 나무가 서 있는 데 비가 옵니다. 그러면 나무는,

"나 안 맞을래."

하고 도망가지 않습니다. 비를 받아들이고 새로운 모습이 되는 것이죠.
→ 나무가 비를 받아들이는 모습

13 결국, 창조적 힘이란, 창의적 생각이란 우리가 사는 세계를 다 받아들였을 때
_{나무가 변화하는 환경을 받아들여 새로운 모습이 되는 것과 같음.}
옵니다. 그때 자기 자신을 세상에 우뚝 세울 수 있습니다.
→ 창조적 힘과 창의적 생각을 키우는 법

> **전개 2** 창조적 사고를 키우는 방법

➕ **보충 자료**
강연의 핵심 내용을 정확하게 파악하는 기준
• 객관적인 정보를 전달하는 강연: 사실과 의견을 구분한다.
• 특정한 내용에 대한 주관을 전달하는 강연: 주장과 근거를 파악한다.
• 전문적인 내용을 전달하는 강연: 일반화된 원리와 사례를 구분한다.

❝ 학습 포인트
• '나무'와 '창조적 사고'의 관계 파악하기
• 청중 분석을 바탕으로 한 강연 전략 이해하기

읽기 중 활동
교과서 날개
자연이 늘 완성되어 있고 늘 새로운 까닭은 무엇인가요?
→ 자연은 받아들이는 힘이 있어 변화하는 환경을 다 받아들이고 새로운 모습을 창조해서 보여 주기 때문이다.

어구 풀이
❶ **5**~**8**에서 강연자가 초등학교 교사로 재직하면서 학생들에게 나무 하나를 관찰하게 함으로써 세상을 보게 한 경험을, **9**에서 공부와 연결해 설명하고 있다. 강연자는 우리 주변 세계에 관심을 가지고 꾸준히 관찰하면서 새로운 눈으로 세상을 보고 나아가 새로운 세상을 창조하는 과정이 바로 공부라고 이야기하고 있다.
❷ 강연자가 아이들에게 나무를 직접 보게 한 까닭을 설명하고 있는 부분이다. 나무가 변화하는 환경을 받아들여 새로운 모습을 창조하듯이 우리도 우리가 사는 세계를 받아들여 창조적 힘을 키울 수 있다고 말하고 있다.

■ '나무'와 '창조적 사고'의 관계

9에서 강연자는 창조의 의미를 정리한 다음에, **10~13**에서 나무와 관련지어 창조적 사고를 키우는 방법을 설명하고 있어. 나무와 창조적 사고는 무슨 관련이 있을까? 강연자는 나무를 비롯한 자연은 언제 보아도 완성되어 있고 언제 보아도 새로운데, 그 까닭은 변화하는 환경을 받아들이는 힘이 있기 때문이라고 했어. 정말 그런 것 같지? 바람이 불든, 비가 오든, 눈이 오든 나무는 그 달라진 환경을 온전히 받아들여 새롭게 완성되잖아. 바로 그렇게 창조적 사고도 우리가 사는 세계를 다 받아들였을 때 비로소 생겨난다고 강연자는 설명하고 있단다.

›핵심 포인트‹

나무	창조적 사고
• 눈이 오면 눈을 받아들이고 새로운 모습을 창조해서 보여 줌. • 비가 오면 도망가지 않고 비를 받아들이고 새로운 모습이 됨.	→ 나무처럼 우리가 사는 세계, 변화하는 환경을 받아들였을 때 생겨남.

■ 강연 주제에 대한 청중 분석

이 강연의 청중은 학교에서 교육을 받는 시기에 있는 청소년들이야. 그래서 강연자는 자신이 학교에서 아이들에게 글쓰기를 가르친 경험과 사례를 들려주어 청중이 친숙하게 느낄 수 있도록 하였지. 청중의 사전 지식과 관련성을 고려하여 강연 주제를 말하는 전략을 계획한 것이지. 그래야 청중이 더 쉽게 이해할 수 있으니까. 강연 전략을 계획할 때 청중 분석이 중요하다는 점을 알겠지?

›핵심 포인트‹

청중 분석	학교에서 교육을 받는 시기에 있는 청소년들

↓

강연 전략과 효과	• 전략: 강연자가 아이들에게 글쓰기를 가르친 경험과 자기 나무를 정해 글로 쓰게 한 사례를 통해 공부와 창조적 사고를 키우는 방법을 설명함. • 효과: 청중이 내용을 쉽게 이해하고, 관심과 흥미를 갖게 함.

15. 강연자가 사용한 말하기 전략을 〈보기〉에서 골라 바르게 묶은 것은?

> **보기**
>
> ㄱ. 청중과의 친근감을 높이기 위하여 구어체의 낮춤말을 적절히 사용한다.
> ㄴ. 청중이 지루해하지 않도록 강의 중간에 질문을 던져 청중의 주의를 집중시킨다.
> ㄷ. 청중의 주의를 집중시키기 위하여 강의 내용이 바뀔 때마다 휴지를 두어 침묵하는 시간을 갖는다.
> ㄹ. 학교생활에 익숙한 청중이 강연 내용을 쉽게 이해하도록 강연자가 학교에서 실제 경험한 내용을 바탕으로 이야기한다.

① ㄱ, ㄴ   ② ㄱ, ㄷ   ③ ㄴ, ㄷ
④ ㄴ, ㄹ   ⑤ ㄷ, ㄹ

16. 이 강연에서 강연자가 자연을 바라보는 관점으로 적절한 것은?

① 자연은 늘 새롭지만 늘 완성되어 있다.
② 자연은 불완전하지만 끊임없이 변화를 추구한다.
③ 자연은 변화하는 자연환경 때문에 항상 수난을 겪는다.
④ 자연은 눈에 보이지 않지만 치열한 생존 투쟁을 벌이고 있다.
⑤ 자연은 어떤 상황에서도 변함없이 그대로의 모습을 유지한다.

17. **9**에서 설명하는 '창조'의 의미에 대한 이해로 가장 적절한 것은?

① 눈에 보이지 않는 것을 찾아내는 능력을 말하는 거야.
② 이 세상에 없던 완전히 새로운 것을 만들어 내는 거야.
③ 여러 분야의 지식을 다양하게 습득하면 생겨나는 거야.
④ 공부를 열심히 하다 보면 모르는 것이 점점 없어지는 상태야.
⑤ 관심을 두고 무언가를 꾸준히 관찰하다 보면 만나게 되는 새로운 세계야.

|서술형|

18. **10~13**의 내용을 바탕으로 ㉠에 대한 적절한 답을 〈조건〉에 맞게 쓰시오.

> **조건**
>
> • 나무의 특성을 근거로 활용하여 쓸 것.
> • '나무가 ~ 주듯이 창조적 사고는 ~ 키울 수 있다.'의 형태로 쓸 것.

마무리 **14** ❶청소년 여러분은 지금 받아들이는 힘을 키우고 있는 때입니다. 여러
<small>청중이 누구인지를 분명히 밝히면서 강연 내용과 청중과의 관련성을 드러냄.</small>
분이 살고 있는 세상, 여러분이 살아갈 세상은 이제 생각이 달라져야 합니다. 바

꿔야 합니다. 변화와 *혁신이란 여러 가지가 있겠지만, 그중 제가 여러분의 공부

와 관련해서 이야기하고 싶은 것은 여러분이 하는 공부가 행복한 삶, 안정된 삶
<small>'행복한 삶을 위한 공부'라는 강연 주제와 관련지어 내용을 전개함.</small>
을 살 수 있는 공부로 바뀌어야 한다는 것입니다. 제가 여러분의 삶을 들여다보

면 여러분은 겨우 예순 살까지 살아갈 수 있는 공부를 하고 있다는 것입니다. 저

는 이것을 바꿔야 한다고 생각합니다. 예순 살까지만 성공하는 삶이 아닌 일흔,
<small>창조적 사고를 바탕으로 한 행복하고 안정된 삶</small>
여든 살이 되어서도 성공하는 삶을 준비하라고 말하고 싶습니다.

➡ 청소년들의 공부가 행복하고 안정된 삶을 살 수 있는 공부로 바뀌어야 함.

15 그러기 위해서는 여러분이 좋아하는 것을 찾아야 합니다. 좋아하는 것을 찾는
<small>청중인 청소년</small>
<small>행복하고 안정된 삶을 살기 위해서는(일흔, 여든 살이 되어서도 성공하는 삶을 살기 위해서는)</small>
게 공부이고, 그렇게 하게 만드는 것이 교육입니다. 높은 점수를 받기 위한 것이
<small>청중: 학교에서 교육을 받거나 공부하는 청소년들 → 청중의 관심과 요구를 고려한 당부</small>
공부가 아니고, 좋아하는 것을 찾는 것이 공부라는 것이죠. 좋아하면 열심히 하

게 되고, 열심히 하면 잘하게 되고, 자기가 잘하면 사회에 나가서 할 일이 있습

니다. 자기가 좋아하는 것을 평생 하면서 살아야 행복한 삶이 되는 거죠. 행복하
<small>강연자의 주제 의식이 드러남.</small>
고 안정이 되어야 창조성이 *발현됩니다. 그 속에서 새로운 세계를 창조하면서

살아 나가야 합니다. 그것이 여러분이 가야 할 길이고, 더 나아가 우리 인류가

가야 할 길입니다. ❷돈을 많이 벌고 출세하는 그런 삶이 아니라 행복하고 안정된
<small>강연자의 주제 의식을 다시 한번 강조함.</small>
삶, 자기가 좋아하는 것을 찾아 자기가 좋아하는 일을 하는 삶을 살아야 합니다.

그런 삶이 여러분에게 창의적이고 창조적인 생각을 더욱더 키워 나가게 할 것입

니다. ➡ 행복하고 안정된 삶을 위해 자기가 좋아하는 것을 찾아 자기가 좋아하는 일을 하는 삶을 살아야 함.

16 감사합니다. ➡ 끝인사

마무리 자기가 좋아하는 것을 찾아 자기가 좋아하는 일을 하는 행복하고 안정된 삶을 살아야 함.

－『세상을 바꾸는 시간, 15분』 291회(시비에스(CBS))

어휘 풀이
· 혁신: 묵은 풍속, 관습, 조직, 방법 따위를 완전히 바꾸어서 새롭게 함.
· 발현: 속에 있거나 숨은 것이 밖으로 나타나거나 그렇게 나타나게 함. 또는 그런 결과.

어구 풀이
❶ 강연자는 바로 앞에서 자연이 변화하는 환경을 받아들이고 새로운 모습을 보여 주듯이, 우리도 그렇게 해야 창조적 사고를 키울 수 있다고 했다. 이런 전제로 청소년 시기는 새로움을 보여 주는 시기라기보다는 변화의 시기이고 따라서 받아들이는 힘을 키우는 시기라고 이야기하고 있다.
❷ 강연자가 강연을 통해 말하고자 하는 바가 요약되어 제시된 부분으로, 청중에 대한 당부도 담겨 있다. '행복한 삶을 위한 공부'는 자기가 좋아하는 것을 찾는 것이고, 자기가 좋아하는 일을 하는 삶을 살아야 행복하고 안정된 삶을 살 수 있다고 이야기하며, 청소년들도 그런 삶을 살기를 당부하고 있다.

✚ **보충 자료**
강연의 특징
· 장소의 크기, 강연 주제 등에 따라 청중의 규모가 다르다.
· 강연자의 일방적인 말하기로 이루어지는 경우가 많으며 청중은 주로 듣는 역할을 한다.
· 강연의 소재는 강연 목적이나 청중의 요구 사항에 따라 정해지며, 시사적인 소재나 교양, 학술, 문화 등 다양하다.
· 강연자는 청중의 관심과 흥미를 고려하여 다양한 표현 전략을 구사한다.
· 청중은 강연 내용 중 이해하지 못한 것이나 궁금한 점을 강연이 끝난 후 질의·응답 시간에 질문할 수 있다.

■ 나무(자연)를 통해 본 행복한 삶을 살 수 있는 공부와 창조성의 관계

 14, 15는 강연자가 청소년에게 꼭 전하고 싶은 메시지가 직접 드러나 있어. 행복한 삶을 위한 공부가 무엇인지, 어떻게 해야 창조성을 키울 수 있는지를 정리해서 설명해 주고 있지. 그런데 이 내용은 앞에서 많은 시간을 들여 이야기한 나무(자연)의 속성과 긴밀한 관련이 있단다. 사실 앞에서 나무 이야기를 한 것도 지금 이 이야기를 청중에게 들려주고 싶었기 때문이야. 따라서 이 관계를 이해할 수 있어야 강연자의 의도 또한 제대로 파악할 수 있단다.

▶핵심 포인트◀

나무(자연)	청소년
변화를 받아들이는 힘이 있음.	변화의 시기에 받아들이는 힘을 키우는 중임.
늘 새로운 동시에 편안하고 안정적임.	공부를 통해 좋아하는 것을 찾아서 행복하고 안정된 삶을 살아야 함.
새로운 세계를 창조해서 보여 줌.	앞으로의 세상을 위한 창조성을 키울 수 있음.

■ 강연의 의도와 주제 의식

강연자는 강연을 마무리 지을 때 자신의 의도와 주제 의식을 드러내기 마련이란다. 이 강연도 마찬가지야. 강연자는 청소년들에게 행복한 삶을 위한 공부를 해야 한다고 당부하고 있어. 그럼 행복한 삶을 위한 공부는 뭘까? 바로 자기가 좋아하는 것을 찾는 것이지. 자기가 좋아하는 것을 찾아 자기가 좋아하는 일을 할 때 행복한 삶을 살 수 있고, 그때 창조성은 발현된단다. 그럼, 행복한 삶, 창의적 사고를 위해 자기가 좋아하는 것을 찾는 진정한 공부를 시작해야겠지?

▶핵심 포인트◀

강연 의도	청소년에게 행복한 삶을 위한 공부를 하도록 당부함.
주제 의식	자기가 좋아하는 것을 찾아 자기가 좋아하는 일을 하는 행복하고 안정된 삶을 살면서 창의적이고 창조적인 생각을 키워 나가야 함.

19. 이 강연을 평가할 때 할 수 있는 질문으로 가장 적절한 것은?

① 다양한 종류의 매체 자료들이 많이 사용되었는가?
② 강연자의 삶이 강연 내용에 얼마나 반영되어 있는가?
③ 청중의 요구에 따라 강연 내용이 수시로 바뀌고 있는가?
④ 청중의 삶과 밀접한 관련이 있는 내용을 다루고 있는가?
⑤ 강연자의 관심사가 강연 주제에 충분히 반영되어 있는가?

20. 이 강연의 목적으로 적절한 것을 〈보기〉에서 골라 묶은 것은?

> 보기
>
> ㄱ. 돈과 출세를 중요하게 여기는 요즘 세태를 비판한다.
> ㄴ. 앞으로 청소년들이 어떤 공부를 해야 하는지를 제시한다.
> ㄷ. 청소년들에게 좋아하는 것을 찾아 행복하고 안정된 삶을 살기를 당부한다.
> ㄹ. 청소년들이 사회에 나갔을 때 할 일에 대한 구체적인 정보를 제공한다.

① ㄱ, ㄴ   ② ㄱ, ㄷ   ③ ㄴ, ㄷ
④ ㄴ, ㄹ   ⑤ ㄷ, ㄹ

21. 이 강연과 〈보기〉를 참고할 때, 청소년에게 필요한 태도로 가장 적절한 것은?

> 보기
>
> 눈이 온 후의 나무는 눈을 받아들이고, 새로운 모습을 우리에게 창조해서 보여 주는 것이죠. 그래서 아이들에게 나무를 보여 준 것입니다. 이처럼 자연이, 나무가 늘 완성되어 있고 늘 새로운 까닭은 바로 자연이 받아들이는 힘이 있기 때문입니다.

① 나무처럼 변화하는 세계를 받아들일 수 있어야 한다.
② 나무처럼 흔들림 없는 모습을 보여 주어야 할 때이다.
③ 늘 완성되어 있는 나무처럼 자기완성을 위해 노력해야 한다.
④ 나무처럼 과거에 얽매이지 말고 미래를 향해 나아가야 한다.
⑤ 나무가 눈을 맞으며 시련을 견디듯이 고난을 참고 견뎌야 한다.

|서술형|

22. 이 글의 내용으로 보아, 강연자가 생각하는 '좋아하는 일을 하는 행복한 삶을 위한 공부'는 어떤 것을 말하는지 에서 찾아 한 문장으로 쓰시오.

학습활동

이해 활동

1. 강연자가 자기 반 아이들에게 나무를 보고 글을 쓰게 한 과정을 통해 전달하고자 한 '행복한 삶을 위한 공부'란 어떤 것인지 파악해 봅시다.

> • 아이들에게 자기 나무를 정해 관찰하고 그것을 글로 표현하게 하여 새로운 세계를 창조하는 경험을 하게 한 일화를 이야기함.
> • 나무가 눈을 받아들여 새로움을 창조하고, 나무가 늘 완성된 모습을 보여 주는 까닭이 자연을 받아들이는 힘에 있다고 이야기함.

↓

> 강연자가 생각하는 '행복한 삶을 위한 공부'란 어떤 것일까?

예시 답 | 창의적인 사고를 키우는 공부

목표 활동

지학이가 도와줄게!- 1

강연의 도입 부분에서는 강연자가 청중에게 자기 자신과 강연 주제를 소개하는 경우가 많아. 마무리 부분에서는 강연을 통해 전하려는 바인 주제를 요약하거나 강조하는 경우가 많지. 그러니까 이 강연에서도 도입과 마무리 부분만 잘 살펴봐도 강연 주제와 청중은 어렵지 않게 파악할 수 있을 거야.

1. 이 강연의 내용을 바탕으로 강연의 주제와 청중을 파악해 봅시다.

> 청소년 여러분 안녕하세요, 반 갑습니다. 시인 김용택입니다. 오늘 저는 '행복한 삶을 위한 공부'에 관한 강연을 하려고 합니다. 여러분은 혹시 이 주제에 관해 생각해 본 적이 있나요?

> 돈을 많이 벌고 출세하는 그런 삶이 아니라 행복하고 안정된 삶, 자기가 좋아하는 것을 찾아 자기가 좋아하는 일을 하는 삶을 살아야 합니다. 그런 삶이 여러분에게 창의적이고 창조적인 생각을 더욱 더 키워 나가게 할 것입니다.

강연자	강연 주제	청중
시인, 초등학교 선생님	행복한 삶을 위한 공부, 창의적 사고를 키우는 공부	청소년

1. 강연의 의도 파악하기

지학이가 도와줄게!- 1

이 강연에서 강연자는 아이들에게 나무를 관찰하게 했던 일화를 청중에게 들려주었어. 그 일화를 바탕으로 강연자가 생각하는 공부의 의미를 정리해 보는 활동이야. '글쓰기를 가르친 경험'과 '나무에 관한 강연자의 생각'에서 공통으로 나타나는 '창조'라는 단어에 주목하면 쉽게 답을 찾을 수 있을 거야.

정답과 해설 10쪽
시험엔 이렇게!!

1. 강연자가 아이들에게 글쓰기를 가르친 경험을 통해 청중에게 궁극적으로 전달하려는 바는?

① 변화를 추구해야 한다.
② 자연 속에서 살아야 한다.
③ 글쓰기를 생활화해야 한다.
④ 남에게 행복을 주어야 한다.
⑤ 창조적 사고를 키워야 한다.

1. 강연의 주제와 청중 파악하기

시험엔 이렇게!!

2. 이 강연에 대한 설명으로 적절하지 <u>않은</u> 것은?

① 청중은 청소년이다.
② 강연자는 시인이며 교사이다.
③ 사실의 정확한 전달이 목적이다.
④ 강연자의 가치관이 드러나 있다.
⑤ 주제는 행복한 삶을 위한 공부이다.

2. 이 강연의 내용을 바탕으로 강연자가 파악한 청중의 관심과 요구, 강연 전략을 정리해 봅시다. 예시 답 |

> 『교육을 말하다』라는 주제의 강연이므로 청소년들에게 '행복한 삶을 위한 공부'에 관한 내 생각을 이야기하면 좋을 것 같군. 먼저 강연을 들을 청중을 분석해 보자.
>
> - 대상 청중: 청소년
> - 강연 주제에 관한 청중의 사전 지식: 청소년인 청중은 공부에 관심이 많지만, 행복한 삶을 위한 공부 방법에 관한 사전 지식은 별로 없을 듯해.
> - 강연 주제와 청중과의 관련성: 청소년은 학교에서 교육을 받는 시기이므로 강연의 주제는 청중과 밀접한 관련이 있어.
> - 청중의 관심과 요구: 공부를 왜 하는지에 관하여 관심이 많고, 어떤 공부가 행복한 삶을 위한 공부인지를 알고 싶어 할 거야.

> 청중을 분석한 내용을 바탕으로 강연 계획을 세워 보자.
>
> - 도입 부분에서 '행복한 삶을 위한 공부'라는 주제와 관련된 질문으로 시작하면 청중의 ___흥미___ 을/를 유발하고 ___관심___ 을/를 끌 수 있을 거야.
> - 전개 부분에서 아이들에게 글쓰기를 가르친 ___경험___ 와/과 자기 나무를 정해 글로 쓰게 한 ___사례___ 을/를 들려주면 창조적인 생각을 키우는 방법을 알게 할 수 있을 거야.
> - 마무리 부분에서 앞으로 청중들이 어떤 공부를 해야 하는지를 제시하고 ___좋아하는 것을 찾아 행복하고 안정된 삶을 살기___ 을/를 당부하며 마무리해야겠어.

> 자, 이제 강연을 해 볼까. 청중이 지루하지 않도록 중간중간 질문을 하고, 그밖의 다양한 표현 전략을 활용하여 내용을 전달해야겠어.

2. 청중을 분석하고, 강연 전략 정리하기

✱ 지학이가 도와줄게! - 2

강연 내용을 통해 청중을 분석해 보고, 이에 따라 강연이 어떻게 구성되었는지 살펴보는 활동이야. 청중을 분석할 때에는 단순히 나이, 수준 등만 알아보는 게 아니라, 강연 주제에 관한 청중의 사전 지식이나 관심과 요구, 강연 주제와 청중과의 관련성 등을 자세히 분석해야 해. 이 강연은 너희와 같은 청소년들을 대상으로 이루어졌으니까, '행복한 삶을 위한 공부'라는 강연 주제에 관한 청소년들의 사전 지식은 어떠할지, 이 주제가 청소년들과 관련이 있는지를 강연의 내용을 바탕으로 따져 보렴. 그리고 이 분석 내용이 강연의 '도입-전개-마무리' 부분의 내용에 어떤 식으로 반영되었을지 정리해 보자.

시험엔 이렇게!!

3. 이 강연의 준비 과정에서 강연자가 청중 분석을 할 때, 고려할 요소로 적절하지 <u>않은</u> 것은?

① 연령대　② 사전 지식
③ 취미 생활　④ 관심과 요구
⑤ 주제와 청중과의 관련성

4. 이 강연에 나타난 강연 전략으로 적절한 것은?

① 도입에서 주제에 대한 전망을 직접 밝혀야겠어.
② 도입에서는 질문을 통해 청중의 관심을 유발해야겠어.
③ 전개에서는 행복의 개념을 쉽게 풀이해 주어야겠어.
④ 전개에서는 효과적인 공부 방법을 체계적으로 설명해야겠어.
⑤ 마무리에서는 행복한 삶을 사는 다양한 사례를 제시해야겠어.

3. 이 강연에서 강연자가 사용한 표현 전략과 그 효과를 이해해 봅시다. 예시 답 l

표현 전략		효과
말하기 방식	• 아이들과의 일화를 소개할 때 실제처럼 생생하게 전달함. • 친근한 어조로 아이들의 말투를 따라함.	→ • 청중들이 강연자가 소개하는 장면을 눈에 보이듯이 구체적이고 생생하게 떠올릴 수 있음. • 청중들이 강연자의 이야기에 몰입할 수 있음.
행동	• 청중과 눈을 맞추면서 질문하고 답을 기다림. • 상황에 맞는 손짓, 몸동작을 사용함.	→ • 청중의 대답과 호응을 유도함으로써 강연에 몰입하게 함. • 상황에 맞는 동작 등을 활용하여 청중과 의사소통을 원활하게 함.
자료 제시	• 일화에 등장하는 학생이 쓴 글을 큰 화면을 통해 청중에게 직접 제시함.	→ • 학생이 쓴 글을 청중들에게 보여 주어서 청중들이 강연에 흥미를 느끼도록 하고, 실제 사례를 통해 강연의 신뢰도를 높임.

효과적인 의사소통을 위한, 청중 분석과 표현 전략

　여러 사람 앞에서 말할 때, 그 말을 들을 청중을 분석하는 것은 효과적인 의사소통을 위해 꼭 필요한 과정이에요. 말을 하기 전 청중의 수준, 관심과 요구 등을 파악한 후에 이를 고려한 말하기 전략을 활용하여 청중이 몰입할 수 있도록 해야 합니다. 청중을 고려한 말하기 전략에는 청중에 맞게 말하는 어조, 속도, 목소리 크기 등을 조절하는 준언어적 표현 전략, 청중과의 의사소통을 돕는 적절한 몸짓이나 동작을 활용하는 비언어적 표현 전략, 내용을 청중에게 쉽고 흥미롭게 전달하게 하는 매체 자료의 사용 전략 등이 있습니다. 이런 전략을 활용하되 말하기 도중에도 청중의 반응을 지속해서 점검하고, 말하기 내용이나 전략을 청중의 반응에 맞춰야 합니다.

---

3. 강연에 쓰인 표현 전략과 효과 이해하기

　지학이가 도와줄게! - 3

　강연할 때 강연자가 사용할 수 있는 표현 전략에는 어떤 것이 있을까? 먼저 손짓이나 몸동작 같은 비언어적 표현, 그리고 어조나 목소리 크기 같은 준언어적 표현이 있어. 그리고 강연의 내용과 관련된 매체 자료로 시각 자료, 청각 자료, 시청각 자료를 사용할 수 있지. 그밖에 또 어떤 방식으로 말을 했는지 특별한 점이 있다면 함께 정리해 보렴. 그리고 그런 표현 전략을 강연자가 사용할 때 청중 입장에서 어떤 좋은 점이 있을지 생각해 보면 효과도 정리할 수 있을 거야.

　시험엔 이렇게!!

5. 이 강연에서 강연자가 사용한 표현 전략으로 적절하지 않은 것은?

① 친근한 어조로 아이들의 말투를 따라하였다.
② 청중과 눈을 맞추면서 질문하고 답을 기다렸다.
③ 관용적 표현을 사용하여 인상적으로 전달하였다.
④ 아이들과의 일화를 실제처럼 생생하게 전달하였다.
⑤ 학생이 쓴 글을 큰 화면을 통해 청중에게 직접 제시하였다.

|서술형|
6. 〈보기〉에서 알 수 있는 강연자의 표현 전략을 쓰시오.

　〈보기〉
　"나무 봤어? 네 나무 어떻게 하고 있었어?" / 제가 충영이란 학생한테 물어봤습니다.
　"제 나무는요, 우리 집 앞에 있는 소나무인데요. 소나무에서 새가 앉았다가 날아가던데요."
　그러는 거예요.

4. 다음 대화를 읽고, 청중의 관점에서 이 강연을 평가해 봅시다.

> **학생** 저는 이 강연이 학생들의 관점에서 이해하기 쉬운 소재를 활용하고 있다는 점이 좋았어요. 그런데 우리가 중학생이니까 중학생에 맞는 예시가 있었으면 더 좋았을 거라는 생각이 들어요. 내용적으로는 자기가 좋아하는 것을 찾는 것이 진정한 공부라는 이야기가 인상 깊었어요. 앞으로 공부할 때 많이 생각날 것 같아요.
>
> **선생님** 교사로서 학생들에게 한번쯤은 들려주고 싶은 이야기였습니다. 기회가 된다면 교사를 대상으로 한 강연도 듣고 싶습니다.
>
> **학부모** 저도 아이를 키우는 부모여서 강연 내용에 공감이 되고, 강연을 들은 후 우리 아이의 공부 방향에 관해 많은 생각을 하게 되었습니다. 중간에 아이들의 글쓰기 사례가 다소 길다고 생각했지만, 강연자의 의도를 이해하기에는 좋았어요.

1 각각의 청중에 따라 강연에 관한 평가가 달라지는 까닭을 말해 봅시다.

예시 답 | 청중의 나이, 사회적 위치 등에 따라 강연에 관한 관심과 요구가 다르기 때문이다.

2 내가 이 강연의 청중이라면 어떻게 평가했을지 이야기해 봅시다.

> **예시 답 |**
> 나는 처음에는 '행복한 삶을 위한 공부'라는 주제가 막연하게 느껴졌는데, 막상 강연을 들어보니 결국 공부는 나 자신이 좋아하는 것을 찾아 평생 할 수 있는 일을 위한 공부를 해야 하고, 이를 통해 창조적인 생각을 키워 나가야 한다는 강연 내용에 크게 공감하게 되었어.

➕ **보충 자료**

강연 주제를 정할 때 고려할 점

• 주어진 시간 안에 청중이 소화할 수 있는 핵심적인 주제 1~2가지만 집중적으로 소개한다.

• 강연자의 관점에서 강연자가 잘 알고 있는 것에만 맞춰 주제를 정하기보다는, 청중의 관점에서 청중의 관심사와 요구를 반영하여 주제를 선정해야 한다.

• 청중의 관심을 끌 수 있도록 청중의 실생활과 관련지어 설명하거나 청중의 현재 상황과 관련성이 높은 주제를 다루어야 한다.

🪄 지학이가 도와줄게! - 4

다양한 청중의 관점에서 이 강연을 평가해 보면, 강연에서 청중의 요구와 관심사를 고려하는 것이 얼마나 중요한지 알게 될 거야. 그리고 자신이 직접 청중이 되어 이 강연을 평가할 때에는 강연을 통해 새롭게 알게 되거나 깨달은 것들, 그리고 더 알고 싶거나 아쉬웠던 점을 떠올려 보면 도움이 될 거야.

🍎 시험엔 이렇게!!

7. 강연을 준비할 때 청중을 고려해야 하는 까닭으로 적절하지 <u>않은</u> 것은?

① 청중에 따라 강연에 관한 관심과 요구가 다르기 때문에

② 청중에 따라 강연의 표현 전략을 달리해야 하기 때문에

③ 청중의 사전 지식을 고려하여 강연 내용을 마련해야 하기 때문에

④ 청중과의 관련성을 고려하여 강연 내용을 구성해야 하기 때문에

⑤ 청중과 강연자의 친분 관계에 따라 강연 주제를 정해야 하기 때문에

학습활동

창의·융합 활동

함께하기

‖ '우리 반을 바꾸는 3분 말하기' 활동을 하려고 합니다. 모둠별로 발표를 준비하여, 반 친구들 앞에서 발표해 봅시다.

1. 모둠을 구성하여 우리 반을 바꾸는 데 도움이 될 만한 주제를 선정해 봅시다.

1 우리 반을 바꾸기 위해 필요한 것과 관련한 다양한 주제를 떠올려 봅시다.

예시 답 | 교실 뒤의 정리 문제, 학급 게시판 활용, 짝꿍 정하기 방법 등

2 **1** 에서 떠올린 주제에 관해 반 친구들과 의견을 나누어 보고, 가장 적합한 발표 주제와 내용을 정해 봅시다.

예시 답 | 친구들과 의견을 나누어 보니, 우리 반 게시판이 텅 비어 있어서 이를 활용하는 문제에 관심이 많았다.

2. 1의 활동을 바탕으로, 모둠별로 발표를 준비해 봅시다.

1 발표 내용을 조직해 보고, 활용할 자료를 정리해 봅시다. 예시 답 |

순서	발표 내용	활용 자료
도입	학급 게시판 활용 방안에 관해 발표하게 된 배경과 목적	현재 우리 반 학급 게시판 사진
전개	• 현재 우리 반 게시판 활용 실태 • 현재의 게시판에 관한 의견들 • 효율적 게시판 활용의 사례들	• 게시판 운용에 관한 의견들(그래프, 인터뷰 동영상) • 게시판 운용을 잘 하는 다른 반의 사례들(사진)
마무리	• 게시판 운용 계획의 수립 방안에 관한 의견 개진을 요구함. • 적극적인 참여를 당부함.	

청중을 고려하여 발표하기

◦ 활동 탐구
청중의 관심과 요구, 사전 지식 등을 고려하여 실제로 발표를 해 보는 활동이다. 청중의 범위를 우리 반 친구들로 한정하고, 청중을 고려하여 발표를 준비한다.

지학이가 도와줄게! – 1
발표를 준비할 때 가장 먼저 할 일은 발표 주제를 정하는 것이겠지? 그런데 발표 주제를 정하려면 청중을 고려해야 하잖아. 청중은 누구지? 그래, 우리 반 친구들이야. 그렇다면 우리 반 친구들의 관심과 요구는 무엇이고 어떤 배경지식을 가지고 있을지 등을 고려하여 가장 적합한 주제를 정해 보자.

지학이가 도와줄게! – 2 **1**
발표 주제를 정했으니까 이제 본격적으로 발표를 준비해 보자. 첫 단계는 발표 내용을 조직하고 활용할 자료를 선정하는 거야. 그런데 이 준비 과정에서도 반드시 청중을 고려해야 해. 우리 반 친구들에게 어떤 주제로 왜 발표를 하게 되었는지 도입 부분에서 소개하고, 전개 부분에서 조사한 내용을 발표하고, 마무리 단계에서는 발표 주제를 정리하고 청중에게 당부할 것들을 이야기하면 되겠지. 그리고 발표 내용과 긴밀한 관련이 있는 시각, 청각, 시청각 자료들을 적극적으로 활용하면 발표가 더욱 흥미진진해져 친구들도 재미있어할 거야.

2 조직한 내용과 선정한 자료를 바탕으로 발표문을 작성해 봅시다.

예시 답 |

　안녕하세요, 저는 ○○○ 모둠의 발표를 맡은 ○○○입니다.

　저희 조는 우리 반 게시판의 현황과 효율적으로 활용하는 방안을 주제로 조사하였습니다. 이 주제를 선택한 까닭은 최근 우리 반 게시판이 계속해서 방치되어 있는데, 조사 결과 우리 반 친구들 대다수가 이를 개선하고 싶어 했기 때문입니다.

　화면을 통해 현재 우리 반 게시판의 활용 실태를 살펴보겠습니다. 학기 초에 서로를 잘 알자는 의도로 우리 반 학생들의 이름과 얼굴 사진, 자기소개 내용으로 게시판을 꾸몄는데, 덕분에 친구들의 이름과 얼굴을 모두 익히고 서로를 잘 알게 되었다고 평가받기도 했습니다. 하지만 서로 친해진 지금은 더는 아무도 관심을 두지 않고 있습니다.

　이제 게시판 활용 방안 수립을 위해 두 번째 화면을 보시겠습니다. 이 사진들은 다른 학년, 다른 반들에서 현재 활용하고 있는 게시판 운용 방안들입니다. 처음 제시된 사진은 '학기별 권장 도서 목록 제시와 진도표'입니다. 좋은 책을 함께 읽어 보자는 의도로 평가가 좋았던 게시판이라고 합니다. 다음 사진은 '우리 반 칼럼'으로, 학생 기자들이 스스로 작성한 기사와 사진으로 꾸미는 우리 반 신문입니다. 우리 학교 곳곳 선생님, 학교, 학생들의 소식을 잘 담아내어 반응이 좋았던 게시판이라고 합니다. 마지막으로 '생일 안내 카드' 게시판입니다. 한 달에 한 번씩, 해당 달의 생일인 친구들에게 축하의 말을 남길 수 있어 반응이 폭발적이었다고 합니다.

　지금까지, 여러 가지 게시판 활용 방안을 살펴보았습니다. 게시판 운용 방안에 관한 의견을 모아 진행하려 하니, 학생 여러분들의 의견을 개진하여 주시기 바랍니다.

⭐ **지학이가 도와줄게! – 2 ②**

앞에서 정리한 발표 내용과 활용 자료를 바탕으로 이제 발표문을 쓸 차례야. 발표문을 쓸 때는 실제 발표 상황을 가정하여 자신이 할 말을 그대로 옮겨 적는다고 생각하고 작성해야 해. 도입–전개–마무리의 구성 단계를 고려하여, 인사말과 자기소개부터 시작하여 어떤 매체 자료들을 언제 활용하여 어떤 내용을 발표할지 계획을 잘 세워 꼼꼼하게 작성하렴. 그래야 청중 앞에 섰을 때 당황하지 않고 자신감 있는 태도로 발표할 수 있단다.

3 발표자를 선정한 후, 반 친구들 앞에서 발표해 봅시다.

　예시 답 | 생략

⭐ **지학이가 도와줄게! – 2 ③**

친구들 앞에서 발표할 때에도 역시 청중을 고려하는 것이 중요해. 발표를 듣는 친구들이 내 말에 집중하고 있는지 수시로 반응을 점검하렴. 그리고 그것에 맞게 말하기의 속도나 크기, 어조 등을 조절하며 준언어적 표현을 적절히 활용해야 한단다. 또한, 청중을 배려한 손짓이나 몸짓, 시선, 자세 등 비언어적 표현도 적절히 활용하여 청중의 관심과 주의를 끝까지 잃지 말고 효과적으로 발표해 보자. 자신감 있는 태도로 발표하는 것도 잊어서는 안 돼.

➕ **보충 자료**

예시와 시청각 자료의 활용

　주제를 쉽게 설명하려면 될 수 있으면 직접적인 설명보다는 간접적인 설명 방법을 활용하는 것이 좋다. 전문적인 주제는 대부분 복잡한 용어와 해석을 동반하기 때문에 비전문가인 청중들에게 짧은 시간 안에 직접적인 방법으로 그것을 설명하고 이해시키는 것이 거의 불가능하다.

　이럴 때에는 간접적인 설명 방법으로 자주 활용되는 사례, 비유, 그림, 사진, 영상 등을 적극적으로 활용하는 것이 매우 효과적이다. 이러한 시청각 자료를 이용하면 주제에 관한 이해를 도울 수 있고, 나아가 청중의 시선을 끌 수도 있다.

소단원 콕! 짚고 가기

소단원 제재

1. 제재 정리

강연자	김용택(1948~)	갈래	강연문
성격	설득적, 경험적	주제	행복한 삶을 위한 공부, ①□□□ 사고를 키우는 공부
특징	• ②□□의 관심과 요구를 고려한 말하기 전략을 사용함. • 강연자의 경험을 일화로 제시하여 청중의 흥미를 유발하고 설득력을 높임. • 실제 학생의 글을 제시하여 강연에 대한 청중의 이해도를 높임.		

2. 구성

도입	전개 1	전개 2	마무리
강연자 및 강연 내용 소개	아이들과 함께한 창조적 글쓰기 수업을 통해 본 창조의 의미	창조적 사고를 키우는 방법	자기가 좋아하는 것을 찾아 자기가 좋아하는 일을 하는 행복하고 ③□□된 삶을 살아야 함.

핵심 포인트

학교에서 교육을 받는 시기에 있는 청소년들

↓

• 전략: 강연자가 실제 글쓰기를 가르친 경험과 사례를 통해 공부의 의미와 창조적 사고를 설명함.
• 효과: 청중이 내용을 쉽게 이해하고, 관심과 흥미를 갖게 됨.

1. 이 강연을 위한 청중 분석

청중의 사전 지식	청소년인 청중은 공부에는 관심이 많지만 행복한 삶을 위한 공부 방법에 관한 사전 지식은 부족할 수 있음.
청중과의 관련성	청소년기는 학교에서 교육을 받는 시기이므로 강연 주제인 '행복한 삶을 위한 공부'는 청중과 밀접한 관련이 있음.
청중의 관심과 요구	청소년기는 공부하는 시기이므로 공부를 해야 하는 이유, 행복한 삶을 위한 공부에 관심이 있을 것임.

2. 이 강연에 쓰인 표현 전략과 효과

	표현 전략	효과
말하기 방식	• 아이들과의 일화를 소개할 때 실제처럼 생생하게 전달함.	• 강연자가 소개하는 장면을 눈에 보이듯이 구체적이고 생생하게 떠올리게 함.
준언어적, 비언어적 표현의 사용	• ④□□한 어조로 아이들의 말투를 따라함. • 청중과 눈을 맞추면서 질문하고 답을 기다림. • 상황에 맞는 손짓, 몸동작을 사용함.	• 청중의 흥미를 유발하고 강연자의 이야기에 몰입하게 함. • 청중의 대답과 호응을 유도하여 강연에 몰입하게 함. • 청중의 주의를 집중시키고 청중과의 ⑤□□□□을/를 원활하게 함.
매체 자료의 제시	• 일화에 등장하는 학생이 쓴 ⑥□을/를 큰 화면을 통해 청중에게 직접 제시함.	• 청중이 강연에 흥미를 느끼고, 실제 사례를 통해 강연의 ⑦□□□을/를 높임.

정답: ① 창조적(창의적) ② 청중 ③ 안정 ④ 친근 ⑤ 의사소통 ⑥ 시 ⑦ 신뢰도

[01~04] 다음 글을 읽고, 물음에 답하시오.

가 청소년 여러분 안녕하세요, 반갑습니다. 시인 김용택입니다. 오늘 저는 '행복한 삶을 위한 공부'에 관한 강연을 하려고 합니다. 여러분은 혹시 이 주제에 관해 생각해 본 적이 있나요? ㉠(청중과 눈을 맞추며 기다린다.) 예, 그렇죠. 아마 누구나 한 번쯤은 생각해 보았을 것입니다. 그만큼 우리에게 밀접하고, 중요한 주제이니까요. 그럼 이제부터 이러한 주제로 강연을 시작하겠습니다.

나 저는 지금 시골의 작은 초등학교에서 2학년 아이들을 가르치고 있습니다. 그러면서 가르친다는 것이 남을 가르치는 것인 동시에 아이들을 통해 배우는 것이라는 점을 알게 되었습니다. 저는 아이들을 가르치는 매 순간마다 깨닫고, 뉘우치고, 반성하면서 자신을 고쳐가고 바꿔가고 있지요. 이것이 바로 공부입니다. 아이들이 오히려 저에게 많은 것을 가르치고 있었습니다.

다 그 많은 것 중 하나가 진지성입니다. 삶이 진지하기 때문에 아이들은 세상을 바라보는 눈이, 모든 것이 다 새롭습니다. 모든 것이 다 새것이죠. 그래서 심심한 줄을 모릅니다. 아이들이 사색하고 명상하는 것은 좀 어색하죠? 아이들에게는 사색과 명상보다는 끊임없이 움직이는 것이 행복입니다. 뭘 많이 가져야 행복한 것이 아니고, 뛰어놀 땅만 있으면 행복합니다. 모든 것들이 새롭고 신비롭기 때문에 그렇습니다. 세상 모든 것이 새것이에요. 그래서 감동을 잘하고, 감동을 잘하기 때문에 교육이 이루어지는 것입니다. 이렇게 아이들은 늘 세상을 새로운 눈으로 바라보는 신비함을 저에게 가르쳐 주었습니다.

라 그런 아이들과 제가 같이 했던 것이 글쓰기였습니다. 그런데 초등학교 2학년 아이들은 개념이 없습니다. 개념이 없다는 말은 논리가 없다는 말입니다. 그런 아이들에게 글쓰기를 가르치는 것은 너무 힘들어요. 개념이 없고 논리적이지 않기 때문에 교육이 어렵습니다. 그래서 어떻게 가르쳤냐면, 교육적인 용어, 문학적인 용어를 활용하지 않고, 즉, 글쓰기의 방법과 기술을 가르치지 않고 세상을 바라보는 눈을 갖도록 해줬습니다.

01. 이와 같은 말하기에 대한 설명으로 적절하지 않은 것은?

① 여러 사람을 대상으로 진행된다.
② 주로 공식적인 자리에서 이루어진다.
③ 정보 제공이나 설득을 목적으로 이루어진다.
④ 청자의 요구를 분석하여 표현 전략을 세운다.
⑤ 화자의 관심사와 전문성을 고려하여 주제를 정한다.

02. 다음은 이 강연을 들으면서 메모한 내용이다. ⓐ~ⓔ 중, 적절하지 않은 것은?

〈자연이 하는 말을 받아쓰다〉
• 강연자: 김용택 시인, 초등학교 교사이기도 함.
• 강연 주제: 행복한 삶을 위한 공부 ·············· ⓐ
• 강연 내용
 – 공부란 성찰을 통해 자신을 고쳐가는 것임. ·· ⓑ
 – 강연자는 아이들과 함께 사색하고 명상하는 과정을 통해 공부함. ························· ⓒ
 – 아이들로부터 세상을 새로운 눈으로 바라보는 신비함을 배움. ························· ⓓ
 – 글쓰기 수업을 통해 아이들에게 세상을 보는 안목을 길러 주고자 함. ··················· ⓔ

① ⓐ ② ⓑ ③ ⓒ ④ ⓓ ⑤ ⓔ

활동 응용 문제

03. ㉠의 행동에 담긴 강연자의 의도로 적절한 것은?

① 청중이 질문할 기회를 제공한다.
② 강연이 본격적으로 시작되었음을 알린다.
③ 강연에 집중하지 않는 청중에게 경고한다.
④ 침묵을 통해 강연 주제의 중요성을 일깨운다.
⑤ 청중의 호응을 유도하여 강연에 몰입하게 한다.

활동 응용 문제 |서술형|

04. 이 강연의 청중이 누구인지 쓰고, 청중과 주제의 관련성 여부를 근거를 들어 서술하시오.

[05~08] 다음 글을 읽고, 물음에 답하시오.

 먼저 우리 반이 되면 자기 나무를 정합니다. 온종일 가장 많이 바라볼 수 있는 자기 나무를 정해서 그 나무에서 일어나는 일을 쓰게 한 것입니다. 아이들이 자기 나무를 정합니다. 정하면 물어보는 거죠.

"(㉠) 나무 봤어?"

하면, 안 봅니다. 아이들이 그렇게 말을 잘 들나요? 그래도 계속해서 물어보는 겁니다. 물어보다 보면 집에서 놀다가 자기 나무가 눈에 띄겠죠. 눈에 띄면,

'어, 학교에 가면 선생님이 또 나무 봤냐고 물어보시지 않을까?'

하는 생각에 나무를 보게 되는 것입니다.

 "자, 오늘 집에 가서 나무가 혹시 눈에 뜨이면 네 나무에서 어떤 일이 일어났는가를 보고 와라."

그럼 애들이 집에서 놀다가 나무가 눈에 띌 때가 있겠죠? 그럼 아이들이 나무를 다시 보게 되는 겁니다. 다시 보는 순간 세상은 달라집니다. 그렇죠? 어제하고 다르게 보기 때문에 세상이 달라 보이는 것입니다.

다 그러던 어느 날, 제가 경수란 아이에게 물어봤습니다.

"경수야, 네 나무 봤어? 어떻게 하고 있었어?"

경수가 이렇게 대답하는 것이었습니다.

"제 나무는 마을 앞에 있는 커다란 느티나무인데요. 아침에 학교 오면서 보니까요, 느티나무 아래 할아버지들이 놀고 계셨어요. 그리고 그 앞에는 시냇물이 흐르고 있었고요. 시냇물 건너에는 들판이 있는데 들판에서는 사람들이 모내기를 하고 있었어요."

이렇게 얘기를 하는 거예요. 나무만 보라고 했는데 이 녀석이 그 주위를 자세히 보게 된 겁니다. 그리고 그것을 종합한 겁니다.

"그럼 그걸 써 봐."

그러면 이런 글이 되는 겁니다. 새로운 세계를 창조한 것이지요.

라 공부란 하나를 가르쳐 주면 하나를 아는 게 아닙니다. 공부란 하나를 가르쳐 주면 열을 아는 것입니다. 하나를 자세히 보면 이것도 보이고 저것도 보이는 것입니다. 새로운 세계는 그걸로 만드는 거죠. 이게 창조라는 거예요. 창조란 거기서 시작되는 것입니다.

05. 이 강연에 사용된 표현 전략으로 적절한 것은?

① 다양한 배역을 초대하여 청중에게 즐거움을 준다.
② 꾸며 낸 이야기를 통해 청중의 상상력을 자극한다.
③ 전문가의 말을 인용하여 내용의 신뢰도를 높인다.
④ 실제 경험과 구체적 사례를 활용하여 내용을 쉽게 이해시킨다.
⑤ 대화 상황이 담긴 동영상을 제시하여 상황을 실감 나게 전달한다.

활동 응용 문제

06. 강연자가 ㉠에서 다음과 같은 효과를 기대하고 활용할 수 있는 표현으로 가장 적절한 것은?

> 상황에 맞는 비언어적 표현을 활용하여 청중의 주의를 집중시킨다.

① 나긋나긋한 어조로 말한다.
② 당시 상황을 떠올리는 듯 눈을 지그시 감는다.
③ 멀리 있는 학생에게 말하듯 큰 소리로 묻는다.
④ 간절한 마음을 표현하려는 듯 두 손을 맞잡는다.
⑤ 눈앞에 학생이 있는 듯 손가락으로 앞을 가리킨다.

| 서술형 |

07. (가)~(라)에서 강연자가 청중에게 전달하고자 하는 중심 내용을 한 문장으로 쓰시오.

08. 이와 같은 강연을 준비할 때 청중과 관련하여 고려할 요소로 적절하지 않은 것은?

① 강연 주제와 청중과의 관련성이 있는가?
② 강연 주제에 관해 청중은 얼마나 알고 있는가?
③ 강연 주제가 청중의 관심사와 요구를 반영하는가?
④ 청중의 지적 수준을 고려하여 말하기 전략을 세웠는가?
⑤ 청중의 흥미 유발을 위해 매체 자료를 최대한 많이 준비했는가?

② 그럼 창의적 생각, 창조적 사고는 어떻게 키울 수 있을까요? 저는 아이들에게 나무를 보게 했어요. 한 그루의 나무는 언제 보아도 완성이 되어 있고, 언제 보아도 새롭습니다. 봄, 여름, 가을, 겨울 매 순간이 다 다릅니다. 햇볕이 있을 때, 눈이 올 때, 바람이 불 때, 달이 뜨고 해가 뜰 때 다 다릅니다. 그런데 한 나무를 보고 있으면 늘 다른데, 늘 완성되어 있습니다. 산도, 강물도 늘 다른 것 같지만 언제 보아도 완성이 되어 있습니다. 그래서 우리는 자연 안에 들어가면 편안합니다. 왜냐하면 완성이 되어 있어서 그렇습니다. 그런데도 놀랍게도 새로운 것입니다. 새로움을 보여 주는 것입니다.

④ 눈이 올 때, 눈이 오기 전 나무와 눈이 온 후의 나무는 전혀 다릅니다. 눈이 온 후의 나무는 눈을 받아들이고, 새로운 모습을 우리에게 창조해서 보여 주는 것이죠. 그래서 아이들에게 나무를 보여 준 것입니다. 이처럼 자연이, 나무가 늘 완성되어 있고 늘 새로운 까닭은 바로 자연이 받아들이는 힘이 있기 때문입니다.

④ 청소년 여러분은 지금 받아들이는 힘을 키우고 있는 때입니다. 여러분이 살고 있는 세상, 여러분이 살아갈 세상은 이제 생각이 달라져야 합니다. 바꿔야 합니다. 변화와 혁신이란 여러 가지가 있겠지만, 그중 제가 여러분의 공부와 관련해서 이야기하고 싶은 것은 여러분이 하는 공부가 행복한 삶, 안정된 삶을 살 수 있는 공부로 바뀌어야 한다는 것입니다.

④ 그러기 위해서는 여러분이 좋아하는 것을 찾아야 합니다. 좋아하는 것을 찾는 게 공부이고, 그렇게 하게 만드는 것이 교육입니다. 높은 점수를 받기 위한 것이 공부가 아니고, 좋아하는 것을 찾는 것이 공부라는 것이죠. 좋아하면 열심히 하게 되고, 열심히 하면 잘하게 되고, 자기가 잘하면 사회에 나가서 할 일이 있습니다. 자기가 좋아하는 것을 평생 하면서 살아야 행복한 삶이 되는 거죠. 행복하고 안정이 되어야 창조성이 발현됩니다. 그 속에서 새로운 세계를 창조하면서 살아 나가야 합니다. 그것이 ㉠여러분이 가야 할 길이고, 더 나아가 ㉡우리 인류가 가야 할 길입니다.

09. 이와 같은 말하기에서 사용할 수 있는 전략으로 적절하지 않은 것은?

① 청중 분석을 통해 표현 전략과 전달 방식을 마련한다.

② 청중에 맞게 말하는 어조, 속도, 목소리 크기 등을 조절한다.

③ 청중과의 의사소통을 돕는 적절한 손짓이나 몸동작을 활용한다.

④ 내용을 청중에게 쉽고 흥미롭게 전달하게 하는 매체 자료를 사용한다.

⑤ 청중의 이야기를 경청하며 청중의 상황과 정서에 공감하는 맞장구를 친다.

10. 이 강연에 대한 설명으로 적절한 것은?

① 자연 현상과 인간 사회의 차이점을 밝히고 있다.

② 자연의 신비를 통해 인간 삶의 문제점을 파헤치고 있다.

③ 나무가 자라나는 과정을 통해 공부의 개념을 풀이하고 있다.

④ 나무의 속성과 관련지어 창조적 사고를 키우는 법을 설명하고 있다.

⑤ 나무가 살아가는 모습을 통해 자연과 인간의 올바른 관계를 제시하고 있다.

활동 응용 문제

11. 이 강연에 대한 청중의 반응으로 가장 적절한 것은?

① 내가 좋아하는 것이 무엇인지 찾아야겠어.

② 쉽게 드러나지 않는 잠재력을 발굴해 내야지.

③ 내가 어떤 분야에 재능이 있는지 알아봐야지.

④ 나의 장점을 알아봐 주는 선생님을 만나야 해.

⑤ 성실하게 열심히 노력하는 것이 가장 중요하군.

| 서술형 |

12. ㉠과 ㉡이 공통으로 가리키는 내용을 한 문장으로 쓰시오.

단원+단원

통합과 적용

단원+단원, 이렇게 통합·적용했어요!

나를 멈추게 하는 것들/별	+	자연이 하는 말을 받아쓰다
작품에 나타나는 심미적 인식 이해하기		청중의 관심과 요구를 고려하여 말하기

⇓

드라마를 통해 청중을 고려한 말하기의 효과를 확인하고, 심미적 인식을 공유한 경험 상기하기

▍다음 드라마 대본을 읽고, 이어지는 활동을 해 봅시다.

가 [강마에] 연필들 있죠? 적으세요.

단원들, 어리둥절해서 보다가 서둘러 악보를 덮고 연필을 찾아 쥔다.

[강마에] (잠시 기다려 주다가, 다짜고짜 강의 들어간다.) 「넬라 판타지아」, 1986년 엔니오 모리코네가 작곡한 이 곡은 4분의 4박자로 원제는 「가브리엘 오보에」, 영화 『미션』의 주제가로 사용됐습니다.

단원들, 영문을 모르겠지만 일단 받아쓰기처럼 적기 시작한다.

[강마에] (계속 설명하는) 악보에는 작곡가의 자세한 설명이 나와 있진 않지만, 시디(CD)를 찾아서 들어 보면 감이 오실 겁니다. 즉, 아주 많이 레가토로 연주해야 하고, 중간중간에 나오는 트리플렛을 정확하게 연주하는 게 포인트입니다.

단원들, 악보 넘겨 보고, 적고 정신없다. 몇 명은 포기하고 강마에를 멍하게 보는…….

[강마에] 싱커페이션도 최대한 잘 지켜 주셔야 하고, 특히 4분의 4박자이지만 알라 브레베(2분의 2박자)의 느낌으로 연주해야 더 확실한 레가토를 느낄 수 있습니다. 그리고 악보에 나와 있는 세뇨와 코다, 확실히 지켜 주시고요…….

말하다 고개를 드는 강마에. 단원들, 이제는 거의 모두가 고개 들어 멍한 표정으로 자기를 보고 있다.

나 [강마에] 박자 맞추고, 음 안 놓치고, 그게 중요한 게 아닙니다. 그건 혼자 계속 연습하면 언젠가는 다 됩니다. 중요한 건 내가 관객에게 무엇을 전달하려고 하느냐, 그 마음, 그 느낌입니다. 눈을 감아 보세요. 그리고 상상해 보세요.

단원들, 모두 조용히 눈 감고 집중한다.

[강마에] 자, 어디선가 새소리가 들립니다……. 졸졸 시냇물 소리도 들립니다……. 나뭇가지 사이를 파고드는 따스한 햇볕도 느껴집니다…….

눈 감고 가만히 느껴 보는 단원들. 어디선가 새 지저귀는 소리, 시냇물 소리가 들리기 시작하는 듯하다.

[강마에] 다람쥐가 지나가는 바스락 소리도 들립니다……. 바람도 살랑살랑 불어옵니다……. 그 바람에 섞여서 상쾌한 나뭇잎, 풀잎 향기도 느껴집니다…….

조용히 눈 감고 있는 단원들. 어디선가 불어오는 바람에 단원들의 머리카락, 살짝씩 날린다.

[강마에] ……네, 그렇습니다. 깊은 산속, 싱그럽고 상쾌한 숲속입니다. [중략] (옅은 미소로) ……넬라 판타지아의 세계에 오신 걸 환영합니다.

강마에, 지휘 시작할 듯 손 든다. 각자 악기 챙겨 드는 단원들. 연주가 시작되고, 예전과는 놀랍게 달라져 있다. 따로 놀지 않고 하나로 모이는 듯한 느낌에 모두 놀란다. - 홍진아, 홍자람, 「베토벤 바이러스」

---

1. 이 드라마에 나타난 강마에의 설명 방법의 변화를 살펴보고, 아래의 활동을 해 봅시다.

❶ **가**와 **나**에 나타난 강마에의 말하기 방법의 차이에 따른 결과를 비교해 봅시다.

예시 답 | **가**에서 강마에는 청중들, 즉 오케스트라 단원들의 관심과 요구, 수준을 고려하지 않고 전문적인 용어로 설명하고 있어 단원들은 연주에 필요한 정보를 전혀 이해하지 못하는 모습을 보인다. 그러나 **나**에서 강마에는 오케스트라 단원들의 관심과 요구, 수준에 맞게 설명함으로써 연주에 필요한 정서를 불러일으킬 수 있도록 유도하고 있어 단원들은 조화로운 하모니를 이루어 낼 수 있었다.

❷ 강마에가 설명 방법을 바꾼 까닭을 청중과 관련하여 생각해 봅시다. 예시 답 | 단원들이 자신의 설명 방법을 이해하지 못하고 있다는 것을 알고 단원들의 관심과 요구, 수준에 맞게 설명해야 한다는 것을 깨달았기 때문이다.

2. 이 드라마의 작가가 공유하고 싶었던 심미적 체험을 생각해 보고, 이 내용이 드러나도록 드라마의 감상 평을 써 봅시다. 예시 답 | 이 드라마의 작가는 사람과 사람 간의 소통과 합일에 의한 감동의 순간을 심미적으로 느끼고, 이를 문학적으로 형상화함으로써 그러한 체험을 공유하고자 한 것이다. 이러한 측면에서 볼 때, 이 드라마는 인물 간의 갈등과 소통에 의한 성장을 통해 감동을 불러일으키고 성찰하게 한다는 점에서 의미가 있다.

대단원을 닫으며

·학습 목표 점검하기·

① 나를 멈추게 하는 것들

시에 담긴 삶에 관한 심미적 인식과 삶의 의미를 이해하기

- 문학의 심미성(이)란 어떤 대상에 관해 다양한 측면의 아름다움을 느끼는 것을 뜻한다.
- 「나를 멈추게 하는 것들」은 일상의 사소한 대상에서 발견한 가치을/를 통해 삶의 의미를 성찰하고 있다.

⇒ **잘 모른다면**
교과서 15, 16쪽의 목표 활동을 살펴보면 문학의 심미성이 무엇인지 알 수 있을 거야.

② 별

소설의 주제와 표현에 담긴 글쓴이의 심미적 감수성을 탐구하고, 이를 문학적으로 표현하기

- 문학 작품의 감상은 주제와 표현에 담긴 글쓴이의 심미적 감수성을 탐구한다는 점에서 가치를 지닌다.
- 「별」은 심미적 표현을 통해 순수한 사랑이 주는 아름다움과 가치를 나타내고 있다.

⇒ **잘 모른다면**
교과서 32, 33쪽의 목표 활동을 다시 한번 살펴보면 소설의 주제와 표현에 담긴 심미성에 관해 알 수 있을 거야.

③ 자연이 하는 말을 받아쓰다

청중의 관심과 요구를 고려하여 말하기

- 여러 사람 앞에서 말할 때에는 청중의 관심과 요구 등을 파악한 후, 이에 맞는 말하기를 해야 한다.
- 「자연이 하는 말을 받아쓰다」는 청소년들을 대상으로 한 강연으로, 행복한 삶을 위한 공부에 관한 의견을 제시하고 있다.

⇒ **잘 모른다면**
교과서 42~45쪽의 목표 활동을 다시 한번 살펴보면 청중을 고려한 말하기를 잘할 수 있을 거야.

·어휘력 점검하기·

〈보기〉에서 빈칸에 들어갈 적절한 낱말을 찾아 알맞은 형태로 써 보자.

(1) 돌아가신 할아버지의 모습이 □□□□□ 떠올랐다.

(2) 세계 곳곳에서 기술적 진보와 □□□□이 일어나고 있다.

(3) 아침부터 까마귀 한 마리가 우리 집 주변을 □□□□ 있다.

(4) 문학을 비롯한 예술 작품에는 삶에 대한 □□□□적 인식이 담겨 있다.

(5) 그는 눈앞에 펼쳐진 광경을 도저히 믿을 수 없어 □□□□일지 모른다고 의심했다.

┤ 보기 ├
- 선회하다: 둘레를 빙글빙글 돌고.
- 심미: 아름다움을 살펴 찾음.
- 여릿하다: 빛깔이나 소리, 형체 따위가 선명하지 못하고 약간 흐리거나 약한 듯하게.
- 환영: 눈앞에 없는 것이 있는 것처럼 보이는 것.
- 혁신: 묵은 풍속, 관습, 조직, 방법 따위를 완전히 바꾸어서 새롭게 함.

정답: (1) 여릿하게 (2) 혁신 (3) 선회하고 (4) 심미 (5) 환영

[01~05] 다음 글을 읽고, 물음에 답하시오.

가 보도블록 틈에 핀 씀바귀꽃 한 포기가 나를 멈추게 한다

어쩌다 서울 하늘을 선회하는 제비 한두 마리가 나를 멈추게 한다

육교 아래 봄볕에 탄 까만 얼굴로 도라지를 다듬는 할머니의 옆모습이 나를 멈추게 한다

굽은 허리로 실업자 아들을 배웅하다 돌아서는 어머니의 뒷모습은 나를 멈추게 한다

나는 언제나 나를 멈추게 한 힘으로 다시 걷는다

— 반칠환, 「나를 멈추게 하는 것들」

나 한 시인이 어린 딸에게 말했다.
'착한 사람도, 공부 잘하는 사람도 다 말고
관찰을 잘 하는 사람이 되라고.
겨울 창가의 양파는 어떻게 뿌리를 내리며
사람들은 언제 웃고, 언제 우는지를.
㉠오늘은 학교에 가서
도시락을 안 싸 온 아이가 누구인지 살펴서
함께 나누어 먹기도 하라고.'

— 마종하, 「딸을 위한 시」

01. **(가)와 (나)에 공통적으로 나타난 화자의 태도로 적절한 것은?**

① 세상을 바라보는 따뜻한 시선을 느낄 수 있다.
② 과거의 삶에 대한 후회와 성찰이 드러나 있다.
③ 다양한 삶의 모습을 통해 인간의 본성을 통찰하고 있다.
④ 잘못된 현실을 비판하고 개혁하고자 하는 의지가 표현되어 있다.
⑤ 대상의 특징을 있는 그대로 인식하려는 객관적 태도가 나타나 있다.

02. **(가)를 감상한 후 이끌어 낸 설명으로 알맞은 것은?**

① 시적 화자의 감정이 직설적으로 드러나고 있다.
② 화자의 내면적 갈등을 섬세하게 표현하고 있다.
③ 일상의 대상을 통해 삶의 가치를 발견하고 있다.
④ 고백적인 어조를 통해 자신의 삶을 반성하고 있다.
⑤ 시적 대상에 대한 비판적인 태도가 드러나고 있다.

03. **(가)와 〈보기〉에 공통으로 드러난 심미적 인식으로 적절한 것은?**

┤ 보기 ├
자세히 보아야 / 예쁘다 //
오래 보아야 / 사랑스럽다 //
너도 그렇다.

— 나태주, 「풀꽃 1」

① 작고 보잘것없는 존재에서 발견한 의미
② 절대적이고 이상적인 세계에 대한 지향
③ 영원히 살 수 없는 인간의 한계에 대한 인식
④ 배려와 존중을 기반으로 하는 공동체적 삶의 가치
⑤ 인간이 이해할 수 없는 자연의 신비에 대한 깨달음

활동 응용 문제

04. **〈보기〉의 밑줄 친 부분에 주목하여 (가)를 감상한 내용으로 적절한 것은?**

┤ 보기 ├
시인은 시를 통해 심미적 인식과 체험을 표현하기 위해 운율, 비유와 상징, 심상 등의 다양한 표현 기법을 활용한다. 이러한 시적 표현을 통해 독자는 시인의 심미적 인식과 체험을 구체적이고 생생하게 느낄 수 있다.

① 사물을 의인화하여 친근감 있게 표현하였다.
② 직유법을 활용하여 상황을 실감 나게 묘사하였다.
③ 행마다 동일한 글자 수를 반복하여 운율을 형성하였다.
④ 화자가 관찰한 내용을 시각적 심상을 사용하여 표현하였다.
⑤ 대조적인 이미지의 시어를 활용하여 주제를 부각하고 있다.

활동 응용 문제 |서술형|

05. (나)에서 '시인'이 '딸'에게 ㉠과 같이 말한 의도를 〈조건〉에 맞게 쓰시오.

┤ 조건 ├
• 덕목을 나타내는 단어를 포함할 것.
• '딸이~되기를 바란다.'라는 형태로 쓸 것.

[06~09] 다음 글을 읽고, 물음에 답하시오.

가 ㉠내가 뤼브롱산에서 양을 치던 시절 이야깁니다. 나는 몇 주 동안 내내 사람 하나 보지 못하고, 기르던 라브리종 개와 양들과 함께 목초지에서 지냈지요. 어쩌다 약초를 따러 온 뤼르산의 은둔 수도자나 피에몽 지방 숯쟁이의 시커먼 얼굴을 보는 정도였지요. 하지만 그런 사람들은 세정 물정 모르고, 외롭게 살다 보니 말도 없고, 말하고 싶다는 생각조차 없어져 버린 사람들인지라, 산 아랫마을이며 도시에서 요즘 화젯거리가 무엇인지 같은 건 도무지 몰랐답니다. 그래서 산꼭대기에 이르는 오르막길에 한 달에 두 번씩, 보름마다 먹을 것을 날라다 주는 우리 농장 노새의 방울 소리가 들리고, 꼬마 미아로(농장의 심부름꾼 아이)의 똘망똘망한 얼굴이나 노라드 할머니의 불그레한 머리쓰개가 조금씩 조금씩 모습을 드러내면 나는 정말이지 너무나 행복했습니다. 산 아랫마을 소식, 누가 영세하고 누가 결혼하는지 얘기해 달라고 부탁해서 듣곤 했지요. 그렇지만 뭐니 뭐니 해도 가장 관심 있었던 일은, 우리 주인댁 따님 스테파네트 아가씨, 근방 100리 안에서 가장 예쁜 그 아가씨 소식이었습니다.

나 그러던 어느 일요일, 보름마다 꼬박꼬박 오는 보급품을 기다리는데, 그날따라 꽤나 시간이 가도 안 오지 뭡니까. 아침나절엔 "오늘 큰 미사가 있어서 그럴 거야."라고 혼잣말을 했지요. 그런데 정오쯤 되니 거센 비바람이 몰아쳐서 '올라오는 길이 안 좋아져 노새가 길을 떠나지 못했겠구나.'라고 생각했죠. 그러다 오후 3시쯤 되니, 하늘이 환해지면서 산은 물기와 햇빛으로 반질거렸고, 나뭇잎에서 뚝뚝 물 떨어지는 소리와 불어난 시냇물이 콸콸 흐르는 소리 틈새로 노새 방울 소리가 딸랑딸랑, 마치 부활절 날 커다랗게 울려 대는 종소리처럼 명랑하고 또렷하게 들려오더군요. 하지만 노새를 끌고 온 사람은 꼬마 미아로도 아니고, 노라드 할머니도 아니고, 바로바로…… 누구였을까 맞혀 보세요! 바로 우리 아가씨였답니다.

다 비탈진 오솔길로 아가씨가 사라지자, 노새 발굽이 땅을 차면서 이리저리 구르는 자갈돌 하나하나가 내 가슴에 툭툭 떨어지는 것만 같았지요. 그 소리가 귀에 오래오래 들려왔습니다. 날이 저물 때까지 나는 잠에 취한 사람처럼, 행여 내 꿈이 사라져 버릴까 봐 움직일 엄두도 못 내고 마치 잠에 취한 사람처럼 그렇게 서 있었지요. 저녁이 다 되어 골짜기 저 아래쪽까지 검푸른 빛깔로 변하기 시작하고 양들이 우리에 들어가려고 매매 울어 대며 서로 몸을 부딪치면서 모여들 무렵, 내리막길에서 누가 나를 부르는 소리가 들리더니, 우리 아가씨가 나타나는 게 아니겠어요. 아까처럼 생글생글 웃는 모습이 아니라 춥고 두려워서 흠뻑 젖은 몸을 덜덜 떨고 있었지요. 소르그강이 저 아래 산기슭에서 쏟아진 비로 콸콸 넘치고 있는 모양이었습니다. 그래서 어떻게든 강을 건너려다 물에 빠질 뻔했던 거지요.

라 울안 한구석, 아가씨가 자는 모습을 신기하다는 듯 바라보는 양 떼 바로 곁에서 우리 주인댁 따님이, 다른 모든 양보다 훨씬 더 소중하고 더 하얀 양 한 마리처럼 내가 지켜 주는 가운데 쉬고 있다고 생각하니 정말이지 자랑스러울 따름이었죠. 그때까지 하늘이 그렇게 깊어 보이고 별들이 그렇게 빛나 보인 적은 없었다니까요……. 갑자기, 양 우리의 울타리가 살포시 열리더니 어여쁜 스테파네트 아가씨가 나타났어요.

마 나는 아가씨가 자는 모습을 지켜보았지요. 내 존재의 깊은 곳에서는 조금 흔들리는 마음으로, 하지만 이제껏 오직 선한 생각만을 내게 전해 주었던 이 밝은 밤의 성스러운 보호를 받으면서 말입니다. 우리 주위에는 별들이 커다란 양 떼처럼 유순하게, 소리 없는 운행을 계속하고 있었습니다. 그렇게 앉은 채로 이따금 난 그려 보곤 했어요. 저 별들 중에 가장 여릿여릿하고 가장 반짝이는 별 하나가 가던 길을 잃고 내게 내려와서는 이 어깨에 기대어 잠든 것이라고요.

06. 이 글을 감상한 후 작가의 심미적 인식을 파악하기 위해 필요한 질문으로 적절한 것은?

① 이 작품의 뒷이야기는 어떻게 전개될까?
② 인물 간의 갈등과 대립이 어떻게 해소될까?
③ 이 작품에는 어떤 시대 상황이 반영되어 있을까?
④ 이 작품의 주제 의식에 담긴 보편적 가치는 무엇일까?
⑤ 이 작품의 비극적 결말이 주는 심미적 효과는 무엇일까?

07. (가)~(마)에 나타난 '나'의 심리에 대한 설명으로 적절한 것은?

① (가): '나'보다 신분이 높은 아가씨를 부러워하고 있다.

② (나): 아가씨가 보급품을 가져오자 걱정하고 있다.

③ (다): 아가씨와의 이별을 무척 아쉬워하고 있다.

④ (라): 산에 올라온 아가씨를 자랑스러워하고 있다.

⑤ (마): 아가씨를 지켜 주지 못할까 봐 불안해하고 있다.

 활동 응용 문제

08. (가)~(마) 중 다음과 같은 표현상의 특징이 두드러진 문단끼리 짝지었을 때 적절한 것은?

> 아가씨를 다른 대상에 빗대어 감각적으로 표현하여 아가씨에 대한 '나'의 감정을 아름답게 그려 내고 있다.

① (가), (나) ② (가), (다) ③ (나), (라)

④ (다), (마) ⑤ (라), (마)

| 서술형 |

09. ㉠과 같이 '나'가 과거를 회상하는 방식으로 이야기를 구성할 때의 효과를 두 가지만 쓰시오.

[10~11] 다음 글을 읽고, 물음에 답하시오.

가 갑자기, 양 우리의 울타리가 살포시 열리더니 어여쁜 스테파네트 아가씨가 나타났어요. 아가씨는 잠들 수가 없었던 거지요. 양들이 몸을 뒤척이면서 건초가 부스럭댔거나, 아

니면 양들이 잠결에 매매 소리를 냈던 것일 테죠. 아가씨는 불 옆으로 오는 편이 낫다고 생각했던 겁니다. 그걸 본 나는 어깨에 두르고 있던 암사슴 가죽을 아가씨에게 주고 불길을 더 돋우었고, 우리는 아무 말 없이 그렇게 나란히 앉아 있었어요. 만약 여러분이 한번이라도 한데서 밤을 새워 보았다면 알 겁니다. 우리가 잠든 시간에 고독과 침묵 속에서 신비로운 세상이 깨어난다는 것을 말이죠. 그럴 때 샘물은 낮보다 한결 또랑또랑한 소리로 노래하듯 흐르고, 연못은 작은 불꽃들을 밝히지요. 산의 모든 정령들이 자유로이 왔다 갔다 하고요. 허공 중에는 뭔가 삭삭 스치는 듯한 소리, 알아들을 수 없는 소리들이, 마치 나뭇가지가 자라나고 풀들이 쑥쑥 커 오르는 소리처럼 들려온다니까요.

나 "어쩜 별이 많기도 하지! 아, 아름다워라! 이렇게 많은 별들을 본 적이 없어…… 양치기는 저 별들 이름을 알아?"

"알다마다요, 아가씨……. [중략] 좀 아래쪽에는 '갈퀴' 혹은 '세 왕들(오리온자리)'입니다. 우리 양치기들은 저 별자리를 시계처럼 이용하죠. 저 별자리를 보기만 해도 지금이 자정이 지난 시간이라는 것을 저는 알지요. 좀 더 아래쪽엔 '장드 밀랑'이 '천체의 햇불(시리우스)'처럼 밝게 빛나고 있고요. 이 별을 두고 양치기들은 이렇게 말하죠. 어느 날 '장 드 밀랑'이 '세 왕들'과 '병아리장(황소자리의 여섯 별)'과 함께 친구 별의 결혼식에 초대를 받았대요. '병아리장'이 서둘러 제일 먼저 길을 떠나 위쪽 길로 갔지요. 저기 저 위, 하늘 저 끝을 보세요. '세 왕들'은 아래쪽 지름길로 가서 '병아리장'을 따라잡았어요. 이 게으른 '장 드 밀랑'은 늦잠을 자느라 꼴찌로 뒤처져 화가 나서 먼저 간 별들을 멈추게 하려고 그들에게 지팡이를 던졌어요. 그래서 '세 왕들'이 '장 드 밀랑의 지팡이'라고도 불리는 거랍니다……."

10. 이 글에 나타나는 상황에 대한 이해로 적절한 것은?

① '나'와 아가씨가 그동안 숨겨온, 서로에 대한 감정을 확인하고 있다.

② 아가씨는 '나'가 들려주는 별자리 이야기가 너무 길어지자 지루해하고 있다.

③ '나'와 아가씨가 밤하늘의 별을 화제로 대화를 나누며 친밀한 관계를 형성하고 있다.

④ 아가씨는 '나'가 자신보다 신분이 낮은 양치기라는 사실 때문에 '나'를 경계하고 있다.

⑤ '나'와 아가씨는 함께 있는 것이 어색하고 불편해서 한밤중에도 잠을 자지 못하고 있다.

11. 다음은 이 글에 드러난 심미성에 대한 발표이다. ㉠~㉤ 중 적절하지 <u>않은</u> 것은?

> (가)에서 ㉠전원의 밤 풍경을 묘사하는 부분이 참 아름답게 느껴졌습니다. ㉡감각적 심상과 의성어·의태어의 사용, 자연물의 의인화, 직유법을 사용한 소리에 대한 묘사 등 다양한 문학적 표현을 통해 ㉢자연의 신비롭고 생명력 넘치는 모습을 그려 냈기 때문입니다.
>
> (나)에서는 ㉣별자리에 얽힌 낭만적이고 서정성이 풍부한 환상적인 이야기를 통해 서정적인 분위기와 정서를 불러일으키고 있어 아름답게 느껴졌습니다. 특히, ㉤오리온자리 이야기에는 아가씨에 대한 '나'의 감정을 엿볼 수 있는 내용이 담겨 있어 가슴 벅찬 감동을 느낄 수 있었습니다.

① ㉠   ② ㉡   ③ ㉢   ④ ㉣   ⑤ ㉤

[12~16] 다음 글을 읽고, 물음에 답하시오.

㉮ 청소년 여러분 안녕하세요, 반갑습니다. 시인 김용택입니다. 오늘 저는 '행복한 삶을 위한 공부'에 관한 강연을 하려고 합니다. 여러분은 혹시 이 주제에 관해 생각해 본 적이 있나요? (청중과 눈을 맞추며 기다린다.) 예, 그렇죠. 아마 누구나 한 번쯤은 생각해 보았을 것입니다. 그만큼 우리에게 밀접하고, 중요한 주제이니까요. 그럼 이제부터 이러한 주제로 강연을 시작하겠습니다.

㉯ 먼저 우리 반이 되면 자기 나무를 정합니다. 온종일 가장 많이 바라볼 수 있는 자기 나무를 정해서 그 나무에서 일어나는 일을 쓰게 한 것입니다. 아이들이 자기 나무를 정합니다. 정하면 물어보는 거죠.

"(눈앞에 학생이 있는 듯 손가락으로 앞을 가리킨다.) 나무 봤어?"

하면, 안 봅니다. 아이들이 그렇게 말을 잘 듣나요? 그래도 계속해서 물어보는 겁니다.

㉰ 눈이 올 때, 눈이 오기 전 나무와 눈이 온 후의 나무는 전혀 다릅니다. 눈이 온 후의 나무는 눈을 받아들이고, 새로운 모습을 우리에게 창조해서 보여 주는 것이죠. 그래서 아이들에게 나무를 보여 준 것입니다. 이처럼 자연이, 나무가 늘 완성되어 있고 늘 새로운 까닭은 바로 자연이 받아들이는 힘이 있기 때문입니다.

㉱ 청소년 여러분은 지금 받아들이는 힘을 키우고 있는 때입니다. 여러분이 살고 있는 세상, 여러분이 살아갈 세상은 이제 생각이 달라져야 합니다. 바꿔야 합니다. 변화와 혁신이란 여러 가지가 있겠지만, 그중 제가 여러분의 공부와 관련해서 이야기하고 싶은 것은 여러분이 하는 공부가 행복한 삶, 안정된 삶을 살 수 있는 공부로 바뀌어야 한다는 것입니다.

㉲ ㉠그러기 위해서는 여러분이 좋아하는 것을 찾아야 합니다. 좋아하는 것을 찾는 게 공부이고, 그렇게 하게 만드는 것이 교육입니다. 높은 점수를 받기 위한 것이 공부가 아니고, 좋아하는 것을 찾는 것이 공부라는 것이죠. 좋아하면 열심히 하게 되고, 열심히 하면 잘하게 되고, 자기가 잘하면 사회에 나가서 할 일이 있습니다. 자기가 좋아하는 것을 평생 하면서 살아야 행복한 삶이 되는 거죠. 행복하고 안정이 되어야 창조성이 발현됩니다. 그 속에서 새로운 세계를 창조하면서 살아 나가야 합니다.

12. 이 강연의 내용으로 적절하지 <u>않은</u> 것은?

① 자연은 늘 완성되어 있으면서 늘 새롭다.
② 공부란 자신이 좋아하는 것을 찾는 것이다.
③ 자연은 변화하는 환경을 받아들이는 힘이 있다.
④ 교육 혁신은 세상의 문제점을 찾아 고치는 것이다.
⑤ 청소년의 창조성을 키우려면 공부의 목적이 바뀌어야 한다.

13. (가)~(마)에 대한 설명으로 적절하지 <u>않은</u> 것은?

① (가): 강연 주제와 강연자를 소개하고 있다.
② (나): 아이들에게 자기 나무를 정해 글로 쓰게 한 사례를 제시하고 있다.
③ (다): 아이들에게 나무를 보여 준 것을 연결하여 자연의 경이로움을 예찬하고 있다.
④ (라): 앞으로 청중들이 어떤 공부를 해야 하는지를 제시하고 있다.
⑤ (마): 청중들에게 좋아하는 것을 찾아 행복하고 안정된 삶을 살기를 당부하고 있다.

활동 응용 문제

14. 이 강연에서 활용한 표현 전략을 〈보기〉에서 골라 바르게 묶은 것은?

| 보기 |

ㄱ. 상황에 맞는 손짓과 몸동작을 사용한다.
ㄴ. 과장된 말투와 우스꽝스러운 몸짓으로 시선을 끈다.
ㄷ. 강연 내용과 관련된 다양한 시청각 자료를 활용한다.
ㄹ. 강연을 듣는 청중과 눈을 맞추면서 질문하고 답을 기다린다.

① ㄱ, ㄴ   ② ㄱ, ㄹ   ③ ㄴ, ㄷ
④ ㄴ, ㄹ   ⑤ ㄷ, ㄹ

활동 응용 문제

15. 다음은 이 강연을 준비하며 강연자가 정리한 메모의 일부이다. 이 강연의 내용을 고려할 때, ⓐ~ⓔ 중 적절하지 <u>않은</u> 것은?

〈청중 분석하기〉

• 강연 대상(청중): ⓐ청소년
• 강연 주제에 관한 청중의 사전 지식: ⓑ공부에는 관심이 많지만, 행복한 삶을 위한 공부 방법에 관한 지식은 별로 없을 듯함.
• 강연 주제와 청중과의 관련성: ⓒ청소년은 학교에서 교육을 받는 시기이므로 내용과 청중은 관련이 있음.
• 청중의 관심: ⓓ공부를 왜 해야 하는지에 관해 관심이 많을 것임.
• 청중의 요구: ⓔ효율적인 학습 기술에 관한 지식과 어떤 공부가 효율적인 삶을 위한 공부인지 알고 싶어 할 것임.

① ⓐ   ② ⓑ   ③ ⓒ   ④ ⓓ   ⑤ ⓔ

| 서술형 |

16. (라)와 (마)의 내용을 바탕으로 ㉠이 가리키는 내용을 쓰시오.

[17~21] 다음 글을 읽고, 물음에 답하시오.

가 저는 지금 시골의 작은 초등학교에서 2학년 아이들을 가르치고 있습니다. 그러면서 가르친다는 것이 남을 가르치는 것인 동시에 아이들을 통해 배우는 것이라는 점을 알게 되었습니다. 저는 아이들을 가르치는 매 순간마다 깨닫고, 뉘우치고, 반성하면서 자신을 고쳐가고 바꿔가고 있지요. 이것이 바로 공부입니다. 아이들이 오히려 저에게 많은 것을 가르치고 있었습니다.

나 그런 아이들과 제가 같이 했던 것이 글쓰기였습니다. 그런데 초등학교 2학년 아이들은 개념이 없습니다. 개념이 없다는 말은 논리가 없다는 말입니다. 그런 아이들에게 글쓰기를 가르치는 것은 너무 힘들어요. 개념이 없고 논리적이지 않기 때문에 교육이 어렵습니다. 그래서 어떻게 가르쳤냐면, 교육적인 용어, 문학적인 용어를 활용하지 않고, 즉, 글쓰기의 방법과 기술을 가르치지 않고 세상을 바라보는 눈을 갖도록 해줬습니다.

다 먼저 우리 반이 되면 자기 나무를 정합니다. 온종일 가장 많이 바라볼 수 있는 자기 나무를 정해서 그 나무에서 일어나는 일을 쓰게 한 것입니다. [중략]

그러던 어느 날, 제가 경수란 아이에게 물어봤습니다.
"경수야, 네 나무 봤어? 어떻게 하고 있었어?"
경수가 이렇게 대답하는 것이었습니다.
"제 나무는 마을 앞에 있는 커다란 느티나무인데요. 아침에 학교 오면서 보니까, 느티나무 아래 할아버지들이 놀고 계셨어요. 그리고 그 앞에는 시냇물이 흐르고 있었고요. 시냇물 건너에는 들판이 있는데 들판에서는 사람들이 모내기를 하고 있었어요."
이렇게 얘기를 하는 거예요. 나무만 보라고 했는데 이 녀석이 그 주위를 자세히 보게 된 겁니다. 그리고 그것을 종합한 겁니다. / "그럼 그걸 써 봐."
그러면 ㉠이런 글이 되는 겁니다. 새로운 세계를 창조한 것이지요.

느티나무

김경수

내 나무는 마을 앞에 있는
커다란 느티나무이다.
아침에 학교에 오면서 보니까
느티나무 밑에 / 동네 할아버지들이 놀고 있었다.
할아버지들이 노는 그 앞에는 / 시냇물이 흐르고
시냇물 건너에는 들판이 있는데
들판에서는 사람들이 모내기를 하고 있었다.

라 공부란 하나를 가르쳐 주면 하나를 아는 게 아닙니다. 공부란 하나를 가르쳐 주면 열을 아는 것입니다. 하나를 자세히 보면 이것도 보이고 저것도 보이는 것입니다. 새로운 세계는 그걸로 만드는 거죠. 이게 창조라는 거예요. 창조란 거기서 시작되는 것입니다.

마 돈을 많이 벌고 출세하는 그런 삶이 아니라 행복하고 안정된 삶, 자기가 좋아하는 것을 찾아 자기가 좋아하는 일을 하는 삶을 살아야 합니다. 그런 삶이 여러분에게 창의적이고 창조적인 생각을 더욱더 키워 나가게 할 것입니다.

---

17. 이 강연의 주제로 가장 적절한 것은?

① 끊임없이 공부하는 삶
② 성찰하는 힘을 기르는 공부
③ 창의적 사고를 키우는 공부
④ 글쓰기를 생활화하는 방법
⑤ 사회적으로 성공하는 방법

18. ㉠에 대한 설명으로 적절하지 **않은** 것은?

① 강연자와 경수가 함께 창작한 글이다.
② 새로운 세계를 창조한 사례에 해당한다.
③ 글쓰기 수업의 구체적 결과를 직접 보여 주고 있다.
④ 매체 자료를 활용함으로써 강연의 신뢰를 높이고 있다.
⑤ 느티나무와 그 주변 풍경을 관찰한 내용이 담겨 있을 것이다.

19. 이 강연에 대한 청중의 평가로 가장 적절한 것은?

① 학생: 우리가 이해하기 쉬운 소재를 활용하여 설명하고 있어요.
② 학생: 중학교에서 실제 있었던 일을 사례로 제시해서 좋았어요.
③ 학부모: 아이들에게 공부가 별로 중요하지 않다는 걸 알게 되었어요.
④ 학부모: 강연자의 경험을 동영상을 통해 실감 나게 볼 수 있어 좋았어요.
⑤ 선생님: 글쓰기 수업에 관한 일화는 현실에서 찾기 어려운 이야기라 공감하기가 쉽지 않았어요.

20. 다음은 이와 같은 강연을 준비할 때 고려할 점을 설명한 것이다. 빈칸에 공통으로 들어갈 말을 쓰시오.

> 강연과 같이 여러 사람 앞에서 말할 때에는 효과적인 의사소통을 위해 (   )을/를 분석해야 한다. (   )의 수준, 관심과 요구 등을 파악한 후에 이를 고려한 말하기 전략을 활용하되, 말하기 도중에도 (   )의 반응을 지속해서 점검하고, 말하기 내용이나 전략을 (   )의 반응에 맞춰야 한다.

활동 응용 문제 | 서술형 |

21. 이 강연자가 (가)~(라)에 관한 강연 계획을 다음과 같이 세웠다고 할 때, 빈칸에 들어갈 적절한 내용을 〈조건〉에 맞게 쓰시오.

> 전개 부분에서는 본격적으로 이야기를 시작해야 해. 청중이 청소년들이니까 내가 말하려는 바를 효과적으로 전달하려면 청소년들에게 친숙한 내용을 이해하기 쉽게 구체적으로 전달해야겠지? 그렇다면 아이들에게 글쓰기를 가르친 경험과
> (   )
> 을/를 들려주어야겠어.

┤ 조건 ├

• (다)의 내용이 구체적으로 드러나게 쓸 것.

[01~04] 다음 글을 읽고, 물음에 답하시오.

보도블록 틈에 핀 씀바귀꽃 한 포기가 나를 멈추게 한다

어쩌다 서울 하늘을 선회하는 제비 한두 마리가 나를 멈추게 한다

육교 아래 봄볕에 탄 까만 얼굴로 도라지를 다듬는 할머니의 옆모습이 나를 멈추게 한다

굽은 허리로 실업자 아들을 배웅하다 돌아서는 어머니의 뒷모습은 나를 멈추게 한다

나는 언제나 ㉠나를 멈추게 한 힘으로 다시 걷는다

01. 〈보기〉를 참고하여 이 시에 담긴 작가의 심미적 인식과 체험을 〈조건〉에 맞게 쓰시오.

┤ 보기 ├

작가는 가치 있는 경험이나 정서를 통해 얻은 인간의 삶에 대한 심미적 인식과 체험을 작품으로 표현하여 독자들과 소통하고자 한다. 독자는 작품에 담긴 작가의 심미적 인식과 체험을 이해하고 공유함으로써 자신의 삶과 세계를 심미적으로 바라볼 수 있는 안목을 기를 수 있다.

┤ 조건 ├
• 주제가 드러나게 35자 이내로 쓸 것.
• 명사로 끝낼 것.

02. 이 시에 쓰인 주된 심상의 종류와 효과를 〈조건〉에 맞게 쓰시오.

┤ 조건 ├
• 심상이 쓰인 시구를 두 가지 이상 제시할 것.
• '~와/과 같은 ~을/를 활용하여 ~하고 있다.'의 형태로 쓸 것.

03. 이 시에서 〈보기〉와 같은 효과를 지닌 운율상 특징이 무엇인지 〈조건〉에 맞게 쓰시오.

┤ 보기 ├

'나'를 멈추게 하는 것들의 공통점을 효과적으로 드러내고 리듬감을 느끼게 하여 화자의 심미적 인식과 체험을 인상적으로 보여 주는 역할을 한다.

┤ 조건 ├
• 이 시의 시구를 활용하여 쓸 것.
• 운율을 형성하는 요소를 밝혀 쓸 것.

04. ㉠이 의미하는 바를 〈조건〉에 맞게 쓰시오.

┤ 조건 ├
• 화자가 받은 영향을 중심으로 쓸 것.

[01~03] 다음 글을 읽고, 물음에 답하시오.

가 "그러니까 양치기는, 여기 사는 거야? 항상 혼자 지내니 얼마나 심심할까! 무얼 하지? 무슨 생각을 해?"

'아가씨, 당신 생각을 한답니다.'

라고 대답하고 싶었지요. 그렇다 해도 거짓말은 아니었을 겁니다. 하지만 어찌나 떨리던지 단 한 마디도 할 말을 찾을 수가 없었어요. 아가씨도 그걸 눈치챘던 것 같은데, 글쎄 이 장난꾸러기 아가씨는 짓궂게도 나를 한층 더 곤혹스럽게 만드는 일에 재미를 느끼고 있었지요.

"그럼 양치기 여자 친구는? 가끔 만나러 올라오나? …… 그 여자 친구는 분명 황금 염소일 거야. 아니면 산봉우리만 타고 다닌다는 에스테렐 요정이거나."

내게 이런 말을 하면서 고개를 뒤로 젖히고 까르르 예쁘게도 웃으며 얼른 가려고 서두르는 — 그래서 지금 찾아온 것이 마치 환영처럼 느껴지는 — 아가씨가 바로 그 ㉠<u>에스테렐 요정</u> 같기만 했습니다.

나 울안 한구석, 아가씨가 자는 모습을 신기하다는 듯 바라보는 양 떼 바로 곁에서 우리 주인댁 따님이, ㉡<u>다른 모든 양보다 훨씬 더 소중하고 더 하얀 양 한 마리</u>처럼 내가 지켜 주는 가운데 쉬고 있다고 생각하니 정말이지 자랑스러울 따름이었죠. 그때까지 하늘이 그렇게 깊어 보이고 별들이 그렇게 빛나 보인 적은 없었다니까요…….

다 "그럼 너희들 양치기가 마법사라는 게 정말이야?"

"무슨 말씀을요, 아가씨. 하지만 여기서는 아무래도 별들과 훨씬 가까이 생활하다 보니 하늘에서 일어나는 일을 평지에 사는 사람들보다 잘 알게 마련이죠."

아가씨는 한 손으로 얼굴을 받친 채, ㉢<u>천상의 작은 목동</u>처럼 암사슴 가죽을 두르고 여전히 하늘을 올려다보고 있었습니다.

라 나는 아가씨가 자는 모습을 지켜보았지요. 내 존재의 깊은 곳에서는 조금 흔들리는 마음으로, 하지만 이제껏 오직 선한 생각만을 내게 전해 주었던 이 밝은 밤의 성스러운 보호를 받으면서 말입니다. 우리 주위에는 별들이 커다란 양 떼처럼 유순하게, 소리 없는 운행을 계속하고 있었습니다. 그렇게 앉은 채로 이따금 난 그려 보곤 했어요. 저 별들 중에 가장 여릿여릿하고 가장 반짝이는 별 하나가 가던 길을 잃고 내게 내려와서는 이 어깨에 기대어 잠든 것이라고요.

01. 이 글의 주제 의식을 통해 작가가 독자에게 전하려는 보편적 가치가 무엇인지 〈조건〉에 맞게 쓰시오.

조건
- (라)에 나타난 '나'의 생각과 행동을 근거로 들어 쓸 것.
- 추상적인 단어를 사용하여 보편적 가치를 드러낼 것.

02. (가)와 (나)에 나타난 '나'의 심리를 〈조건〉에 맞게 쓰시오.

조건
- '나'가 처한 상황과 그에 따른 심리를 쓸 것.
- (가)와 (나)에 나타난 심리를 각각 한 문장으로 쓸 것.

03. 다음은 ㉠~㉢의 비유적 표현이 지닌 의미와 효과를 정리한 것이다. ⓐ와 ⓑ에 들어갈 적절한 내용을 각각 쓰시오.

㉠	아가씨의 아름다움과 신비로움을 나타내고, 아가씨를 금세 사라져 버리는 꿈과 같은 존재로 묘사함.
㉡	아가씨의 순수함을 드러내고, 아가씨를 (ⓐ) 존재로 묘사함.
㉢	아가씨의 선함과 순수함을 드러내고, '나'가 아가씨에게 친근감을 느끼고 있음을 나타냄.

↓

효과	ⓑ

[01~03] 다음 글을 읽고, 물음에 답하시오.

(가) 청소년 여러분 안녕하세요, 반갑습니다. 시인 김용택입니다. 오늘 저는 '㉠행복한 삶을 위한 공부'에 관한 강연을 하려고 합니다. 여러분은 혹시 이 주제에 관해 생각해 본 적이 있나요? (청중과 눈을 맞추며 기다린다.) 예, 그렇죠. 아마 누구나 한 번쯤은 생각해 보았을 것입니다. 그만큼 우리에게 밀접하고, 중요한 주제이니까요. 그럼 이제부터 이러한 주제로 강연을 시작하겠습니다.

(나) 그러던 어느 날, 제가 경수란 아이에게 물어봤습니다.

"경수야, 네 나무 봤어? 어떻게 하고 있었어?"

경수가 이렇게 대답하는 것이었습니다.

"제 나무는 마을 앞에 있는 커다란 느티나무인데요. 아침에 학교 오면서 보니까요, 느티나무 아래 할아버지들이 놀고 계셨어요. 그리고 그 앞에는 시냇물이 흐르고 있었고요. 시냇물 건너에는 들판이 있는데 들판에서는 사람들이 모내기를 하고 있었어요."

이렇게 얘기를 하는 거예요. 나무만 보라고 했는데 이 녀석이 그 주위를 자세히 보게 된 겁니다. 그리고 그것을 종합한 겁니다.

"그럼 그걸 써 봐."

그러면 이런 글이 되는 겁니다. 새로운 세계를 창조한 것이지요.

느티나무

김경수

내 나무는 마을 앞에 있는
커다란 느티나무이다.
아침에 학교에 오면서 보니까
느티나무 밑에
동네 할아버지들이 놀고 있었다.
할아버지들이 노는 그 앞에는
시냇물이 흐르고
시냇물 건너에는 들판이 있는데
들판에서는 사람들이 모내기를 하고 있었다.

(다) 좋아하는 것을 찾는 게 공부이고, 그렇게 하게 만드는 것이 교육입니다. 높은 점수를 받기 위한 것이 공부가 아니고, 좋아하는 것을 찾는 것이 공부라는 것이죠. 좋아하면 열심히 하게 되고, 열심히 하면 잘하게 되고, 자기가 잘하면 사회에 나가서 할 일이 있습니다. 자기가 좋아하는 것을 평생 하면서 살아야 행복한 삶이 되는 거죠. 행복하고 안정이 되어야 창조성이 발현됩니다. 그 속에서 새로운 세계를 창조하면서 살아 나가야 합니다. 그것이 여러분이 가야 할 길이고, 더 나아가 우리 인류가 가야 할 길입니다. 돈을 많이 벌고 출세하는 그런 삶이 아니라 행복하고 안정된 삶, 자기가 좋아하는 것을 찾아 자기가 좋아하는 일을 하는 삶을 살아야 합니다. 그런 삶이 여러분에게 창의적이고 창조적인 생각을 더욱더 키워 나가게 할 것입니다.

01. 이 강연을 다음 기준에 따라 평가하여 〈조건〉에 맞게 쓰시오.

> 청중의 관심과 요구를 고려하여 강연 주제를 정하였는가?

보기

- 청중이 누구이고 강연 주제가 무엇인지 밝혀 쓸 것.
- 청중의 특징을 강연 주제와 관련지어 쓸 것.

02. (나)에서 다음 내용을 효과적으로 전달하기 위해 강연자가 사용한 표현 전략 두 가지를 각각 한 문장으로 쓰시오.

> 글쓰기를 가르치기 위해 아이들에게 자기 나무를 정해 관찰하게 하고 그 내용을 글로 쓰게 한 사례

03. 이 강연의 내용을 바탕으로 ㉠의 내용을 구체적으로 쓰시오.

마음 헤아리며 읽기

철수는 철수다 / 노경실

앞부분의 줄거리

철수는 학교 성적이 좋지 않아 늘 어머니에게 야단을 맞는다. 철수의 교육을 위해 이사까지 한 철수의 가족은 우등생 준태와 이웃사촌이 된다. 그 후 어머니는 철수와 준태를 비교하기 시작한다. 기가 죽은 철수는 부모님이 시키는 대로 공부를 하지만 성적은 점점 떨어진다.

시험 성적을 이메일로 받은 엄마는 역시 이번에도 집에 일찍 들어왔다. 엄마의 손에는 아주 두꺼운 "제인 구달 평전" 한 권이 들려 있었다. 드디어 책이 나온 모양이다.

"책 나왔어요?"

나는 무심한 듯 물었다.

"됐고, 오늘은 아무래도 결판을 내야 할 것 같다."

엄마와 나는 또다시 거실 탁자에 마주 앉았다. 나로서는 한 달에 한 번씩 겪는 굴욕의 순간이다.

"네가 속성 학원 보내 달라 해서 보내 주었고, 시험 기간에 먹고 싶다는 거 다 사 줬어. 또 시험 기간 동안 네 비위 맞추느라 숨 한 번 크게 못 쉬었어. 아빠는 회사 동료들 이해시키며 회식도 안 했어. 그런데도 성적이 또 이 정도야. 자, 누구 잘못이지?"

내가 속으로 한 대답

─ '누구의 잘못도 아닙니다. 그냥 성적이 잘 못 나왔을 뿐입니다. 이건 사람의 잘못이 아닙니다.'

그러나 입에서 나온 대답

─ "잘못했어요. 제 잘못이에요."

"이제 어떡할까?"

내가 속으로 한 대답

─ '죽이든 살리든 엄마 하고 싶은 대로 하세요. 나도 할 만큼 했어요. 공부 못했다고 엄마한테 맞아 죽은 자식이 있다면 나, 김철수일 겁니다.'

그러나 입에서 나온 대답

─ "무조건 엄마가 시키는 대로 할게요. 잘못했어요."

"준태는 성적이 이번에도 어떻게 나온 줄 알아?"

속으로 한 대답

─ '준태 성적 아무 관심 없거든요. 엄마 혼자 알고 계세요. 혹시 준태가 엄마 아들 아닌가요?'

그러나 입에서 나온 대답

─ "준태는 똑똑하니까 잘했겠죠. 준태는 우등생이잖아요."

"그런데 왜 너는 준태처럼 못하는 거야? 네가 어디가 못나서? 네가 머리가 모자라? 몸이 아파? 책이 없어? 학원엘 안 다녀? 귀찮게 하는 동생이 있어? 병든 부모를 돌봐? 모든 조건이 준태랑 똑같은데 왜 못해? 왜? 준태는 신의 아들이야? 왜 그렇게 잘해?"

속으로 한 대답

─ '그만하세요. 이제 준태 이름만 들어도 머리가 돌 것 같아요. 그렇게 준태가 좋으면 데려다 키우세요. 입양하시라고요. 그리고 나는 다른 집 아들로 주고요. 그럼 되잖아요!'

그러나 입에서 나온 대답

─ "다음부터 진짜 잘할게요. 더 열심히 할게요."

그 순간, 며칠 전 아빠의 말이 떠올랐다. 아빠가 농담처럼 했던 말,

"철수야, 우리 집안 평화가 몽땅 너 하나에 달려 있다. 알았지."

아빠의 목소리가 생생했다. 눈물이 나왔다. 처음엔 한두 방울 흐르더니 금방 빗물처럼 흘러내렸다.

비판적 · 창의적 사고 역량

이 역량은 다양한 상황이나 자료, 담화, 글을 주체적인 관점에서 해석하고 평가하여 새롭고 독창적인 의미를 부여하거나 만드는 능력을 말해. 이 단원에서는 다양한 상황에서의 글쓰기를 하는 과정에서 발생하는 문제를 주체적으로 해결하는 능력을 길러 보자.

의사소통 역량

이 역량은 음성 언어, 문자 언어, 기호와 매체 등을 활용하여 생각과 느낌, 경험을 표현하거나 이해하면서 의미를 구성하고 자아와 타인, 세계의 관계를 점검하고 조정하는 능력을 말해. 이 단원에서는 문장의 짜임에 관련한 지식을 토대로 문장을 생성하고, 일상생활에서 사용하는 문장의 짜임을 이해해 보자.

문법

쓰기

좋은 글, 바른 문장

2

(1) 문제 해결 과정으로서의 쓰기

(2) 문장의 짜임과 양상

자료 · 정보 활용 역량

이 역량은 필요한 자료나 정보를 수집, 분석, 평가하고 이를 효과적으로 활용하여 의사를 결정하거나 문제를 해결하는 능력을 말해. 이 단원에서는 글을 쓸 때 필요한 자료를 선정하고, 내용을 효과적으로 조직하며 통일성 있는 한 편의 글을 완성해 보자.

대단원을 펼치며

도입과 계획

◯ 도입 만화를 살펴보면서 이 단원에서 배울 내용을 짐작해 보아요!

핵심 질문

우리는 무엇을 고려하고 어떤 과정을 거쳐서, 의도에 맞는 문장을 사용하며 글을 쓰는 것일까?

이 질문은 이 단원을 이끄는 핵심 질문이란다. 문장을 만들어 사용하고 글을 쓰는 것이 일상적으로 이루어지는 국어 생활임을 상기하고, 이때 어떤 탐구 과정을 거쳐 자신의 의도에 맞는 문장을 사용하고 글을 쓸 수 있을지 생각하며 이 질문의 답을 찾아보자.

보조 질문

• 학생들이 동아리 홍보 문구를 작성할 때, 고려한 사항은 무엇인가요?

예시 답 | 동아리 홍보라는 주제와 목적, 동아리에 가입할 대상인 독자, 게시판이라는 매체를 고려하였다.

• 동아리 홍보 문구의 의도를 잘 드러내려면 어떻게 해야 할지 이야기해 봅시다.

예시 답 | '우리가 사는 세상이 힘들지만 행복을 나누어 봅시다.'로 연결해야 '힘들지만 자원봉사를 통해 행복을 나누어 보자.'라는 의미가 되어 자연스럽고 글을 쓴 사람의 의도를 잘 살릴 수 있다.

> 함께 사는 공동체를 바라는 친구들!
>
> 기쁨은 나눌수록 커지고
> 아픔은 나눌수록 작아집니다.
> 자원봉사 동아리 '나눔'으로 오세요.
> 우리가 사는 세상이 힘들어서
> 행복을 나누어 봅시다.
>
> — 봉사 동아리 '나눔'

학습 목표

[쓰기] 쓰기가 주제, 목적, 독자, 매체 등을 고려한 문제 해결 과정임을 이해하고
글을 쓸 수 있다.
[문법] 문장의 짜임과 양상을 탐구하고 활용할 수 있다.

배울 내용

(1) 문제 해결 과정으로서의 쓰기	(2) 문장의 짜임과 양상	단원 + 단원
• 주제, 목적, 독자, 매체 등을 고려하여 글 쓰기 • 쓰기 과정의 문제 해결하기	• 문장의 짜임과 양상 이해하기 • 다양한 짜임의 문장을 효과적으로 사용하기	• 생활 비법서를 만들어 문제 해결 과정으로서의 글쓰기와 문장의 짜임과 양상 적용하기

(1) 문제 해결 과정으로서의 쓰기

● 생각 열기 ----------------------------------○

다음 그림을 보고, 글쓰기와 관련한 자신의 경험을 떠올려 봅시다.

○ 이렇게 열자 ●

이 단원을 본격적으로 학습하기 전에 '쓰기'가 글을 쓰는 과정에서 부딪히는 인지적인 문제를 해결하는 과정임을 알도록 하기 위한 활동이다. 자신의 경험을 떠올리며 쓰기 과정의 여러 문제와 그것을 해결하는 방법에 대해 자유롭게 이야기해 보도록 한다.

• 이 그림의 학생이 글을 쓰는 과정에서 부딪힌 문제는 무엇인가요?

예시 답 | 글의 주제와 예상 독자를 정하지 못해 고민하고 있다.

• 여러분은 글을 쓰는 과정에서 부딪힌 문제를 해결하기 위해 어떤 노력을 했는지 짝꿍과 함께 이야기해 봅시다.

예시 답 | 초등학교에 다니는 동생의 학교 숙제를 도와주어야 했는데, 초등학생의 눈높이에 맞는 단어를 활용하여 글 쓰는 것을 도와주려니 단어의 난이도 맞추기가 어려웠어. 그래서 초등학생용 사전을 활용해 쉬운 말로 풀어서 알려 줬어.

🌱 이 단원의 학습 요소

학습 목표 | 쓰기가 주제, 목적, 독자, 매체 등을 고려한 문제 해결 과정임을 이해하고 글을 쓸 수 있다.

주제, 목적, 독자, 매체 등을 고려한 쓰기	한 편의 글을 쓰는 것은 주제, 목적 독자, 매체 등을 고려한 문제 해결 과정임을 이해한다.
쓰기 과정의 문제 해결하기	내용 선정하기, 조직하기, 표현하기, 고쳐쓰기 단계에서 부딪히는 여러 문제를 해결하며 한 편의 글을 완성한다.

소단원 바탕 학습

핵심 개념 미리 보기

1. 문제 해결 과정으로서의 쓰기

- 쓰기는 글쓴이가 주제, 목적, 독자, 매체 등의 구체적 상황 안에서 여러 가지 문제들을 해결해 나가며 한 편의 글을 완성하는 문제 해결 과정이다.
- 글쓴이는 쓰기 과정에서 화제와 관련된 배경지식의 부족 문제, 떠올린 내용을 옮길 적절한 단어나 표현의 생성 문제, 독자의 이해를 돕기 위한 문단 배열 문제 등을 효과적으로 해결해야 한 편의 글을 완성할 수 있다.

(1) 계획하기 단계에서의 문제 해결

글을 쓸 때는 글의 목적과 주제, 독자의 성격 및 글쓴이와의 관계, 매체의 성격 등에 따라 글쓰기의 내용과 방법이 달라지므로, 계획하기 단계에서 이를 명료하게 분석하고 설정해야 한다.

(2) 내용을 생성하며 부딪히는 문제 해결

문제	주제와 관련해 배경지식이 없는데 어떻게 하지?
해결 방안	필요한 자료를 수집하되, 수집한 후에는 목적이나 독자, 매체를 고려해 내용을 선별하기

(3) 내용을 조직하며 부딪히는 문제 해결

문제	어떤 순서로 내용을 배열해야 할까?
해결 방안	주제, 목적, 독자, 매체를 고려하여 개요표를 점검·조정하기

(4) 자료 활용을 계획하며 부딪히는 문제 해결

문제	매체의 특성을 고려할 때 수집한 자료를 어떻게 활용할 수 있을까?
해결 방안	수정한 개요표에 따라 자료를 어디에 어떻게 활용할 수 있는지, 더 좋은 자료는 없을지 생각하기

(5) 표현하기 및 고쳐쓰기에서 부딪히는 문제 해결

문제	글쓰기 계획과 개요표에 따라 어떻게 글로 표현해야 할까?
해결 방안	주제, 목적, 독자, 매체를 고려해 초고의 문제점 찾고 수정하기

2. 쓰기의 일반적인 과정

계획하기	글의 주제, 목적, 예상 독자, 매체 등을 설정하기

↓

내용 생성하기	글을 쓰는 데 필요한 자료를 수집하고 내용을 선정하기

↓

내용 조직하기	선정한 내용을 짜임새 있게 조직하여 개요 작성하기

↓

표현하기	개요를 바탕으로 글을 쓰기

↓

고쳐쓰기	주제, 목적, 예상 독자, 매체를 고려해 단어, 문장, 문단, 글의 수준에서 글을 점검하고 고쳐 쓰기

눈으로 찍고 가기

1. 쓰기는 □□, □□, 독자, 매체 등의 구체적 상황 안에서 여러 가지 문제를 해결해 나가는 과정이다.

2. 수집한 자료는 □□의 특성을 고려해 적절한 활용 계획을 세우는 것이 좋다.

3. 〈보기〉의 설명에 해당하는 과정이 이루어지는 쓰기 단계로 적절한 것은?

> 글의 주제, 목적, 예상 독자, 매체 등을 설정하기

① 계획하기 ② 내용 선정하기
③ 내용 조직하기 ④ 표현하기
⑤ 고쳐쓰기

정답: 1. 주제, 목적 2. 매체 3. ①

활동 1 주제, 목적, 독자, 매체를 고려한 쓰기

66 학습 포인트
· 쓰기가 주제, 목적, 독자, 매체를 고려한 문제 해결 과정임을 이해하기

▌ 다음은 여수를 소개하기 위한 진욱이의 글쓰기 과정입니다. 이어지는 활동을 해 봅시다.

1. 진욱이가 글을 쓰기 위해 계획한 내용을 바탕으로 물음에 답해 봅시다.

> 우리 고장 여수를 알리는 글을 써야겠어.
>
> 여수를 잘 이해할 수 있도록 역사·지리 정보, 관광 정보, 먹거리, 체험 활동 등을 소개해야지.
>
> 다양한 자료를 활용하여 구성해야 처음 접하는 사람들도 이해하기가 쉬울 거야.
>
> 블로그에 글을 올리면 여행에 관한 정보를 검색하는 친구들이 찾아볼 수 있을 거야.

○ 활동 탐구
한 편의 글을 쓰는 과정을 바탕으로 쓰기가 주제, 목적, 독자, 매체 등을 고려한 문제 해결의 과정임을 이해하기 위한 활동이다. 주어진 가상의 상황을 바탕으로 글을 쓰는 과정에서 부딪히는 여러 문제를 어떻게 해결할 수 있는지 파악할 수 있도록 한다. 또한, 글쓰기 과정은 회귀적인 것으로, 앞의 단계로 되돌아가 문제를 해결하는 것이 가능하다는 점 참고한다.

1 진욱이가 쓰려는 글의 목적과 주제가 무엇인지 써 봅시다.

목적	또래 친구들에게 여수를 소개하기 위함.
주제	예시 답 I 우리 고장 여수를 알림.

2 진욱이가 생각한 예상 독자가 누구인지 쓰고, 예상 독자를 고려하여 계획한 내용을 찾아봅시다. 예시 답 I

● 예상 독자: 다른 지역에 사는 또래 친구들

● 예상 독자를 고려하여 계획한 내용: ·여수에 관련된 글을 처음 접하는 독자들을 고려하여 시각 자료를 많이 활용할 계획임.(독자 고려)
· 글의 주제와 목적을 고려하여 여수의 특징이 드러나도록 역사·지리 정보, 관광 정보, 먹거리, 체험 활동 등에 관해 설명하는 글을 쓸 것을 계획함.(주제, 목적 고려)
· 독자들이 쉽게 접근할 수 있도록 블로그에 글을 올릴 것을 계획함.(독자, 매체 고려)

🌊 지학이가 도와줄게! - 1

한 편의 글을 쓰려고 할 때 무엇부터 시작해야 할지 고민스럽지. 어떤 내용으로 글을 쓸지 정했다면 글을 쓰는 목적과 구체적인 주제를 정하고, 예상 독자를 고려해 글을 계획해야 해. 더불어서 글의 내용을 효과적으로 전달할 수 있는 적절한 매체가 무엇일지도 고민하다보면 글을 쓰기 위한 준비가 될 거야.

3 진욱이가 글을 쓰고자 하는 매체와 그 매체에 글을 쓰는 까닭을 말해 봅시다. 예시 답 I ·예상 독자인 또래 친구들이 가고 싶은 여행지를 검색할 때 활용하는 매체임. ·여행 정보를 제공하는 글의 특성상, 사진, 동영상 등의 시청각 자료, 분위기를 조성하는 음향 파일 등을 활용하기 편리하고, 첨부 파일, 하이퍼링크 등의 기능을 효과적으로 쓸 수 있는 매체이기 때문임.

찬찬샘 핵심 강의

■ **계획하기 단계에서의 문제 해결**

글을 잘 쓰기 위해서는 계획을 세우는 것이 중요하지. 이때 글의 중심 내용인 주제, 글을 쓰는 목적, 글의 예상 독자, 글을 쓸 매체를 고려하는 것이 필요해.

➤핵심 포인트◀

계획하기	주제, 목적, 독자, 매체를 계획함.

콕콕 확인 문제 정답과 해설 16쪽

1. 〈보기〉의 ㉠~㉫ 중, 글쓰기의 계획하기 단계에서 고려하는 요소를 모두 고른 것은?

보기
㉠ 글의 주제
㉡ 글을 쓰는 목적
㉢ 문단 간의 통일성
㉣ 예상 독자의 지식과 관심도
㉫ 글을 쓰고자 하는 매체의 종류

① ㉠, ㉡, ㉣
② ㉠, ㉢, ㉫
③ ㉠, ㉡, ㉣, ㉫
④ ㉡, ㉢, ㉣, ㉫
⑤ ㉠, ㉡, ㉢, ㉣, ㉫

2. 진욱이가 글을 쓰기 위해 내용을 생성하는 과정을 살펴봅시다.

1 다음을 바탕으로 이 자료를 찾기 전 진욱이가 부딪히게 된 문제가 무엇인지 알아보고, 이를 어떻게 해결했는지 말해 봅시다.

우리 고장을 소개하는 글을 쓰려고 결정하고 보니 정작 내가 사는 고장에 관해 아는 게 별로 없네. 어쩌지?

역사

조선 성종 10년, 여수에 전라좌수영이 설치되고, 선조 24년 충무공 이순신이 이곳에 절도사로 부임하면서 조선 수군의 중요한 거점이 되었다.

– 출처: 한국민족문화대백과
(http://encykorea.aks.ac.kr)

이순신

↳ 여수의 역사를 소개하는 데 좋은 자료네. 전라 수군 절도사였던 이순신의 사진을 자료로 사용하면 적절하겠어.

지리 정보

여수시는 남해안의 중심에 있는 해운 도시이다. 도서 수는 365개로 유인도 49개, 연륙도 4개, 무인도 316개이며, 해안선의 총 길이는 879.03킬로미터(km)로 만의 입구가 길고 해안선의 드나듦이 복잡하다.

– 출처: 여수시 누리집(http://www.yeosu.go.kr)

여수 지도

↳ 여수시의 기본적인 지리 정보를 전달하기에 좋은 자료야. 지도와 함께 제시해 주면 여수의 지리적 특징을 잘 보여 줄 수 있겠어.

관광 정보

여수의 관광지로는 오동도, 여자만 갯벌, 거문도와 백도 등이 유명하다. 이 중 오동도는 방파제로 육지와 연결되어 있는 작은 섬으로, 3천 그루의 동백나무가 있어 겨울부터 봄까지 붉은 동백꽃이 피는 아름다운 섬이다.

– 출처: 여수관광문화 누리집(http://www.yeosu.go.kr/tour)

오동도 동백꽃

↳ 여수의 대표적인 관광지를 소개하기에 좋은 자료야. 관련 자료로는 오동도의 동백꽃 사진을 활용하면 좋겠어.

예시 답 | 자신의 고장에 관한 배경지식이 부족하여 인터넷으로 관련 누리집에서 역사, 지리, 관광 정보에 관한 정보를 찾으며 해결하고 있다.

⭐ 지학이가 도와줄게! – 2 **1**

글의 주제나 목적을 정했다고 하더라도 내용을 효과적으로 생성하기 위해서는 배경지식이 필요해. 이때 글을 쓰기에 충분한 지식이 없다면, 다양한 자료를 찾다보면 내용 생성 단계의 배경지식 부족 문제를 해결할 수 있을 거야.

콕콕 확인 문제

2. 〈보기〉에서 나타난 문제에 대한 설명으로 적절한 것은?

> **보기**
> 우리 고장 여수를 소개하는 글을 쓰려고 결정하고 보니 정작 내가 사는 고장에 관해 아는 게 별로 없네. 어쩌지?

① 글을 쓰는 목적이 불분명하여 혼란스러워한다.

② 배경지식이 부족하여 내용 생성에 어려움을 겪고 있다.

③ 예상 독자에 대한 분석이 이루어지지 않아서 힘들어 한다.

④ 글의 주제를 효과적으로 전달하기 위해 개요를 점검하고 있다.

⑤ 글을 쓰기로 선정한 매체가 내용을 담기에 적절하지 않아서 고민하고 있다.

2 다음을 바탕으로 진욱이가 찾은 자료를 보완하면서 부딪힌 문제와 그 해결 과정을 살펴봅시다.

내 또래의 친구들이 좋아할 만한 요소가 부족한 것 같아. 어떤 내용을 더 넣으면 좋을까?

먹거리

• 돌게장: 여수를 대표하는 가장 유명한 음식 중 하나이다.
• 갓김치: 돌산도의 갓은 식감이 좋고 맛이 있기로 유명하다.

↳ **예상 독자**
내 또래 친구들이 관심 있어 할 만한 음식을 소개하는 것이 어떨까? 여수의 특징적인 음식 중 다른 지역에서는 볼 수 없어 친구들이 흥미를 가질 만한 음식인 돌게장과 갓김치를 소개하는 것이 좋겠어.

돌게장

체험 활동

• 거북선 축제: 여수의 대표적인 지역 축제로, 다양한 체험 활동이 있다.
• 어촌 체험: 바닷가 마을에서 조개 잡기 체험 등을 할 수 있다.

↳ 여수의 사회·문화를 직접 체험할 수 있는 축제를 소개하면 친구들이 관심 있어 할 거야. 체험 학습 보고서를 낼 때도 도움이 되겠지?

거북선 축제

관광 정보

• 향일암: 일출로 유명한 곳이다.
• 진남 체육 공원: 다양한 운동 시설이 있어 여가를 보내기에 좋은 곳이다.

↳ 오동도만으로는 관광지 소개가 부족해 보여. 내가 아는 관광지를 더 소개하자.

향일암

예시 답 | 예상 독자의 흥미를 끌 만한 내용이 부족하다는 문제에 부딪혔다. 그 해결 방법으로 여수를 소개한다는 목적과 주제에 맞으면서 예상 독자인 또래 친구들이 좋아할 만한 내용을 찾으려 하였다.

3 **1**, **2**에서 진욱이가 마련한 글의 내용 중에서 불필요하다고 생각하는 자료를 찾아보고, 그 까닭을 정리해 봅시다.

예시 답 | • 불필요하다고 생각하는 자료: 진남 체육 공원
• 까닭: 진남 체육 공원에 관한 내용은 관광 정보에 해당하지 않고, 여수를 알리기 위한 주제와 글을 쓰는 목적에도 맞지 않는다.

찬찬샘 **핵심** 강의

■ **내용을 생성하며 생기는 문제 해결**

글의 주제나 목적을 정해도 배경지식이 부족해서 어떤 내용을 생성해야 할지 막연한 경우가 있어. 다양한 자료를 수집하되 글의 목적이나 예상 독자 등을 고려해 필요한 내용과 그렇지 않은 내용을 구분해야 해.

▸**핵심 포인트**◂

내용 생성하며 생기는 문제 해결	• 주제와 관련한 배경지식이 없음. → 필요한 자료를 수집함. • 독자의 흥미 요소 부족 → 목적이나 독자를 고려해 내용을 선별하거나 보완함.

✦ 지학이가 도와줄게! - **2 2**, **3**

주제와 관련해 찾은 자료를 모두 글에 활용할 수 있는 건 아니야. 찾은 자료의 내용을 보완하는 과정에서 주제나 목적, 독자를 고려하면 필요한 자료와 그렇지 않은 자료를 구분할 수 있어.

콕콕 확인 문제

3. 〈보기〉에 대한 설명으로 적절한 것은?

보기
내가 찾은 자료에는 내 또래 친구들이 좋아할 만한 요소가 부족한 것 같아.

① 흥미 위주의 글이 될 것 같아서 고민한다.
② 또래 친구들이 무엇을 좋아하는지 몰라 난감해한다.
③ 예상 독자를 고려하여 찾은 자료를 점검하고 있다.
④ 필요한 자료를 어디에서 찾아야 할지 몰라 막막해한다.
⑤ 글을 쓰고자 하는 매체가 적절한지 고민하고 있다.

|서술형|

4. 〈보기〉를 보고 아래 조정한 내용에 들어갈 적절한 이유를 쓰시오.

보기
• 목적: 여수를 소개하기 위함.
• 주제: 우리 고장 여수를 알림.
• 예상 독자: 다른 지역에 사는 또래 친구들
• 관광 정보: 향일암, 진남 체육 공원

➔ 나는 '진남 체육 공원'에 관한 내용은 불필요하다고 생각해. 왜냐하면, ＿＿＿＿＿＿
＿＿＿＿＿＿＿＿＿＿ 때문이야.

3. 다음은 **2**의 활동을 바탕으로 조직한 개요표입니다. 〈보기〉에서 빈칸에 들어갈 알맞은 말을 찾아 넣으며 진욱이가 개요를 점검하는 과정을 살펴봅시다.

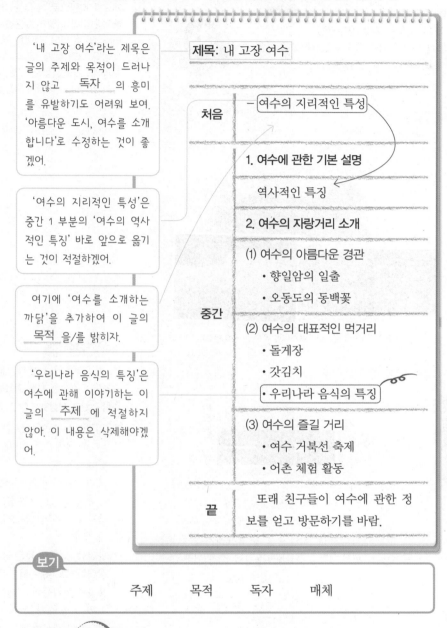

'내 고장 여수'라는 제목은 글의 주제와 목적이 드러나지 않고 <u>독자</u> 의 흥미를 유발하기도 어려워 보여. '아름다운 도시, 여수를 소개합니다'로 수정하는 것이 좋겠어.

'여수의 지리적인 특성'은 중간 1 부분의 '여수의 역사적인 특징' 바로 앞으로 옮기는 것이 적절하겠어.

여기에 '여수를 소개하는 까닭'을 추가하여 이 글의 <u>목적</u> 을/를 밝히자.

'우리나라 음식의 특징'은 여수에 관해 이야기하는 이 글의 <u>주제</u> 에 적절하지 않아. 이 내용은 삭제해야겠어.

제목: 내 고장 여수

처음
─ 여수의 지리적인 특성
1. 여수에 관한 기본 설명
   역사적인 특징

중간
2. 여수의 자랑거리 소개
(1) 여수의 아름다운 경관
  • 향일암의 일출
  • 오동도의 동백꽃
(2) 여수의 대표적인 먹거리
  • 돌게장
  • 갓김치
  • 우리나라 음식의 특징
(3) 여수의 즐길 거리
  • 여수 거북선 축제
  • 어촌 체험 활동

끝
또래 친구들이 여수에 관한 정보를 얻고 방문하기를 바람.

보기

주제 목적 독자 매체

찬찬샘 핵심 강의

■ **내용을 조직하며 생기는 문제 해결**

글을 쓰기 전 개요표를 작성하고 이를 점검하는 과정에서도 주제나 목적, 독자, 매체에 대한 고려가 필요해. 이러한 요소들에 대한 고민을 바탕으로 개요표를 점검하고 수정하면 글을 쓸 준비는 거의 된 거란다.

▸**핵심 포인트**◂

내용 조직하며 생기는 문제 해결	주제, 목적, 독자, 매체를 고려하여 개요를 점검함.

지학이가 도와줄게! - 3

본격적으로 글을 쓰기에 앞서 수집한 내용을 어떤 순서로 배치할지에 대해 고민하고 그 내용을 개요표로 작성하는 과정은 꼭 필요해. 또한, 작성한 개요표를 주제나 목적, 독자, 매체를 고려해 점검하고 고치는 과정을 거치면 글을 쓸 준비는 완벽하게 되었다고 볼 수 있겠지?

콕콕 확인 문제

5. 진욱이가 조직한 개요표의 중간 (2)에서 '우리나라 음식의 특징'을 삭제한 이유로 가장 적절한 것은?

① 보편적인 요소를 담지 못해서
② 출처를 알 수 없는 내용이라서
③ 독자들이 이해하기에 너무 어려워서
④ 독자가 흥미를 가질만한 내용이 아니어서
⑤ 글의 주제를 뒷받침하기에 적절한 내용이 아니라서

6. 진욱이의 개요표 점검을 참고할 때, 개요를 점검하는 데 고려한 요소를 3가지 쓰시오.

4. 다음은 수정한 개요를 바탕으로 한 진욱이의 자료 활용 계획입니다. 진욱이가 고려한 사항이 무엇인지 알아봅시다.

예시 답 | · 설명할 대상의 특성을 나타내기에 적합한 자료인지, 독자의 이해를 도울 수 있는 자료인지 판단하고 있다.

♦ 사진 자료 · 설명할 대상의 특성에 적합한 매체 자료를 활용하고 있는지, 독자의 이해를 고려한 수준의 자료인지를 고려하고 있다.

여수의 지리적인 특징을 설명할 때 사용할 지도는 글 중간에 넣으면 너무 작아 안 보일 테니 첨부 파일로 올려서 활용하도록 하는 것이 좋겠어.

– 출처: 국토지리정보원(www.ngii.go.kr)

향일암, 오동도 사진이나 거북선 축제 사진이 소개하려는 대상인 여수의 특징을 보여 주기에 적합한지, 독자들의 이해를 도울 수 있고 독자의 수준을 고려한 자료인지 살펴보아야겠어.

– 출처: 여수관광문화 누리집(http://www.yeosu.go.kr/tour)

♦ 영상 자료

먹거리를 소개할 때는 사진도 좋지만, 직접 먹는 모습을 영상으로 보여 주면 더욱 생생한 느낌을 전달할 수 있어.

♦ 듣기 자료

버스커 버스커 – 「여수 밤바다」

또래 친구들이 좋아할 만한 대중가요 중에서 여수를 배경으로 하는 노래를 글의 배경 음악으로 제시하면 좋을 것 같아. 노래를 들으면서 여수의 정취를 떠올릴 수 있을 거야.

찬찬샘 핵심 강의

■ **자료 활용 계획 세우기에서 고려한 사항**

최근에는 새롭고 다양한 매체를 활용할 수 있게 되어 자료를 다양하게 담아낼 수 있지. 매체의 특성을 고려해 수집한 자료가 활용하기에 적절한지 먼저 판단해 보고, 자료 활용 위치나 수집한 자료보다 더 적절한 자료가 없는지 고민해 보는 게 좋아.

▸**핵심 포인트**

자료 활용 계획	· 매체의 특성과 주제, 목적, 독자를 고려해 수집한 자료 활용 여부를 판단함.
	· 개요를 바탕으로 자료를 어디에 어떻게 활용할 수 있는지, 더 좋은 자료는 없을지 점검·조정함.

✦ 지학이가 도와줄게! - 4

주제, 목적, 독자를 고려해 수정한 개요를 바탕으로, 수집한 자료를 매체에 따라 어떻게 활용할지 정리해 볼 수 있어. 선택한 매체의 특성을 고려할 때, 글의 내용을 효과적으로 전달할 수 있는 자료인지 판단하고, 어떻게 활용할 수 있는지도 생각해 보자.

콕콕 확인 문제

7. 블로그에 글을 쓸 때, 매체를 고려하여 수집한 자료 활용을 계획한 것으로 적절하지 <u>않은</u> 것은?

① '먹거리'는 동영상을 활용하는 게 생동감을 전달할 수 있어 적절해.

② '지리적인 특징'을 소개할 때는 첨부 파일로 지도를 확인하도록 하는 게 더 효과적일 것 같아.

③ 향일암, 오동도 등은 글로만 설명하기보다는 사진을 활용하면 독자들의 이해를 더 도울 수 있을 것 같아.

④ 친구들이 좋아할 만한 가요 중에 여수를 배경으로 한 노래를 들려주면 여수의 정취를 떠올릴 수 있어서 좋을 거야.

⑤ 여수의 관광지를 소개할 때는 사진을 제시하면 글이 지나치게 복잡해질 수 있으니 사진 자료는 최소한으로 하고 글로만 설명하는 게 독자들에게 더 유익할 것 같아.

5. 작성한 개요에 따라 블로그에 쓴 진욱이의 초고입니다. 글을 쓰는 과정에서 생긴 문제를 어떻게 해결하고 있는지 살펴봅시다.

🌟 지학이가 도와줄게! - 5

주제, 목적, 독자, 매체를 고려해 완벽한 쓰기 계획을 세웠다고 하더라도 막상 글을 써보면 여러 가지 어려움에 다시 부딪히게 돼. 초고를 쓰며 발견한 문제점과 그것을 해결할 방안을 고민해 봐야하는데, 이때는 근본적인 문제 해결을 위해 앞의 단계로 회귀할 필요가 생긴다는 것도 알아두자.

버스커 버스커-「여수 밤바다」

진욱이의 블로그

📎첨부 파일 여수 관광 지도.jpg

아름다운 도시, 여수를 소개합니다

> 처음 부분에서 독자들의 흥미를 끌 수는 없을까? 여수와 관련 있는 대중가요 이야기로 글을 시작하면 좋겠어.

고요한 밤바다, 맛있는 먹거리, 다양한 즐길 거리가 있는 곳을 찾고 있나요? 여기 그런 분들에게 꼭 맞는 곳이 있습니다. 아름다운 해양 도시 여수를 여러분에게 소개합니다.

≫ 지리적·역사적 정보

> 독자들이 이해하기 쉽지 않은 역사나 지리와 관련된 어휘들은 쉬운 말로 고치거나 설명을 추가하는 것이 좋겠어.

여수에 관한 기본적인 정보부터 알아볼까요? 여수는 남해안의 중심에 있는 해운 도시입니다. 섬의 수는 365개로 유인도 49개, 연륙도 4개, 무인도 316개가 있으며, 해안선은 복잡한 편입니다. 역사적으로는 조선 성종 10년에 전라 좌수영이 설치된 곳이고, 선조 24년에 충무공 이순신이 전라 수군 절도사로 부임한 곳으로 조선 수군의 군사적 요충지였던 곳입니다.

– 한국민족문화대백과(http://encykorea.aks.ac.kr)

≫ 여수의 아름다운 경관

여수는 아름다운 자연을 가지고 있는 바닷가 도시입니다. 여수의 작은 암자인 향일암은 바다에서 떠오르는 붉은 해를 보며 소원을 빌기 위해 매년 새해 첫날 수많은 사람들이 찾는 곳입니다.

– 여수관광문화 누리집(http://www.yeosu.go.kr/tour)

❝ 여수의 오동도는 방파제로 육지와 연결된 작은 섬입니다. 3천 그루의 동백나무가 있어, 겨울이면 붉은 동백꽃이 피어나 섬 전체가 한 송이의 꽃으로 보인답니다. **❞**

– 여수관광문화 누리집(http://www.yeosu.go.kr/tour)

(콕콕) **확인 문제**

8. 다음 중 표현하기 단계에서 부딪힐 수 있는 문제로 가장 적절한 것은?

① 어떤 내용으로 글을 써야 할지 모르겠어.
② 주제에 관해 아는 게 너무 없어서 걱정이야.
③ 독자들이 이해하기에 표현이 너무 어려운 것 같아.
④ 어떤 매체에 글을 쓰는 게 효과적일지 생각해야겠어.
⑤ 내 또래 친구들이 뭘 알고 싶어 하는지 고민해야겠어.

≫ 여수의 대표적인 먹거리

여수는 맛있는 남도 음식을 맛볼 수 있는 곳입니다. 영상에서 제가 먹고 있는 돌게장이 맛있어 보이지 않나요? 돌게장은 여수를 대표하는 음식 중 하나입니다. 또 여수의 먹거리로는 돌산 갓김치도 무척 유명합니다. 여수 돌산도의 갓은 좋은 식감과 맛을 자랑한답니다.

> 돌게나 갓은 독자들에게는 낯선 재료일 수도 있으니 글에 관련 설명을 넣어 주자.

≫ 여수의 즐길 거리

– 여수관광문화 누리집(http://www.yeosu.go.kr/tour)

여수의 대표적 지역 축제로는 5월에 열리는 여수 거북선 축제가 있습니다. 이순신 장군을 기리기 위한 이 축제는 시작된 지 벌써 50년 가까이 되어 갑니다. 여수의 역사와 문화를 동시에 경험해 볼 수 있고, 학생들이 직접 참여할 수 있는 각종 체험 활동이 많아 더욱 재미있습니다. 그밖에 여수의 즐길 거리로 남해 어촌 마을의 조개 잡기 체험이 있어요.

> 여수의 즐길 거리를 설명하기에는 내용이 충분하지 않은 것 같아. 독자들이 좋아할 만한 여수세계박람회 해양 공원과 수족관에 관한 정보를 추가해야겠어.

어떤가요? 멋진 여수, 직접 느껴 보고 싶지 않으세요?
아름답고, 맛있고, 즐겁고, 신나는 곳 ─ 우리 지역 여수에 놀러 오세요!

> 여수에 관한 소개를 보고 방문하기를 원하는 사람들을 위해 교통편에 관한 설명을 추가해야겠어.

[자료 출처]
– 여수시 누리집(http://www.yeosu.go.kr)
– 여수관광문화 누리집(http://www.yeosu.go.kr/tour)

◀ 이전　　　　　　　다음 ▶

댓글 31개 | 엮인 글 | 공감하기

꽃별　여수는 정말 멋진 곳이네요! 이번 여름 방학 때 부모님과 꼭 가 봐야겠어요!

○ 초고 쓰기

생성하고 조직된 내용을 바탕으로 초고를 쓰는 과정이다. 완결된 글쓰기를 하는 것이 아니며, 반복 순환되는 글쓰기의 과정 중 본격적으로 글을 쓰는 첫 번째 단계라고 생각하면 된다. 정확한 맞춤법보다 올바른 의미 구성에 초점을 맞추어 쓰려는 태도가 필요하다.

콕콕 확인 문제

9. 〈보기〉를 읽고 알 수 있는 글쓰기의 원리에 대한 설명으로 가장 적절한 것은?

보기

초고를 살펴보니 여수를 방문하기를 바라는 사람들을 위해 교통편에 대한 내용을 글의 마지막 부분에 추가하는 게 좋을 것 같아.

① 초고 쓰기를 마친 상태라도 내용 생성 단계로 돌아갈 수도 있다.
② 한 번 설정된 개요는 표현하기 단계를 거치고 나면 수정하기 어렵다.
③ 글의 주제나 목적에 따라 초고의 성격이나 완결성은 달라지게 마련이다.
④ 쓰기의 전체 과정을 고려할 때 초고 쓰기는 내용 선정하기나 조직하기보다 중요하다.
⑤ 초고라고 하더라도 완결된 글의 첫 단계라는 것을 기억하고 완성도를 높은 글을 써야 한다.

1 진욱이는 초고를 쓴 후 발견한 문제를 어떻게 해결할 계획인지 이야기해 봅시다.

문제	해결 방안
처음 부분에서 독자들의 흥미를 끌 수는 없을까?	여수와 관련된 대중가요의 이야기로 글을 시작한다.
독자들의 수준에 맞지 않는 어려운 어휘가 있다.	쉬운 말로 고치거나 설명을 추가한다.
독자들에게 낯선 소재(음식 재료)가 있다.	글에 설명을 추가한다.
문단의 중심 내용을 뒷받침하기에 자료가 충분하지 않다.	독자들이 좋아할 만한 여행지 정보를 더 추가한다.
독자를 고려한 관련 정보를 충분히 제공하지 않았다.	방문하기를 원하는 독자를 위해 교통편에 관한 정보를 추가한다.

2 문제를 해결한 후에 진욱이의 글이 어떻게 바뀌었을지 이야기해 봅시다.

예시 답 | 주제, 목적, 독자, 매체를 고려하여 글쓰기 과정의 문제를 해결함으로써 블로그 글을 읽는 독자들의 요구와 관심사를 잘 반영한 유익한 글이 될 것이다.

3 **1, 2**를 참고하여 이 밖에 더 고칠 부분은 없는지 살펴봅시다.

예시 답 | 생략

찬찬샘 핵심 강의

■ **표현하기, 고쳐쓰기 단계에서 생기는 문제 해결**

　표현하기 단계에서는 글의 주제와 목적, 예상 독자 등을 고려하여 정확한 어휘, 문장, 어법을 사용해야 해. 물론 초고는 완벽하지 않기 때문에 문제가 있는 부분을 점검하고 해결 방법을 고민해야지. 그래서 고쳐쓰기 단계에서는 글의 주제와 목적, 예상 독자, 매체 등을 고려하여 초고를 단어, 문장, 문단, 글 수준에서 점검하고 수정해야 해. 쓰기의 본질인 의미 구성에 집중하며 문제를 해결하면 한 편의 훌륭한 글과 만날 수 있을 거야.

▸핵심 포인트◂

표현하기, 고쳐쓰기 단계의 문제 해결	• 글쓰기 계획에 따라 글로 표현함. • 주제, 목적, 독자, 매체를 고려해 초고에서 발견된 문제점을 찾고 해결함.

★ 지학이가 도와줄게! - 5 **1**

주제, 목적, 독자, 매체를 고려하여 진욱이가 초고에서 발견한 문제점과 그것을 해결할 방안에 대해 정리해 보자.

★ 지학이가 도와줄게! - 5 **2**

1에서 정리한 문제와 해결 방안을 바탕으로 초고를 수정할 때 어떤 글이 될지 생각해 봐. 이때, 완성된 글을 단순히 상상해 보는 데 그치지 않고 직접 고쳐 써 보면 도움이 될 거야.

★ 지학이가 도와줄게! - 5 **3**

활동에서 제시된 문제와 해결 방안 외에도 초고에 또 다른 문제는 없는지 살펴보고, 그것을 해결하는 적절한 방법은 무엇일지 친구들과도 자유롭게 이야기를 나눠 보자.

콕콕 확인 문제

10. 다음 중 문제 해결 과정으로서의 쓰기에 대한 설명으로 적절하지 **않은** 것은?

① 쓰기에서 부딪히는 문제는 주제, 목적, 독자, 매체를 고려하여 해결해야 한다.

② 글쓴이는 쓰기 단계별로 부딪히는 여러 가지 문제를 해결하며 글을 쓰게 된다.

③ 본격적인 글쓰기를 하며 떠올린 내용을 옮길 적절한 단어나 표현을 생성하며 문제를 겪는 일도 있다.

④ 글쓴이는 주제와 관련된 배경지식의 부족 문제를 겪을 수 있으나 내용 수집 과정을 거치며 해결할 수 있다.

⑤ 쓰기는 한 편의 글을 완성하는 것을 목표로 하는 것이므로 쓰기 계획하기 단계부터 문제없는 글을 쓰려고 노력해야 한다.

글을 쓰는 과정에서 만나게 되는 많은 문제들을 적극적으로 해결하며, 친구들에게 여행지를 추천하는 글을 써 봅시다.

1. 친구들에게 여행지를 추천하는 글을 쓰기 위해 계획을 세워 봅시다. 예시 답 |

주제	천년의 수도 경주
목적	여름 방학 때 갈 장소로 경주를 소개함.
독자	학급 친구들
매체	학급 신문

2. 1의 활동을 바탕으로 글에 들어갈 내용을 떠올리며 생각 그물을 만들어 봅시다. 예시 답 |

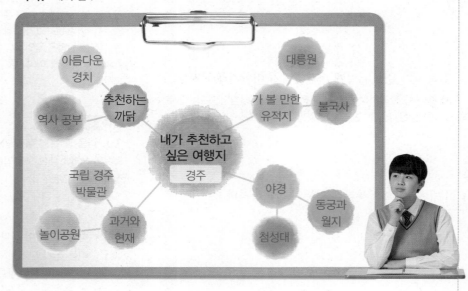

아름다운 경치 / 추천하는 까닭 / 역사 공부 / 내가 추천하고 싶은 여행지 / 경주 / 국립 경주 박물관 / 과거와 현재 / 놀이공원 / 대릉원 / 가 볼 만한 유적지 / 불국사 / 야경 / 동궁과 월지 / 첨성대

찬찬샘 핵심 강의

■ **쓰기 계획하기와 내용 떠올리기**

　계획하기는 글을 쓰는 과정에서 가장 기본이 되는 단계란다. 계획하기 단계에서는 주제, 목적, 독자, 매체를 고려해야 하지. 들어갈 내용을 떠올리는 방법으로 생각 그물을 활용할 수 있는데, 글에 들어갈 글감들을 자유롭게 떠올려 보고 체계적으로 정리할 수 있단다.

▶**핵심 포인트**◀

쓰기 계획 세우고 내용 생성하기	• 주제, 목적, 독자, 매체를 고려하여 쓰기 계획 세우기 • 계획에 따라 자유롭게 내용 생성하기

○ 활동 탐구

앞선 활동을 바탕으로 스스로 한 편의 글을 써 볼 수 있도록 구성한 활동이다. 쓰기 단계별로 생기는 문제를 어떻게 해결하면 좋을지 스스로 생각하며 글을 쓰는 자기 주도적 학습을 해 나갈 수 있도록 한다.

✸ 지학이가 도와줄게! – 1

계획하기 단계에서는 주제, 목적, 독자, 매체 등을 구체적으로 설정해 놓아야 이후의 과정에서 이 단계로 다시 돌아오는 일을 줄일 수 있어. 꼼꼼하게 계획을 세워야 글쓰기의 기초를 바르게 다질 수 있겠지?

✸ 지학이가 도와줄게! – 2

글의 내용을 생성한다는 것은 글의 뼈대를 준비하는 것에 해당해. 이때는 브레인스토밍이나 생각 그물과 같은 방법을 활용해 다양하고 자유롭게 생각을 발산하는 것이 중요해. 주제나 목적에서 벗어나지 않는 한 말이야.

콕콕 확인 문제

11. 〈보기〉에 해당하는 쓰기 과정으로 가장 적절한 것은?

보기
　경주의 과거와 현재의 모습을 친구들이 떠올려 볼 수 있으면 좋겠어. 그러기 위해서는 경주의 역사가 담긴 국립 경주 박물관에 대한 내용이 들어가는 게 어떨까?

① 주제 정하기
② 예상 독자 분석하기
③ 내용 생성하기
④ 개요 작성하기
⑤ 표현하기

3. 떠올린 내용과 관련하여 글을 쓸 때 필요한 자료를 찾아 정리해 봅시다. 예시 답 |

찾은 자료	출처	활용 방안
경주에 관한 기본 정보	백과사전	경주에 관한 기본 정보를 통해 역사적으로 뜻깊은 장소임을 소개함.
국립 경주 박물관 전시물	국립 경주 박물관 누리집	역사적으로 뜻깊은 유물이 많이 있어, 공부에 도움이 되는 곳임을 강조함.
동궁과 월지, 첨성대의 야경 사진 및 야간 입장 정보 / 불국사의 풍경 소개	경주시 누리집	야경과 풍경의 아름다움을 소개하고 일정을 짜는 데 참고할 수 있도록 함.
놀이공원 정보	○○ 월드 누리집	역사적인 도시일 뿐만 아니라 재미있는 놀 거리가 많은 도시임을 소개함.
경주 도장 여행	여행 안내 책자	관광 명소를 다니면 자동으로 방문지의 도장이 찍히는 서비스를 소개함.

★지학이가 도와줄게! – 3

쓰기 계획에 따라 내용을 수집하되 수집된 자료들을 정리하는 과정을 거치며 계획하기 단계로 돌아가야 하는 경우도 생겨. 자료의 활용 방안을 글의 주제를 고려해 잘 정리하고 이 과정에서 생길 수 있는 다른 문제가 무엇인지도 고민해 보렴.

4. 수집한 자료를 활용하여 글의 개요를 작성해 봅시다. 예시 답 |

제목:	아름다운 천년의 수도, 경주를 소개합니다.

구성	내용	활용 자료
처음	• 인사 • 글을 쓰는 목적을 설명함.	
중간	1. 역사 공부를 하기 좋은 도시, 경주 1-1. 경주의 역사적 의미 1-2. 국립 경주 박물관 2. 유물과 어우러지는 아름다운 경치가 있는 경주 2-1. 불국사의 풍경 소개 2-2. 동궁, 월지와 첨성대 야경 소개 3. 다양한 놀 거리가 있는 도시 경주 3-1. ○○월드 소개 3-2. 경주 '도장 여행' 소개	• 경주에 관한 역사적 정보(출처: 백과사전) • 국립 경주 박물관 관람 정보(출처: 국립 경주 박물관 누리집) • 동궁과 월지, 첨성대, 불국사 정보(출처: 경주시 누리집) • ○○월드 정보(출처: ○○월드 누리집) • 도장 여행 안내(출처: 여행 안내 책자)
끝	경주 방문을 다시 한번 권유함.	

★지학이가 도와줄게! – 4

개요 작성은 글을 쓰기 전에 이루어지는 활동으로 많은 학생들이 개요 짜기를 어려워하기도 하고, 불필요하다고 여기기도 해. 하지만 개요 짜기는 글을 쓰기 전 튼튼한 뼈대를 만드는 작업으로 결코 소홀히 할 수 없는 중요한 활동이라는 거 잊지 마.

찬찬샘 **핵심** 강의

■ 필요한 자료 정리하기와 개요 작성하기

필요한 자료 정리하기	• 글의 주제를 고려해 찾은 자료, 출처, 활용 방안 등을 정리하기 • 정리하는 과정에서 부딪히는 문제 해결하기
개요 작성하기	• 앞에서 생성한 글의 내용을 어떤 순서로 써 내려갈 것인지 정리하기 • 독자의 이해를 도울 수 있도록 문단의 배열하기

콕콕 확인 문제

12. 개요를 작성하는 과정에서 가장 중요시 하는 활동은?

① 문장의 오류를 수정한다.
② 내용의 순서를 결정한다.
③ 매체의 특성을 탐구한다.
④ 독자의 취향을 분석한다.
⑤ 주제에 부합하는 내용을 떠올린다.

5. 작성한 개요를 바탕으로 친구들에게 여행지를 추천하는 글을 써 봅시다. 예시 답 l

지학이가 도와줄게! - 5

개요 작성까지 마쳤다면 이제 한 편의 글을 쓸 수 있는 모든 준비는 된 거야. 하지만 준비가 완벽했다고 해도 실제 글을 쓰는 것은 대단히 어려운 일이야. 그래도 우리가 앞서 했던 활동들이 좋은 글을 쓰기 위한 준비였다는 것을 기억하고, 개요를 토대로 내용에 살을 붙여 차근차근 글을 채워나가면 어렵지 않게 한 편의 근사한 글을 만날 수 있을 거야.

> 제목: 아름다운 천년의 수도, 경주를 소개합니다.
>
> 김예지
>
> 중학교 생활의 마지막 여름 방학이 다가오고 있습니다. 가족들과 여름 방학 여행 계획은 세웠나요? 아직 여행지를 정하지 못했다면 경주 방문을 추천합니다.
>
> 경주는 천년의 수도로, 신라의 문화를 대표하는 역사적인 공간입니다. 특히 역사 공부를 하면서 신라의 아름다운 문화재들과 역사적으로 뜻깊은 유적지를 눈앞에서 경험하고 싶은 생각이 있다면 꼭 한번 가 볼 만한 곳입니다.
>
> 이렇듯 경주는 역사 공부를 하기 좋은 곳입니다. 국립 경주 박물관을 들러 보세요. 교과서에서만 보던 유물들과 문화재를 직접 볼 수 있고, '에밀레종'이라고 알려진 '성덕 대왕 신종'의 실물을 보고 그 종소리를 들어 볼 수 있습니다.
>
>  또, 보통 경주의 풍경이라고 하면 봄, 가을을 떠올리지만 경주는 여름에도 아주 아름답습니다. 녹음이 우거진 불국사의 풍경은 물론 무더운 열대야도 잊게 할 동궁, 월지, 그리고 첨성대의 아름다운 야경을 볼 수 있습니다.
>
> 경주는 역사적으로도 의미가 깊지만 그 밖에 놀 거리도 많습니다. ○○월드는 국내에서도 손꼽히는 재미있는 놀이 기구들이 많은 놀이공원입니다. 아찔한 고속 열차를 타며 즐겁게 놀 수 있답니다.
>
> 경주 여행의 또 하나의 재미는 '도장 여행'입니다. 한 달 평균 이용자가 7만여 명에 이를 정도로 인기가 높답니다. 휴대 전화에 앱을 설치하고 관광객이 해당 명소를 방문하면 도장이 저절로 찍히고, 이 도장을 다 찍으면 경주의 대표적인 유적지를 한 바퀴 돌 수 있답니다.
>
> 볼거리와 놀 거리가 많은 경주, 이번 여름 방학 여행지로 추천합니다.

6. 자신이 쓴 글을 다음 기준에 따라 평가하고 고쳐 써 봅시다. 예시 답 l 생략

점검 사항	점검 결과
주제가 분명히 드러나는가?	
글의 목적에 알맞은 내용인가?	
독자의 수준에 적절한 어휘나 표현을 사용하였는가?	
매체의 특성을 고려해 글 내용을 구성하였는가?	

지학이가 도와줄게! - 6

다 쓴 글은 여러 번 읽어 보고 고쳐 써야 해. 이때 내용의 통일성이나 일관성의 측면에서 전체 내용을 수정하는 작업도 해야 하지만 단어나 문장, 문단 수준의 수정도 필요해. 글의 전체적인 내용을 살펴보고, 조건에 따라 작은 수준의 오류들도 순서대로 수정해 나가도록 해보렴.

찬찬샘 핵심 강의

■ **초고 쓰고, 평가하여 고쳐 쓰기**

한 편의 통일성 있는 글을 쓰는 건 생각만큼 쉽지 않단다. 그러나 초고를 쓰고 나서 내용과 형식에 부족한 점이 없는지 살펴보고 고쳐 쓰면 누구든 좋은 글을 만날 수 있을 거야.

:핵심 포인트◁

초고 쓰기와 고쳐쓰기	• 개요를 바탕으로 초고 쓰기 • 내용과 형식 면에서 부족한 점이 없는지 점검 사항과 결과에 따라 고쳐 쓰기

콕콕 확인 문제

13. 〈보기〉의 내용을 고려해야 하는 글쓰기 단계는 무엇인지 쓰시오.

> **보기**
> • 글의 주제가 분명히 드러났는가?
> • 독자의 수준에 맞는 어휘를 사용했는가?
> • 매체의 특성을 고려해 글 내용을 구성했는가?

창의 · 융합 활동

주제, 목적

∥ 다음은 베토벤의 교향곡 제9번 「합창 교향곡」에 관한 설명입니다. 두 글을 비교하여 읽고, 아래의 활동을 해 봅시다.

예시

가 베토벤의 교향곡 제9번 「합창 교향곡」 제4악장

「환희의 송가」로 더 잘 알려진 베토벤의 교향곡 제9번 「합창」의 제4악장은 형식적으로는 제1악장과 대칭을 이루며, 제3악장과 같은 변주곡 형식이면서, 론도 형식의 논리를 더했다. 또한, 성악을 집어넣은 교성곡 양식과 결합한 곡이다. 이 곡은 대문호 실러의 시에 곡을 붙여 인간의 자유와 이상, 인류애를 노래한 음악사의 기념비적 작품이다.

나 베토벤의 교향곡 제9번 「합창 교향곡」 제4악장

1824년에 완성한 「합창 교향곡」은 베토벤의 아홉 번째 교향곡이에요. 베토벤의 교향곡 가운데 가장 길고 훌륭하다고 평가받지요. 베토벤이 무려 30년 동안 작곡한 곡이라고 해요. 그전까지 교향곡은 악기로만 연주했는데, 베토벤의 아홉 번째 교향곡은 악기의 연주에 사람들의 합창이 어우러져서 완성되는 곡이에요. 그래서 더 유명해졌답니다.

1. **가**와 **나**처럼 같은 제목의 두 글이 다르게 쓰인 까닭을 주제, 목적, 독자, 매체를 고려한 글쓰기 과정의 측면에서 생각해 봅시다.

예시 답 | 두 글 모두 베토벤의 합창을 소재로 한 글이나, **가**는 음악적 배경지식이 있는 사람을 예상 독자로 한 설명문이며, **나**는 음악적 배경지식은 없지만, 음악가에는 관심이 있는 사람을 예상 독자로 한 설명문이다. 두 글은 주제와 목적은 같으나, 독자가 다르다. 이는 글쓰기 계획부터 글을 읽는 독자의 설정이 다르기 때문이다.

2. 1의 활동을 바탕으로, 주제, 목적, 독자, 매체를 고려하여 글을 쓰는 과정에서 생기는 문제를 해결하며 안내 책자를 만드는 활동을 해 봅시다.

1 안내 책자를 만들 공연이나 전시회를 정해 봅시다.

예시 답 | 이중섭, 백년의 신화: 한국근대미술거장전 이중섭(1916~1956)

2 기존의 안내 책자에 담긴 정보를 정리하고, 새 안내 책자에 넣을 내용을 선별해 봅시다. 예시 답 |

기존의 안내 책자 내용	수록 여부
이중섭 생애	✓
전시회 기획 의도	✓
이중섭 작품 연보 및 해당 작품, 화법 소개	✓
관람 안내	✓

같은 제목의 두 글을 비교하기

○ **활동 탐구**

예상 독자가 바뀌면 글의 표현, 내용 등이 어떻게 달라지는지 탐구하고, 학교 음악제, 학예회 등 실제로 경험할 수 있는 공연의 책자를 새로 만드는 활동이다.

⋆ **지학이가 도와줄게! - 1**

주제와 독자가 같더라도 글쓰기 계획 단계에서 고려한 예상 독자에 따라 글의 결과물은 달라져. **가**와 **나**가 어떻게 다른지 살펴보고 그 이유를 글쓰기 계획 단계에서 찾아보자.

⋆ **지학이가 도와줄게! - 2 1**

안내 책자를 만들기 위해서는 지역 내 공연장, 전시회장, 박물관 등을 직접 방문해 실제적인 자료를 수집하는 게 좋아. 각자 관심 있는 분야를 찾아서 정해 보자.

⋆ **지학이가 도와줄게! - 2 2**

유명한 박물관이나 전시장에는 관람객들을 대상으로 한 안내 책자들이 비치되어 있어. 하지만 책자의 내용이 지나치게 어렵거나 간단한 경우도 많지. 기존의 안내 책자에 담긴 정보를 정리해 보고, 새로 만들 안내 책자의 주제나 목적, 독자 등을 고려해 내용을 선별해 보렴.

3 책자의 내용 중 바꾸거나 추가할 내용을 그 까닭과 함께 써 봅시다.

예시 답 |

원래 내용	바꾸거나 추가할 내용	까닭
• 이중섭 생애 • 전시회 기획 의도 • 이중섭 작품 연보 및 해당 작품, 화법 소개 • 관람 안내	이중섭이 제주도로 가게 된 까닭을 그의 작품과 더불어 설명한 「이중섭과 서귀포」(오광수)를 추가함.	이중섭에 관한 배경지식이 부족한 학생들이 많으므로 이중섭에 관한 정보를 추가로 제공하기 위함.

★ 지학이가 도와줄게! - 2 **3**

새로 만드는 안내 책자의 독자가 또래 청소년임을 고려해 수정, 삭제, 추가할 내용이 무엇인지 생각해 보고 그 이유에 대해서도 고민해 보렴.

4 **3**에서 정리한 내용을 바탕으로 새로운 안내 책자를 만들어 봅시다.

예시 답 |

★ 지학이가 도와줄게! - 2 **4**

독자의 흥미나 수준 등을 고려해 글의 순서나 삽화의 종류 등을 바꿀 수 있어. 하지만 안내 책자라는 본래의 성격에 걸맞게, 즉 안내하고자 하는 핵심적인 내용에는 변화가 없어야 함을 잊어서는 안 돼.

이중섭과 서귀포

1·4후퇴 때 원산을 떠난 이중섭과 그 가족은 잠시 부산에 머문 후 제주 서귀포에 도착한다. 제주 서귀포는 이중섭에게 대단히 주요한 시공간으로서의 의미를 지닌다.

– 이중섭, 「길 떠나는 가족」(1954년)

「길 떠나는 가족」이라는 작품 속에 따뜻한 남쪽 나라로 떠나는 이중섭 가족의 모습이 기록되어 있다. 소달구지 위에 여인과 두 아이가 꽃을 뿌리고 비둘기를 날리며 앞에서 소를 모는 남정네는 감격에 겨워 고개를 젖히고 하늘을 향하고 있다. 하늘에는 한 가닥 구름이 서기처럼 그려져 있다.

소를 모는 남정네는 작가 자신이고 소달구지 위에 있는 여인과 두 아이는 부인과 두 아들임은 말할 나위도 없다. 가족이라는 모티브는 이중섭의 작품 속에 자주 등장한다. 그렇긴 하지만 이처럼 가족의 흥겨운 한순간을 포착한 작품은 「길 떠나는 가족」 외에 따로 없다. 길을 떠난다는 것은 잠깐 어디를 향해 가는 때도 있지만, 이중섭의 「길 떠나는 가족」은 거처를 옮기는 이주를 나타낸다. 정든 고향을 버리고 가는 슬픈 이주가 태반이지만 이중섭의 「길 떠나는 가족」은 즐거운 소풍 놀이라도 가듯 흥에 겨운 이주로 묘사되어 있다. 그것은 자신들이 향해가고 있는 곳이 다름 아닌 지상의 낙원으로서의 따뜻한 남쪽 나라이기 때문이다.

이처럼 제주 서귀포는 이중섭에게 있어 지상의 유토피아로서의 공간의 의미를 지니고 있다.

– 오광수, 「이중섭과 서귀포」

소단원 콕! 짚고 가기

핵심 포인트

쓰기 과정에서 부딪히는 문제를 효과적으로 해결해야 한 편의 좋은 글을 완성할 수 있어.

1. 주제, 목적, 독자, 매체를 고려한 쓰기

- **진욱이의 글쓰기 계획**

주제	여수에 대한 소개	목적	우리 고장 여수를 알리고자 함.
독자	또래 친구들	매체	①□□□

- **진욱이가 글의 내용을 생성하는 과정**

부딪힌 문제	해결 방법
여수에 대한 ②□□□□이/가 부족하여 내용 생성에 어려움을 느낌.	인터넷으로 여수의 역사, 지리, 관광 정보에 관해 찾으며 해결함.
예상 독자의 ③□□을/를 끌 만한 내용이 부족하다는 문제를 느낌.	또래 친구들이 좋아할 만한 여수의 먹거리, 체험 활동, 관광 정보를 찾음.

- **진욱이가 개요를 점검하는 과정**

부딪힌 문제	해결 방법
제목이 주제와 목적, 독자의 흥미를 반영하지 못함.	제목을 '아름다운 도시, 여수를 소개합니다'로 수정함.
각 구성 단계에 맞지 않거나 주제에서 벗어난 내용이 있음.	구성에 맞게 내용을 추가하거나 이동하고, ④□□에서 벗어난 내용은 삭제함.

- **진욱이가 ⑤□□을/를 점검하는 과정**

부딪힌 문제	해결 방법
처음 부분의 내용이 독자의 흥미를 끌기에 부족함.	여수와 관련된 대중가요로 글을 시작함.
독자의 수준에 맞지 않는 어려운 어휘들이 있음.	쉬운 말로 고치거나 설명을 추가함.
독자에게 낯선 소재가 있음.	글에 관련 설명을 넣어 줌.
문단의 중심 내용을 뒷받침할 자료가 충분하지 않음.	예상 독자들이 좋아할 만한 여행지 정보를 추가함.
독자를 고려한 관련 정보를 충분히 제공하지 않음.	방문을 원하는 독자를 위해 교통편에 관한 정보를 추가함.

2. 문제를 해결하며 글 쓰기

계획하기

글을 쓰는 ⑥□□이/가 무엇인지, 무엇을 써야 하는지(주제), 누가 글을 읽을지(예상 독자), 어디에 글을 실을지(매체) 등과 관련한 기본적이고도 필수적인 문제를 해결해야 함.

➡ 구체적으로 주제, 목적, 독자, 매체를 설정해야 원활한 글쓰기를 할 수 있고, 이 단계로 회귀하지 않음.

↓

내용 생성하기

창의적인 사고 활동을 통해 글의 주제를 드러내는 중심 내용과 그것을 뒷받침하는 세부 내용을 생성하고, 글쓰기 계획과 비교, 검토하여 생성한 내용을 수정, 보완해야 함.

➡ 내용 생성을 위한 배경지식 활용 방법: 연상하기, 메모하기, 브레인스토밍, 생각 그물 등

※ 자료를 수집할 때에는 정확한 출처를 확인해야 함.

↓

내용 조직하기

글쓰기 계획에 따라 생성한 내용을 어떤 순서로 전개하고, 각각의 분량을 어느 정도로 하며, 내용들 사이의 관계를 어떻게 보여 줄지를 계획하고 조정해야 함.

➡ 문단의 배열은 주제를 효과적으로 드러내고 독자의 이해를 도울 수 있도록 해야 함.

↓

표현하기

내용 조직 단계에서 계획한 내용을 바탕으로 글을 쓰며, 글의 목적, 주제, 예상 독자의 수준 등을 고려하여 적절한 어휘와 문장을 선택해야 함. 또한 표기가 정확하고 표현이 적절해야 하며 문장 성분의 호응도 잘 이루어져야 함. 필요하면 앞의 단계로 되돌아갈 수 있음.

➡ 초고를 쓰는 것은 완결된 글쓰기가 아니므로 처음부터 완성된 글을 쓰려고 하기보다는 올바른 의미 구성에 초점을 맞춤.

↓

고쳐쓰기

글의 주제, 목적, 예상 독자의 수준을 고려했을 때, 어휘가 적절한지, 문장이 어법에 맞는지, 문단 구성이 체계적인지, 주제와 관련하여 글 전체의 내용이 ⑦□□□와/과 응집성을 이루었는지 등을 검토하고 고쳐 써야 함.

➡ 고쳐쓰기는 한 번으로 끝나는 것이 아니라 반복·순환되는 과정임.

단계별로 생기는 문제를 어떻게 해결하면 좋을지 스스로 생각하며 글을 쓰는 게 중요해.

정답: ① 블로그 ② 배경지식 ③ 흥미 ④ 주제 ⑤ 초고 ⑥ 목적 ⑦ 통일성

[01~06] 다음을 읽고, 물음에 답하시오.

가 [글쓰기 계획]
- 주제: 우리 고장 여수를 알림.
- 예상 독자: 다른 지역에 사는 또래 친구들

나

다 [수집한 자료]

〈먹거리〉
- 돌게장: 여수를 대표하는 가장 유명한 음식
- 갓김치: 돌산도의 갓은 식감이 좋고 맛있기로 유명함.

〈체험 활동〉
- 거북선 축제: 여수의 대표적인 지역 축제

〈관광 정보〉
- 향일암: 일출로 유명한 곳
- 진남 체육 공원: 다양한 운동 시설이 있음.

----

01. (가)~(다)로 보아 알 수 있는 글을 쓰려는 목적으로 가장 적절한 것은?

① 여수의 숨겨진 관광지를 찾아내기 위함.
② 또래 친구들에게 여수를 소개하기 위함.
③ 다른 지역에 살고 있는 또래 친구를 사귀기 위함.
④ 다양한 자료를 활용해 글을 쓰는 방법을 찾기 위함.
⑤ 친구들이 가고 싶어 하는 여행지를 조사하기 위함.

02. (가)에서 글을 쓸 매체를 선정하며 가장 중요하게 고려한 요소는?

① 예상 결론　　② 글의 주제　　③ 예상 독자
④ 글의 목적　　⑤ 글의 종류

03. 〈보기〉의 ㉠~㉤ 중 (가)에 해당되는 글쓰기 단계를 적절하게 고른 것은?

┌─ 보기 ┐

글쓰기의 일반적인 다섯 단계
㉠ 계획하기 → ㉡ 내용 생성하기 → ㉢ 내용 조직하기 → ㉣ 표현하기 → ㉤ 고쳐쓰기

└────────┘

① ㉠　　② ㉡　　③ ㉢　　④ ㉣　　⑤ ㉤

04. (나)에서 글쓴이가 부딪힌 문제에 대한 설명으로 적절한 것은?

① 배경지식이 부족하여 내용 생성에 어려움을 겪고 있다.
② 글의 주제를 정확히 이해하지 못해 곤란을 겪고 있다.
③ 글의 처음을 어떻게 시작해야 할지 몰라 고민하고 있다.
④ 예상 독자에 대한 분석에 오류가 생겨서 난감해하고 있다.
⑤ 평소에 관심이 없던 내용을 주제로 정한 것을 후회하고 있다.

| 서술형 |

05. (다)에서 수집한 자료 중, 불필요하다고 생각하는 내용과 그 이유를 한 문장으로 써 보자.

06. (다)를 본 후 다음 반응에 대한 설명으로 적절한 것은?

> 내 또래 친구들이 좋아할 만한 내용이 부족한 것 같아. 예상 독자가 학생들이라는 점을 고려해 내용을 보완해야 할 것 같아.

① 자료의 문제를 파악하고 해결 방법을 찾고 있다.
② 예상 독자의 흥미를 고려해 글의 주제를 변경해야 할 필요를 느끼고 있다.
③ 또래 친구들의 배경지식을 고려해 글의 목적을 수정할 계획을 세우고 있다.
④ 글의 목적에 비해 찾은 내용이 부족하다고 느껴 보완할 방법을 고민하고 있다.
⑤ 글 쓸 매체를 고려할 때 수집한 내용이 적절하지 않다고 느끼고 자료를 다시 수집해야 한다고 여기고 있다.

[07~09] 다음 개요표를 보고, 물음에 답하시오.

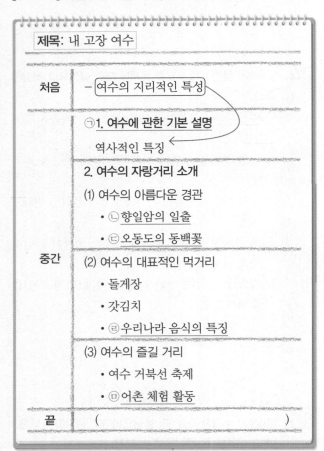

07. 위 개요표를 보고 나눈 대화이다. 빈칸에 들어갈 내용으로 가장 적절한 것은?

> 소현: '내 고장 여수'라는 제목은 우리 고장 여수를 다른 지역의 친구들에게 소개하려는 글의 주제와 목적이 잘 드러나지 않는 것 같아.
> 창주: 맞아. 제목은 글의 얼굴이잖아. 지금 제목은 무엇을 다루고 있는 글인지 한눈에 알기 어려워.
> 소현: 그러면 (   )라고 바꾸면 어떨까?
> 창주: 글의 주제와 목적이 제목에 잘 드러나서 좋다.

① 여수의 어제와 오늘을 알립니다.
② 가깝고도 먼, 내 고장 여수
③ 여수에서 행복한 노년을 보내는 방법
④ 중학생들이 궁금해하는 여수의 역사 보고
⑤ 내가 사는 아름다운 도시 여수를 소개합니다.

08. 개요표의 전체적인 구성을 고려할 때, ㉠~㉤ 중 삭제할 항목으로 적절한 것은?

① ㉠   ② ㉡   ③ ㉢   ④ ㉣   ⑤ ㉤

09. 개요표에 조직된 내용의 흐름을 고려할 때, '끝' 부분에 들어갈 내용으로 적절한 것은?

① 여수와 다른 지역의 관광지를 비교한 그래프
② 현재의 여수를 있게 한 중요한 역사적 사건
③ 또래 친구들이 흥미를 느낄만한 추가 관광지의 구체적인 정보
④ 친구들이 여수에 관한 정보를 얻고 방문하길 바라는 글쓴이의 소망
⑤ 여수의 발전을 위해 지자체에서 개선해야 하는 조례

10. 다음 대화에 대한 설명으로 가장 적절한 것은?

> 상원: 블로그에서 여수의 지리적 특징을 설명할 때 사용하는 지도는 중간에 넣으면 너무 작아서 안 보일 테니, 파일로 첨부해서 올리는 게 좋겠어.
>
> 선아: 먹거리를 소개할 때는 사진보다는 직접 먹는 모습을 찍은 영상을 보여 주면 더욱 생생한 느낌을 전달할 수 있을 거야.

① 사진과 영상 매체의 특징을 비교하고 있다.
② 설명할 대상의 특성을 객관적으로 분석하고 있다.
③ 매체의 특성을 고려하여 자료 활용 계획을 정리하고 있다.
④ 독자의 수준을 고려해 내용의 배치에 관한 문제를 상의하고 있다.
⑤ 글의 주제를 효과적으로 드러내기 위한 문장 표현에 대해 고민하고 있다.

11. 다음 중 개요표에 따라 초고를 작성한 후 부딪힐 수 있는 예상 문제 상황으로 적절하지 않은 것은?

① 예상 독자를 고려할 때 표현이 지나치게 어려워.
② 처음 부분이 독자의 흥미를 끌기에 부족해 보여.
③ 문단의 중심 내용을 뒷받침하기에 자료가 충분하지 않아.
④ 설명이 충분하지 않아 독자들이 이해하기 어려운 내용이 많아.
⑤ 주제를 무엇으로 정해야 좋은 글을 완성할 수 있을지 잘 모르겠어.

12. 글을 쓸 때, 계획하기 단계에서 해결해야 할 문제가 아닌 것은?

① 예상 독자는 누구인가?
② 무엇에 대해 쓸 것인가?
③ 글을 쓰는 목적은 무엇인가?
④ 어떤 정보를 선정할 것인가?
⑤ 어느 매체에 글을 실을 것인가?

13. 쓰기의 일반적인 과정 중 내용에 대한 평가 및 조정이 이루어지는 단계는?

① 계획하기
② 표현하기
③ 고쳐쓰기
④ 내용 조직하기
⑤ 글쓰기의 모든 단계

14. 다음은 단원을 학습하고 나서 학생이 쓴 글이다. 빈칸에 들어갈 말로 가장 적절한 것은?

> 계획한대로 글을 쓰기만 하면 되겠다 싶었는데 막상 쓰려고 보니 주제와 관련해 아는 게 별로 없었다. 그래서 자료를 찾아봤다. 그런데 그 자료들을 어디에 어떻게 활용해야 좋을지 몰라 또 한참을 고민했다. 그래서 수집한 내용들로 개요표를 작성하고 이제 진짜 글을 쓸 수 있겠다 생각했는데, 또 다른 어려움이 생겨 버렸다. 한 편의 글을 완성하는 것은 생각보다 쉽지 않은 과정이었다. 나는 이러한 경험을 통해 쓰기는 (   )을 알게 되었다.

① 한번 어렵다고 느끼면 한없이 어려워지는 작업이라는 것
② 단계별로 부딪히는 여러 가지 문제를 해결 과정이라는 것
③ 적절한 내용을 수집하고 개요를 짜는 것이 가장 중요하다는 것
④ 주제를 정확히 정하고 목적을 분명히 해야 쉽게 이루어진다는 것
⑤ 많은 이들이 연습을 통해 성과를 달성할 수 있는 의미 있는 일이라는 것

② 문장의 짜임과 양상

다음 단어들을 사용하여 문장을 완성해 보고, 아래의 활동을 해 봅시다.

나	동생	은/는
듣다	을/를	이/가
보다	음악	영화

예시 | 나 | 은/는 | 영화 | 을/를 | 봤다 |.

| 나 | 은/는 | 영화 | 을/를 | 보고 | 동생 | 은/는 | 음악 | 을/를 | 들었다 |.

- 자신이 완성한 문장이 무엇인지 말해 봅시다.

  예시 답 | 나는 영화를 보고 동생은 음악을 듣는다.

- 내가 만든 문장과 친구가 만든 문장을 비교해 보고, 문장의 짜임이 어떻게 다른지 생각해 봅시다.

  예시 답 | 친구는 주어와 서술어가 하나인 짧은 문장을 만들었는데, 나는 주어와 서술어의 관계가 두 개씩 있는 문장을 만들었다.

> **이렇게 열자**
>
> 단원을 학습하기 전에 문장의 구성과 짜임에 대해 생각을 열어 보게 하는 활동이다. 우리말은 단어를 어떻게 사용하느냐에 따라 다양한 문장이 생성되고, 문장의 짜임이나 양상 또한 달라진다는 것을 인식하도록 한다. 문장의 차이가 의미와 효과의 차이를 만들어 냄을 더불어 이해할 수 있다.

이 단원의 학습 요소

학습 목표 | 문장의 짜임과 양상을 탐구하고 활용할 수 있다.

문장의 짜임과 양상 이해하기	홑문장과 겹문장의 짜임을 구분해 이해하고, 각각의 특징을 안다.
다양한 짜임의 문장을 효과적으로 사용하기	문장의 짜임에 따른 효과의 차이를 이해하고, 적절하게 사용한다.

소단원 바탕 학습

핵심 개념 미리 보기

1. 문장의 구성 성분

주성분	개념		문장의 골격을 이루는 필수적인 성분
	종류	주어	문장에서 움직임이나 성질, 상태 등의 주체가 되는 말
		목적어	타동사가 쓰인 문장에서 동작의 대상이 되는 말
		보어	'되다', '아니다' 앞에 와서 문장의 불완전한 곳을 보충하여 뜻을 완전하게 하는 수식어
		서술어	주어의 움직임, 성질, 상태 등을 서술하는 말
부속 성분	개념		주성분의 내용을 꾸며 뜻을 더하는 문장 성분
	종류	관형어	문장에서 체언의 뜻을 꾸며 주는 구실을 함.
		부사어	문장에서 주로 용언의 내용을 한정하는 말
독립 성분	개념		다른 문장 성분과 직접적인 관련을 맺지 아니하고 따로 떨어져 있는 성분
	종류	독립어	감탄, 부름, 대답 등의 의미를 나타냄.

2. 홑문장과 겹문장

홑문장	개념	주어와 서술어가 각각 하나씩 있어서 둘 사이의 관계가 한 번만 이루어지는 문장
	예	친구가 선물을 주었다. 주어 / 서술어
겹문장	개념	한 문장 속에 주어와 서술어의 관계가 두 번 이상 이루어지는 문장
	예	나는 책을 읽고, 동생은 노래를 불렀다. 주어 / 서술어 / 주어 / 서술어

※ 절: 주어와 서술어를 갖추었으나 독립하여 쓰이지 못하고 다른 문장의 한 성분으로 쓰이는 단위

3. 겹문장의 종류

홑문장이 결합하는 방식에 따라 '이어진문장'과 '안은문장'으로 나눌 수 있다.

이어진 문장	• 홑문장이 나란히 연결되어 있는 겹문장 • 종류: 대등하게 이어진 문장, 종속적으로 이어진 문장
안은 문장	• 한 개의 홑문장이 다른 문장 속에 한 성분으로 들어가 있는 겹문장 • 종류: 명사절을 가진 안은문장, 관형절을 가진 안은문장, 부사절을 가진 안은문장, 서술절을 가진 안은문장, 인용절을 가진 안은문장

4. 문장의 짜임과 효과

홑문장은 짧고 간결하게 내용의 핵심을 전달할 수 있는데 비해, 겹문장은 내용을 상세하고 구체적으로 전달할 수 있다. 내용 전달의 의도에 따라 문장의 짜임을 달리해야 한다.

눈으로 찍고 가기

1. 문장의 골격을 이루는 주성분에는 □□, □□□, 보어, 서술어가 있다.

2. 다음 문장이 홑문장이면 '홑', 겹문장이면 '겹'이라고 쓰시오.
   (1) 하늘이 정말 예쁘다. ( )
   (2) 그는 소방관을 봤다. ( )
   (3) 그녀는 "내가 잘못했다."라고 말했다. ( )
   (4) 바람이 부니까, 나뭇잎이 떨어진다. ( )

3. 다음 중 안은문장을 모두 고르시오.

   > ㉠ 영희는 얼굴이 둥글다.
   > ㉡ 바다가 무척 깊다.
   > ㉢ 눈이 예쁜 언니가 왔다.

정답: 1. 주어, 목적어 2. 홑, 홑, 겹, 겹 3. ㉠, ㉢

1. 다음 활동을 바탕으로 문장을 구성하는 성분을 알아봅시다.

1 〈보기〉를 참고하여 밑줄 친 부분이 문장에서 어떤 역할을 하는지 찾아 연결해 봅시다.

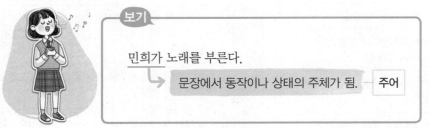

보기

민희가 노래를 부른다.
→ 문장에서 동작이나 상태의 주체가 됨. **주어**

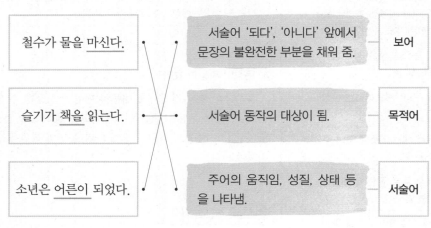

철수가 물을 마신다.	서술어 '되다', '아니다' 앞에서 문장의 불완전한 부분을 채워 줌.	보어
슬기가 책을 읽는다.	서술어 동작의 대상이 됨.	목적어
소년은 어른이 되었다.	주어의 움직임, 성질, 상태 등을 나타냄.	서술어

2 밑줄 친 말이 문장에서 어떤 역할을 하는지 생각해 보고, 역할에 맞게 분류해 봅시다.

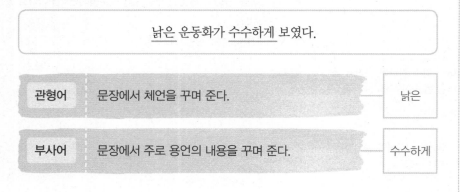

낡은 운동화가 수수하게 보였다.

| 관형어 | 문장에서 체언을 꾸며 준다. | 낡은 |
| 부사어 | 문장에서 주로 용언의 내용을 꾸며 준다. | 수수하게 |

➕ **보충 자료**
• **체언:** 문장에서 주어 따위의 기능을 하는 명사, 대명사, 수사를 통틀어 이르는 말이다.
• **용언:** 문장에서 서술어의 기능을 하는 동사, 형용사를 통틀어 이르는 말이다.

🔵 **활동 탐구**
문장을 구성하는 성분을 이해하기 위한 활동이다. 초등학교 때 문장의 필수적 성분 몇 가지를 학습하였던 것을 돌이켜 보는 것을 바탕으로, 이 단원에서 모든 문장 성분을 확인하여 활동 2의 바탕이 될 수 있도록 한다.

✨ 지학이가 도와줄게! – 1 **1**
문장의 주성분은 문장의 뼈대를 이룬단다. 그래서 주성분이 생략되면 문장의 의미 파악에 어려움이 생겨. 밑줄 친 부분이 문장에서 어떤 역할을 하는지 의미를 고려해 찾아보자.

✨ 지학이가 도와줄게! – 1 **2**
관형어와 부사어는 주성분을 꾸며 주는 역할을 해. 밑줄 친 말이 문장에서 어떤 역할을 하는지 꼼꼼히 살펴보면 관형어와 부사어의 공통점과 차이점을 어렵지 않게 파악할 수 있을 거야.

📗 **콕콕 확인 문제** 정답과 해설 18쪽

1. 다음 밑줄 친 말 중 문장 성분의 성격 다른 하나는?

① 철수가 물을 마신다.
② 슬기가 책을 읽는다.
③ 빨간 구두가 예쁘다.
④ 민희가 노래를 부른다.
⑤ 소년은 어른이 되었다.

2. 다음 문장에서 주성분의 내용을 꾸며 뜻을 더하는 문장 성분인 부분을 찾아 쓰시오.

책이 매우 재미있었어.

---

3 다음 만화에서 밑줄 친 문장 성분의 역할이 무엇인지 생각해 봅시다.

독립어는 감탄, 부름, 대답 등의 의미를 나타내며, 다른 문장 성분과 관계 없이 [독립]적으로 쓰이는 말이다.

⭐ 지학이가 도와줄게! - 1 **3**

독립 성분을 생략해도 문장의 의미나 짜임에는 크게 영향을 주지 않아. 하지만 독립 성분이 문장에서 하는 역할은 분명히 있어. 문장에서 독립 성분을 찾아보고, 어떤 역할을 하는지도 알아보자.

2. 빈칸에 알맞은 문장 성분을 쓰고, 그에 알맞은 설명을 찾아 연결해 봅시다.

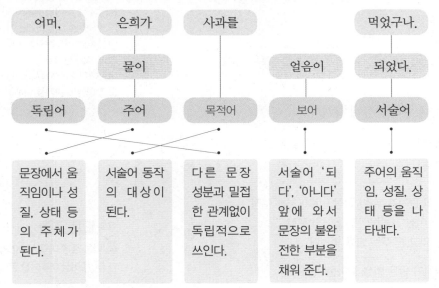

⭐ 지학이가 도와줄게! - 2

제시된 두 개의 문장을 나란히 놓고, 같은 역할을 하는 문장 성분이 무엇인지 파악해 보면, 해당 단어와 그 문장 성분이 어떤 역할을 하는지 쉽게 이해할 수 있을 거야.

찬찬샘 핵심 강의

- **문장의 구성 성분:** 주성분, 부속 성분, 독립 성분

  문장 성분에는 주어, 서술어, 목적어, 보어와 같이 문장의 골격을 이루는 필수적인 주성분과 관형어, 부사어처럼 주성분의 내용을 꾸며 뜻을 더하는 부속 성분 있지. 또한, 다른 문장 성분과 관계없이 독립적으로 쓰이는 독립어는 독립 성분이라고 하지. 문장 성분의 문법적 기능을 파악하면, 각 문장 성분의 역할과 특징에 대해 잘 이해할 수 있어.

▶핵심 포인트◀

문장의 구성 성분	• 주성분: 주어, 목적어, 보어, 서술어 • 부속 성분: 관형어, 부사어 • 독립 성분: 독립어

(콕콕) **확인 문제**

3. 다음 문장에 대한 설명으로 적절하지 않은 것은?

> 어머, 네가 사과를 먹었구나.

① 목적어는 '사과를'이다.
② 이 문장에는 '보어'가 없다.
③ '어머'는 독립어에 해당한다.
④ '네가'는 서술어가 나타내는 동작의 주체이다.
⑤ '먹었구나'는 '사과'의 움직임이나 상태를 나타낸다.

문장의 짜임과 양상

66 학습 포인트
· 문장에서 주어와 서술어의 관계 이해하기
· 홑문장과 겹문장의 차이 알기

홑문장과 겹문장

1. 홑문장과 겹문장에 관해 알아봅시다.

❶ 〈보기〉를 바탕으로 주어진 문장에서 주어와 서술어의 짝을 찾아 연결해 봅시다.

보기

· 하늘이 정말 예뻐.

· 하늘은 파랗고 구름은 하얗다.

가 나는 매우 기뻤다.

나 강아지가 재채기를 했다.

다 영환이는 책을 읽고, 다빈이는 노래를 듣는다.

라 은재는 형이 준 축구공을 좋아했다.

❷ ❶의 문장을 다음 기준에 따라 분류해 봅시다.

홑문장
· 주어와 서술어의 관계가 한 번만 이루어지는 문장
예 빵이 노릇노릇 익었다.
→ 가 나

겹문장
· 주어와 서술어의 관계가 두 번 이상 이루어지는 문장
· 홑문장이 두 개 이상 결합하여 만들어진 문장
예 · 나는 빵을 먹고, 영주는 밥을 먹었다.
· 나는 어머니가 만든 빵을 좋아한다.
→ 다 라

찬찬샘 핵심 강의

■ 홑문장과 겹문장

앞에서 문장 성분에 대해 잘 이해했다면 홑문장과 겹문장의 차이를 파악하는 건 어렵지 않을 거야. 문장에서 주어와 서술어의 관계가 몇 번 이루어지는지 알면 되거든. 이때 중요한 건 다른 문장 성분은 홑문장과 겹문장의 구분에 영향을 주지 않는다는 거야. 그래서 문장의 길이만 보고 홑문장인지 겹문장인지 속단하는 건 금물이야!

▸핵심 포인트◂

홑문장과 겹문장	· 홑문장: 주어와 서술어의 관계가 한 번만 이루어지는 문장 · 겹문장: 주어와 서술어의 관계가 두 번 이상 이루어지는 문장

○ 활동 탐구

문장의 짜임과 양상을 이해하는 활동이다. 홑문장과 겹문장의 분류 기준을 알고, 겹문장 중 이어진문장과 안은문장의 차이를 이해할 수 있도록 한다. 공부하며 품사와 문장 성분을 혼동하지 않도록 하고, 일상생활에서 쉽게 접할 수 있는 문장을 통해 문장의 짜임과 양상을 알아보도록 한다.

✷ 지학이가 도와줄게! – 1

문장에서 주어와 서술어의 관계가 한 번만 이루어지는지 두 번 이상 이루어지는지에 따라 홑문장과 겹문장으로 나눌 수 있어. 문장에서 주어와 서술어를 찾아보고 이들의 관계를 이해해 보자.

콕콕 확인 문제

4. 다음 중 주어와 서술어의 관계가 두 번 이상 이루어진 문장은?

① 그 책 좀 줄래?
② 지우는 너무 바쁘다.
③ 엄마가 아기를 안았다.
④ 어머, 아기가 정말 예쁘네요.
⑤ 나는 노래를 부르고, 언니는 춤을 췄다.

5. 다음 문장에서 주어와 서술어를 모두 찾아 '주어–서술어' 꼴로 쓰고, 홑문장과 겹문장 중 무엇에 해당하는지 쓰시오.

나는 할머니가 주신 옷을 입었다.

겹문장: 이어진문장과 안은문장

1. 겹문장이 만들어지는 다양한 방식을 알아봅시다.

① 다음의 두 홑문장을 나란히 이어 겹문장으로 만들어 봅시다.

> 바람이 분다. **+** 나뭇잎이 떨어졌다.

→ 바람이 불어서 나뭇잎이 떨어졌다. / 바람이 불고 나뭇잎이 떨어졌다. 등

② 한 홑문장이 다른 홑문장에 포함되도록 하여 겹문장으로 만들어 봅시다.

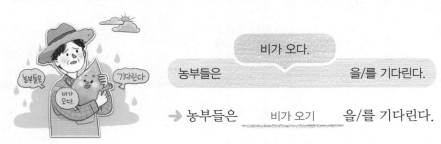

> 비가 오다.
> 농부들은 을/를 기다린다.

→ 농부들은 비가 오기 을/를 기다린다.

③ **①**, **②**에서 만든 두 문장의 차이가 무엇인지 말해 봅시다.

예시 답 | **①**의 문장은 나란히 연결되었고, **②**의 문장은 하나의 문장 안에 다른 문장이 포함되었다.

찬찬샘 **핵심** 강의

■ **겹문장의 종류:** 이어진문장과 안은문장

두 개의 홑문장이 결합하여 만들어지는 겹문장은 만들어지는 방식에 따라 이어진문장과 안은문장으로 나눌 수 있어. 이어진문장은 두 개의 홑문장이 나란히 연결되어 있고, 안은문장의 경우 하나의 홑문장이 다른 홑문장의 문장 성분으로 사용되어 있지. 결합된 방식에는 차이가 있지만 둘은 주어와 서술어의 관계가 두 번 이상 나타나는 겹문장이라는 점이 같아.

▶핵심 포인트◀

	이어진 문장	두 개의 홑문장이 나란히 연결되어 있는 문장 예) 함박눈이 내렸고 날씨가 꽤 추웠다.
겹문장		
	안은문장	하나의 홑문장이 다른 문장의 성분으로 사용되어 있는 문장 예) 지우는 재주가 있게 생겼다.

★ 지학이가 도와줄게! – 1

두 개의 홑문장을 나란히 이어 보고, 한 홑문장이 다른 홑문장에 포함되게도 만들어 보면 두 겹문장이 어떤 차이를 갖고 있는지 알 수 있을 거야.

콕콕 확인 문제

6. 다음의 두 홑문장을 나란히 이어 겹문장으로 만드시오.

- 비가 온다.
- 옷이 젖었다.

→ _____

7. 다음 문장에 대한 설명으로 적절하지 **않은** 것은?

> 학생들은 집에 가기를 기다렸다.

① 두 개의 서술어를 갖고 있다.
② 겹문장 중 안은문장에 해당된다.
③ 두 개의 홑문장으로 결합되었다.
④ 안은문장의 주어는 '학생들은'이다.
⑤ '집에'는 홑문장과 겹문장을 구분하는데 중요한 역할을 한다.

2. 이어진문장에 관해 탐구해 봅시다.

1 다음과 같이 두 문장을 결합하여 겹문장으로 만들어 봅시다.

가 형은 중학생이다. + 동생은 초등학생이다.

↳   형은 중학생이-   -고   동생은 초등학생이다.

나 어머니가 함께 가신다. + 아버지가 함께 가신다.

↳   어머니가 함께 가시-   -거나   아버지가 함께 가신다.

다 상처가 났다. + 나는 약을 발랐다.

↳   상처가 나-   -서   나는 약을 발랐다.

라 네가 웃는다. + 나는 기분이 좋다.

↳   네가 웃-   -(으)면   나는 기분이 좋다.

2 **1**에서 만든 문장들을 다음 기준에 따라 분류해 봅시다.

앞뒤 문장이 대등하게 연결된 문장	앞뒤 문장이 종속적으로 연결된 문장
가, **나**	**다**, **라**

찬찬샘 핵심 강의

■ **대등하게 이어진 문장, 종속적으로 이어진 문장**

이어진문장은 두 개의 홑문장이 어떻게 결합되었느냐에 따라 대등하게 이어진 문장과 종속적으로 이어진 문장으로 나눌 수 있어. 보통은 연결 어미나 문장의 의미 파악을 통해 둘 중 어디에 해당하는지 알 수 있어. 하지만 경우에 따라 대등성과 종속성이 헷갈리는 경우도 있으니 다양한 문장을 통해 익히는 게 좋아.

❥**핵심 포인트**❧

대등하게 이어진 문장, 종속적으로 이어진 문장	공통점	겹문장 중 이어진문장에 해당함.
	차이점	• 대등하게 이어진 문장: 앞 문장과 뒤 문장의 뜻이 대등한 관계에 있음. 예 나는 강아지를 키우지만 지호는 고양이를 키운다. • 종속적으로 이어진 문장: 앞 문장과 뒤 문장의 의미가 종속적인 관계에 있음. 예 봄이 와서 꽃이 폈다.

✦ 지학이가 도와줄게! - 2

두 개의 홑문장을 결합해 이어진 문장을 만들어 보고, 만들어진 문장을 일정한 기준에 따라 다시 분류해 보는 활동이야. 이를 통해 두 문장을 연결하는 순서에 따라 의미가 어떻게 달라지는지 이해할 수 있지.

두 개의 홑문장을 나란히 연결하는 경우 어떤 말로 연결하느냐에 따라 문장의 갖는 의미나 특징이 달라져. 두 문장의 의미가 대등하게 연결되었는지, 종속적으로 연결되었는지 생각해 보면서 이어진문장에 대해 더 잘 이해할 수 있을 거야.

❍ 두 문장을 대등하게 연결할 때는 '-고', '-지만', '-거나' 등이 사용되고, 종속적으로 연결할 때는 '-아서/어서', '-(으)면', '-ㄹ지라도' 등이 사용된다.

콕콕 확인 문제

8. 다음의 두 문장을 결합하여 이어진문장으로 만드시오.

> • 친구가 왔다.
> • 나는 기분이 좋았다.

9. 다음 문장에 대한 설명으로 적절하지 <u>않은</u> 것은?

> ㉠ 나는 강아지를, 누나는 고양이를 좋아한다.
> ㉡ 비가 와서, 소풍이 연기됐다.

① ㉠의 주어는 두 개다.
② ㉡의 서술어는 두 개다.
③ ㉠은 대등하게 이어진 문장이다.
④ ㉡은 종속적으로 이어진 문장이다.
⑤ ㉠은 홑문장, ㉡은 겹문장에 해당한다.

3. 안은문장에 관해 탐구해 봅시다.

1 〈보기〉를 참고하여 안은문장에서 안긴문장이 어떠한 문장 성분의 역할을 하는지 살펴봅시다.

보기

별이 뜨다.
↓
윤아는 (   ) 을/를 기다렸다.

┤ 안은문장 ├

윤아는 │ 안긴문장 │ 를 기다렸다.
　　　　│ 별이 뜨기 │
　　　　　↳ 목적어 역할

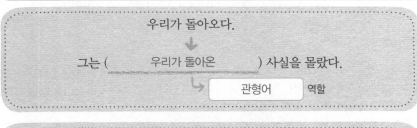

우리가 돌아오다.
↓
그는 (우리가 돌아온   ) 사실을 몰랐다.
　　　　　↳ 관형어 역할

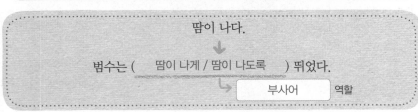

땀이 나다.
↓
범수는 (땀이 나게 / 땀이 나도록   ) 뛰었다.
　　　　　↳ 부사어 역할

심화 자료 　부사절을 이루는 '–이'

• 철수는 <u>아무런 이유도 없이</u> 약속 시각에 오지 않았다.
• <u>시간은 쏜살과 같이</u> 흐른다.

　학교 문법에서는 '아무런 이유 없이', '쏜살과 같이'를 부사절로 간주한다. 그러나 엄밀하게 말해서 '–이'는 부사형 어미가 아니라 부사를 만드는 파생 접미사이다. 이때의 '–이'를 어미로 볼 수 없는 이유는 어미는 접사와 달리 결합되는 용언에 제약이 없는 것이 일반적인데, 파생 접미사 '–이'가 붙어 부사절을 이루는 경우는 '없이, 같이, 달리' 등에 국한되기 때문이다. 그러나 '없이, 같이, 달리'와 같은 부사는 '이유가 없이, 쏜살과 같이, 너와 달리'에서처럼 주어나 부사어를 필수적으로 취하기 때문에 부사절로 보는 것이다.
　　　　　　　　　　　　　　　　　　　　　　　　– 김흥범 외, 『개념있는 국어문법』

★ 지학이가 도와줄게! – 3 **1**
안은문장과 안긴문장의 관계를 도식적으로 이해할 수 있도록 구성한 활동이야. 안은문장에서 안긴문장이 어떤 역할을 하는지 파악하는 것이 좋아.

○ 안긴문장
하나의 문장에 문장 성분으로 포함된 또 다른 문장을 말한다.

콕콕 확인 문제

10. 다음 문장에 대한 설명으로 적절하지 <u>않은</u> 것은?

> 우리는 그가 돌아오기를 기다렸다.

① 겹문장 중 안은문장에 해당한다.
② 주어는 '우리는', '그가' 두 개이다.
③ 두 개의 홑문장이 결합해 만들어진 문장이다.
④ 안긴문장은 안은문장에서 목적어 역할을 한다.
⑤ '돌아오기를 기다렸다.'가 안긴문장에 해당한다.

11. 다음 중 겹문장의 종류가 다른 것은?

① 코끼리는 코가 길다.
② 민구가 땀이 나게 뛰어왔다.
③ 언니는 기분이 좋다고 말했다.
④ 가을이 오면 산에 단풍이 든다.
⑤ 우리는 선생님이 결혼하셨다는 소문을 들었다.

2 주어진 문장에서 안긴문장을 찾고, 문장의 종류를 바르게 연결해 봅시다.

코끼리는 <u>코가 길다.</u>

석양이 <u>눈이 부시게</u> 빛났다.

선생님은 <u>설아가 모범생임을</u> 아신다.

<u>눈이 내린</u> 마을은 고요했다.

내가 <u>"저 여기에 있어요."</u> 라고 소리를 질렀지.

주어나 목적어 등 명사처럼 쓰이는 절을 안고 있는 문장

관형어의 역할을 하는 절을 안고 있는 문장

부사어의 역할을 하는 절을 안고 있는 문장

서술어의 역할을 하는 절을 안고 있는 문장

다른 문장 하나를 인용하여 안고 있는 문장

찬찬샘 핵심 강의

■ **안은문장과 안긴문장**

안긴문장은 주어와 서술어를 갖고 있으나 안은문장의 문장 성분으로 쓰여. 그래서 안긴문장은 '절'이라고 부른단다. 명사절, 관형절 등의 용어가 낯설 수 있으니, 명칭을 외우려고 하지 말고, 안긴문장이 전체 문장에서 어떤 역할을 하는지 꼼꼼히 파악해 보자.

◦핵심 포인트◦

명사절을 가진 안은문장	문장에서 주어, 목적어, 부사어 따위의 역할을 하며 명사처럼 기능을 하는 절을 안은 문장 예 나는 <u>그가 옳았음을</u> 깨달았다.
관형절을 가진 안은문장	문장에서 관형어로 기능하는 절을 안은 문장 예 나는 <u>진호가 이기는</u> 장면을 보았다.
부사절을 가진 안은문장	문장에서 부사어로 기능하는 절을 안은 문장 예 그곳은 <u>빛이 나게</u> 아름다웠다.
서술절을 가진 안은문장	문장에서 서술어로 기능하는 절을 안은 문장 예 슬기는 <u>마음이 곱다.</u>
인용절을 가진 안은문장	화자의 생각, 판단 또는 남의 말을 인용한 문장을 절의 형태로 안고 있는 문장 예 선호는 <u>"다음에 또 보자."</u>라고 말했다.

◦ 절
주어와 서술어를 갖고 있으나 독립하여 쓰이지 못하고 다른 문장의 한 성분으로 쓰이는 단위이다.

〔콕콕〕 **확인 문제**

12. 다음 중 〈보기〉의 설명에 해당하는 문장으로 적절한 것은?

〔보기〕
문장에서 부사어로 기능하는 절을 안은문장

① 기정이는 눈이 나쁘다.
② 그는 "사랑해."라고 말했다.
③ 나는 마음이 예쁜 영희를 좋아한다.
④ 나는 철수가 온다는 소식을 들었다.
⑤ 하늘은 눈이 부시도록 아름다웠다.

13. 다음 문장을 바탕으로 ㉠과 ㉡에 들어갈 알맞은 내용을 쓰시오.

골짜기에는 유리처럼 투명한 물이 흐른다.

➔ 이 문장은 '골짜기에는 물이 흐른다.'와 '(㉠)'이/가 결합되어 이루어진 겹문장으로, (㉡)절을 가진 안은문장에 해당한다.

14. 다음 문장을 활용해 아래 문장을 완성하고, 완성된 문장이 안은문장의 종류 중 어떤 것인지 쓰시오.

그가 범인이다.

• _____ 밝혀졌다.

➔ ( )절을 가진 안은문장

활동 3 문장의 다양한 짜임과 그 효과

1. 우리 주변의 다양한 문장을 살펴보고, 각각의 표현 효과에 관해 알아봅시다.

가 — 인생은 짧고 예술은 길다.

나 — 화장실을 깨끗이 사용합시다.

다 — 여기는 대한민국 독도입니다.

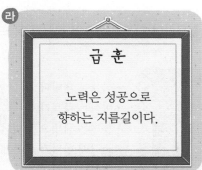

라 — **급 훈** 노력은 성공으로 향하는 지름길이다.

1 짧고 간결하게 중요한 내용을 전달하는 문장을 찾아봅시다. 예시 답 | **나**, **다**

2 대조적인 뜻의 문장을 연결하여 표현의 의도를 극대화하고 있는 문장을 찾아봅시다. 예시 답 | **가**

3 안긴문장을 통해 이야기하려는 대상의 뜻을 한정하고 있는 문장을 찾아봅시다. 예시 답 | **라**

2. 속담의 짜임과 표현 의도를 살펴봅시다.

1 주어진 두 문장을 연결하여 하나의 겹문장으로 된 속담으로 만들어 봅시다.

가   하늘이 무너졌다.   +   솟아날 구멍이 있다.

→ 하늘이 무너져도 솟아날 구멍이 있다.

나   사공이 많다.   +   배가 산으로 간다.

→ 사공이 많으면 배가 산으로 간다.

> ❝ **학습 포인트**
> · 문장의 짜임 파악하기
> · 문장의 짜임에 따른 표현 효과 이해하기

● **활동 탐구**

의도에 따른 문장 표현의 효과를 학습하기 위한 활동이다. 같은 내용을 홑문장으로 쓰느냐, 겹문장으로 쓰느냐에 따라 표현의 효과는 달라진다. 우선 주어진 문장의 짜임을 파악하고, 이를 토대로 표현의 효과와 그렇게 표현한 의도를 이해할 수 있도록 한다.

✷ 지학이가 도와줄게! – 1

먼저 그림 속에 제시된 문장의 짜임을 확인한 후, 각각 제시된 성격과 의도에 따라 문장을 분류해 보렴.

✷ 지학이가 도와줄게! – 2

속담은 선행절과 후행절을 대비하여 그 의도를 극대화하는 경우가 많아. 이러한 속담의 특성을 고려해 문장을 만들어 보고, 그 의도를 문장의 짜임을 통해 어떻게 드러냈는지 생각해 보자.

콕콕 **확인 문제** ┄┄┄┄┄┄

15. ㉠~㉣ 문장의 짜임에 대한 설명으로 적절한 것은?

> ㉠ 인생은 짧고 예술은 길다.
> ㉡ 화장실을 깨끗이 사용합시다.
> ㉢ 여기는 대한민국 독도입니다.
> ㉣ 노력은 성공으로 향하는 지름길이다.

① ㉠은 뒤 문장이 전체 문장의 중심이 된다.
② ㉠은 안긴문장을 통해 이야기하려는 대상의 뜻을 한정하고 있다.
③ ㉡은 부사절을, ㉣은 관형절을 안고 있다.
④ ㉣은 두 개 이상의 절로 구성된 문장이다.
⑤ ㉡, ㉢은 대조적인 뜻의 문장을 연결하고 있다.

다 　구슬이 서 말이다. 　＋ 　구슬은 꿰어야 보배다.

→ 구슬이 서 말이라도 꿰어야 보배다.

2 ❶에 제시된 속담들을 문장의 결합 방식을 고려하여 살펴보고, 각각의 속담에 담긴 표현 의도를 파악해 봅시다.

예시 답ㅣ **㉮** 하늘이 무너진다는 과장된 상황에 가정의 뜻을 더하여 뒤의 문장과 이어지면서 아무리 어려운 경우에도 해결책이 있음을 나타내고 있다.

㉯ 사공이 많은 상황을 가정하고 이것이 배가 산으로 간다는 불가능한 상황으로 이어지면서 여러 사람이 자기주장만 내세우면 일이 제대로 되기 어렵다는 뜻을 나타내고 있다.

㉰ 구슬이 세 말인 상황에 '설사 그렇더라도'라는 뜻을 더하여 뒤의 문장과 이어지면서 아무리 훌륭하고 좋은 것이라도 다듬고 정리하지 않으면 의미가 없음을 나타내고 있다.

3. 사진을 보고, 주어진 문장을 활용하여 자신의 의도와 정서가 잘 드러나도록 짧은 글을 써 봅시다.

- 하늘은 파랗다.
- 바다는 푸르다.
- 햇빛은 금빛으로 빛난다.
- 조각배 하나가 외롭게 떠 있다.
- 배는 섬으로 향한다.
- 구름 한 점 없다.

> **예** 조각배 하나가 외롭게 떠 있고, 하늘은 구름 한 점 없이 파랗다.

예시 답ㅣ 하늘은 파랗고, 바다는 푸르다. 구름 한 점 없는 하늘처럼 드넓은 바다가 펼쳐져 있다. 아무것도 없던 바다 위로 조각배 하나가 외롭게 떠 온다. 금빛으로 빛나는 햇빛을 받으며 배는 섬으로 향한다.

찬찬샘 핵심 강의

■ **문장의 다양한 짜임과 효과**

문장은 짜임에 따라 의미와 효과가 달라져. 짧고 간결하게 내용을 전달하고 싶을 때는 홑문장을, 복합적인 내용을 연결하여 심층적인 의미를 전달하고자 할 때는 겹문장을 사용하는 게 좋아. 상황에 따른 의도와 목적이 잘 드러나도록 문장을 만들어 보는 활동을 해 보면 어떻게 문장을 구성하는 것이 효과적인지 알 수 있을 거야.

◦핵심 포인트◦

	효과
홑문장	표현 대상이나 글쓴이의 생각을 정확히 전달할 수 있음.
겹문장	표현 대상이나 글쓴이의 생각을 상세히 전달할 수 있음.

➕ 보충 자료

속담은 하나의 완결된 문장형 구조를 지니며, 그 의미 구조는 단순한 서술에 그치는 것이 아니라 상징을 통하여 의사가 결집되는 형태를 취한다. 속담은 대개 구체적이고 일상적인 상황에서 삶의 교훈을 전달하는 내용으로 되어 있기 때문에, 우리의 전통적인 생활 문화와 농축된 삶의 지혜가 완결된 문장의 형태로 들어 있다.
– 임지룡 외, 『학교 문법과 문법 교육』

✳ 지학이가 도와줄게! – 3

전달하려는 의도가 잘 드러나도록 문장을 만들어 글을 완성해 보고, 만들어진 문장이 갖는 의미와 효과도 함께 생각해 보자.

콕콕 확인 문제

16. 다음 속담에 대한 설명으로 적절하지 <u>않은</u> 것은?

> 구슬이 서 말이라도 꿰어야 보배다.

① 홑문장 두 개로 만들어진 겹문장이다.
② 앞 문장과 뒤 문장의 관계를 고려할 때 종속적으로 이어진 문장이다.
③ 문장 짜임의 특성상 앞 문장과 뒤 문장의 위치를 바꾸면 속담의 의미가 더 명확해진다.
④ '구슬이 서 말이다.'와 '구슬은 꿰어야 보배다.'라는 두 문장이 결합해 만들어진 속담이다.
⑤ 앞 문장에 '설사 그렇더라도'라는 의미를 더해, 구슬을 꿰지 않으면 의미가 없음을 드러내고 있다.

창의·융합 활동

혼자 하기

1. 다음 노래를 듣고, 빈칸에 들어갈 알맞은 말을 넣어 봅시다.

✦ 지학이가 도와줄게! – 1

지금까지 학습한 내용을 토대로 노래에 쓰인 홑문장과 겹문장의 표현 효과를 탐구해 보는 활동이야.

자장가

전래 동요

조금 느리게

(1절) 자장 자장 우리 아기 자장 자장 우리 아기
(2절) 금자 동아 은자 동아 우리 아기 잘도 잔다

(1절) 꼬꼬 닭아 우지 마라 우리 아기 잠을 깰라
멍멍 개야 짖지 마라 우리 아기 잠을 깰라
(2절) 금을 주면 너를 사며 은을 주면 너를 사랴
나라 에는 충신 동아 부모 에는 효자 동아

(후렴) 자장 자장 우리 아기 자장 자장 잘도 잔다

노래 가사가 네 글자씩 반복되고 있어서 리듬감이 잘 느껴져. 특히 1연은 '꼬꼬닭아 우지 마라. 우리 아기 잠을 깰라. 멍멍개야 짖지 마라. 우리 아기 잠을 깰라.'와 같은 호흡이 짧은 홑문장을 반복해서 사용하여 의미를 명확하게 전달하고, 리듬감을 살리고 있어.

나는 2연이 이 노래의 맛을 살려 준다고 생각해. 2연은 '금을 주면 너를 사며 은을 주면 너를 사랴.'라는 부분에서 이어진문장을 사용하여 전달하려는 내용의 의미를 강조하면서 리듬감을 살리고 있어.

함께하기

2. '자장가'가 필요한 사람들에게 들려 줄 '자장가'를 어떠한 내용과 형태로 만들지 다음 중에서 골라 만들어 봅시다.

- 주로 홑문장을 사용하여
- 주로 이어진문장을 사용하여

내가 만든 노래

예시 답ㅣ생략

✦ 지학이가 도와줄게! – 2

문장의 짜임에 대해 공부한 내용을 바탕으로 자장가를 직접 만들어 보자. 홑문장과 이어진문장이 어떤 형태로 이루어지는지 다시 한번 떠올려 보고, 각자의 의도가 잘 드러나도록 노래를 완성해 보렴.

핵심 포인트

1. 문장의 구성 성분

개념		문장을 이루는 데 일정한 구실을 하는 요소
종류	주성분	문장을 이루는 데 꼭 필요한 성분으로 주어, ①□□□, 보어, 서술어가 있음.
	부속 성분	주성분의 내용을 꾸며 뜻을 더하는 문장 성분으로, 관형어, ②□□□이/가 있음.
	독립 성분	다른 문장 성분과 관계없이 독립적으로 쓰이는 말로, 독립어가 있음.

2. 홑문장과 겹문장

(1) 홑문장과 겹문장

홑문장	주어와 ③□□□의 관계가 한 번만 이루어지는 문장
겹문장	주어와 서술어의 관계가 두 번 이상 이루어지는 문장

(2) 겹문장: 이어진문장과 안은문장

이어진 문장	• 대등하게 이어진 문장: 앞 문장과 뒤 문장의 뜻이 대등한 관계에 있는 문장 • 종속적으로 이어진 문장: 앞 문장과 뒤 문장의 의미가 독립적이지 못하고 ④□□□인 관계에 있는 문장
안은 문장	• ⑤□□□을/를 가진 안은문장: 문장에서 명사처럼 주어, 목적어, 부사어 등으로 기능하는 절을 안은 문장 • 관형절을 가진 안은문장: 문장에서 관형어로 기능하는 절을 안은 문장 • 부사절을 가진 안은문장: 문장에서 부사어로 기능하는 절을 안은 문장 • 서술절을 가진 안은문장: 문장에서 서술어로 기능하는 절을 안은 문장 • 인용절을 가진 안은문장: 화자의 생각, 판단 또는 남의 말을 인용한 문장을 절의 형태로 안고 있는 문장

3. 문장의 다양한 짜임과 그 효과

⑥□□□	짧고 간결하게 중요한 내용을 전달할 수 있음.
겹문장	• 표현의 의도를 극대화하거나 이야기하려는 대상의 뜻을 한정하기도 함. • 겹문장으로 된 속담: 선행절과 후행절을 대비하여 그 의도를 극대화하는 경우가 많음.

정답: ① 목적어 ② 부사어 ③ 서술어 ④ 종속적 ⑤ 명사절 ⑥ 홑문장

01. 〈보기〉에서 문장 성분에 대한 설명으로 적절한 것을 모두 골라 바르게 짝지은 것은?

| 보기 |

ㄱ 생략할 수 없는 문장 성분도 존재한다.
ㄴ 주성분, 부속 성분, 독립 성분으로 나뉜다.
ㄷ 주성분은 다른 문장 성분과 관계없이 쓰인다.
ㄹ 부속 성분과 독립 성분은 문장에서 다른 성분의 내용을 꾸며 주는 역할을 한다.

① ㄱ, ㄴ
② ㄱ, ㄷ
③ ㄴ, ㄷ
④ ㄴ, ㄹ
⑤ ㄷ, ㄹ

02. 다음 문장에서 밑줄 친 곳의 문장 성분 중, '보어'에 해당하는 것은?

① 이모는 결국 <u>화가가</u> 되었다.
② <u>새</u> 신발을 신고 소풍에 갔다.
③ 어머니는 <u>우리를</u> 칭찬하셨다.
④ <u>이런</u>, 내가 깜박 잊고 있었어.
⑤ <u>친구들은</u> 나를 기쁘게 맞아주었다.

활동 응용 문제

03. 다음 밑줄 친 문장 성분을 모두 포함하고 있는 문장으로 적절한 것은?

관형어와 부사어는 주성분의 내용을 꾸며 뜻을 더하는 역할을 한다.

① 자동차가 매우 빨리 달린다.
② 야호! 드디어 오늘 소풍을 가는구나.
③ 언니는 노래를 듣고, 오빠는 춤을 췄다.
④ 낡은 신문을 모으던 그는 크게 성공했다.
⑤ 할머니께서는 건강이 좋지 않으셔서 못 오셨어요.

| 서술형 |

04. ㉠, ㉡에서 밑줄 친 부분의 문장 성분을 각각 쓰고, 문장에서 하는 역할에 주목하여 둘의 공통점을 쓰시오.

㉠ <u>제가</u> 할게요.
㉡ 엄마가 <u>옷을</u> 사주셨다.

㉠	
㉡	
공통점	

05. 다음 중 '문장의 짜임'에 대한 설명으로 적절하지 <u>않은</u> 것은?

① 홑문장은 겹문장에 비해 주어의 수가 적다.
② 문장의 짜임은 문장 성분 중 주어와 서술어로 판단한다.
③ 홑문장을 두 개 이상 결합하여 새로운 홑문장을 만들 수 있다.
④ 겹문장은 주어와 서술어의 관계가 최소 두 번 이상 나타나야 한다.
⑤ 주어와 서술어가 몇 번 나타나느냐가 홑문장과 겹문장 구분의 기준이다.

활동 응용 문제

06. 다음 중 문장의 짜임이 <u>다른</u> 것은?

① 지수는 손이 예쁘다.
② 빵이 노릇노릇 익었다.
③ 삼촌이 만든 빵을 좋아한다.
④ 농부들은 비가 오기를 기다린다.
⑤ 바람이 불어서 나뭇잎이 떨어졌다.

07. 다음 중 문장의 밑줄 친 부분 간의 관계가 <u>다른</u> 것은?

① 이것은 <u>장미이다.</u>
② 새 <u>친구들이</u> <u>왔다.</u>
③ <u>나는</u> 매우 <u>기뻤다.</u>
④ 아버지께서 책을 <u>주셨다.</u>
⑤ 은재는 <u>축구를</u> 가장 <u>좋아한다.</u>

08. 다음 중 이어진문장에 해당하는 것은?

① 나는 아침을 먹고, 세수를 했다.
② 그는 눈물이 나는 것을 꾹 참았다.
③ 은수는 오늘따라 싱글벙글 웃었다.
④ 오늘은 할머니가 주신 가방을 멨다.
⑤ 주미는 슬기가 착한 아이임을 알고 있었다.

09. 다음 두 문장을 〈조건〉에 따라 알맞은 겹문장으로 만드시오.

> • 바람이 분다.
> • 나뭇잎이 떨어졌다.

> ┤ 조건 ├
> • 이어진문장으로 만들 것.
> • 앞 문장이 뒤 문장의 원인이 되도록 할 것.
> • 앞 문장과 뒤 문장의 의미가 종속적인 관계에 있을 것.

활동 응용 문제
10. 〈보기〉의 설명에 해당하는 문장으로 가장 적절한 것은?

> ┤ 보기 ├
> 홑문장 두 개가 결합하여 겹문장이 만들어지는 경우 앞 문장과 뒤 문장의 뜻이 대등한 관계로 연결되기도 한다.

① 그는 마음이 넓다.
② 네가 웃으니, 기분이 좋다.
③ 범수는 숨이 차도록 뛰었다.
④ 어머니가 함께 가시거나, 아버지가 함께 가신다.
⑤ 상처가 빨리 낫기를 바란다면, 지금 약을 먹어야 해.

11. 다음 중 문장에서 밑줄 친 부분이 안긴문장이 <u>아닌</u> 것은?

① 할머니는 <u>인정이 많으시다.</u>
② <u>성격이 좋은</u> 수완이가 좋다.
③ <u>색깔이 하얗기가</u> 눈과 같다.
④ 엄마는 <u>오랫동안 나를</u> 기다리셨다.
⑤ 선생님은 <u>설아가 모범생임을</u> 아신다.

12. 다음 문장에 대한 설명으로 적절하지 <u>않은</u> 것은?

> 오늘 윤아는 마음이 착한 친구를 만났다.

① 관형절과 서술절을 가진 안은문장이다.
② '마음이 착한'은 '친구'를 꾸며 준다.
③ 홑문장 두 개가 결합하여 만들어졌다.
④ '마음이 착한'은 안긴문장에 해당한다.
⑤ '윤아는'과 '친구는', '마음이'가 모두 문장의 주어에 해당한다.

13. 〈보기〉에서 밑줄 친 안긴문장의 종류가 같은 것끼리 바르게 짝지어진 것은?

> ┤ 보기 ├
> ㉠ 그 일은 <u>해내기가</u> 쉽지 않아.
> ㉡ 그는 <u>그녀가 엄마임을</u> 깨달았다.
> ㉢ 이 영화는 <u>내가 좋아했던</u> 영화이다.
> ㉣ 재우는 <u>아는 것도 없이</u> 잘난 척을 한다.

① ㉠, ㉡   ② ㉠, ㉢   ③ ㉡, ㉢
④ ㉡, ㉣   ⑤ ㉢, ㉣

14. 〈보기〉의 설명에 해당하는 문장으로 적절하지 않은 것은?

⊣ 보기 ⊢

　안은문장 중에서 서술어를 수식하는 기능을 하는 부사절을 포함하는 안은문장을 '부사절을 가진 안은문장'이라고 한다.

① 그녀는 눈이 부시게 예쁘다.
② 서영이는 말도 없이 떠났다.
③ 호랑이가 소리도 없이 다가왔다.
④ 아이스크림은 이가 시리게 차가웠다.
⑤ 밤하늘이 오늘따라 유난히 아름답다.

15. ㉠~㉢에 들어갈 말이 적절하게 짝지어진 것은?

　문장은 　㉠　와　㉡　가 몇 번 나타나는가에 따라 홑문장과 겹문장으로 나눌 수 있다. 또한, 겹문장은 홑문장이 어떻게 결합되었는지에 따라　㉢　과 안은문장으로 나뉜다.

	㉠	㉡	㉢
①	주어	목적어	안긴문장
②	주어	목적어	안긴문장
③	주어	서술어	이어진문장
④	보어	서술어	이어진문장
⑤	보어	독립어	이어진문장

16. 다음은 문장의 짜임에 대해 배운 후 학생들이 나눈 대화이다. 빈칸에 들어갈 말을 순서대로 쓰시오.

하윤: '동생은 눈이 예쁘다.'라는 문장은 홑문장 아니야?
성호: 왜 그렇게 생각하는데?
하윤: '동생은'이 문장의 주어고, '예쁘다'가 서술어니까, 홑문장이잖아.
성호: 정확하게는 동생의 눈이 예쁘다는 거니까, 그 문장에서 서술어 구실을 하는 건 '(ⓐ)'라고 볼 수 있어. 그러니까 '동생은 눈이 예쁘다.'는 (ⓑ)을/를 가진 안은문장으로, 홑문장이 아니라 겹문장이야.

활동 응용 문제

[17~18] 다음을 읽고, 물음에 답하시오.

㉠ 인생은 짧고, 예술은 길다.
㉡ 하늘이 맑으니, 기분이 좋아.
㉢ 여기는 대한민국 독도입니다.
㉣ 화장실을 깨끗이 사용합시다.
㉤ 노력은 성공으로 향하는 지름길이다.

17. ㉠~㉤ 중 아래의 조건을 모두 만족하는 것은?

• 주어가 두 개이다.
• 겹문장 중 이어진문장이다.
• 대조적인 뜻의 문장을 연결하였다.

① ㉠　　② ㉡　　③ ㉢　　④ ㉣　　⑤ ㉤

18. 문장의 다양한 짜임을 고려할 때, ㉠~㉤의 표현 효과에 대한 설명으로 가장 적절한 것은?

① ㉠은 짧고 간결하게 중요한 내용을 전달하는 문장 형태이다.
② ㉡은 앞 절과 뒤의 절의 대등한 관계를 효과적으로 드러내고 있다.
③ ㉢은 문장 간의 인과 관계를 잘 보여 주고 있다.
④ ㉣은 두 개의 서술어를 사용해 문장의 의미를 상세히 전달하고 있다.
⑤ ㉤은 안긴문장을 통해 대상의 뜻을 한정하고 있는 이다.

단원+단원

통합과 적용

단원+단원, 이렇게 통합·적용했어요!

문제 해결 과정으로서의 쓰기
주제, 목적, 독자, 매체를 고려하며 문제를 해결하는 글 쓰기

+

문장의 짜임과 양상
문장의 짜임과 양상을 이해하고 문장을 효과적으로 사용하기

⇩

생활 비법서를 만들어 보고 문제 해결 과정으로서의 글쓰기와 문장의 짜임과 양상 적용하기

1. 다음은 나만의 생활 비법을 반 친구들에게 소개하는 글입니다. 이를 보고, 이어지는 활동을 해 봅시다.

> • 제목: ㉠
>
> • 비법 소개: 순식간에 더러워지는 실내화, 어떻게 하면 깨끗하게 빨 수 있을까? 이 '마법의 가루' 한 숟가락이면 회색의 실내화도 눈부신 흰색을 되찾을 수 있어! 순서는 다음과 같아.
> ① 실내화를 따뜻한 물로 충분히 씻어 준다.
> ② 대야에 따뜻한 물을 실내화가 푹 잠기도록 붓는다.
> ③ ②에 베이킹소다를 한 숟가락 넣어 골고루 섞고, 한 시간 후 꺼낸다.
> ④ 솔이나 버리는 칫솔로 실내화를 살살 문질러 닦는다.

❶ 이 글의 주제, 목적, 독자를 정리한 후, 글에 잘 반영되었는지 살펴봅시다.

예시 답 | • 주제: 실내화를 깨끗이 빠는 비법
• 목적: 베이킹소다를 이용하여 실내화를 빠는 방법을 소개함.
• 독자: 우리 반 친구들

❷ 다음 과정에 따라 ㉠에 들어갈 이 글의 제목을 만들어 봅시다. **예시 답 |** 반짝반짝 빛나는 실내화 만들기

> 홑문장과 겹문장으로 된 제목을 각각 만들 것 → 만든 문장을 살펴보고, 자신의 의도가 잘 드러나는 문장을 고를 것 → 고른 문장을 ㉠에 적어 넣을 것

2. 1의 글을 참고하여 우리 모둠의 생활 비법서를 만들어 봅시다.

❶ 글의 주제, 목적, 독자를 설정하고, 어떠한 매체에 글을 쓸지 결정해 봅시다.

주제	채소 보관 비법
목적	채소를 보관하는 여러 가지 비법을 소개함.
독자	우리 반 친구들
매체	우리 반 누리집 게시판

❷ ❶의 활동을 바탕으로 우리 모둠의 생활 비법서를 작성해 봅시다.

> • 제목: 냉장고 속 채소를 항상 싱싱하게!
>
> • 비법 소개: 금방 시들시들해져 버리는 냉장고 속 채소를 싱싱하게 보관하는 방법이 알고 싶지 않니? 우리 집 냉장고 속 채소를 갓 딴 채소처럼 싱싱하게 먹는 방법에는 이런 것들이 있어.
> • 대파: 대파는 껍질을 벗기고 뿌리를 자른 후, 밀폐 용기 바닥에 종이 행주를 깔아 흰 부분이 아래로 가도록 세워 보관한다.
> • 양파: 껍질을 까지 않은 양파는 신문지로 싸서 보관하거나 종이 상자에 넣어 신문지를 덮는다. 껍질을 깐 양파는 한 개씩 비닐봉지나 랩에 싸서 보관한다.
> • 감자: 감자는 사과를 한 개 같이 넣어 두면 사과의 에틸렌 성분 때문에 싹이 나는 것이 억제된다.
> • 오이: 오이는 신문지에 싸서 보관한다.

❸ 다음 〈조건〉을 참고하여, 모둠별로 작성한 생활 비법서를 발표해 봅시다. **예시 답 |** 생략

> **조건**
> • 모둠에서 글을 쓰면서 생겼던 문제와 이를 해결했던 일화를 함께 소개해 주세요.
> • 모둠의 생활 비법을 실제 활용한 사례가 있다면 이를 소개해 주세요.

대단원을 닫으며

정리와 점검

·학습 목표 점검하기·

❶ 문제 해결 과정으로서의 쓰기

쓰기가 주제, 목적, 독자, 매체 등을 고려한 문제 해결 과정임을 이해하고 글 쓰기

- 쓰기는 ⊡주⊡제⊡, ⊡목⊡적⊡, ⊡독⊡자⊡, ⊡매⊡체⊡을/를 고려해야 한다.
- 글을 쓸 때, ⊡배⊡경⊡지⊡식⊡ 부족의 문제, 단어나 표현의 생성 문제, 문단 배열 문제 등 여러 문제를 효과적으로 해결해야 한 편의 글이 완성된다.

$\Rightarrow$

> **잘 모른다면**
> 교과서 57~64쪽 활동 1의 내용을 다시 한번 살펴보면 쓰기가 문제 해결의 과정임을 이해할 수 있을 거야.

❷ 문장의 짜임과 양상

문장의 짜임과 양상을 탐구하고 활용하기

- 문장은 ⊡홀⊡문⊡장⊡와/과 겹문장으로 나뉘며, 겹문장은 다시 이어진문장과 안은문장으로 나뉜다.
- 이어진문장에는 대등하게 이어진 문장과 ⊡종⊡속⊡적⊡(으)로 이어진 문장이 있다.
- 안은문장에는 명사절을 가진 안은문장, ⊡관⊡형⊡사⊡절⊡을/를 가진 안은문장, 부사절을 가진 안은문장, ⊡서⊡술⊡절⊡을/를 가진 안은문장, 인용절을 가진 안은문장이 있다.

$\Rightarrow$

> **잘 모른다면**
> 교과서 73~79쪽 활동 2와 활동 3의 내용을 통해 문장의 짜임과 양상, 그리고 그 효과를 알 수 있을 거야.

·어휘력 점검하기·

다음 문장의 빈칸에 어울리는 말을 바르게 연결해 보자.

(1) 그는 보기보다 성격이 ⬜⬜⬜⬜.   •   • ㉠ 부임했다

(2) 이순신 장군이 여수에 절도사로 ⬜⬜⬜⬜.   •   • ㉡ 수수하다

(3) 담당 형사는 사건의 ⬜⬜을/를 설명했다.   •   • ㉢ 개요

(4) 문장의 주체가 되는 ⬜⬜을/를 주어라 한다.   •   • ㉣ 성분

- **개요**: 간결하게 추려 낸 주요 내용.
- **성분**: 한 문장을 구성하는 요소
- **수수하다**: 사람의 성질이 꾸밈이나 거짓이 없고 까다롭지 않아 수월하고 무던하다.
- **부임하다**: 임명이나 발령을 받아 근무할 곳으로 가다.

정답: (1) ㉡ (2) ㉠ (3) ㉢ (4) ㉣

[01~02] 다음을 읽고, 물음에 답하시오.

01. 위 그림의 상황을 고려할 때, 다음 계획표의 ㉠~㉤ 중 적절하지 <u>않은</u> 것은?

주제	㉠ 우리 고장 여수를 알림.
목적	㉡ 또래 친구들에게 여수를 소개하기 위함.
예상 독자	㉢ 여수에 사는 또래 친구들
매체	• ㉣ 블로그 • ㉤ 선정 이유: 예상 독자들이 가고 싶은 여행지를 검색할 때 많이 활용하기 때문에

① ㉠   ② ㉡   ③ ㉢   ④ ㉣   ⑤ ㉤

| 고난도 |

02. 위 그림의 상황에서 이끌어 낼 수 있는 글쓰기에 관한 설명으로 가장 적절한 것은?

① 글을 쓸 매체를 정한 후 예상 독자를 정하는구나.
② 자료가 다양한지 고민한 다음 글의 주제를 정해야 하는군.
③ 글을 쓰는 것은 여러 사람이 힘을 합쳐야 가능한 활동이구나.
④ 전문가들이 객관적으로 이해할 수 있는 내용으로 구성하는 게 좋겠군.
⑤ 글을 쓰기 전에 주제, 목적, 독자, 매체를 고려해 계획을 세워야 하는구나.

03. 다음은 글쓰기의 내용 생성하기 단계에서 나눈 대화이다. 쓰기의 과정을 고려할 때, 빈칸에 들어갈 말로 적절한 것은?

> 은호: 내가 사는 여수를 소개하는 글을 쓰려고 하는데, (   ) 어떻게 하지?
> 찬성: 여수의 역사와 지리, 관광에 관한 다양한 자료를 찾아보는 게 좋겠다.

① 선정한 매체가 마음에 들지 않아.
② 정작 내가 사는 고장에 관해 아는 게 별로 없네.
③ 여수에 사는 친구들이 너무 많은 것 같아서 걱정이야.
④ 평소에 여수가 지리적으로 어떤 특징이 있는지 궁금했어.
⑤ 글쓰기에 소질이 없어서 실수 없이 한 편의 글을 완성할 수 있을지 걱정이야.

[04~05] 다음은 또래 친구들에게 여수를 소개하기 위해 찾은 정보이다. 이를 바탕으로 물음에 답하시오.

여수의 관광지로는 오동도, 여자만 갯벌, 거문도와 백도 등이 유명하다. 이 중 오동도는 방파제로 육지와 연결되어 있는 작은 섬으로, 3천 그루의 동백나무가 있어 겨울부터 봄까지 붉은 동백꽃이 피는 아름다운 섬이다.

－ 출처: 여수관광문화 누리집(http://www.yeosu.go.kr/tour)

04. 위 내용을 효과적으로 전달하는데 활용할 수 있는 자료로 적절한 것은?

① 거문도의 역사를 한 눈에 보여 주는 도표
② 오동도와 거문도의 날씨를 비교한 영상 자료
③ 서울에서 여수로 가장 빠른 길을 표시한 지도
④ 붉은 동백꽃이 흐드러지게 피어 있는 오동도 사진
⑤ 방파제를 만드는 과학적 원리를 설명한 전문가의 인터뷰

05. 다음 설문 결과를 바탕으로 위 내용에 대해 평가한 내용으로 가장 적절한 것은?

또래 친구들이 '여수'에 대해 알고 싶어 하는 것

1위	여수의 맛집 정보
2위	여수의 축제 정보
3위	여수의 학교 정보

① 여수의 지리적 특징을 고려해 내용을 수정하는 게 좋겠어.

② 예상 독자의 흥미를 고려해 필요한 정보를 더 수집하는 게 좋겠어.

③ 또래 친구들이 주제에 관한 배경지식을 쌓을 수 있도록 도와야 해.

④ 오동도와 거문도에서 공통적으로 즐길 수 있는 음식에 대해 찾아봐야 해.

⑤ 글의 목적을 고려해 오동도에 위치한 학교에 대한 상세한 설명을 추가해야할 것 같아.

[06~07] 다음 개요표를 읽고, 물음에 답하시오.

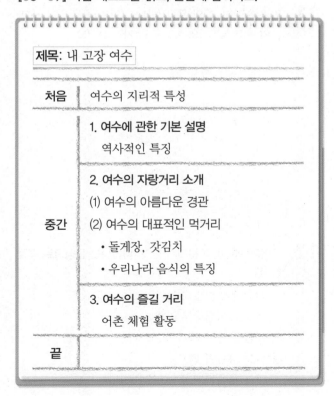

제목: 내 고장 여수	
처음	여수의 지리적 특성
중간	1. 여수에 관한 기본 설명 　역사적인 특징 2. 여수의 자랑거리 소개 (1) 여수의 아름다운 경관 (2) 여수의 대표적인 먹거리 　• 돌게장, 갓김치 　• 우리나라 음식의 특징 3. 여수의 즐길 거리 　어촌 체험 활동
끝	

06. 위 개요표에 대한 설명으로 적절하지 않은 것은?

① 제목을 글의 주제, 목적을 충분히 드러내는 것으로 수정하는 것이 좋겠어.

② '향일암의 일출'에 대한 내용은 '여수의 아름다운 경관'에 해당하므로 중간 2-(1)에 추가할 수 있어.

③ '우리나라 음식의 특징'은 글의 주제를 뒷받침하기에 적절한 내용이 아니므로 삭제하는 게 좋겠어.

④ '어촌 체험 활동'은 내용상 '중간'이 아닌 '끝'에 오는 게 주제 전달에 더 효과적이야.

⑤ '여수의 지리적 특성'은 글의 흐름을 고려할 때 중간 1에 위치하는 게 적절해.

07. 위 개요표의 끝 부분의 내용을 〈조건〉에 따라 쓴다고 할 때, 가장 적절한 것은?

┤ 조건 ├
• 청유형으로 글을 마무리할 것.
• '중간'에 나온 내용을 언급할 것.
• 여수 방문을 권하는 내용을 포함할 것.

① 여수에 대해 몰랐던 친구들에게 매력적인 도시 여수에 대해 알려드릴게요.

② 아름다운 볼거리와 맛있는 먹거리가 가득한 내 고장 여수에 꼭 놀러오세요.

③ 어촌 체험 활동을 비롯한 다양한 경험을 할 수 있는 여수의 명소를 지금부터 소개합니다.

④ 오랜 세월 여수를 지키기 위해 애쓴 조상들의 땀과 노력 덕에 지금의 여수가 있는 거겠죠?

⑤ 여수의 특별한 매력을 알려드리기 위해 여수를 방문했던 많은 이들의 생생한 이야기를 여러분께 공개합니다.

[08~09] 다음을 읽고, 물음에 답하시오.

가

주제	천년 수도 경주
목적	여름 방학 때 갈 장소로 경주를 소개함.
독자	학급 친구들
매체	학급 신문

나

찾은 자료	활용 방안
경주에 관한 기본 정보	경주에 관한 기본 정보를 통해 경주가 역사적으로 뜻깊은 장소임을 소개함.
국립 경주 박물관 전시물	역사적으로 뜻깊은 유물이 많이 있어, 공부에 도움이 되는 곳임을 강조함.
동궁과 월지, 첨성대의 야경 사진	야경과 풍경의 아름다움을 소개하고 일정을 짜는 데 참고할 수 있도록 함.
놀이공원 정보	경주가 역사적인 도시이기도 하지만 (ⓐ) 도시임을 소개함.

08. 〈보기〉는 위 내용을 바탕으로 글의 개요를 작성한 것이다. ㉠~㉤ 중 적절하지 않은 것은?

┤ 보기 ├

㉠제목: 아름다운 천년의 수도, 경주

처음	인사 및 글을 쓰는 목적 제시
중간	㉡1.역사가 숨 쉬는 도시 경주 ㉢2.문화재와 아름다운 풍경이 어우러진 도시 경주 ㉣3.맛과 멋의 도시 경주
끝	㉤여름 방학 여행지로 경주를 추천함.

① ㉠ ② ㉡ ③ ㉢ ④ ㉣ ⑤ ㉤

09. ⓐ에 들어갈 내용으로 가장 적절한 것은?

① 많은 이들이 꾸준히 찾는 매력적인
② 여전히 풀리지 않는 비밀이 존재하는
③ 재미있는 현대식 놀 거리들도 존재하는
④ 잘 알려지지 않은 다양한 이야기가 있는
⑤ 청소년들이 제대로 공부하지 않고 방문하는 경우가 많은

10. 밑줄 친 문장 성분이 문장에서 하는 역할이 다른 것은?

① 장미꽃이 예쁘게 피었다.
② 예쁜 미주는 회장이 되었다.
③ 바지를 깨끗하게 빨아 오렴.
④ 연희는 잘 익은 수박을 샀다.
⑤ 아버지의 낡은 신발을 보니 눈물이 났다.

| 서술형 |

11. 밑줄 친 ㉠과 ㉡의 문장 성분을 〈보기〉에서 찾아 쓰고, ㉠의 문장 성분상의 특징을 한 가지 쓰시오.

오, 강이 참 맑아요.
㉠ ㉡

┤ 보기 ├

주성분, 부속 성분, 독립 성분

12. 주어와 서술어의 관계가 한 번 나타나는 문장으로 적절한 것은?

① 고릴라는 지능이 높다.
② 윤아는 시험공부를 했다.
③ 지금은 집에 가기에 이르다.
④ 나는 방학이 되기를 기다렸다.
⑤ 그는 우유를, 나는 물을 마셨다.

[13~14] 다음을 읽고, 물음에 답하시오.

㉠냉면이 차가웠다.
㉡이가 시렸다.

⇩

㉢냉면이 차가워서, 이가 시렸다.	㉣냉면이 이가 시리도록 차가웠다.	㉤이가 시려워서, 냉면이 차가웠다.

| 고난도 |

13. ㉠~㉤에 대한 설명으로 적절하지 <u>않은</u> 것은?

① ㉠과 ㉡은 문장의 주어의 개수가 같다.

② ㉡은 주성분 외에 다른 성분을 갖고 있지 않다.

③ ㉢을 볼 때, ㉠이 전체 문장의 중심이 되는 방식으로 결합됨을 알 수 있다.

④ ㉣을 볼 때, ㉠과 ㉡은 결합하는 방식에 따라 안은문장을 만들 수도 있다.

⑤ ㉢과 ㉤의 의미를 비교해 볼 때, ㉢은 종속적으로 이어진 문장임을 알 수 있다.

14. ㉠~㉤을 홑문장과 겹문장으로 구분하시오.

- 홑문장:
- 겹문장:

15. 종속적으로 이어진 문장으로 적절하지 <u>않은</u> 것은?

① 배가 고파서 밥을 먹었다.

② 비가 내려서 옷이 젖었다.

③ 네가 웃어야 내 기분이 좋아져.

④ 민재가 오면 버스가 출발할거야.

⑤ 형은 중학생이지만 동생은 아니다.

[16~17] 다음은 문장의 짜임에 대해 필기한 노트이다. 물음에 답하시오.

홑문장	개념	(㉠)이/가 한 번만 나타나는 문장
	예	<u>빵이 노릇노릇 익었다.</u>
겹문장	개념	주어와 서술어의 관계가 두 번 이상 나타나는 문장
	종류	(1) 이어진문장 ① 대등하게 이어진 문장 　예 산은 높고, 바다는 넓다. ② 종속적으로 이어진 문장 　예 봄이 와서 꽃이 폈다. (2) (㉡) ① 명사절을 가진 안은문장 ② 관형절을 가진 안은문장 ③ 부사절을 가진 안은문장 ④ 서술절을 가진 안은문장 ⑤ 인용절을 가진 안은문장

16. ㉠, ㉡에 들어갈 내용으로 적절한 것은?

	㉠	㉡
①	주어의 개수	안긴문장
②	주어의 개수	안은문장
③	서술어의 개수	안은문장
④	주어와 서술어의 관계	안은문장
⑤	주어와 서술어의 관계	안긴문장

17. 다음 중 겹문장의 종류 (2)의 예로 활용할 수있는 문장으로 적절하지 <u>않은</u> 것은?

① 장갑을 낀 영수가 왔다.

② 약을 먹었더니 기침이 멎었다.

③ 나는 네가 행복하기를 바란다.

④ 회의는 아무 성과가 없이 끝났다.

⑤ 밤새 눈이 내린 마을은 무척 조용했다.

01. 다음은 한 학생이 한 편의 글을 쓰기 전에 선생님과 나눈 대화이다. 쓰기의 본질과 관련하여 빈칸에 들어갈 알맞은 말을 쓰시오.

> 학생: 스마트폰 사용의 문제점을 알리는 글을 쓰고 싶습니다. 그런데 뭐부터 준비해야 할지 잘 모르겠어요. 좋은 글을 쓰기 위해서는 무엇부터 시작하는 것이 좋을까요?
> ┗ 선생님: 글을 어떻게 써야 하는지 막막하지요? 본격적인 글쓰기에 앞서 [   ]이/가 중요합니다. 이 단계가 잘 이루어지면 내용을 수집하고 글을 쓰는 게 훨씬 쉬울거에요.

[02~03] 다음을 읽고, 물음에 답하시오.

㉮ 쓰기 계획표

주제	우리 학교 도서관의 이용 방법을 알림.
목적	신입생들이 학교 도서관을 잘 이용하기 위함.
독자	우리 학교 1학년 신입생들
매체	학교 누리 소통망(SNS) 계정

㉯ 수집한 자료

- 도서 대출 방법
- 학교 도서관의 위치
- 우리 학교의 역사
- 도서관 이용 시간
- 도서관에서 지켜야 하는 규칙

02. (가)를 고려하여 (나)에서 수집한 자료 중 불필요한 것을 고르고, 그 이유와 함께 〈조건〉에 맞게 쓰시오.

┤ 조건 ├
- 60자 이내의 한 문장으로 서술할 것.

03. (나)의 '학교 도서관의 위치'는 매체의 특성을 고려했을 때 어떻게 활용하는 것이 효과적일지 서술하시오.

04. 다음은 다른 지역의 친구들에게 여수를 소개하고 방문하길 권유하는 글을 쓰는 과정이다. 빈칸에 알맞은 내용을 〈조건〉에 맞게 쓰시오.

[수집한 내용]

먹거리	돌게장: 여수를 대표하는 가장 유명한 음식
체험 활동	어촌 체험: 바닷가 마을에서 조개 잡기 체험을 할 수 있음.

[중간 부분의 개요]

중간	1. 여수의 대표적인 먹거리 2. 여수의 즐길 거리

[중간 부분의 초고]

　여수는 맛있는 남도 음식을 맛볼 수 있는 곳입니다. 특히 제가 먹고 있는 돌게장이 맛있어 보이지 않나요?

　돌게장은 여수를 대표하는 가장 유명한 음식이니, 여러분도 꼭 맛볼 수 있기를 바랍니다.
　또한, _____
_____

┤ 조건 ├
- 글의 주제, 목적, 예상 독자에 알맞게 쓸 것.
- 수집한 내용과 개요를 바탕으로 쓸 것.

[01~02] 다음을 읽고, 물음에 답하시오.

㉠ 새가 날아간다.
㉡ 아, 가을은 정말 아름답구나.
㉢ 언니는 마침내 대학생이 되었다.

---

01. 문장의 짜임 면에서 ㉠~㉢의 공통점이 무엇인지를 그렇게 생각한 이유와 함께 서술하시오.

┤ 조건 ├
• 30자 이내의 한 문장으로 서술할 것.

02. ㉢에서 대학생이의 문장 성분이 무엇인지와 그렇게 판단한 이유를 서술하시오.

03. 다음 두 문장을 연결하여 '의도'의 관계가 드러나는 겹문장을 만들어 쓰시오.

• 수업을 시작하다.
• 선생님은 아이들을 불렀다.

04. 이어진문장의 종류와 그 차이를 ㉠, ㉡을 바탕으로 서술하시오.

㉠ 강물이 불어서 건너갈 수가 없다.
㉡ 윤이는 그네를 타고 선이는 시소를 탄다.

[05~07] 다음을 읽고, 물음에 답하시오.

주어와 서술어의 관계가 두 번 이상 나타나는 겹문장 중 안은문장은 (㉠) 문장을 가리킨다. 안은문장은 안긴문장의 성격에 따라 다시 명사절을 가진 안은문장, ㉡관형절을 가진 안은문장, 부사절을 가진 안은문장, 서술절을 가진 문장, 인용절을 가진 안은문장으로 구분된다.

---

05. ㉠에 들어갈 알맞은 내용을 쓰시오.

06. ㉡에 해당하는 문장을 하나 만들어 보고, 해당되는 이유를 쓰시오.

07. 다음 안은문장의 종류를 쓰고, 같은 종류의 안은문장을 하나 더 만들어 쓰시오.

형은 마음이 넓다.

안은문장의 종류	
다른 예	

비판적·창의적 사고 역량

이 역량은 다양한 상황이나 자료, 담화, 글을 주체적인 관점에서 해석하고 평가하여 새롭고 독창적인 의미를 부여하거나 만드는 능력을 말해. 이 단원에서는 글을 읽으면서 부딪히는 문제를 해결하는 과정을 익히면서 이 능력을 길러 보자.

자료·정보 활용 역량

이 역량은 필요한 자료나 정보를 수집, 분석, 평가하고 이를 효과적으로 활용하여 의사를 결정하거나 문제를 해결하는 능력을 말해. 이 단원에서는 글에 나타난 정보와 배경지식을 활용해 읽어 보고, 주장과 그 근거를 분석하는 활동을 하며 이 능력을 키워 보자.

공동체·대인 관계 역량

이 역량은 공동체의 가치와 공동체 구성원의 다양성을 존중하고 상호 협력하며 관계를 맺고 갈등을 조정하는 능력을 말해. 이 단원에서는 문제 해결 과정으로서의 읽기를 경험하고, 사회적 쟁점에 대해 자신의 입장을 정하며 근거를 들어 글을 써 봄으로써 이 능력을 키워 보자.

3

전략적으로 읽고
논리적으로 쓰기

(1) 모두를 위한 디자인 _ 김신
 ● 한 학기 한 권 읽기

(2) 주장하는 글 쓰기

대단원을 펼치며

도입과 계획

◉ 도입 만화를 살펴보면서 이 단원에서 배울 내용을 짐작해 보아요!

핵심 질문

글을 읽으면서 부딪히는 문제를 잘 해결하며 읽고, 설득력 있게 의견을 제시하려면 어떻게 해야 할까?

이 질문은 이 단원을 이끄는 핵심 질문이란다. 이 단원을 공부하면서 이 질문의 답을 찾아낼 수 있도록 하는 것이 중요해. 읽기 과정에서 어려움을 겪었던 경험을 이야기하면서 읽기 과정에서 만나는 문제를 해결하는 방법에 관해 생각하며 이 질문의 답을 찾아보자.

보조 질문

• 글을 읽으며 어려움에 부딪힌 경험이 있나요? 읽기 과정에서 생기는 어려움을 해결하려면 어떻게 해야 할까요?

예시 답 | • 글을 읽을 때 단어가 어려워서 이해가 안 되는 경우, 글의 내용에 관한 배경지식이 없어서 읽었는데도 무슨 의미인지 이해가 안 되는 경우 등이 있었다.
• 평소에 독서를 통해 어휘력을 키우고, 배경지식을 쌓으면 어려운 글을 읽을 때 많은 도움이 된다.

• 주장하는 글에서 이유나 근거가 분명하고 타당하면 어떤 점이 좋을까요?

예시 답 I 이유나 근거가 분명하고 타당하면 듣는 이나 읽는 이를 설득하려는 목적을 이루기가 쉽다.

학습 목표

[읽기] 읽기가 글에 나타난 정보와 독자의 배경지식을 활용하여 문제를 해결하는 과정임을 이해하고 글을 읽을 수 있다.

[쓰기] 주장하는 내용에 맞게 타당한 근거를 들어 글을 쓸 수 있다.

배울 내용

(1) 모두를 위한 디자인	(2) 주장하는 글 쓰기	단원 + 단원
• 문제 해결 과정으로서의 읽기 이해하기 • 글에 나타난 정보와 독자의 배경지식을 활용하여 읽기 *한 학기 한 권 읽기	• 주장하는 내용에 맞게 타당한 근거를 들어 글 쓰기 • 관점을 선택하고 근거를 마련하여 주장하는 글 쓰기	• 주장하는 글을 써 보고, 문제 해결적 사고 과정을 적용하여 읽기

(1) 모두를 위한 디자인

다음에 제시된 그림을 감상해 보고, 그림에 제시된 단서와 자신의 배경지식을 바탕으로 아래의 활동을 해 봅시다.

▲ 노먼 록웰, 「삼중의 자화상」

- 캔버스 앞에 앉은 화가는 자신이 어떻게 보이길 바라고 있을까요? 그림 속 단서들을 통해 짐작해 봅시다.

예시 답 | 그림 속 캔버스에 그려진 화가의 자화상과 거울에 비친 모습이 다르다는 것과, 캔버스에 붙여진 유명 화가들의 자화상과 자화상을 미리 연습한 종이로 보아 실제보다 자화상을 근사하게 보이고 싶어 한다고 생각할 수 있다. 그러나 캔버스 앞에 앉은 화가의 뒷주머니에 꽂힌 수건이나 이젤 주변까지 담은 자화상으로 그린 것을 보면 그가 멋있는 모습보다는 열심히 일하는 화가의 이미지를 얻고자 한 것임을 짐작할 수 있다.

그림의 의미를 이해하기 위해서는 그림에 제시된 단서를 꼼꼼하게 살펴보아야 한다. 그림 속 화가가 캔버스 한쪽에 붙여 놓은 연습지와 유명 화가들의 자화상, 화가의 뒷주머니에 꽂힌 수건, 화가가 캔버스에 그린 자신의 모습, 거울에 비친 화가의 실제 모습 등이 모두 그림을 이해하기 위한 단서가 될 수 있다. 또한, 그림의 제목 「삼중의 자화상」이 무엇을 의미하는지를 그림에 제시된 단서와 자신의 배경지식을 적극적으로 활용하여 파악해야 한다.

읽기의 과정도 마찬가지이다. 읽기는 글에 나타난 정보와 자신의 배경지식을 활용하여 다양한 문제를 해결하는 과정임을 이해하고 글을 읽을 수 있어야 한다.

- 캔버스 앞에 앉은 화가가 그림을 통해 전달하려는 것은 무엇일까요? 자신의 배경지식을 통해 짐작해 봅시다.

예시 답 | 그림의 제목처럼 거울에 비친 자기 얼굴을 캔버스에 그리는 화가의 모습을 보여 줌으로써 화가와 그림 사이에 거울에 비친 화가의 모습이 끼어든 '화가 – 거울상 – 그림'이라는 삼중의 자화상을 제시하고 있다. 화가는 그림에 포착된 찰나의 앞뒤 이야기까지 상상하게 만드는 구도를 취하고 있다. 화가의 현실 속 얼굴보다 그림 속 얼굴이 잘생겼다는 것은 이를 통해 화가가 실제의 대상을 있는 그대로 보여 주려 한 것이 아니라 그림을 그리는 의도나 목적에 따라 대상을 재구성할 수 있음을 표현한 것이다.

이 단원의 학습 요소

학습 목표 | 읽기가 글에 나타난 정보와 독자의 배경지식을 활용하여 문제를 해결하는 과정임을 이해하고 글을 읽을 수 있다.

문제 해결 과정으로서의 읽기 이해하기	▶	읽기는 글을 읽으면서 부딪힐 수 있는 단어나 문장의 의미 파악, 글 내용의 이해, 중심 생각의 추론 등의 문제 상황을 해결하는 과정임을 이해한다.
글에 나타난 정보와 독자의 배경지식을 활용하여 읽기	▶	글에 나타난 정보와 자신의 배경지식을 활용하여 읽기 과정에서 부딪힐 수 있는 다양한 어려움을 해결하며 글을 읽는다.

소단원 바탕 학습

핵심 개념 미리 보기

1. 문제 해결 과정으로서의 읽기

(1) 읽기의 본질

'읽기'는 글의 의미를 이해하기 위해 수많은 문제를 해결해야 하는 수준 높은 사고 활동이다.

(2) 글을 읽는 과정에서 만나게 되는 다양한 문제

문제 상황		해결 방법
• 낯설거나 어려운 단어, 무슨 뜻인지 그 의미가 이해되지 않는 문장이 있는 경우 • 주제나 중심 생각이 직접 드러나 있지 않아서 그것을 추론해 내야 하는 경우	→	• 글에 나타난 정보와 자신의 배경지식을 활용 • 사전과 참고 자료를 활용

2. 문제 해결 과정으로서의 읽기 방법 – 질문하며 읽기

(1) 질문하며 읽기 방법

• 글을 읽는 과정에서 글의 내용, 글쓴이, 독자, 글의 전체 맥락 등 관련된 여러 가지 질문을 떠올리고 자신의 생각과 비교해 본다.
• 읽기 전－중－후에 따른 다양한 읽기 전략을 활용하여 글의 내용을 효과적으로 읽을 수 있다.

읽기 전	제목이나 표지, 글쓴이 정보, 독자의 배경지식 등을 바탕으로 질문을 만듦.
읽기 중	글의 내용을 더욱 깊이 이해하는 데 도움이 될 만한 질문을 만듦.
읽기 후	글의 주제와 글쓴이의 의도, 글이 소통되는 맥락 등과 관련한 질문을 만듦.

• 글에 나타난 정보와 자신의 배경지식을 바탕으로 질문에 관한 답을 찾아보면서 능동적으로 읽는다.

(2) 질문하며 읽기의 효과

• 글을 더 깊이 있게 이해할 수 있다.
• 글을 읽을 때 주의를 집중하고 내용을 기억하는 데 도움이 된다.
• 질문하고 답을 해결하는 과정에서 사고력과 문제 해결력이 길러져 능숙한 독자가 될 수 있다.

3. 설명하는 글의 구성에 따른 읽기 방법

구성	내용		읽기 방법
처음	설명 대상 소개, 글을 쓰게 된 동기 제시	→	설명 대상을 정확하게 파악함.
중간	다양한 전개 방법을 사용하여 소개 대상에 대한 구체적인 설명을 제시	→	• 핵심어, 중심 문장, 문단의 요지를 파악함. • 설명 방법과 글의 전개 순서를 파악함.
끝	본문 내용의 요약·정리, 설명의 의의, 전망과 당부, 견해 제시	→	주제 및 글쓴이의 의도를 파악함.

제재 훑어보기

모두를 위한 디자인(김신)

• **해제:** 노인이나 장애를 가진 사람도 사용하는 데 불편하지 않은 '모두를 위한 디자인'이 적용된 다양한 사례와 원칙을 소개하고 있는 글이다.
• **갈래:** 설명문
• **성격:** 정보 전달적, 객관적, 논리적
• **제재:** 모두를 위한 디자인
• **주제:** '모두를 위한 디자인'의 성격과 가치
• **특징**
   ① 다양한 시각 자료를 활용하여 글의 내용을 효과적으로 설명한다.
   ② '모두를 위한 디자인'의 사례를 제시하여 독자들의 이해를 돕고 있다.
• **구성**

처음	일상화되고 핵심어가 된 디자인
중간	• 특정한 집단을 목표 대상으로 하는 디자인의 특성 • 가리키는 범주가 넓어진 '모두를 위한 디자인' • '모두를 위한 디자인'의 예 • '모두를 위한 디자인'의 원칙
끝	'모두를 위한 디자인'의 성격과 가치

모두를 위한 디자인 _김신

처음 **1** 우리는 살아가면서 '디자인'이라는 말을 쉽게 듣고 또 말한다. <u>그만큼 디자인이 일상화된 것이다.</u> 우리나라는 세계 °유수의 좋은 디자인 선정에서 다수의
'디자인'이라는 말을 일상적으로 많이 사용함.
수상을 기록할 정도로 디자인 산업이 발전하였다. ❶<u>이제 디자인은 특정한 분야나 제품에만 국한되지 않고, 기업 °혁신과 국가 경쟁력에서 매우 중요한 핵심어가 되었다.</u>
'디자인'이 매우 중요해진 상황을 '핵심어'로 표현함.
→ 일상화되고 핵심어가 된 디자인

처음 │ 일상화되고 핵심어가 된 디자인

│ 글쓴이: 김신(1968~)
디자인 관련 기고가. 저서로 『고마워, 디자인』, 『디자인의 힘』 등이 있다.

중간 **2** 디자인은 보통 대량 생산을 전제로 하지만, 그렇다고 하여 모든 사람이
대량 생산 제품의 디자인이 설계되는 것이 흔하지만
만족하는 디자인을 추구하는 것은 아니다. 대부분의 디자인은 ㉠<u>특정한 집단을</u>   ┌교과서 날개 ①
디자인은 특정 집단인 일반인에 적합하도록 설계되므로
<u>목표 대상으로 한다.</u> 하나의 상품을 대량 생산하려면 많은 비용이 들어가므로, 기업은 실패하지 않기 위해 목표 대상을 명확히 하여 그들에게 적합한 디자인을 하는 것이다. 이를 위해 그 집단이 요구하는 기능과 좋아할 만한 양식에 관해 방대한 조사가 이루어진다. 이러한 과정을 통해 생산된 물건은 특정 집단에는 큰
특정 집단의 요구에 맞게 디자인되었기 때문에
즐거움을 주지만, 그 밖의 다른 사람에게는 필요 없는 것이 될 수도 있다. 특히 장애인, 관절염 같은 만성적인 병을 앓고 있는 사람, 노약자, 보통 사람보다 키
사회적으로 소수인 사람들
가 아주 작거나 덩치가 아주 큰 사람 등을 고려하면서 디자인한 물건은 좀처럼 찾아보기 힘들다.   → 디자인의 일반적인 특성: 특정한 집단을 목표 대상으로 함.

┌교과서 날개 ②
3 <u>'모두를 위한 디자인'은 노인이나 장애를 가진 사람도 사용하는 데 불편하지</u>
사회적 약자를 배려한 디자인 → '모두를 위한 디자인'의 처음 개념
<u>않은 디자인을 말한다.</u> 이 디자인은 처음에 장애인과 노약자 같은 <u>사회적 약자를</u>
'모두를 위한 디자인'이 시작된 계기
<u>위한 복지 차원에서 시작되었다.</u> ❷그러나 지금은 좀 더 보편적인 의미인 '모든
사람을 위한 디자인'이라는 의미로 통용되고 있으며, 개인이 사용하는 도구나 물
'모두를 위한 디자인'의 개념이 확대됨.
건은 물론 공공시설 같은 환경으로까지 확대되고 있다. 특히 공공시설이나 대중
교통에서 이 디자인은 장애가 있거나 없거나, 노인이거나 어린아이거나, 남자거
'모두를 위한 디자인'이 사회적 약자뿐만 아니라 모든 사람에게 적용되고 있음을 말함.
나 여자거나, 내국인이거나 외국인이거나 사용하는 데 불편함이 없도록 하는 데
노력을 기울인다.   → '모두를 위한 디자인'의 개념

어휘 풀이
· 유수(有數): 손꼽을 만큼 두드러지거나 훌륭함.
· 혁신(革新): 묵은 풍속, 관습, 조직, 방법 따위를 완전히 바꾸어서 새롭게 함.

어구 풀이
❶ 디자인이 매우 중요한 요소가 되었음을 강조하여, 이어지는 내용이 디자인 산업에서 나아갈 방향을 안내할 것임을 알 수 있다.
❷ '모두를 위한 디자인'이 처음에는 사회적 약자를 배려하기 위한 디자인 개념이었으나 지금은 '모든 사람을 위한 디자인'으로 확대되었고, 그 분야도 개인에서 공공 범위까지 넓어졌음을 드러내고 있다.

찬찬샘 핵심 강의

■ 처음과 중간의 내용 전개 과정

1은 이 글의 처음 부분으로 '모두를 위한 디자인'이 무엇인지를 설명하기 전에 먼저 '디자인'에 대한 이야기를 꺼내고 있어. '디자인'은 이제 일상화되었고 매우 중요한 핵심어가 되었다는 사실을 소개하고 있지. **2**~**5**는 이 글의 중간 부분이야. 중간 부분은 소개 대상에 관해 구체적이고 자세한 설명을 하는 부분이지. **2**에서는 대부분의 디자인은 대량 생산을 전제로 특정한 집단을 대상으로 한다는 사실을 밝힘으로써 일반적인 디자인의 특성에 대해 언급하고 있어. **3**에서는 핵심 설명 대상인 '모두를 위한 디자인'의 개념을 설명하고, 그 개념이 점차 확대되었음을 말하고 있어.

▶핵심 포인트◀

처음	**1** 일상화되고 핵심어가 된 디자인
중간	**2** 디자인의 일반적인 특성: 특정한 집단을 대상으로 함 **3** '모두를 위한 디자인'의 개념

■ 문제를 해결하며 읽기

읽기 과정에서 발생하는 여러 문제를 해결하려면 글에 나타난 정보와 자신의 배경지식을 적극 활용할 필요가 있어. 때로는 참고 자료를 활용할 수도 있지. 또한, 글을 읽으면서 스스로 질문하고 그에 관한 답을 찾아보며 능동적으로 읽는 것이 매우 중요해. 예를 들어 **1**을 읽으면서 '우리나라의 디자인 산업이 발전된 상황임을 언급하며 글을 시작한 까닭은 무엇일까?', **3**을 읽으면서 "'모두를 위한 디자인'의 개념은 처음과 어떻게 달라진 것일까?'와 같이 질문해 보고 그에 관한 답을 찾기 위해 글 속의 정보와 자신의 배경지식을 적극 활용하는 것이지.

▶핵심 포인트◀

문제 해결하며 읽기	• 글에 나타난 정보와 자신의 배경지식을 적극 활용함. • 참고 자료를 활용함. • 끊임없이 질문하고 그에 관한 답을 능동적으로 찾아 정리함.

콕콕 확인 문제

1. **1**~**3**에 관한 설명으로 적절하지 <u>않은</u> 것은?

① **1**은 일상화되고 핵심어가 된 디자인의 중요성에 대해 말하고 있다.
② **1**은 화제의 중요성을 강조함으로써 글의 전개 방향을 암시하고 있다.
③ **2**는 특정한 집단을 대상으로 하는 디자인의 특수한 특성을 설명하고 있다.
④ **3**에서는 '모두를 위한 디자인'의 개념을 설명하고 있다.
⑤ **2**~**3**은 이 글의 중간 부분에 해당된다.

2. 이 글로 보아, ㉠이 가리키는 의미로 알맞은 것은?

① 일반인　　　　　　　② 기업인
③ 사회적 약자　　　　　④ 특이 체형을 갖고 있는 사람
⑤ 만성적인 병을 앓고 있는 사람

3. 〈보기〉는 **1**을 읽으며 부딪힌 문제를 메모한 것이다. **2**~**3**을 참고하여 이를 해결한 내용으로 가장 적절한 것은?

> **보기**
>
> 우리나라의 디자인 산업이 일상화되고 발전된 상황임을 언급하며 글을 시작한 까닭은 무엇일까?

① 소개할 대상인 '모두를 위한 디자인'이 우리나라 디자인 산업에서 차지하는 비중을 전달하기 위해서
② 디자인이 매우 중요한 요소가 되었음을 강조함으로써 디자인 산업이 나아가야 할 방향을 안내하기 위해서
③ 디자인이 발전된 상황임을 강조하여 이 글의 설명 대상인 '디자인'을 효과적으로 독자들에게 소개하기 위해서
④ 우리나라가 다른 나라와의 경쟁에서 이기기 위해서는 무엇보다 디자인 산업이 발전해야 함을 강조하기 위해서
⑤ 우리나라가 다른 산업보다 디자인 산업에서 큰 발전이 있었음을 말함으로써 디자인 산업에 대한 낙관적인 입장을 전달하기 위해서

| 서술형 |
** 4.** '모두를 위한 디자인'의 의미가 어떻게 변화했는지 서술하시오.

> **조건**
>
> • '~에서, ~(으)로 ~되었다.'의 형태로 쓸 것.

4 '모두를 위한 디자인'은 단지 사회적 약자만을 위한 디자인이 아니라 보통 사
<u>람에게도 보편적으로 유용한 물건과 시설, 환경을 추구한다.</u> 이 디자인이 시작된
'모두를 위한 디자인'의 추구 방향
미국에서는 신체, 인종, 종교, 문화 차이에 따라 차별을 받지 않도록 규정하는
'동등한 기회' 정신이 보편화되어 있는데, 이러한 가치관이 디자인에도 적용되었
다. ❶ 옆으로 긴 막대 모양의 <u>문손잡이</u>(옛날에 주로 쓰이던 동그란 문손잡이는 손
디자인을 통해 모든 사람들이 차별받지 않도록 하고 편리하게 이용하도록 함.
'모두를 위한 디자인'이 적용된 사례 1
이 불편하거나 *악력이 약한 사람이 사용하기에는 힘들다.), <u>휠체어를 자유롭게 이
'모두를 위한 디자인'이 적용된 사례 2
용할 수 있는 지하철의 엘리베이터</u>(지하철 계단에 설치된 휠체어 리프트보다 훨씬
유용하다.), <u>횡단보도에서 파란불이 켜질 때 나오는 소리,</u> <u>공공장소나 대중교통
시각장애인을 배려함. → '모두를 위한 디자인'의 적용된 사례 3
에서 나오는 다국어 음성 안내</u> 등을 '모두를 위한 디자인'이라 부를 수 있다. 이
외국인을 배려함. → '모두를 위한 디자인'이 적용된 사례 4
런 디자인은 사회적 약자뿐만이 아니라 비사회적 약자에게도 유용하다. 특히 대
도시의 *공공과 환경 부문에서는 장애인이나 노약자, 외국인을 배려한 디자인이
필수 요소가 되고 있다.
→ '모두를 위한 디자인'의 추구 방향과 사례

📖 교과서 날개
5 '모두를 위한 디자인'의 원칙을 보면, 이와 같은 특징을 잘 이해할 수 있다.

읽기 중 활동

교과서 날개
모르는 단어는 문장의 앞뒤 내용을 바탕으로 짐작해 보고, 사전을 통해 확인해 봅시다.
→ 〈예시 답〉·직관적(直觀的): 판단이나 추리 따위의 사유 작용을 거치지 아니하고 대상을 직접적으로 파악하는. 또는 그런 것.
· 수납(受納): 받아서 넣어 둠.

· 누가 쓰더라도 차별감이나 불안감, 열등감을 느끼지 않고 공평하게 사
용할 수 있는가?
→ 모든 사람들에게 공평한 디자인

· 다양한 생활 환경과 조건에서도 다양한 개인이 각자가 선호하는 방식으
로 사용할 수 있는가?
→ 개인의 선호를 고려한 디자인

· 사용자의 언어 능력이나 지식의 정도, 경험 지식과 관계없이 간단하고
직관적으로 사용할 수 있는가?
→ 쉽고 간단하게 사용할 수 있는 디자인

· 정보 구조가 간단하고, 여러 전달 수단을 통해 쉽게 정보를 얻을 수 있
는가?
→ 쉽게 정보를 얻을 수 있는 디자인

· 잘못 다루었더라도 원래 상태로 쉽게 돌이킬 수 있는가?
→ 쉽게 복원 가능한 디자인

· 무리한 힘을 들이지 않고 자연스러운 자세로 사용이 가능한가?
→ 자연스러운 자세로 사용할 수 있는 디자인

· 이동과 수납이 용이하고, 누구나 쉽게 접근하여 사용할 수 있는가?
→ 쉽게 접근 가능한 디자인

→ '모두를 위한 디자인'의 원칙

➕ **보충 자료**
설명 방법의 종류

정의	대상의 뜻을 명확하게 규정하여 설명하는 방법
예시	구체적인 예를 들어 설명하는 방법
비유	설명하고자 하는 대상을 다른 대상에 빗대어 설명하는 방법
분류	대상을 일정한 기준에 따라 나누거나 묶어서 설명하는 방법
인과	어떤 대상의 원인과 결과를 밝혀 설명하는 방법

어휘 풀이
· 악력(握力): 손아귀로 무엇을 쥐는 힘.
· 공공(公共): 국가나 사회의 구성원에게 두루 관계되는 것.

어구 풀이
❶ '동등한 기회' 정신이 보편화된 가치관을 적용한 디자인의 구체적인 사례를 들어 독자의 이해를 돕고 있다.

■ **중간의 내용 전개 과정**

앞서서 디자인의 일반적인 특성을 설명하고, 일반적인 디자인과는 다른 '모두를 위한 디자인'의 개념을 설명한 것에 이어, **4**에서는 '모두를 위한 디자인'의 사례를 제시하여 독자의 이해를 돕고 있어. 또한, **5**에서는 '모두를 위한 디자인'의 특징을 좀 더 구체적으로 이해시키기 위해 '모두를 위한 디자인'의 원칙과 구체적 사례, 부가적인 규칙을 제시하고 있어.

❥핵심 포인트❦

| 중간 | **4** '모두를 위한 디자인'의 추구 방향과 사례 |
| | **5** '모두를 위한 디자인'의 원칙과 구체적 사례, 부가적인 규칙 |

■ **'모두를 위한 디자인'의 추구 방향과 사례**

| 추구 방향 | 사회적 약자만을 위한 디자인이 아니라 보통 사람에게도 보편적으로 유용한 물건과 시설, 환경을 추구함. |

| '동등한 기회' 정신이 보편화된 가치관을 디자인에 적용함. |

↓

| 사례 | • 옆으로 긴 막대 모양의 문손잡이
• 휠체어를 자유롭게 이용할 수 있는 지하철의 엘리베이터
• 횡단보도에서 파란불이 켜질 때 나오는 소리
• 공공장소나 대중교통에서 나오는 다국어 음성 안내
• 턱이 제거되거나 모따기 시공을 한 문턱
• 교통 약자를 배려한 버스 정류소 |

■ **질문하며 읽기**

글을 읽으면서 다음과 같은 질문을 하고, 그에 관한 답을 찾으며 능동적으로 읽으면 문제 해결적 과정으로서의 읽기에 대해 이해하게 될 거야.

| 4 | 예 글에 제시된 사례 이외에 우리 생활 주변에서 '모두를 위한 디자인'이 적용된 사례에는 무엇이 있을까? |
| 5 | 예 글쓴이가 '모두를 위한 디자인'의 원칙을 소개하는 의도는 무엇일까? |

---

5. 이 글의 내용과 일치하지 <u>않는</u> 것은?
① '모두를 위한 디자인'은 미국에서부터 시작되었다.
② '모두를 위한 디자인'은 쉽게 복원이 가능한 디자인이어야 한다.
③ '모두를 위한 디자인'은 사회적 약자뿐만 아니라 비사회적 약자에게도 유용하다.
④ '모두를 위한 디자인'은 보통 사람에게도 보편적으로 유용한 물건과 시설, 환경을 추구한다.
⑤ 동그란 문손잡이, 횡단보도에서 파란불이 켜질 때 나오는 소리, 공공장소에서 나오는 다국어 음성 안내 등이 '동등한 기회' 정신이 디자인에 적용된 사례이다.

6. **4**의 주된 내용 전개 방법으로 알맞은 것은?
① 정의의 방법이 사용되었다.
② 분석의 방법이 사용되었다.
③ 예시의 방법이 사용되었다.
④ 인과의 방법이 사용되었다.
⑤ 분류의 방법이 사용되었다.

7. 이 글을 읽으면서 부딪힐 수 있는 문제 상황으로 적절하지 <u>않은</u> 것은?
① '직관적'이란 단어의 의미를 잘 모르겠어.
② '모두를 위한 디자인'의 원칙이 무엇인지 모르겠어.
③ 글쓴이가 '모두를 위한 디자인'의 다양한 사례를 제시한 까닭이 궁금해.
④ '모두를 위한 디자인'이라는 용어에 관한 배경지식이 없어서 이해가 잘 안 되었어.
⑤ 미국에서는 '동등한 기회' 정신이 보편화되어 디자인에도 적용되었다고 하였는데, 우리나라에는 어떤지 언급이 없어서 궁금했어.

|서술형|

8. 이 글을 읽는 과정에서 다음과 같은 문제에 부딪혔을 때, 이를 해결하기 위한 전략을 한 문장으로 서술하시오.

> '비사회적 약자'라는 말이 언급되었는데, 그 의미를 잘 모르겠어.

↙️ 교과서 날개 ①

턱 제거
안전하고 쾌적한 보행 환경의 조성

턱이 있어 넘지 못할 공간은 °모따기 시공을 통해 해소할 수 있다. 모따기 시공은 유모차를 밀고 가는 부부나, 짐가방을 끌고 가는 외국인에게도 도움이 된다. 이런 시공은 가정의 현관에도 적용할 수 있다.

버스 정류소
보행 환경을 침해하지 않고 버스를 기다리는 부담이 적은 정류소

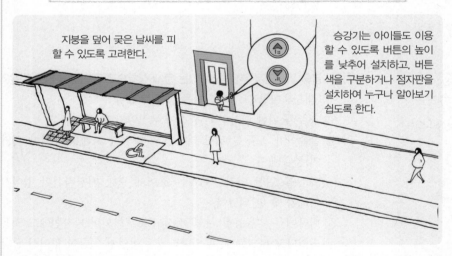

지붕을 덮어 궂은 날씨를 피할 수 있도록 고려한다.

승강기는 아이들도 이용할 수 있도록 버튼의 높이를 낮추어 설치하고, 버튼 색을 구분하거나 점자판을 설치하여 누구나 알아보기 쉽도록 한다.

버스 정류소는 교통 약자를 포함한 누구나가 아무 제약 없이 대기할 수 있도록 충분한 대기 공간을 확보해야 한다. 일반 통행자들의 동선을 방해하지 않음은 물론이다.

➔ '모두를 위한 디자인'이 적용된 구체적인 사례

이 외에도 비싸지 않아야 하고 °내구성이 있어야 한다. 또한 품질이 좋고 °심
<u>비싸지 않고 내구성이 있는 디자인</u>
미적이어야 하며 인체와 환경을 배려해야 함은 말할 것도 없다.
<u>품질이 좋고 심미적인 디자인, 인체와 환경을 배려한 디자인</u> ➔ '모두를 위한 디자인'의 부가적인 규칙

| 중간 | '모두를 위한 디자인'의 개념과 사례, 원칙 |

읽기 중 활동

교과서 날개 ①
다음 그림을 보고, '모두를 위한 디자인'이 적용된 사례를 찾아 어떤 점에서 그러한지 말해 봅시다.
→ 〈예시 답〉 계단 옆에 병행하여 설치한 경사로, 출입문의 턱을 없앤 복지관 입구, 외국인을 위해 픽토그램을 넣은 안내판 등

교과서 날개 ②
글쓴이가 전달하고자 한 중심 생각은 무엇인가요?
→ '모두를 위한 디자인'은 모든 사람을 위한 보편적인 디자인임.

어휘 풀이
· 모따기: 면과 면이 만나는 모서리를 비스듬히 가공하는 것.
· 내구성(耐久性): 물질이 원래의 상태에서 변질되거나 변형됨이 없이 오래 견디는 성질.
· 심미적(審美的): 아름다움을 살펴 찾으려는. 또는 그런 것.
· 인식(認識): 사물을 분별하고 판단하여 앎.

끝 **6** '모두를 위한 디자인'은 디자이너가 애정을 갖고 사람들의 지극히 평범한 일상생활을 관찰하고, 사람들이 *인식하지 못하는 불편한 점을 찾아내어 그 개선 <u>사항을 반영할 수 있어야 가능하다.</u> 개성이나 상상력을 발휘하고 튀어 보려는 마음보다는 <u>타인을 보살피려는 마음 자세에서 비롯한다고 할 수 있다.</u> **❶**그렇다고 이런 디자인이 이윤을 완전히 배제하고 남을 돕는 일만 하려 한다고 착각해서도 안 된다. '모두를 위한 디자인' 역시 사업적 가치가 큰 미래 산업 중의 하나이다.
<small>모든 사람들이 유용하게 사용할 수 있도록 하는 것이 '모두를 위한 디자인'이므로</small>
<small>일반적인 디자인에서 필요한 자세</small>
<small>'모두를 위한 디자인'에서 필요한 자세</small>

<small>교과서 날개 ②</small>
❷크게 보면 불편한 사람과 건강한 사람 모두를 위한 디자인이며, 작게 보면 나와 나의 가족, 내가 속한 집단을 위한 보편적 디자인이 바로 '모두를 위한 디자인'이다.
<small>'모두를 위한 디자인'은 모든 사람을 위한 보편적 디자인임. → 글쓴이의 중심 생각이 나타남.</small>

➜ '모두를 위한 디자인'의 성격과 가치

| **끝** | '모두를 위한 디자인'의 성격과 가치 |

어구 풀이
❶ '모두를 위한 디자인'이 타인을 보살피려는 마음에서 생겨났기 때문에 이윤을 추구하지 않는다고 생각할 수 있지만, '모두를 위한 디자인'도 이윤을 추구하는 사업임을 말하고 있는 문장이다.
❷ 글쓴이의 중심 생각이 나타난 문장으로, '모두를 위한 디자인'은 장애인과 비장애인을 포함하여 모든 사람에게 두루 영향을 미치는 디자인이라는 점을 강조하고 있다.

찬찬샘 **핵심** 강의

■ **끝의 내용 전개 과정**

6은 이 글의 끝 부분이야. **6**에서는 '모두를 위한 디자인'은 모두를 위한 보편적 디자인임을 말함으로써 그 성격과 가치를 언급하며 글을 마무리하고 있어.

›핵심 포인트‹

| 끝 | **6** '모두를 위한 디자인'의 성격과 가치 |

■ **글쓴이의 중심 생각**

일반적으로 글의 끝 부분에서는 본문의 내용을 요약하고 마무리하면서 글쓴이의 중심 생각이 직접적으로 드러나는 경우가 많아. 이 글에서도 글의 끝 부분인 **6**의 마지막 문장을 통해 '모두를 위한 디자인'은 모든 사람을 위한 보편적인 디자인임을 강조하면서 글을 마무리하고 있어.

›핵심 포인트‹

| 글쓴이의 중심 생각 | '모두를 위한 디자인'은 모든 사람을 위한 보편적 디자인임. |

콕콕 확인 문제

9. 이 글에서 글쓴이가 전달하고자 한 중심 생각으로 적절한 것은?

① '모두를 위한 디자인'은 인체와 환경을 배려해야 한다.
② '모두를 위한 디자인'은 모든 사람을 위한 보편적인 디자인이다.
③ '모두를 위한 디자인'은 사업적 가치가 큰 미래 사업 중의 하나이다.
④ '모두를 위한 디자인'은 타인을 보살피려는 마음 자세에서 비롯한다.
⑤ '모두를 위한 디자인'은 장애인이나 노약자, 외국인을 배려한 디자인이다.

|서술형|
10. 〈보기〉의 문제에 관한 답을 〈조건〉에 맞게 쓰시오.

보기
6에서 '모두를 위한 디자인'의 디자이너가 가져야 할 자세에 대해 언급한 까닭은 무엇일까?

조건
· **6**의 중심 내용과 관련지어 쓸 것.
· '~(을) 전달하기 위해서이다.'의 문장 형태로 쓸 것.

학습활동

🛸 이해 활동

1. 다음 활동을 하며 이 글의 내용을 이해해 봅시다.

1 이 글에서 설명하고 있는 대상이 무엇인지 말해 봅시다.

예시 답 | 모두를 위한 디자인

1. 글의 핵심 내용 이해하기

✨ 지학이가 도와줄게! - 1 **1**

글의 설명 대상이 무엇인지를 묻고 있어. 설명문에서 설명 대상은 핵심 개념이므로 글 속에서 자주 등장하게 되지. 일반적으로 글의 첫 문단에 소개되거나 첫 문단에서 소개하는 내용이나 개념과 아주 관련이 깊은 대상이야.

2 이 글의 내용을 떠올리며 글의 전개 과정을 파악해 봅시다.

✨ 지학이가 도와줄게! - 1 **2**

글의 주요 내용을 정리하는 활동이야. 먼저 문단의 중심 내용이 어느 문장에 나타나고 있는지를 찾도록 해. 그런 다음에 중심 문장을 바탕으로 내용을 정리하거나 요약적으로 제시하면 돼.

단계	주요 내용
처음	**1** 이제 디자인은 일상화되었으며, 기업 혁신과 국가 경쟁력에서도 매우 중요한 핵심어가 되었음.
중간	**2** 대부분의 디자인은 특정한 집단을 대상으로 함. **3** '모두를 위한 디자인'은 사회적 약자를 위한 복지 차원에서 시작되었으나 지금은 '모든 사람을 위한 디자인'이라는 의미로 통용되고 있음. **4** '모두를 위한 디자인'은 보통 사람에게도 보편적으로 유용한 물건과 시설, 환경을 추구함. **5** '모두를 위한 디자인'의 원칙과 부가적인 규칙 제시
끝	**6** '모두를 위한 디자인'의 성격과 가치

정답과 해설 24쪽

💬 시험엔 이렇게!!

1. **2**~**6**의 주요 내용으로 알맞지 <u>않은</u> 것은?

① **2**: 특정한 집단을 대상으로 하는 디자인의 일반적인 특성

② **3**: 가리키는 범주가 넓어진 '모두를 위한 디자인'의 의미

③ **4**: '모두를 위한 디자인'의 특이성

④ **5**: '모두를 위한 디자인'의 원칙과 부가적인 규칙

⑤ **6**: '모두를 위한 디자인'의 성격과 가치

➕ 보충 자료

설명하는 글을 읽는 방법

처음	설명하려는 바가 무엇인지 정확하게 파악한다.
중간	• 각 문단의 요지를 바르게 간추리면서 문단의 연결 관계에 유의한다. • 핵심어, 중심(주제) 문장을 찾아낸다. • 설명 방법을 파악하고, 글쓴이의 생각을 안다. • 글의 전개 순서를 파악하고, 그것이 어떤 기준에 따라 정해졌는지 안다.
끝	글 전체의 연결성과 통일성을 확인한다.

2. 다음에 제시된 그림에서 '모두를 위한 디자인'이 적용된 부분을 찾아 어떤 점에서 그러한지 설명해 봅시다.

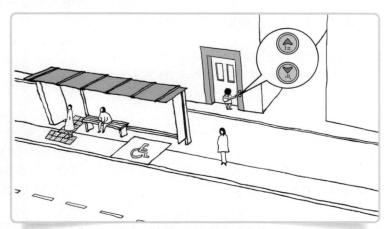

예시 답 | • 버스 정류장은 남녀노소 누구나 이용하는 공간이다. 버스 정류 공간 상부에 지붕을 덮어 누구나 궂은 날씨를 피할 수 있도록 고려한 디자인이기 때문에 '모두를 위한 디자인'이라고 할 수 있다.
• 엘리베이터의 버튼 또한 나이나 시력의 여부에 관계없이 누구나 사용하기 편하도록 고려한 디자인이기 때문에 '모두를 위한 디자인'이라고 할 수 있다.

목표 활동

1. 문제 해결 과정으로서의 읽기의 특성과 그 해결 방안에 주목하여 친구들과 함께 다음 활동을 해 봅시다.

1 다음 학생들이 이 글을 읽으면서 부딪힌 문제는 무엇인지 알아봅시다.

은주
'만성적', '직관적' 등과 같은 단어의 의미를 잘 몰라서 중간중간 읽기가 힘들었어.

영호
'모두를 위한 디자인'이라는 용어에 관한 배경지식이 없어서 이해가 잘 안 되었어.

수연
글쓴이가 '모두를 위한 디자인'에 관해 어떤 생각을 가지고 있는지 파악하는 데 어려움이 있었어.

문제 상황	이에 해당하는 사람
주제나 중심 생각을 파악하지 못함.	수연
배경지식의 부족으로 글의 내용이 이해가 안 됨.	영호
단어나 문장의 의미를 이해하지 못해 읽기가 어려움.	은주

2. 설명 내용 적용하기

★ 지학이가 도와줄게! - 2

'모두를 위한 디자인'이 무엇인지를 글의 내용을 통해 다시 한번 확인해 보고, 제시된 그림을 보면서 '모두를 위한 디자인'이 적용된 부분이 어떤 점인지 설명해 봐. 제시된 그림에서 특히 '버스 정류장'과 '엘리베이터의 버튼'에 유의해서 보도록 해.

시험엔 이렇게!!

|서술형|

2. 제시된 그림에서 '버스 정류장'과 '엘리베이터의 버튼'은 어떤 점에서 '모두를 위한 디자인'이라고 할 수 있는지 서술하시오.

1. 문제 해결 과정으로서의 읽기의 특성 이해하기

★ 지학이가 도와줄게! - 1

글 읽기에서 글의 내용을 알지 못하는 상태가 문제 상황이고, 글을 읽어 나가면서 점차 내용을 명확하게 알게 되는 과정이 문제가 해결되는 과정이야. 읽기 과정에서 단어나 문장의 의미를 모르거나 글 내용이나 중심 생각을 파악하지 못하는 것이 문제 상황이라면, 단어나 문장의 의미를 파악하고 글 내용이나 중심 생각을 이해하게 되는 것이 문제 상황의 해결인 셈이지. 해결 방법이라고 해서 너무 거창한 것을 생각할 것이 아니라 단어나 문장의 의미를 몰랐을 때, 글의 내용이 이해가 되지 않을 때, 주제를 파악하지 못할 때, 자신은 어떻게 해결하는지 가장 기본적인 방법을 떠올리도록 해.

2 **1**의 학생들 중, 자신과 비슷한 고민을 가진 사람을 말해 보고, 글을 읽을 때 부딪히는 이와 같은 문제들을 어떻게 해결할 수 있을지 이야기해 봅시다. 예시 답ㅣ

- 은주: 앞, 뒤 문장의 맥락을 파악하며 의미를 짐작해 본 후, 사전을 찾아 단어의 의미를 이해한다.
- 영호: 인터넷 검색이나 책을 참고하여 글의 내용과 관련된 배경지식을 넓힌다.
- 수연: 문단의 중심 내용을 찾아 밑줄을 그으며 읽는다. 밑줄 친 내용을 중심으로 글쓴이의 생각을 파악한다.

문제 해결적 사고 과정으로서의 읽기

'읽기'는 글의 의미를 이해하기까지 수많은 문제를 해결해야 하는 수준 높은 사고 활동이에요. 우리는 글을 읽고 의미를 구성하는 과정에서 여러 가지 문제를 만나게 됩니다. 모르는 단어가 나오기도 하고, 무슨 뜻인지 그 의미가 이해되지 않는 문장도 있습니다. 또한, 주제나 중심 생각이 직접 드러나 있지 않아서 그것을 추론해 내야 하는 경우도 있습니다. 따라서 우리는 글을 읽으면서 글에 나타난 정보와 자신의 배경지식을 활용하고, 때로는 참고 자료를 활용하여 읽기 과정에서 나타나는 문제에 관한 답을 찾으면서 읽어 나가야 합니다.

2. 글에 나타난 정보와 배경지식을 활용한 문제 해결 과정에 주목하여 이 글을 이해해 봅시다.

1 이 글을 읽으며 이해하기 어려웠던 어휘나 구절들을 적어 보고, 사전이나 인터넷을 활용하여 그 뜻을 알아봅시다.

예 모두를 위한 디자인: 성별, 연령, 국적, 문화적 배경, 장애의 유무에 상관없이 누구나 손쉽게 쓸 수 있는 제품 및 사용 환경을 만드는 디자인.

예시 답ㅣ유수: 손꼽을 만큼 두드러지거나 훌륭함.

시험엔 이렇게!!

3. 글을 읽다가 부딪힌 문제를 해결한 방법으로 적절하지 않은 것은?

① 주혁: 모르는 단어가 나왔을 때 사전을 찾아 단어의 의미를 이해했어.
② 서영: 주제를 파악하지 못했을 때, 가장 처음 문단에서 찾아가며 읽었어.
③ 성준: 중심 생각을 파악하지 못했을 때, 문단의 중심 문장을 찾아서 밑줄을 그어 가며 읽었어.
④ 기문: 문장의 의미를 이해하지 못했을 때 앞, 뒤 문장의 맥락을 파악하며 그 의미를 짐작해 보았어.
⑤ 혜원: 글의 내용을 이해하지 못했을 때, 참고 자료를 찾아서 글의 내용과 관련된 배경지식을 넓혔어.

2. 문제 해결 과정에 주목하여 글 이해하기

지학이가 도와줄게! - 2 **1**

글을 읽으며 이해하기 어려웠던 어휘나 구절들을 적고 사전이나 인터넷을 활용하여 그 뜻을 적어 보는 활동이야. 앞서서 읽기는 글의 의미를 이해하기 위해서 수많은 문제를 해결해야 하는 과정이라고 말했어. 그런데 그러한 읽기 과정에서의 문제를 해결하기 위해 가장 좋은 방법은 글에 나타난 정보와 배경지식을 활용하는 것이야.

2 다음은 이 글을 읽은 친구가 글을 읽으며 부딪힌 문제들을 메모한 것입니다. 이에 관한 답을 찾으며 함께 문제를 해결해 봅시다.

우리나라의 디자인 산업이 일상화되고 발전된 상황임을 언급하며 글을 시작한 까닭은 무엇일까?

> 디자인이 매우 중요한 요소가 되었음을 강조함으로써 디자인 산업이 나아가야 할 방향과 관련된 내용이 안내될 것임을 알 수 있어.

'모두를 위한 디자인'의 개념은 처음과 어떻게 달라진 것일까?

> '노인이나 장애를 가진 사람도 사용하는데 불편하지 않은 디자인'이라는 의미에서 좀 더 보편적인 의미인 '모든 사람을 위한 디자인'이란 의미로 확대되었음을 알 수 있었어.

이 글에서 예로 든 '턱을 제거한 시공', '버스 정류소의 대기 공간'과 같은 사례는 독자에게 어떤 역할을 할까?

> 일반적으로 사례를 통해 설명하면 이해하기가 쉬워. 이 글에서도 '모두를 위한 디자인'의 구체적인 사례를 통해 독자의 이해를 돕고 있음을 알 수 있었어.

'모두를 위한 디자인'의 성격과 디자이너가 가져야 할 자세를 언급한 까닭은 무엇일까?

> 사회적 약자만을 위한 것이 아니라 모두를 위한 보편적인 디자인이라는 '모두를 위한 디자인'의 성격과 가치를 전달하기 위한 거야.

글쓴이가 궁극적으로 말하려는 내용은 무엇일까?

> '모두를 위한 디자인'의 성격과 가치

➕ **보충 자료**

질문하며 읽기의 유형

① 내용에 따른 질문 유형

글쓴이	글쓴이가 이 글을 쓴 의도는 무엇인가?
글의 내용	글의 중심 내용은 무엇인가?
독자	이 글을 읽고 깨달은 점은 무엇인가?
글의 맥락	이 글에는 어떤 사회 배경이 반영되어 있는가?

② 질문의 성격에 따른 유형
- 글 내용에서 답을 찾을 수 있는 질문
- 글 내용을 바탕으로 하여 추론해서 답을 찾을 수 있는 질문
- 자신의 배경지식이나 경험을 통해 답을 찾을 수 있는 질문

4. 이 글을 읽으면서 부딪힌 문제들을 정리해 본 것이다. 적절하지 <u>않은</u> 것은?

① 글쓴이가 궁극적으로 말하려는 내용은 무엇일까?

② '모두를 위한 디자인'의 개념은 처음과 어떻게 달라진 것일까?

③ 디자인이 모든 사람을 위한 것이 되어야 한다는 글쓴이의 주장은 타당한 것일까?

④ '모두를 위한 디자인'의 성격과 디자이너가 가져야 할 자세를 언급한 까닭은 무엇일까?

⑤ 우리나라의 디자인 산업이 일상화되고 발전된 상황임을 언급하며 글을 시작한 까닭은 무엇일까?

문제 해결하며 책 읽기

1 책 앞에서

║ 다음 글을 읽고, 자신의 읽기 활동을 점검해 봅시다.

한번은 『왕자와 거지』를 읽다가 '옥새(玉璽)'라는 낱말이 나왔다. 물론 모르는 말이었다. 내 경험 속에는 아예 존재하지 않았던 말이다. 어른들이 설명을 해 주었으나 내게는 쉬이 익숙해지지 않았다. 나는 『왕자와 거지』에서 이 말이 쓰이는 장면이 나올 때마다, 생각할 수 있는 한 온갖 생각의 날개를 펼쳤다. 마침내 옥새란 말과 관련하여, 왕의 권위, 왕권의 정체성, 왕의 업무 결재 등을 구체적으로 알 수 있게 되었다. 하지만 낱말 뜻을 모두 잘 안다고 해서 독해에 어려움이 없는 것은 아니다. 딱히 모르는 낱말이 있는 것도 아닌데 문장의 뜻이 산뜻하고 명쾌하게 정리되지 않을 때도 있었다. 이럴 때는 앞뒤에 나오는 문장의 의미와 연결해서 생각을 다듬어 보아야 했다. 그 글의 내용과 관련된 나의 경험을 열심히 떠올려 보기도 하고, 이전에 읽었던 비슷한 이야기를 동원하여 현재의 독해를 도와 보려고 안간힘을 쓴다. 이처럼 무언가 읽고 있는 동안에는 동시에 왕성한 사고가 있고, 그 사고를 통하여 인간의 앎과 의식이 깊어지는 것이다. 이렇게 보면 독서는 사고 그 자체라는 말을 실감할 수 있다.

– 박인기, 「나의 독서 첫사랑」

1. **나의 평소 독서 활동을 글쓴이의 독서 활동과 비교해 봅시다.**

> **예시 답 |** 나도 책을 읽을 때 단어가 어려워 이해가 되지 않을 때가 있었다. 사전을 찾아봐도 이해되지 않을 때는 앞뒤 문장을 읽으면서 문맥상으로 단어의 뜻을 짐작해 보며 읽었더니, 맥락상 단어의 의미가 이해가 되었다.

2. **책 읽기가 어려웠던 경험을 떠올려 보고, 그 까닭을 생각해 봅시다.**

> 내가 읽기 어려웠던 책의 제목은 _____ 이
> 다. 내가 그 책을 읽기 어려웠던 까닭은 _____
> _____ 때문이다.

> **예시 답 |** 내가 읽기 어려웠던 책의 제목은 「이타적 인간의 출현」이다. 내가 그 책을 읽기가 어려웠던 까닭은 '게임 이론으로 푸는 인간 본성 진화의 수수께끼'라는 책의 소개 말 때문에 읽게 되었으나, 내가 좋아하는 게임에 관한 내용이 아니라 게임 이론에 적용된 여러 가지 경우의 수를 숫자와 도표로 제시하고 있어 그 내용을 파악하기가 어려웠기 때문이다.

○ 활동 탐구

이번 학기 독서 활동을 본격적으로 시작하기에 앞서 수행하는 활동으로, 제시된 글은 문제 해결적 사고 과정으로서의 독서의 면모를 보여 주는 글이다. 이 글을 읽고 자신의 독서 활동에 대한 반성적 사고를 해 볼 수 있도록 한다.

★ 지학이가 도와줄게! – 1

글쓴이는 읽기 과정에서 생긴 문제와 이를 해결한 경험을 이야기하고 있는데, 이와 유사한 자신의 독서 경험을 되돌아보는 과정에서 글쓴이가 직면한 문제나 해결 방안과 비교해 보도록 하자.

★ 지학이가 도와줄게! – 2

독서 경험 중 읽기 어려웠던 책과 그 까닭을 정리하는 활동이야. 이 활동을 하면서 읽기 과정에서 생기는 여러 문제로 어떤 것이 있을지 생각해 볼 수 있어. 나아가 다시 그 책을 읽는다면 어떻게 그 문제를 해결할 수 있을지를 생각해 보도록 하자.

2 책 두드리기

친구들과 모둠을 이루어 이번 학기에 읽을 책을 고르는 활동을 해 봅시다.

학습 포인트
· 모둠원들과 읽고 싶은 책 소개하기
· 선정 기준을 바탕으로 책 고르기

1. 이번 학기에 모둠원들과 함께 읽고 싶은 책을 2권 이상 소개해 봅시다.
예시 답ㅣ

작가,
도서명
	· 『스프링 벅』(배유안)
	· 『14살에 시작하는 처음 심리학』
	  (정재윤)
	· 『1인분의 사랑』(박하령)
		· 『열두 발자국』(정재승)
		· 『로봇 중독』(김소연, 임어진, 정명섭)
		· 『생명이 있는 것은 다 아름답다』
		  (최재천)

소개한 까닭	스스로도 알 수 없었던 청소년의 심리를 이해하고, 친구들의 마음에 공감하기 위해	우리 생활 속에서 접할 수 있는 과학적 문제에 관해 생각해 볼 수 있는 계기가 되기 때문에

○ 활동 탐구
모둠원들에게 함께 읽고 싶은 책을 추천하고, 각자가 가진 배경지식을 바탕으로 책을 살펴본 후 분량, 수준, 주제, 흥미 등을 고려하여 책을 선정하는 활동이다.

지학이가 도와줄게! – 1
모둠원들과 공통의 관심사를 이야기해서 관련 분야의 책을 소개하거나, 서로 재미있게 읽은 책을 소개하며 관심 있는 책을 고를 수 있도록 해 보자.

2. 다음에 제시된 〈선정 기준〉을 참고하여 각자가 가진 배경지식을 바탕으로 모둠원들이 소개한 책을 살펴봅시다. 예시 답ㅣ

선정 기준

· 제목의 의미가 이해되지 않는 책은 무엇인가요?

· 이해에 어려움을 느낄 것 같은 책은 무엇인가요?

· 어렵지만 읽고 싶은 책은 무엇인가요?

· 제목의 의미가 이해되지 않는 책: 『스프링 벅』
· 이해에 어려움을 느낄 것 같은 책: 『생명이 있는 것은 다 아름답다』
· 어렵지만 읽고 싶은 책: 『열두 발자국』

지학이가 도와줄게! – 2
자신이 지닌 배경지식을 바탕으로 친구들이 소개한 책에 관해 자유롭게 이야기를 나눠 보자. 책의 서문이나 목차 등으로 책의 내용을 훑어보며 〈선정 기준〉에 맞는 책을 살펴보도록 해.

3. 다음 점검표를 바탕으로, 2에서 살펴본 책 중에서 이번 학기에 읽을 책을 한 권 골라 책 읽기에 도전해 봅시다. 예시 답ㅣ생략

점검 사항	평가
책의 분량이 읽기에 적절한가?	☆☆☆☆☆
책의 어휘 수준은 나에게 적합한가?	☆☆☆☆☆
책을 읽을 때 글의 의미가 잘 이해되는가?	☆☆☆☆☆
이 책의 주제에 관하여 흥미가 있는가?	☆☆☆☆☆

지학이가 도와줄게! – 3
점검 사항을 고려하여 모둠원들이 고른 책을 평가해 보고, 이를 바탕으로 이번 학기에 함께 읽을 책을 선정하여 읽기 활동을 시작해 보자.

3 책 누리기

 책을 읽고 매시간 독서 일지를 작성해 봅시다.

1. 책을 읽으면서 이해가 가지 않는 부분이나 질문이 생기는 부분에 밑줄을 치거나 메모를 해 가며 읽어 봅시다.

 예시

'나'를 외친 화가들

이주헌

자화상을 그린다는 것은 곧 내 안의 우주를 그리는 것이다. 내 안의 우주, 내가 바라보는 세상. 비록 화포 안에는 나의 모습이 들어 있지만, 그 '나'는 늘 그림 밖의 세상을 바라본다. 그러므로 나의 자화상에는 내 시선에 실린 세계의 모습이 담겨 있다. 내 시선이 삐딱하면 삐딱한 대로, 자부심에 차 있다면 차 있는 대로, 나는 내 안의 우주를 다른 사람에게 솔직히 드러내 보이는 것이다.

> 예술가들이 본격적인 자화상을 그리게 된 까닭과 '근대적 자아의식'은 어떤 관계가 있을까?

예술가들이 본격적인 자화상을 그리기 시작한 것은 얼마 되지 않았다. 왜 그럴까? 자화상은 근대적 자아의식의 표현이기 때문이다. 화가들이 근대적 자아의식을 갖게 된 것은 그리 오래되지 않았다.

예로부터 서양에서나 동양에서나 화가라는 직업은 그다지 좋은 대접을 받지 못했다. 스스로를 독립된 주체로 느끼기까지 화가들은 그저 손으로 노동하는 자로서의 '분수'를 늘 인식하며 살아야 했다. 그러나 자본주의가 싹트고 예술이 직인(職人)의 기술과 분리되기 시작한 중세 말에서 르네상스에 이르는 시기에 예술가의 사회적 지위도 달라졌다. 예술가가 남다른 영감으로 충만한 존재라는 것을 세상이 인정하기

▲ 빈센트 반 고흐, 「화가로서의 자화상」(1888, 캔버스에 유채)

활동 탐구
'책 누리기'는 고른 책을 직접 읽어 보는 활동이다. 책을 읽는 과정 중에 직접 책에 밑줄을 긋고 질문이 생기는 부분에 메모하며 읽는 것이 효과적이다.

읽기 과정의 문제를 해결하기 위해서는 책을 읽으면서 드는 질문을 적어 보고 이에 관한 답을 찾으며 읽으면 좋아요.

활동 제재 개관
갈래: 비평문
제재: 근대 화가들의 자화상
주제: 근대적 자아의식이 반영된 화가들의 자화상
특징
① 묻고 답하는 형식으로 내용을 전개함.
② 비평가들의 견해를 인용하여 자신의 주장을 뒷받침함.
③ 구체적인 사례를 들어 논지를 전개함.
구성
· 처음: 자화상의 의미와 근대 자화상의 시작
· 중간: 고흐, 렘브란트의 자화상에 나타난 자아의식
· 끝: 근대적 자아의식이 반영된 화가들의 자화상

시작했을 때, 그리고 그 같은 인정을 받기 위해 예술가 스스로 투쟁에 나섰을 때 마침내 그들의 작품 가운데서 자화상이 주요 장르의 하나로 꽃피기 시작한 것이다.

→ 처음: 자화상의 의미와 근대 자화상의 시작

자화상. "나는 나다."를 외치기 시작한 화가들. 마치 산고를 치르는 임산부와 같이 그는 자신의 모습을 화포에 싣기 위해 그 어떤 고통도 마다하지 않았다.

고흐가 자화상을 그리기 시작한 것은 모델을 구하기 어려워서였다. 인물화 연습은 해야겠는데 모델에게 줄 돈이 없으니, 자연히 스스로를 모델로 삼게 된 것이다. 그런데 자신의 모습을 그리는 것과 다른 모델을 그리는 것에는 예술가의 심리적 반응과 관련해 상당한 차이가 존재한다. 자신의 모습을 보는 순간, 무엇보다 그는 다른 모델을 그릴 때와는 달리°부지불식간에 스스로에게 질문을 던지게 된다.

"너는 누구냐?"

▲ 빈센트 반 고흐, 「귀에 붕대를 감은 자화상」(1889, 캔버스에 유채)

어떤 화가도 일반 모델을 향해 이런 질문을 던지지 않는다. 화가에게 모델은 모델일 뿐이다. 하지만 자신의 모습을 대면한 화가는 불현듯 "너는 누구냐?"라고 묻게 된다. 그는 단순한 모델이 아니라 하나의°실존이기 때문이다. 누구보다 예민한 감수성을 가진 고흐는 스스로의 모습을 보는 순간 이 영원히 헤어 나올

- 화포(畵布) 유화를 그릴 때 쓰는 천.
- 부지불식간(不知不識間) 생각하지도 못하고 알지도 못하는 사이.
- 실존(實存) 실존 철학에서, 개별자로서 자기의 존재를 자각적으로 물으면서 존재하는 인간의 주체적인 상태.

✦ 지학이가 도와줄게! - 1

책을 읽으면서 이해가 가지 않는 부분이나 질문이 생기는 부분에 자유롭게 밑줄을 치거나 메모를 붙여 볼 수 있어. 그러면서 자신의 읽기 과정을 돌아볼 수 있으니까. 즉, 자신이 읽기 과정에서 부딪힌 문제들을 어떻게 해결하였는지 돌아볼 수 있는 거야. 또한, 중요한 내용에 밑줄을 그으며 읽으면, 중심 내용을 파악하거나 글쓴이의 의도, 글의 주제를 파악하는 데 도움을 받을 수 있어.

📦 책을 읽을 때는 어려운 단어나 문장에 밑줄을 쳐 보고 의미를 파악해 보는 것이 좋답니다.

➕ 보충 자료
빈센트 반 고흐(1853~1890)
네덜란드의 화가. 인상파의 영향을 받아 강렬한 색채와 격정적인 필치로 독특한 화풍을 확립하여 20세기 야수파에 큰 영향을 주었다. 작품에 「감자를 먹는 사람」, 「해바라기」, 「자화상」 등이 있다.

글 옆에 화가들의 자화상을 제시한 까닭은 무엇일까?

수 없는 질문에 어느 예술가보다 깊이 빠져들고 말았다. 아를에 살 때 자신의 귀를 잘랐던 고흐. 그 엽기적인 행각의 밑바닥에는 바로 "나도 나를 잘 모르는데, 너희가 나를 어떻게 아느냐?"라는 세상에 대한 항의가 담겨 있지 않았을까?

자화상을 감상하다 보면 어느새 예술가들의 지극한 순수함과 순결함에 가슴이 저며 온다. '순수의 붓길'로 따지자면 렘브란트를 빼놓을 수 없다. 렘브란트는 평생 80여 점의 자화상을 남긴 자화상의 대가이다. 렘브란트는 젊어서 일찍 성공을 했다. 그래서 그가 27세 때 그린 「황금 고리 줄을 두른 자화상」을 보면 패기와 자신감, 여유가 물씬 묻어 나온다. 그러나 그 부와 행복은 평생 가지 못했다. 일찍 세 자녀를 내리 잃고 그 뒤에 또 아들 하나를 먼저 보냈는가 하면, 부인과도 사별했다. 또 송사와 파산을 겪으면서 마침내 화구와 몇 벌의 옷만을 전 재산으로 남긴 채 쓸쓸히 생을 마감하는 신세가 됐다.

▲ 렘브란트, 「황금 고리 줄을 두른 자화상」(1633, 캔버스에 유채)

바로 이 말년에 그려진 렘브란트의 자화상이 진정으로 위대한 그의 걸작이다. 「이젤 앞에서의 자화상」에서 우리는 그 어떤 영예나 부의 흔적도 찾아볼 수 없다. 매우 남루하고 비천해 보이는 한 노인이 서 있을 뿐이다. 아무런 기운도 없고 희망도 없어 보이는 늙은이. 어쩌면 저렇게 불행해질 수 있을까 싶게 모든 것을 다 상실한 노인의 모습이다. 그 비참함을 렘브란트는 하나도 놓치지 않고 있는 그대로 묘사했다. 그래도 자신의 모습인데, 위대한 대가로서 자신을 기억할 후세 사람들을 위해 조금 더 품위 있게 그릴 수는 없었을까? 가난함을 청빈함으로, 무기력함을 달관으로,

글쓴이가 고흐와 렘브란트의 사례를 들어 글을 구성한 까닭은 무엇일까?

○ 메모하며 책 읽기
① 책 읽기를 시작하기 전, 정한 시간에 읽어야 할 분량을 정한다.
② 메모하며 읽기 방법을 활용하여 다섯 군데 이상 밑줄을 긋고 메모하며 책을 읽도록 한다.
※ 책을 읽는 시간은 30~35분 정도가 적당하다. 밑줄을 긋고 메모까지 하며 꼼꼼하게 책을 읽는 방식에 익숙하지 않은 사람은 35분 이상 활동이 이어지면 쉽게 집중력을 잃을 수 있다.

➕ 보충 자료
렘브란트(1606~1669)
네덜란드의 화가. 화려한 붓놀림과 풍부한 색채의 구사, 절묘한 명암의 배합, 인물의 내면 묘사에 뛰어났으며 초상화, 종교화, 풍경화 따위에 많은 걸작을 남겼다. 작품에 「야경」, 「자화상」, 「탕자의 귀향」 등이 있다.

비천함을 겸손함으로 바꿔 그릴 수는 없었을까? 렘브란트는 그러지 않았다. 있는 그대로의 모습에서 한 치의 어긋남도 없게끔 그렸다. 그래서 렘브란트의 자화상에 관해 일단의 비평가들은 "너무나 무정하고 무자비한 기록."이라고 말한다. 이처럼 지독한 정직성 때문에 아마도 렘브란트는 인간의 영혼을 진솔하게 그린 대가로 평가받게 되었을 것이다.

➜ 중간: 고흐, 렘브란트의 자화상에 나타난 자아의식

이처럼 화가들의 자화상에는 근대적 자아의식이 반영되어 있다. 그런데 많은 경우 화가들의 자화상에서 우리가 편하고 푸근한 인상을 받기가 쉽지 않은 것은 왜일까? 그것은 근세 이후 우리의 삶이 평탄하지 않았음을 보여 주는 증거가 아닐까. 결국 이들 그림은 단순히 화가 개개인의 모습을 표현한 것이 아니라 바로 그들과 같은 시대를 살아온, 그리고 살아가고 있는 우리 모두의 자화상이 된다. 곧 화가의 자화상은 그들의 얼굴에 담긴 세상, 그들의 시선에 담긴 우주의 모습인 것이다.

➜ 끝: 근대적 자아의식이 반영된 화가들의 자화상

– 이주헌, 『명화는 이렇게 속삭인다』

▲ 렘브란트, 「이젤 앞에서의 자화상」(1660, 캔버스에 유채)

> 이 글을 통해 글쓴이가 전달하려고 한 중심 생각은 무엇일까?

- 아를   프랑스 동남부에 위치한 도시.
- 화구(畵具)   그림을 그리는 데 쓰는 여러 도구.
- 이젤   그림을 그릴 때 그림판을 놓는 틀.
- 청빈(淸貧)   성품이 깨끗하고 재물에 대한 욕심이 없어 가난함.
- 달관(達觀)   사소한 사물이나 일에 얽매이지 않고 세속을 벗어난 활달한 식견이나 인생관에 이름.

이주헌(1961~   )

미술 평론가. 주요 저서로 『내 마음속의 그림』, 『미술로 보는 20세기』, 『명화는 이렇게 속삭인다』, 『느낌 있는 그림 이야기』 등이 있습니다.

2. 책을 읽으며 겪은 문제와 그 해결 방안에 관해 메모하며 읽어 봅시다.

예시

독서 일지

읽은 날짜	책 제목	작가	읽은 쪽수
20○○. ○. ○.	명화는 이렇게 속삭인다	이주헌	85~96쪽

읽은 내용 정리하기

이번 시간에 읽은 부분은 화가들의 자화상에 관한 미술 비평문이었다. 글쓴이는 자화상의 의미와 근대에 들어 자화상이 본격적으로 그려지게 된 까닭을 밝힌 후, 고흐, 렘브란트의 자화상을 예시로 하여 자화상의 의미가 화가들의 얼굴에 담긴 세상, 그들의 시선에 담긴 우주의 모습이라는 견해를 밝히고 있다.

책을 읽으면서 겪은 문제점과 해결 방안

• 문제: '자화상을 그린다는 것은 곧 내 안의 우주를 그리는 것이다.'라는 문장은 무슨 뜻일까?

• 해결: '내 안의 우주'는 화가 자신의 본질적인 자아의 모습을 의미하는 것이다. 그러므로 자화상을 그린다는 것은 화가 자신의 본질적인 모습, 화가의 가치관, 세계관을 그린다는 뜻이다.

• 문제: 렘브란트가 자화상을 많이 그리게 된 까닭과 렘브란트가 활동했던 시기의 특성은 어떤 관련이 있을까?

• 해결: 17세기에 활동했던 네덜란드 출신 화가 렘브란트는 이십 대 청년기에서부터 삼사십 대 중·장년기를 거쳐 인생의 황혼기인 노년에 이르기까지 100여 점이 넘는 자화상을 남겼다. 렘브란트는 왜 이렇게도 많은 자화상을 그린 것일까? 이 물음에 관한 답을 찾기 위해서는 렘브란트가 활동했던 당시의 네덜란드 상황을 살펴볼 필요가 있다. 17세기의 네덜란드에는 상공업으로 큰돈을 번 신흥 부자들이 득세하고 있었다. 이들은 귀족 계급과 같은 품위를 얻기 위해 많은 돈을 소비했는데, 그중 하나가 자신의 초상화를 주문·제작해 그들의 호화스러운 거실에 걸어 놓는 것이었다. 렘브란트는 당시 네덜란드 최고의 초상화 전문 화가였다. 렘브란트가 그린 초상화 한 점 정도는 있어야 부자 행세를 할 수 있을 정도였다.

그러나 부자들의 주문에 따라 그리는 그림을 통해 화가가 예술적 희열을 느낄 수는 없었다. 렘브란트는 초상화를 그려 준 대가로 세속적인 부를 얻었지만 반대로 예술가로서의 정체성에 혼란을 느끼며 괴로워했다. 이런 그를 위로했던 것은 자화상이었다. 그는 누구에게 보여 주기 위해서가 아니라 오로지 자기 자신을 위해서 자화상을 그렸다.

　　　　　　　　　　　　　　　　　　　–천빈 지음, 정유희 역, 『자화상전』

선생님의 의견

글에 나타난 정보와 배경지식을 활용해도 이해가 안 될 경우에는 참고 자료를 조사하여 의미를 구성하면 된단다.

🌟 지학이가 도와줄게! – 2

독서 일지는 책을 읽으면서 책에서 받은 인상이나 느낌, 자신이 메모하며 질문했던 내용 등을 기록해 두는 장치야. 이 활동은 문제 해결적 과정으로서의 독서를 해 보는 것이므로, 책을 읽는 중 떠오르는 자신의 경험이나 궁금증을 메모하고, 글의 앞뒤 정보를 바탕으로 궁금증이 해결된 부분은 해결되었다는 표시를 해 놓자. 궁금증이 해결되지 않은 부분은 표시해 두었다가 다른 참고 자료를 찾아보면 돼. 또 글의 내용을 이해하는 데 중요한 단어나 문장, 인상적인 부분은 밑줄을 그어 내용을 요약할 때 참고하자.

○ **문제 해결 과정으로서의 「'나'를 외친 화가들」의 읽기 전략**

배경 지식 활성화	미술 시간에 자화상에 대해 배운 적이 있어. 그때 배운 내용을 떠올려 보자.
밑줄 그으며 읽기	책을 읽을 때는 어려운 단어나 문장에 밑줄을 쳐 보고 의미를 파악해 보자.
이해가 가지 않는 부분 질문 떠올리기	예술가들이 본격적인 자화상을 그리게 된 까닭과 '근대적 자아의식'은 무슨 관계가 있을까?　▶ 글에 나타난 정보를 바탕으로 문제를 해결함.
	렘브란트가 자화상을 많이 그리게 된 것이 렘브란트가 활동했던 시기적 특성과 어떤 관련이 있는 것일까?　▶ 참고 자료를 찾아보며 문제를 해결함.
글쓴이의 의도 파악하기	글쓴이가 고흐와 렘브란트의 사례를 통해 글을 구성하여 이해를 도우려 했구나.
글의 주제 파악하기	글쓴이는 고흐의 자화상, 렘브란트의 자화상을 통해 화가의 자화상은 화가의 얼굴에 담긴 세상이며, 그들의 시선에 담긴 우주의 모습이라는 것을 말하고자 하였구나.

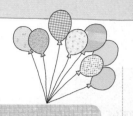

독서 일지

예시 답 l

읽은 날짜	책 제목	작가	읽은 쪽수
20○○. ○. ○.	열두 발자국	정재승	63~94쪽

읽은 내용 정리하기

이번 시간에 읽은 부분은 「결정 장애는 어떻게 극복할 수 있는가」였다. 요즘 사람들은 결정을 내리는 데 많은 어려움을 겪는다. 그것은 선택할 수 있는 경우의 수가 많기 때문이며, 또한 잘못된 결정을 내렸을 때 재기할 수 있는 사회적 안전망이 없어졌기 때문이다. 결정을 잘 못하는 사람들의 가장 중요한 특징 중 하나는 '실패에 대한 두려움이 크다'는 것이다. 이들에게 필요한 것은 성장하는 과정을 중시하는 '성장 마인드셋'이다. 실패하더라도 주변에서 격려해 주고, 조금 나아졌을 때 같이 기쁨을 공유해 주는 경험이 필요하다.

책을 읽으면서 겪은 문제점과 해결 방안

- 문제: '햄릿 증후군'은 무엇을 가리키는 말일까?

- 해결: "죽느냐 사느냐, 그것이 문제로다."는 셰익스피어 작품 속 햄릿의 대사이고 그는 우유부단한 성격이었으므로, 햄릿 증후군은 햄릿처럼 결정을 내리지 못하고 오랫동안 고민하는 결정 장애를 가리키는 말이구나.

- 문제: '고정 마인드셋'과 '성장 마인드셋' 중, 나는 어느 쪽에 가까울까?

- 해결: 난 실패에 대한 두려움도 크고, 친구들이랑 뭔가를 결정할 때도 조용히 있다가 동조하는 편이니까 고정 마인드셋에 가깝겠군.

- 문제: '큐레이션', '타인의 선택을 서비스로 제공한다.'가 무슨 뜻이지?

- 해결: 다른 사람이 대신 하는 서비스를 제공한다는 것으로 보아, 결정을 하지 못하는 사람들을 위한 정보 추천 서비스구나. 주인이 메뉴를 골라 주는 '아무것이나' 메뉴 같은 것이 최근의 마케팅 유형인가 보네.

- 문제: 이 글을 통해 글쓴이가 말하고자 한 것은 무엇일까?

- 해결: 실패를 통해 조금씩 나아지는 기쁨을 아는 사람은 성장할 수 있지만, 실패가 두려워 시도조차 하지 않는 사람은 성장할 수 없다는 것, 성장 마인드셋을 가져야 한다는 것을 전달하려 한 것이구나.

선생님의 의견

책을 읽으면서 부딪혔던 문제 상황을 잘 해결하였구나. 책을 읽고 느낀 점을 일상생활에서도 잘 적용해 보도록 하자.

○ 독서 일지를 작성할 때의 유의점

시간 분배	50분의 시간 중 35분은 책을 읽고, 15분 동안은 읽은 책과 관련된 내용을 기록함.
내용 구성	책에 담긴 의미를 자신의 관점에서 재구성하고, 자신의 읽기 방법을 점검·조정하면서 독서 과정을 돌아보는 계기가 되게 함.

➕ 보충 자료
독서 일지 기록 방법

매주 요일을 정하여 해당 국어 시간 1시간 동안은 책 읽기에만 집중한다. 50분 수업 시간 중 35분은 책을 읽고, 15분은 읽은 책에 관해서 간단히 기록을 남긴다. 교사와 학습자의 성격이나 책 읽기 속도 등에 따라 책 읽는 시간은 조정할 수 있으나 10분 이상의 기록 시간을 주는 것이 좋다. 이 수업의 의의는 읽고, 읽은 내용에 관해 기록하는 데 있다. 그 과정에서 학습자들이 책의 의미를 자신의 관점에서 재구성할 수 있기 때문이다.
– 김영란 외, 『고등학교 한 권 읽기 자료집』(한국검인정교과서, 2015, 52쪽)

④ 책 나누기

학습 포인트
- 소책자 만들기
- 소책자 평가하기

▍작성한 독서 일지를 바탕으로, 이 책을 읽는 학생들의 읽기 문제를 해결하기 위한 안내 소책자를 만들어 봅시다.

1. 책을 읽고 작성한 독서 일지를 바탕으로, 아래 〈예시〉를 참고하여 책을 읽으면서 겪은 문제와 그 해결 과정을 정리해 봅시다.

예시

문제	예술가들이 본격적으로 자화상을 그리게 된 까닭과 '근대적 자아의식'은 어떤 관계가 있을까?	글 옆에 화가들의 자화상을 제시한 까닭은 무엇일까?	이 글을 통해 글쓴이가 전달하려고 한 중심 생각은 무엇일까?
해결	예술가가 영감으로 가득한 존재임을 세상이 인정하기 시작하고, 예술가가 인정을 받기 위해 투쟁하기 시작한 근세 이후에 화가들의 근대적 자아의식이 싹트기 시작했어. 그러니까 '근대적 자아의식'이 생겨서 '나'를 인식하게 된 후부터 화가들은 자화상을 본격적으로 그리기 시작한 것으로 볼 수 있어.	화가들이 그린 자화상이 화가들의 자아를 드러내 보이는 것이라는 글쓴이의 의견을 그림을 통해 확인하게 하려는 의도이구나.	글쓴이는 화가들의 자화상에 근대 의식이 반영되어 있다는 점을 통해 이들 그림이 단순히 화가 개인의 모습을 표현한 것이 아니라 '그들과 같은 시대를 살아온, 그리고 살아가고 있는 우리 모두의 자화상임'을 말하려고 한 것이구나.

예시 답 I

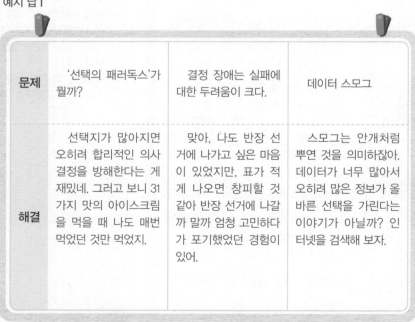

문제	'선택의 패러독스'가 뭘까?	결정 장애는 실패에 대한 두려움이 크다.	데이터 스모그
해결	선택지가 많아지면 오히려 합리적인 의사 결정을 방해한다는 게 재밌네. 그러고 보니 31가지 맛의 아이스크림을 먹을 때 나도 매번 먹었던 것만 먹었지.	맞아, 나도 반장 선거에 나가고 싶은 마음이 있었지만, 표가 적게 나오면 창피할 것 같아 반장 선거에 나갈까 말까 엄청 고민하다가 포기했던 경험이 있어.	스모그는 안개처럼 뿌연 것을 의미하잖아. 데이터가 너무 많아서 오히려 많은 정보가 올바른 선택을 가린다는 이야기가 아닐까? 인터넷을 검색해 보자.

● 활동 탐구

작성한 독서 일지를 바탕으로, 안내 소책자를 만들어 보는 활동이다. 읽은 책을 바탕으로 친구들에게 그 책의 읽기 문제를 해결하기 위한 안내 책자를 만들어 주는 활동이므로, 책을 읽으며 직면했던 문제를 해결하는 안내서가 될 수 있도록 한다. 모둠별로 만든 안내 소책자를 교실 등에 전시하여 친구들과 서로 보고 평가할 수 있도록 하는 것이 좋다.

지학이가 도와줄게! - 1

책을 읽고 작성한 독서 일지를 바탕으로 책을 읽으면서 겪었던 문제와 그 해결 과정을 정리해 보는 활동이야. 이 활동은 안내 소책자의 내용이 된다는 점을 기억하여 책자의 면보다 넘치거나 너무 부족하지 않고, 내용상으로 잘못된 부분이 없는지 꼼꼼히 살펴보도록 하자.

2. 1에서 정리한 내용을 바탕으로, 이 책을 읽는 학생들에게 도움이 될 수 있는 내용이 담긴 소책자를 만들어 봅시다.

지학이가 도와줄게! – 2

1의 활동을 바탕으로 안내 소책자를 만드는 활동이다. 안내 소책자가 일반적인 접지 형태가 아니라 책을 만드는 접지 형태로 구성되므로 〈안내 소책자 만드는 방법〉에 따라 만들지 않으면 책의 내용이 원하는 순서대로 나오지 않을 수도 있으니 이 점을 유의하며 만들어 보자.

안내 소책자 만드는 방법

■ 준비물
– 교사: 8절지(색지), 꾸미기 도구(칼, 가위, 색연필, 풀)
– 학생: 책을 읽으며 적은 메모, 사진(자신이 읽은 책 표지, 책 본문 중 인용할 부분의 사진), 독서 일지

■ 책 만드는 법

① 8절지 색지를 그림과 같이 8등분이 되도록 접어 주세요.

② 가운데 ❷, ❸번 윗부분을 칼로 잘라 주세요.

③ ❷, ❸번 위가 벌어지도록 종이를 접어 주세요.

④ ❽번이 앞표지, ❼번이 뒷면이 되도록 접고, 벌어진 부분은 풀칠하여 완성해 주세요.

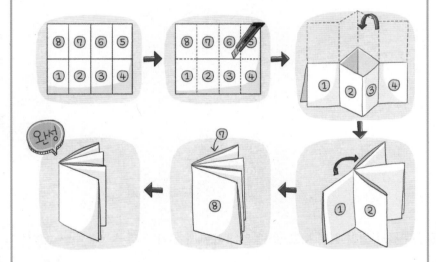

■ 소책자 구성 요소

① 앞표지: 앞표지 ❽은 책의 제목을 적어 주세요. (예 『홍길동전』 문제 해결 책)

② ❶~❻은 1에서 정리한 '문제'와 '해결'을 적어 주세요.

③ ❼에 풀칠을 하여 읽은 책에 부착하여 주세요.

「나를 외친 화가들」
－이주헌, 「명화는 이렇게 속삭인다」

질문 1.
예술가가 본격적으로 자화상을 그리게 된 까닭과 '근대적 자아의식'은 어떤 관계가 깊을까?

대답 1.
예술가가 뿔같으로 가득한 존재임을 세상이 인정하기 시작하고, 예술가가 인정을 받기 위해 특별하기 시작한 근세 이후에 화가들의 근대적 자아의식이 싹트기 시작했어. 그러니까 '근대적 자아의식'이 생긴 후 속 '나'를 인식한 후부터 화가들이 자화상을 본격적으로 그리기 시작한 것으로 볼 수 있어.

질문 2.
글 맨 앞에 화가들의 자화상을 제시한 까닭은 무엇일까?

대답 2.
화가들이 그린 자화상이 화가들의 자아를 드러내 보인 것이라는 글쓴이의 의견을 그림을 통해 확인하게 하려는 의도이구나.

질문 3.
글쓴이가 고흐와 렘브란트의 사례를 들어 글을 구성한 까닭은 무엇일까?

대답 3.
화가들이 자화상을 그리기 시작한 까닭과 근대의식의 성장 관계를 잘 보여 주는 화가가 고흐와 렘브란트이고, 글 내용의 이해를 돕는 시각 자료를 활용하기에도 적절하기 때문이다. 이렇게 글을 구성할 때, 사례를 들어 구성하면 글쓴이의 의견을 잘 뒷받침할 수 있다.

질문 4.
이 글을 통해 글쓴이가 전달하고자 한 것은 무엇일까?

대답 4.

글쓴이는 화가들의 자화상에 근대의식이 반영되어 있다는 점을 통해 이 글이 그림이 단순히 화가 개인의 모습을 표현한 것이 아니라 그림과 같은 시대를 살아 온, 살아가고 있는 우리 모두의 자화상임을 말하려고 한 것이구나.

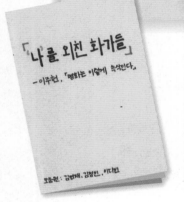

「나를 외친 화가들」
－이주헌, 「명화는 이렇게 속삭인다」

모둠원 : 김현재, 김정민, 이다빈

---

3. 안내 소책자를 부착한 책을 친구들과 돌려 읽어 보고, 어떤 안내 소책자가 가장 유용했는지 평가해 봅시다.

예시 답 | 생략

지학이가 도와줄게! – 3
안내 소책자를 부착한 책을 친구들과 돌려 읽고 평가해 보는 활동이야. 평가를 진행할 때는 책자의 꾸민 정도뿐만 아니라 소책자의 내용을 읽고, 관련한 책을 읽는 것까지 이어지는 게 좋아.

소단원 콕! 짚고 가기

소단원 제재

1. 제재 정리

갈래	설명문	목적	정보 전달
성격	객관적, 논리적	제재	모두를 위한 디자인
주제	'모두를 위한 디자인'의 성격과 ①☐☐		
특징	• 다양한 시각 자료를 활용하여 글의 내용을 효과적으로 설명함. • '모두를 위한 디자인'의 의미와 사례를 제시하여 독자들의 이해를 도움.		

2. 구성

처음	❶ 이제 ②☐☐☐은/는 일상화되었으며, 기업 혁신과 국가 경쟁력에서도 매우 중요한 핵심어가 되었음.
중간	❷ 대부분의 디자인은 ③☐☐☐ 집단을 대상으로 함. ❸ '모두를 위한 디자인'은 사회적 약자를 위한 복지 차원에서 시작되었으나 지금은 '모든 사람을 위한 디자인'이라는 의미로 통용되고 있음. ❹ '모두를 위한 디자인'은 보통 사람에게도 ④☐☐☐(으)로 유용한 물건과 시설, 환경을 추구함. ❺ '모두를 위한 디자인'의 원칙과 부가적인 규칙 제시
끝	❻ '모두를 위한 디자인'의 성격과 가치

핵심 포인트

1. '모두를 위한 디자인'의 개념과 사례

개념	사례
성별, 연령, 국적, 문화적 배경, 장애의 유무와 상관없이 누구나 손쉽게 쓸 수 있는 제품 및 사용 환경을 만드는 디자인	• 옆으로 긴 막대 모양의 문손잡이 • 휠체어를 자유롭게 이용할 수 있는 지하철의 엘리베이터 • 횡단보도에서 파란불이 켜질 때 나오는 소리 • 공공장소나 대중교통에서 나오는 다국어 음성 안내

2. 문제 해결 과정으로서의 읽기

문제 상황	해결 방법
㉠ 단어나 문장의 의미를 이해하지 못함. ㉡ 글의 내용을 이해하지 못함. ㉢ 주제나 중심 생각을 파악하지 못함.	㉠ 앞, 뒤 문장의 맥락을 파악하며 의미를 짐작해 본 후, ⑤☐☐을/를 찾아 단어의 의미를 이해함. ㉡ 인터넷 검색이나 책을 참고하여 글의 내용과 관련된 ⑥☐☐☐☐을/를 넓힘. ㉢ 문단의 중심 내용을 찾아 밑줄을 그으며 읽음. 밑줄 친 내용을 중심으로 글쓴이의 생각을 파악함.

정답: ① 가치 ② 디자인 ③ 특정한 ④ 보편적 ⑤ 사전 ⑥ 배경지식

[01~04] 다음 글을 읽고, 물음에 답하시오.

가 우리는 살아가면서 '디자인'이라는 말을 쉽게 듣고 또 말한다. 그만큼 디자인이 일상화된 것이다. 우리나라는 세계 유수의 좋은 디자인 선정에서 다수의 수상을 기록할 정도로 디자인 산업이 발전하였다. 이제 디자인은 특정한 분야나 제품에만 국한되지 않고, 기업 혁신과 국가 경쟁력에서 매우 중요한 핵심어가 되었다.

나 디자인은 보통 대량 생산을 전제로 하지만, 그렇다고 하여 모든 사람이 만족하는 디자인을 추구하는 것은 아니다. 대부분의 디자인은 특정한 집단을 목표 대상으로 한다. 하나의 상품을 대량 생산하려면 많은 비용이 들어가므로, 기업은 실패하지 않기 위해 목표 대상을 명확히 하여 그들에게 적합한 디자인을 하는 것이다. 이를 위해 그 집단이 요구하는 기능과 좋아할 만한 양식에 관해 방대한 조사가 이루어진다. 이러한 과정을 통해 생산된 물건은 특정 집단에는 큰 즐거움을 주지만, 그 밖의 다른 사람에게는 필요 없는 것이 될 수도 있다.

다 ㉠'모두를 위한 디자인'은 노인이나 장애를 가진 사람도 사용하는 데 불편하지 않은 디자인을 말한다. 이 디자인은 처음에 장애인과 노약자 같은 사회적 약자를 위한 복지 차원에서 시작되었다. 그러나 지금은 좀 더 보편적인 의미인 '모든 사람을 위한 디자인'이라는 의미로 통용되고 있으며, 개인이 사용하는 도구나 물건은 물론 공공시설 같은 환경으로까지 확대되고 있다. 특히 공공시설이나 대중교통에서 이 디자인은 장애가 있거나 없거나, 노인이거나 어린아이거나, 남자거나 여자거나, 내국인이거나 외국인이거나 사용하는 데 불편함이 없도록 하는 데 노력을 기울인다.

라 '모두를 위한 디자인'은 단지 사회적 약자만을 위한 디자인이 아니라 보통 사람에게도 보편적으로 유용한 물건과 시설, 환경을 추구한다. 이 디자인이 시작된 미국에서는 신체, 인종, 종교, 문화 차이에 따라 차별을 받지 않도록 규정하는 '동등한 기회' 정신이 보편화되어 있는데, 이러한 가치관이 디자인에도 적용되었다.

01. 이와 같은 글을 읽는 방법으로 적절한 것은?

① 글의 내용을 상상하며 읽는다.
② 글쓴이의 가치관을 파악하며 읽는다.
③ 글에 나온 정보들을 정확히 파악하며 읽는다.
④ 인물의 성격과 갈등 양상을 파악하며 읽는다.
⑤ 단어의 비유적 의미가 무엇인지 살펴보며 읽는다.

활동 응용 문제

02. 이 글을 통해 알 수 있는 내용으로 알맞지 **않은** 것은?

① 디자인의 일반적인 특성
② '모두를 위한 디자인'의 개념
③ '모두를 위한 디자인'의 특징
④ '모두를 위한 디자인'에 적용된 가치관
⑤ '동등한 기회' 정신이 담긴 디자인 사례

활동 응용 문제

03. 부딪힌 문제를 해결하며 이 글을 읽은 내용으로 적절하지 **않은** 것은?

① (가)에서 '유수'는 무슨 뜻일까? → 앞, 뒤 맥락으로 볼 때 '훌륭함'을 의미하는 것 같아.
② (가)에서 우리나라의 디자인 산업에 대해 언급한 까닭은 무엇일까? → 디자인이 매우 중요한 요소가 되었음을 강조하기 위한 거야.
③ (나)의 '특정한 집단'은 누구를 가리키는 것일까? → 노인이나 장애를 가진 사람을 의미할 거야.
④ (다)에서 '모두를 위한 디자인'이 가리키는 범주가 어떻게 달라졌을까? → '사회적 약자를 위한 디자인'에서 '모든 사람을 위한 디자인'으로 의미가 확대되었어.
⑤ (라)에서 '동등한 기회' 정신을 언급한 까닭은 무엇일까? → 어떤 이유로든 차별을 받지 않아야 한다는 생각이 '모두를 위한 디자인'에도 나타나기 때문이야.

활동 응용 문제 | 서술형 |

04. ㉠과 관련된 경험이 없어서 글의 내용을 이해하는 데 어려움을 겪는 문제 상황에 부딪혔을 때 해결할 방법을 서술하시오.

[05~08] 다음 글을 읽고, 물음에 답하시오.

가 옆으로 긴 막대 모양의 문손잡이(옛날에 주로 쓰이던 동그란 문손잡이는 손이 불편하거나 악력이 약한 사람이 사용하기에는 힘들다.), 휠체어를 자유롭게 이용할 수 있는 지하철의 엘리베이터(지하철 계단에 설치된 휠체어 리프트보다 훨씬 유용하다.), 횡단보도에서 파란불이 켜질 때 나오는 소리, 공공장소나 대중교통에서 나오는 다국어 음성 안내 등을 '모두를 위한 디자인'이라 부를 수 있다. 이런 디자인은 사회적 약자뿐만이 아니라 비사회적 약자에게도 유용하다. 특히 대도시의 공공과 환경 부문에서는 장애인이나 노약자, 외국인을 배려한 디자인이 필수 요소가 되고 있다.

나 '모두를 위한 디자인'의 원칙을 보면, 이와 같은 특징을 잘 이해할 수 있다.

> • 누가 쓰더라도 차별감이나 불안감, 열등감을 느끼지 않고 공평하게 사용할 수 있는가?
> • 다양한 생활 환경과 조건에서도 다양한 개인이 각자가 선호하는 방식으로 사용할 수 있는가?
> • 사용자의 언어 능력이나 지식의 정도, 경험 지식과 관계없이 간단하고 직관적으로 사용할 수 있는가?
> • 정보 구조가 간단하고, 여러 전달 수단을 통해 쉽게 정보를 얻을 수 있는가?
> • 잘못 다루었더라도 원래 상태로 쉽게 돌이킬 수 있는가?
> • 무리한 힘을 들이지 않고 자연스러운 자세로 사용이 가능한가?
> • 이동과 수납이 용이하고, 누구나 쉽게 접근하여 사용할 수 있는가?

다 '모두를 위한 디자인'은 디자이너가 애정을 갖고 사람들의 지극히 평범한 일상생활을 관찰하고, 사람들이 인식하지 못하는 불편한 점을 찾아내어 그 개선 사항을 반영할 수 있어야 가능하다. 개성이나 상상력을 발휘하고 튀어 보려는 마음보다는 타인을 보살피려는 마음 자세에서 비롯한다고 할 수 있다. 그렇다고 이런 디자인이 이윤을 완전히 배제하고 남을 돕는 일만 하려 한다고 착각해서도 안 된다. '모두를 위한 디자인' 역시 사업적 가치가 큰 미래 산업 중의 하나이다. 크게 보면 불편한 사람과 건강한 사람 모두를 위한 디자인이며, 작게 보면 나와 나의 가족, 내가 속한 집단을 위한 보편적 디자인이 바로 '모두를 위한 디자인'이다.

활동 응용 문제

05. 이와 같은 글의 문제 해결 과정으로서의 읽기로 적절하지 <u>않은</u> 것은?
① 자신의 배경지식을 적극 활용하며 읽는다.
② 글에 나타난 정보나 문맥을 활용하며 읽는다.
③ 인터넷 검색이나 참고 자료를 활용하며 읽는다.
④ 끊임없이 질문하고 그에 관한 답을 찾아 정리하며 읽는다.
⑤ 문장 표현이 참신한지, 독자에게 심미적 접근이 가능하게 하는지 판단하며 읽는다.

활동 응용 문제

06. (가)에 더 추가할 수 있는 사례로 거리가 <u>먼</u> 것은?
① 출입문의 턱을 없앤 복지관 입구
② 계단 옆에 병행하여 설치한 경사로
③ 외국인도 이해하기 쉬운 픽토그램 안내판
④ 환자 보호를 위해 만든 수술 환자용 엘리베이터
⑤ 지붕을 덮어 궂은 날씨를 피할 수 있도록 만든 버스 정류소

활동 응용 문제

07. 이 글로 보아, '모두를 위한 디자인'의 특징으로 알맞지 <u>않은</u> 것은?
① 모든 계층의 사람들에게 차별 의식을 주지 않는다.
② 일상생활에서의 불편한 점을 개선하기 위한 것이다.
③ 사회적 약자뿐만 아니라 누구에게나 보편적으로 적용된다.
④ 이윤 추구보다는 사회 구성원의 복지 추구만을 목적으로 한다.
⑤ 개성을 앞세우기보다는 타인을 배려하는 자세가 우선시된다.

| 서술형 |

08. (가)에 나타나고 있는 설명 방법과 그 효과를 〈조건〉에 맞게 쓰시오.

┌ 조건 ┐
• (가)의 주된 설명 방법을 쓰고, 그것이 독자에게 어떤 역할을 하는지를 한 문장으로 쓸 것.

(2) 주장하는 글 쓰기

 생각 열기 --○

다음 두 그림을 비교해 보고, 설득력 있게 주장하는 방법에 관해 생각해 봅시다.

○ **이렇게 열자** ●

소단원을 학습하기 전에 타당한 근거가 필요한 까닭을 생각해 보는 활동이다. **가**와 **나**의 상황이 어떻게 다른지를 생각해 보고, **가**와 **나** 중 더 설득력이 있는 것은 무엇인지, 왜 그렇게 생각하는지를 말해 보자. 이를 바탕으로 어떤 주장을 펼칠 때, 주장하는 내용에 맞는 타당한 근거를 들어야 하는 까닭이 무엇인지 생각해 보자.

이를 바탕으로 주장하는 글을 쓸 때는 자신의 입장이나 관점을 정하여 논리적이고 타당한 근거를 들어 글을 써야 함을 이해하도록 한다.

• **가**, **나** 중 더 설득력이 있다고 생각하는 것은 무엇인가요? 그렇게 생각하는 까닭과 함께 말해 봅시다.

예시 답 | **가**에는 주장만 나타나 있지만, **나**에는 왜 도토리를 가져가면 안 되는지에 관한 까닭이 나타나 있기 때문에 **나**가 더 설득력 있다고 생각한다.

• 주장을 펼칠 때, 주장하는 내용에 맞는 타당한 근거를 들어야 하는 까닭은 무엇일까요?

예시 답 | 설득력을 높일 수 있기 때문이다.

이 단원의 학습 요소

학습 목표 | 주장하는 내용에 맞게 타당한 근거를 들어 글을 쓸 수 있다.

주장하는 내용에 맞게 타당한 근거를 들어 글 쓰기	▶	주장을 뒷받침하는 객관적이고 타당한 근거를 바탕으로 정확하고 분명하게 표현함으로써 독자를 효과적으로 설득해 본다.
관점을 선택하고 근거를 마련하여 주장하는 글 쓰기	▶	문제가 되는 쟁점과 관련된 다양한 의견을 분석해 자신의 관점을 분명하게 정하고, 자신의 주장이 설득력을 갖게 하는 사회·문화적 맥락 안에서 수용 가능한 논리적이고 타당한 근거를 마련하여 개요를 작성한 후, 이를 바탕으로 주장하는 글을 써 본다.

🌿 소단원 바탕 학습

핵심 개념 미리 보기 🖉

1. 주장하는 글의 의미와 특성

의미	다른 사람을 설득하기 위하여 자신의 생각이나 의견을 조리 있고 짜임새 있게 밝혀 쓴 글
특성	• 주장의 독창성: 글쓴이의 독창적인 주장이나 의견이 나타남. • 근거의 타당성: 주장을 뒷받침할 수 있는 타당한 근거를 제시함. • 논증의 체계성: 주장과 근거를 논리적으로 전개하고, 일정한 짜임에 맞게 씀. • 문장의 명료성: 뜻이 명확한 용어를 사용하여 의미를 정확하게 전달함. • 내용의 일관성: 주장이나 근거를 일관되고 뚜렷하게 제시함.

2. 주장하는 글을 쓰는 과정

문제 분석 및 관점 정하기	사회적 쟁점에 관한 다양한 의견을 분석하여 자신의 관점을 정함.
주장을 정하고 근거 마련하기	• 자신의 관점을 바탕으로 주장할 내용을 한 문장으로 표현해 봄. • 사회적 쟁점과 관련하여 인터넷, 신문, 책, 전문가의 의견 등 다양한 자료를 조사하고 이를 분석하여 주장에 관한 근거를 마련함.
내용 조직하기	• '서론-본론-결론'의 형식에 따라 개요를 작성함. 　- 서론: 글을 쓰는 목적과 의도 밝히기, 문제 제기하기 　- 본론: 타당한 근거를 들어 자신의 주장 밝히기 　- 결론: 주장을 재강조하기, 앞으로의 전망 제시하기
주장하는 글 쓰기	• 정확하고 분명한 표현으로 씀. • 자신의 주장이 설득력을 갖게 하려면 사회·문화적 맥락 안에서 수용 가능한 논리적이고 타당한 근거를 들어 설득력 있게 씀.
고쳐쓰기	객관적인 시선으로 자신이 쓴 글을 살펴보고, '글 전체 수준-문단 수준-문장 수준-단어 수준'에서 글을 검토하여 다듬음.

3. 주장하는 글을 쓸 때 고려할 점

• 주장이 명확하게 드러나도록 쓴다.
• 타당하고 신뢰할 만한 근거로 주장을 뒷받침한다.
• '서론-본론-결론'의 짜임에 맞게 문단을 구성한다.
• 정확하고 분명한 어휘를 사용한다.
• 간결하고 명료한 문장으로 표현한다.

눈으로 찍고 가기 🖉

1. 내용를 조직할 때의 단계와 내용을 바르게 연결하시오.
　① 타당한 근거 들어 주장 밝히기 •　　• ㉠ 서론
　② 주장을 재강조하고 앞으로의 •　　• ㉡ 본론
　　전망 제시하기
　③ 글을 쓰는 목적과 의도 밝히기 •　　• ㉢ 결론

2. ㉠~㉤을 주장하는 글 쓰기의 과정에 따라 순서대로 기호로 쓰시오.

> ㉠ 주장을 정하고 근거 마련하기
> ㉡ 형식에 따라 개요 작성하기
> ㉢ 타당한 근거를 들어 주장하는 글 쓰기
> ㉣ 문제를 분석하여 관점 정하기
> ㉤ 자신이 쓴 글을 검토하여 고쳐쓰기

3. 주장하는 글을 쓸 때는 사회 구성원이 공감할 수 있도록 □□·□□□ 맥락 안에서 수용 가능한 근거를 들어야 한다.

정답: 1. ①-㉡, ②-㉢, ③-㉠ 2. ㉣-㉠-㉡-㉢-㉤ 3. 사회, 문화적

다음은 '물이 부족한 현상'에 관한 글쓴이의 관점과 주장이 담긴 글입니다. 글을 읽고, 아래의 활동을 해 봅시다.

"21세기의 전쟁은 물을 차지하기 위한 전쟁이 될 것이다."

전 세계은행 부총재 이스마일 세라겔딘의 경고이다. 이 말처럼 인류는 물 부족으로 인한 위기에 직면할 것이며, 세계가 물을 차지하기 위해 전쟁을 벌일 것이라는 경고의 목소리가 높아지고 있다. 세계기상기구는 지금처럼 물을 소비할 경우, 2050년에는 3명 중 2명이 물 부족 상태로 생활할 것이라고 전망한다. 우리나라도 예외는 아니어서 경제협력개발기구는 2050년이 되면 한국이 회원국 가운데 물 부족으로 가장 큰 고통을 겪게 될 것이라고 경고하고 있다.

물이 부족한 상태는 인류에게 큰 위기로 다가올 것이다. _{물 부족이 인류에게 위기인 이유 ①} 앞으로도 인구는 증가할 것이며, 늘어나는 인구만큼 식량이 더 필요해진다. _{주장에 대한 근거 ①} _{민물(강이나 호수 따위와 같이 염분이 없는 물)} 따라서 곡식의 재배를 위한 담수 필요량이 늘어나게 될 것이다. _{물 부족이 인류에게 위기인 이유 ②} 설상가상으로 기후 변화로 인해 가뭄이 심화되어 지금처럼 물을 _{물 부족이 인류에게 위기인 이유 ③} _{물 부족이 인류에게 위기인 이유 ④} 쓰다가는 2050년이 되기도 전에 인류는 물 부족 현상으로 인해 커다란 위기에 봉착하게 _{어떤 처지나 상태에 부닥침.} 될 것이다. 이러한 위기는 전쟁과 같은 국가 간의 갈등을 초래할 가능성이 높다. 물은 인간의 생존을 위해 필수 불가결한 대상이지만 물의 양은 한정적이어서 물을 차지하기 위 _{물 부족이 인류에게 위기인 이유 ⑤} 한 갈등이 벌어질 것이다. 국가 간의 갈등은 전쟁으로 이어질 것이며, 이는 인류에게 커다란 시련을 안겨 줄 것이다.

일부에서는 바닷물로부터 염분을 포함한 용해 물질을 제거하여 음용수 및 생활용수로 사용하는 담수화를 통해 물 부족 문제를 해결할 수 있다고 주장하기도 한다. _{담수화} 그러나 이는 물 부족 문제의 근본적인 해결책이 될 수 없다. 바닷물을 담수화하는 것은 비용이 높고, _{주장에 대한 근거 ②} _{담수화가 물 부족 문제를 해결할 수 없는 이유 ①} 기술이나 전문 인력을 활용한 시설의 구축이 선진국 중심이라는 점에서 전 인류가 사용하기에 어렵다. _{담수화가 물 부족 문제를 해결할 수 없는 이유 ②} 또한, 해수 담수화 기술은 에너지 소비가 많은 증기를 이용한 증발법을 사용하므로 결국 해수 담수화 기술은 다른 환경 문제로 이어질 수밖에 없는 것이다. _{담수화가 물 부족 문제를 해결할 수 없는 이유 ③}

이제 우리는 다음 세대에게 물 부족으로 인한 고통을 안겨줄 것인지, 아니면 삶을 영위할 수 있는 환경을 물려줄 것인지를 고민해야 한다. 위기를 과소평가한다면 영화에서나 펼쳐진 비극적 미래는 현실이 될 것이다. 아직 늦지 않았다. 지금부터라도 물 소비 행태에 관한 경각심을 가지고 물을 경제적으로 쓰도록 노력하자. _{정신을 차리고 주의 깊게 살피어 경계하는 마음} _{글쓴이의 주장}

– 유레카 편집부, 『토론·논술·면접이 강해지는 반찬』

66 학습 포인트
· 주장하는 글의 특성 파악하기
· 글쓴이의 주장과 근거 파악하기

◎ 활동 탐구

주장하는 글을 쓰는 활동을 하기 전에 주장하는 글의 특성을 알아보는 활동이다. 글쓴이가 이 글을 쓰기 위해 했을 생각들을 추측하여 주장하는 글의 형식과 특성을 알아보도록 한다.

◎ 핵심 요약

21세기에 인류는 물 부족으로 인해 큰 위기에 직면할 것이며, 바닷물의 담수화는 물 부족 문제의 근본적인 해결책이 될 수 없다. 따라서 우리는 물 소비 행태에 관해 경각심을 가지고 물을 경제적으로 써야 한다.

➕ 보충 자료

· 주장: 대상이나 문제에 대한 생각이나 의견
· 근거: 주장을 뒷받침하는 까닭이나 자료 → 어떤 문제에 관해 주장을 내세워 상대방을 합리적으로 설득하기 위해서는 합리적이고 실현 가능한 주장과 객관적이고 논리적인 근거가 필요하다.

콕콕 확인 문제 _{정답과 해설 25쪽}

1. 이와 같은 글을 쓸 때 가장 우선시 할 점은?

① 사실을 신속하고 정확하게 전달해야 한다.
② 경험을 통해 얻은 깨달음을 드러내야 한다.
③ 타당한 근거를 들어 주장을 전개해야 한다.
④ 객관적인 정보 제공을 목적으로 해야 한다.
⑤ 글쓴이의 감정을 드러내어 독자를 설득해야 한다.

1. 이 글에 나타난 글쓴이의 주장과 이를 뒷받침하기 위해 활용한 근거를 확인해 봅시다.

주장	물 소비 행태에 관해 경각심을 가지고 물을 경제적으로 써야 한다.	
근거	근거 1: 물이 부족한 상태는 인류에게 위기로 다가올 것이다. • 인구가 늘어날 것이다. • 늘어나는 인구만큼 식량이 필요해질 것이다. • 곡식 재배를 위한 담수 필요량도 늘어날 것이다. • 기후 변화로 가뭄이 심화될 것이다. • 국가 간의 갈등을 초래할 것이다.	근거 2: 담수화는 물 부족 문제의 해결책이 될 수 없다. • 바닷물 담수화는 비용이 비싸다. • 기술이나 전문 인력을 활용한 시설의 구축이 선진국 중심이라는 점에서 전 인류가 사용하기 어렵다. • 해수 담수화 기술은 에너지 소비가 많은 증기를 이용한 증발법을 사용하므로 이는 다른 환경 문제로 이어질 수밖에 없다.

2. 이 글에 나타난 글쓴이의 주장에 관한 근거가 타당한지 판단해 봅시다.

1 글쓴이가 제시한 근거가 주장을 적절하게 뒷받침하는지 판단해 봅시다.

예시 답 | 글쓴이가 제시한 근거들(물이 부족할 것이라는 점, 담수화는 물 부족 문제의 해결책이 아니라는 점)은 물 소비 형태에 대한 경각심을 가지고 물을 경제적으로 써야 한다는 글쓴이의 주장을 잘 뒷받침하고 있다.

2 글쓴이의 주장에 관한 자신의 의견과 그 의견을 갖게 된 까닭을 써 봅시다.

• 나는 글쓴이의 주장에 (동의한다 / 동의하지 않는다).

• 그 의견을 갖게 된 까닭: 예시 답 | 앞으로 인구는 더욱 늘어날 것이며, 그만큼 물이 부족할 것임은 당연하다. 또한, 물 부족 문제의 해결책이 없는 상황이므로 있는 물을 아껴 써야 한다고 생각한다.

찬찬샘 핵심 강의

■ **주장하는 글의 특성 파악**

주장하는 글을 써서 독자를 효과적으로 설득하기 위해서는 합리적이고 실현 가능한 주장이 드러나야 해요. 또한, 주장을 뒷받침하는 근거가 타당하고 논리적이어야 하지요.

▶**핵심 포인트**◀

글쓴이의 주장	물 소비 행태에 관한 경각심을 가지고 물을 경제적으로 쓰도록 노력하자.
근거	• 물이 부족한 상태는 인류에게 큰 위기로 다가올 것임. • 바닷물의 담수화는 물 부족 문제의 해결책이 될 수 없음.

✨ **지학이가 도와줄게! – 1**

먼저 글쓴이가 이 글을 통해 주장하는 바가 무엇인지 파악해 보도록 해. 그런 다음에 글쓴이가 그 주장을 뒷받침하기 위해 어떤 근거를 들고 있는지 살펴보고 그것을 정리해 보자.

✨ **지학이가 도와줄게! – 2**

글쓴이의 주장을 뒷받침하는 근거가 타당한지를 따져 보는 활동이야. '타당성'이란 사물의 이치에 맞는 옳은 성질을 말하는데, 주장하는 글에서 타당성은 주장과 근거가 밀접하게 연결되어 있는지, 논리적인지를 따져 봄으로써 판단할 수 있어.

➕ **보충 자료**
주장과 근거를 평가하는 기준
• 주장이 명료한가?
• 주장이 합리적이고 실현 가능한가?
• 근거가 주장과 관련이 있는가?
• 근거가 객관적으로 믿을 만한가?
• 근거를 바탕으로 주장을 이끌어 내는 과정이 논리적인가?

콕콕 확인 문제

2. 글쓴이가 이 글을 통해 궁극적으로 말하고자 한 주장으로 알맞은 것은?
① 물 부족은 국가 간의 갈등을 초래한다.
② 물 부족은 인류에게 큰 위기가 된다.
③ 바닷물의 담수화는 비용이 많이 든다.
④ 담수화는 물 부족 문제를 근본적으로 해결할 수 없다.
⑤ 물 소비 행태에 관한 경각심을 가지고 물을 아껴 써야 한다.

모든 사회에는 개인이나 집단에 따라 의견이나 관점이 다른 '쟁점'이 존재합니다. 다음 신문 기사에 나타난 쟁점에 관해 타당한 근거를 들어 주장하는 글을 써 봅시다.

1. 가와 나는 '팬덤 문화'라는 사회 현상을 다룬 신문 기사입니다. 각각에 나타난 관점을 파악하고, 아래의 활동을 해 봅시다.

세계일보   2011년 6월 6일

가

연예인과 팬클럽이 함께하는 선행

청소년들의 팬덤 문화가 변화하고 있다. 과거에는 좋아하는 연예인과 관련한 상품을 구매하거나, 연예인들의 활동 모습을 공유하는 양상을 보였다면, 요즘은 연예인들의 선행이 팬클럽 회원들의 선행으로 이어지고 있어 우리 사회에 긍정적인 영향력을 끼치고 있다. 최근 유명 그룹인 ○○○이 주변에 알리지 않고 기부를 해 온 것이 화제가 되자, ○○○의 팬클럽 회원들은 이에 동참한다는 의미로 기부와 봉사 활동을 하여 훈훈함을 안겼다. 전문가들은 이와 같은 팬덤 문화가 <u>청소년들에게 소중한 추억을 만들어 주고, 청소년 시기의 넘치는 에너지를 건전하게 표출하는 계기가 된다</u>고 말하고 있다.
기사의 관점

주간동아   2018년 7월 27일

나

비뚤어진 팬덤 문화, 음원 시장 왜곡

최근 일부 팬클럽 회원들의 음원 사재기가 화제가 되고 있다. 왜 이렇게 음원을 사재기하는 것일까?
어느 음원 사이트든지 첫 화면의 눈에 잘 띄는 위치에는 실시간 순위가 있다. 이 실시간 순위에는 1위부터 5위, 10위까지의 음원들이 노출된다. 만약 일반 사용자가 이 사이트에 접근한다면 실시간 순위에 가장 먼저 관심을 보이면서 한 번쯤은 이 순위의 곡들을 들어 볼 것이다. 그래서 일부 팬클럽 회원들이 자신이 좋아하는 가수의 새로운 노래가 나오면 음원을 사재기하여 그 노래가 실시간 순위에 오르도록 하는 것이다. 그러나 이는 정당한 방법이 아니다. <u>땀 흘려 노력한 다른 가수들에게 피해를 끼치는 것뿐만 아니라 맹목적인 팬덤 문화를 형성하여 다른 사람들과의 갈등으로 이어질 수도 있기</u> 때문이다. 잘못된 팬덤 문화,
기사의 관점
이제 우리가 바로잡아야 한다.

○ 활동 탐구
타당한 근거를 들어 실제 주장하는 글을 쓰는 활동이다. '청소년의 팬덤 문화'라는 사회 현상에 대해 자신의 관점을 정하고, 주장할 내용에 대해 근거를 마련하여 주장하는 글을 써 본다.

지학이가 도와줄게! - 1
'관점'이란 사물이나 현상을 관찰할 때, 그 사람이 보고 생각하는 태도나 방향 또는 처지를 의미해. 가와 나는 '팬덤 문화'라는 사회 현상에 대해 자신의 생각이나 의견을 담은 글이기 때문에 글쓴이의 관점이 잘 나타나고 있어. 가와 나를 읽으면서 글쓴이가 '팬덤 문화'에 대해 긍정적으로 생각하는지, 비판적으로 생각하는지 파악해 보고, 글쓴이가 그러한 생각을 지니게 된 근거가 무엇인지를 글의 내용을 통해 파악하여 정리해 보자.

＋ 보충 자료
주장하는 글을 쓰는 과정

사회적 쟁점에 관한 다양한 의견을 분석하여 자신의 관점을 수립함.

↓

자신의 주장이 사회·문화적 맥락 안에서 수용되도록 논리적으로 타당하며 구체적인 근거를 듦.

↓

글의 특성에 맞게 자신의 의견을 논리적이고 설득적인 문장으로 씀.

1 '팬덤 문화'에 관해 **가**, **나**에 나타난 관점을 각각 정리해 봅시다. 예시 답ㅣ

가에 나타난 관점	**나**에 나타난 관점
팬덤 문화는 청소년들에게 소중한 추억을 만들고, 청소년 시기의 넘치는 에너지를 건전하게 표출하는 계기가 된다.	음원 사재기 등의 정당하지 않은 방법에 따른 맹목적인 팬덤 문화 현상은 다른 가수들에게 피해를 끼치고 다른 사람들과의 갈등으로 이어질 수 있으므로 바로잡아야 한다.

⊕ 보충 자료
팬덤
'팬덤'은 특정한 인물이나 분야를 열성적으로 좋아하는 사람들, 또는 그러한 문화 현상을 의미한다. 특정 스타나 문화를 열광적으로 좋아하는 사람을 의미하는 'fan'과 지위, 상태, 영토 등을 나타낼 때 사용하는 'dom'을 합쳐서 만든 합성어이다. 따라서 팬덤은 팬 또는 팬의 집합체, 팬 문화 현상과 관련된 규범, 관습, 제도 따위를 포괄하는 팬 사회를 일컫는 말이다.

2 '팬덤 문화'에 관한 자신의 관점을 정해 보고, 이를 바탕으로 자신이 주장할 내용을 써 봅시다. 예시 답ㅣ

나의 관점
팬덤 문화에 관해 긍정적인 관점

나의 주장
올바른 팬덤 문화는 청소년들의 건전한 문화 향유 방법이다.

찬찬샘 핵심 강의

■ **문제 분석 및 관점 정하기**
　주장하는 글을 쓰기 위한 첫 번째 단계로, 사회적 쟁점이 존재하는 사회 현상을 분석하고 자신의 관점을 정한 후, 이를 바탕으로 자신의 주장을 정해 보는 단계야.

▸핵심 포인트◂

문제 분석 및 관점 정하기	• 문제 분석: 쟁점에 대한 의견을 분석함. • 관점 정하기: 책, 신문, 인터넷 등을 통해 쟁점이 존재하는 사회 현상을 다룬 글을 읽고 관점을 비교하며 자신의 관점을 정함. → 주장할 내용 쓰기: 자신이 정한 관점이 분명하게 잘 드러나도록 한 문장으로 씀.

콕콕 확인 문제
3. 사회적 쟁점에 관련된 주장하는 글을 쓰기 위해 가장 먼저 해야 할 일은?

① 개요 작성하기
② 주장할 내용 쓰기
③ 근거의 타당성 판단하기
④ 쟁점을 분석하고 관점 정하기
⑤ 자료를 수집하여 주장의 근거 마련하기

2. 1의 활동을 바탕으로 주장하는 글을 쓰려고 합니다. 다양한 방법으로 자료를 조사하여 자신의 주장을 뒷받침할 근거를 마련해 봅시다.

1 아래에 제시된 자료 이외에 청소년 팬덤 문화와 관련된 다양한 자료를 더 조사해 봅시다. 예시 답 l

가 〈인터넷에서〉

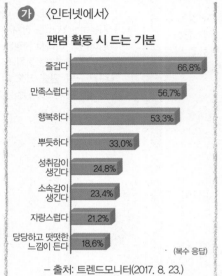

팬덤 활동 시 드는 기분

즐겁다	66.8%
만족스럽다	56.7%
행복하다	53.3%
뿌듯하다	33.0%
성취감이 생긴다	24.8%
소속감이 생긴다	23.4%
자랑스럽다	21.2%
당당하고 떳떳한 느낌이 든다	18.6%

(복수 응답)

– 출처: 트렌드모니터(2017. 8. 23.)
(http://www.trendmonitor.co.kr)

나 〈방송에서〉

○○○ 팬덤은 이제 ○○○의 공연장을 찾고, 음반을 사서 듣는 형태의 팬덤 문화를 넘어 사회적인 문제에도 관심을 가지는 등 발전적인 형태의 팬덤 문화를 보여 주고 있다. 이들은 브라질 과피아수 지역에 숲을 조성했고, 그의 이름으로 일본군 위안부 피해자 할머니를 돕는 자선 단체에 기부를 하기도 했다. 이러한 팬덤의 활동은 보다 발전적이고 긍정적인 형태의 팬덤 문화를 보여 주는 것이라 할 수 있다.

– 에스비에스(SBS)(2017. 8. 30. 방송)

자료 수집

다 〈책에서〉

팬덤 문화에는 부정적인 인식이 더 많았다. 자신들의 '우상'에 관한 과도한 옹호는 눈살을 찌푸리게 했고, 서로에 관한 과열된 경쟁의식은 많은 사고를 낳았다. 자신이 좋아하는 '오빠'와 사귄다는 소문이 도는 여성 가수에게 협박하는 일이 일어나기도 했고, 비판적인 의견을 제시하는 평론가나 언론에 관해서 지나치게 적대적인 자세를 취하며 집단행동을 하기도 했다. 하지만 아이돌 문화가 자리를 잡아가면서 팬덤 문화도 성숙하여 갔다. 자신들이 좋아하는 가수에 관한 비판적인 의견이 있을 때는 정중하게 반론을 제시하는 등 과거와 같은 무분별한 집단행동은 자제했다. 이는 그런 행동들이 자신들의 우상에게 결과적으로 부정적인 이미지를 심어 줄 수 있다는 직접적인 체험의 결과이기도 했다. 또한, 팬덤 문화가 성숙하면서 긍정적인 방향으로 이어지는 경우도 늘고 있다. 과거 자신들의 우상에게만 선물 공세를 하던 것에서 벗어나 이를 기부 문화나 봉사 활동으로 발전시키는 것이 대표적인 예다.

– 김학선, 『케이팝(K·POP) 세계를 홀리다』(을유문화사, 2012, 31~32쪽)

라 〈전문가의 의견에서〉

어느 시대나 연예인을 좋아하는 청소년들은 늘 있었다. 하지만 좋아하는 방식은 시대마다 다르다. 스타를 좋아하는 방식이 하나의 문화 현상으로 나타나는 경우를 두고 팬덤이라고 한다. 팬덤 문화가 긍정적으로 나타나기도 하지만 일부는 기획사의 홍보 전략과 관련되어 있고, 인터넷과 휴대 전화로 엄청난 결속력과 충성도(음반, 관련 상품 구매)를 과시하기도 한다. 최근의 팬덤은 자신이 좋아하는 연예인을 사사화(私事化)하는 새로운 양상을 보여 준다. 좋아하는 연예인을 주인공으로 한 소설을 쓰는 것이 대표적이다.

– 김동식, 『주간한국』(2002. 08. 16)

※ 연예인의 사사화 양상: 좋아하는 연예인을 나만의 스타로 사유화하는 양상을 말한다.

지학이가 도와줄게! – 2❶

주장하는 글을 쓸 때 주장의 근거를 마련하기 위해서는 다양한 방법으로 자료를 조사해야 돼. 이때 다양한 매체에서 나타난 구체적인 사례나 사회 상황과 관련된 전문가의 의견 등을 참고할 수 있어. 물론 자료를 무조건 많이 수집한다고 해서 좋은 것은 아니고, 자신이 쓸 내용과 관련 있는 자료, 주장을 뒷받침할 수 있는 자료를 수집하도록 해.

➕ 보충 자료
자료를 수집할 때 활용할 수 있는 매체의 종류

인쇄 매체	사전, 신문, 도서, 잡지 등
방송 매체	텔레비전, 라디오 등
인터넷 매체	블로그, 누리집, 누리 소통망(SNS) 등

콕콕 확인 문제

4. 주장하는 글을 쓰기 위해 자료를 수집할 때 고려할 점은?

① 자신의 최근 관심사를 반영한 자료를 수집한다.
② 접근성이 쉬운 인터넷 매체로 자료를 모두 수집한다.
③ 독자들의 흥미를 고려하여 영상 매체로만 자료를 수집한다.
④ 주장을 논리적으로 뒷받침할 수 있는 자료인지 판단하며 수집한다.
⑤ 자신의 주장과 일치하는 전문가들의 의견만을 취합하여 자료를 수집한다.

2 **1**의 자료들을 분석해 보고, 자신의 주장에 관한 근거로 적절한지 판단해 봅시다. 예시 답 |

가의 자료는 어떤 것 같아?

가 는 팬덤 문화에 참여하는 사람들의 긍정적인 심리 상태를 보여 준다 (라)는 점에서 나의 주장에 관한 근거로 (적절해 / 적절하지 않아).

나의 자료는 어떤 것 같아?

나 는 팬덤의 선행에 관한 기사 (라)는 점에서 나의 주장에 관한 근거로 (적절해 / 적절하지 않아).

다의 자료는 어떤 것 같아?

다 는 팬덤 문화가 성숙했다는 전문가의 의견이 (라)는 점에서 나의 주장에 관한 근거로 (적절해 / 적절하지 않아).

라의 자료는 어떤 것 같아?

라 는 팬덤 문화에 부정적이고, 팬픽 문화를 소개한다 (라)는 점에서 나의 주장에 관한 근거로 (적절해 / 적절하지 않아).

3 **1**, **2**의 활동을 바탕으로 자신의 주장에 관한 근거를 마련해 봅시다.
예시 답 |

주장에 관한 근거
- 팬덤 활동 시 정서적인 안정감, 스트레스 해소, 삶의 활력을 얻을 수 있다.
- 팬덤은 사회적인 문제에 관심을 가지는 방향으로 발전되었다.
- 팬덤은 문화 세력으로서 사회에 참여하고 있다.

찬찬샘 **핵심** 강의

■ **주장의 근거 마련하기**
주장하는 글을 쓰기 위한 두 번째 단계로, 다양한 매체에서 주장하는 내용과 관련된 자료를 조사하고 이를 분석하여 주장의 근거를 마련하는 단계야.

▶핵심 포인트◀

주장의 근거 마련하기	• 다양한 자료 수집하기: 다양한 매체에 나타난 구체적 사례, 사회 상황과 관련된 전문가의 의견 등 주장할 내용과 관련하여 다양한 자료를 수집함. • 자료 분석하기: 수집한 자료들을 분석해 보고, 자신의 주장에 관한 근거로 적절한지 판단하며 주장에 대한 근거를 마련함.

✦지학이가 도와줄게! - 2 **2**
앞에서 수집한 자료들이 적절한지를 판단하는 활동이야. 이때 가장 중요한 기준은 자신이 내세우는 주장을 뒷받침할 수 있느냐 하는 거야. 물론 자신의 주장을 뒷받침할 수 있는 자료면서 다음과 같은 기준을 만족시킬 수 있다면 더욱 좋은 자료겠지.
- 수집한 자료가 정확하고 신뢰할 만한 것인가?
- 수집한 자료가 독자의 흥미, 지적 수준 등을 만족시키는가?
- 수집한 자료가 최근의 것인가?

콕콕 확인 문제

5. 제시된 **가**와 **나**의 자료를 분석한 내용으로 적절한 것은?

① **가** 는 팬덤 문화를 부정적으로 바라보는 관점의 근거가 된다.

② **가** 는 팬덤 문화의 장점과 단점을 동시에 다루고 있는 자료이다.

③ **나** 는 팬덤 문화의 개념에 대해 객관적으로 분석한 자료이다.

④ **나** 는 팬덤 문화를 긍정적으로 바라보는 관점에 근거가 된다.

⑤ **가**, **나** 모두 출처가 정확하지 않아 신뢰가 부족하다.

3. 2의 활동을 바탕으로 주장하는 글을 쓰기 위한 개요를 마련해 봅시다. 예시 답 l

지학이가 도와줄게! - 3

'개요'는 건축물로 따지면 '설계도'와 같은 역할을 하기 때문에 '개요 짜기'가 잘못되면 논리적이고 설득력 있는 글이 될 수 없어. 개요를 짤 때는 '서론-본론-결론'을 차례대로 작성할 수도 있지만, 주장과 근거를 적는 본론 부분을 먼저 완성한 후, 서론과 결론을 완성할 수도 있어.

- **제목:** 청소년들의 팬덤 문화, ___청소년의 활력소___

- **주제문:** 청소년들의 팬덤 문화는 건전한 성장에 도움을 준다.

I. 서론

- **상황 제시:** 청소년들의 팬덤 참여 실태를 제시함.

- **용어 정의:** 팬덤은 특정한 인물이나 분야를 열성적으로 좋아하는 사람들 또는 그러한 문화 현상을 가리킴.

- **문제 제기:** 팬덤에 대한 기존의 부정적인 시각에 관해 문제를 제기함.

> 서론에서는 글을 쓴 목적과 의도를 밝히고, 글에서 다룰 문제를 명확하게 제기해야 해요.

II. 본론

- **주장:** 팬덤 활동은 청소년들의 성장에 긍정적 영향을 미친다.

  - **근거 1:** 팬덤 활동은 청소년에게 정서적 안정감과 삶의 활력을 준다.
    - 아이돌을 통해 대리 만족하며 스트레스를 해소할 수 있음.
    - 공감대를 형성하고, 또래 문화를 공유함으로써 소속감과 안정감을 느낄 수 있음.

  - **근거 2:** 청소년들은 팬덤 활동을 통해 사회에 참여한다.
    - 봉사와 기부 문화가 퍼지고 있음.
    - 불공정한 전속 계약의 전환점이 마련되고 있음.
    - 건전한 응원 문화가 형성되고 있음.

> 본론에서는 제기된 상황에 관해 자신의 주장을 밝히고, 이를 뒷받침할 수 있는 타당한 근거를 제시해야 해요.

III. 결론

- **마무리:** (본론의 내용을 요약하고 재강조함. 앞으로 나아갈 방향을 제시함.)

> 결론에서는 자신의 주장을 다시 한 번 강조하고, 앞으로의 전망을 제시하며 마무리합니다.

찬찬샘 핵심 강의

■ **내용 조직하기**

주장하는 글을 쓰기 위한 세 번째 단계로, 주장하는 글의 전개 방식에 맞도록 개요를 작성하는 단계야.

핵심 포인트

개요 작성하기	• 서론: 글을 쓴 목적과 의도 밝히기, 문제 제기하기 • 본론: 제기된 상황에 관해 자신의 주장 밝히기, 주장을 뒷받침하는 타당한 근거 제시하기 • 결론: 자신의 주장을 재강조하기, 앞으로의 전망 제시하기

■ **주장하는 글을 쓰고 쓴 글을 고쳐 쓰기**

주장하는 글을 쓰기 위한 본격적인 단계와 마지막 단계로, 작성한 개요를 바탕으로 주장하는 글을 쓰고 쓴 글을 고쳐 써 보는 단계야.

핵심 포인트

주장하는 글을 쓰고 쓴 글을 고쳐 쓰기	• 주장하는 글 쓰기: 정확하고 분명한 표현으로, 자신의 주장이 사회·문화적 맥락 안에서 수용될 수 있도록 타당한 근거를 들어 글을 씀. • 고쳐쓰기: 객관적인 시선으로 자신이 쓴 글을 살펴보며 내용(주장과 근거)과 표현 면에서 검토하여 고쳐 씀.

콕콕 확인 문제

6. 주장하는 글을 쓰기 위해 개요를 작성할 때, 각 구성 단계에 들어갈 내용으로 알맞지 않은 것은?

① 서론: 앞으로 전망 제시하기

② 서론: 글을 쓴 목적과 의도 밝히기

③ 본론: 타당한 근거 제시하기

④ 결론: 주장을 재강조하기

⑤ 결론: 본론 내용을 요약하기

4. 작성한 개요를 바탕으로 '청소년들의 팬덤 문화'에 관해 주장하는 글을 써 봅시다.

> **예시 답 |** 아이돌은 전 세계를 사로잡는 음악과 퍼포먼스로 큰 인기를 얻을 뿐만 아니라 엄청난 규모의 경제적 가치를 만들어 낸다. 수많은 청소년들이 이들의 팬이 되었다. 이렇게 특정한 인물이나 분야를 열성적으로 좋아하는 사람들 또는 그러한 문화 현상을 팬덤이라 하는데, 팬덤 문화는 10대의 문화에서 중요한 비중을 차지한다.
>
> 과거에는 아이돌에 열광하는 청소년들이 학업을 소홀히 한다는 인식, 악성 댓글을 만들거나 음원을 사재기하여 음악 시장을 혼란스럽게 만든다는 인식 등 곱지 않은 시선이 많았다. 하지만 청소년들의 팬덤은 아이돌과 함께 성장해 왔으며, 오히려 청소년들의 성장에 긍정적인 면이 더 많다. 팬덤 활동의 어떤 점이 청소년에게 긍정적인 영향을 미쳤을까?
>
> 첫째, 팬덤 활동은 청소년들에게 정서적 안정감과 삶의 활력을 준다. 다양한 이유로 고민이 많은 시기의 청소년들은 아이돌 스타를 통해 자신을 힘들게 하는 현실을 잊고 이들의 삶으로부터 대리 만족을 얻는다. 또한, 자신이 좋아하는 아이돌의 노래를 듣고, 콘서트를 다니고 상품을 구매함으로써 스트레스를 풀며 삶의 활력을 찾기도 한다. 실제 팬덤 문화 관련 인식 조사 결과, 팬덤 활동 시 드는 기분으로 '즐겁다, 만족스럽다, 행복하다, 뿌듯하다'와 같은 항목에 매우 높은 비율의 긍정적인 설문 응답이 나왔다. 또한, 소속감, 유대감을 중시하는 청소년들에게 아이돌의 팬이 된다는 것은 같은 취향과 의도를 가진 또래들과 함께한다는 정서적 안정감을 주기 때문에 팬덤 활동이 주는 의미는 매우 각별하다.
>
> 둘째, 청소년들은 팬덤 활동을 통해 사회에 참여한다. 관행처럼 굳어진 연예 기획사들의 불공정한 전속 계약에 반기를 들고 적극적으로 대항하는 팬덤 활동은 합리적인 표준 계약서가 도입되는 계기가 되었다. 또한, 자신들이 좋아하는 아이돌의 기념일에 맞춰 기부와 봉사 활동 같은 훈훈한 미담이 사회 곳곳에 퍼지고 있다. 지진이 발생한 지역을 돕는 릴레이 헌혈 캠페인, 깨끗한 식수를 위한 필터 기부, 일본군 위안부 피해자 할머니를 돕는 자선 단체의 기부 등 그 영역이 점차 넓어지고 있다. 또한, 공연을 즐긴 뒤에 자발적으로 쓰레기를 치우며 행사를 마무리하는 문화도 보여 주고 있다. 이러한 자발적인 사회 참여는 그들에게 소중한 추억이 되는 동시에 더욱 사회적 문제에 관심을 가져 사회 참여인으로 한 단계 성장하는 계기가 된다.
>
> 이렇듯 청소년의 팬덤 문화는 긍정적인 면이 많다. 팬덤 문화는 청소년 시기의 넘치는 에너지를 건전하게 표출하는 통로가 된다. 또한, 청소년의 팬덤 활동은 건강하고 성숙한 시민으로 성장하는 발판이 된다. 이들의 올바른 활동을 따뜻한 시선으로 응원해 준다면 청소년은 더 성숙한 팬덤 문화를 이끌어 갈 것이다.

5. 다음의 사항에 유의하여 자신이 쓴 글을 평가해 봅시다. 예시 답 | 생략

평가 기준	평가 결과
❶ 주장이 명확하게 드러나는가?	☆☆☆☆☆
❷ 주장에 대한 근거는 타당하며, 신뢰할 만한 것인가?	☆☆☆☆☆
❸ 글의 짜임에 맞게 문단이 구성되어 있는가?	☆☆☆☆☆
❹ 정확하고 분명한 어휘를 사용하였는가?	☆☆☆☆☆
❺ 문장 표현이 간결하고 명료한가?	☆☆☆☆☆
❻ 글의 흐름과 관련 없는 문장은 없는가?	☆☆☆☆☆

6. 5의 활동을 바탕으로 4에서 쓴 글을 고쳐 써 봅시다. 예시 답 | 생략

★ 지학이가 도와줄게! - 4

앞에서 작성한 개요를 바탕으로 주장하는 글을 쓸 때는 정확하고 분명한 표현으로 써야 해. 특히 자신의 주장이 수용될 수 있도록 사회 구성원이 공감할 만한 내용으로 써야 하는데, 이런 것을 사회·문화적 맥락이라고 해. 따라서 주장하는 글을 쓸 때는 사회·문화적 맥락 안에서 타당한 근거를 들어 글을 써야 한다는 것을 잊지 말아야 해.

★ 지학이가 도와줄게! - 5, 6

주장하는 글을 평가할 때는 객관적인 시선으로 자신이 쓴 글을 살펴보아야 해. 제시된 기준은 크게 내용(주장과 근거)과 표현으로 구성되고 있으므로, 내용적인 측면에서 주장과 근거가 논리적으로 연결되고 있는지를 평가하고, 형식적인 측면에서 정확하고 분명한 어휘나 문장으로 표현되고 있는지를 평가해 보자. 평가 기준에 따라 자신이 쓴 글을 평가해 봤다면 그 내용을 바탕으로 고쳐 써 보자.

콕콕 확인 문제

7. 주장하는 글을 쓸 때 유의할 점으로 알맞지 <u>않은</u> 것은?

① 주장이 명확하게 드러나도록 쓴다.

② 정확하고 분명한 어휘를 사용한다.

③ 주장에 대해 타당한 근거를 제시한다.

④ 비유적이고 개성 있는 문장 표현을 쓴다.

⑤ 서론-본론-결론의 짜임에 맞게 문단을 구성한다.

창의 · 융합 활동

‖ 다음은 응급 환자 수술에 관한 두 의사의 상반된 관점이 드러난 드라마 대본의 일부입니다. 글을 읽고, 아래의 활동을 해 봅시다.

문제 상황에 대해 자신의 관점을 정하여 주장하는 글 쓰기

응급실에 3분 간격으로 두 환자가 실려 온다. 먼저 온 환자는 차량으로 도주하다 교통사고를 내고 다친 범죄자이고, 나중에 온 환자는 범죄자가 낸 교통사고로 다친 어린아이이다. 두 명 모두 급히 수혈을 해야 하는데, 공교롭게도 혈액형이 똑같이 에이비(AB)형이다. 병원에 피가 모자란 상황에서 범죄자의 담당 의사인 중근이 먼저 수술 장소를 잡고 피를 확보했다. 이때 어린아이의 담당 의사인 건욱이 중근을 잡는다.

#29 환자용 엘리베이터 앞

건욱   잠깐!

중근   무슨 짓이야?

건욱   부탁 좀 하자. 10세 남자아이인데 간 *열상에 *비장 *파열로 엄청난 내출혈이다. 당장 수술하지 않으면 애가 죽는데 피가 없다.

중근   그래서?

건욱   그 환자랑 같은 에이비형이야. 한 시간이면 피가 공수돼. 애부터 수술하게 피 좀 양보해 줘.

중근   안 돼. 내 환자도 *대동맥 박리야.

건욱   아이라니까. 10세 남아. *라세레이션 그레이드 5. 초응급도야.

중근   내 환자 역시 초응급도야. 대동맥 박리는 터지면 즉사인 거 몰라?

건욱   애야. 애들은 더 못 버티는 거 알잖아?

중근   그래서 어쩌라고? 손 떼.

건욱   그 범죄자 때문에 아이가 다쳤어. 아이를 치고 도주했다고.

중근   그래서, 무슨 뜻이야? 이 환자는 범죄자니까 안 살려도 된다고? 죽게 내버려 두자고? 생명엔 우선순위가 없어. 같은 응급도면 도착 순서에 따라 치료할 수밖에 없고, 이 환자가 먼저 도착했으니 어쩔 수 없어. 이 환자부터 치료해야 해. 의사는 그저 치료할 뿐이야. 판단할 자격 없어. 손 떼!

                                 − 이정선, 『외과의사 봉달희』

- 열상(裂傷)   피부가 찢어져서 생긴 상처.
- 비장   왼쪽 신장과 횡격막 사이에 있는 장기로, 혈액 속 세균을 죽이고, 늙어서 기운이 없는 적혈구를 파괴한다.
- 파열(破裂)   깨어지거나 갈라져 터짐.
- 대동맥 박리   대동맥 혈관벽 사이로 피가 고이는 병.
- 라세레이션 그레이드 5   간의 75% 이상이 찢어짐.

◎ 활동 제재 개관

갈래: 드라마 대본(시나리오)

제재: 교통사고를 내고 다친 범죄자와 그 범죄자가 낸 교통사고에 의해 다친 어린아이의 응급 수술

주제: 범죄자와 어린아이의 응급 수술을 맡은 두 의사의 상반된 관점

특징

① 의사라는 직업상의 윤리와 인간적인 윤리가 서로 대립하는 모습을 보여 줌.

② 상반된 관점을 지닌 두 의사가 각각의 근거를 통해 서로를 설득하는 모습을 통해 시청자들의 흥미를 자아냄.

③ 응급 수술의 상황을 실감 나게 드러내기 위해 사회 방언인 전문어가 많이 사용됨.

◎ 시나리오의 특징

- 주로 대사나 행동으로 내용이 전개됨.
- 내용이 장면(S#) 단위로 나누어짐.
- 연극의 대본인 희곡에 비해 시간적 · 공간적 제약을 덜 받음.
- 해설, 대사, 지시문, 장면 표시를 구성 요소로 함.

◎ 드라마 속 인물의 이해

- 대사나 행동을 통해 인물의 성격을 암시함.
- 인물의 표정이나 목소리 등을 통해 심리나 성격을 드러냄.
- 카메라의 움직임에 따른 영상, 소리, 배경 음악을 통해 인물의 심리나 분위기를 드러냄.

↓

드라마 속 인물들은 가치관이나 사고방식에 따라 드라마 속 사건과 상황에 관해 판단을 내리고 반응함.

혼자 하기

1. 이 드라마의 문제 상황에 관한 두 의사의 주장과 근거를 정리해 봅시다.

예시 답 |

	건욱
주장	아이 먼저 치료해야 한다.
근거	• 아이는 어른보다 더 못 버티므로 먼저 치료해야 한다. • 먼저 실려 온 사람은 범죄자이고 아이는 그로 인한 피해자이다.

〈문제 상황〉
응급실에 실려 온 두 환자 모두 수혈이 시급한 상황이나 피가 모자란 상황

	중근
주장	먼저 도착한 사람을 먼저 치료해야 한다.
근거	생명엔 우선순위가 없다. 같은 응급도면 도착 순서에 따라 치료해야 한다. 의사는 가치를 판단하는 사람이 아니라 치료하는 사람이다.

☀ 지학이가 도와줄게! - 1

드라마 대본을 읽으면서 두 의사의 가치관이 대립하고 있는 문제 상황이 어떤 상황인지를 찾아서 정리해 봐. 그런 다음에 두 의사가 그러한 문제 상황에서 어떤 주장을 펼치고 있는지, 주장을 펼치는 근거는 무엇인지 글 속에서 찾고 그것을 비교하면서 정리해 보자.

혼자 하기

2. 이 문제 상황에 관한 자신의 주장을 밝히고, 타당한 근거를 마련해 봅시다.

예시 답 |

주장	먼저 실려 온 사람부터 수술해야 한다.
근거	'같은 응급도라면 먼저 온 사람을 치료해야 한다.'라는 응급 치료의 원칙을 깨뜨린다면 나중에 우선순위의 기준이 없어 혼란이 가중될 것이다. 생명을 다루는 응급실이니만큼 공공성을 띤 원칙은 반드시 지켜야 한다.

☀ 지학이가 도와줄게! - 2

1번에서 두 의사의 주장과 근거를 정리한 내용을 바탕으로, 이 상황에 관해 자신의 관점을 정해 보도록 해. '만일, 나라면 어떻게 했을까?'를 가정해 보고 관점을 정해 보되, 그러한 관점을 선택한 타당한 근거를 제시하도록 하자.

함께하기

3. 자신의 주장과 상반되는 주장을 가진 친구와 짝을 이뤄 이 드라마의 대본을 다시 써 봅시다. 예시 답 | 생략

☀ 지학이가 도와줄게! - 3

드라마 상황에 관한 자신의 주장과 근거를 바탕으로 드라마를 재구성해 보는 활동이야. 여기서 '재구성'이라고 하는 것은 드라마 상황은 유사할 수 있지만, 인물들의 대사나 행동은 새롭게 구성해 보는 거야. 자신의 주장과는 상반되는 주장을 가진 친구와 짝을 이루어 내용을 구성해 보도록 하자.

➕ 보충 자료

설득의 성격을 지닌 글의 종류

논설문	객관적인 사실이나 근거에 따라 어떤 주장을 내세우는 글
건의문	개선이 필요하다고 생각되는 문제를 당사자 또는 관련 집단에 알려 문제 해결을 촉구하는 글
광고문	상품 광고, 기업 광고, 공익 광고 등 다양한 광고에 사용되는 글
칼럼	신문이나 잡지에 기고 형식으로 싣게 되는 글로, 주로 시사적인 문제나 사회 현상에 대한 자신의 생각이나 의견을 담은 글

소단원 콕! 짚고 가기

핵심 포인트

주장하는 글은 다른 사람을 설득하기 위하여 자신의 생각이나 의견을 조리 있고 짜임새 있게 밝혀 쓴 글이야.

1. 주장하는 글의 특성

- 독자를 설득하는 것을 목적으로 함.
- 주장을 적절하게 뒷받침하는 ① ☐☐을/를 들어 주장의 타당성을 밝힘.

2. 주장하는 글 쓰기

(1) 문제 분석 및 관점을 정하고 주장할 내용 쓰기

문제 분석 및 관점 정하기	책, 신문, 인터넷 등을 통해 ② ☐☐이/가 존재하는 사회 현상을 다룬 글을 읽고, 관점을 비교·분석하며 자신의 관점을 정함.
주장할 내용 쓰기	자신이 정한 관점이 분명하게 잘 드러나도록 주장할 내용을 한 문장으로 씀.

(2) 주장의 근거 마련하기

자료 수집하기	다양한 매체에 나타난 구체적 사례, 사회 상황과 관련된 전문가의 의견 등 주장할 내용과 관련하여 다양한 ③ ☐☐을/를 수집함.
자료 분석하기	수집한 자료들을 분석해 보고, 자신의 주장에 관한 근거로 적절한지 판단하며 주장에 대한 근거를 마련하고 마련한 내용을 정리함.

(3) 개요 작성하기

- 주장하는 글의 일반적인 논리 전개 방식을 고려하여 개요를 작성함.

서론	본론	결론
• 글을 쓴 목적과 의도 밝히기 • ④ ☐☐ 제기하기	• 제기된 상황에 관해 자신의 주장 밝히기 • 주장을 뒷받침하는 타당한 근거 제시하기	• 자신의 주장을 재강조하기 • 앞으로의 ⑤ ☐☐ 제시하기

(4) 주장하는 글을 쓰기

- 분명하게 주장을 드러내고, 주장을 뒷받침할 만한 ⑥ ☐☐하고 적절한 근거를 들어야 함.
- 정확하고 분명한 어휘를 사용하고, 간결한 문장으로 써야 함.
- 주장이 사회·문화적 ⑦ ☐☐ 안에서 수용될 수 있도록 타당한 근거를 듦.

(5) 고쳐쓰기

평가 기준	• 주장이 명확하게 드러나는가? • 문장 표현이 간결하고 명료한가? • 글의 흐름과 관련 없는 문장은 없는가? • 주장에 대한 근거는 타당하며, 신뢰할 만한 것인가? • 글의 짜임에 맞게 문단이 구성되어 있는가? • 정확하고 분명한 어휘를 사용하였는가?

정답: ① 근거 ② 쟁점 ③ 자료 ④ 문제 ⑤ 전망 ⑥ 타당 ⑦ 맥락

[01~04] 다음 글을 읽고, 물음에 답하시오.

가 "21세기의 전쟁은 물을 차지하기 위한 전쟁이 될 것이다."

전 세계은행 부총재 이스마일 세라겔딘의 경고이다. 이 말처럼 인류는 물 부족으로 인한 위기에 직면할 것이며, 세계가 물을 차지하기 위해 전쟁을 벌일 것이라는 경고의 목소리가 높아지고 있다. 세계기상기구는 지금처럼 물을 소비할 경우, 2050년에는 3명 중 2명이 물 부족 상태로 생활할 것이라고 전망한다.

나 물이 부족한 상태는 인류에게 큰 위기로 다가올 것이다. ㉠따라서 곡식의 재배를 위한 담수 필요량이 늘어나게 될 것이다. ㉡설상가상으로 기후 변화로 인해 가뭄이 심화되어 지금처럼 물을 쓰다가는 2050년이 되기도 전에 인류는 물 부족 현상으로 인해 커다란 위기에 봉착하게 될 것이다. ㉢이러한 위기는 전쟁과 같은 국가 간의 갈등을 초래할 가능성이 높다. ㉣물은 인간의 생존을 위해 필수 불가결한 대상이지만 물의 양은 한정적이어서 물을 차지하기 위한 갈등이 벌어질 것이다. ㉤국가 간의 갈등은 전쟁으로 이어질 것이며, 이는 인류에게 커다란 시련을 안겨 줄 것이다.

다 일부에서는 바닷물로부터 염분을 포함한 용해 물질을 제거하여 음용수 및 생활용수로 사용하는 담수화를 통해 물 부족 문제를 해결할 수 있다고 주장하기도 한다. (ⓐ) 이는 물 부족 문제의 근본적인 해결책이 될 수 없다. 바닷물을 담수화하는 것은 비용이 높고, 기술이나 전문 인력을 활용한 시설의 구축이 선진국 중심이라는 점에서 전 인류가 사용하기에 어렵다. (ⓑ) 해수 담수화 기술은 에너지 소비가 많은 증기를 이용한 증발법을 사용하므로 결국 해수 담수화 기술은 다른 환경 문제로 이어질 수밖에 없는 것이다.

라 이제 우리는 다음 세대에게 물 부족으로 인한 고통을 안겨 줄 것인지, 아니면 삶을 영위할 수 있는 환경을 물려줄 것인지를 고민해야 한다. 위기를 과소평가한다면 영화에서나 펼쳐진 비극적 미래는 현실이 될 것이다. 아직 늦지 않았다. 지금부터라도 물 소비 행태에 관한 경각심을 가지고 물을 경제적으로 쓰도록 노력하자.

활동 응용 문제

01. 이와 같은 글을 쓰는 방법으로 알맞지 <u>않은</u> 것은?

① 자신의 의견이나 관점을 분명히 세워야 한다.
② 주장을 뒷받침하는 타당한 근거를 제시해야 한다.
③ 짜임새 있게 글의 내용을 단계적으로 구성해야 한다.
④ 주제에 대한 일관된 태도를 유지하며 글을 써야 한다.
⑤ 비유와 상징적인 표현을 사용하여 내용을 풍부하게 써야 한다.

02. (가)~(라)를 읽은 반응으로 알맞지 <u>않은</u> 것은?

① (가)는 글이 전개될 방향에 대한 안내 역할을 하는 글이야.
② (가)에서는 인용을 통해 현재의 문제 상황을 부각하고 있군.
③ (나), (다)는 글쓴이의 주장에 대해 타당한 근거를 제시하고 있는 부분이야.
④ (라)는 앞으로의 상황을 전망하면서 독자들의 행동을 촉구하고 있어.
⑤ (라)는 본론에서 전개한 내용을 요약하고 정리하며 그 중요성을 강조하고 있어.

03. ㉠~㉤ 중 〈보기〉의 내용이 들어가기에 적절한 곳은?

┤ 보기 ├
  앞으로도 인구는 증가할 것이며, 늘어나는 인구만큼 식량이 더 필요해진다.

① ㉠   ② ㉡   ③ ㉢   ④ ㉣   ⑤ ㉤

04. ⓐ, ⓑ에 들어갈 접속어로 알맞은 것은?

	ⓐ	ⓑ
①	그러나	또한
②	그렇지만	즉
③	그리고	그런데
④	한편	또
⑤	따라서	그래서

[05~08] 다음 글을 읽고, 물음에 답하시오.

가 연예인과 팬클럽이 함께하는 선행

청소년들의 팬덤 문화가 변화하고 있다. 과거에는 좋아하는 연예인과 관련한 상품을 구매하거나, 연예인들의 활동 모습을 공유하는 양상을 보였다면, 요즘은 연예인들의 선행이 팬클럽 회원들의 선행으로 이어지고 있어 우리 사회에 긍정적인 영향력을 끼치고 있다. 최근 유명 그룹인 ○○○이 주변에 알리지 않고 기부를 해 온 것이 화제가 되자, ○○○의 팬클럽 회원들은 이에 동참한다는 의미로 기부와 봉사 활동을 하여 훈훈함을 안겼다. - 『세계일보』(2011년 6월 6일)

나 비뚤어진 팬덤 문화, 음원 시장 왜곡

어느 음원 사이트든지 첫 화면의 눈에 잘 띄는 위치에는 실시간 순위가 있다. 이 실시간 순위에는 1위부터 5위, 10위까지의 음원들이 노출된다. 만약 일반 사용자가 이 사이트에 접근한다면 실시간 순위에 가장 먼저 관심을 보이면서 한 번쯤은 이 순위의 곡들을 들어 볼 것이다. 그래서 일부 팬클럽 회원들이 자신이 좋아하는 가수의 새로운 노래가 나오면 음원을 사재기하여 그 노래가 실시간 순위에 오르도록 하는 것이다. - 『주간동아』(2018년 7월 27일)

다 ○○○ 팬덤은 이제 ○○○의 공연장을 찾고, 음반을 사서 듣는 형태의 팬덤 문화를 넘어 사회적인 문제에도 관심을 가지는 등 발전적인 형태의 팬덤 문화를 보여 주고 있다. 이들은 브라질 과피아수 지역에 숲을 조성했고, 그의 이름으로 일본군 위안부 피해자 할머니를 돕는 자선 단체에 기부를 하기도 했다. - 에스비에스(SBS)(2017년 8월 30일)

05. 이 글을 읽고 유추한 내용으로 옳지 <u>않은</u> 것은?

① (가)를 보니, 연예인의 행동은 팬덤 활동에 영향을 주고 있군.

② (가)를 보니, 과거에 비해 현재는 팬덤 문화가 긍정적인 이미지를 보이는군.

③ (나)를 보니, 팬클럽의 음원 사재기가 음원 시장에 혼란을 줄 수 있겠군.

④ (다)를 보니, 긍정적인 형태의 팬덤 문화를 말하고 싶은 거군.

⑤ (나)와 (다)는 팬덤 문화에 대해 같은 편의 주장을 뒷받침할 수 있는 자료로군.

활동 응용 문제

06. (가)와 관점이 같은 의견으로 적절하지 <u>않은</u> 것은?

① 팬덤 문화는 청소년에게 정서적인 안정감을 준다.

② 팬덤 문화는 청소년들에게 소중한 추억을 만들어 준다.

③ 팬덤 문화는 청소년이 자발적으로 사회에 참여할 기회를 제공한다.

④ 팬덤 문화는 기획사의 행사에 동원되거나 상업적으로 이용되기도 한다.

⑤ 팬덤 문화는 청소년 시기의 넘치는 에너지를 건전하게 표출하는 계기가 된다.

07. 이 글과 〈보기〉의 자료를 더하여 '청소년들의 팬덤 문화, 청소년의 활력소'를 제목으로 주장하는 글을 쓰려고 한다. 이에 적절하지 <u>않은</u> 내용은?

┤ 보기 ├

아이돌 문화가 자리를 잡아가면서 팬덤 문화도 성숙되어 갔다. 자신들이 좋아하는 가수에 대한 비판적인 의견이 있을 때는 정중하게 반론을 제시하는 등 과거와 같은 무분별한 집단 행동은 자제했다. 이는 그런 행동들이 자신들의 우상에게 결과적으로 부정적인 이미지를 심어 줄 수 있다는 직접적인 체험의 결과이기도 했다.

① 서론에서 현재 청소년들의 팬덤 참여 실태를 제시하고, '팬덤'이라는 용어도 안내해야겠어.

② 서론에서 팬덤에 대한 기존의 부정적인 시각에 관해 문제를 제기해야겠어.

③ 본론에서 팬덤 문화가 청소년들에게 삶의 활력을 준다는 주장을 서술해야겠어.

④ 본론에서 팬덤 활동을 통해 긍정적인 측면에서 사회에 참여하고 있는 사례들을 근거로 들어야겠어.

⑤ 결론에서 팬덤 활동으로 사회 문제를 해결한 사례들을 제시해야겠어.

08. (가)~(다) 중 〈보기〉의 자료와 함께 관점을 뒷받침하기에 알맞은 문단의 기호를 쓰시오.

┤ 보기 ├

땀 흘려 노력한 다른 가수들에게 피해를 끼치는 것뿐만 아니라 맹목적인 팬덤 문화를 형성하여 다른 사람들과의 갈등으로 이어질 수도 있다.

단원+단원

통합과 적용

모두를 위한 디자인
글에 나타난 정보와 자신의 배경지식을 활용하여 글을 쓰기

+

주장하는 글 쓰기
타당한 근거를 들어 자신의 주장을 펼칠 수 있는 글쓰기

⇩

타당한 근거를 들어 주장하는 글을 써 보고, 다른 사람의 글을 문제 해결적 과정을 적용하여 읽기

❚휴대 전화의 바른 사용 습관을 위한 우리 반 공모전에 참가하는 활동을 해 봅시다.

현명한 휴대 전화 사용 습관을 위한 우리 반 공모전

20○○년 ○○월 ○○일까지

이 공모전은 미래의 주역이 될 우리 반 학생들에게 현명한 휴대 전화 사용 습관을 길러 주기 위해 개최되었습니다. 3학년 ○○반 학생들의 많은 관심과 참여 부탁드립니다.

1. 공모전 개요

• 주제: 휴대 전화를 현명하게 사용하자.
• 유의 사항
　– 자신의 주장과 주장에 관한 타당한 근거가 드러나야 함.
　– 최대 500자를 넘을 수 없음. 정해진 기간을 엄수해야 함.

2. 공모전 출품작에서 다루어야 하는 내용

• 휴대 전화의 사용 실태
• 휴대 전화 과다 사용의 문제점
• 휴대 전화 사용 방법의 개선 방안

3. 공모전 참여 방법

• 주장과 근거를 담아 우리 반 블로그에 댓글로 달기
• 친구들이 올린 글을 읽고, 가장 설득력이 있다고 생각하는 글에 (공감하기) 누르기

1. 공모전의 주제에 관한 다양한 자료를 살펴보고, 자신의 주장과 근거를 정리한 후, 주장하는 글을 써서 공모전에 출품하여 봅시다. 예시 답 ❘

(공감하기)　(댓글 달기)　(평가하기)

(**나의 주장**) 휴대 전화 사용 시간을 정해서 이용해야 한다.

(**근거**) • 휴대 전화 과다 사용으로 인간관계가 단절될 수 있다.
• 학교 성적이나 업무 능력이 떨어질 수 있다.
• 시력 저하, 손목굴 증후군 같은 신체적 증상이 나타날 수 있다.

(**주장하는 글**)

　편리한 통신 생활의 도구인 휴대 전화가 우리의 삶을 공격하고 있다. 민경복 서울대 의과대학 교수와 서울대 보건환경연구소 연구팀의 공동 조사 결과에 따르면 스마트폰 중독자는 전체 응답자의 36.5%에 달한다.

　휴대 전화를 과다하게 사용하면 다음과 같은 문제가 있다. 첫째, 가상 세계를 지향하여 사람 간의 관계가 단절될 수 있다. 둘째, 학교 성적이 나빠지고 업무 능력이 떨어질 수 있다. 셋째, 시력 저하, 손목굴 증후군 등의 신체적인 증세가 나타날 수 있다.

　과다 사용에 관한 개선 방안으로 휴대 전화 사용 시간을 정해서 사용하거나, 이유 없는 습관적 사용을 자제하고, 중독을 막는 앱을 사용하는 방법 등이 있다.

　휴대 전화는 분명 편리하고 유용한 기계이다. 따라서 휴대 전화 사용자들의 현명한 대처가 필요한 시점이다. 그리고 너무 과도하게 사용하고 있다면 자신의 휴대 전화 사용 시간을 정해서 이용하는 현명한 사용자가 되도록 하자.

2. 반 친구들이 올린 글 중, 하나를 뽑아 이를 평가해 봅시다.

❶ 주장과 근거가 잘 드러난 글을 골라 봅시다.

예시 답 ❘ 생략

❷ ❶에서 고른 글을 글에 나타난 정보와 자신의 배경지식을 활용하여 읽고, 다음 사항에 유의하여 평가해 봅시다. 예시 답 ❘ 생략

평가 기준	평가 결과
① 공모전의 주제를 잘 담고 있으며, 주장이 명확하게 드러나는가?	☆☆☆☆☆
② 주장에 관한 근거는 타당하며, 신뢰할 만한 것인가?	☆☆☆☆☆
③ 공모전의 유의 사항에 맞는 분량인가?	☆☆☆☆☆
④ 글은 어법에 맞고, 표현은 간결하고 명료한가?	☆☆☆☆☆

대단원을 닫으며

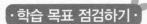· 학습 목표 점검하기 ·

① 모두를 위한 디자인

글에 나타난 정보와 독자의 배경지식을 활용하여 문제 해결하며 읽기

> • 읽기 과정에서 만난 문제들을 해결하기 위해서는 글에 나타난 정보와 독자의 배 경 지 식 을/를 활용하도록 한다.
> • 「모두를 위한 디자인」은 '모두를 위한 디자인'의 탄생 배경, 개념, 종류, 원칙, 가치 등을 구조적이고 체계적으로 설 명 하고 있는 글이다.

> **잘 모른다면**
> 교과서 96~97쪽의 목표 활동을 다시 한번 살펴보면 읽기 과정에서의 문제 해결 방법을 잘 이해할 수 있을 거야.

② 주장하는 글 쓰기

타당한 근거를 들어 주장하는 글 쓰기

> • 주장하는 글 쓰기는 문제가 되는 쟁점에 관해 자신의 관점을 정리하고, 자신의 주 장 에 관한 근거를 들어 쓴다.
> • 근거는 사회 · 문화적 맥락 안에서 수용될 수 있는 타 당 한 근거를 든다.

> **잘 모른다면**
> 교과서 109~110쪽의 활동 1을 통해 주장하는 글의 근거는 주장을 뒷받침해야 함을 이해하고, 교과서 112쪽의 활동 2를 통해 이를 적용해 보면 효과적으로 주장하는 글을 쓸 수 있을 거야.

· 어휘력 점검하기 ·

다음 빈칸에 들어갈 알맞은 어휘를 〈보기〉의 글자 중에서 골라 쓰시오.

| 보기 |
| 착 | 만 | 내 | 각 | 관 | 적 | 직 | 성 | 경 | 심 | 봉 | 구 |

(1) 그녀는 ☐☐☐ 호흡기 질환으로 몇 년째 이비인후과를 다니고 있다.

(2) 화재에 대한 기사는 불에 대한 ☐☐☐을/를 불러일으켰다.

(3) 그의 ☐☐☐ 판단은 한 번도 틀린 적이 없었다.

(4) 그는 한때 어려움에 ☐☐했으나 그것을 잘 해결하였다.

(5) 이 제품은 좋은 재료로 만들어 ☐☐☐이/가 뛰어나다.

> • **만성적:** 병이 급하거나 심하지도 아니하면서 쉽게 낫지도 아니하는. 또는 그런 것.
> • **경각심:** 정신을 차리고 주의 깊게 살피어 경계하는 마음.
> • **직관적:** 판단이나 추리 따위의 생각하는 작용을 거치지 아니하고 대상을 직접적으로 파악하는. 또는 그런 것.
> • **봉착:** 어떤 처지나 상태에 부닥침.
> • **내구성:** 물질이 원래의 상태에서 변질되거나 변형됨이 없이 오래 견디는 성질.

> **정답:** (1) 만성적 (2) 경각심 (3) 직관적 (4) 봉착 (5) 내구성

[01~04] 다음 글을 읽고, 물음에 답하시오.

가 우리는 살아가면서 '디자인'이라는 말을 쉽게 듣고 또 말한다. 그만큼 디자인이 일상화된 것이다. 우리나라는 세계 유수의 좋은 디자인 선정에서 다수의 수상을 기록할 정도로 디자인 산업이 발전하였다. 이제 디자인은 특정한 분야나 제품에만 국한되지 않고, 기업 혁신과 국가 경쟁력에서 매우 중요한 핵심어가 되었다.

나 디자인은 보통 대량 생산을 전제로 하지만, 그렇다고 하여 모든 사람이 만족하는 디자인을 추구하는 것은 아니다. 대부분의 디자인은 특정한 집단을 목표 대상으로 한다. 하나의 상품을 대량 생산하려면 많은 비용이 들어가므로, 기업은 실패하지 않기 위해 목표 대상을 명확히 하여 그들에게 적합한 디자인을 하는 것이다. 이를 위해 그 집단이 요구하는 기능과 좋아할 만한 양식에 관해 방대한 조사가 이루어진다. 이러한 과정을 통해 생산된 물건은 특정 집단에는 큰 즐거움을 주지만, 그 밖의 다른 사람에게는 필요 없는 것이 될 수도 있다. 특히 장애인, 관절염 같은 만성적인 병을 앓고 있는 사람, 노약자, 보통 사람보다 키가 아주 작거나 덩치가 아주 큰 사람 등을 고려하면서 디자인한 물건은 좀처럼 찾아보기 힘들다.

다 '모두를 위한 디자인'은 노인이나 장애를 가진 사람도 사용하는 데 불편하지 않은 디자인을 말한다. 이 디자인은 처음에 장애인과 노약자 같은 사회적 약자를 위한 복지 차원에서 시작되었다. 그러나 지금은 좀 더 보편적인 의미인 '모든 사람을 위한 디자인'이라는 의미로 통용되고 있으며, 개인이 사용하는 도구나 물건은 물론 공공시설 같은 환경으로까지 확대되고 있다. 특히 공공시설이나 대중교통에서 이 디자인은 장애가 있거나 없거나, 노인이거나 어린아이거나, 남자거나 여자거나, 내국인이거나 외국인이거나 사용하는 데 불편함이 없도록 하는 데 노력을 기울인다.

01. 이 글에서 설명하는 '모두를 위한 디자인'에 관한 내용으로 적절한 것은?
① '모두를 위한 디자인'은 대량 생산을 전제로 하지 않는다.
② '모두를 위한 디자인'은 개인보다는 공공시설물에 적합한 디자인이다.
③ 대부분의 디자인은 보다 많은 수요자인 일반인을 목표 대상으로 한다.
④ '모두를 위한 디자인'은 일반적인 디자인에 비해 국가 경쟁력을 획득하기 어렵다.
⑤ '모두를 위한 디자인'은 모든 사람을 만족하게 해야 하므로 비용이 많이 들 수 있다.

02. 이 글을 읽은 후 반응으로 알맞지 **않은** 것은?
① 오늘날에는 디자인이 매우 중요한 요소가 되었구나.
② '모두를 위한 디자인'의 개념이 처음과는 달라졌구나.
③ 하나의 상품에 적합한 디자인을 하는 과정이 단순하지만은 않구나.
④ '모두를 위한 디자인'은 사회적 약자만을 위한 유용한 디자인을 의미하는구나.
⑤ 일반적으로 디자인은 특정한 집단을 목표 대상으로 하는 특성을 보이고 있구나.

03. 이 글을 읽으며 이해하기 어려웠던 어휘를 찾아 정리해 본 것이다. 적절하지 **않은** 것은?
① 유수: 손꼽을 만큼 두드러지거나 훌륭함.
② 혁신: 묵은 풍속, 관습, 조직, 방법 따위를 완전히 바꾸어서 새롭게 함.
③ 전제: 어떤 사물이나 현상을 이루기 위하여 먼저 내세우는 것.
④ 방대한: 면이나 바닥 따위의 면적이 큼.
⑤ 만성적: 병이 급하거나 심하지도 아니하면서 쉽게 낫지도 아니하는. 또는 그런 것.

| 서술형 |
04. (가)의 중심 내용을 한 문장으로 요약하여 쓰시오.

[05~08] 다음 글을 읽고, 물음에 답하시오.

가 '모두를 위한 디자인'은 단지 사회적 약자만을 위한 디자인이 아니라 보통 사람에게도 보편적으로 유용한 물건과 시설, 환경을 추구한다. 이 디자인이 시작된 미국에서는 신체, 인종, 종교, 문화 차이에 따라 차별을 받지 않도록 규정하는 '동등한 기회' 정신이 보편화되어 있는데, 이러한 가치관이 디자인에도 적용되었다. 　　　　⊙　　　　
이런 디자인은 사회적 약자뿐만이 아니라 비사회적 약자에게도 유용하다. 특히 대도시의 공공과 환경 부문에서는 장애인이나 노약자, 외국인을 배려한 디자인이 필수 요소가 되고 있다.

나 '모두를 위한 디자인'은 디자이너가 애정을 갖고 사람들의 지극히 평범한 일상생활을 관찰하고, 사람들이 인식하지 못하는 불편한 점을 찾아내어 그 개선 사항을 반영할 수 있어야 가능하다. 개성이나 상상력을 발휘하고 튀어 보려는 마음보다는 타인을 보살피려는 마음 자세에서 비롯한다고 할 수 있다. 그렇다고 이런 디자인이 이윤을 완전히 배제하고 남을 돕는 일만 하려 한다고 착각해서도 안 된다. '모두를 위한 디자인' 역시 사업적 가치가 큰 미래 산업 중의 하나이다. 크게 보면 불편한 사람과 건강한 사람 모두를 위한 디자인이며, 작게 보면 나와 나의 가족, 내가 속한 집단을 위한 보편적 디자인이 바로 '모두를 위한 디자인'이다.

05. 이 글로 미루어 보았을 때, '모두를 위한 디자인'의 특성으로 적절하지 <u>않은</u> 것은?

① 누구나 쉽게 접근하여 사용할 수 있는 디자인이다.
② 타인에 대한 희생과 봉사를 전제로 하는 디자인이다.
③ 누가 쓰더라도 공평하게 사용할 수 있는 디자인이다.
④ 이윤을 완전히 배제하고 남을 돕는 일만 하려는 것이 아닌 디자인이다.
⑤ 사용자의 언어나 교육 수준과 관계없이 사용할 수 있는 디자인이다.

| 고난도 |

06. 이 글을 바탕으로 〈보기〉의 그림을 본 반응으로 알맞지 <u>않은</u> 것은?

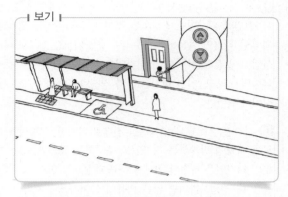

① 승강기는 아이들도 이용할 수 있도록 버튼의 높이를 낮추어 설치했군.
② '모두를 위한 디자인'은 우리 생활 주변에서 흔히 찾을 수 있다는 생각이 드네.
③ 승강기의 버튼은 누구나 알아보기 쉽고 사용하기 편하도록 고려한 디자인이군.
④ 버스 정류소 공간 상부에 지붕을 덮어 누구나 궂은 날씨를 피할 수 있도록 고려한 디자인이네.
⑤ 버스 정류소에 교통 약자의 대기 공간을 따로 지정하여 일반 통행자들의 동선을 방해하고 있군.

07. ⊙에 들어갈 수 있는 사례로 거리가 <u>먼</u> 것은?

① 횡단보도에서 파란불이 켜질 때 나오는 소리
② 공공장소나 대중교통에서 나오는 다국어 음성 안내
③ 휠체어를 자유롭게 이용할 수 있는 지하철의 엘리베이터
④ 사람들이 버튼을 밟을 때마다 압력이 가해져 전기가 생산되도록 만든 보행로의 버튼식 패드
⑤ 손이 불편하거나 악력이 약한 사람도 사용할 수 있도록 만든 옆으로 긴 막대 모양의 문손잡이

| 서술형 |

08. 다음 질문에 대한 답을 15자 내외로 서술하시오.

> 글쓴이가 궁극적으로 말하려는 내용은 무엇일까?

[09~12] 다음 글을 읽고, 물음에 답하시오.

 〈신문 기사에서〉

청소년들의 팬덤 문화가 변화하고 있다. 과거에는 좋아하는 연예인과 관련한 상품을 구매하거나, 연예인들의 활동 모습을 공유하는 양상을 보였다면, 요즘은 연예인들의 선행이 팬클럽 회원들의 선행으로 이어지고 있어 우리 사회에 긍정적인 영향력을 끼치고 있다. 최근 유명 그룹인 ○○○이 주변에 알리지 않고 기부를 해 온 것이 화제가 되자, ○○○의 팬클럽 회원들은 이에 동참한다는 의미로 기부와 봉사 활동을 하여 훈훈함을 안겼다. 전문가들은 이와 같은 팬덤 문화가 청소년들에게 소중한 추억을 만들어 주고, 청소년 시기의 넘치는 에너지를 건전하게 표출하는 계기가 된다고 말하고 있다.
　　　　　　　　　　　　　– 출처: 『세계일보』(2011. 6. 6.)

 〈인터넷에서〉

팬덤 활동 시 드는 기분

즐겁다	66.8%
만족스럽다	56.7%
행복하다	53.3%
뿌듯하다	33.0%
성취감이 생긴다	24.8%
소속감이 생긴다	23.4%
자랑스럽다	21.2%
당당하고 떳떳한 느낌이 든다	18.6%

(복수 응답)
– 출처: 트렌드모니터(2017. 8. 23.)
(http://www.trendmonitor.co.kr)

 〈방송에서〉

○○○ 팬덤은 이제 ○○○의 공연장을 찾고, 음반을 사서 듣는 형태의 팬덤 문화를 넘어 사회적인 문제에도 관심을 가지는 등 발전적인 형태의 팬덤 문화를 보여 주고 있다. 이들은 브라질 과피아수 지역에 숲을 조성했고, 그의 이름으로 일본군 위안부 피해자 할머니를 돕는 자선 단체에 기부를 하기도 했다. 이러한 팬덤의 활동은 보다 발전적이고 긍정적인 형태의 팬덤 문화를 보여 주는 것이라 할 수 있다.
　　　　　　　　　– 출처: 에스비에스(SBS)(2017. 8. 30. 방송)

| 고난도 |

09. (가)와 같은 관점으로 '팬덤 문화'에 관한 주장을 쓰려고 할 때 적절한 것은?

① 팬덤 문화는 시대에 따라 다양한 양상을 보여 주고 있다.
② 팬덤 문화는 청소년들이 건전하게 문화 향유하는 올바른 방법이다.
③ 팬덤 문화에도 건전한 비판을 수용할 수 있는 자세가 요구된다.
④ 팬덤 문화와 관련된 무분별한 집단행동은 자제할 수 있어야 한다.
⑤ 연예 기획사들이 각종 행사에 팬들을 동원하면서 팬덤 문화의 본질이 변질되고 있다.

10. 주장하는 글을 쓰기 위해 (가)~(다)와 같은 자료를 찾고 정리할 때, 고려할 점으로 알맞지 <u>않은</u> 것은?

① 출처가 분명한 자료를 조사한다.
② 다양한 매체에서 자료를 조사한다.
③ 자료를 찾은 순서대로 내용을 조직한다.
④ 주장을 뒷받침할 수 있는 자료인지 판단한다.
⑤ 독자의 수준과 흥미를 고려한 자료인지 살핀다.

11. (가)~(다)를 바탕으로 '팬덤 문화'에 대해 주장하는 글을 쓰려고 한다. 그 근거로 알맞지 <u>않은</u> 것은?

① 팬덤 활동 시 삶의 활력을 얻을 수 있다.
② 팬덤은 문화 세력으로서 사회에 참여하고 있다.
③ 팬덤은 사회적인 문제에 관심을 가지는 방향으로 발전되었다.
④ 팬덤 문화는 청소년이 바람직한 성인으로 성장하는 데 도움을 줄 수 있다.
⑤ 팬덤 문화는 청소년 세대와 어른 세대의 심리적인 격차를 인식하게 해 준다.

| 서술형 |

12. '팬덤 문화'에 관해 (가)에 나타난 관점을 〈조건〉에 맞게 정리하여 서술하시오.

┤ 조건 ├
• '팬덤 문화'를 보는 관점과 그러한 관점을 취하는 이유를 포함하여 쓸 것.

[13~16] 다음 글을 읽고, 물음에 답하시오.

가 '모두를 위한 디자인'은 노인이나 장애를 가진 사람도 사용하는 데 불편하지 않은 디자인을 말한다. 이 디자인은 처음에 장애인과 노약자 같은 사회적 약자를 위한 복지 차원에서 시작되었다. 그러나 지금은 좀 더 보편적인 의미인 '(　㉠　)'이라는 의미로 통용되고 있으며, 개인이 사용하는 도구나 물건은 물론 공공시설 같은 환경으로까지 확대되고 있다.

나 '모두를 위한 디자인'은 디자이너가 애정을 갖고 사람들의 지극히 평범한 일상생활을 관찰하고, 사람들이 인식하지 못하는 불편한 점을 찾아내어 그 개선 사항을 반영할 수 있어야 가능하다. 개성이나 상상력을 발휘하고 튀어 보려는 마음보다는 타인을 보살피려는 마음 자세에서 비롯한다고 할 수 있다. 그렇다고 이런 디자인이 이윤을 완전히 배제하고 남을 돕는 일만 하려 한다고 착각해서도 안 된다. '모두를 위한 디자인' 역시 사업적 가치가 큰 미래 산업 중의 하나이다. 크게 보면 불편한 사람과 건강한 사람 모두를 위한 디자인이며, 작게 보면 나와 나의 가족, 내가 속한 집단을 위한 보편적 디자인이 바로 '모두를 위한 디자인'이다.

다

- 제목: 청소년들의 팬덤 문화, 청소년의 활력소
- 주제문: 청소년들의 팬덤 문화는 건전한 성장에 도움을 준다.

I. 서론
- 상황 제시: 청소년들의 팬덤 참여 실태를 제시함.
- 용어 정의: 팬덤은 특정한 인물이나 분야를 열성적으로 좋아하는 사람들 또는 그러한 문화 현상을 가리킴.
- 문제 제기: 팬덤에 대한 기존의 부정적인 시각에 관해 문제 제기함.

II. 본론
- 주장 1: 팬덤 활동은 청소년들에게 정서적 안정감과 삶의 활력을 준다.
  - 근거 1: ㉡
- 주장 2: 청소년들은 팬덤 활동을 통해 사회에 참여한다.
  - 근거 2: ㉢

III. 결론
(　　　　　　　　　　)

---

13. (가), (나)와 같은 글을 가장 효과적으로 읽은 사람은?

① 혁주: 글쓴이의 개성을 파악하며 읽었어.
② 지선: 글에 나타난 함축적 의미를 파악하며 읽었어.
③ 민지: 글 전체의 분위기를 느끼려고 노력하며 읽었어.
④ 재경: 글에 나타난 정보와 배경지식을 활용하며 읽었어.
⑤ 선혁: 감동적인 내용과 효과적인 표현을 기억하며 읽었어.

14. 문맥으로 보아, ㉠에 들어갈 내용을 10자 내외로 쓰시오.

| 고난도 |

15. ㉡과 ㉢에 들어갈 내용으로 적절한 것은?

① ㉡: 봉사와 기부 문화가 퍼지고 있다.
② ㉡: 연예인과 팬클럽이 함께하는 선행이 늘고 있다.
③ ㉢: 불공정한 전속 계약의 전환점이 마련되고 있다.
④ ㉢: 또래 문화의 공유를 통해 소속감과 안정감을 느낄 수 있다.
⑤ ㉢: 아이돌을 통해 대리 만족하며 스트레스를 해소할 수 있다.

| 서술형 |

16. (다)와 같은 개요표에서 '결론'에 들어가는 내용 요소는 무엇인지 〈조건〉에 맞게 쓰시오.

┌ 조건 ┐
- 주장하는 글의 일반적인 논리 전개 방식으로 볼 때 어떠한 내용이 들어가는지 쓸 것.
- 결론의 일반적인 내용 2가지를 제시할 것.

[01~04] 다음 글을 읽고, 물음에 답하시오.

㉮ 우리는 살아가면서 '디자인'이라는 말을 쉽게 듣고 또 말한다. 그만큼 디자인이 일상화된 것이다. 우리나라는 세계 유수의 좋은 디자인 선정에서 다수의 수상을 기록할 정도로 디자인 산업이 발전하였다. 이제 디자인은 특정한 분야나 제품에만 국한되지 않고, 기업 혁신과 국가 경쟁력에서 매우 중요한 핵심어가 되었다.

㉯ '모두를 위한 디자인'은 단지 사회적 약자만을 위한 디자인이 아니라 보통 사람에게도 보편적으로 유용한 물건과 시설, 환경을 추구한다. 이 디자인이 시작된 미국에서는 신체, 인종, 종교, 문화 차이에 따라 차별을 받지 않도록 규정하는 '동등한 기회' 정신이 보편화되어 있는데, 이러한 가치관이 디자인에도 적용되었다. 옆으로 긴 막대 모양의 문손잡이(옛날에 주로 쓰이던 동그란 문손잡이는 손이 불편하거나 악력이 약한 사람이 사용하기에는 힘들다.), 휠체어를 자유롭게 이용할 수 있는 지하철의 엘리베이터(지하철 계단에 설치된 휠체어 리프트보다 훨씬 유용하다.), 횡단보도에서 파란불이 켜질 때 나오는 소리, 공공장소나 대중교통에서 나오는 다국어 음성 안내 등을 '모두를 위한 디자인'이라 부를 수 있다.

㉰ '모두를 위한 디자인'은 디자이너가 애정을 갖고 사람들의 지극히 평범한 일상생활을 관찰하고, 사람들이 인식하지 못하는 불편한 점을 찾아내어 그 개선 사항을 반영할 수 있어야 가능하다. 개성이나 상상력을 발휘하고 튀어 보려는 마음보다는 타인을 보살피려는 마음 자세에서 비롯한다고 할 수 있다. 그렇다고 이런 디자인이 이윤을 완전히 배제하고 남을 돕는 일만 하려 한다고 착각해서도 안 된다. '모두를 위한 디자인' 역시 사업적 가치가 큰 미래 산업 중의 하나이다.

01. (가)에서 우리나라의 디자인 산업이 일상화되고 발전된 상황임을 언급하며 글을 시작한 까닭은 무엇인지 〈조건〉에 맞게 쓰시오.

┤ 조건 ├
• 글쓴이가 강조하려는 내용이 무엇인지를 제시하고, 그것에 담긴 글쓴이의 의도를 쓸 것.
• '~(을) 강조함으로써 ~(기) 위해서이다.'의 문장 형태로 50자 내외로 쓸 것.

02. 다음 학생들의 반응으로 보아, 이 학생들이 이 글을 읽으면서 부딪힌 문제 상황은 무엇인지 쓰고, 이를 바탕으로 알 수 있는 읽기의 본질을 〈조건〉에 맞게 쓰시오.

은주	영호	수연
'유수', '보편적' 등과 같은 단어의 의미를 잘 몰라서 중간중간 읽기가 힘들었어.	'모두를 위한 디자인'이라는 용어에 관한 배경 지식이 없어서 이해가 잘 안 되었어.	글쓴이가 '모두를 위한 디자인'에 관해 어떤 생각을 하고 있는지 파악하는 데 어려움이 있었어.

┤ 조건 ├
• 읽기의 본질은 '읽기는 ~ (하)는 수준 높은 사고 활동이다.'의 문장 형태로 40자 내외로 쓸 것.

문제 상황	• 은주: • 영호: • 수연:
읽기의 본질	

03. (나)의 주요 내용을 〈조건〉에 맞게 쓰시오.

┤ 조건 ├
• 글의 전개 과정과 관련지어 (나)의 중심 내용이 드러나도록 한 문장으로 요약하여 쓸 것.

04. 이 글의 내용을 바탕으로 '모두를 위한 디자인'의 뜻을 〈조건〉에 맞게 쓰시오.

┤ 조건 ├
• '모두를 위한 디자인'의 대상과 특성이 잘 나타나도록 쓸 것.
• '~에 상관없이 ~(하)는 디자인'이라는 형태로 50자 내외로 쓸 것.

01. 다음 글에 나타난 글쓴이의 주장과 이를 뒷받침하기 위해 활용한 근거를 각각 한 문장으로 쓰시오.

> 일부에서는 바닷물로부터 염분을 포함한 용해 물질을 제거하여 음용수 및 생활용수로 사용하는 담수화를 통해 물 부족 문제를 해결할 수 있다고 주장하기도 한다. 그러나 이는 물 부족 문제의 근본적인 해결책이 될 수 없다. 바닷물을 담수화하는 것은 비용이 높고, 기술이나 전문 인력을 활용한 시설의 구축이 선진국 중심이라는 점에서 전 인류가 사용하기에 어렵다. 또한, 해수 담수화 기술은 에너지 소비가 많은 증기를 이용한 증발법을 사용하므로 결국 해수 담수화 기술은 다른 환경 문제로 이어질 수밖에 없는 것이다.
>
> 이제 우리는 다음 세대에게 물 부족으로 인한 고통을 안겨줄 것인지, 아니면 삶을 영위할 수 있는 환경을 물려줄 것인지를 고민해야 한다. 위기를 과소평가한다면 영화에서나 펼쳐진 비극적 미래는 현실이 될 것이다. 아직 늦지 않았다. 지금부터라도 물 소비 행태에 관한 경각심을 가지고 물을 경제적으로 쓰도록 노력하자.

주장	
근거	

02. 다음 글에 나타난 글쓴이의 관점을 〈조건〉에 맞게 쓰시오.

> 어느 음원 사이트든지 첫 화면의 눈에 잘 띄는 위치에는 실시간 순위가 있다. 이 실시간 순위에는 1위부터 5위, 10위까지의 음원들이 노출된다. 만약 일반 사용자가 이 사이트에 접근한다면 실시간 순위에 가장 먼저 관심을 보이면서 한 번쯤은 이 순위의 곡들을 들어 볼 것이다. 그래서 일부 팬클럽 회원들이 자신이 좋아하는 가수의 새로운 노래가 나오면 음원을 사재기하여 그 노래가 실시간 순위에 오르도록 하는 것이다. 그러나 이는 정당한 방법이 아니다. 땀 흘려 노력한 다른 가수들에게 피해를 끼치는 것뿐만 아니라 맹목적인 팬덤 문화를 형성하여 다른 사람들과의 갈등으로 이어질 수도 있기 때문이다. ㉠잘못된 팬덤 문화, 이제 우리가 바로잡아야 한다.
>
> – 출처: 『주간동아』(2018. 7. 27.)

┤ 조건 ├
- ㉠이 가리키는 바가 구체적으로 드러나게 쓸 것.
- 글쓴이의 주장과 근거를 포함하여 관점이 명확하게 드러나도록 한 문장으로 쓸 것.

[03~04] 다음 자료를 보고, 물음에 답하시오.

〈인터넷에서〉

팬덤 활동 시 드는 기분

즐겁다	66.8%
만족스럽다	56.7%
행복하다	53.3%
뿌듯하다	33.0%
성취감이 생긴다	24.8%
소속감이 생긴다	23.4%
자랑스럽다	21.2%
당당하고 떳떳한 느낌이 든다	18.6%

(복수 응답)

– 출처: 트렌드모니터(2017. 8. 23.)
(http://www.trendmonitor.co.kr)

03. 다음과 같은 주장을 하는 글 쓰기를 하고자 할 때, 이 자료가 적절한지를 〈조건〉에 맞게 판단하여 쓰시오.

┤ 주장 ├
올바른 팬덤 문화는 청소년들의 건전한 문화 향유 방법이다.

┤ 조건 ├
- 자료의 내용을 분석하여 쓸 것.
- '이 자료는 ~(라)는 점에서 (적절하다 / 적절하지 않다).'의 문장 형태로 쓸 것.

04. 이와 같이 자료를 분석하여 선택할 때, 가장 중요한 기준은 무엇인지 한 문장으로 쓰시오.

글쓴이의 의도와 글의 내용을 예측하며 읽기

완행열차를 타고 가듯 책을 읽자 / 이권우

책을 읽는 것은 나의 오래된 습관이자 생활이다. 다양한 방면의 책을 읽고 이와 관련된 글을 쓰는 것이 나의 직업이기 때문이다. 사정이 이렇다 보니 주변 사람들로부터 책을 읽는 방법에 대한 질문을 자주 받곤 한다. 그것들은 하나같이 책을 어떻게 하면 잘 읽을 수 있느냐 하는 것이다. 그럴 때마다 나는 책을 읽는 것을 여행에 비유해서 설명하곤 한다.

나는 젊은 날 경춘선을 타고 여행을 떠났던 추억을 떠올리곤 한다. 경춘선이란 과거에 서울과 춘천을 잇는 철도였다. 그리고 이 길 위를 달린 것은 주로 완행열차였다. 이 경춘선 완행열차는 간이역마다 사람들을 쏟아 내고 태우기를 반복하면서 느릿느릿, 덜컹덜컹 앞으로 나아간다. 이 점에서 이 열차는 오늘날 서울에서 부산까지 세 시간 만에 달려가 버리는 초고속 급행열차와는 달랐다.

나는 이 기차의 한구석에서 기타 반주에 맞추어 친구들과 함께 노래를 부르곤 하였다. 이 여행에는 낭만이 있고 감동이 있고 이야기가 있었다. 그것은 목적지까지 빨리 가려는 여행이 아니라 여정을 즐기는 여행이었다.

나는 지금 우리에게 이런 여행을 닮은 책 읽기가 필요하다고 생각한다. 우리의 바쁜 삶에는 맑디맑은 샘물에 자신의 얼굴을 비추어 보는 시간이 필요하다. 우리 자신의 지난 삶을 돌아볼 시간이 필요하다. 책을 읽는 것은 이러한 성찰을 가능하게 해 준다. 이를 위해서는 책을 천천히 읽을 수 있어야 한다.

오늘날 우리는 목적지에 빨리 도착하고자 하는 성급한 책 읽기에 길들여진 것 같다. 필요한 대목만 빨리 골라 읽고 책 전체를 다 읽은 체하기도 한다. 대충 읽은 책의 내용을 짜깁기해 놓고는 원래 자기가 알고 있었던 것인 양 호들갑을 떨기도 한다. 이것은 급행열차를 타고 목적지까지 빨리 달려가고자 하는 성급한 책 읽기다.

책을 읽는다는 것은 무엇을 어떻게 하는 것인지 되새겨 보아야 한다. 그것은 눈으로 책에 쓰인 문장들을 훑어서 뇌에 입력하는 단순한 작업이 아니다. 그것은 책을 쓴 사람의 생각을 단순하게 이해하는 데 그치지 않고, 그 내용을 스스로 이해하고 새롭게 해석하며 자신의 것으로 재구성하는 과정이다. 이 과정에서 우리는 우리의 삶과 역사를 곰곰이 되새길 수 있는데, 이것은 결국 우리가 스스로를 알아가는 방법이다.

그러기에 나는 책을 읽는 것이 예전에 내가 경춘선을 타고 가던 여행과 같아야 한다고 생각한다. 완행열차는 속도가 느린 대신 주변 경치를 더 많이, 더 자세히 감상할 수 있게 해 준다. 마찬가지로 책장을 넘기는 속도를 늦추면 책 속의 내용을 더 풍요롭게 느낄 수 있고, 이를 통해서 우리 자신에 관해 더 많은 생각을 할 수 있다. 이것이 바로 완행열차식 책 읽기의 미덕이다.

이제 책이라는 이름을 가진 완행열차에 올라타 보자. 그리고 이 책 속에 놓여 있는 좌석에 앉아 느린 여행을 떠나 보자. 그러면 급행열차를 타고 가는 것 같은 독서에서는 느낄 수 없는 새롭고도 깊은 세계를 만날 수 있을 것이다.

문화 향유 역량

이 역량은 국어로 형성·계승되는 다양한 문화를 이해하고 그 아름다움과 가치를 내면화하여 수준 높은 문화를 누리고 만들 수 있는 능력을 말해. 이 단원에서는 작품별로 사회·문화적 상황을 이해하고, 이를 바탕으로 작품 전체의 의미를 파악하면서 이 능력을 키워 보자.

비판적·창의적 사고 역량

이 역량은 다양한 상황이나 자료, 담화, 글을 주체적인 관점에서 해설하고 평가하여 새롭고 독창적인 의미를 부여하거나 만들 수 있는 능력을 말해. 이 단원에서는 사회·문화적 상황에 관해 작품의 창작 배경으로 접근하는 방법이나 작품에 등장하는 인물이나 사건과 관련지어 접근하는 방법 등을 통해 이 능력을 길러 보자.

자기 성찰 · 계발 역량

이 역량은 삶의 가치와 의미를 끊임없이 반성하고 탐색하며 변화하는 사회에서 필요한 재능과 자질을 개발하고 관리할 수 있는 능력을 말해. 이 단원에서는 사회 · 문화적 배경을 파악하고 작품을 감상하며, 현재 우리 사회의 문제를 성찰하는 활동을 통해 이 능력을 키워 보자.

문학

4

문학 속의 세상

(1) 천만리 머나먼 길에 _ 왕방연

(2) 수난이대 _ 하근찬

(3) 성북동 비둘기 _ 김광섭

대단원을 펼치며

○ 도입 만화를 살펴보면서 이 단원에서 배울 내용을 짐작해 보아요!

핵심 질문

작품의 사회·문화적 배경이란 무엇이고, 그것을 생각하며 감상하면 어떤 점이 좋을까?

 이 질문은 이 대단원을 이끄는 핵심 질문이란다. 이 질문을 왜 하였는지 이 단원을 공부하면서 찾아낼 수 있도록 하는 것이 중요해. 사회·문화적 배경, 문학 작품 감상 등이 핵심 질문의 답을 풀 수 있는 열쇠 말이라는 것을 기억하면서 단원을 학습해 보자.

보조 질문

• 문학 작품에 나타난 사회·문화적 배경을 이해하지 못해 작품의 감상에 어려움을 겪은 적이 있나요?

예시 답 | 처음 『홍길동전』을 감상할 때, 작품의 배경이 조선 시대라는 것은 알았지만, 신분 차별과 억압이 있는 봉건 사회라는 점, 위선적 관리들에 의한 부패한 사회였다는 점 등을 잘 알지 못해서 홍길동의 행동을 이해하는 게 힘들었다.

• 사회 · 문화적 배경을 바탕으로 작품을 이해해야 하는 까닭을 말해 봅시다.

예시 답 | 사회 · 문화적 배경을 고려하여 작품을 감상하면 작품 전체의 의미를 파악할 수 있고, 작가의 창작 의도를 짐작할 수 있기 때문에 보다 작품을 깊이 있고 정확하게 감상할 수 있었다.

학습 목표

[문학] • 작품의 사회 · 문화적 배경을 파악할 수 있다.
  • 작품이 창작된 사회 · 문화적 배경을 바탕으로 작품을 이해할 수 있다.

배울 내용

(1) 천만리 머나먼 길에	(2) 수난이대	(3) 성북동 비둘기	단원 + 단원
• 시조에 나타난 사회 · 문화적 배경 파악하기 • 작품이 창작된 사회 · 문화적 배경을 바탕으로 작품 감상하기	• 소설에 나타난 사회 · 문화적 배경 파악하기 • 작품이 창작된 사회 · 문화적 배경을 바탕으로 작품 감상하기	• 현대시에 나타난 사회 · 문화적 배경을 바탕으로 작품 감상하기 • 현재 우리 사회의 사회 · 문화 성찰하기	• 오늘날 우리 사회의 사회 · 문화적 배경 살펴보기 • 현재 우리 사회의 사회 · 문화적 배경을 잘 반영한 문학 작품 생산하기

(1) 천만리 머나먼 길에

 생각 열기 -------------------------------○

다음에 제시된 학생들의 대화를 보고, 아래의 활동을 해 봅시다.

맑은 강물, 빽빽하게 늘어선 소나무! 경치 정말 좋다. 이런 데서 살았으면 좋겠어.

정말? 삼면이 강으로 둘러싸여 나룻배 없인 드나들 수도 없었겠구나.

경치 좋지? 그런데 이곳은 옛날, 임금의 유배지였던 청령포야.

● 이렇게 열자 ●

제시된 장면에서 학생들은 사진 속 장소에 관한 이야기를 나누고 있는데, 장소에 관한 배경지식을 몰랐을 때와 알고 났을 때 서로 다른 반응을 보이고 있다. 사진 속 장소인 '청령포'는 폐위된 단종이 유배되었던 장소로, 「천만리 머나먼 길에」의 창작 배경과도 관련된 곳이다. 이와 같은 정보를 알기 전과 알고 난 후 대상에 관한 생각과 느낌이 어떠했는지 자유롭게 이야기해 보자.

그리고 문학 작품을 감상할 때 작품 속 사회·문화적 배경을 파악한 후 이를 고려해 감상하는 것이 작품의 이해에 어떤 영향을 줄 수 있을 지 생각해 보자.

• 이 사진의 배경을 몰랐을 때와 알고 났을 때 대상에 관한 생각과 느낌이 어떻게 달라졌나요?

예시 답 | 사진의 배경을 알기 전에는 '청령포'의 경치와 풍광이 아름답게만 보였는데, 임금의 유배지였다는 배경을 알고 나니 그 장소가 고립된 곳으로 보이고 적막하게 느껴졌다.

• 문학 작품의 사회·문화적 배경을 이해하는 일이 작품을 깊이 있게 이해하는 것과 어떤 관련이 있을지 짐작해 봅시다.

예시 답 | '청령포' 사진을 이해한 것이 달라진 것처럼, 문학 작품도 작품의 사회·문화적 배경을 알고 나면 작품의 주제와 창작 의도 등을 이해하는 데 도움을 받을 수 있다. 따라서 작품의 전체적 의미를 깊이 있게 이해하기 위해서는 문학 작품의 사회·문화적 배경을 이해하는 과정이 필요하다.

⌇ 이 단원의 학습 요소

학습 목표 | • 작품의 사회·문화적 배경을 파악할 수 있다.
• 작품이 창작된 사회·문화적 배경을 바탕으로 작품을 이해할 수 있다.

화자의 정서와 소재의 기능 파악하기	시조 속 어휘의 의미를 이해하고 시조에 나타난 화자의 정서와 소재의 기능을 파악한다.
사회·문화적 배경을 바탕으로 시조 감상하기	창작 배경을 중심으로 사회·문화적 배경을 파악하고, 이를 바탕으로 작품을 이해한다.

소단원 바탕 학습

핵심 개념 미리 보기

1. 문학 작품의 사회·문화적 배경

문학 작품에서 사회·문화적 배경이란 작품의 시대적 배경을 말한다. 이는 작품이 창작된 당시 또는 작품 속 사회적 상황과 문화적 상황을 말한다.

2. 문학과 사회·문화적 배경의 관계

> - 문학은 글이 창작된 시대의 사회상과 긴밀한 관계가 있다.
> - 문학은 사회의 관습이나 가치관, 삶의 모습, 시대의 소망 등을 담고 있다.
> - 문학은 사회의 모습을 의식적으로든 무의식적으로든 반영한다.

↓

> 문학은 현실의 삶보다 흥미롭고 짜임새 있게 구성한다.

↓

> 문학을 통해 사회의 모습을 엿볼 수 있으므로 문학은 사회의 모습을 비추는 거울과 같다.

3. 사회·문화적 배경과 작품의 이해 ①

사회·문화적 배경
작품이 창작된 사회·문화적 배경을 파악하고 이를 고려하여 작품을 감상함.

↓

> 작품의 가치와 의미를 더 깊이 있고 정확하게 이해할 수 있음.

4. 시조의 특징

시조는 고려 말기부터 발달하여 온 우리나라 고유의 정형시이다.

형식상의 특징	• 각 장을 네 마디로 끊어 읽음.(4음보) • 전체 45자 내외의 글자 수로 이루어짐. • 종장의 첫 구절은 세 글자로 고정됨. • 각 음보는 3~4개의 글자로 구성됨. (3·4조 또는 4·4조)

제재 훑어보기

천만리 머나먼 길에(왕방연)

- **해제:** 이 작품은 냇물에 감정을 이입하여 단종과 이별하는 심사를 드러낸, 조선 시대 때 지어진 시조이다. 이 시조에는 단종과 이별하는 화자의 슬픔과 연군의 정이 담겨 있다. 화자의 정서와 태도, 창작 배경을 통해 사회·문화적 배경을 파악하며 작품을 감상하기에 적절한 제재이다.
- **갈래:** 평시조
- **운율:** 외형률
- **성격:** 애상적, 감상적
- **제재:** 단종의 유배
- **주제:** 임(유배된 단종)과 이별한 슬픔
- **특징**
  ① 3장 6구 4음보의 형식으로 이루어져 있다.
  ② 순우리말을 주로 사용하여 임금과 이별한 비통함, 슬픔을 애절하게 표현하고 있다.
  ③ '천만리'라는 수량화된 표현을 통해 화자의 슬픔을 극대화하여 드러내고 있다.

심화 자료

단종(1441~1457)

단종(端宗)은 조선 제6대 왕으로, 12세에 왕위에 올랐으나 숙부인 수양 대군에게 왕위를 빼앗겨 강원도 영월에 유배되었다가 죽임을 당하였다. 죽은 지 241년 뒤인 숙종 24년(1698)에 왕위를 추복(追復)하여 묘호를 단종이라고 하였다. 재위 기간은 1452~1455년이다.

당시 어린 왕이 즉위하자 수양 대군을 비롯한 왕숙들은 왕위를 노렸고 김종서, 황보인 등의 고명대신들은 왕을 지킨다는 명분을 내세워 정사를 마음대로 하였다. 그러던 중 수양 대군은 고명대신들을 없애는 정변을 일으켰다. 수양 대군의 협박과 회유를 이기지 못한 단종은 1455년 수양 대군(세조)에게 왕위를 넘기고 상왕으로 물러났다가, 1457년 6월 사육신 사건(성삼문 등 6명이 단종 복위를 꾀하다 처형된 사건)으로 노산군으로 강등되어 영월로 유배되었다. 그리고 그해 10월 17세의 나이로 죽임을 당했다.

천만리 머나먼 길에 _왕방연

임과 이별한 슬픔을 극대화한 표현

초장 ❶㉠천만리 머나먼 길에 고운 님 °여의옵고 　　　　　　→ '고운 님'과 이별함.
　　　　　　　　　영월에 남겨진 어린 '단종'을 가리킴.

중장 ❷㉡내 마음 둘 데 없어 냇가에 앉았으니 　　　　　→ 이별 후의 상황
　　　　　　임과 이별하고 슬픔, 안타까움, 상실감을 느낌.

종장 ❸저 물도 °내 안 같아서 울어 밤길 °예놋다 　　　→ 임과 이별한 후의 슬픈 정서
　　　　감정 이입의 대상. 임금과 이별한　　'물'의 의인화
　　　　화자의 비통하고 애절한 심정을
　　　　절절하게 표현함.
　　　　　　　　　　　　　　　　　　　　　　　　　　　　　　– 김흥규 외, 『고시조대전』

시적 상황	임과 이별하고 오는 길에 냇가에 앉아 있는 상황
화자의 정서 및 태도	이별한 임에 대한 슬픔과 애절한 심정을 드러냄.

[현대어 풀이]

천만리 머나먼 곳(영월)에서 고운 임(단종)을 이별하옵고
(슬픈) 내 마음을 둘 곳이 없어 냇가에 앉았더니
(흘러가는) 저 냇물도 내 마음 같아서 울며 밤길을 흘러가는구나.

➕ **보충 자료**
감정 이입

　감정 이입이란 화자의 감정이나 정신을 다른 생명체나 무생물체에 불어넣거나, 대상으로부터 느낌을 직접 받아들여 대상과 자기가 서로 통한다고 느끼는 것을 말한다. 따라서 이러한 감정 이입에서 중요한 것은 화자의 감정과 대상물에 표현된 감정의 일치이다.

| 작가 소개: 왕방연(?~?)

조선 전기의 문신. 폐위된 단종이 강원도 영월로 유배될 때에 금부도사로서 호송하였는데 그때의 심정을 읊은 시조 「천만리 머나먼 길에」가 전한다.

시어 풀이

· 여의옵고: 이별하옵고.
· 내 안: 내 마음.
· 예놋다: 가는구나.

시구 풀이

❶ 어린 단종을 유배지인 강원도 영월에 남겨 두고 떠나왔음을 나타낸 표현이다. '천만리'는 영월까지의 실제 거리가 아니라, 어린 단종과 이별한, 화자의 슬픔을 수량화하여 그 비통한 심정을 극대화한 표현이다.

❷ 화자는 임과 이별하고 상실감을 느껴 마음을 둘 곳이 없어서 냇가에 앉았다고 한 것이다. 사회·문화적 배경을 고려할 때, 어린 단종을 유배지에 두고 온 화자의 슬픔과 안타까운 심정을 담은 것이라 볼 수 있다.

❸ 화자의 비통함, 죄책감, 안타까움을 흐르는 '물'에 이입하여 표현한 것이다.

찬찬샘 핵심 강의

■ **이 시조가 창작된 사회·문화적 배경**

초장에서는 화자가 '고운 님'과 이별하고 돌아오는 길이라는 것을 알 수 있고, 중장과 종장에서는 냇가에 앉아 임을 생각하며 울고 있는 화자의 모습을 볼 수 있어. 즉 화자의 마음이 매우 괴롭고 슬프다는 것을 알 수 있지.

그런데 이 시조가 쓰인 시대의 사회·문화적 배경을 이해하면 이 작품을 더 깊이 있게 이해할 수 있단다. 이 시조는 작가 왕방연이 수양 대군(세조)의 명으로 단종을 강원도 영월에 호송한 다음 돌아오는 길에 지었단다. 한때 왕으로 모셨던 단종을 유배지에 두고 오는, 신하로서의 애절한 마음을 읊은 거지. 이렇게 보니 시조에서 말한 '고운 님'이 어린 단종을 가리키며, 그 '고운 님'은 충절의 대상인 것을 알 수 있겠지?

›핵심 포인트‹

창작 배경	• 단종이 숙부인 수양 대군에게 왕위를 빼앗김. • 단종을 복위하려는 사건으로 단종이 영월로 귀양가게 됨. • 단종을 영월까지 호송하였던 작가가 안타까운 마음을 담아 시조를 지음.

↓

'고운 님'이 '단종'임을 알게 되어 작품을 더 깊이 있게 감상할 수 있음.

■ **시어의 의미와 기능**

화자는 자신과 '고운 님'의 거리를 '천만리'라는 시어로 수량화하여 드러내고 있는데, 이는 실제 거리가 아니라 임과의 거리가 아주 멀게 느껴진다는 심리적 거리를 나타낸 것이야. 임과 이별한 슬픔이 '천만리'나 될 정도로 매우 크다는 점을 드러내 준단다. 그리고 화자는 '물'에 감정을 이입하여 흘러가는 물 소리가 자신의 울음소리 같다고 말하였지. 이러한 표현으로 화자의 슬프고 애절한 마음을 드러내고 있는 것이지.

›핵심 포인트‹

천만리	• '고운 님'과의 거리를 수량화함. • 임과 이별한 슬픔에 따른 심리적 거리감을 극대화함.
물 (냇물)	• 화자의 감정이 이입된 자연물 • 임과의 이별로 울고 싶은 화자의 슬픈 마음을 나타냄.

콕콕 확인 문제

1. 이 시조에 대한 설명으로 적절하지 <u>않은</u> 것은?
① 화자는 임과 이별한 상황에 놓여 있다.
② 역사적 상황을 배경으로 창작된 시조이다.
③ 슬픔의 크기를 수량화하여 표현하고 있다.
④ 자연물에 감정을 이입하여 표현하고 있다.
⑤ 임과의 재회에 대한 희망을 노래하고 있다.

2. 이 시조의 형식상의 특징으로 알맞지 <u>않은</u> 것은?
① 각 장을 4음보로 끊어 읽을 수 있다.
② 초장, 중장, 종장으로 이루어져 있다.
③ 종장의 첫 구절은 3음절로 되어 있다.
④ 각 장의 글자 수는 변화가 없이 같다.
⑤ 일정한 글자 수의 반복으로 리듬감을 조성하고 있다.

3. ㉠에 담긴 시적 의미로 가장 적절한 것은?
① 임에 대한 사랑의 깊이를 말한다.
② 떠난 임을 향한 원망의 크기를 말한다.
③ 임에 대한 존경과 흠모의 정도를 말한다.
④ 임과 화자가 실제로 떨어진 거리를 말한다.
⑤ 임과 이별한 슬픔의 크기와 심리적 거리를 말한다.

[4~5] 〈보기〉를 읽고, 물음에 답하시오.

> **보기**
>
> 세조(수양 대군)는 조선의 제7대 임금으로, 자신의 조카인 단종을 몰아내고 왕위에 올랐다. 그러던 중 단종을 복위하려는 움직임이 보이자 세조는 단종을 영월로 유배를 보낸다. 이때 단종의 호송 임무를 맡았던 사람이 이 시조를 지은 왕방연이다.

4. 〈보기〉는 이 시조의 배경 설명이다. 이로 볼 때 '고운 님'은 누구일지 〈보기〉에서 찾아 쓰시오.

|서술형|

5. 〈보기〉를 참고하여 ㉡의 이유를 화자가 처한 시대 상황과 관련지어 서술하시오.

학습활동

이해 활동

1. 다음은 이 시조를 감상한 친구들의 질문을 적어 놓은 것입니다. 질문에 답하며 이 시조의 내용을 파악해 봅시다. 예시 답 |

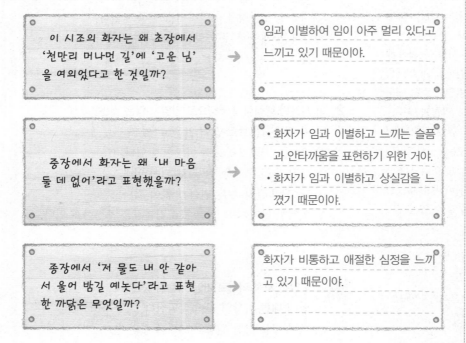

| 이 시조의 화자는 왜 초장에서 '천만리 머나먼 길'에 '고운 님'을 여의었다고 한 것일까? | → | 임과 이별하여 임이 아주 멀리 있다고 느끼고 있기 때문이야. |

| 중장에서 화자는 왜 '내 마음 둘 데 없어'라고 표현했을까? | → | • 화자가 임과 이별하고 느끼는 슬픔과 안타까움을 표현하기 위한 거야.
• 화자가 임과 이별하고 상실감을 느꼈기 때문이야. |

| 종장에서 '저 물도 내 안 같아서 울어 밤길 예놋다'라고 표현한 까닭은 무엇일까? | → | 화자가 비통하고 애절한 심정을 느끼고 있기 때문이야. |

2. 이 시조의 화자가 자신의 주된 정서를 드러내기 위해 사용한 소재를 찾고, 그 표현 방법을 적어 봅시다. 예시 답 |

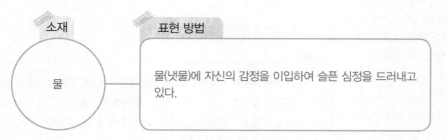

소재 | 표현 방법

물

물(냇물)에 자신의 감정을 이입하여 슬픈 심정을 드러내고 있다.

➕ 보충 자료

「천만리 머나먼 길에」와 창작 배경이 같은 시조

| 간 밤의 우던 여흘 슬피 우러 지내여다
이제야 생각하니 님이 우러 보내도다
져 물이 거스리 흐르고져 나도 우러 녜리라 | [현대어 풀이]
지난밤에 울며 흐르던 여울 슬피 울면서 지나갔구나.
이제야 생각하니 임이 울어 보내는 소리였다.
저 물이 거슬러 흐른다면 나도 울며 가리라. |

생육신 중 한 사람인 '원호'가 지은 시조로, 영월로 유배 간 단종을 모시지 못하는 자신의 처지를 개탄하면서 이 시조를 지은 것으로 알려져 있다.

목표 활동

1. 다음은 이 시조가 창작될 당시의 사회 · 문화적 배경에 관한 설명입니다. 이를 바탕으로 아래의 활동을 해 봅시다.

> 조선 초기, 임금인 문종이 죽은 후, 그 아들인 단종이 어린 나이로 왕위에 오른다. 이후 단종의 숙부로, 왕위 계승권이 없던 수양 대군은 힘으로 단종을 몰아내고 왕위에 오른다. 왕이 된 수양 대군(세조)은 단종을 복위시키려는 움직임이 일자 단종을 영월로 유배 보내는데, 이때 단종을 유배지로 호송하는 임무를 맡았던 왕방연의 안타까운 마음을 담은 시조 「천만리 머나먼 길에」가 전해지고 있다.

1 위에 제시된 이 시조의 창작 배경을 고려하여 작품에 나타난 '님'이 누구인지 짐작해 봅시다.

예시 답 | 단종

2 다음 항목을 중심으로 이 시조가 창작될 당시의 사회 · 문화적 배경을 파악해 봅시다.

> • 창작 배경   • 화자의 정서   • '고운 님'이라는 표현

예시 답 | 이 시조의 화자는 신하로서의 '충'의 마음, 즉 임금과 이별하고 돌아오는 슬프고 애절한 심사를 드러내고 있다. '임금'을 '임'으로 표현하던 우리 문학의 전통을 통해 임금에 대한 '충'과 임금을 그리워하는 마음을 드러낸 것이다. 이를 통해 이 시조에 반영된 사회 · 문화적 배경은 유교적 사회 · 문화라고 볼 수 있다.

3 이 시조를 사회 · 문화적 배경을 고려하지 않고 감상했을 때와 비교해 보고, 작품에 관한 이해가 어떻게 달라졌는지 이야기해 봅시다.

> 예시 답 | 처음에는 작품에 등장하는 임을 사랑하는 연인으로 생각해서 이별의 슬픔을 노래한 작품으로만 감상했었는데, 작품이 창작된 사회 · 문화적 배경을 알고 나니 왕과 신하 사이의 충을 바탕으로 유배된 단종을 향한 애절한 마음을 드러내고 있음을 새롭게 이해할 수 있었다.

1. 사회 · 문화적 배경을 바탕으로 작품 감상하기

지학이가 도와줄게! – 1

작품이 창작된 사회 · 문화적 배경을 바탕으로 작품을 감상해 보는 활동이란다. 시조가 창작된 배경, 화자의 정서, 시어의 표현에 주목하여 사회 · 문화적 배경을 파악하고, 이를 바탕으로 한 감상과 그렇지 않은 감상을 비교해 보는 활동을 해 볼 거야. 이러한 활동을 통해 문학 작품을 감상할 때 사회 · 문화적 배경을 파악하는 것이 중요함을 알 수 있을 거야. 자, 그럼 이제 이 작품에 반영된 사회 · 문화적 배경이 작품과 어떻게 관련되어 있는지 살펴볼까?

시험엔 이렇게!!

3. 이 시조를 사회 · 문화적 배경을 고려하여 감상한 내용으로 적절하지 <u>않은</u> 것은?

① 창작 당시의 시대 상황이 녹아 있군.

② '고운 님'은 단종을 가리키겠군.

③ 작자는 시조 속 '고운 님'을 유배지인 영월에 남겨 두고 오는 길이었군.

④ 이 시조가 창작될 당시 우리 문학에서는 임금을 '임'으로 표현하는 게 전통이었군.

⑤ 작가는 수양 대군의 명을 받들 수밖에 없는 자신에 대한 이해를 구하기 위해 이 시조를 지은 셈이군.

창의·융합 활동

▌다음은 조선 시대의 사회·문화적 배경이 담긴 글입니다. 글을 읽고, 아래의 활동을 해 봅시다.

사회·문화적 배경을 바탕으로 고전 문학을 감상하고 오늘날의 사회·문화가 담긴 글 쓰기

조침문
부러진 바늘을 애도하는 글

유씨 부인

이 바늘은 한낱 작은 물건이나, 이렇듯이 슬퍼함은 나의 *정회가 남과 다름이라. 아, 비통하구나, 아깝고 불쌍하다. 너를 얻어 손 가운데 지닌 지 벌써 27년이라. 어이 인정
바늘'을 의인화하여 표현함.
이 그렇지 아니하겠는가? 슬프다. 눈물을 잠깐 거두고 심신을 겨우 진정하여 너의 행적
아깝고 불쌍하지
과 나의 품은 마음을 총총히 적어 작별 인사를 하노라.　　　　　→ 제문을 쓰는 취지

『여러 해 전에 우리 시삼촌께서 *동지상사 명을 받아 북경에 다녀오신 후, 바늘 여러
『 』: 글쓴이가 바늘을 얻게 된 사연
쌈을 주시기에』 친정과 가까운 친척에게뿐만 아니라 먼 친척에게도 보내고, *비복들에
바늘을 묶어 세는 단위. 한 쌈은 24개임.
게도 쌈쌈이 낱낱이 나눠 주었다. 그중에 너를 택하여 손에 익히고 익히어 지금까지 같이 지내 왔었는데……. 슬프다. 연분이 특별하여, 너희를 무수히 잃고 부러뜨렸으되 오직 너 하나를 꽤 오래 간직하여 왔으니, 비록 무심한 물건이나 어찌 사랑스럽고 마음에
잃어버리거나 부러진 다른 바늘과 달리 오랫동안 지녔기 때문
끌리지 아니하겠는가? 아깝고 불쌍하며 또한 섭섭하도다.　　　　→ 바늘과의 인연

나의 신세 박명하여 슬하에 자식이 없고 목숨이 모질어 일찍 죽지도 못했구나. 살림
복이 없고 팔자가 사나움.
이 너무도 가난하여 바느질에 마음을 붙이고 네 덕분에 시름을 잊고 생계에 도움이 적지 아니했는데, 오늘 너를 이별하는구나. 아, 슬프다. 이는 귀신이 시기하고 하늘이 미워하심이로다. [중략]　　　　→ '나'의 외로운 처지와 바늘을 아끼는 마음

이승에서 백 년 동거하려 하였더니, 아 슬프다, 바늘이여. 금년 시월 초열흘날 술시
오후 7시~9시 사이
에, 희미한 등잔 아래서 *관대 깃을 달다가 무심결에 자끈동 부러지니 깜짝 놀랐어라. 아야 아야 바늘이여, 두 동강이 났구나. 정신이 아득하고 혼백이 산란하여 마음을 베어
부러진 바늘에 대한 안타까움　　　　　　　　　　　*흩어져 어지러움*
내는 듯하며 두골을 깨뜨리는 듯하더구나. 이슥하도록 기가 막혀 정신을 잃었다가 겨우 정신을 차려, 만져 보고 이어 본들 속절없고 하릴없다.　→ 바늘을 부러뜨린 때의 회상과 슬픔

－ 전국국어교사모임, 『문학 시간에 옛글 읽기』

· **정회(情懷)** 생각하는 마음. 정과 회포.
· **동지상사** 조선 시대에, 해마다 동짓달에 중국으로 보내던 사신인 동지사의 우두머리.
· **비복** 계집종과 사내종을 아울러 이르는 말.
· **관대** 옛날 벼슬아치들이 조정에 나아갈 때 입던 제복.

◐ 활동 제재 개관
해제
남편을 일찍 여의고 홀로 된 유씨 부인이 27년간 동고동락하며 아끼던 바늘이 부러지자 안타까운 마음에 바늘을 의인화하여 제문 형식을 빌려 쓴 수필이다. 바늘을 잃은 작가의 애절한 슬픔과 안타까움이 감성적 필치로 섬세하고 진술하게 표현되어 '여류 수필 문학의 백미'로 손꼽힌다. 서사에서는 제문 형식으로 시작하여 제문을 짓게 된 취지를 밝히고 있고, 본사에서는 외로운 처지에서 바늘과 맺은 인연, 그리고 바늘의 재주 및 추억 등을 서술하고 있다. 결사에는 다음 생에서 백년고락과 일시생사를 함께하기를 소원하는 내용이 담겨 있다.
갈래: 고전 수필(국문 수필)
성격: 추모적, 고백적
주제: 부러진 바늘에 대한 애도
특징: 아끼던 바늘이 부러지자 제문 형식을 빌려 글쓴이의 슬픔을 표현함.

혼자 하기 🙂

1. 이 글이 지어질 당시의 사회·문화적 배경을 고려하여 '바늘'이 글쓴이에게 어떤 의미를 지니는지 짐작해 봅시다.

예시 답 | 이 글이 지어진 시기는 유교 사상과 문화가 지배했던 조선 시대로, 당시 여성들은 주로 한글로 된 생활문을 썼다. 이러한 배경 속에서 유씨 부인은 능숙한 글쓰기를 할 수 있는 능력을 갖춘 양반가의 여성이었다. 또한, 「조침문」에는 슬하에 자녀가 없는 양반가 부녀자의 생활 모습이 드러나 있다. 이러한 유씨 부인에게 바늘은 단순한 바느질의 도구가 아니라 글쓴이의 외로운 삶에 의지가 되는 친구이자 동료로, 소중한 대상이었으므로 이를 잃고 제문 형식의 글을 쓴 것이라 볼 수 있다.

✨ 지학이가 도와줄게! - 1

이 글은 조선 시대에 창작된 수필 작품이란다. 작품의 내용을 파악하며 읽고 당시의 사회·문화적 배경에 근거하여 '바늘'이 글쓴이에게 갖는 의미가 무엇일지 생각해 보렴.

혼자 하기 🙂

2. 자신의 주변에서 '바늘'과 같은 의미를 지닌 대상을 찾고, 〈조건〉에 유의하여 짧은 글을 써 봅시다.

조건

- 자신이 소중하게 여기던 대상 중 망가뜨린 사물을 떠올려 보세요.
- 대상을 망가뜨리게 된 사연, 이를 추모하는 내용과 그 당시 자신의 감정을 구체적으로 담아 내용을 구성해 주세요.
- 이 글의 '바늘'처럼 떠올린 대상을 사람에 빗대어 표현해 주세요.

예시 답 | 이 스마트폰은 한낱 작은 물건이나 이렇듯이 슬퍼하는 것은 나의 애정이 남과 다름이라. 아, 비통하구나, 아깝고 불쌍하다. 너를 손에 얻어 지닌 지 벌써 2년이라. 슬프고 안타깝다. 혼미한 정신을 가다듬고 겨우 진정하여 너의 행적과 나의 품은 마음을 총총히 적어 작별 인사를 하노라.

2년 전에 부모님께 부탁하여 겨우 너를 얻어 지금까지 지녀왔는데 슬프도다. 비록 물건이나 어찌 사랑스럽지 않을 수가 있으랴.

너는 미묘한 품질과 특별한 재치를 가졌으니 나의 애중품 중의 애중품이라. 빠르고 스마트하기는 따를 자가 없도다. 가진 재능은 또 얼마나 많은지 친구들의 목소리를 듣게 해 주고, 친구들의 얼굴을 보여 주는지라. 또 새롭고 신기한 소식들을 만나게 해 주니 너를 통해 심심한 시간을 달래는 방법이 무궁무진하도다.

금년 ○월 ○일 ○시에 화장실까지 너를 데리고 갔다가 세면대에 빠뜨리니 아야 아야 스마트폰이여, 물에 잠겨 정신을 잃었구나. 누구를 탓하리오. 정신이 아득하고 혼백이 산란하여 마음을 베어 내는 듯하구나. 부디 미물일지나 극락왕생하길 바라노라.

✨ 지학이가 도와줄게! - 2

각자 일상생활에서 이 작품의 '바늘'과 유사한 의미를 지녔던 대상을 찾아, 이를 글로 재구성해 보는 활동이란다. 망가뜨렸을 때 「조침문」의 유씨 부인과 같은 심정을 느꼈던 사물을 선정했다면 이를 의인화하여 각자의 진솔한 감정을 구체적으로 담아 표현해 보렴.

➕ 보충 자료
「조침문」의 제문 형식과 의인화의 표현 기법

제문은 죽은 사람을 애도하는 글로 추모의 정서가 극대화되어 드러나는 양식이다. 이 글에 사용된 제문 양식은 바늘을 잃은 글쓴이의 애도 뜻과 안타까운 심정을 효과적으로 나타내고 있다. 원래 제문은 사람을 대상으로 하는 글이나, 이 작품에서는 '바늘'을 추모의 대상으로 하면서 의인화하여 표현하고 있다. 이처럼 바늘이라는 보잘것없는 사물을 마치 사람인 것처럼 대하는 태도는 대상과의 정서적 일체감을 가져다주어 글쓴이의 정서를 효과적으로 드러내는 데 이바지한다.

소단원 콕! 짚고 가기

소단원 제재

1. 제재 정리

작가	왕방연(?~?)	성격	애상적, 감상적
운율	외형률(① ☐음보, 3 · 4조의 음수율)	제재	단종의 유배
주제	임(유배된 단종)과 이별한 슬픔		
특징	• 3장 6구 4음보의 형식으로 이루어짐. • 순우리말을 주로 사용하여 임금과 이별한 비통함, 슬픔을 애절하게 표현함. • 화자의 슬픔을 '천만리'라는 ② ☐☐☐된 표현을 통해 극대화하여 드러냄. • 화자의 감정을 자연물인 '물'에 이입하여 표현함.		

2. 시조의 짜임

초장	중장	종장
'고운 님'과 이별함.	이별 후의 상황	임과 이별한 후의 슬픈 정서

핵심 포인트

1. 시어에 담긴 함축적 의미

천만리	• 슬픔의 크기를 수량화하여 표현함. • 임과 이별한 슬픔에 따른 ③ ☐☐적 거리감을 나타냄.
④ ☐	• 화자의 감정이 이입된 자연물 • 임과의 이별로 울고 싶은 화자의 슬픈 마음을 나타냄.

2. 이 시조의 창작 배경과 '고운 님'의 의미

얼마나 마음이 안 타깝고 슬펐으면, 냇가에 주저앉아 그 마음을 읊었을까?

창작 배경	• 단종이 어린 나이에 왕위에 올랐으나, 숙부인 수양 대군(세조)에게 왕위를 빼앗김. • 단종을 복위시키려는 움직임이 일자 단종을 영월로 유배 보냄. • 단종을 유배지로 호송하는 임무를 맡았던 작가가 안타깝고 애통한 마음을 이 시조에 담아 읊음.
'고운 님'	영월로 유배된 ⑤ ☐☐을/를 가리킴.

3. 사회 · 문화적 배경을 바탕으로 한 작품 감상

• 화자는 임과 이별하고 냇가에 앉아 있음. • 임과 이별한 슬픔과 상실감을 드러냄.	사회 · 문화적 배경을 파악 →	• 유배지인 영월에서 단종과 이별하고 돌아오는 길임. • 신하로서의 '충'의 마음, 즉 임금과 이별하고 돌아오는 슬프고 애절한 심사를 드러냄. • 유교적 사회 · 문화를 볼 수 있음.

↓

작품의 가치와 의미를 더 깊이 있고 정확하게 이해할 수 있음.

정답: ① 4 ② 수량화 ③ 심리
④ 물 ⑤ 단종

[01~05] 다음 글을 읽고, 물음에 답하시오.

⊙천만리 머나먼 길에 고운 님 여의옵고
내 마음 둘 데 없어 냇가에 앉았으니
ⓒ저 물도 내 안 같아서 울어 밤길 예놋다

01. 이 시조에 대한 설명으로 적절한 것은?

① 인생의 덧없음을 노래하고 있다.
② 임과 이별한 슬픔을 노래하고 있다.
③ 생활의 곤궁함과 삶의 권태로움을 노래하고 있다.
④ 자연을 벗하며 처지와 분수에 만족하는 삶을 노래하고 있다.
⑤ 관리로서 직분에 충실하고자 하는 다짐을 노래하고 있다.

활동 응용 문제

02. 이 시조의 화자가 ⊙과 같이 표현한 이유로 가장 적절한 것은?

① 이별한 임과의 재회를 기원하기 위해
② 임과 화자의 거리가 실제로 천만리이기 때문에
③ 고운 임이 매우 연약한 존재라는 것을 부각하기 위해
④ 임이 헤쳐 나가야 할 고난을 강조하여 표현하기 위해
⑤ 임이 아주 먼 곳에 있다고 느끼는 심리적 거리감을 표현하기 위해

활동 응용 문제

03. ⓒ에 대한 이해로 적절하지 않은 것은?

① '내 안'이라는 것은 '고운 님'을 뜻하겠군.
② 물도 울면서 밤길을 흘러간다는 뜻으로 풀이할 수 있군.
③ 자연물인 '물'에 화자의 감정을 이입하여 표현하고 있군.
④ 화자가 비통하고 애절한 심정을 느끼고 있다는 것을 알 수 있군.
⑤ 시조 형식에서 종장에 해당하는 행으로 첫 구절을 3음절로 한다는 규칙을 잘 지키고 있군.

활동 응용 문제

04. 〈보기〉를 참고하여 이 시조를 감상한 내용으로 적절하지 않은 것은?

┤ 보기 ├

　조선 초기, 임금인 문종이 죽은 후, 그 아들인 단종이 어린 나이로 왕위에 오른다. 이후 단종의 숙부로, 왕위 계승권이 없던 수양 대군은 힘으로 단종을 몰아내고 왕위에 오른다. 왕이 된 수양 대군(세조)은 단종을 복위시키려는 움직임이 일자 단종을 영월로 유배 보내는데, 이때 단종을 유배지로 호송하는 임무를 맡았던 왕방연의 안타까운 마음을 담은 시조 「천만리 머나먼 길에」가 전해지고 있다.

① 역사적인 사실을 배경으로 하고 있다.
② '고운 님'은 충절의 대상인 단종을 가리킨다.
③ 불교적 사회·문화적 배경이 바탕에 깔려 있다.
④ 임금을 유배지에 두고 돌아오는 작가의 심정을 담고 있다.
⑤ '임금'을 '임'으로 표현하던 우리 문학의 전통이 반영되어 있다.

| 고난도 |

05. 이 시조와 주제 면에서 가장 유사한 것은?

① 노래 만든 사람 시름도 많기도 많으리
　일러 다 못 일러 불러나 풀었던가
　진실로 풀릴 것이면 나도 불러 보리라　　－신흠
② 꽃은 무슨 일로 피면서 쉬이 지고
　풀은 어이하여 푸르는 듯 누르나니
　아마도 변치 않는 건 바위뿐인가 하노라 －윤선도
③ 어버이 살아실 제 섬기기란 다하여라
　지나간 후면 애달프다 어이하리
　평생에 고쳐 못할 일은 이뿐인가 하노라　－정철
④ 간 밤의 우던 여흘 슬피 우러 지내여다
　이제야 생각하니 님이 우러 보내도다
　져 물이 거스리 흐르고져 나도 우러 녜리라－원호
⑤ 동창이 밝았느냐 노고지리 우지진다
　소치는 아이는 상기 아니 일었느냐
　재 너머 사래 긴 밭을 언제 갈려 하느니 －남구만

(2) 수난이대

● 이렇게 열자 ●

 생각 열기

다음 우리나라의 근현대 모습이 담긴 사진을 보고, 아래의 활동을 해 봅시다.

▲ 1950년대 대구 달성군 내 피란민들을 위한 천막 학교의 모습

제시된 사진은 전쟁으로 피란지에 와 있는 중에도 배움을 이어가는 우리 민족의 모습을 담고 있단다. 이러한 사진 속 상황을 생각해 보고, 이 상황에 자신을 적용해 보는 활동을 하면서 우리나라의 근현대 삶의 모습에 좀 더 가깝게 다가가 보자.

근현대에 접어들면서 우리 민족은 많은 고통과 시련을 겪었지만 이를 극복하는 모습을 보여 주었어. 이와 같은 모습은 당시의 여러 문학 작품에도 생생히 담겨 있단다. 문학 작품을 감상할 때 이러한 사회 · 문화적 배경을 파악하면서 읽으면 작품뿐만 아니라 우리의 삶과 사회에 관한 이해도 훨씬 깊고 넓어질 거야.

• 이 사진은 우리 민족의 어떠한 삶의 모습을 반영하고 있나요?

예시 답 | 전쟁으로 피란 중이지만, 배움의 의지를 잃지 않았던 우리 민족의 모습을 반영하고 있다.

• 우리가 저 시대의 학생이었다면 어떻게 했을지 친구들과 이야기해 봅시다.

예시 답 | • 우리도 이처럼 행동했을 것이다.
• 전쟁 중이므로 혼란스러워서 배움의 의지를 이어 나가지 못했을 것 같다.

🌿 이 단원의 학습 요소

학습 목표 | 작품이 창작된 사회 · 문화적 배경을 바탕으로 작품을 이해할 수 있다.

사건과 인물을 통해 사회 · 문화적 배경 파악하기	▶ 사건과 인물을 중심으로 소설에 반영된 사회 · 문화적 배경을 파악한다.
사회 · 문화적 배경을 바탕으로 소설 감상하기	▶ 소설이 창작된 사회 · 문화적 배경을 바탕으로 문학 작품을 감상할 수 있는 능력과 태도를 기른다.

소단원 바탕 학습

핵심 개념 미리 보기

1. 문학과 현실

- 문학은 그 시대와 사회가 지닌 온갖 삶의 모습(풍속, 가치관, 꿈, 고통 등)을 반영한다. 따라서 문학 작품 속에는 그 배경이 되는 시대의 사람들이 살아가는 모습, 사회적, 문화적, 역사적 상황이 담겨 있다.
- 현실을 있는 그대로 반영하는 것이 아니라 작품에 필요한 요소만 선택하고 압축하여 반영한다.
- 작가의 상상력이 더해져 재구성되거나 새롭게 창조된 세계를 반영한다.

현실의 세계	문학의 세계
• 사실의 세계로, 실제로 일어난 일 • 있는 그대로의 모습을 드러냄. • 추상적인 개념으로 전체를 드러내기 어려움.	• 허구의 세계로, 일어날 수 있는 일 • 언어로 표현되는 세계임. • 구체적인 표현을 통해 재구성됨.

2. 사회 · 문화적 배경과 작품의 이해

사회 · 문화적 배경
작품이 창작된 사회 · 문화적 배경을 파악하고 이를 고려하여 작품을 감상함.

↓

작가가 전달하고자 하는 바와 우리의 삶과 사회에 관한 이해가 훨씬 깊고 넓어짐.

3. 문학 작품에 나타난 사회 · 문화적 배경을 파악하는 방법

사회 · 문화적 상황이 작품 속에 반영되는 방법
• 인물과 사건을 둘러싼 시대적 환경으로 제시됨. • 등장인물의 말과 행동으로 나타남. • 작품 전체 이야기에 나타남.

↓

작품에 나타난 여러 내용을 종합적으로 정리하여 파악함.

제재 훑어보기

수난이대(하근찬)

- **해제:** 이 소설은 일제 강점기에 징용으로 한쪽 팔을 잃은 아버지와 6.25 전쟁으로 한쪽 다리를 잃은 아들의 수난과 그 극복을 그린 소설이다. 이 소설에는 전후(戰後) 상황의 수난과 고통을 대하는 인물들의 행동과 태도가 잘 드러나 있다. 이를 통해 민족의 수난사와 부자의 수난을 유기적으로 연결함으로써 민족의 역사적인 비극을 잘 그려 내고 있으며, 그 비극을 딛고 일어서려는 의지적인 삶의 자세를 보여 주고 있다.
- **갈래:** 단편 소설, 전후 소설
- **성격:** 사실적, 향토적, 의지적, 상징적
- **배경:** 시대적 – 일제 강점기부터 6.25 전쟁 직후
 공간적 – 어느 농촌 마을
- **시점:** 전지적 작가 시점과 작가 관찰자 시점의 혼재
- **주제:** 수난의 현실과 그 극복 의지
- **특징**
  ① 상징적 소재를 통해 주제 의식을 드러낸다.
  ② 과거와 현재를 교차하며 서술한다.
  ③ 압축적인 서술과 대화를 통해 인물의 성격을 제시한다.
- **구성**

발단	6.25 전쟁 직후 아들이 살아 돌아온다는 소식을 들은 만도가 아들을 마중 나감.
전개	정거장 대합실에서 아들을 기다리던 만도가 일제 징용에 끌려가 한쪽 팔을 잃은 과거를 회상함.
위기	6.25 전쟁에 나갔다가 불구가 되어 돌아온 아들을 본 만도는 분노를 느낌.
절정	만도가 아들을 업고 외나무다리를 건너감.
결말	용머리재가 외나무다리를 건너는 부자(父子)를 내려다봄.

 심화 자료

- **6.25 전쟁:** 1950년 6월 25일 새벽에 북한군이 북위 38도선 이남으로 기습적으로 침공함으로써 일어난 전쟁. 1953년 7월 27일에 휴전이 이루어졌다.

수난이대 _하근찬

66 학습 포인트
· 작품의 시대 상황 파악하기
· 인물의 처지 및 심리 파악
하기

발단 **1** 진수가 돌아온다. 진수가 살아서 돌아온다. 아무개는 전사했다는 통지가
〔전쟁터에서 적과 싸우다 죽음.〕
왔고, 아무개는 죽었는지 살았는지 통 소식이 없는데, 우리 진수는 살아서 오늘
돌아오는 것이다. 생각할수록 어깻바람이 날 일이다. 그래 그런지 몰라도 박만도
〔신이 나서 어깨를 으쓱거리며 활발히 움직이는 기운〕
는 여느 때 같으면 아무래도 한두 군데 앉아 쉬어야 넘어설 수 있는 용머리재를
〔전쟁터에서 살아 돌아오는 아들을 마중 나가는 만도의 기쁨이 드러남.〕
단숨에 올라채고 만 것이다. 가슴이 펄럭거리고 허벅지가 뻐근했다.
➔ 아들이 살아 돌아온다는 사실에 기뻐하는 만도

2 그러나 그는 고갯마루에서도 쉴 생각을 하지 않았다. 들 건너 멀리 바라보이
〔아들을 만난다는 기대감 때문에〕
는 정거장에서 연기가 몰씬몰씬 피어오르며 삐익 기적 소리가 들려왔기 때문이
다. 아들이 타고 내려올 기차는 점심때가 가까워야 도착한다는 것을 모르는 바
아니다. 해가 이제 겨우 산등성이 위로 한 뼘가량 떠올랐으니, 오정이 되려면 아
〔정오. 낮 12시〕
직 차례 먼 것이다. 그러나 그는 공연히 마음이 바빴다.
〔시간이 많이 남아 있는 것이다.〕 〔아들을 빨리 만나고 싶은 마음에〕

'까짓것, 잠시 앉아 쉬면 뭐할 끼고.'

손가락으로 한쪽 콧구멍을 찍 누르면서 팽! 마른 코를 풀어 던졌다. 그리고 휘청
휘청 고갯길을 내려가는 것이다.   ➔ 아들을 만날 생각에 고갯마루에서도 쉬지 않는 만도

3 내리막은 오르막에 비하면 아무것도 아니었다. ˚대고 팔을 흔들라치면 절로 굴
러 내려가는 것이다. 만도는 오른쪽 팔만을 앞뒤로 흔들고 있었다. 왼쪽 팔은 조
끼 주머니에 아무렇게나 쑤셔 넣고 있는 것이다.

'삼대독자가 죽다니 말이 되나. 살아서 돌아와야 일이 옳고말고. 그런데 병원에서
〔삼대에 걸쳐 형제가 없는 외아들〕
나온다 하니 어디를 좀 다치기는 다친 모양이지만, 설마 나같이 이렇게사 되지 않
〔'이렇게'의 사투리. 맥락상 의미: 불구의 몸이〕
았겠지.'

만도는 왼쪽 조끼 주머니에 꽂힌 소맷자락을 내려다보았다. 그 소맷자락 속에는
아무것도 든 것이 없었다. 그저 소맷자락만이 어깨 밑으로 덜렁 처져 있는 것이다.
그래서 ˚노상 그쪽은 조끼 주머니 속에 꽂혀 있는 것이다.

㉠**❶**'볼기짝이나 장딴지 같은 데를 총알이 약간 스쳐 갔을 따름이겠지. 나처럼
〔아들 진수를 가리킴.〕
팔뚝 하나가 몽땅 달아날 지경이었다면, 그 엄살스러운 놈이 견뎌 냈을 턱이
없고말고.'
〔이러저러한 말을 아무렇게나 늘어놓았다.〕
슬며시 걱정이 되기도 하는 듯, 그는 속으로 이런 소리를 주워섬겼다.
└ 만도의 불안감   ➔ 아들의 부상을 걱정하며 고갯마루를 내려오는 만도

작가 소개: 하근찬(1931∼2007)
소설가. 전쟁과 가난한 농촌을 배
경으로 민족의 수난과 아픔, 사회
적 모순과 인간적 진실을 그린 작
품을 주로 썼다. 주요 작품으로는
「수난이대」, 「흰 종이수염」, 「왕릉
과 주둔군」 등이 있다.

읽기 중 활동

교과서 날개 ①
'전사', '우리 진수는 살아서 오
늘 돌아오는 것이다.'를 통해
이 소설의 사회·문화적 배경
을 짐작해 봅시다.
→ 전쟁(6.25 전쟁)으로 인해
많은 사람이 죽거나 소식이 없
는 가운데 만도의 아들 진수가
전쟁터에 나갔다가 살아서 돌
아오고 있다는 것으로 보아 전
쟁 직후의 상황임을 짐작할 수
있다.

교과서 날개 ②
조끼 주머니에 아무렇게나 쑤셔
넣은 '왼쪽 팔'을 통해 알 수 있
는 만도의 처지를 말해 봅시다.
→ 그가 왼쪽 팔이 없는 처지
임을 알 수 있다.

어휘 풀이
· 대고: 무리하게 자꾸. 또는
계속하여 자꾸.
· 노상: 언제나 변함없이 한 모
양으로 줄곧.

어구 풀이
❶ 만도는 진수가 다쳤어도 사
소한 부상일 것으로 생각하며
자신의 불안감을 떨쳐 버리려
한다.

정답과 해설 30쪽

■ 작품의 사회·문화적 배경

문학 작품은 특정한 사회·문화적 배경을 반영하는데, 작품의 창작 배경, 작품 속 등장인물과 이를 둘러싼 상황 등을 통해 이를 파악할 수 있으니 이에 주목해서 이 글을 감상하렴. 🔳 🔳을 보면 '전사했다는 통지', '총알'이라는 표현을 볼 수 있지? 또 아버지 만도는 아들 진수가 살아서 돌아온다는 소식에 기뻐하고 있는데, 이를 종합해 볼 때 진수는 전쟁에 나갔다가 살아 돌아오는 것임을 알 수 있단다. 따라서 이 소설의 사회·문화적 배경은 전쟁 직후의 상황이라는 것을 짐작할 수 있어.

▶핵심 포인트◀

사회·문화적 배경	• 전쟁(6.25 전쟁) 직후의 상황임. • 전쟁터에 나간 많은 사람이 죽거나 소식이 없음.

■ 만도의 처지

🔳에는 만도의 처지가 드러나 있단다. 즉 만도가 한쪽 팔이 없다는 사실을 왼쪽 소맷자락이 비어 있다는 것 등을 통해 알려 주고 있어.

▶핵심 포인트◀

• '왼쪽 팔은 조끼 주머니에 아무렇게나 쑤셔 넣고 있는 것이다.' • '그 소맷자락 속에는 아무것도 든 것이 없었다.'
↓
만도는 왼쪽 팔이 없는 처지임.

■ 만도의 심리 변화 ①

만도는 아들이 살아 돌아온다니 반갑기도 하지만 병원에서 나온다니 혹시 자신처럼 불구의 몸이 되어 돌아오는 것은 아닐지 마음 한쪽에선 불안해하고 있단다. 이 불안한 마음은 앞으로 전개될 사건의 방향을 암시해 주기도 해.

▶핵심 포인트◀

아들이 전쟁터에서 온다는 소식을 듣고 기차역에 마중을 나감.	→	아들이 살아 돌아온다는 사실에 기쁘고 반가움.
아들이 병원에서 나온다고 함.	→	한쪽 팔이 없는 자신처럼 불구의 몸이 되어 돌아오는 것은 아닐지 불안해 함.

1. 이 글에 대한 설명으로 적절하지 <u>않은</u> 것은?
① 전쟁을 배경으로 한 전후 소설이다.
② 우리 민족 수난의 역사가 드러나 있다.
③ 실존 인물의 체험을 바탕으로 하고 있다.
④ 인물의 행동을 통해 심리를 보여 주고 있다.
⑤ 사투리를 사용하여 글에 생동감을 부여하고 있다.

2. 이 글에서 알 수 있는 내용이 <u>아닌</u> 것은?
① 만도나 진수에게는 형제가 없다.
② 만도는 한쪽 팔을 잃은 불구의 몸이다.
③ 만도는 진수를 마중하러 정거장으로 가는 중이다.
④ 만도는 진수가 병원에서 나온다는 소식을 들었다.
⑤ 만도는 진수의 도착 시간에 늦을까 봐 서두르고 있다.

3. 이 글에 드러나는 '만도'의 심리로 적절한 것은?

	🔳, 🔳	🔳
①	설렘	반가움
②	기쁨	불안감
③	기대감	안도감
④	호기심	즐거움
⑤	좌절감	안타까움

4. 🔳에서 '만도'의 외양적 처지와 관련된 구절이 <u>아닌</u> 것은?
① 만도는 오른쪽 팔만을 앞뒤로 흔들고 있었다.
② 그 소맷자락 속에는 아무것도 든 것이 없었다.
③ 대고 팔을 흔들라치면 절로 굴러 내려가는 것이다.
④ 그저 소맷자락만이 어깨 밑으로 덜렁 처져 있는 것이다.
⑤ 왼쪽 팔은 조끼 주머니에 아무렇게나 쑤셔 넣고 있는 것이다.

5. 이 글의 배경이 되는 시대의 사회·문화적 상황을 알 수 있는 말을 🔳에서 찾아 한 단어로 쓰시오.

4 내리막길은 빨랐다. 벌써 고갯마루가 저만큼 높이 쳐다보이는 것이다. 산모퉁이를 돌아서면 이제 들판이다. 내리막길을 쏘아 내려온 기운 그대로, 만도는 들길을 잔걸음쳐 나가다가 개천 둑에 이르러서야 걸음을 멈추었다. 외나무다리가 놓여 있는 조그마한 시냇물이었다. 한여름 장마철에는 들어설라치면 배꼽이 묻히는 수도 있었지마는, 요즈막엔 무릎이 잠길 듯 말 듯한 물인 것이다. 가을이 깊어지면서부터 물은 밑바닥이 환히 들여다보일 만큼 맑아져 갔다. 소리도 없이 미끄러져 내려가는 물을 가만히 내려다보고 있으면, 절로 이뿌리가 시려 온다.

(자신이 지나온 곳을 돌아보는 만도 / 쏘아: 매우 빠르게 / 잔걸음: 보폭이 짧고 빠른 걸음 / 외나무다리: 한 개의 통나무로 놓은 다리 / 가을이 깊어지면서부터: 계절적 배경 / 이뿌리가 시려 온다: 잇몸 속 이의 뿌리가 시리다고 생각할 정도로 물이 차게 느껴짐.)

➜ 외나무다리가 있는 개천 둑에 이르러서야 발길을 멈추는 만도

5 만도는 물기슭에 내려가서 쭈그리고 앉아 한 손으로 *고의춤을 풀어 헤쳤다. 오줌을 찌익 깔기는 것이다. 거울 면처럼 맑은 물 위에 오줌이 가서 부글부글 끓어오르며 뿌연 거품을 이루니, 여기저기서 물고기 떼가 모여든다. 제법 엄지손가락만씩 한 피리도 여러 마리다.

(오줌을 찌익 깔기는 것이다: 격식을 차리지 않는 만도의 성격이 드러남. / 피리: 피라미)

'한 바가지 잡아서 회 쳐 놓고 한잔 쭉 들이켰으면…….'

(만도의 소탈한 성격이 드러남.)

군침이 목구멍에서 꿀꺽했다. 고기 떼를 향해서 마른 코를 팽팽 풀어 던지고, 그는 외나무다리를 조심히 디뎠다.

길이가 얼마 되지 않는 다리였으나, 아래로 물을 내려다보면 제법 어찔했다. 그는 이 외나무다리를 퍽 조심한다.

(외나무다리: 과거를 회상하게 하는 매개체)

➜ 외나무다리를 조심해서 건너는 만도

6 언젠가 한번, 읍에서 술이 꽤 되어 가지고 흥청거리며 돌아오다가, 물에 굴러떨어진 일이 있었던 것이다. 지나치는 사람이 없었기에 망정이지, 누가 보았더라면 큰 웃음거리가 될 뻔했었다. 발목 하나를 약간 *접쳤을 뿐, 크게 다친 데는 없었다. 이른 가을철이었기 때문에 옷을 벗어 둑에 늘어놓고 말릴 수는 있었으나, ㉠여간 창피스러운 것이 아니었다. 옷이 *말짱 젖었다거나, 옷이 마를 때까지 발가벗고 기다려야 한다거나 해서가 아니었다. ❶팔뚝 하나가 몽땅 잘라져 나간 흉측한 몸뚱어리를 하늘 앞에 드러내 놓고 있어야 했기 때문이었다. ❷지나치는 사람이 있을라치면, 하는 수 없이 물속으로 뛰어들어가서 얼굴만 내놓고 앉아 있었다. 물이 *선뜩해서 아래턱이 덜덜거렸으나, 오그라든 사타구니께를 한 손으로 꽉 움켜쥐고 버티는 수밖에 없었다. / "흐흐흐……."

(언젠가 한번: 과거 회상이 시작됨. / 읍에서 술이 꽤 되어 ~ 굴러떨어진 일이 있었던 것이다: 만도가 외나무다리를 조심하는 이유─술에 취해 떨어진 적이 있음. / 망정이지: 다행이지, 괜찮았지 / 팔뚝 하나가 ~ 때문이었다: 만도가 창피해 한 이유)

교과서 날개

그때 일을 생각하면 지금도 곧 웃음이 터져 나오는 것이다. ❸하늘로 쳐들린 콧구멍이 벌름거렸다.

➜ 외나무다리에서 떨어졌던 일을 회상하는 만도

7 개천을 건너서 논두렁길을 한참 부지런히 걸어가노라면 읍으로 들어가는 한길이 나선다. 도로변에 먼지를 부옇게 덮어쓰고 도사리고 앉아 있는 초가집은 *주막이었다. 만도가 읍에 나올 때마다 꼭 한 번씩 들르곤 하는 단골집인 것이다.

학습 포인트

- 글의 구성상의 특징 파악하기
- 소재의 역할 파악하기
- 인물의 성격 파악하기

읽기 중 활동

교과서 날개

'그때 일'을 생각하면 웃음이 터지는 만도의 모습을 통해 그의 성격을 짐작해 봅시다.

→ 불구의 몸 때문에 추위에 떨며 물속에 들어가 있어야 했음에도 불구하고 이를 웃음으로 넘겨 버리는 데서 그가 낙천적이고 긍정적인 성격임을 알 수 있다.

어휘 풀이

- 고의춤: 고의나 바지의 허리를 접어서 여민 사이.
- 접쳤을: 접질렀을.
- 말짱: 속속들이 모두.
- 선뜩: 갑자기 서늘한 느낌이 드는 모양.
- 주막: 시골 길가에서 밥과 술을 팔고, 돈을 받고 나그네를 묵게 하는 집.
- 농: 실없이 놀리거나 장난으로 하는 일. 농담.

어구 풀이

❶ 한쪽 팔을 잃은 몸을 드러내 놓을 수 없는 만도의 안쓰러운 처지를 말해 준다.

❷ 옷을 말리는 동안 사람이라도 지나가면 물속에 들어가 떨고 있어야 하는 만도의 행동은 웃음을 자아내지만, 이 말 속에는 전쟁의 비극성이 담겨 있기도 하다.

❸ '계속 웃음이 터져 나왔다.'라는 표현을 재미있게 표현한 구절이다. 만도의 모습을 희화화하여 표현하여 분위기를 무겁지 않게 하고 있으며 순박하고 낙천적인 만도의 성격을 보여 준다.

이 집 눈썹이 짙은 여편네와는 예사로 °농을 주고받는 사이다.

술방 문턱을 넘어서며 만도가, / ❹"서방님 들어가신다." / 하면 여편네는,

"아이 문둥아, 어서 오느라."

경상도 지방에서 반가운 사람을 대할 때 쓰는 말

하는 것이 인사처럼 되어 있었다. 만도는 여간 언짢은 일이 있어도 이 여편네의

궁둥이 곁에 가서 앉으면 ❺속이 절로 쑥 내려가는 것이었다.

주막 앞을 지나치면서 만도는 술방 문을 열어 볼까 했으나, 방문 앞에 신이 여

주막에 손님이 있음을 알 수 있음.

러 켤레 널려 있고, 방 안에서 웃음소리가 요란하기 때문에 돌아오는 길에 들르

기로 했다.

→ 평소 친분이 두터운 주막을 지나치는 만도

어구 풀이

❹ 주막집 여자와 스스럼없이 지내는 만도의 모습. '서방님'은 만도가 자신을 가리키며 농담으로 말한 호칭이다.

❺ 언짢았던 마음이 풀린다는 뜻으로, 만도에게 주막이 어떤 역할을 하는지 알 수 있다.

찬찬샘 핵심 강의

■ **소재의 역할**

6에서 만도는 '외나무다리'를 건너면서 자신의 과거 경험을 떠올리고 있어. 이 글은 이렇게 회상을 통해 이야기를 자연스럽게 현재에서 과거의 사건으로 거슬러 올라가는 구성을 사용하고 있단다. 또 **7**에는 만도가 자주 들르는 주막이 나와. 이 주막에 오면 만도는 언짢은 일이 있어도 저절로 풀린다고 하고 있어.

▸핵심 포인트◂

외나무다리	만도가 과거를 회상하게 하는 매개체
주막	만도의 마음이 편해지고 걱정이 사라지게 함.

■ **만도의 성격**

5, **6**에서 만도는 물기슭에서 오줌을 갈기거나 고기 떼를 향해 코를 팽팽 풀어 던지기도 하고, 외나무다리에서 떨어져 창피스럽고 괴로웠던 과거의 일을 떠올리면서도 콧구멍을 벌름거리며 웃어. 이러한 만도의 행동들로 볼 때 그의 성격이 소탈하고 순박하며 낙천적이고 긍정적이라는 것을 느낄 수 있을 거야.

▸핵심 포인트◂

만도의 성격	• 소탈하고 순박함. • 낙천적이고 긍정적임.

콕콕 확인 문제

6. 이 글에 등장하는 '만도'에 대한 이해로 적절한 것은?

① 차분하고 지성적인 인물이다.

② 순박하고 낙천적인 인물이다.

③ 겁이 많고 소극적인 인물이다.

④ 세심하고 신중한 태도를 지닌 인물이다.

⑤ 격식을 차리고 계산적으로 행동하는 인물이다.

7. ㉠의 이유로 가장 적절한 것은?

① 젖은 옷차림으로 다녀야 하므로

② 옷이 마를 때까지 발가벗고 있어야 하므로

③ 누구나 쉽게 건너는 외나무다리에서 떨어졌으므로

④ 불구가 된 몸을 그대로 드러내 놓고 있어야 하므로

⑤ 술을 먹고 실수한 것이 알려지면 놀림을 당할 것이므로

|서술형|

8. **5**와 **6**에서 '외나무다리'의 역할이 무엇인지 〈조건〉을 고려하여 서술하시오.

> **조건**
> • 이야기의 구성에 미치는 영향을 중심으로 서술할 것.
> • "외나무다리"는 ~역할을 한다.'의 형태로 쓸 것.

8 *신작로에 나서면 금시 읍이었다. 만도는 읍 *들머리에서 잠시 망설이다가, 정거장 쪽과는 반대되는 방향으로 길을 놓았다. 장거리를 찾아가는 것이었다. 진수가 돌아오는데 고등어나 한 손 사 가지고 가야 될 거 아닌가 싶어서였다. 장날은 아니었으나, 고깃전에는 없는 고기가 없었다.

❶이것을 살까 하면 저것이 좋아 보이고, 그것을 사러 가면 또 그 옆의 것이 먹음직해 보였다. 한참 이리저리 서성거리다가 결국은 고등어 한 손이었다. ㉠그것을 달랑달랑 들고 정거장을 향해 가는데, 겨드랑 밑이 간질간질해 왔다. 그러나 한쪽밖에 없는 손에 고등어를 들었으니 참 딱했다. 어깻죽지를 연방 위아래로 움직거리는 수밖에 없었다.

→ 아들을 위해 고등어를 산 만도

9 정거장 대합실에 들어선 만도는 먼저 벽에 걸린 시계부터 바라보았다. 두 시 이십 분이었다.

'벌써 두 시 이십 분이라니 내가 잘못 보나?'

아무리 두 눈을 씻고 보아도, 시계는 틀림없는 두 시 이십 분이었다. 한쪽 걸상에 가서 궁둥이를 붙이면서도 곧장 *미심쩍어했다.

'두 시 이십 분이라니, 그럼 벌써 점심때가 겨웠단 말인가?'

ⓐ말도 아닌 것이다. 자세히 보니 ⓑ시계는 유리가 깨어졌고 먼지가 꺼멓게 앉아 있었다.

→ 정거장 대합실에 도착한 만도

10 ⓒ'그러면 그렇지.' / 엉터리였다. 벌써 그렇게 되었을 리가 없는 것이다.

"여보이소, 지금 몇 싱교?" / 맞은편에 앉은 양복쟁이한테 물어보았다.

"열 시 사십 분이오." / "예, 그렁교."

만도는 고개를 굽실하고는 두 눈을 연방 껌벅거렸다.

'열 시 사십 분이라. 보자, 그럼 아직도 한 시간이나 넘어 남았구나.'

그는 안심이 되는 듯 후유 숨을 내쉬었다. *궐련을 한 개 빼물고 불을 댕겼다. ㉡정거장 대합실에 와서 이렇게 도사리고 앉아 있노라면, 만도는 곧잘 생각나는 일이 한 가지 있었다. ⓓ❷그 일이 머리에 떠오르면, *등골을 찬 기운이 좍 스쳐 내려가는 것이었다. 손가락이 시퍼렇게 굳어져서 이끼 낀 나무 토막 같은 팔뚝이 ⓔ❸지금도 저만큼 눈앞에 보이는 듯했다.

→ 정거장 대합실에서 과거를 회상하는 만도

> **발단** 6.25 전쟁 직후 아들이 살아 돌아온다는 소식을 들은 만도가 아들을 마중 나감.

학습 포인트
· 소재의 의미와 역할 파악하기
· 장소의 역할 및 의미 파악하기

읽기 중 활동

교과서 날개
만도가 장거리를 찾아간 까닭은 무엇일까요?
→ 전쟁에서 살아 돌아오는 아들에게 맛있는 식사를 준비해 주기 위해서이다.

➕ 보충 자료
전후(戰後) 소설
한국 문학에서는 1950년에 일어난 한국 전쟁(6.25 전쟁)을 배경으로 한 소설을 전후 소설이라고 지칭한다. 주요 작품으로 오상원의 「유예」, 이범선의 「오발탄」, 손창섭의 「비 오는 날」 등이 있다.

어휘 풀이
· **신작로(新作路):** 자동차가 다닐 수 있을 정도로 넓게 새로 낸 길.
· **들머리:** 들어가는 맨 첫머리.
· **미심쩍다(未審——):** 분명하지 못하여 마음이 놓이지 않는 데가 있다.
· **궐련:** 얇은 종이로 가늘고 길게 말아 놓은 담배. 궐련초.
· **등골:** 등 한가운데로 길게 고랑이 진 곳.

어구 풀이
❶ 아들에게 좋은 것을 먹이고 싶어 하는, 아들을 위하는 만도의 마음을 드러낸다.
❷ 과거의 일을 생각하면 등골이 서늘하다는 것은 만도가 기억하고 있는 과거가 좋은 일이 아님을 짐작하게 한다.
❸ '기억이 생생하다.'는 의미이다.

■ 소재의 의미와 역할

8에서 만도는 고등어 한 손을 산다. 살아 돌아오는 아들에게 먹이고 싶은 거지. 이로 볼 때 '고등어'는 아들에게 대한 만도의 애정을 보여 주는 소재라고 할 수 있어. 그런데 하나밖에 없는 손에 고등어를 들고 가는 도중 만도는 겨드랑 밑이 간지러운 난처한 상황이 생겨. 고등어는 팔이 하나밖에 없는 만도의 신체적 결함을 부각하는 역할도 한다고 볼 수 있는 거지.

➤핵심 포인트◀

고등어	• 아들에 대한 만도의 사랑을 의미함. • 한쪽 팔이 없는 만도의 신체적 결함을 부각함.

■ 장소의 역할 및 의미

10에서 만도는 정거장 대합실에 도착하여 앉아 있다가 과거 일을 떠올리려 하고 있어. 앞서 '외나무다리'처럼 '정거장 대합실' 역시 만도가 과거를 회상하게 하는 매개체 역할을 하는 거야. 그런데 '그 일이 머리에 떠오르면, 등골을 찬 기운이 좍 스쳐 내려가는 것이었다.', '이끼 낀 나무 토막 같은 팔뚝'이라는 서술로 볼 때 이 회상은 만도가 한쪽 팔을 잃게 된 일과 연관된 것 같아.

➤핵심 포인트◀

정거장 대합실	• 만도에게 과거의 일을 떠올리게 하는 매개체 • 만도의 불행한 과거와 연관된 장소

■ 이 소설의 언어적 특징

이 소설을 보면 사투리와 비속한 언어를 많이 사용하고 있어. 이는 만도의 소박하고 가식 없는 성격을 보여 주고, 작품 전체의 토속적인 분위기를 생동감 있게 연출하지. 또 만도가 운명을 수용하고 능동적으로 수난을 극복하는 모습과도 조화를 이루고 있어.

➤핵심 포인트◀

사투리, 비속한 언어 사용 효과	• 인물의 소박하고 가식 없는 성격을 보여 주고, 작품의 분위기를 생동감 있게 연출함. • 인물이 운명을 수용하고 능동적으로 수난을 극복하는 모습과 조화를 이룸.

9. 이와 같은 글을 읽는 방법으로 적절하지 <u>않은</u> 것은?
① 앞으로 전개될 내용을 짐작하며 읽는다.
② 인물이 겪은 사건의 사실 여부를 판단하며 읽는다.
③ 글을 창작한 작가의 창작 의도를 파악하며 읽는다.
④ 글에 드러난 사회·문화적 상황을 파악하며 읽는다.
⑤ 소재가 글의 전개 과정에서 하는 역할을 파악하며 읽는다.

10. 작가가 ㉠과 같은 상황을 설정한 이유를 가장 잘 추리한 것은?
① 만도의 평소 행동을 보여 주기 위해서
② 만도에게 닥칠 불행을 암시하기 위해서
③ 만도가 가진 신체적 결함을 부각하기 위해서
④ 만도의 소탈한 성격을 두드러지게 표현하기 위해서
⑤ 만도가 장애를 얼마나 잘 극복하는지 보여 주기 위해서

11. '만도'에게 ㉡이 갖는 의미로 적절한 것은?
① 아들과의 추억이 있는 장소이다.
② 만도가 사람들과 교류하는 장소이다.
③ 만도가 시간을 확인하러 가는 장소이다.
④ 만도가 옛 추억에 잠기기 위해 찾는 장소이다.
⑤ 만도에게 불행한 기억을 떠올리게 하는 장소이다.

12. ⓐ~ⓔ에 대한 이해로 적절하지 <u>않은</u> 것은?
① ⓐ: 시계가 가리키는 시각이 이치에 맞지 않는다는 뜻이다.
② ⓑ: 시계가 고장이 나서 멈춰 있음을 알려 준다.
③ ⓒ: 만도의 자책감이 드러나 있다.
④ ⓓ: 만도가 기억하는 과거가 만도에게 두려움을 주고 있음을 알려 준다.
⑤ ⓔ: 기억이 아직도 생생하게 남아 있다는 뜻이다.

|서술형|
13. 이 글에서 '만도'가 '고등어'를 사는 행위에 담긴 의미가 무엇인지 서술하시오.

• '~을 보여 준다.'의 형태로 쓸 것.

전개 **11** 바로 이 정거장 마당에 백 명 남짓한 사람들이 모여 웅성거리고 있었다. 그중에는 만도도 섞여 있었다. 기차를 기다리고 있는 것이었으나, 그들은 모두 자기네들이 어디로 가는 것인지 알지를 못했다. ❶그저 차를 타라면 탈 사람들이었다. 징용에 끌려 나가는 사람들이었다. 그러니까, 지금으로부터 십이삼 년 옛날의 이야기인 것이다.
_{시대적 배경: 일제 강점기} → 과거 회상─징용에 끌려갔던 날을 떠올리는 만도

12 °북해도 탄광으로 갈 것이라는 사람도 있었고, 틀림없이 °남양 군도로 간다는
_{일제 강제 징용지 ①} _{일제 강제 징용지 ②}
사람도 있었다. 더러는 °만주로 가면 좋겠다고 하기도 했다. 만도는 북해도가 아
_{일제 강제 징용지 ③}
니면 남양 군도일 것이고, 거기도 아니면 만주겠지, 설마 저희들이 하늘 밖으로
_{강제 징용되는 처지에서 체념적이고 담담한 모습을 보임.}
야 끌고 갈까 보냐고 아무렇지도 않은 듯이 그 들창코로 담배 연기를 풀풀 내뿜
고 있었다. 그러나 마음이 좀 덜 좋은 것은, 마누라가 저쪽 변소 모퉁이 벚나무
밑에 우두커니 서서 한눈도 안 팔고 이쪽만을 바라보고 있는 때문이었다. 그래서
❷그는 주머니 속에 성냥을 두고도 옆 사람에게 불을 빌리자고 하며 슬며시 돌아
서 버리곤 했다. / 플랫폼으로 나가면서 뒤를 돌아보니, 마누라는 울 밖에 서서
수건으로 코를 눌러 대고 있는 것이었다. 만도는 코허리가 찡했다. 기차가 꽥꽥
_{관용 표현. 의미: 눈물이 날 것 같았다.}
소리를 지르면서 덜커덩! 하고 움직이기 시작했을 때는 정말 속이 덜 좋았다. 눈
_{의인법}
앞이 뿌옇게 흐려지는 것을 어쩌지 못했다. 그러나 정거장이 까맣게 멀어져 가고
차창 밖으로 새로운 풍경이 휙휙 날아들자, 그만 아무렇지도 않아지는 것이었다.
오히려 기분이 유쾌해지는 것 같기도 했다.
_{만도의 단순하고 낙천적인 성격이 드러남.} → 과거 회상─징용에 끌려가며 아내와 이별하게 된 만도

13 바다를 본 것도 처음이었고, 그처럼 큰 배에 몸을 실어 본 것은 더구나 처음이
었다. 배 밑창에 엎드려서 꽥꽥 게워 내는 사람들이 많았으나, 만도는 그저 골이
_{뱃멀미를 하는 사람들} _{만도가 건강한 편이고 적응력이 뛰어나다는 것을 알 수 있음.}
좀 띵했을 뿐 아무렇지도 않았다. 더러는 하루에 두 개씩 주는 뭉칫밥을 남기기
도 했으나, 그는 한꺼번에 하루 것을 뚝딱해도 시원찮았다. 모두들 내릴 준비를
_{다 먹어도}
하라는 명령이 떨어진 것은 사흘째 되는 날 °황혼 때였다. 제가끔 봇짐을 챙기기
_{제각기}
에 바빴다. 만도도 호박 덩이만 한 보따리를 옆구리에 덜렁 찼다. 갑판 위에 올
_{등에 지기 위해 물건을 보자기에 싸서 꾸린 짐}
라가 보니, 『하늘은 활활 타오르고 있고, 바닷물은 불에 녹은 쇠처럼 벌겋게 출
_{「 」: 태평양의 노을을 생동감 있게 묘사함.}
렁거리고 있었다. 지금 막 태양이 물 위로 뚝딱 떨어져 가는 것이었다. 햇덩어리
가 어쩌면 그렇게 크고 붉은지 정말 처음이었다.』 그리고 바다 위에 주황빛으로
번쩍거리는 커다란 산이 둥둥 떠 있는 것이었다. 무시무시하도록 황홀한 광경에
_{징용지에서의 삶의 고통을 강조하기 위한 역설적 표현임.}
모두들 딱 벌어진 입을 다물 줄 몰랐다. 만도는 어깨마루를 버쩍 들어 올리면서,
히야아, 고함을 질러 댔다. 그러나 『섬에서 그들을 기다리고 있는 것은 숨 막히는
_{「 」: 섬의 열악한 환경과 강제 노역(아름다운 자연 풍광과 대조되는 상황임.)}
더위와 강제 노동과 그리고 잠자리만씩이나 한 모기떼……. 그런 것뿐이었다.』
→ 과거 회상─배를 타고 섬에 도착한 만도 일행

태평양 전쟁
1941~1945년 일본과 연합국 사이에 벌어진 전쟁. 제2차 세계 대전의 일부로서, 일본의 진주만 기습으로 시작되어 일본의 무조건 항복으로 끝났다.

징용
제2차 세계 대전 중인 1941년 일본의 진주만 기습으로 태평양 전쟁이 발발하는데, 일본은 군수 물자 보급과 노동 공급을 목적으로 조선의 많은 청년을 강제로 끌고 가기 위해 징용 제도를 실시했다.

어휘 풀이
· 북해도: 일본 북쪽 끝에 있는 홋카이도 본도와 부속 도서로 된 지방.
· 남양 군도: 제1차 세계 대전 후에 일본 제국주의의 통치를 받던 미크로네시아의 섬들을 부르는 말.
· 만주: 중국 동북 지방을 이르는 말. 동쪽과 북쪽은 러시아와 접해 있고, 남쪽은 압록강과 두만강을 경계로 한반도와 접해 있다.
· 황혼(黃昏): 해가 지고 어스름해질 때.

어구 풀이
❶ 힘이 없어 의지대로 살 수 없던 일제 강점기 우리 민족의 실상을 보여 준다. 또는 순박하고 선량한 사람들이라는 의미로도 볼 수 있다.
❷ 자신만 바라보는 아내를 보지 않으려는 의도로, 슬픔을 참아 내려는 의식적 행동이다.

■ 시대적 배경

만도는 현재 앉아 있는 정거장에서 십이삼 년 전에 징용에 끌려갔던 날을 떠올리고 있어. ⑪의 '징용', ⑫의 '북해도 탄광', '남양 군도', '만주' 등을 미루어 볼 때, 십이삼 년 전은 바로 일제 강점기라는 것을 알 수 있을 거야. ⑪, ⑫는 이러한 강제 징용으로 차출된 만도 일행이 가족들과 슬픈 이별을 하고 기차와 배에 차례로 몸을 싣고 섬에 도착한 상황을 보여 주고 있어.

▶핵심 포인트◀

정거장	• 십이삼 년 전: 만도가 징용에 끌려 나갔을 때 기차를 기다리던 곳 • 현재: 전쟁에서 살아 돌아오는 아들 진수를 기다리는 곳

• 정거장 마당 백 명 남짓 징용에 끌려 나가는 사람들 • 북해도 탄광, 남양 군도, 만주	→	일제 강점기에 많은 사람이 징용에 끌려 나갔음.

■ 만도의 성격과 심리 변화 ②

⑫에서는 정거장에서 징용을 떠나는 만도의 상황과 심리가 그려져 있어. 만도는 강제로 끌려가는 처지에 있으면서도 앞으로의 운명에 불안해하거나 초조해하기보다는 체념적이고 담담한 모습을 보인단다. 물론 이별을 슬퍼하는 아내의 모습에 잠시 눈물이 나는 것을 어쩌지 못하지만, 곧 새로운 풍경에 빠져들게 되고 오히려 유쾌함까지 느끼는 것을 보면 만도는 정말 단순하고도 낙천적인 성격의 소유자라고 볼 수 있겠어.

▶핵심 포인트◀

만도의 심리	① 징용에 끌려가면서도 체념적이고 담담한 모습을 보임. ② 우는 아내의 모습에 코허리가 찡함. ③ 차장 밖 새로운 풍경에 빠져들고 오히려 유쾌함까지 느낌.

↓

만도의 성격	단순하고 낙천적임.

14. 이 글을 바탕으로 당시의 사회·문화적 상황을 추측한 내용으로 적절하지 <u>않은</u> 것은?

① 당시에는 징용을 가고 싶지 않아도 가야 했던 것 같아.

② 징용으로 가족들이 서로 이별하게 되어 많이 슬펐을 것 같아.

③ 징용 가는 사람들은 자신이 어디로 가는지도 모른 채 끌려갔던 것 같아.

④ 조선의 산업화 과정에서 도시로 간 많은 농촌 사람이 고생을 했던 것 같아.

⑤ 징용을 간 곳의 열악한 환경과 고된 노동 때문에 사람들이 고통을 많이 겪은 것 같아.

15. 이 글에 나타난 인물에 대한 이해로 적절한 것은?

① 뱃멀미도 하지 않는 것을 볼 때 만도는 적응력이 뛰어난 사람인 것 같다.

② 고국을 떠난 만도는 징용지의 뛰어난 자연환경 덕분에 위로를 받았을 것이다.

③ 만도의 아내는 남편이 떠나도 우두커니 서 있는 것으로 볼 때 무뚝뚝한 사람일 것이다.

④ 남들은 남기는 밥이 만도에게는 부족한 것으로 볼 때 만도는 음식 욕심이 많은 사람일 것이다.

⑤ 아내와 헤어진 후 만도가 유쾌한 기분을 느끼는 것으로 볼 때 아내와의 사이가 좋지 않았을 것이다.

16. ⑫에 드러나는 '만도'의 심리 변화로 적절한 것은?

① 체념 → 두려움 → 슬픔

② 걱정 → 불안함 → 유쾌함

③ 담담함 → 슬픔 → 유쾌함

④ 체념 → 답답함 → 안타까움

⑤ 두려움 → 답답함 → 안타까움

|서술형|

17. '만도'의 상황과 〈보기〉의 단어를 통해 짐작할 수 있는 시대적 사건이 무엇인지 서술하시오.

> 보기
>
> '징용', '북해도', '남양 군도', '만주'

14 섬에다가 비행장을 닦는 것이었다. 모기에게 물려 혹이 된 자리를 벅벅 긁으며, 비 오듯 쏟아지는 땀을 무릅쓰고, 아침부터 해가 떨어질 때까지 산을 허물어 내고, 흙을 나르고 하기란, 고향에서 농사일에 뼈가 굳어진 몸에도 이만저만한 고역이 아니었다. 물도 입에 맞지 않았고, 음식도 이내 변하곤 해서 도저히 견디어 낼 것 같지가 않았다. 게다가 병까지 돌았다. 일을 하다가도 벌떡 자빠지기가 예사였다. 그러나 만도는 아침저녁으로 약간씩 설사를 했을 뿐 넘어지지는 않았다. ❶물도 차츰 입에 맞아 갔고, 고된 일도 날이 감에 따라 몸에 배어드는 것이었다. 밤에 날개를 치며 몰려드는 모기떼만 아니면 그냥저냥 배겨 내겠는데, 정말 그놈의 모기들만은 질색이었다.　→ 과거 회상-열악한 노동 환경과 이에 적응해 나가는 만도

15 사람의 힘이란 무서운 것이었다. 그처럼 험난하던 산과 산 틈바구니에 비행장을 다듬어 내고야 말았던 것이다. ❷하나 일은 그것으로는 끝나는 것이 아니고, 오히려 더 벅찬 일이 닥치는 것이었다. 연합군의 비행기가 날아들면서부터 일은 밤중까지 계속되었다. 산허리에 굴을 파 들어가는 것이었다. 비행기를 집어넣을 굴이었다. 그리고 모든 시설을 다 굴속으로 옮겨야 하는 것이었다.　→ 과거 회상-점점 더 가혹해지는 노동

16 여기저기서 다이너마이트 튀는 소리가 산을 흔들어 댔다. 앵앵앵 하고 *공습경보가 나면 일을 하던 손을 놓고 모두가 굴 바닥에 납작납작 엎드려 있어야 했다. 비행기가 돌아갈 때까지 그러고 있는 것이었다. 어떤 때는 근 한 시간 가까이나 엎드려 있어야 하는 때도 있었는데 차라리 ❸그것이 얼마나 편한지 몰랐다. 그래서 ⊙더러는 공습이 있기를 은근히 기다리기도 했다. 때로는 공습경보의 사이렌을 듣지 못하고 그냥 일을 계속하는 수도 있었다.

그럴 때는 모두 큰 손해를 보았다고 야단들이었다. 어떻게 된 셈인지 사이렌이 미처 불기 전에 비행기가 산등성이를 넘어 달려드는 수도 있었다. 그럴 때는 정말 질겁을 하는 것이었다. 가장 많은 손해를 입는 것도 그런 경우였다. 만도가 한쪽 팔뚝을 잃어버린 것도 바로 그런 때의 일이었다.　→ 과거 회상-공습의 위험 속에서 노동을 하는 만도와 징용자들

17 여느 날과 다름없이 굴속에서 바위를 허물어 내고 있었다. 바위 틈서리에 구멍을 뚫어서 다이너마이트 장치를 하는 것이었다. 장치가 다 되면 모두 바깥으로 나가고, 한 사람만 남아서 불을 댕기는 것이다. 그리고 그것이 터지기 전에 얼른 밖으로 뛰어나와야 한다.

만도가 불을 댕기는 차례였다. 모두 바깥으로 나가 버린 다음 그는 성냥을 꺼내었다. 『그런데 웬 영문인지 기분이 꺼림칙했다. 모기에게 물린 자리가 자꾸 쑥쑥 쑤시는 것이었다. 긁적긁적 긁어 댔으나 도무지 시원한 맛이 없었다. 그는 이

❝ **학습 포인트**
· 인물의 상황 파악하기
· 사건의 복선 파악하기

읽기 중 활동

교과서 날개
작가가 고된 강제 노동에도 적응하는 만도의 모습을 그린 의도는 무엇일지 생각해 봅시다.
→ 자신에게 닥친 시련을 극복할 수 있을 만큼 강한 만도의 생존력을 보여 주기 위해서이다.

➕ **보충 자료**
남양 군도
1914~1945년 8월 종전 때까지 일본의 위임 통치를 받은 미크로네시아 일대 섬들로, 태평양 전쟁 당시 미국과 일본이 전투를 벌인 곳이다. 이곳을 태평양 전쟁의 전진 기지로 삼으려 했던 일본은 조선인을 강제 징용하여 대규모 군사 시설을 짓는 데 투입했다. 징용된 사람들은 1941년 전쟁이 터지자 총알받이로 몰려 폭격과 굶주림에 시달린 끝에 약 60% 정도가 사망했고, 살아남은 사람들도 상당수가 조국으로 돌아오지 못한 채 숨진 것으로 조사되었다.

어휘 풀이
· 고역: 몹시 힘들고 고되어 견디기 어려운 일.
· 공습경보(空襲警報): 적의 항공기가 공습하여 왔을 때 위험을 알리는 경보.
· 귓전: 귓바퀴의 가장자리.

어구 풀이
❶ 힘든 상황에서도 잘 적응하는 만도의 강인함이 드러낸다.
❷ 당시 일제의 강제 노동 착취가 매우 심했음을 알 수 있다.
❸ 위험한 공습 상황에서 잠시라도 일을 멈추고 엎드려 쉬는 것이 좋다고 생각할 만큼 일제의 강제 노역이 가혹했음을 짐작하게 하는 구절이다.

맛살을 찌푸리면서 성냥을 득! 그었다. 그래 그런지 몰라도 불은 이내 픽 하고 꺼져 버렸다.』 성냥 알맹이 네 개째에서 겨우 심지에 불이 댕겨졌다. 심지에 불이 붙는 것을 보자, 그는 얼른 몸을 굴 밖으로 날렸다. 바깥으로 막 나서려는 때였다. 산이 무너지는 소리와 함께 사나운 바람이 *귓전을 후려갈기는 것이었다. <u>만</u>
<u>연합군 비행기의 공습으로 인한 충격</u>
<u>도는 정신이 아찔했다. 공습이었던 것이다.</u> 산등성이를 넘어 달려든 비행기가 머리 위로 아슬아슬하게 지나가는 것이다. 미처 정신을 차리기도 전에 또 한 대가 뒤따라 날아드는 것이 아닌가? ❹만도는 그만 넋을 잃고 굴 안으로 도로 달려 들어갔다. 달려 들어가서 굴 바닥에 아무렇게나 팍 엎드려 버리고 말았다. 그 순간이었다. 쾅! 굴 안이 미어지는 듯하면서 다이너마이트가 터졌다. <u>만도의 두 눈에</u>
<u>폭파로 인한 충격</u>
<u>서 불이 번쩍했다.</u>

➜ 과거 회상 – 다이너마이트 폭파 작업 중 사고를 당하는 만도

찬찬샘 핵심 강의

■ 인물의 상황
14~16에는 만도 일행이 징용지에서 처한 열악하고 가혹한 상황이 요약적으로 서술되고 있고, 16에서는 연합군의 공습을 받는 상황이 그려지고 있어.

:핵심 포인트:

열악한 노동 환경에도 적응하는 만도의 모습	시련을 극복할 수 있을 만큼 강한 만도의 생존력을 보여 줌.
연합군, 공습경보	• 당시 태평양 전쟁 중임을 짐작할 수 있음. • 목숨을 잃을 수도 있는 공습을 기다릴 만큼 일제의 강제 노동 착취가 가혹했다는 것을 알 수 있음.

■ 사건의 복선
17에는 만도가 사고를 당하던 때의 상황이 서술되고 있어. 평소와 다른 상황들을 보여, 무엇인가 불길한 일이 일어날 것임을 암시하고 있지.

:핵심 포인트:

사건 암시	• 웬 영문인지 기분이 꺼림칙했다. • 모기에게 물린 자리가~시원한 맛이 없었다. • 그래 그런지 몰라도 불은 이내 픽하고 꺼져 버렸다.

↓

만도의 사고	경보 없는 공습으로 정신없이 굴로 들어간 만도는 폭발로 한쪽 팔을 잃음.

콕콕 확인 문제

18. 이 글을 통해 알 수 있는 내용으로 적절하지 <u>않은</u> 것은?
① 일본은 연합군과 전쟁을 하고 있었다.
② 만도가 징용된 곳은 환경이 열악한 섬이다.
③ 일제는 군사 시설을 짓기 위해 우리 민족을 징용하였다.
④ 산에 비행장을 닦을 정도로 만도 일행의 기술이 뛰어났다.
⑤ 일본은 연합군으로부터의 피해를 줄이기 위해 굴을 파게 했다.

19. 이 글에서 '만도'의 사고를 암시하는 내용으로 보기 <u>어려운</u> 것은?
① 기분이 꺼림칙함.
② 모기에 물린 자리가 쑥쑥 쑤심.
③ 만도의 두 눈에서 불이 번쩍함.
④ 성냥을 그었으나 불이 이내 픽 꺼짐.
⑤ 모기 물린 자리를 긁어도 시원한 맛이 없음.

20. ㉠에 대한 설명으로 가장 적절한 것은?
① 강제 노동이 얼마나 극심했는지를 짐작하게 한다.
② 인물들의 행동을 통해 인물의 미래를 제시하고 있다.
③ 힘들게 일하느니 차라리 목숨을 잃는 게 낫다는 심리를 드러낸다.
④ 연합군의 공습을 통해 자신들이 구조되기를 기대하는 심리를 드러낸다.
⑤ 공습이 성공하여 하루빨리 집으로 돌아가기를 바라는 심리를 드러낸다.

18 만도가 어렴풋이 눈을 떠 보니, 바로 거기 눈앞에 누구의 것인지 모를 팔뚝이 하나 아무렇게나 던져져 있었다. 손가락이 시퍼렇게 굳어져서, 마치 이끼 낀 나무토막처럼 보이는 팔뚝이었다. 만도는 그것이 자기의 어깨에 붙어 있던 것인 줄을 알자 그만 으악! 하고 정신을 잃어버렸다. 재차 눈을 떴을 때는 그는 푹신한 담요 속에 누워 있었고, 한쪽 어깻죽지가 못 견디게 쿡쿡 쑤셔 댔다. *절단 수술은 이미 끝난 뒤였다.

→ 과거 회상 – 한쪽 팔을 잃게 된 만도

만도의 왼쪽 팔

전개 정거장 대합실에서 아들을 기다리던 만도가 일제 징용에 끌려가 한쪽 팔을 잃은 과거를 회상함.

위기 **19** ㉠꽤애액 기차 소리였다. 멀리 산모퉁이를 돌아오는가 보다. 만도는 자리를 털고 벌떡 일어서며, 옆에 놓아 둔 고등어를 집어 들었다. 기적 소리가 가까워질수록 그의 가슴이 울렁거렸다. 대합실 밖으로 뛰어나가, 플랫폼이 잘 보이는 울타리 쪽으로 가서 발돋움을 했다.

만도를 과거 회상에서 현실로 돌아오게 하는 역할을 함.
만도의 심리─기대감, 설렘

땡땡땡…… 종이 울자, 한참 만에 차는 소리를 지르면서 달려들었다. 기관차의 옆구리에서는 김이 픽픽 풍겨 나왔다. 만도의 얼굴은 바짝 긴장되었다. 시꺼먼 열차 속에서 꾸역꾸역 사람들이 나왔다. 꽤 많은 손님이 쏟아져 내리는 것이었다. 만도의 두 눈은 곧장 이리저리 굴렀다. 그러나 아들의 모습은 쉽사리 눈에 띄지 않았다. 저쪽 *출찰구로 밀려가는 사람의 물결 속에 두 개의 지팡이를 짚고 절룩거리면서 걸어 나가는 *상이군인이 있었으나, ❶만도는 그 사람에게 주의가 가지는 않았다. 기차에서 내릴 사람은 모두 내렸는가 보다. 이제 미처 차에 오르지 못한 사람들이 플랫폼을 이리저리 서성거리고 있을 뿐인 것이다.

기차가 도착함. 의인법 사용
아들 진수를 찾기 위해

'그놈이 거짓으로 편지를 띄웠을 리는 없을 건데……'

만도는 자꾸 가슴이 떨렸다.

만도의 불안한 마음

'이상한 일이다.'

하고 있을 때였다. 분명히 뒤에서, / "아부지!"

부르는 소리가 들렸다. 만도는 깜짝 놀라며, 얼른 뒤를 돌아보았다. ❷그 순간 만도의 두 눈은 무섭도록 크게 떠지고, 입은 딱 벌어졌다. 틀림없는 아들이었으나, 옛날과 같은 진수는 아니었다. 양쪽 겨드랑이에 지팡이를 끼고 서 있는데, 두 다리가 멀쩡한 ❸스쳐 가는 바람결에 한쪽 바짓가랑이가 펄럭거리는 것이 아닌가. 만도는 눈앞이 노래지는 것을 어쩌지 못했다. 한참 동안 그저 멍멍하기만 하다가 코허리가 한쪽 다리를 잃은 진수 찡해지면서 두 눈에 뜨거운 것이 핑 도는 것이었다.

→ 한쪽 다리를 잃고 돌아온 진수

한쪽 다리를 잃은 진수의 모습에 눈물이 남.

· 인물의 수난 원인 파악하기
· 글의 구성 방법 이해하기

읽기 중 활동

교과서 날개
만도가 한쪽 팔을 잃은 사건을 우리의 역사와 관련지을 때 그것이 상징하는 바는 무엇일까요?
→ 일제 강점기에 우리 민족이 겪어야 했던 수난의 역사를 의미한다.

어휘 풀이
· 절단: 자르거나 베어서 끊음.
· 출찰구(出札口): 차나 배에서 내린 손님이 표를 내고 나가거나 나오는 곳.
· 상이군인(傷痍軍人): 전투나 군사상 공무 중에 몸을 다친 군인.

어구 풀이
❶ 만도가 상이군인에게 주의를 기울이지 않은 이유는 자기 아들인 진수가 자신과 같은 불구가 되었을 것이라고는 생각하지 않았기 때문이다.
❷ 도저히 믿기지 않는 일이 현실로 나타났을 때 보이는 반응을 묘사한 부분이다. 이런 외양 묘사를 통해 인물의 충격과 절망적인 심리를 간접적으로 나타내고 있다.
❸ 다리가 절단된 상황을 사실적으로 묘사한 부분으로, 만도가 놀란 구체적인 이유에 해당한다.

■ **인물이 겪은 수난의 원인**

앞에서 예감했듯이 만도에게 불길한 일이 일어날 것만 같더니 **18**을 보면 결국 만도가 한쪽 팔을 잃게 되었지? 이는 한 인물의 인생에 있어서 엄청난 수난이야. 만도의 이러한 수난은 만도의 부주의 때문이라며 개인의 탓으로만 돌리면 그만일까? 만도가 일제 강점기라는 역사적 현실 속에 처해 있지 않았더라면 일제의 징용에 끌려가지도 않았을 텐데 말이지.

≥핵심 포인트≤

직접 원인	다이너마이트 폭발
근본 원인	일제의 강제 징용

■ **상황의 객관적 묘사**

18에는 사고 후의 만도의 상황을 객관적으로 서술하고 있어. 이처럼 감정을 배제하고 담담하게 묘사함으로써, 만도가 처한 상황의 비극성을 한층 더 강하게 드러내 주지.

■ **만도의 심리 변화 ③**

19에서 만도는 기적 소리가 가까워질수록 가슴이 울렁일 정도로 아들을 만난다는 기대감에 기뻐하고 있었어. 하지만 진수는 옛날과 같은 건강한 몸이 아니었지. 아들을 만난다는 기쁨이 충격과 놀라움으로 바뀌었다.

■ **이 소설의 역순행적 구성 방법**

18까지가 만도가 회상하는 부분이고, **19**에서 '꽤애액 기차 소리'는 만도를 과거 회상에서 현실로 돌아오게 하고 있어. 이 소설은 현재와 과거를 오가면서 이야기를 역순행적으로 구성하고 있단다.

≥핵심 포인트≤

현재 1	만도는 전쟁터에서 돌아오는 진수를 마중 나가는 길에 외나무다리를 건넘.
과거 1	만도는 외나무다리에서 추락한 사건을 떠올림.
현재 2	만도는 정거장 대합실에 도착해 진수를 기다림.
과거 2	만도는 일제의 징용에 끌려가 한쪽 팔을 잃은 사건을 떠올림.
현재 3	만도는 한쪽 다리를 잃고 돌아온 진수를 만남.

21. 이 글의 구성 방법에 대한 설명으로 적절한 것은?

① 사건을 시간의 흐름에 따라 순서대로 구성하고 있다.

② 서로 다른 이야기들이 같은 주제 아래 묶여 전개되고 있다.

③ 외부 이야기 속에 내부 이야기가 들어 있는 방식으로 구성하고 있다.

④ 사건을 시간적 순서에 따르지 않고 과거와 현재를 오가도록 구성하고 있다.

⑤ 현실적으로 믿기 어려운 신비로운 사건들이 중심이 되어 이야기가 전개되고 있다.

22. 이 글을 통해 알 수 있는 내용으로 적절하지 <u>않은</u> 것은?

① 만도는 과거 한쪽 팔을 절단하는 수술을 받았다.

② 진수는 옛날의 모습과 달리 한쪽 다리를 잃은 채 돌아왔다.

③ 만도는 진수가 불구가 되어 돌아올 것이라고 생각하지 못했다.

④ 만도는 상이군인이 아들과 닮았다고 생각했지만 애써 부정하였다.

⑤ 만도는 가슴이 울렁거릴 정도로 진수를 만난다는 기대감에 들떠 있었다.

23. **19**에 나타난 '만도'의 심리 변화를 적절하게 나타낸 것은?

① 자신감 → 설렘 → 충격

② 불안감 → 의심 → 절망감

③ 반가움 → 기대감 → 슬픔

④ 기대감 → 공허함 → 놀라움

⑤ 기대감 → 불안감 → 절망감

24. 이 글에서 ㉠이 인물에게 하는 역할로 적절한 것은?

① 과거의 부주의했던 행동을 반성하게 한다.

② 과거에 기차를 탔던 추억을 떠오르게 한다.

③ 과거 회상을 끝내고 현실로 돌아오게 한다.

④ 과거의 일을 잊고 새로운 출발을 다짐하게 한다.

⑤ 또 다른 과거의 기억을 떠올려 다시 회상하게 한다.

|서술형|

25. **18**에서 '만도'가 겪은 수난의 근본적인 원인은 무엇일지 사회·문화적 배경을 고려하여 서술하시오.

20 **❶"에라이, 이놈아!"**
　ㄴ교과서 날개 ①
만도의 입술에서 *모지게 튀어나온 첫마디였다. 떨리는 목소리였다. 고등어를
　　　　　　　　　충격과 분노─행동을 통해 인물의 심리를 제시함.
든 손이 불끈 주먹을 쥐고 있었다.

"이기 무슨 꼴이고, 이기." / ㉠"아부지!"

"이놈아, 이놈아……."

『만도의 들창코가 크게 벌름거리다가 훌쩍 물코를 들이마셨다. 진수의 두 눈
　『 」: 만도와 진수가 자신들의 신세에 비통해 하는 모습　　　　　　ㄴ교과서 날개 ②
에서는 어느 결에 눈물이 꾀죄죄하게 흘러내리고 있었다.』 만도는 진수의 잘못이
기나 한 듯 험한 얼굴로,

"가자, 어서!"

무뚝뚝한 한마디를 내던지고는 성큼성큼 앞장을 서 가는 것이었다. 진수는 입
술에 내려와 묻는 짭짤한 것을 혀끝으로 날름 핥아버리면서 절름절름 아버지의
　　　　　　　　눈물
뒤를 따랐다.　　　　　　　　　　　　　　　　→ 아들의 불행을 확인한 만도의 분노

21 **❷앞장서 가는 만도는 뒤따라오는 진수를 한 번도 돌아보지 않았다.** 한눈을 파
는 법도 없었다. 무겁디무거운 짐을 진 사람처럼 땅바닥만을 내려다보며, 이따금
끙끙거리면서 부지런히 걸어만 가는 것이다. 지팡이에 몸을 의지하고 걷는 진수
가 성한 사람의, 게다가 부지런히 걷는 걸음을 당해 낼 수는 도저히 없었다. 한
　두 다리가 멀쩡한 만도
걸음 두 걸음씩 뒤지기 시작한 것이 그만 작은 소리로 불러서는 들리지 않을 만
큼 떨어져 버리고 말았다. 진수는 목구멍을 왈칵 넘어오려는 뜨거운 기운을 참느
　　　　　　　　　　　　　　　　　　　　　　　슬픔, 서러움, 절망감 등
라고, 어금니를 야물게 깨물어 보기도 했다. 그리고 두 개의 지팡이와 한 개의
　　　　　　　옹골차고 야무지게
다리를 열심히 움직여 대는 것이었다.　　→ 착잡한 마음으로 앞장서 가는 만도와 뒤따르는 진수

22 앞서 간 만도는 주막집 앞에 이르자, 비로소 한 번 뒤를 돌아보았다. 진수는
오다가 나무 밑에 서서 오줌을 누고 있었다. 지팡이는 땅바닥에 던져 놓고, 한쪽
손으로는 볼일을 보고, 한쪽 손으로는 나무둥치를 안고 있는 꼬락서니가 *을씨년
　　　　　　　　　　장애로 인해 불편해하는 모습
스럽기 이를 데 없다. **❸만도는 눈살을 찌푸리며, 으음! 하고 신음 소리 비슷한**
무거운 소리를 토했다. 그리고 술방 앞으로 가서 방문을 왈칵 잡아당겼다.
　　　　　　　　　　　　　　　　　　→ 주막집에 도착하여 술방 문을 여는 만도

23 기역 자 판 안에 도사리고 앉아서 속옷을 뒤집어 이를 잡고 있던 여편네가 킥!
하고 웃으며 후닥닥 *옷섶을 여몄다. 그러나 만도는 웃지를 않았다. 방문턱을 넘
　　　　　　　　　　　　　　　　　　　　평소와 다른 만도의 모습
어서면서도 서방님 들어가신다는 소리를 지르지 않았다. 아마 이처럼 *뚝뚝한 얼
　　　　　　　　　　　　　　　　　　　　만도의 우울한 심리 상태를 반영함.
굴을 하고 이 술방에 들어서기란 아마 처음일 것이다. 여편네가 멋도 모르고,

"오늘은 서방님 아닌가 배."
　ㄴ서방님 들어가신다는 소리를 하지 않아서
하고 킬킬 웃었으나, 만도는 "으음!" 또 무거운 신음 소리를 했을 뿐이었다. 기역

읽기 중 활동

교과서 날개 ①

만도가 진수에게 모질게 말한 까닭은 무엇일까요?

→ 전쟁에서 불구가 된 것이 아들 진수의 책임이 아님에도 불구하고 만도가 아들에게 화를 낸 것은 자신에게 닥친 불행이 아들에게까지 이어지는 현실에 대한 분노와 좌절 때문이며, 아들에 대한 사랑의 역설적 표현이기도 하다.

교과서 날개 ②

상이군인이 된 진수를 마주한 만도의 심장은 어떠하였을까요?

→ 사랑하는 아들이 자신처럼 불구가 되어 돌아온 것을 보고 큰 충격에 빠졌을 것이다.

어휘 풀이

· 모질다: 마음씨가 몹시 매섭고 독하다. 기세가 몹시 매섭고 사납다.
· 을씨년스럽다: 보기에 날씨나 분위기 따위가 몹시 스산하고 쓸쓸한 데가 있다.
· 옷섶: 저고리나 두루마기 따위의 깃 아래쪽에 달린 길쭉한 헝겊.
· 뚝뚝하다: 말이나 행동, 표정 따위가 부드럽고 상냥스러운 면이 없어 정답지가 않다.

어구 풀이

❶ 한쪽 다리가 없는 진수의 모습을 보고 받은 충격이, 분노와 절망 등의 감정으로 표출된 부분이다.

자 판 앞에 가서 쭈그리고 앉기가 바쁘게,

"빨리빨리."

재촉이었다.

"핫다나, 어지간히도 바쁜가 배."

"빨리 곱빼기로 한 사발 달라니까구마."

"오늘은 와 이카노?"
평소와 다른 만도의 모습에 의아해함.

→ 평소와는 다른 태도로 주막에 들어가 술을 청하는 만도

어구 풀이
❷ 아들이 절름거리며 걷는 모습을 보고 싶지 않기 때문이며, 현실에 대한 분노와 절망, 슬픔 등의 감정으로 인한 행동으로 볼 수 있다.
❸ 아들의 처지를 현실로 받아들이기 힘든 만도의 심리가 드러나 있다.

찬찬샘 핵심 강의

■ 인물 간의 갈등 상황 및 인물의 심리

⑳~㉓에서는 만도와 진수의 불편한 심정이 둘 간의 갈등으로 드러난단다. 만도는 한쪽 다리를 잃고 돌아온 진수를 보고 절망, 분노, 슬픔 등의 감정이 일어나 진수에게 모진 말을 던지고 진수를 무뚝뚝하게 대하고 있어. 아들을 앞서가면서 한 번도 뒤돌아보지 않고, 땅바닥만을 내려다보고 끙끙거리면서 걷는 만도의 모습에는 사실 아들 진수를 원망하는 마음이 아니고 자신은 물론 아들마저도 희생물로 만든 시대와 역사에 대한 분노가 담겨 있다고 볼 수 있단다. 이 둘은 갈등 상황에 있는 것으로 보이지만 실제로는 서로에 대한 안타까움과 연민을 느끼고 있지.

▶핵심 포인트◀
· 인물 간의 갈등 상황

만도	· 모질게 말하거나 험한 얼굴로 무뚝뚝하게 말함. · 앞장서 가며 진수를 한 번도 돌아보지 않음.

↓

진수	· 앞장서 걷는 아버지와의 거리가 점점 멀어짐. · 슬픔과 서러움을 참으며 어금니를 깨묾.

· 인물의 심리

만도		한쪽 다리를 잃은 아들을 보고 절망, 분노, 슬픔 등의 감정에 휩싸임.
진수	→	아버지에게 미안한 마음과 자신의 처지에 대한 좌절감으로 괴로움.

콕콕 확인 문제

26. 이 글에서 인물의 괴로운 심리를 알 수 있는 행동으로 볼 수 없는 것은?
① 만도가 주막 여편네에게 술을 재촉하여 마심.
② 진수가 불편한 자세로 나무 밑에서 오줌을 눔.
③ 만도가 뒤따라오는 진수를 한 번도 돌아보지 않음.
④ 만도가 술방을 들어가며 서방님 들어가신다는 농담을 하지 않음.
⑤ 진수가 목구멍으로 왈칵 넘어오는 뜨거운 기운을 참느라 어금니를 깨묾.

27. ⑳에 드러난 '만도'의 심리로 가장 적절한 것은?
① 불구의 몸으로 돌아온 아들에 대한 원망
② 부상 소식을 미리 알리지 않은 아들에 대한 서운함
③ 자신에 이어 아들까지 불구로 살아야 한다는 운명에 대한 두려움
④ 자신에게 닥친 불행이 아들에게까지 미친 현실에 대한 분노와 좌절
⑤ 세상 사람들에게 동정의 시선을 받으며 살아야 한다는 데 대한 모멸감

28. 이 글을 영화화할 때 연출자가 ㉠을 연기하는 배우에게 할 조언으로 적절한 것은?
① 울음이 섞인 목소리로 연기해 주세요.
② 밝고 경쾌한 목소리로 연기해 주세요.
③ 편안하고 부드러운 목소리로 연기해 주세요.
④ 분노를 억누르는 듯한 목소리로 연기해 주세요.
⑤ 아무 감정이 느껴지지 않는 초연한 목소리로 연기해 주세요.

24 ⓐ여편네가 주는 술 사발을 받아 들며, 만도는 후유 한숨을 크게 내쉬었다. 그리고 입을 얼른 사발로 가져갔다. 꿀꿀꿀 잘도 넘어간다. 그 큰 사발을 단숨에 비워 버리고는 도로 여편네 앞으로 불쑥 내민다. 그렇게 거듭빼기로 석 잔을 해 치우고서 으으윽! *게트림을 했다. 여편네가 눈을 휘둥그레져 가지고 ㉠❶혀를 내둘렀다. 빈속에 술을 그처럼 때려 마시고 보니 금세 눈두덩이 확확 달아오르고, *귀뿌리가 발갛게 익어 갔다.

➔ 연거푸 술을 마시는 만도

25 술기가 얼근하게 돌자, ⓑ이제 좀 속이 풀리는 것 같아 방문을 열고 바깥을 내다보았다. 진수는 이마에 땀을 척척 흘리면서 다 와 가고 있었다.

"진수야!" / 버럭 소리를 질렀다.

"이리 들어와 보래." / "……."

ⓒ진수는 아무런 대꾸도 없이 어기적어기적 다가왔다. 다가와서 방문턱에 걸터앉으니까, 여편네가 보고,

"방으로 좀 들어오이소." / 한다.

"여기 좋심더."

그는 수세미 같은 손수건으로 이마와 코언저리를 아무렇게나 훔친다.

"마, 아무 데서나 묵어라. 저…… 국수 한 그릇 말아 주소."

"야." / "곱빼기로 잘 좀…… 참지름도 치소 잉?" / "야아."

➔ 아들에게 먹일 국수를 부탁하는 만도

26 여편네는 코로 히죽 웃으면서 만도의 옆구리를 살짝 꼬집고는 소쿠리에서 삶은 국수 두 뭉텅이를 집어 든다.

진수가 국수를 훌훌 그러넣고 있을 때, 여편네는 만도의 귓전으로 얼굴을 갖다 댄다.

"아들이가?"

ⓓ만도는 고개를 약간 앞뒤로 끄덕거렸을 뿐, 좋은 *기색을 하지 않았다.

진수가 국물을 훌쩍 들이마시고 나자, 만도는

❷"한 그릇 더 묵을래?" / 한다.

"아니예."

"한 그릇 더 묵지 와?"

"고만 묵을랍니더."

ⓔ진수는 입술을 싹 닦으며 *부스스 자리에서 일어났다.

➔ 진수에게 국수를 더 권하는 만도

222 4. 문학 속의 세상

학습 포인트
· '술'과 '국수'의 역할 파악하기
· '주막'의 역할 파악하기

보충 자료
문학에 방언을 사용하여 얻는 효과
· 해학적 기능을 함.
· 실제 인물들의 대화처럼 작품의 내용을 사실감 있게 형상화함.
· 보다 정감 있고 친근한 표현이 가능함.
· 언어가 지닌 정서적 감응이나 감정 전달의 효과를 더욱 잘 나타냄.
· 향토적 분위기 형성에 기여함.
· 인물의 특색 있는 성격을 형상화함.

어휘 풀이
· 게트림: 거만스럽게 거드름을 피우며 하는 트림.
· 귀뿌리: 귓바퀴가 뺨에 붙은 부분.
· 기색(氣色): 마음의 작용으로 얼굴에 드러나는 빛.
· 부스스: 누웠다가 앉았다가 느리게 슬그머니 일어나는 모양.

어구 풀이
❶ 몹시 놀라거나 어이없어서 말을 못 했다는 뜻이다.
❷ "곱빼기로 잘 좀…… 참지름도 치소 잉?"과 마찬가지로 아들을 사랑하는 만도의 따뜻한 마음을 드러내는 구절이다. 이제 만도의 마음이 어느 정도 풀려 만도와 진수의 갈등이 해소되고 있음을 보여 준다.

■ '술'과 '국수'의 역할

24에서 만도는 한쪽 다리를 잃고 돌아온 아들을 본 충격에서 벗어나지 못해 연거푸 술을 마시고 있어. 그리고 25를 보면 술기운이 퍼지면서 마음이 좀 풀린 만도는 이마에 땀을 흘리며 걸어오는 진수를 불러 국수를 먹이려고 하고 있어. '술'이 만도의 속상한 마음을 풀어 주는 도구가 된 셈이지. 만도는 주막집 여자를 향해 진수에게 국수를 곱빼기로 말아 주고 참기름도 치라고 당부하는가 하면 진수를 향해 한 그릇 더 먹으라고 권하고 있는데, 이로 볼 때 '국수'는 아들에 대한 만도의 사랑의 표현이라고 볼 수 있겠어.

▶핵심 포인트◀

술	• 만도의 분노와 속상한 마음을 다소 누그러뜨림. • 만도가 진수에 대한 연민을 표현할 수 있도록 함.
국수	진수에 대한 만도의 사랑을 드러냄.

■ '주막'의 역할

24~26의 공간적 배경인 '주막'은 주막집 여자와 만도가 농담도 주고받을 만큼 친근하고 마음이 풀리는 공간으로, 앞선 7에서도 언급되었듯이 만도가 언짢은 일이 있을 때 들르면 속이 절로 내려간다고 했던 곳이야. 이번에도 만도는 상이군인이 되어 돌아온 아들 진수와 함께 돌아오는 길에 이곳에 들러. 그리고 이 주막에서 만도는 아들의 수난으로 인해 분노와 슬픔에 찼던 마음을 삭이고, 아들과의 갈등을 해소하고 있지. 한편 이 글에서는 '주막집 여편네' 역시 중요한 역할을 한단다. '주막집 여편네'는 쾌활하고 스스럼없는 행동을 하면서 부자의 침체된 분위기를 다소 풀어 주거든.

▶핵심 포인트◀

주막집	• 만도에게 마음의 위안을 주는 곳 • 만도의 심리를 전환시켜 만도와 진수의 화합을 가능하게 하는 곳

29. 24~26에 대한 설명으로 적절한 것은?
① 비현실적인 세계를 배경으로 하고 있다.
② 대화와 행동을 통해 사건을 전개하고 있다.
③ 공간의 이동에 따라 인물의 성격이 변화하고 있다.
④ 서술자가 자신이 직접 경험한 일을 서술하고 있다.
⑤ 인물의 행동을 통해 문제의 바람직한 해결 방법을 제시하고 있다.

30. 이 글에서 '술'이 하는 역할로 가장 적절한 것은?
① 새로운 사건을 일으킨다.
② 인물의 성격을 부각한다.
③ 현재와 과거를 연결해 준다.
④ 인물의 갈등을 해소해 준다.
⑤ 앞으로 일어난 사건을 암시한다.

31. 밑줄 친 말 중 ㉠과 같이 관용 표현으로 쓰인 사례가 <u>아닌</u> 것은?
① 함부로 혀를 굴렸다간 큰일을 당할 수도 있다.
② 귀신을 본 그는 혀가 굳어 말도 나오지 않았다.
③ 어머니는 우리를 위해 혀를 깨물며 모진 삶을 살아오셨다.
④ 우리의 싸움을 본 할아버지는 눈살을 찌푸리고 혀를 찼다.
⑤ 아이스크림을 금방 먹는 게 아까워 혀로 핥아서 먹곤 했다.

32. ⓐ~ⓔ 중 전지적 작가 시점의 특징이 드러난 것은?
① ⓐ　　　② ⓑ　　　③ ⓒ
④ ⓓ　　　⑤ ⓔ

|서술형|

33. 〈보기〉와 같은 '만도'의 대사를 통해 알 수 있는 것을 한 문장으로 서술하시오.

> 보기
> • "곱빼기로 잘 좀…… 참지름도 치소 잉?"
> • "한 그릇 더 묵을래?" / "한 그릇 더 묵지 와?"

27 주막을 나선 그들 부자는 논두렁길로 접어들었다. ❶아까와 같이 만도가 앞장을 서는 것이 아니라, 이번에는 진수를 앞세웠다. ❷지팡이를 짚고 기우뚱기우뚱
_{아들의 모습을 바라보게 됨.}
앞서 가는 아들의 뒷모습을 바라보며, 팔뚝이 하나밖에 없는 아버지가 느릿느릿 따라가는 것이다. 손에 매달린 고등어가 대고 달랑달랑 춤을 춘다. 너무 급하게 들이부어서 그런지, 만도의 배 속에서는 우글우글 술이 끓고 다리가 휘청거린다. 콧구멍으로 더운 숨을 훅훅 내뿜어 본다. 정신이 아른하다. 좋다.
_{술에 취해 마음이 누그러진 만도의 모습}

"진수야!"

"예."

_{교과서 날개 ①}
"니 우짜다가 그래 댔노?"
_{아들이 처한 현실을 받아들이고 이야기를 시작함.}
"전쟁하다가 이래 안 댔심니꼬, 수류탄 *쪼가리에 맞았심더."
_{사회·문화적 배경을 짐작할 수 있음.}
"수류탄 쪼가리에?" / "예." / "음……."

"얼른 낫지 않고 막 썩어 들어가기 땜에 *군의관이 짤라 버립띠더. 병원에서 예." / "……."
→ 한쪽 다리를 잃게 된 상황을 말하는 진수

_{교과서 날개 ②}
28 "아부지!" / "와?"

"이래 가지고 우째 살까 싶습니더."

❸"우째 살긴 뭘 우째 살아. 목숨만 붙어 있으면 다 사능 기다. 그런 소리 하지 마라."

"……."

_{다른 사람이 보기에}
"나 봐라. 팔뚝이 하나 없어도 잘만 안 사나. 남 봄에 좀 덜 좋아서 그렇지. 살
_{진수에게 용기를 주며 위로하는 말 ①}
기사 왜 못 살아."

"차라리 아부지같이 팔이 하나 없는 편이 낫겠어예. 다리가 없어 노니, 첫째 걸어 댕기기에 불편해서 똑 죽겠심더."

"야야, 안 그렇다. 걸어 댕기기만 하면 뭐 하노. 손을 지대로 놀려야 일이 뜻대
_{진수에게 용기를 주며 위로하는 말 ②}
로 되지."

"그럴까예?"

"그렇다니. ㉠그러니까 집에 앉아서 할 일은 니가 하고, 나댕기메 할 일은 내
_{진수에게 용기를 주며 위로하는 말 ③}
가 하고, 그라면 안 대겠나, 그제?" / "예."
_{아버지의 의견을 받아들임.}
진수는 가벼운 한숨을 내쉬며 아버지를 돌아보았다. 만도는 돌아보는 아들의
_{아들을 위로하기 위해}
얼굴을 향해 지그시 웃어 주었다.
→ 진수를 위로하며 삶의 대책을 이야기하는 만도

29 술을 마시고 나면 이내 오줌이 마려워진다. 만도는 길가에 아무렇게나 쭈그리
_{팔이 한쪽밖에 없으므로}
고 앉아서 고기 묶음을 입에 물려고 한다. 그것을 본 진수는,

224　4. 문학 속의 세상

66 학습 포인트
· 인물의 행동과 심리 변화 이해하기
· 인물의 삶의 태도 파악하기

읽기 중 활동

교과서 날개 ①
진수가 한쪽 다리를 잃게 된 까닭은 무엇인가요?
→ 전쟁 중에 수류탄 파편에 맞았기 때문이다.

교과서 날개 ②
만도와 대화를 나누는 진수의 심정이 어떠할지 생각해 봅시다.
→ 앞으로의 삶을 걱정하는 마음, 아버지에게 힘이 되지 못하고 걱정과 슬픔을 드린 것에 관한 죄송한 마음이었을 것이다.

어휘 풀이
· 쪼가리: 작은 조각.
· 군의관(軍醫官): 군대에서 의사의 임무를 맡고 있는 장교.

어구 풀이
❶ 앞서 뒤도 안 돌아보고 먼저 걷던 것과 달리, 진수가 다리를 잃었다는 현실을 인정하고 진수를 배려해 주려는 만도의 마음이 드러나 있는 구절이다.
❷ 전쟁으로 인해 불구가 된 아버지와 아들의 모습을 보여 주는 구절로, 이대(二代)에 걸친 수난의 모습을 압축적으로 드러낸다.
❸ 만도의 굳건한 성격이 드러나는 부분으로, 수난의 극복이라는 이 소설의 주제 의식이 드러난다.

❹"아부지, 그 고등어 이리 주이소."

한다. 팔이 하나밖에 없는 몸으로 물건을 손에 든 채 소변을 볼 수는 없는 것이

다. 『아버지가 볼일을 마칠 때까지, 진수는 저만큼 떨어져 서서 지팡이를 한쪽

『 』: 아버지와 아들이 서로 협력하는 모습

손에 모아 쥐고, 다른 손으로 고등어를 들고 있었다. 볼일을 다 본 만도는 얼른

가서 아들의 손에서 고등어를 다시 받아 든다.』→ 아버지를 위해 고등어를 대신 들어 주는 진수

어구 풀이
❹ 진수가 어버지가 들고 있던 고등어를 대신 들어 줌으로써 아버지의 어려운 처지를 돕고자 한다. 이는 진수가 아버지의 위로를 통해 새로운 의욕을 갖게 되었음을 의미한다.

위기	6.25 전쟁에 나갔다가 불구가 되어 돌아온 아들을 본 만도는 분노를 느낌.

찬찬샘 핵심 강의

■ 만도의 심리 변화 ④

27에서 만도는 주막을 나서며 정거장에서 주막으로 올 때와는 반대로 아들을 앞세우고 있어. 아들을 앞세웠다는 것은 한쪽 다리를 잃은 아들의 모습을 똑바로 본다는 것이고, 이는 아들에게 닥친 현실을 인정하고 받아들이게 되었다는 뜻이지. 그러면서 만도는 진수에게 어쩌다 다리를 잃게 되었는지 물으면서 아들과 대화를 나누기 시작한단다.

▶핵심 포인트◀

정거장 → 주막	한쪽 다리를 잃은 아들의 모습에 충격을 받고 절망하며, 그러한 현실에 분노함.
주막 → 집	아들이 불구가 되어 돌아온 현실을 받아들이면서 아들에 대한 연민과 애정의 마음이 커짐.

■ 등장인물의 삶의 태도

28에서 진수는 "이래 가지고 우째 살까 싶습니더."라며 자신의 미래에 대한 걱정과 불안감을 내보이고, 아버지는 이런 진수의 말에 "집에 앉아서 할 일은 니가 하고, 나댕기메 할 일은 내가 하고, 그라면 안 대겠나, 그제?"라며 살아갈 방안을 제시하여 진수를 위로하고 있어. 삶에 대한 만도의 긍정적인 태도를 알 수 있지. 29에서는 한쪽 팔로 고등어를 들고 있어 소변을 보기가 불편한 만도를 위해 진수가 고등어를 대신 들어 주고 있는데, 이로 볼 때 '고등어'는 만도와 진수가 서로 협력하는 계기를 마련해 주는 소재라 말할 수 있겠지?

콕콕 확인 문제

34. 이 글의 내용을 바르게 이해하지 못한 것은?
① 만도는 진수에게 용기를 주며 위로하고 있다.
② 만도는 진수를 앞세워 빨리 걸을 수 있도록 돕고 있다.
③ 만도는 진수에게 앞으로 살아갈 방안을 제시하고 있다.
④ 진수는 전쟁 중에 수류탄 파편에 맞아 한쪽 다리를 잃었다.
⑤ 진수는 자신의 처지보다 아버지의 처지가 더 낫다고 생각한다.

35. 28에 드러나는 '진수'의 주된 심정으로 적절한 것은?
① 자신의 삶에 대한 걱정과 불안함
② 자신을 불구로 만든 사회적 상황에 대한 분노
③ 집안일은 그나마 자신이 할 수 있겠다는 기대감
④ 아버지와 협동하여 어려움을 극복하겠다는 의지
⑤ 아버지와 재회하여 하소연할 수 있게 된 데 대한 기쁨

36. ㉠의 상황과 의미가 잘 통하는 속담으로 적절한 것은?
① 같은 값이면 다홍치마.
② 백지장도 맞들면 낫다.
③ 가까운 남이 먼 일가보다 낫다.
④ 남의 밥에 든 콩이 굵어 보인다.
⑤ 궁지에 빠진 쥐가 고양이를 문다.

|서술형|
37. 29에서 '고등어'가 하는 역할을 글의 내용을 바탕으로 서술하시오.

절정 **30** 개천 둑에 이르렀다. 외나무다리가 놓여 있는 그 시냇물이다. 진수는
<u>부자가 극복해야 하는 시련, 고난</u>
슬그머니 걱정이 되었다. 물은 그렇게 깊은 것 같지 않지만, 밑바닥이 모래흙이

어서 지팡이를 짚고 건너가기가 만만할 것 같지 않기 때문이다. 외나무다리 위로

는 도저히 건너갈 재주가 없고…… . 진수는 하는 수 없이 둑에 *퍼지고 앉아서 바
<u>물속으로 걸어가는 방법밖에 없으므로</u>
짓가랑이를 걷어 올리기 시작했다. 만도는 잠시 멀뚱히 서서 아들의 하는 양을

내려다보고 있다가

교과서 날개 ①
"진수야, 그만두고 자아, 업자." / 하는 것이었다.
<u>서로 돕고 의지해서 시련을 극복하려 함.</u>
"업고 건느면 일이 다 되는 거 아니가. 자아, 이거 받아라."
<u>외나무다리를 건널 수 있음.</u>
고등어 묶음을 진수 앞으로 민다. / "……."

진수는 퍽 난처해 하면서 못 이기는 듯이 그것을 받아 들었다. 만도는 등어리

를 아들 앞에 갖다 대고 하나밖에 없는 팔을 뒤로 버쩍 내밀며

"자아, 어서!"

진수는 지팡이와 고등어를 각각 한 손에 쥐고, 아버지의 등어리로 가서 슬그

머니 업혔다. 만도는 팔뚝을 뒤로 돌려서 아들의 하나뿐인 다리를 꼭 안았다. 그

리고

<u>"팔로 내 목을 감아야 될 끼다."</u>
<u>부자간의 화합을 상징함.</u>
했다. 진수는 무척 황송한 듯 한쪽 눈을 찍 감으면서 고등어와 지팡이를 든 두 팔

로 아버지의 굵은 목줄기를 부둥켜안았다. 만도는 아랫배에 힘을 주며 끙! 하고
<u>만도의 강한 생명력을 부각</u>
일어났다. 아랫도리가 약간 후들거렸으나 걸어갈 만은 했다. 외나무다리 위로 조

심조심 발을 내디디며 만도는 속으로,
<u>6.25 전쟁이라는 역사적 상황을 말함.</u>
⌐ '이제 새파랗게 젊은 놈이 벌써 이게 무슨 꼴이고. 세상을 잘못 타고나서

│ 진수 니 신세도 참 똥이다, 똥.' / 이런 소리를 *주워섬겼고, 아버지의 등에
<u>진수의 불행을 안타까워하는 만도의 마음이 드러남.</u>
⌐㉠ 업힌 진수는 곧장 미안스러운 얼굴을 하며

│ '나꺼정 이렇게 되다니, 아부지도 참 복도 더럽게 없지. 차라리 내가 죽어
<u>아버지의 처지에 대한 안타까움과 아버지를 실망시킨 데 대한 미안함</u>
└ 버렸더라면 나았을 낀데…….' / 하고 중얼거렸다.

→ 진수를 업고 외나무다리를 건너는 만도

절정 만도가 아들을 업고 외나무다리를 건너감.

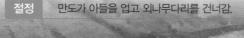

226   4. 문학 속의 세상

학습 포인트
• 주요 소재의 기능 파악하기
• 제목의 의미와 주제 이해
  하기

읽기 중 활동

교과서 날개 ①
만도와 진수가 함께 건너게 되
는 외나무다리는 이 소설에서
어떤 역할을 하고 있나요?

→ • 아버지와 아들을 이어 주
  며 서로 교감할 수 있는 계기
  를 마련해 준다.

• 외나무다리를 함께 건너는
  행위를 통해 앞으로 그들에
  게 다가올 고된 현실을 함께
  헤쳐 나갈 수 있다는 희망을
  보여 주는 역할을 한다.

교과서 날개 ②
작가가 이 소설의 제목을 '수난
이대'라고 한 까닭을 생각해 봅
시다.

→ 일제 강점기에 징용으로 한
  쪽 팔을 잃은 아버지와 6.25 전
  쟁으로 한쪽 다리를 잃은 아들
  의 수난과 극복을 형상화하고
  자 했기 때문이다.

○ 제목에 담긴 의미
아버지와 아들에 걸쳐 이대(二代)
가 겪은 수난을 의미한다. 여기서
수난은 아버지는 일제 강점기의
강제 징용으로 끌려가 한쪽 팔을
잃고, 아들은 6.25 전쟁으로 인해
다리 한쪽을 잃음으로써 신체적
불구가 된 것을 뜻한다. 이것은 아
버지와 아들, 두 세대가 겪은 가족
적 수난을 넘어서 우리 민족이
겪은 역사적 비극을 상징한다.

어휘 풀이
• 퍼지르다: 팔다리를 아무렇
  게나 편하게 뻗다.
• 주워섬기다: 들은 대로 본 대
  로 이러저러한 말을 아무렇
  게나 늘어놓다.

결말 **31** 만도는 아직 술기가 약간 있었으나, 용케 몸을 가누며 아들을 업고 외나무다리를 조심조심 건너가는 것이었다. **❶**눈앞에 우뚝 솟은 용머리재가 이 광경을 가만히 내려다보고 있었다.

결말 용머리재가 외나무다리를 건너는 부자(父子)를 내려다봄.

– 하근찬, 『하근찬 선집』

어구 풀이
❶ 의인화된 자연이 인간을 바라보도록 서술 시점에 변화를 줌으로써, 부자의 모습이 주는 감동의 여운을 남기며 마무리하고 있다.

찬찬샘 핵심 강의

■ '외나무다리'와 작품의 주제

30의 '외나무다리'는 다리가 불편한 진수가 헤쳐 나가기 어려운 문제 상황으로, 극복해야 할 시련이라고 볼 수 있어. 이러한 상황을 해결해 나가려는 만도의 긍정적이고 의지적인 성격과 부자의 협동으로 마침내 만도와 진수는 이 다리를 건넌단다. 결국 '외나무다리'는 등장인물들의 문제 해결 방식을 보여 주기 위해 작가가 설정한 장치이며, 문제 해결을 위해서는 부자가 협동하고 화합해야 한다는 주제 의식을 잘 보여 주는 소재라고 할 수 있지.

▶핵심 포인트◀

외나무다리	• 만도와 진수에게 닥칠 시련과 고난을 상징함. • 만도와 진수가 서로 협력하여 시련을 극복하는 계기를 제공함.
외나무다리를 건넘.	화합과 협력을 통한 시련의 극복 → 민족의 수난과 그 극복 의지(작품의 주제)

■ '용머리재'의 상징성

이 글은 만도가 진수를 업고 외나무다리를 건너는 광경을 의인화된 용머리재가 내려다보는 것으로 끝나고 있어. 이렇듯 만도와 진수를 바라보는 시점을 자연으로 이동시킴으로써 상황을 객관화하면서 결말에 여운을 주고 있단다. 여기에서 용머리재는 만도와 진수가 넘어야 할 고개로, 역시 그들이 앞으로 넘어야 할 시련과 고난이라는 의미를 지닌다고 볼 수 있단다. 더불어 화합과 협동을 통해 전진할 우리 앞에 솟은 희망으로서의 의미를 동시에 갖고 있다고 볼 수 있어.

콕콕 확인 문제

38. 이 글을 쓴 작가의 창작 의도를 바르게 설명한 것은?
① 소외 계층에 대한 관심을 촉구하기 위해서이다.
② 민족 분단의 해결 방안을 제시하기 위해서이다.
③ 세대 간 갈등 극복의 중요성을 말하기 위해서이다.
④ 민족의 수난사와 그 극복 의지를 보여 주기 위해서이다.
⑤ 전쟁의 비극성으로 인한 인간성 상실을 비판하기 위해서이다.

39. 이 글의 '외나무다리'에 대한 이해로 적절하지 않은 것은?
① 만도와 진수가 겪게 될 시련을 상징한다.
② 화합과 협동을 통해서 극복할 수 있는 고난이다.
③ 만도와 진수가 서로 의지할 수 있는 계기를 마련한다.
④ 만도와 진수가 겪어 온 과거의 시련을 떠올리는 매개체 역할을 한다.
⑤ 작품의 주제 의식을 암시하기 위해 작가가 의도적으로 설정한 장치이다.

40. ㉠을 통해 알 수 있는 인물들의 공통된 심리로 가장 적절한 것은?
① 서로의 처지를 안쓰러워함.
② 자신의 불운을 원망스러워함.
③ 앞날을 낙관하며 희망에 부풂.
④ 세상에 대한 원망과 불신으로 가득 참.
⑤ 상대를 어려움에 빠뜨렸다는 죄책감으로 가득 참.

41. 이 글에서 〈보기〉에 해당하는 문장을 찾아 처음과 끝 어절을 쓰시오.

만도와 진수를 바라보는 시점을 자연으로 이동시켜 상황을 객관화하고 여운을 남김.

학습활동

🤖 이해 활동

1. 이 소설의 주요 사건을 다음과 같이 정리하려고 합니다. 빈칸에 들어갈 알맞은 말을 적어 봅시다. 예시 답 |

가 만도가 전쟁터에서 돌아오는 아들 진수를 마중하러 나감.

나 만도가 정거장 대합실에서 진수를 기다리며 ─징용─ 에 끌려가 한쪽 팔을 잃게 된 과거를 회상함.

다 진수가 전쟁터에서 다리를 잃고 상이군인 이/가 되어 돌아옴.

라 만도가 ─주막집─ 에 들러 술을 마시며 진수에게 국수를 사 줌.

이야기 끝!

마 만도가 진수를 업고 ─외나무다리─ 을/를 건넘.

1. 사건의 흐름 파악하기

🪄 지학이가 도와줄게! - 1

주요 장면에 해당하는 내용을 순서대로 제시하고, 사건의 흐름을 중심으로 소설 내용을 정리해 보는 활동이란다. 주요 내용을 정리할 때 작품에 반영된 사회·문화적 배경을 함께 생각하면서 정리하면 들어갈 말을 더 잘 떠올릴 수 있을 거야.

➕ **보충 자료**
「수난이대」의 시간 구성
이 소설의 시간 구조는 현재의 시간이 순행하는 가운데, 그 속에 외나무다리, 정거장 대합실 등 매개물을 통한 연상 작용으로 과거가 삽입되는 역순행적 구성을 보인다. 이러한 시간 구성은 작품 구조에 변화를 주고, 독자의 흥미를 유발하는 데 효과적이다.

정답과 해설 33쪽

🔖 시험엔 이렇게!!

1. 가~마 중에서 시간상으로 가장 앞선 사건이 속한 것은?

① 가   ② 나   ③ 다
④ 라   ⑤ 마

2. 이 소설의 전개 과정을 고려할 때, 〈보기〉의 사건이 들어갈 위치로 적절한 것은?

보기
> 만도가 읍 들머리에서 정거장 쪽과는 반대 방향에 있는 장거리를 찾아가 고등어 한 손을 산다.

① 가의 뒤   ② 나의 뒤
③ 다의 뒤   ④ 라의 뒤
⑤ 마의 뒤

2. 다음 활동을 통해 등장인물의 심리와 성격을 파악해 봅시다.

2. 인물의 심리와 성격 파악하기

1 사건의 전개에 따라 만도의 심리가 어떻게 변하는지 파악해 봅시다.
예시 답 |

장면	만도의 심리
진수를 마중하러 가는 장면	진수가 살아서 돌아온다는 소식에 기쁘면서도 마음 한쪽에선 불안해하고 있음.
↓	
정거장에서 진수를 만나는 장면	진수가 불구가 된 사실에 매우 화가 남.
↓	
진수를 업고 외나무다리를 건너는 장면	불구가 된 진수에게 느끼는 연민과 자기에게 닥친 시련을 이겨 내려는 의지를 보여 줌.

 지학이가 도와줄게! - 2 **1**

만도의 심리 변화를 파악하기 위한 활동이란다. 각 장면에 나타난 만도의 심리 상태를 살펴보고 만도의 심리가 어떻게 변화하는지 정리해 보렴. 이를 통해 이야기 전체에서 주인공의 심리가 어떻게 변화하는지 파악해 보자.

2 다음 대화를 통해 알 수 있는 만도와 진수의 성격을 말해 봅시다.

> "아부지!"
> "와?"
> "이래 가지고 우째 살까 싶습니더."
> "우째 살긴 뭘 우째 살아, 목숨만 붙어 있으면 다 사능 기다. 그런 소리 하지 마라."
> "……."
> "나 봐라. 팔뚝이 하나 없어도 잘만 안 사나. 남 봄에 좀 덜 좋아서 그렇지. 살기사 왜 못 살아."

지학이가 도와줄게! - 2 **2**

인물의 특성이 드러나는 대화를 다시 보고 만도와 진수의 성격을 파악하는 활동이야. 주어진 장면에서 진수는 앞으로의 삶을 걱정하고, 만도는 "우째 살긴 뭘 우째 살아, ~ 그런 소리 하지 마라."라고 대답하는데, 이는 진수를 위로하는 말이기도 하지만 만도 자신의 의지를 드러내는 말이기도 하단다.

예시 답 |

만도 — 불행 속에서도 희망을 잃지 않는 굳건한 성격. 긍정적인 성격

진수 — 아버지에게 죄송함을 느끼며, 앞으로의 삶을 걱정하는 소심한 성격

시험엔 이렇게!!

|서술형|

3. 〈보기〉의 장면에 나타난 '만도'의 심리를 서술하시오.

> 보기
> 양쪽 겨드랑이에 지팡이를 끼고 서 있는데, 스쳐 가는 바람결에 한쪽 바짓가랑이가 펄럭거리는 것이 아닌가. [중략]
> "에라이, 이놈아!"
> 만도의 입술에서 모지게 튀어나온 첫마디였다.

4. 이 글에서 알 수 있는 '만도'의 성격으로 적절하지 않은 것은?

① 굳건하다.
② 소심하다.
③ 긍정적이다.
④ 낙천적이다.
⑤ 삶의 의지가 강하다.

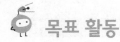

학습활동

목표 활동

1. 이 소설이 창작될 당시의 사회·문화적 배경을 바탕으로 이 작품을 이해해 봅시다.

1 이 소설의 사회·문화적 배경을 파악해 봅시다.

만도(아버지 세대)	진수(아들 세대)
징용에 끌려 나가는 사람들이었다. 그러니까, 지금으로부터 십이삼 년 옛날의 이야기인 것이다. 북해도 탄광으로 갈 것이라는 사람도 있었고, 틀림없이 남양 군도로 간다는 사람도 있었다. 더러는 만주로 가면 좋겠다고 하기도 했다.	아무개는 전사했다는 통지가 왔고, 아무개는 죽었는지 살았는지 통 소식이 없는데, 우리 진수는 살아서 오늘 돌아오는 것이다.
섬에서 그들을 기다리고 있는 것은 숨 막히는 더위와 강제 노동과 그리고 잠자리만씩이나 한 모기떼……. 그런 것뿐이었다.	"전쟁하다가 이래 안 됐심니꾜. 수류탄 쪼가리에 맞았심더."
연합군의 비행기가 날아들면서부터 일은 밤중까지 계속되었다. 산허리에 굴을 파 들어가는 것이었다. 비행기를 집어넣을 굴이었다.	

예시 답 |

• 일제 강점기에 많은 사람이 어디인지도 모른 채 강제로 징용에 끌려가 힘든 노동과 열악한 환경 속에서 고통을 겪어야만 했다. • 징용에 끌려간 사람들은 일본의 대규모 군사 시설을 짓는 데 투입되었다. • 태평양 전쟁이 터지자 징용에 끌려간 사람은 비행기 폭격으로 죽거나 다치는 경우가 많았다.	• 6.25 전쟁에 참전했던 많은 사람이 죽거나 실종되었다. • 6.25 전쟁에 참전하였다가 상이군인이 되어 돌아온 이들이 많았다.

1. 사회·문화적 배경을 바탕으로 작품 감상하기

지학이가 도와줄게! –1**1**

소설 속 사회·문화적 배경을 파악하여 작가의 창작 의도를 파악해 봄으로써 작품을 더욱 깊이 있게 이해하기 위한 활동이란다. 등장인물이 겪은 사건은 작품의 사회·문화적 배경을 직접 드러내는 요소가 될 수 있어. 그러니 만도와 진수가 겪었던 사건에 초점을 맞추어 이 소설의 사회·문화적 배경을 파악해 보렴.

➕ 보충 자료
문학과 현실
문학에 반영된 현실은 작가에 의해 취사 선택되고 작가의 상상력에 의해 재구성, 재창조된 현실이다. 따라서 문학 작품 속에는 그 배경이 되는 시대의 사람들이 살아가는 모습, 사회·문화적 상황이 담겨 있다.

시험엔 이렇게!!

5. 이 글에 나타난 사회·문화적 상황으로 적절하지 <u>않은</u> 것은?

① 일제는 많은 사람들을 강제로 징용에 끌고 갔다.

② 징용을 가는 사람들은 그나마 자신이 가는 곳을 알고 이동하였다.

③ 징용에 끌려간 사람들은 힘든 노동과 열악한 환경 속에서 고통을 겪었다.

④ 6.25 전쟁에 참전한 많은 사람이 죽거나 실종되었다.

⑤ 6.25 전쟁에 참전하였다가 상이군인이 되어 돌아온 이들이 많았다.

2 다음 그림을 보고, 이 소설의 작가가 궁극적으로 전달하려고 한 바를 파악해 봅시다. 예시 답|

이 소설은 민족의 수난을 극복하는 두 부자의 이야기를 통해 <u>일제 강점기와 6.25 전쟁이 우리 민족에게 큰 상처를 남겼지만, 서로 힘을 합쳐 노력하면 극복할 수 있다는 희망과 용기</u> 을/를 전달하려고 하였다.

2. 이 소설이 현대 사회에서 가지는 의미를 생각해 봅시다. 예시 답|

오늘날, 이 소설은 <u>역사적 상황으로 인한 갈등, 세대 간 갈등과 같은 여러 시련과 고난이 있지만 이러한 갈등과 고난은 서로 힘을 합쳐 노력하면 해소하고 극복할 수 있을 것이라는 희망과 용기를 전하고 있다 (라)</u>는 측면에서 의미가 있다고 생각해.

작품의 사회 · 문화적 배경과 작가의 창작 의도

문학 작품의 내용이나 작품의 배경으로 제시된 사회 · 문화적 상황은 작가의 창작 의도와 밀접한 관련이 있습니다. 작가는 자신의 창작 의도를 가장 효과적으로 보여 줄 수 있는 사회 · 문화적 상황을 작품의 배경으로 선택합니다.

지학이가 도와줄게! – 1 2

1에서 파악한 이 소설의 사회 · 문화적 배경을 바탕으로 소설의 주제를 생각해 보는 활동이란다. 작가가 이러한 사회 · 문화적 배경을 설정하여 전달하려고 한 바가 무엇일지 생각해 보자.

시험엔 이렇게!!

6. 작가가 다음과 같은 시대 상황을 이 글의 배경으로 선택한 이유로 가장 적절한 것은?

일제 강점기, 6.25 전쟁

① 민족의 순박한 정서를 그리려고
② 낙천적이고 긍정적인 민족성을 그리려고
③ 국권 회복을 위한 민족의 투쟁을 그리려고
④ 개인의 의지와 상관없는 운명의 잔혹함을 그리려고
⑤ 수난 속에서도 피어난 극복의 의지와 희망을 그리려고

2. 작품이 현대 사회에서 가지는 의미 생각하기

지학이가 도와줄게! – 2

이 소설이 현대 사회에서 가지는 의미나 가치를 생각해 보는 활동이란다. 작품을 현재의 맥락과 관점에서 감상해 보고, 이 소설이 오늘날 우리에게도 의미 있는 경험을 제공해 준다는 점을 통해 이 소설이 갖는 가치를 파악해 보자.

시험엔 이렇게!!

|서술형|
7. 이 글이 오늘날의 사회에서 갖는 의미를 생각해 서술하시오.

🦠 창의 · 융합 활동

혼자 하기 😊

‖ 우리나라의 사회 · 문화적 배경이 잘 드러나 있는 영화를 찾아서 소개하는 '우리 반 영화제'를 개최해 봅시다.

예시 💬

- 영화 소개: 「내 마음의 풍금」 – 어느 산골 마을, 17살 늦깎이 초등학생인 홍연이 새로 부임한 선생님을 짝사랑하는, 아름답지만 조금은 가슴 아픈 사랑 이야기
- 영화를 보고 깨달은 점: 지금은 모두 다 초등학교를 다니지만 과거에는 학교에 입학할 시기를 놓쳐 늦은 나이에 초등학교에 들어가기도 했던 것 같다. 늦깎이 학생과 젊은 선생님의 동화 같은 사랑 이야기를 통해서 순수하고 아름다운 동심을 만날 수 있었다.

- 영화를 소개할 때 사용할 배경 음악: 볼 빨간 사춘기, 「첫사랑」
- 선택한 까닭: 순수하고 서툴렀던 시절, 좋아하는 사람에게 자기 마음을 들킬까 봐 엉뚱하고 짓궂게 그 사람을 놀렸던 마음과 감정이 드러난 노래이다. 이 영화의 홍연이 선생님을 대하는 모습과 닮아 있기도 하고, 발랄한 곡조가 영화의 느낌과 닮았다고 생각했다.

- 영화 소개: 「국제 시장」 – 힘겹고 가난했지만 가족을 지키고자 했던 1960~70년대의 사회 · 문화적 배경이 잘 나타난 영화
- 영화를 보고 깨달은 점: 힘든 삶 속에서도 가족을 지키고자 하는 주인공의 모습이 인상적이었다. 가족을 소중하게 여기는 것은 지금이나 이전 세대나 다 같았던 것 같다.

- 영화를 소개할 때 사용할 배경 음악: 현인, 「굳세어라, 금순아」
- 선택한 까닭: 영화의 배경 음악으로 사용되기도 했고, 어렵고 힘든 일이 닥쳐도 쉽게 좌절하거나 원망하지 않고 언제나 최선을 다해 살아가는 인물에 관한 가사가 영화와도 잘 어울리기 때문이다.

⭐⭐ 우리 반 영화제 준비하기

◎ 활동 탐구

주어진 예시 자료인 영화 「내 마음의 풍금」을 통해 영화에 나타난 사회 · 문화적 배경을 파악해 보고, 각자 사회 · 문화적 배경이 담긴 다른 영화를 찾아 소개해 보는 활동이다. 이 활동을 하면서 이 단원에서 학습한 내용을 적용해 보도록 한다.

✎ 지학이가 도와줄게!

예시로 제시된 영화에는 1960년대의 사회 · 문화적 배경이 드러나 있단다. 영화로 이를 경험해 보며, 세대 간의 단절을 뛰어넘어 이전 세대의 삶을 이해하고 공감하는 계기가 될 수 있을 거야. 예시를 참고하여 우리나라의 사회 · 문화적 배경이 잘 드러난 영화들을 찾아보고 소개문을 작성해 발표해 보렴.

◎ 작가의 창작 의도와 작품의 이해

작가가 작품을 통해 전달하고자 하는 창작 의도를 고려하여 작품을 감상하면 작품의 내용이나 구조, 표현, 효과 등을 깊이 있게 이해할 수 있다. 이때 작가는 자신의 창작 의도를 가장 효과적으로 보여 줄 수 있는 사회 · 문화적 배경을 작품의 배경으로 선택한다.

➕ 보충 자료

전쟁 상황을 배경으로 하는 영화들

- 강제규 감독, 「태극기 휘날리며」: 전쟁의 소용돌이에 휘말린 형제가 각자 다른 선택을 하면서 겪게 되는 이야기이다. 사이가 좋았던 형제는 전쟁으로 인해 서로에게 상처를 주고, 동생을 구하기 위한 형의 행동으로 인해 형은 동생에게 주위 사람마저 죽음으로 내모는 미치광이로 여겨지게 된다.
- 박광현 감독, 「웰컴 투 동막골」: 국군이었던 주인공이 무리에서 낙오되어 어느 강원도 산골짜기 마을에 가게 되는데, 거기에서 비슷한 처지에 있는 인민군을 만난다. 국군과 인민군은 유대 관계를 형성하게 되고, 결국 마을 사람들을 구하기 위해 함께 작전을 펼친다.

소단원 콕! 짚고 가기

소단원 제재

1. 제재 정리

작가	하근찬(1931~2007)	갈래	단편 소설, 전후(戰後) 소설
성격	사실적, 향토적, 의지적, 상징적	배경	• 시대 – 일제 강점기부터 6.25 전쟁 직후 • 공간 – 어느 농촌 마을
시점	전지적 작가 시점과 작가 관찰자 시점의 혼재		
주제	수난의 현실과 그 극복 의지		
특징	• 상징적 소재를 통해 주제 의식을 드러냄. • ① ◻◻와/과 현재를 교차시킨 역순행적 구성 방식을 취함. • 압축적인 서술과 대화를 통해 인물의 성격을 제시함.		

2. 구성

발단	전개	위기	절정	결말
6.25 전쟁 직후 아들이 살아 돌아온다는 소식을 들은 만도가 아들을 마중 나감.	정거장 대합실에서 아들을 기다리던 만도가 일제 징용에 끌려가 한쪽 팔을 잃은 과거를 회상함.	6.25 전쟁에 나가 불구가 되어 돌아온 아들을 본 만도는 분노를 느낌.	만도가 아들을 업고 외나무다리를 건너감.	용머리재가 외나무다리를 건너는 부자(父子)를 내려다봄.

핵심 포인트

1. 작품에 드러난 사회 · 문화적 배경

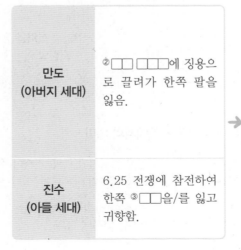

만도 (아버지 세대)	② ◻◻ ◻◻◻에 징용으로 끌려가 한쪽 팔을 잃음.
진수 (아들 세대)	6.25 전쟁에 참전하여 한쪽 ③ ◻◻을/를 잃고 귀향함.

→

• 일제 강점기에 많은 사람이 어디인지도 모른 채 강제로 징용에 끌려가 힘든 노동과 열악한 환경 속에서 고통을 겪음.
• 징용에 끌려간 사람들은 일본의 대규모 군사 시설을 짓는 데 투입됨.
• 태평양 전쟁이 터지자 징용에 끌려간 사람들은 비행기 폭격으로 죽거나 다치는 경우가 많았음.

• 6.25 전쟁에 참전했던 많은 사람이 죽거나 실종되었음.
• 6.25 전쟁에 참전하였다가 상이군인이 되어 돌아온 이들이 많았음.

이 소설의 배경이 되는 역사적 사건은? 그래, 맞아. 태평양 전쟁과 6.25 전쟁!

소설을 감상할 때엔 등장인물의 심리를 이해하는 것이 중요하다는 것 잊지 않았지? 각 장면을 떠올려 다시 한번 짚고 넘어가 보자.

2. 사건의 전개에 따른 만도의 심리 변화

진수를 ④□□하러 가는 장면	• 진수가 살아서 돌아온다는 소식에 기쁘고, 설렘. • 병원에서 나온다는 소식에 걱정되고 불안함.

정거장에서 진수를 만나는 장면	아들이 불구가 된 사실에 매우 화가 남.

↓

진수를 업고 ⑤□□□□□을/를 건너는 장면	• 아들에 대한 안타까움과 연민을 느낌. • 시련을 이겨 내려는 의지를 보임.

3. 소재의 의미 및 역할

정거장 대합실	• 만도에게 ⑥□□의 일을 떠올리게 하는 매개체 • 만도의 불행과 연관된 장소
⑦□□	• 만도에게 마음의 위안을 주는 곳 • 만도의 심리를 전환시켜 만도와 진수의 화합을 가능하게 하는 곳
술	• 만도의 분노와 속상한 마음을 다소 누그러뜨림. • 만도가 진수에 대한 연민을 표현할 수 있도록 함.
⑧□□□	• 아들에 대한 만도의 사랑을 의미함. • 만도와 진수가 협력하는 계기를 제공함. • 한쪽 팔이 없는 만도의 신체적 결함을 부각함.
외나무다리	• 만도와 진수에게 닥칠 시련과 고난을 상징함. • 만도와 진수가 서로 협력하여 시련을 극복하는 계기를 제공함.

4. 작품의 주제 의식

일제 강점기에 징용에 끌려가 한쪽 팔을 잃은 만도와 6.25 전쟁에 참전하여 한쪽 다리를 잃은 진수가 서로 협력하여 외나무다리를 건넘.	→	화합과 협력을 통한 시련의 ⑨□□	→	⑩□□의 수난과 그 극복 의지

5. 창작 당시의 의미와 현대 사회에서의 의미

창작 당시	작가는 창작 당시 일제 강점기와 6.25 전쟁이 우리 민족에게 큰 상처를 남겼지만, 서로 힘을 합쳐 노력하면 극복할 수 있다는 희망과 용기를 전달하려 함.
현대 사회	세대 간 갈등과 같이 현대 사회에서 발생하는 문제도 서로 돕고 협력하면 극복할 수 있다는 깨달음을 얻을 수 있음.

정답: ① 과거 ② 일제 강점기
③ 다리 ④ 마중 ⑤ 외나무다리
⑥ 과거 ⑦ 주막 ⑧ 고등어
⑨ 극복 ⑩ 민족

[01~05] 다음 글을 읽고, 물음에 답하시오.

㉮ 진수가 돌아온다. 진수가 살아서 돌아온다. 아무개는 전사했다는 통지가 왔고, 아무개는 죽었는지 살았는지 통 소식이 없는데, 우리 진수는 살아서 오늘 돌아오는 것이다. 생각할수록 어깻바람이 날 일이다. 그래 그런지 몰라도 박만도는 여느 때 같으면 아무래도 한두 군데 앉아 쉬어야 넘어설 수 있는 용머리재를 단숨에 올라채고 만 것이다. 가슴이 펄럭거리고 허벅지가 뻐근했다.

　그러나 그는 고갯마루에서도 쉴 생각을 하지 않았다. 들건너 멀리 바라보이는 정거장에서 연기가 몰씬몰씬 피어오르며 삐익 기적 소리가 들려왔기 때문이다. 아들이 타고 내려올 기차는 점심때가 가까워야 도착한다는 것을 모르는 바 아니다. 해가 이제 겨우 산등성이 위로 한 뼘가량 떠올랐으니, 오정이 되려면 아직 차례 먼 것이다. 그러나 그는 공연히 마음이 바빴다.

㉯ ㉠'삼대독자가 죽다니 말이 되나. 살아서 돌아와야 일이 옳고말고. 그런데 병원에서 나온다 하니 어디를 좀 다치기는 다친 모양이지만, 설마 나같이 이렇게사 되지 않았겠지.'

　만도는 왼쪽 조끼 주머니에 꽂힌 소맷자락을 내려다보았다. 그 소맷자락 속에는 아무것도 든 것이 없었다. 그저 소맷자락만이 어깨 밑으로 덜렁 처져 있는 것이다.

㉰ 만도는 읍 들머리에서 잠시 망설이다가, 정거장 쪽과는 반대되는 방향으로 길을 놓았다. 장거리를 찾아가는 것이었다. 진수가 돌아오는데 고등어나 한 손 사 가지고 가야 될 거 아닌가 싶어서였다. 장날은 아니었으나, 고깃전에는 없는 고기가 없었다. 이것을 살까 하면 저것이 좋아 보이고, 그것을 사러 가면 또 그 옆의 것이 먹음직해 보였다. 한참 이리저리 서성거리다가 결국은 고등어 한 손이었다.

㉱ 궐련을 한 개 빼물고 불을 댕겼다. 정거장 대합실에 와서 이렇게 도사리고 앉아 있노라면, 만도는 곧잘 생각나는 일이 한 가지 있었다. 그 일이 머리에 떠오르면, 등골을 찬 기운이 좍 스쳐 내려가는 것이었다.

㉲ 바로 이 정거장 마당에 백 명 남짓한 사람들이 모여 웅성거리고 있었다. 그중에는 만도도 섞여 있었다. 기차를 기다리고 있는 것이었으나, 그들은 모두 자기네들이 어디로 가는 것인지 알지를 못했다. 그저 차를 타라면 탈 사람들이었다. 징용에 끌려 나가는 사람들이었다. 그러니까, 지금으로부터 십이삼 년 옛날의 이야기인 것이다.

01. 이 글에 대한 설명으로 적절하지 <u>않은</u> 것은?
① 서술자가 작품 밖에 존재하고 있다.
② 현재에서 과거로 시점이 이동하고 있다.
③ 시대적 배경과 밀접한 어휘가 나타나 있다.
④ 외양을 묘사하여 인물의 성격을 드러내고 있다.
⑤ 행동 묘사를 통해 인물의 심리를 간접적으로 드러내고 있다.

02. 이 글의 내용과 일치하지 않는 것은?
① 진수는 전쟁터에서 살아 돌아오고 있다.
② 만도는 진수를 마중하러 정거장으로 가는 중이다.
③ 만도는 진수가 병원에서 나온다는 소식을 들었다.
④ 만도는 십이삼 년 전에 징용에 끌려 나간 적이 있다.
⑤ 만도는 고기를 사러 장거리에 들렀다가 고기가 없어 고등어를 샀다.

> 활동 응용 문제

03. (가)에 나타난 '만도'의 심리와 거리가 먼 것은?
① 설렘　　② 기쁨　　③ 기대감
④ 두려움　　⑤ 조급함

04. ㉠에 대한 독자의 이해로 적절한 것은?
① 만도는 진수의 상황을 알면서도 부정하는군.
② 만도는 진수가 참을성이 없다고 확신하는군.
③ 만도는 자신이 기대하는 방향으로 생각하는군.
④ 만도는 장애를 입은 자신의 처지를 긍정적으로 생각하는군.
⑤ 만도는 진수보다 자신이 어려움을 더 잘 극복했다고 여기는군.

| 서술형 |

05. (라)와 (마)의 내용을 바탕으로 '정거장 대합실'의 역할을 서술하시오.

[06~13] 다음 글을 읽고, 물음에 답하시오.

가 ㉠진수가 돌아온다. 진수가 살아서 돌아온다. 아무개는 전사했다는 통지가 왔고, 아무개는 죽었는지 살았는지 통 소식이 없는데, 우리 진수는 살아서 오늘 돌아오는 것이다. 생각할수록 어깻바람이 날 일이다.

나 이 정거장 마당에 백 명 남짓한 사람들이 모여 웅성거리 고 있었다. 그중에는 만도도 섞여 있었다. 기차를 기다리고 있는 것이었으나, 그들은 모두 자기네들이 어디로 가는 것 인지 알지를 못했다. 그저 차를 타라면 탈 사람들이었다. 징 용에 끌려 나가는 사람들이었다. 그러니까, 지금으로부터 십이삼 년 옛날의 이야기인 것이다.

북해도 탄광으로 갈 것이라는 사람도 있었고, 틀림없이 남양 군도로 간다는 사람도 있었다. 더러는 만주로 가면 좋 겠다고 하기도 했다. [중략] 사람의 힘이란 무서운 것이었 다. 그처럼 험난하던 산과 산 틈바구니에 비행장을 다듬어 내고야 말았던 것이다. 하나 일은 그것으로는 끝나는 것이 아니고, 오히려 더 벅찬 일이 닥치는 것이었다. 연합군의 비 행기가 날아들면서부터 일은 밤중까지 계속되었다. 산허리 에 굴을 파 들어가는 것이었다.

다 "아부지!"

부르는 소리가 들렸다. 만도는 깜짝 놀라며, 얼른 뒤를 돌 아보았다. 그 순간 만도의 두 눈은 무섭도록 크게 떠지고, 입은 딱 벌어졌다. 틀림없는 아들이었으나, 옛날과 같은 진 수는 아니었다. 양쪽 겨드랑이에 지팡이를 끼고 서 있는데, 스쳐 가는 바람결에 한쪽 바짓가랑이가 펄럭거리는 것이 아 닌가. 만도는 눈앞이 노래지는 것을 어쩌지 못했다. 한참 동 안 그저 멍멍하기만 하다가 코허리가 찡해지면서 두 눈에 뜨거운 것이 핑 도는 것이었다.

"에라이, 이놈아!"

㉡만도의 입술에서 모지게 튀어나온 첫마디였다. 떨리는 목소리였다. 고등어를 든 손이 불끈 주먹을 쥐고 있었다.

"이기 무슨 꼴이고, 이기."

라 "니 우짜다가 그래 댔노?"

"전쟁하다가 이래 안 댔심니꺼, 수류탄 쪼가리에 맞았심 더."

"수류탄 쪼가리에?"

"예."

"음……."

"얼른 낫지 않고 막 썩어 들어가기 땜에 군의관이 짤라 버 립띠더. 병원에서예."

ⓐ"……."

"아부지!"

"와?"

"이래 가지고 우째 살까 싶습니더."

"우째 살긴 뭘 우째 살아. 목숨만 붙어 있으면 다 사능 기 다. 그런 소리 하지 마라."

"……."

"나 봐라. 팔뚝이 하나 없어도 잘만 안 사나. 남 봄에 좀 덜 좋아서 그렇지. 살기사 왜 못 살아."

"차라리 아부지같이 팔이 하나 없는 편이 낫겠어예. 다리 가 없어 노니, 첫째 걸어 댕기기에 불편해서 똑 죽겠심더."

"야야, 안 그렇다. 걸어 댕기기만 하면 뭐 하노. 손을 지대 로 놀려야 일이 뜻대로 되지."

"그럴까예?"

ⓑ"그렇다니. 그러니까 집에 앉아서 할 일은 니가 하고, 나댕기메 할 일은 내가 하고, 그라면 안 대겠나, 그제?"

마 진수는 지팡이와 고등어를 각각 한 손에 쥐고, 아버지의 등어리로 가서 슬그머니 업혔다. [중략] 만도는 아랫배에 힘 을 주며 끙! 하고 일어났다. 아랫도리가 약간 후들거렸으나 걸어갈 만은 했다. 외나무다리 위로 조심조심 발을 내디디 며 만도는 속으로,

㉢'이제 새파랗게 젊은 놈이 벌써 이게 무슨 꼴이고. 세상 을 잘못 타고나서 진수 니 신세도 참 똥이다, 똥.'

이런 소리를 주워섬겼고, 아버지의 등에 업힌 진수는 곧 장 미안스러운 얼굴을 하며

'나꺼정 이렇게 되다니, 아부지도 참 복도 더럽게 없지. 차라리 내가 죽어 버렸더라면 나았을 낀데…….'

하고 중얼거렸다.

만도는 아직 술기가 약간 있었으나, 용케 몸을 가누며 아 들을 업고 외나무다리를 조심조심 건너가는 것이었다. 눈앞 에 우뚝 솟은 용머리재가 이 광경을 가만히 내려다보고 있 었다.

06. (가)~(마)를 사건이 일어난 순서대로 배열한 것은?

① (가)-(나)-(다)-(라)-(마)
② (가)-(다)-(라)-(나)-(마)
③ (나)-(가)-(다)-(라)-(마)
④ (나)-(다)-(가)-(라)-(마)
⑤ (나)-(라)-(가)-(다)-(마)

07. 이 글에 드러난 사회·문화적 상황으로 볼 수 없는 것은?

① 일제의 강제 노역은 매우 가혹하였다.

② 일제와 연합군 사이에 전쟁이 벌어졌다.

③ 전쟁에 참전하여 죽거나 실종된 사람도 있었다.

④ 일제 강점기에 많은 사람이 만주로 가서 돈벌이하길 원하였다.

⑤ 일제의 징용에 끌려간 사람들은 일본의 대규모 군사 시설을 짓는 데 투입되었다.

08. 이 글에서 〈보기〉와 관련된 소재를 찾아 쓰시오.

┤ 보기 ├
　자연물의 시선에서 인간의 모습을 내려다보게 함으로써 인물들의 의지적 태도를 감동적으로 형상화하고 있다.

09. (라)를 읽은 후의 독자의 반응으로 적절하지 않은 것은?

① 진수가 겪은 일이 구체적으로 드러나는군.

② 만도와 진수의 갈등이 점점 고조되어 가는군.

③ 만도는 앞으로의 삶을 걱정하는 진수를 위로하는군.

④ 만도는 낙천적이고 긍정적인 삶의 태도를 지니고 있군.

⑤ 인물 간의 사투리 사용으로 생동감과 현장감이 느껴지는군.

10. ㉠~㉢에서 알 수 있는 '만도'의 심리를 바르게 나타낸 것은?

	㉠	㉡	㉢
①	기쁨	분노	안타까움
②	기쁨	절망	부끄러움
③	설렘	안도	안타까움
④	불안	슬픔	부끄러움
⑤	불안	분노	자책과 반성

11. 이 글을 희곡으로 각색할 때, ⓐ에 들어갈 지시문으로 가장 적절한 것은?

① 흥미진진한 태도를 보이며

② 안타깝고 애타는 마음을 숨기며

③ 대수롭지 않은 듯한 표정을 지으며

④ 충격과 분노로 흥분하는 표정을 지으며

⑤ 답답하고 한심하다는 듯이 인상을 쓰며

12. ⓑ의 상황에서 쓸 수 있는 한자 성어로 적절한 것은?

① 사면초가(四面楚歌)　② 상부상조(相扶相助)

③ 새옹지마(塞翁之馬)　④ 설왕설래(說往說來)

⑤ 전화위복(轉禍爲福)

13. 〈보기〉를 참고하여 이 글을 감상한 내용으로 적절하지 않은 것은?

┤ 보기 ├
　일제의 강점이나 6.25 전쟁 같은 역사적 상황 앞에서 개인은 자신의 의지와 관계없이 휩쓸리게 된다. 작가는 만도 부자를 불구자로 만든 일제의 징용과 6.25 전쟁이라는 역사적 현실과의 갈등을 통해 민족 전체의 아픔을 드러내고 있다.

① 이 글에 드러난 갈등의 유형은 결국 인물과 사회의 갈등이라고 볼 수 있군.

② 작가는 이 글을 통해 개인의 의지가 역사의 흐름을 바꿀 수도 있다는 것을 말하고자 하였군.

③ 만도와 진수는 비극적 역사에 의해 희생당한 우리 민족의 고통을 대변하는 전형적 인물이로군.

④ 이 글에서 만도 부자의 이야기는 결국 우리 민족의 역사적인 비극을 부각하기 위해 설정된 것이군.

⑤ 서로 힘을 모아 외나무다리를 건너는 만도 부자를 통해 작가는 민족적 상처의 극복 의지를 드러내고자 했군.

(3) 성북동 비둘기

 생각 열기 - ○

다음 광고를 보고, 오늘날 우리 사회의 모습을 생각해 봅시다.

"여기가 맞을 텐데..?"

우리의 편한 삶을 위해 벌목되고 낭비되는 나무들로 인해
어떤 동식물들은 그들의 보금자리를 잃습니다.
이제는 우리가 그들의 자리를 지켜줄 때입니다.

우리집

kokoro
공익광고협의회

사슴벌레가 집을 찾나 봐.

어? 그런데 집이 없어졌어.

• 광고 속 사슴벌레가 자기 집을 찾지 못하는 까닭은 무엇일까요?

예시 답ㅣ인간이 자신들의 편한 삶을 위해 사슴벌레가 사는 숲의 나무를 베고 낭비하여 사슴벌레들이 보금자리를 잃었기 때문이다.

• 이 광고는 우리 사회의 어떤 문제를 다루고 있는지 이야기해 봅시다.

예시 답ㅣ제시된 광고는 인간들의 무분별한 벌목으로 숲이 망가지고 있는 현실과 이로 인해 동식물들이 살 곳이 사라지고 있는 문제를 보여 주고 있다. 이는 비단 일부 숲, 사슴벌레만의 문제가 아니라 인간 위주의 개발이 지구 전체의 생태계를 위협하고 있는 문제 상황을 다루고 있다.

● **이렇게 열자** ●

　제시된 광고는 급속한 도시화와 산업화 때문에 오늘날 우리가 사는 환경이 파괴되고 있음을 일깨우는 공익 광고이다. 이 광고를 살펴보며 광고 속 대상의 상황을 파악하고, 이를 통해 우리 사회의 문제를 확인하며 성찰해 보는 활동을 해 보자.
　그리고 문학 작품을 감상할 때 역시 작품과 관련된 사회·문화적 배경을 바탕으로 감상해야 작품의 전체적 의미를 제대로 파악할 수 있으며, 이를 통해 오늘날 우리 사회의 상황을 잘 이해하고 성찰할 수 있을 것이다.

🌱 이 단원의 학습 요소

학습 목표 | 작품이 창작된 사회·문화적 배경을 바탕으로 작품을 이해할 수 있다.

시에 반영된 사회·문화적 배경을 파악하기	▶ 시어의 의미를 중심으로 작품을 이해하고, 시에 반영된 사회·문화적 배경을 파악한다.
자신의 삶과 현대 사회의 모습 성찰하기	▶ 시에 반영된 사회·문화적 배경을 바탕으로 자신의 삶과 현재 우리 사회의 모습을 성찰한다.

소단원 바탕 학습

핵심 개념 미리 보기

1. 작품의 창작 의도

창작 의도
작가가 작품을 통해 전달하고자 하는 마음속의 생각이나 계획

↓

작창 의도를 고려하며 작품을 읽으면 작품의 내용이나 구조, 표현 효과 등을 깊이 있게 이해할 수 있음.

2. 창작 의도와 사회·문화적 배경

- 사회·문화적 상황은 작가의 창작 의도와 밀접하게 관련되어 있다.
- 작가는 자신의 창작 의도를 가장 효과적으로 보여 줄 수 있는 사회·문화적 상황을 작품의 배경으로 선택한다.

3. 사회·문화적 배경과 작품의 이해 ③

사회·문화적 배경
작품이 창작된 사회·문화적 배경을 파악하고, 이를 고려하여 작품을 감상함.

↓

오늘날 우리 사회의 상황을 잘 이해하고 성찰해 볼 수 있음.

4. 사회·문화적 배경을 바탕으로 시 감상하기

시의 특징	• 작가가 내세운 존재인 화자의 목소리가 담김. • 화자의 경험이나 성찰이 나타나 있음.
감상 방법	• 작가가 시에서 비유, 상징 등의 표현을 통해 드러내고자 하는 바를 생각함. • 표현에 담긴 다양한 의미를 독자 자신의 경험에 비추어 생각함. • 작품이 창작된 시기의 사회·문화적 상황이 어떻게 반영되어 있는지 파악함. • 시에 반영된 사회·문화적 배경을 바탕으로 자신의 삶과 현재 우리 사회의 모습을 성찰함.

제재 훑어보기

성북동 비둘기(김광섭)

- **해제:** 이 시는 비둘기를 의인화하여 우의적으로 인간에 의한 자연 파괴와 비인간화되어 가는 현대 사회를 비판하고 있는 작품이다. 우리 사회에 나타난 문제 상황이 잘 반영된 작품인 만큼, 작품의 사회·문화적 배경을 파악하고, 나아가 자신과 우리 사회를 성찰함으로써 우리에게 필요한 윤리 의식을 발견할 수 있을 것이다.
- **갈래:** 자유시, 서정시
- **성격:** 비판적, 상징적, 주지적, 우의적
- **제재:** 비둘기
- **주제:** 현대 문명에 의한 자연 파괴와 인간성 상실 비판
- **특징**
  ① 선명한 감각적 이미지를 제시하고 있다.
  ② 비둘기를 의인화하여 문명 비판적 내용을 우의적으로 표현하고 있다.
  ③ 1연과 2연은 묘사, 3연은 서술 중심으로 표현하고 있다.

심화 자료

작가(김광섭)의 말 — 이 시를 쓰게 된 동기

"나는 뇌출혈로 메디컬 센터에 입원하여 오랜 혼수상태를 겪으면서 사경을 헤맸어요. 그 후 성북동 나의 집 마당에 자리를 펴고 앉았는데, 따스한 훈풍이 불고 꽃이 피어 있었어요. 뇌일혈이란 말을 듣고 내 시적 생명은 끝났다는 절망감을 안고 있었지요. 그때 하늘을 바라보다가 아침마다 하늘을 휘익 돌아 나는 비둘기 떼를 보게 되었어요. 「성북동 비둘기」의 착상은 거기에서였지요. 돌 깨는 소리가 채석장에서 울리면 놀라서 날아오르는 새들, 그러나 저것들이 우리에게 평화의 메시지를 전해 줄 것인가. 돌 깨는 산에서는 다이너마이트가 터지고 집들은 모두 시멘트로 지어서 마음 놓고 내릴 장소도 없는 저것들이란 데 생각이 머물렀어요."

– 『심상』 8월호(1974)

성북동 비둘기 _김광섭

인간의 삶의 터전(문명)
성북동 산에 [번지]가 새로 생기면서
━━대조━━
❶본래 살던 성북동 비둘기만이 [번지]가 없어졌다
비둘기의 삶의 터전(자연)
새벽부터 ❷돌 깨는 산울림에 떨다가
문명에 의한 자연 파괴 ①(청각적 이미지)
가슴에 금이 갔다
비둘기의 아픔(시각적 이미지)
그래도 성북동 비둘기는

하느님의 광장 같은 새파란 아침 하늘에
비둘기가 자유롭게 나는 공간(시각적 이미지)
『성북동 주민에게 축복의 메시지나 전하듯
「 」: 인간과 조화를 이루고자 하는 비둘기의 모습
성북동 하늘을 한 바퀴 휘 돈다』   ➜ 1연: 자연 파괴로 삶의 터전을 잃어버린 비둘기

성북동 메마른 골짜기에는
훼손된 비둘기의 보금자리
조용히 앉아 콩알 하나 찍어 먹을 / 넓찍한 마당은커녕 가는 데마다

❷채석장 포성이 메아리쳐서
문명에 의한 자연 파괴 ②(청각적 이미지)
피난하듯 지붕에 올라앉아
비둘기의 절박한 현실(보금자리를 잃음.)
❸아침 구공탄 굴뚝 연기에서 향수를 느끼다가
사람들과 어울려 살았던 과거에 대한 그리움
산 1번지 채석장에 도루 가서
문명에 의해 파괴된 자연
❹금방 따낸 돌 온기에 입을 닦는다   ➜ 2연: 인간 문명에 쫓기며 옛날을 그리워하는 비둘기
그리움을 구체적 행동으로 형상화(촉각적 이미지)

┌ 예전에는 사람을 성자(聖者)처럼 보고
│ 자연이 파괴되기 이전에는(과거와 현재 모습 비교 → 주제 부각)
[과거] │ 사람 가까이 / 사람과 같이 사랑하고
│ ├ 사람과 같이 평화를 즐기던
└ └ 사랑과 평화의 새 비둘기는
       과거의 비둘기 모습
┌ 이제 산도 잃고 사람도 잃고
│ 삶의 공간 비둘기와 공존했던 인간
[현재] ❺ 사랑과 평화의 사상까지
└ 낳지 못하는 쫓기는 새가 되었다   ➜ 3연: 자연과 사람으로부터 소외되고 평화를 잃어버린 비둘기
       현재의 비둘기 모습

— 김광섭, 『성북동 비둘기』

｜작가 소개: 김광섭(1905~1977)
시인. 초기에는 고독, 불안, 허무의 세계를 노래하였고, 이후에는 인생과 자연, 문명에 관한 통찰과 산업 사회의 모순 등 사회성을 띤 시 작품들을 발표하였다. 시집으로 『동경』, 『해바라기』, 『성북동 비둘기』, 『김광섭 시선집』 등이 있다.

시어 풀이
· 채석장(採石場): 석재(石材)로 쓸 돌을 캐거나 떠 내는 곳.
· 구공탄: 구멍이 뚫린 연탄을 통틀어 이르는 말.

시구 풀이
❶ 비둘기가 살던 곳에 사람들이 집을 짓고 살게 되면서 비둘기의 보금자리가 없어진 것을 말한다. 여기에서 '번지'는 비둘기의 보금자리, 즉 자연을 의미한다.
❷ 성북동 산을 개발하는 과정에서 나는 소리로, 인간 문명에 의해 파괴되는 자연을 청각적 이미지로 형상화하고 있다.
❸ 비둘기는 자신이 잃어버린 파괴된 보금자리, 즉 자연에 대한 향수를 느낀다.
❹ 문명에 의해 파괴된 자연의 온기에 입을 닦는 것은 온전했던 과거의 자연을 그리워하는 모습으로 볼 수 있다. 즉 파괴되기 이전의 자연에 대한 향수를 촉각적 이미지를 활용하여 구체적 행동으로 형상화하고 있다.
❺ 산에서 터전을 잃고 사람과 멀어지면서 비둘기는 이제 사랑과 평화의 의미를 사람들에게 전달해 줄 수 없게 되었다는 의미이다.

■ 이 시가 창작된 시기의 사회·문화적 배경

우리나라는 1960년대 이후 도시화·산업화가 급속하게 진행되었고, 이러한 변화의 바람은 우리 사회의 모습을 많이 바꾸어 놓았단다. 자연환경은 고려하지 않은 채 물질적 발전만을 위한 개발은 자연을 무참히 훼손하였고, 그 결과 우리가 사는 사회는 피폐해지기 시작했어. 따라서 이 시에서 첫 번째로 나오는 '번지'는 인간의 문명이자 도시화·산업화를 의미하는데, 이는 원래부터 성북동에 사는 비둘기의 보금자리인 자연을 파괴하고 들어선 것으로 볼 수 있단다.

핵심 포인트

사회·문화적 배경	1960년대 이후 급격한 도시화·산업화로 자연이 무참히 훼손됨.

■ '성북동 비둘기'의 상징적 의미

이 시에서 '성북동 비둘기'는 해석에 따라 다양한 의미를 갖는단다. 먼저 비둘기가 살던 곳에 사람들이 집을 짓고 살게 되면서 비둘기는 보금자리를 빼앗기고 쫓기는 새가 되는데, 이는 개발만을 앞세우는 인간들에 의해 점차 파괴되고 훼손되어 가는 '자연'을 상징한다고 할 수 있어. 한편 당시엔 개발이라는 명목으로 산동네를 철거하는 일이 자주 벌어졌는데, 이런 시각에서 이해한다면 비둘기는 삶의 터전을 순식간에 잃고 어딘가로 떠밀려 가야 하는 철거민들, 즉 '소외 계층'을 상징한다고 할 수 있어. 또한, 자연 안에서 사람들과 어울리며 서로 사랑하고 평화를 즐기던 비둘기가 문명의 발전 속에 사랑과 평화를 잃어버린 쫓기는 새가 되었다는 관점에서 볼 때는 산업화·도시화로 순박함을 상실한 '현대인'을 상징한다고 해석할 수도 있단다.

핵심 포인트

성북동 비둘기	• 도시화로 파괴된 자연 • 개발이라는 명목하에 소외된 도시 하층민들 • 인간성이 파괴된 현실 속에 살아가는 현대인

↓

현대의 물질문명에 대한 비판

1. 이 시에 대한 설명으로 적절하지 <u>않은</u> 것은?

① 1, 2연에서는 대상의 모습을 구체적으로 묘사하고 있다.

② 3연에서는 대상에 대한 화자의 판단을 드러내고 있다.

③ 대상을 의인화하여 주제를 우의적으로 표현하고 있다.

④ 대상의 과거와 현재를 대조하여 주제 의식을 강화하고 있다.

⑤ 청각적 이미지를 통해 화자가 지향하는 공간을 보여 주고 있다.

2. 이 시에서 〈보기〉의 설명에 해당하는 시구로 볼 수 <u>없는</u> 것은?

 보기

이 시에서는 감각적인 이미지를 활용하여 묘사하고 있는 시구들을 많이 찾아볼 수 있다. 독자는 이러한 표현을 통해 대상이나 대상이 처한 상황을 구체적인 형상으로 이해할 수 있고, 그 상황에 더욱 공감할 수 있게 된다.

① 돌 깨는 산울림

② 가슴에 금이 갔다

③ 하느님의 광장 같은 새파란 아침 하늘

④ 금방 따낸 온기에 입을 닦는다

⑤ 사랑과 평화의 새 비둘기

3. 이 시에 쓰인 시어 중 시적 의미가 나머지와 가장 <u>다른</u> 것은?

① 돌 깨는 산울림　　② 새파란 아침 하늘

③ 메마른 골짜기　　④ 채석장 포성

⑤ 구공탄 굴뚝 연기

4. 이 시에서 '성북동 비둘기'가 상징하는 의미와 관계가 <u>먼</u> 것은?

① 파괴되어 가는 자연

② 도시화로 밀려난 소외 계층

③ 삶의 터전을 잃은 도시 빈민

④ 산업화로 안정된 삶을 사는 사람

⑤ 문명으로 인간성을 상실한 현대인

|서술형|

5 이 시에서 작가가 의도하고 있는 바람직한 삶의 모습은 무엇일지 간단히 서술하시오.

학습활동

🤖 이해 활동

1. 이 시에서 '비둘기'가 담고 있는 의미를 생각해 봅시다.

1 1연에서 성북동이 변화하면서 비둘기에게 어떤 변화가 생겼는지 말해 봅시다.

성북동의 변화		비둘기에게 생긴 변화
번지가 새로 생김.	→	번지가 없어짐.

2 3연에서 비둘기가 상징하는 바가 어떻게 바뀌었는지 말해 봅시다.

과거		현재
사랑과 평화의 새	→	사랑과 평화의 사상까지 낳지 못하는 쫓기는 새

3 **1**, **2**를 바탕으로 이 시에서 비둘기의 의미가 무엇일지 생각해 봅시다. 예시 답 | 인간에 의해 파괴되는 자연

2. 다음 표현에서 공통적으로 드러나는 이미지를 파악해 봅시다.

> 돌 깨는 산울림, 채석장 포성

예시 답 | 청각적 이미지

1. 대상의 의미 변화 파악하기

지학이가 도와줄게! - 1

시에서 '비둘기'를 가리키는 의미가 어떻게 변화하고 있는지를 파악하는 활동이야. 1연과 3연에서 비둘기에게 어떤 변화가 생겼고, 그로 인해 의미가 어떻게 변화했는지 살펴보렴.

정답과 해설 35쪽

시험엔 이렇게!!

1. ㉠과 ㉡의 의미로 가장 적절한 것은?

> 성북동 산에 ㉠번지가 새로 생기면서 본래 살던 성북동 비둘기만이 ㉡번지가 없어졌다

① ㉠: 문명, ㉡: 자연
② ㉠: 물질, ㉡: 정신
③ ㉠: 도시, ㉡: 농촌
④ ㉠: 공장, ㉡: 마을
⑤ ㉠: 자연, ㉡: 문명

2. 시의 이미지 파악하기

지학이가 도와줄게! - 2

'돌 깨는 산울림', '채석장 포성'이라는 표현에 두드러지게 나타나는 이미지는 쉽게 알 수 있을 거야. 여기에서 더 나아가 이러한 이미지가 이 시의 주제 전달에 어떤 역할을 하는지도 생각해 보렴.

시험엔 이렇게!!

2. 이 시에서 비둘기의 삶이 변하게 된 원인을 드러내는 시구로 적절한 것은?(정답 2개)

① 돌 깨는 산울림
② 널찍한 마당
③ 채석장 포성
④ 구공탄 굴뚝 연기
⑤ 금방 따낸 돌 온기

목표 활동

1. 이 시가 쓰일 당시의 신문 기사를 바탕으로 당시의 사회·문화적 상황을 파악해 봅시다.

동아일보   1967년 4월 11일

잃어버린 '산자수명(山紫水明)'

　최근 북한산 주변의 해공 신익희 선생 묘소 근처의 경우 인근 공사 업체에서 주위의 자연 암석을 마구 캐내고 우물을 판다고 계곡을 파헤 치는 등 자연 풍치를 훼손하는 사태가 공공연히 벌어져 철저한 대책이 시급히 요망되고 있다. 당국의 사용 허가도 받지 않은 이 공사로 말미 암아 계곡의 하류엔 흙탕물과 오물들이 맑은 계곡을 더럽히고 있다.

· 산자수명(山紫水明)　산은 자줏빛이고 물은 맑다는 뜻으로, 경치가 아름다움을 이르는 말.
· 풍치(風致)　훌륭하고 멋진 경치.

예시 답 l 제시된 신문 기사에는 1960년대에, 자연 경관을 해치면서까지 개발을 하며 도시화 가 진행되던 당시의 사회·문화적 상황이 드러나 있다.

2. 1에서 파악한 사회·문화적 상황과 관련하여 시인이 말하고자 하는 바가 무엇인 지 알아봅시다.　예시 답 l

> 성북동이 개발되면서 비둘기가 쫓겨나게 되고, 사랑과 평화의 새 비둘기가 산도 잃고 사랑도 잃었다고 하는 것 으로 보아, 산업화·도시화 과정에서 인간에 의해 파괴된 자연 에 관한 안타까움과 향수　을/를 노래하고 있는 것 같아.

3. 이 시가 비판하고 있는 사회의 모습을 오늘날의 모습과 비교해 보고, 오늘날 우리 사회의 문제를 성찰해 봅시다.

예시 답 l 이 시에서는 '1960년대 이후의 산업화·도시화로 인한 자연 파괴' 현상을 비판하 고 있다. 오늘날에도 급격한 도시화로 무분별한 개발이 이루어지고 있으며, 이에 따라 자연 이 파괴되고 훼손되는 현상을 주변에서 쉽게 찾아볼 수 있다. 이처럼 무분별하게 이루어지는 개발과 자연 파괴의 문제를 깨닫고, 자연을 보존하며 인간과 자연이 공존하는 방안을 고민하 고 실천해야 한다.

1. 사회·문화적 배경을 바탕 으로 작품을 감상하고, 현재 우리 사회의 모습 성찰하기

🖋 **지학이가 도와줄게! - 1~3**

이 시가 창작된 시기에 나온 신문 기사를 읽고, 당시의 사회·문화 적 배경에 관해 이야기해 보자. 제시된 기사에는 도시화로 자연 이 파괴되는 상황에 대한 비판적 관점이 드러나 있지? 필요할 경 우 사진 자료를 추가해 당시의 사 회·문화적 배경을 알아볼 수도 있단다.

그다음, 사회·문화적 배경을 파 악했다면 이를 바탕으로 시인이 이 시에서 말하고자 한 바가 무엇 인지 파악해 보렴.

마지막으로, 이 시를 깊이 있게 잘 감상했다면 이 시에서 비판하 고 있는 사회의 모습이 오늘날과 크게 다르지 않다는 것을 깨달을 수 있었을 거야. 이 시를 바탕으 로 오늘날 우리 사회에 나타난 문 제를 성찰해 보도록 하렴.

🐟 **시험엔 이렇게!!**

3. 이 시에 나타난 화자의 어조 로 가장 적절한 것은?

① 해학적　② 영탄적
③ 예찬적　④ 비판적
⑤ 희망적

4. 이 시에서 작가가 말하고자 하 는 바로 가장 적절한 것은?

① 산업화·도시화로 인한 자 연 파괴 문제
② 무분별한 개발로 인한 도시 미관 파괴 문제
③ 소득 격차로 생긴 불평등한 사회 구조 문제
④ 인간의 개입으로 자연의 먹 이 사슬의 파괴 문제
⑤ 산업화로 벌어진 도시와 농 촌 간의 인구 격차 문제

창의 · 융합 활동

혼자 하기

🎧 다음 노래를 듣고, 사회 · 문화적 배경에 따라 노래의 감상 내용이 어떻게 다른지 생각해 봅시다.

저 들의 푸르른 솔잎을 보라

돌보는 사람도 하나 없는데

비바람 맞고 눈보라쳐도

온누리 끝까지 맘껏 푸르다

서럽고 쓰리던 지난날들도

다시는 다시는 오지 말라고

땀 흘리리라 깨우치리라

거칠은 들판에 솔잎되리라

우리들 가진 것 비록 적어도

손에 손 맞잡고 눈물 흘리니

우리 나갈 길 멀고 험해도

깨치고 나아가 끝내 이기리라

– 김민기 작사 · 작곡, 「상록수」

작품의 수용 양상과 사회 · 문화적 배경의 관계 알아보기

○ 활동 탐구

다양한 세대의 사람들에게 같은 노래를 들려주고, 인터뷰를 통해 노래에 대한 감상을 조사하는 활동이다. 이 활동을 하면서 같은 노래라도 감상하는 사람들 각자의 사회 · 문화적 배경에 따라 노랫말에 관한 감상 내용이 달라질 수 있음을 이해할 수 있을 것이다.

➕ 보충 자료
「상록수」의 창작 배경

> 1977년, 한 공장에서 함께 근무하며 아침마다 공부를 가르치던 노동자들의 합동 결혼식의 축가로 작사 · 작곡한 노래이다.

창작 배경에서 알 수 있듯이 이 노래는 창작될 당시에 어렵고 힘든 삶을 살아야 했던 노동자들에게 힘과 용기를 주기 위해 창작되었다. 이를 모르고 작품의 내용만으로 감상한 사람은 '항상 늘 푸른 소나무처럼 꿋꿋하고 굳세게 살아가자.'라는 의미를 모두에게 전하고자 한 의도로 받아들일 수 있다. 또한, 만약 외환 위기 때 이 노래가 불리었음을 기억하는 사람들이라면 그 당시에 '국가적 위기를 힘을 합쳐 극복하자.'라는 내용으로 받아들였을 것이다. 이렇게 예술 작품은 수용자 개개인의 사회 · 문화적 배경에 따라 다른 의미로 받아들여질 수 있다.

1. 주변의 사람들을 대상으로 인터뷰를 진행하고, 이 노래에 관한 감상을 조사해 봅시다.

> **조건**
>
> • 다양한 세대를 대상으로 인터뷰를 진행합니다. (2명 이상)
> • 이 노래를 들을 때 떠오르는 사건이나 장면이 무엇이며, 그때 이 노래가 어떤 의미로 다가왔는지를 조사합니다.

인터뷰 대상	아버지
인터뷰 내용	• 이 노래를 들을 때 떠오르는 사건, 장면: 외환 위기 시절 • 노래의 의미: 외환 위기 시절, 우리나라는 경제적으로 매우 어렵고 힘든 상황이었다. 그 무렵 박세리 선수가 골프 대회에서 맨발 투혼으로 우승을 했고, 방송에서는 이 장면에 「상록수」 노래를 삽입한 광고를 내보냈다. 그리고 마침내 외환 위기를 극복하고 이겨 냈기에 나에게 이 노래는 국가적 위기라는 어려움을 함께 이겨 내자는 의미를 전달한 노래로 기억된다.
인터뷰를 통해 얻은 결론	세대별로 사회·문화적 상황이 달라 노래의 의미가 다르게 감상된다.

2. 이 노래의 노랫말을 감상해 보고, 현대를 살아가는 나에게 이 노래가 어떤 의미로 와닿는지 이야기해 봅시다.

> **예시 답 |** 이번 단원에서 「수난이대」를 읽어서인지 이 노래의 노랫말을 보고 우리 민족의 분단 상황, 즉 남과 북이 처한 현재 상황에 대해 생각해 보았어. 그동안 우리나라에는 6.25 전쟁으로 많은 희생이 있었고 그 이후에도 이산가족들의 아픔이 지금까지 이어지고 있잖아. 우리 세대에서 우리 민족의 최대 소원인 통일을 이루고 남과 북이 손에 손 맞잡고 이 노래를 함께 부르면 정말 좋겠다는 생각이 들었어.

지학이가 도와줄게! - 1

〈조건〉에 따르면 다양한 세대의 사람들을 인터뷰 대상으로 선정해야겠지?
활동을 진행하면서 같은 노래라도 듣는 사람에 따라 감상이 달라지는 까닭이 무엇일지 생각해 보렴.

지학이가 도와줄게! - 2

1의 활동을 하면서 같은 노래라도 어떤 사회·문화적 배경에서 그 노래를 감상했느냐에 따라 노래의 의미가 다양해질 수 있다는 것을 알 수 있었을 거야. 즉 작품이 창작된 사회·문화적 배경뿐만 아니라 누리는 사람의 사회·문화적 배경 또한 작품을 감상하는 데 중요한 영향을 끼치는 거지. 이제 자신에게 이 노래의 노랫말은 어떤 의미로 다가오는지 정리해 보면서 이 노랫말에 대한 감상을 마무리해 보자.

➕ 보충 자료
인터뷰할 때의 유의 사항
인터뷰는 특정한 목적을 가지고 개인이나 집단을 만나 정보를 수집하고 이야기를 나누는 일이다. 인터뷰를 할 때는 몇 가지 유의할 사항이 있다. 먼저 인터뷰하려는 사람에게 인터뷰를 하고 싶은 까닭, 인터뷰의 대략적인 내용과 인터뷰의 용도를 밝혀야 한다. 다음으로는 경청의 자세가 중요하다. 질문을 해 놓고 받아 적기에 바쁘다거나 딴 곳을 응시하고 있는 것은 예의가 아니다. 상대의 말을 경청하며 말을 끊지 않고 끝까지 듣는 것도 중요하다. 그러기 위해서는 인터뷰 내용을 녹음할 수 있는 장치를 활용하여 인터뷰의 내용을 녹음하고, 상대의 말에 귀를 기울이는 것이 필요하다.

소단원 제재

제재 정리

작가	김광섭(1905~1977)	성격	비판적, 상징적, 주지적, 우의적
운율	내재율	제재	비둘기
주제	현대 문명에 의한 ①□□ 파괴와 인간성 상실 비판		
특징	• 선명한 ②□□적 이미지를 제시하고 있음. • 비둘기를 의인화하여 문명 비판적 내용을 우의적으로 표현함. • 1연과 2연은 묘사, 3연은 서술 중심으로 표현.		

핵심 포인트

1. 시상의 전개

구체적인 상황 제시(1, 2연)	주제 제시(3연)
보금자리를 잃고 쫓겨난 ③□□□이/가 옛날을 그리워하며 방황함.	화자의 우의적 해석을 통해 현대 물질문명 비판이라는 주제를 드러냄.

2. 시에 반영된 사회 · 문화적 배경

• 1960년대 들어 ④□□화 · 산업화가 급격하게 이루어지던 상황이었음.

3. '성북동 비둘기'의 상황 변화

과거		현재
• 인간과 함께 자연 속에서 공동체적 삶을 누림. • 사람 가까이에서 사람과 같이 사랑하고 평화를 즐기는 새였음.	성북동 산에 ⑤□□이/가 새로 생김.	• 삶의 터전을 잃고 과거를 그리워함. • 산도 잃고 사람도 잃고 사랑과 평화의 사상까지 낳지 못하는 쫓기는 새가 됨.

4. '성북동 비둘기'의 상징적 의미

성북동 비둘기	• 도시화로 파괴된 자연 • 개발이라는 명목하에 소외된 도시 하층민들 • 인간성이 파괴된 현실 속에 살아가는 ⑥□□□

5. 표현상의 특징

시각적 이미지	인간의 무분별한 개발로 상처받은 비둘기의 모습을 시각화
⑦□□□ 이미지	'돌 깨는 산울림', '채석장 포성' 등의 청각적 이미지로 표현
의인화	비둘기를 마치 감정을 지닌 사람처럼 표현하여 개발로 인한 자연과 인간의 고통을 말함으로써 현대 물질문명에 대한 비판적 시각을 드러냄.

정답: ① 자연 ② 감각 ③ 비둘기 ④ 도시 ⑤ 번지 ⑥ 현대인 ⑦ 청각적

[01~05] 다음 글을 읽고, 물음에 답하시오.

성북동 산에 ㉠번지가 새로 생기면서
본래 살던 성북동 비둘기만이 ㉡번지가 없어졌다
새벽부터 ⓐ돌 깨는 산울림에 떨다가
가슴에 금이 갔다
그래도 성북동 비둘기는
하느님의 광장 같은 새파란 아침 하늘에
성북동 주민에게 축복의 메시지나 전하듯
ⓑ성북동 하늘을 한 바퀴 휘 돈다

성북동 ⓒ메마른 골짜기에는
조용히 앉아 콩알 하나 찍어 먹을
널찍한 마당은커녕 가는 데마다
채석장 포성이 메아리쳐서
ⓓ피난하듯 지붕에 올라앉아
아침 구공탄 굴뚝 연기에서 향수를 느끼다가
산 1번지 채석장에 도루 가서
ⓔ금방 따낸 돌 온기에 입을 닦는다

예전에는 사람을 성자(聖者)처럼 보고
사람 가까이 / 사람과 같이 사랑하고
사람과 같이 평화를 즐기던
사랑과 평화의 새 비둘기는
이제 산도 잃고 사람도 잃고
사랑과 평화의 사상까지
낳지 못하는 쫓기는 새가 되었다

01. 이 시에 대한 설명으로 적절하지 <u>않은</u> 것은?

① 운율이 겉으로 드러나 있지 않다.
② 상징적 시어를 통해 주제를 전달하고 있다.
③ 자연을 배경으로 고요하고 목가적인 정서를 나타내고 있다.
④ 선명한 감각적 이미지로 구체적이고 생생한 느낌을 주고 있다.
⑤ 비둘기를 통해 문명 비판적인 내용을 우의적으로 형상화하고 있다.

| 서술형 |

02. ㉠과 ㉡에 담긴 함축적 의미를 구별하여 서술하시오.

활동 응용 문제

03. ⓐ~ⓔ에 대한 설명으로 적절하지 <u>않은</u> 것은?

① ⓐ: 청각적인 이미지를 통해 자연을 위협하는 물질문명의 폭력성을 형상화하고 있다.
② ⓑ: 인간을 사랑하고 인간과 공존하려는 비둘기의 모습을 표현하고 있다.
③ ⓒ: 물질문명에 의해 파괴된 자연을 가리킨다.
④ ⓓ: 보금자리를 잃은 비둘기의 처지를 묘사하고 있다.
⑤ ⓔ: 새로운 상황에 적응하려는 비둘기의 모습을 드러내고 있다.

활동 응용 문제

04. 이 시에서 〈보기〉의 밑줄 친 부분을 형상화한 시구로 적절한 것은?

| 보기 |

  이 시는 급격한 산업화·도시화로 자연을 파괴하는 <u>현대 문명의 횡포성</u>과 인간성이 점차 상실되어 가는 현대인의 모습에 대한 비판적 시각을 드러내고 있다.

① 하느님의 광장
② 축복의 메시지
③ 널찍한 마당
④ 채석장 포성
⑤ 구공탄 굴뚝 연기

활동 응용 문제

05. 이 시를 읽고 난 후의 반응으로 적절한 것은?

① 보금자리를 잃고 떠돌아다니는 짐승들을 돌보는 것은 정말 중요한 일이야.
② 산업화·도시화는 인간의 풍요로운 생활을 위해서 거쳐야 할 꼭 필요한 과정이지.
③ 사회 전체의 발전을 위해서는 개인의 조그만 이익을 과감하게 희생하는 정신이 필요해.
④ 무분별한 개발이 불러온 자연 파괴의 심각성을 깨닫고 인간과 자연이 공존할 방안을 고민할 필요가 있어.
⑤ 인간은 불완전한 존재이므로 절대자 앞에서 겸손한 자세로 서 있는 것이 값진 삶을 사는 방법인 것 같아.

단원+단원 [통합과 적용]

> 단원+단원, 이렇게 통합·적용했어요!
>
> **천만리 머나먼 길에/수난이대**
> 현대 사회의 사회·문화적 상황을 나타내는 소재나 배경 찾아보기
>
> +
>
> **성북동 비둘기**
> 사회·문화적 상황을 파악하고, 성찰하기
>
> ↓
>
> 현대 사회의 사회·문화적 상황을 파악하여 문학 작품으로 생산하기

1. 우리가 살고 있는 현대 사회의 사회·문화를 잘 반영할 수 있는 소재나 배경을 찾아봅시다.

드론 | 빅데이터
4차 산업 혁명 | 미세 먼지 문제

예시 답 | 미세 먼지 문제

2. 1의 활동을 바탕으로 우리 사회의 모습과 그에 관한 자신의 생각을 문학 작품으로 표현하고, 친구들 앞에서 발표해 봅시다.

> **조건**
> - 현대 사회의 모습이 잘 드러나도록 내용을 구성합니다.
> - 자신의 생각을 잘 전달할 수 있는 갈래나 매체를 선택해서 표현합니다.
> - 기존 작품을 찾아서 패러디하는 것도 가능합니다.
> - 관련되는 사진이나 영상도 함께 준비하여 보여 줍니다.

예시 답 |
- 내가 고른 우리 사회의 모습: 미세 먼지 문제
- 내 생각을 잘 전달할 수 있는 갈래: 시
- 구성 방법: 패러디

햇살에게
– 정호승
이른 아침에
먼지를 볼 수 있게 해 주셔서 감사합니다
이제는 내가
먼지에 불과하다는 것을 알게 해 주셔서 감사합니다
그래도 먼지가 된 나를
하루 종일
찬란하게 비춰 주셔서 감사합니다

| 패러디

햇살에게
– ○○○
이른 아침에
먼지를 볼 수 있게 해 주셔서 감사합니다
어제의 내가
고작 먼지 정도가 얼마나 우리에게 해를 끼치겠느냐고
자연 환경의 경고를 무시한 나를
하루 종일
찬란하게 비춰 주셔서 감사합니다

대단원을 닫으며

·학습 목표 점검하기·

❶ 천만리 머나먼 길에

사회·문화적 배경을 바탕으로 시조 감상하기

- 작품의 창작 배경을 바탕으로 작품에 나타난 사회·문화적 배경을 파악하며 감상하면 작품을 더욱 깊이 있게 이해할 수 있다.
- 「천만리 머나먼 길에」는 어린 임금을/를 유배지에 호송하고 돌아오는 안타까운 심정을 담은 시조이다.

> **잘 모른다면**
> 교과서 131쪽의 목표 활동을 살펴보면, 창작 배경을 통해 사회·문화적 배경을 파악하고 작품의 의미를 더욱 깊이 있게 이해할 수 있을 거야.

❷ 수난이대

사회·문화적 배경을 바탕으로 소설 감상하기

- 작품의 사회·문화적 배경을 고려하여 감상하면 작가이/가 전달하고자 하는 바와 작품의 현재적 의미를 잘 이해할 수 있다.
- 「수난이대」는 일제 강점기에 징용에 끌려가 한쪽 팔을 잃은 아버지와/과 6.25 전쟁으로 한쪽 다리를 잃은 아들의 상처를 다루며, 민족의 역사적 비극과 그 비극을 딛고 일어서려는 의지적인 삶의 자세를 보여 주는 소설이다.

> **잘 모른다면**
> 교과서 154~155쪽의 목표 활동을 살펴보면, 사회·문화적 배경을 바탕으로 작품의 주제와 현재적 의미를 파악할 수 있을 거야.

❸ 성북동 비둘기

사회·문화적 배경을 바탕으로 현대시 감상하기

- 사회·문화적 배경을 고려하여 작품을 감상하고, 이를 바탕으로 현재의 사회와 문화에 비추어 봄으로써 자신과 우리 사회를 성찰할 수 있다.
- 「성북동 비둘기」는 근대화 과정에서 파괴된 자연에 관한 안타까움과 향수를 주제로 한 현대시다. 자연 파괴의 실상을 묘사하고 있다.

> **잘 모른다면**
> 교과서 161쪽의 목표 활동을 통해 사회·문화적 배경을 고려하여 작품을 감상하고 현재적 맥락에서 우리 사회와 문화를 비추어 보면, 자신과 우리 사회를 성찰하는 방법을 알 수 있을 거야.

·어휘력 점검하기·

다음 문장의 빈칸에 어울리는 말을 골라 바르게 연결해 보자.

(1) 내 친구는 학교에서 ☐☐ 웃고 다닌다.　　　　　　· · ㉠ 노상

(2) 차가운 유리창이 얼음처럼 ☐☐ 볼에 닿았다.　　　· · ㉡ 부스스

(3) 나무 아래서 잠들었던 아이가 눈을 뜨고 ☐☐
　　☐ 일어났다.　　　　　　　　　　　　　　　　· · ㉢ 모질게

(4) 나는 마음을 ☐☐☐ 먹었다.　　　　　　　　　· · ㉣ 선뜩

> - **노상**: 언제나 변함없이 한 모양으로 줄곧.
> - **모질다**: 마음씨가 몹시 매섭고 독하다. 기세가 몹시 매섭고 사납다.
> - **부스스**: 누웠다가 앉았다가 느리게 슬그머니 일어나는 모양.
> - **선뜩**: 갑자기 서늘한 느낌이 드는 모양.

정답: (1) ㉠ (2) ㉣ (3) ㉡ (4) ㉢

[01~04] 다음 시조를 읽고, 물음에 답하시오.

㉠천만리 머나먼 길에 고운 님 ㉡여의옵고
㉢내 마음 둘 데 없어 냇가에 앉았으니
저 ㉣물도 내 안 같아서 울어 밤길 ㉤예놋다

---

01. 이 시조에 대한 설명으로 적절하지 <u>않은</u> 것은?

① 화자가 시 표면에 드러나 있다.
② 임과 이별한 슬픔이 드러나 있다.
③ 신하로서의 다짐을 노래하고 있다.
④ 역사적 상황을 배경으로 하고 있다.
⑤ 3장 6구의 일정한 율격으로 이루어져 있다.

02. ㉠~㉤에 대한 이해로 적절하지 <u>않은</u> 것은?

① ㉠: 화자의 심리적 거리감을 나타낸다.
② ㉡: 화자가 처한 상황을 알려 준다.
③ ㉢: 대상에 대한 애통함과 안타까움이 크기 때문이다.
④ ㉣: 화자의 감정이 이입된 자연물이다.
⑤ ㉤: 갈래의 특성상 글자 수를 고정해야 하는 부분이다.

| 서술형 |

03. 〈보기〉를 참고하여 '고운 님'(ⓐ)과 '내'(ⓑ)에 대해 〈조건〉에 맞게 한 문장으로 서술하시오.

┤ 보기 ├

　조선 초기, 임금인 문종이 죽은 후, 그 아들인 단종이 어린 나이로 왕위에 오른다. 이후 단종의 숙부로, 왕위 계승권이 없던 수양 대군은 힘으로 단종을 몰아내고 왕위에 오른다. 왕이 된 수양 대군(세조)은 단종을 복위시키려는 움직임이 일자 단종을 영월로 유배 보내는데, 이때 단종을 유배지로 호송하는 임무를 맡았던 왕방연의 안타까운 마음을 담은 시조 「천만리 머나먼 길에」가 전해지고 있다.

┤ 조건 ├

• ⓐ와 ⓑ가 누구인지 제시할 것.
• 이 시조에 담긴 ⓑ의 정서를 서술할 것.

| 고난도 |

04. 〈보기 1〉를 참고할 때, 이 시조와 〈보기 2〉의 공통점으로 볼 수 <u>없는</u> 것은?

┤ 보기 1 ├

　〈보기 2〉의 시조는 생육신 중 한 사람인 원호가 지은 시조로, 영월로 유배 간 단종을 모시지 못하는 자신의 처지를 개탄하면서 이 시조를 지은 것으로 알려져 있다.

*생육신: 조선 세조가 단종으로부터 왕위를 탈취하자 세상에 뜻이 없어 벼슬을 버리고 절개를 지킨 사람.

┤ 보기 2 ├

간 밤의 우던 여흘 슬피 우러 지내여다
이제야 생각하니 님이 우러 보내도다
져 물이 거스리 흐르고져 나도 우러 녜리라
　　　　　　　　　　　　　　　　　－ 원호

① 작가가 시조를 짓게 된 창작 배경이 같다.
② 유교적 이념인 충의 정서를 드러내고 있다.
③ 전통적인 이별의 한을 직설적으로 표현하고 있다.
④ 자연물에 화자의 감정을 이입하는 기법을 활용하고 있다.
⑤ 정해진 형식에 맞추어 글자 수를 일정하게 배열하고 있다.

[05~09] 다음 글을 읽고, 물음에 답하시오.

가 도로변에 먼지를 부옇게 덮어쓰고 도사리고 앉아 있는 초가집은 주막이었다. 만도가 읍에 나올 때마다 꼭 한 번씩 들르곤 하는 단골집인 것이다. 이 집 눈썹이 짙은 여편네와는 예사로 농을 주고받는 사이다.

　술방 문턱을 넘어서며 만도가,
　ⓐ"서방님 들어가신다."
하면 여편네는,
　"아이 ㉠문둥아, 어서 오느라."
하는 것이 인사처럼 되어 있었다. 만도는 여간 언짢은 일이 있어도 이 여편네의 궁둥이 곁에 가서 앉으면 속이 절로 쑥 내려가는 것이었다.

나 "아부지!"

부르는 소리가 들렸다. 만도는 깜짝 놀라며, 얼른 뒤를 돌아보았다. 그 순간 만도의 두 눈은 무섭도록 크게 떠지고, 입은 딱 벌어졌다. 틀림없는 아들이었으나, 옛날과 같은 진수는 아니었다. 양쪽 겨드랑이에 지팡이를 끼고 서 있는데, 스쳐 가는 바람결에 한쪽 바짓가랑이가 펄럭거리는 것이 아닌가. 만도는 눈앞이 노래지는 것을 어쩌지 못했다. 한참 동안 그저 멍멍하기만 하다가 코허리가 찡해지면서 두 눈에 뜨거운 것이 핑 도는 것이었다.

"에라이, 이놈아!"

만도의 입술에서 모지게 튀어나온 첫마디였다. 떨리는 목소리였다. 고등어를 든 손이 불끈 주먹을 쥐고 있었다.

"이기 무슨 꼴이고, 이기." / "아부지!"

"이놈아, 이놈아……"

만도의 들창코가 크게 벌름거리다가 훌쩍 물코를 들이마셨다. 진수의 두 눈에서는 어느 결에 눈물이 꾀죄죄하게 흘러내리고 있었다.

다 앞서 간 만도는 주막집 앞에 이르자, 비로소 한 번 뒤를 돌아보았다. 진수는 오다가 나무 밑에 서서 오줌을 누고 있었다. 지팡이는 땅바닥에 던져 놓고, 한쪽 손으로는 볼일을 보고, 한쪽 손으로는 나무둥치를 안고 있는 꼬락서니가 을씨년스럽기 이를 데 없다. 만도는 눈살을 찌푸리며, 으음! 하고 신음 소리 비슷한 무거운 소리를 토했다. 그리고 ⓑ술방 앞으로 가서 방문을 왈칵 잡아당겼다.

기역 자 판 안에 도사리고 앉아서 속옷을 뒤집어 이를 잡고 있던 여편네가 킥! 하고 웃으며 후닥닥 옷섶을 여몄다. 그러나 만도는 웃지를 않았다. ⓒ방문턱을 넘어서면서도 서방님 들어가신다는 소리를 지르지 않았다. 아마 이처럼 뚝뚝한 얼굴을 하고 이 술방에 들어서기란 아마 처음일 것이다. 여편네가 멋도 모르고,

"오늘은 서방님 아닌가 배."

하고 킬킬 웃었으나, 만도는 "으음!" 또 무거운 신음 소리를 했을 뿐이었다. 기역 자 판 앞에 가서 쭈그리고 앉기가 바쁘게,

[A]
ⓓ"빨리빨리." / 재촉이었다.

"핫다나, 어지간히도 바쁜가 배."

"빨리 곱빼기로 한 사발 달라니까구마."

"오늘은 와 이카노?"

여편네가 주는 술 사발을 받아 들며, ⓔ만도는 후유 한숨을 크게 내쉬었다. 그리고 입을 얼른 사발로 가져갔다. 꿀꿀꿀 잘도 넘어간다. 그 큰 사발을 단숨에 비워 버리고는 도로 여편네 앞으로 불쑥 내민다.

---

05. 이 글에 대한 설명으로 적절하지 <u>않은</u> 것은?

① 인물의 심리가 잘 드러나 있다.

② 사회·문화적 배경이 글의 전개에 영향을 주고 있다.

③ 토속적인 언어를 사용하여 생동감과 현장감을 살리고 있다.

④ 실존 인물의 행적을 바탕으로 역사적 사실을 기록하고 있다.

⑤ 서술자가 인물과 사건에 대해 모든 것을 알고 있는 듯이 서술하고 있다.

06. (가)에서 알 수 있는 '주막'의 기능으로 적절한 것은?

① 만도가 과거를 회상하게 되는 곳이다.

② 만도와 진수의 갈등을 심화시키는 곳이다.

③ 만도가 모르고 있던 소식을 알려 주는 곳이다.

④ 만도의 마음이 편해지고 걱정을 사라지게 하는 곳이다.

⑤ 진수가 희망을 가질 수 있도록 용기를 북돋아 주는 곳이다.

07. 문맥상 ㉠에 대한 독자의 이해로 적절한 것은?

① 만도의 불길한 앞날을 암시하는군.

② 만도에 대한 친근한 태도를 나타내 주는군.

③ 주막 여자의 사나운 성미를 드러내 주는군.

④ 만도에 대한 적의를 우회적으로 드러내는군.

⑤ 만도와 주막 여자 사이에 갈등을 유발하겠군.

08. ⓐ~ⓔ 중 행동에 나타난 '만도'의 심리가 나머지와 <u>다른</u> 것은?

① ⓐ   ② ⓑ   ③ ⓒ

④ ⓓ   ⑤ ⓔ

| 서술형 |

09. [A]에서 '만도'가 재촉하며 술을 마시는 이유가 무엇인지 서술하시오.

[10~13] 다음 글을 읽고, 물음에 답하시오.

가 바로 이 정거장 마당에 백 명 남짓한 사람들이 모여 웅성거리고 있었다. 그중에는 만도도 섞여 있었다. 기차를 기다리고 있는 것이었으나, 그들은 모두 자기네들이 어디로 가는 것인지 알지를 못했다. 그저 차를 타라면 탈 사람들이었다. 징용에 끌려 나가는 사람들이었다. 그러니까, 지금으로부터 십이삼 년 옛날의 이야기인 것이다.

북해도 탄광으로 갈 것이라는 사람도 있었고, 틀림없이 남양 군도로 간다는 사람도 있었다. 더러는 만주로 가면 좋겠다고 하기도 했다.

나 ⊙"니 우짜다가 그래 댔노?"
"전쟁하다가 이래 안 댔십니꺼, 수류탄 쪼가리에 맞았심더." [중략]
"아부지!" / "와?"
"이래 가지고 우째 살까 싶습니더."
"우째 살긴 뭘 우째 살아. 목숨만 붙어 있으면 다 사능 기다. 그런 소리 하지 마라." / "……."
"나 봐라. 팔뚝이 하나 없어도 잘만 안 사나. 남 봄에 좀 덜 좋아서 그렇지. 살기사 왜 못 살아."
"차라리 아부지같이 팔이 하나 없는 편이 낫겠어예. 다리가 없어 노니, 첫째 걸어 댕기기에 불편해서 똑 죽겠심더."
"야야, 안 그렇다. 걸어 댕기기만 하면 뭐 하노. 손을 지대로 놀려야 일이 뜻대로 되지." / "그럴까예?"
"그렇다니. 그러니까 집에 앉아서 할 일은 니가 하고, 나 댕기메 할 일은 내가 하고, 그라면 안 대겠나, 그제?"
"예."

다 진수는 무척 황송한 듯 한쪽 눈을 찔 감으면서 고등어와 지팡이를 든 두 팔로 아버지의 굵은 목줄기를 부둥켜안았다. 만도는 아랫배에 힘을 주며 끙! 하고 일어났다. 아랫도리가 약간 후들거렸으나 걸어갈 만은 했다. 외나무다리 위로 조심조심 발을 내디디며 만도는 속으로,
'이제 새파랗게 젊은 놈이 벌써 이게 무슨 꼴고. 세상을 잘못 타고나서 진수 니 신세도 참 똥이다, 똥.'
이런 소리를 주워섬겼고, 아버지의 등에 업힌 진수는 곧장 미안스러운 얼굴을 하며
'나꺼정 이렇게 되다니, 아부지도 참 복도 더럽게 없지. 차라리 내가 죽어 버렸더라면 나았을 낀데……'
하고 중얼거렸다.
만도는 아직 술기가 약간 있었으나, 용케 몸을 가누며 아들을 업고 외나무다리를 조심조심 건너가는 것이었다.

10. 작가가 이 글을 창작한 의도로 가장 적절한 것은?
① 전쟁의 폭력성을 전달하여 반전 의지를 고취하기 위해서이다.
② 전쟁의 상처를 회복시켜 주는 고향의 따뜻함을 그리기 위해서이다.
③ 현실의 변화에 유연하게 대처하는 인간상을 그리기 위해서이다.
④ 우리 민족의 역사적 시련과 그 극복 의지를 보여 주기 위해서이다.
⑤ 부자가 갈등하고 화해하는 과정을 통해 가족애를 부각하기 위해서이다.

11. 이 글을 감상한 독자의 반응으로 적절하지 않은 것은?
① 진수가 앞으로의 삶을 걱정하는 모습에서 소심한 성격임을 알 수 있군.
② 만도는 낙천적이고 긍정적인 삶의 태도로 진수를 위로하는군.
③ 만도와 진수의 수난은 개인의 잘못된 선택으로 인한 것이로군.
④ 이 글의 제목인 '수난이대'는 우리 민족의 수난사를 상징하는군.
⑤ 이 글의 제목인 '수난이대'의 '이대'는 만도와 진수 부자를 가리키겠군.

| 고난도 |

12. ⊙과 관련된 사회·문화적 배경으로 적절한 것은?
① 8.15 광복　　② 6.25 전쟁
③ 일제의 징용　　④ 태평양 전쟁
⑤ 제2차 세계 대전

13. 〈보기〉에 해당하는 대상을 이 글에서 찾아 쓰시오.

| 보기 |
• 만도와 진수에게 닥칠 시련과 고난, 즉 우리 민족의 수난을 상징함.
• 만도와 진수가 서로 협력하여 시련을 극복하는 계기를 제공함.

[14~17] 다음 시를 읽고, 물음에 답하시오.

성북동 산에 번지가 새로 생기면서
본래 살던 성북동 비둘기만이 번지가 없어졌다
새벽부터 돌 깨는 산울림에 떨다가
가슴에 금이 갔다
그래도 성북동 비둘기는
하느님의 광장 같은 새파란 아침 하늘에
성북동 주민에게 축복의 메시지나 전하듯
성북동 하늘을 한 바퀴 휘 돈다

성북동 메마른 골짜기에는
조용히 앉아 콩알 하나 찍어 먹을
널찍한 마당은커녕 가는 데마다
채석장 포성이 메아리쳐서
피난하듯 지붕에 올라앉아
아침 구공탄 굴뚝 연기에서 향수를 느끼다가
㉠산 1번지 채석장에 도루 가서
금방 따낸 돌 온기에 입을 닦는다

예전에는 사람을 성자(聖者)처럼 보고
사람 가까이
사람과 같이 사랑하고
사람과 같이 평화를 즐기던
사랑과 평화의 새 비둘기는
이제 산도 잃고 사람도 잃고
사랑과 평화의 사상까지
낳지 못하는 쫓기는 새가 되었다

| 고난도 |

 14. 이 시를 감상한 독자의 반응으로 적절하지 <u>않은</u> 것은?

① 청각, 시각, 미각 등의 다양한 감각적 이미지를 활용하고 있군.
② 1연과 2연은 묘사 중심으로, 3연은 서술 중심으로 표현하고 있군.
③ 시에 작가의 현대 문명에 대한 비판적 시각이 드러나 있는 것 같아.
④ 시인은 비둘기를 의인화하여 상징적이고 우의적으로 주제를 표현하고 있군.
⑤ 시인은 1960년대에 급격히 진행된 산업화 · 도시화가 만들어 낸 어두운 면을 이야기했다고 볼 수 있겠군.

 15. 이 시를 〈보기〉의 다음과 같이 해석하였을 때, 이와 같은 해석에 가장 밀접하게 관여한 것은?

┤ 보기 ├

　1960년대 이후 진행된 산업화 · 도시화는 우리 주변의 자연들을 함부로 파괴하고 훼손하였어. 이런 측면에서 이해한다면 이 시의 '비둘기'는 개발만을 앞세우는 인간들에 의해 파괴되고 훼손되어 가는 '자연'을 상징한다고 볼 수 있어.

① 시의 짜임새
② 독자의 사상
③ 시에 나타난 운율
④ 시를 감상한 독자의 의견
⑤ 시가 창작된 사회 · 문화적 배경

 16. 〈보기〉의 설명에 해당하는 시구를 이 시에서 모두 찾아 쓰시오.

┤ 보기 ├

• 비둘기의 삶을 변하게 한 원인으로 작용함.
• 현대 문명의 횡포성을 청각적 이미지로 드러냄.

17. ㉠과 같은 행동에 담긴 의미로 가장 적절한 것은?

① 새로운 보금자리에 적응하려는 노력
② 손상되기 이전의 자연에 대한 그리움
③ 상처받은 사람들을 향한 위로와 격려
④ 외롭고 소외된 사람들의 새로운 다짐
⑤ 개발로 향상될 새로운 생활에 대한 기대감

[18~20] 다음 글을 읽고, 물음에 답하시오.

㉮ 천만리 머나먼 길에 고운 님 여의옵고
　내 마음 둘 데 없어 냇가에 앉았으니
　㉠저 물도 내 안 같아서 울어 밤길 예놋다　　－왕방연

㉯ 성북동 산에 번지가 새로 생기면서
　본래 살던 성북동 비둘기만이 번지가 없어졌다
　새벽부터 돌 깨는 산울림에 떨다가
　가슴에 금이 갔다

그래도 성북동 비둘기는
하느님의 광장 같은 새파란 아침 하늘에
성북동 주민에게 축복의 메시지나 전하듯
성북동 하늘을 한 바퀴 휘 돈다

성북동 메마른 골짜기에는
조용히 앉아 콩알 하나 찍어 먹을
널찍한 마당은커녕 가는 데마다
채석장 포성이 메아리쳐서
피난하듯 지붕에 올라앉아
아침 구공탄 굴뚝 연기에서 향수를 느끼다가
산 1번지 채석장에 도루 가서
금방 따낸 돌 온기에 입을 닦는다

예전에는 사람을 성자(聖者)처럼 보고
사람 가까이 / 사람과 같이 사랑하고
사람과 같이 평화를 즐기던
사랑과 평화의 새 비둘기는
이제 산도 잃고 사람도 잃고
사랑과 평화의 사상까지
낳지 못하는 쫓기는 새가 되었다   – 김광섭, 「성북동 비둘기」

🔲 진수는 지팡이와 고등어를 각각 한 손에 쥐고, 아버지의 등어리로 가서 슬그머니 업혔다. 만도는 팔뚝을 뒤로 돌려서 아들의 하나뿐인 다리를 꼭 안았다. 그리고
"팔로 내 목을 감아야 될 끼다."
했다. 진수는 무척 황송한 듯 한쪽 눈을 찍 감으면서 고등어와 지팡이를 든 두 팔로 아버지의 굵은 목줄기를 부둥켜안았다. 만도는 아랫배에 힘을 주며 끙! 하고 일어났다. 아랫도리가 약간 후들거렸으나 걸어갈 만은 했다. 외나무다리 위로 조심조심 발을 내디디며 만도는 속으로,
'이제 새파랗게 젊은 놈이 벌써 이게 무슨 꼴이고. 세상을 잘못 타고나서 진수 니 신세도 참 똥이다, 똥.'
이런 소리를 주워섬겼고, 아버지의 등에 업힌 진수는 곧장 미안스러운 얼굴을 하며
'나꺼정 이렇게 되다니, 아부지도 참 복도 더럽게 없지. 차라리 내가 죽어 버렸더라면 나았을 낀데……'
하고 중얼거렸다.
만도는 아직 술기가 약간 있었으나, 용케 몸을 가누며 아들을 업고 외나무다리를 조심조심 건너가는 것이었다. 눈앞에 우뚝 솟은 용머리재가 이 광경을 가만히 내려다보고 있었다.
– 하근찬, 「수난이대」

18. (가)~(다)를 감상하는 공통된 방법으로 가장 적절한 것은?
① 비평가의 글을 읽고 그 관점에 따라 감상한다.
② 작품이 창작된 사회·문화적 배경을 고려하여 감상한다.
③ 작가의 창작 의도는 배제하고 독자의 관점에 따라 감상한다.
④ 사회·문화적 상황과 관계없이 작품의 내용과 표현법만을 분석하여 감상한다.
⑤ 작품이 창작된 시대보다는 현재의 사회·문화적 상황을 고려하여 감상한다.

19. (가)~(다)에 대한 설명으로 적절하지 않은 것은?
① (가): 화자가 느끼는 슬픔의 크기를 수량화하여 표현하고 있다.
② (나): 비둘기의 과거와 현재를 대조하여 주제 의식을 드러내고 있다.
③ (나): 선명한 감각 이미지를 통해 구체적이고 생생한 느낌을 주고 있다.
④ (다): 삶의 역경을 극복하려는 인물의 삶의 의지가 나타나 있다.
⑤ (다): 두 인물에게서 멀어져 있던 시선이 가까워지는 변화가 나타나 있다.

| 고난도 |
20. 다음 중 ㉠과 같은 표현 방법이 사용된 것은?
① 봄바람 하늘하늘 넘노는 길에/ 연분홍 살구꽃이 눈을 틉니다   – 김억, 「연분홍 송이송이」
② 보드레한 에메랄드 얇게 흐르는/ 실비단 하늘을 바라보고 싶다   – 김영랑, 「돌담에 속삭이는 햇발」
③ 딴은, 밤을 새워 우는 벌레는 / 부끄러운 이름을 슬퍼하는 까닭입니다.   – 윤동주, 「별 헤는 밤」
④ 얼굴 하나야 / 손바닥 둘로 / 폭 가리지만 // 보고픈 마음 / 호수만하니 / 눈 감을밖에   – 정지용, 「호수」
⑤ 엄마야 누나야 강변 살자 / 뜰에는 반짝이는 금모래 빛 / 뒷문 밖에는 갈잎의 노래 / 엄마야 누나야 강변 살자   – 김소월, 「엄마야 누나야」

창의력 향상을 위한
논술형 평가 대비하기

[01~04] 다음 시조를 읽고, 물음에 답하시오.

○천만리 머나먼 길에 ⓒ고운 님 여의옵고
내 마음 둘 데 없어 냇가에 앉았으니
저 물도 내 안 같아서 울어 밤길 예놋다

---

01. 〈보기〉의 내용을 참고하여, 이 시조의 화자가 처한 상황을 서술하시오.

┤ 보기 ├

　조선 초기, 임금인 문종이 죽은 후, 그 아들인 단종이 어린 나이로 왕위에 오른다. 이후 단종의 숙부로, 왕위 계승권이 없던 수양 대군은 힘으로 단종을 몰아내고 왕위에 오른다. 왕이 된 수양 대군(세조)은 단종을 복위시키려는 움직임이 일자 단종을 영월로 유배 보내는데, 이때 단종을 유배지로 호송하는 임무를 맡았던 왕방연의 안타까운 마음을 담은 시조 「천만리 머나먼 길에」가 전해지고 있다.

02. ○에 담긴 의미와 기능을 〈조건〉을 고려하여 서술하시오.

┤ 조건 ├
• 이 시조에 나타나 있는 화자의 정서가 드러나도록 서술할 것.

03. ⓒ이 이 시조에 드러난 화자의 마음을 알았다면 어떤 마음이었을지 〈조건〉을 고려하여 서술하시오.

┤ 조건 ├
• 이 시조에 나타나 있는 내용을 바탕으로 근거를 들어 서술할 것.

04. 이 시조의 종장과 〈보기〉의 종장에 공통적으로 쓰인 표현 방법과 그 표현 효과에 대해 서술하시오.

┤ 보기 ├

방 안에 켰는 촛불 누구와 이별하였기에
겉으로 눈물 지고 속 타는 줄 모르는가
저 촛불 나와 같아서 속 타는 줄 모르는구나
　　　　　　　　　　　　　　　　　　　－ 이개

*이개: 사육신의 한 사람으로, 단종 복위를 꾀하다 실패하여 처형당했다.

01. 〈보기〉를 읽고 '고등어'에 담긴 의미와 역할을 〈조건〉을 고려하여 서술하시오.

┤ 보기 ├

신작로에 나서면 금시 읍이었다. 만도는 읍 들머리에서 잠시 망설이다가, 정거장 쪽과는 반대되는 방향으로 길을 놓았다. 장거리를 찾아가는 것이었다. 진수가 돌아오는데 고등어나 한 손 사가지고 가야 될 거 아닌가 싶어서였다. 장날은 아니었으나, 고깃전에는 없는 고기가 없었다. 이것을 살까 하면 저것이 좋아 보이고, 그것을 사러 가면 또 그 옆의 것이 먹음직해 보였다. 한참 이리저리 서성거리다가 결국은 고등어 한 손이었다. 그것을 달랑달랑 들고 정거장을 향해 가는데, 겨드랑 밑이 간질간질해 왔다. 그러나 한쪽밖에 없는 손에 고등어를 들었으니 참 딱했다. 어깻죽지를 연방 위아래로 움직거리는 수밖에 없었다.

┤ 조건 ├

• 아들과 관련하여 '고등어'에 담긴 의미를 서술할 것.
• '고등어'를 든 만도의 모습과 관련하여 역할을 서술할 것.

[02~03] 다음 글을 읽고, 물음에 서술하시오.

⑦ 섬에다가 비행장을 닦는 것이었다. 모기에게 물려 혹이 된 자리를 벅벅 긁으며, 비 오듯 쏟아지는 땀을 무릅쓰고, 아침부터 해가 떨어질 때까지 산을 허물어 내고, 흙을 나르고 하기란, 고향에서 농사일에 뼈가 굳어진 몸에도 이만저만한 고역이 아니었다. 물도 입에 맞지 않았고, 음식도 이내 변하곤 해서 도저히 견디어 낼 것 같지가 않았다. 게다가 병까지 돌았다. 일을 하다가도 벌떡 자빠지기가 예사였다. 그러나 만도는 아침저녁으로 약간씩 설사를 했을 뿐 넘어지는 않았다. 물도 차츰 입에 맞아 갔고, 고된 일도 날이 감에 따라 몸에 배어드는 것이었다. 밤에 날개를 치며 몰려드는 모기떼만 아니면 그냥저냥 배겨 내겠는데, 정말 그놈의 모기들만은 질색이었다.

⑭ 진수는 무척 황송한 듯 한쪽 눈을 찡 감으면서 고등어와 지팡이를 든 두 팔로 아버지의 굵은 목줄기를 부둥켜안았다. 만도는 아랫배에 힘을 주며 끙! 하고 일어났다. 아랫도리가 약간 후들거렸으나 걸어갈 만은 했다. 외나무다리 위로 조심조심 발을 내디디며 만도는 속으로,

'이제 새파랗게 젊은 놈이 벌써 이게 무슨 꼴이고. 세상을 잘못 타고나서 진수 니 신세도 참 똥이다, 똥.'

이런 소리를 주워섬겼고, 아버지의 등에 업힌 진수는 곧장 미안스러운 얼굴을 하며

'나꺼정 이렇게 되다니, 아부지도 참 복도 더럽게 없지. 차라리 내가 죽어 버렸더라면 나았을 낀데……'

하고 중얼거렸다.

만도는 아직 술기가 약간 있었으나, 용케 몸을 가누며 아들을 업고 외나무다리를 조심조심 건너가는 것이었다. 눈앞에 우뚝 솟은 용머리재가 이 광경을 가만히 내려다보고 있었다.

02. 〈보기〉를 참고하여 '수난이대'라는 제목에 담긴 의미를 서술하시오.

┤ 보기 ├

우리의 근현대사는 고난의 연속이었다. 일제 강점기에는 많은 한국인이 비행장, 항만, 터널, 군수 공장, 탄광 등을 건설하는 곳으로 끌려갔다. 광복을 맞은 이후에는 남과 북으로 분단이 되었고, 이어 6.25 전쟁이 일어났다. 그러자 어린 학생들을 포함한 많은 청년들이 군대에 편입되어 직접 전투에 참가하거나 후방에서 전투를 지원하는 업무를 담당하였다.

03. (나)의 결말로 볼 때, 작가가 이 글을 통해 말하고자 하는 바가 무엇인지 〈조건〉에 맞게 서술하시오.

┤ 조건 ├

• '민족'이라는 단어를 넣어 서술할 것.
• '~을 통하여 ~을 보여 주고, ~을 부각하고자 하였다.'의 문장 형태로 서술할 것.

[01~04] 다음 시를 읽고, 물음에 답하시오.

성북동 산에 번지가 새로 생기면서
본래 살던 성북동 비둘기만이 번지가 없어졌다
새벽부터 돌 깨는 산울림에 떨다가
가슴에 금이 갔다
그래도 성북동 비둘기는
하느님의 광장 같은 새파란 아침 하늘에
성북동 주민에게 축복의 메시지나 전하듯
성북동 하늘을 한 바퀴 휘 돈다

성북동 메마른 골짜기에는
조용히 앉아 콩알 하나 찍어 먹을
널찍한 마당은커녕 가는 데마다
채석장 포성이 메아리쳐서
피난하듯 지붕에 올라앉아
아침 구공탄 굴뚝 연기에서 향수를 느끼다가
산 1번지 채석장에 도루 가서
금방 따낸 돌 온기에 입을 닦는다

예전에는 사람을 성자(聖者)처럼 보고
사람 가까이
사람과 같이 사랑하고
사람과 같이 평화를 즐기던
사랑과 평화의 새 비둘기는
이제 산도 잃고 사람도 잃고
사랑과 평화의 사상까지
낳지 못하는 쫓기는 새가 되었다

01. 이 시의 1연에 나타난 성북동의 변화에 따른 비둘기의 변화를 〈조건〉에 맞게 서술하시오.

┤ 조건 ├
• 1행과 2행에 나타난 '번지'의 변화를 중심으로 서술할 것.
• 1행과 2행에 나타난 '번지'의 의미를 밝힐 것.

02. 이 시에서 청각적 이미지를 활용하여 묘사하고 있는 시구를 모두 찾아 쓰고, 이러한 표현이 주는 효과를 서술하시오.

03. 〈보기 1〉은 이 시가 쓰일 당시의 신문 기사이다. 〈보기 1〉에서 파악한 사회 · 문화적 상황을 참고하여 이 시를 〈보기 2〉와 같이 해석할 때, 이어질 내용을 서술하여 문장을 완성하시오.

┤ 보기 1 ├
최근 북한산 주변의 해공 신익희 선생 묘소 근처의 경우 인근 공사 업체에서 주위의 자연 암석을 마구 캐내고 우물을 판다고 계곡을 파헤치는 등 자연 풍치를 훼손하는 사태가 공공연히 벌어져 철저한 대책이 시급히 요망되고 있다. 당국의 사용 허가도 받지 않은 이 공사로 말미암아 계곡의 하류엔 흙탕물과 오물들이 맑은 계곡을 더럽히고 있다.

┤ 보기 2 ├
성북동이 개발되면서 비둘기가 쫓겨나게 되고, 사랑과 평화의 새 비둘기가 산도 잃고 사랑도 잃었다고 하는 것으로 볼 때, 시인은 이 시에서 ___
을/를 말하고자 했을 것이다.

04. '성북동 비둘기'의 상징적 의미를 〈보기〉와 같이 보았을 때, 이를 바탕으로 현재의 모습과 비교해 보고 현재 우리 사회의 문제를 성찰해 서술하시오.

┤ 보기 ├
1960년대 들어 도시화 · 산업화의 일환으로 어려운 이웃들의 보금자리인 산동네를 철거하는 일이 자주 벌어졌는데, 이런 시각에서 이해한다면 '비둘기'는 삶의 터전을 잃고 어딘가로 떠밀려 가야 하는 철거민들, 즉 소외 계층을 대변한다고 볼 수 있다.

사회·문화적 배경을 파악하며 읽기

'지구'를 생각하면 어떤 이미지가 떠오를까? 녹색의 푸른 별? 아니면 무절제한 개발과 환경오염으로 위기에 처한 별? 지구는 우리가 살고 있는 아름다운 터전이지만 미래가 걱정 없는 안전한 공간이라기보다는 환경오염과 온난화로 위기에 처해 있다는 인식이 높아지고 있는 게 사실이다. 「지구」에는 오늘날 지구가 처한 이러한 상황에 대한 시인의 인식이 잘 드러나 있다. 이 시를 감상하면서 시에 어떤 사회·문화적 상황이 반영되어 있는지, 이러한 것들이 시의 주제와 어떻게 관련되는지 읽어 보자.

「운수 좋은 날」은 일제 강점기의 서울을 배경으로 한 인력거꾼이 하루 동안에 겪는 일을 그린 현진건의 단편 소설이다. 이 소설이 지어진 1920년대는 도시나 농촌의 가난을 사실적으로 묘사한 작품이 많이 창작되었는데, 이 작품도 그런 경향을 띤 작품에 해당한다. 이 소설에서는 당대 조선인의 궁핍한 삶의 모습을 김 첨지라는 인력거꾼을 통해서 독자에게 전달하고 있다. 이 작품에 등장하는 인물의 말과 행동, 사건과 배경 등을 통해 작품에 담긴 사회·문화적 상황을 파악하고, 이를 바탕으로 작품의 의미를 이해하도록 해 보자.

지구 / 박용하

달 호텔에서 지구를 보면 우편엽서 한 장 같다. 나뭇잎 한 장 같다. 혹 불면 날아가 버릴 것 같은. 연약하기 짝이 없는 저 별이 아직은 은하계의 오아시스인 모양이다. 우주의 샘물인 모양이다. 지구 여관에 깃들어 잠을 청하는 사람들이 만원이다. 방이 없어 떠나는 새·나무·파도·두꺼비·호랑이·표범·돌고래·청개구리·콩새·사탕단풍나무·바람꽃·무지개·우렁이·가재·반딧불이…… 많기도 많다. 달 호텔 테라스에서 턱을 괴고 쳐다본 지구는 쓸 수 있는 말만 적을 수 있는 엽서 한 잎 같다.

운수 좋은 날 / 현진건

새침하게 흐린 품이 눈이 올 듯하더니, 눈은 아니 오고 얼다가 만 비가 추적추적 내리었다.

이날이야말로 동소문 안에서 인력거꾼 노릇을 하는 김 첨지에게는 오래간만에도 닥친 운수 좋은 날이었다. 문 안에(거기도 문밖은 아니지만) 들어간답시는 앞집 마나님을 전찻길까지 모셔다 드린 것을 비롯하여 행여나 손님이 있을까 하고 정류장에서 어정어정하며, 내리는 사람 하나하나에게 거의 비는 듯한 눈길을 보내고 있다가, 마침내 교원인 듯한 양복쟁이를 동광 학교(東光學敎)까지 태워다 주기로 되었다.

첫째 번에 삼십 전, 둘째 번에 오십 전 — 아침 댓바람에 그리 흉하지 않은 일이었다. 그야말로 재수가 옴 붙어서, 근 열흘 동안 돈 구경도 못 한 김 첨지는 십 전짜리 백통화 서 푼 또는 다섯 푼이 찰깍하고 손바닥에 떨어질 제 거의 눈물을 흘릴 만큼 기뻤었다. 더구나 이날 이때에 이 팔십 전이라는 돈이 그에게 얼마나 유용한지 몰랐다. 컬컬한 목에 모주 한 잔도 적실 수 있거니와, 그보다도 앓는 아내에게 설렁탕 한 그릇도 사다 줄 수 있음이다.

그의 아내가 기침으로 쿨룩거리기는 벌써 달포가 넘었다. 조밥도 굶기를 먹다시피 하는 형편이니 물론 약 한 첩 써 본 일이 없다. 구태여 쓰려면 못 쓸 바도 아니로되, 그는 병이란 놈에게 약을 주어 보내면 재미를 붙여서 자

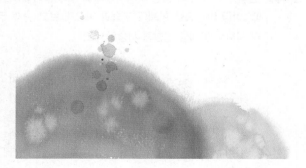

꾸 온다는 자기의 신조(信條)에 어디까지 충실하였다. 따라서 의사에게 보인 적이 없으니 무슨 병인지는 알 수 없으나, 반듯이 누워 가지고 일어나기는새로에 모로도 못 눕는 걸 보면 중증은 중증인 듯, 병이 이대도록 심해지기는 열흘 전에 조밥을 먹고 체한 때문이다. [중략]

이 환자가 그러고도 먹는 데는 물리지 않았다. 사흘 전부터 설렁탕 국물이 마시고 싶다고 남편을 졸랐다.

"이런, 조밥도 못 먹는 년이 설렁탕은……. 또, 처먹고 지랄을 하게."

라고 야단을 쳐 보았건만, 못 사 주는 마음이 시원치는 않았다.

인제 설렁탕을 사 줄 수도 있다. 앓는 어미 곁에서 배고파 보채는 개똥이(세 살먹이)에게 죽을 사 줄 수도 있다. ― 팔십 전을 손에 쥔 김 첨지의 마음은 푼푼하였다.

그러나 그의 행운은 그걸로 그치지 않았다. 땀과 빗물이 섞여 흐르는 목덜미를 기름 주머니가 다 된 광목 수건으로 닦으며, 그 학교 문을 돌아 나올 때였다. 뒤에서 "인력거!" 하고 부르는 소리가 났다. 자기를 불러 멈춘 사람이 그 학교 학생인 줄 김 첨지는 한번 보고 짐작할 수 있었다. 그 학생은 다짜고짜로,

"남대문 정거장까지 얼마요?"

라고 물었다. 아마도 그 학교 기숙사에 있는 이로 동기 방학을 이용하여 귀향하려 함이로다. 오늘 가기로 작정은 하였건만, 비는 오고 짐은 있고 해서 어찌할 줄 모르다가 마침 김 첨지를 보고 뛰어나왔음이라. 그렇지 않으면 왜 구두를 채 신지 못해서 질질 끌고, 비록 '고쿠라' 양복일망정 노박이로 비를 맞으며 김 첨지를 뒤쫓아 나왔으랴.

"남대문 정거장까지 말씀입니까?"

하고 김 첨지는 잠깐 주저하였다. 그는 이 우중에 우장도 없이 그 먼 곳을 철벅거리고 가기가 싫었음일까? 처음 것, 둘째 것으로 고만 만족하였음일까? 아니다. 결코 아니다. 이상하게도 꼬리를 맞물고 덤비는 이 행운 앞에 조금 겁이 났음이다.

그리고 집을 나올 제, 아내의 부탁이 마음에 켕기었다. 앞집 마마한테서 부르러 왔을 제 병인은 그 뼈만 남은 얼굴에 유일의 생물 같은 유달리 크고 움푹한 눈에 애걸하는 빛을 띠며,

"오늘은 나가지 말아요. 제발 덕분에 집에 붙어 있어요. 내가 이렇게 아픈데……."

라고 모깃소리같이 중얼거리며 숨을 걸그렁걸그렁하였다. 그때에 김 첨지는 대수롭지 않은 듯이,

"압다, 젠장맞을. 빌어먹을 소리를 다 하네. 맞붙들고 앉았으면 누가 먹여 살릴 줄 알아?"

하고 훌쩍 뛰어나오려니까, 환자는 붙잡을 듯이 팔을 내저으며

"나가지 말라도 그래. 그러면 일찍이 들어와요."

하고 목멘 소리가 뒤를 따랐다. [중략]

그러나 빈 인력거를 털털거리며 이 우중에 돌아갈 일이 꿈밖이었다. 노동으로 하여 흐른 땀이 식어지자, 굶주린 창자에서, 물 흐르는 옷에서 어슬어슬 한기가 솟아나기 비롯하매 일 원 오십 전이란 돈이 얼마나 괜찮고 괴로운 것인 줄 절절히 느끼었다. 정거장을 떠나가는 그의 발길은 힘 하나 없었다. 온몸이 옹송그려지며 당장 그 자리에 엎어져 못 일어날 것 같았다.

"젠장맞을 것! 이 비를 맞으며 빈 인력거를 털털거리고 돌아를 간담. 이런 빌어먹을, 이놈의 비가 왜 남의 상판을 딱딱 때려!"

그는 몹시 화증을 내며 누구에게 반항이나 하는 듯이 게걸거렸다. 그럴 즈음에 그의 머리엔 또 새로운 광명이 비쳤나니, 그것은 '이러구 갈 게 아니라 이 근처를 빙빙 돌며 차 오기를 기다리면 또 손님을 태우게 되는지도 몰라.'란 생각이었다. 오늘은 운수가 괴상하게도 좋으니까 그럴 요행이 또 한 번 없으리라고 누가 보증하랴. 꼬리를 굴리는 행운이 꼭 자기를 기다리고 있다는 내기를 해도 좋을 만한 믿음을 얻게 되었다. 그렇지만 정거장 인력거꾼의 등쌀이 무서워 정거장 앞에 섰을 수는 없었다. 그래 그는 이전에도 여러 번 해 본 일이라 바로 정거장 앞 전차 정류장에서 조금 떨어지게, 사람 다니는 길과 전찻길 틈에 인력거를 세워 놓고, 자기는 그 근처를 빙빙 돌며 형세를 관망하기로 하였다. 얼마 만에 기차는 왔다. 수십 명이나 되는 손이 정류장으로 쏟아져 나왔다. [중략]

"인력거를 타시랍시요?"

한동안 값으로 승강이를 하다가 육십 전에 인사동까지 태워다 주기로 하였다. 인력거가 무거워지매 그의 몸은 이상하게도 가벼워졌다. 그리고 또, 인력거가 가벼워

지니 몸은 다시금 무거워졌건만, 이번에는 마음조차 초조해 온다. 집의 광경이 자꾸 눈앞에 어른거리어 이젠 요행을 바랄 여유도 없었다. 나뭇등걸이나 무엇 같고 제 것 같지도 않은 다리를 연해 꾸짖으며 갈팡질팡 뛰는 수밖에 없었다. '저놈의 인력거꾼이 저렇게 술에 취해 가지고 이 진 땅에 어찌 가노.'라고, 길 가는 사람이 걱정을 하리만큼 그의 걸음은 황급하였다. 흐리고 비 오는 하늘은 어둠침침한 게 벌써 황혼에 가까운 듯하다. 창경원 앞까지 다다라서야 그는 턱에 닿는 숨을 돌리고 걸음도 늦추잡았다. 한 걸음 두 걸음 집이 가까워 올수록 그의 마음은 괴상하게 누그러졌다. 그런데 이 누그러짐은 안심에서 오는 게 아니요, 자기를 덮친 무서운 불행을 빈틈없이 알게 될 때가 박두한 것을 두려워하는 마음에서 오는 것이다.

그는 불행이 닥치기 전 시간을 얼마쯤이라도 늘리려고 버르적거렸다. 기적에 가까운 벌이를 하였다는 기쁨을 할 수 있으면 오래 지니고 싶었다. 그는 두리번두리번 사면을 살피었다. 그 모양은 마치 자기 집, — 곧 불행을 향해 달려가는 제 다리를 제힘으로는 도저히 어찌할 수가 없으니 누구든지 나를 좀 잡아 다고, 구해 다고 하는 듯하였다.

그럴 즈음에 마침 길가 선술집에서 그의 친구 치삼이가 나온다. 그의 우글우글 살찐 얼굴에 주홍이 돋는 듯, 온 턱과 뺨을 시커멓게 구레나룻이 덮었거든, 노르댕댕한 얼굴이 바짝 말라서 여기저기 고랑이 파이고 수염도 있대야 턱 밑에만 마치 솔잎 송이를 거꾸로 붙여 놓은 듯한 김 첨지의 풍채하고는 기이한 대상을 짓고 있었다.

"여보게, 김 첨지. 자네 문안 들어갔다 오는 모양일세그려. 돈 많이 벌었을 테니 한잔 빨리게." [중략]

"봐라, 봐! 이 더러운 놈들아! 내가 돈이 없나, 다리 뼉다구를 꺾어 놓을 놈들 같으니."

하고 치삼이 주워 주는 돈을 받아,

"이 원수엣 돈! 이 육시를 할 돈!"

하면서 팔매질을 친다. 벽에 맞아 떨어진 돈은 다시 술 끓이는 양푼에 떨어지며 정당한 매를 맞는다는 듯이 쨍하고 울었다.

곱빼기 두 잔은 또 부어질 겨를도 없이 말라 가고 말았다. 김 첨지는 입술과 수염에 붙은 술을 빨아들이고 나서 매우 만족한 듯이 그 솔잎 송이 수염을 쓰다듬으며,

"또 부어, 또 부어."

라고 외쳤다.

또 한 잔 먹고 나서 김 첨지는 치삼의 어깨를 치며 갑자기 깔깔 웃는다. 그 웃음소리가 어떻게 컸던지 술집에 있는 이의 눈은 모두 김 첨지에게로 몰리었다. 웃는 이는 더욱 웃으며

"여보게 치삼이, 내 우스운 이야기 하나 할까? 오늘 손을 태우고 정거장까지 가지 않았겠나?"

"그래서?"

"갔다가 그저 오기가 안됐데그려. 그래 전차 정류장에서 어름어름하며 손님 하나를 태울 궁리를 하지 않았나? 거기 마침 마마님이신지 여학생님이신지 — 요새야 어디 논다니와 아가씨를 구별할 수가 있던가? — 망토를 잡수시고 비를 맞고 서 있겠지. 슬근슬근 가까이 가서 인력거를 타시랍시요 하고 손가방을 받으려니까 내 손을 탁 뿌리치고 홱 돌아서더니만 '왜 남을 이렇게 귀찮게 굴어!' 그 소리야말로 꾀꼬리 소리지, 허허!"

김 첨지는 교묘하게도 정말 꾀꼬리 같은 소리를 내었다. 모든 사람은 일시에 웃었다.

"빌어먹을 깍쟁이 같은 년, 누가 저를 어쩌나? '왜 남을 귀찮게 굴어!' 어이구, 소리가 채신도 없지, 허허."

웃음소리들은 높아졌다. 그런 그 웃음소리들이 사라지기도 전에 김 첨지는 훌쩍훌쩍 울기 시작하였다. 치삼은 어이없이 주정뱅이를 바라보며,

"금방 웃고 지랄을 하더니 우는 건 무슨 일인가?"

김 첨지는 연해 코를 들이마시며,

"우리 마누라가 죽었다네."

"뭐, 마누라가 죽다니, 언제?"

"이놈아, 언제는? 오늘이지."

"예끼 미친놈, 거짓말 마라."

"거짓말은 왜, 참말로 죽었어, 참말로……. 마누라 시체를 집에 뻐들쳐 놓고 내가 술을 먹다니, 내가 죽일 놈이야, 죽일 놈이야."

하고 김 첨지는 엉엉 소리를 내어 운다.

치삼은 흥이 조금 깨어지는 얼굴로,

"원, 이 사람이, 참말을 하나, 거짓말을 하나? 그러면 집으로 가세, 가."

하고 우는 이의 팔을 잡아당기었다.

치삼의 잡는 손을 뿌리치더니, 김 첨지는 눈물이 글썽글썽한 눈으로 싱그레 웃는다.

"죽기는 누가 죽어."

하고 득의양양…….

"죽기는 왜 죽어, 생때같이 살아만 있단다. 그년이 밥을 죽이지. 인제 나한테 속았다, 인제 나한테 속았다."

하고 어린애 모양으로 손뼉을 치며 웃는다.

"이 사람이 정말 미쳤단 말인가? 나도 아주먼네가 앓는단 말은 들었는데."

하고 치삼이도 어떤 불안을 느끼는 듯이 김 첨지에게 또 돌아가라고 권하였다.

"안 죽었어, 안 죽었대도 그래."

김 첨지는 화증을 내며 확신 있게 소리를 질렀으되, 그 소리엔 안 죽은 것을 믿으려고 애쓰는 가락이 있었다. 기어이 일 원어치를 채워서 곱빼기 한 잔씩 더 먹고 나왔다. 궂은비는 의연히 추적추적 내린다.

김 첨지는 취중에도 설렁탕을 사 가지고 집에 다다랐다. 집이라 해도 물론 셋집이요, 또 집 전체를 세든 게 아니라 안과 뚝 떨어진 행랑방 한 칸을 빌려 든 것인데, 물을 길어 대고 한 달에 일 원씩 내는 터이다. 만일 김 첨지가 주기를 띠지 않았던들 한 발을 대문 안에 들여 놓았을 제 그 곳을 지배하는 무시무시한 정적(靜寂). — 폭풍우가 지나간 뒤의 바다 같은 정적에 다리가 떨렸으리라. 쿨룩거리는 기침 소리도 들을 수 없다. 그르렁거리는 숨소리조차 들을 수 없다. 다만, 이 무덤 같은 침묵을 깨뜨리는 — 깨뜨린다느니보담 한층 더 침묵을 깊게 하고 불길하게 하는 빡빡 하는 그윽한 소리 — 어린애의 젖 빠는 소리가 날 뿐이다. 만일, 청각이 예민한 이 같으면, 그 빡빡 소리는 빨 따름이요, 꿀떡꿀떡하고 젖 넘어가는 소리가 없으니, 빈 젖을 빤다는 것도 짐작할는지 모르리라.

혹은, 김 첨지도 이 불길한 침묵을 짐작했는지도 모른다. 그렇지 않으면 대문에 들어서자마자 전에 없이,

"남편이 들어오는데 나와 보지도 않아, 이년."

이라고 고함을 친 게 수상하다. 이 고함이야말로 제 몸을 엄습해 오는 무시무시한 증을 쫓아 버리려는 허장성세인 까닭이다.

하여간, 김 첨지는 방문을 왈칵 열었다. 구역을 나게 하는 추기 — 떨어진 삿자리 밑에서 나온 먼지내, 빨지 않은 기저귀에서 나는 똥내와 오줌내, 가지각색 때가 켜켜이 앉은 옷내, 병인의 땀 썩은 내가 섞인 추기가, 무던 김 첨지의 코를 찔렀다.

방 안에 들어서며 설렁탕을 한구석에 놓을 사이도 없이 주정꾼은 목청을 있는 대로 다 내어 호통을 쳤다.

"이년, 주야장천 누워만 있으면 제일이야! 남편이 와도 일어나지를 못해?"

라는 소리와 함께 발길로 누운 이의 다리를 몹시 찼다. 그러나 발길에 차이는 건 사람의 살이 아니고 나뭇등걸과 같은 느낌이 있었다. 이때에 빽빽 소리가 응아 소리로 변하였다. 개똥이가 물었던 젖을 빼어 놓고 운다. 운대도 온 얼굴을 찡그려 붙여서 운다는 표정을 할 뿐이라, 응아 소리도 입에서 나는 게 아니고, 마치 뱃속에서 나는 듯하였다. 울다가 울다가 목도 잠겼고, 또 울 기운조차 시진한 것 같다.

발로 차도 그 보람이 없는 걸 보자, 남편은 아내의 머리맡으로 달려들어 그야말로 까치집 같은 환자의 머리를 꺼들어 흔들며,

"이년아, 말을 해, 말을! 입이 붙었어?"

"……."

"으응, 이것 봐, 아무 말이 없네."

"……."

"이년아, 죽었단 말이냐, 왜 말이 없어?"

"……."

"응으, 또 대답이 없네, 정말 죽었나 보이."

이러다가 누운 이의 흰창이 검은창을 덮은, 위로 치뜬 눈을 알아보자마자,

"이 눈깔! 이 눈깔! 왜 나를 바루 보지 못하고 천장만 바라보느냐, 응?"

하는 말끝엔 목이 메었다. 그러자 산 사람의 눈에서 떨어진 닭똥 같은 눈물이 죽은 이의 뻣뻣한 얼굴을 어룽어룽 적시었다. 문득 김 첨지는 미친 듯이 제 얼굴을 죽은 이의 얼굴에 비비대며 중얼거렸다.

"설렁탕을 사다 놓았는데 왜 먹지를 못하니? 왜 먹지를 못하니……? 괴상하게도 오늘은 운수가 좋더니만……."

자료 · 정보 활용 역량

　이 역량은 필요한 자료나 정보를 수집, 분석, 평가하고 이를 효과적으로 활용하여 의사를 결정하거나 문제를 해결하는 능력을 말해. 이 단원에서는 주장하는 글과 연설에서의 타당성과 설득 전략을 비판적으로 평가하고 분석하는 방법을 익히도록 하자.

의사소통 역량

　이 역량은 다양한 상황에서 자신의 생각과 감정을 효과적으로 표현하고 타인과 소통하며 갈등을 조정할 수 있는 능력을 말해. 이 단원에서는 음성 언어, 문자 언어, 기호와 매체 등을 활용하여 생각과 느낌, 경험을 표현하거나 이해하면서 의미를 구성하고 타인, 세계의 관계를 점검 · 조정하는 방법을 익히도록 하자.

5

읽기

듣기·말하기

비판적인
읽기와 듣기

(1) 디지털 치매, 걱정할 일 아니다 _ 이준기

(2) 비판적으로 분석하며 듣기

비판적·창의적 사고 역량

이 역량은 공동체의 가치와 공동체 구성원의 다양성을 존중하고 상호 협력하며 관계를 맺고 갈등을 조정할 수 있는 능력을 말해. 이 단원에서는 상대의 상황과 처지를 이해하고, 상대의 감정에 공감하며 적절하게 대화하는 방법을 익히도록 하자.

대단원을 펼치며 도입과 계획

⭕ 도입 만화를 살펴보면서 이 단원에서 배울 내용을 짐작해 보아요!

핵심 질문 글이나 말의 논리를 비판적으로 분석하여 이해하는 일이 왜 중요할까? 그러려면 어떻게 해야 할까?

 대단원을 이끄는 이 핵심 질문을 보면, 이 단원에서 무엇을 배울 것인지 알 수 있어. 글이나 말의 논리를 비판적으로 분석하여 이해하는 일이 왜 중요하고, 비판적으로 분석하려면 어떻게 해야 할지 단원을 배우면서 답을 찾아보자.

보조 질문
• 설득을 목적으로 하는 글과 말에 필요한 요소는 무엇일까요?
예시 답 | • 설득하려는 바에 관한 타당한 근거나 이유, 논리적인 추론 / • 주장의 신뢰성, 타당성, 공정성 / • 설득적인 표현 전략, 말하기 전략

• 논리적이고 설득적인 글과 말이 무엇인지 알아야 하는 까닭을 말해 봅시다.
예시 답 | 우리가 사는 사회에는 사람이나 집단마다 각기 다른 입장에 따른 다양한 주장이 존재한다. 그러나 이렇게 다양한 주장들이 모두 합리적이고 타당한 것은 아니므로 주장하는 글이나 말의 구조나 설득 전략을 이해하고, 이를 바탕으로 주장을 판단하는 것이 필요하기 때문이다.

학습 목표

[읽기] 글에 사용된 다양한 논증 방법을 파악하며 읽을 수 있다.
[듣기·말하기] 설득 전략을 비판적으로 분석하며 들을 수 있다.

배울 내용

(1) 디지털 치매, 걱정할 일 아니다	(2) 비판적으로 분석하며 듣기	단원 + 단원
· 글의 논지 전개 방식 이해하기 · 글에 사용된 다양한 논증 방법 파악하기	· 이성적, 감성적, 인성적 설득 전략 이해하기 · 설득 전략을 비판적으로 분석하기	연설문을 통해 설득 전략을 확인해 보기

①디지털 치매, 걱정할 일 아니다

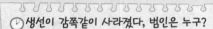

다음 탐정의 추리를 보고, 논리적 추론인지 판단해 봅시다.

> ⏱ 생선이 감쪽같이 사라졌다, 범인은 누구?
>
> ① 방 안에는 고양이 냥이와 강아지 멍이만 있었다.
> ② 둘은 지난밤 생선을 먹겠다고 서로 싸웠다.
> ③ 생선은 2미터(m) 높이의 선반 위에 있었다.

> 범인은 바로 너, 냥이!
> 고양잇과의 동물들은 점프력이 좋아서 높은 곳을 자유자재로 올라갈 수 있지.
> 냥이는 고양잇과의 동물이야. 그러므로 냥이는 2미터(m) 높이의 선반에 올라갈 수 있어.

• 탐정의 추리가 논리적인지 판단하고, 다른 의견이 있으면 말해 봅시다.

예시 답 | 주어진 단서만으로는 범인을 알 수 없다. 그러나 '고양잇과 동물들은 점프력이 좋다 – 냥이는 고양잇과 동물이다. – 그러므로 냥이는 선반에 올라갈 수 있다.'라는 논리적인 추론을 통해 냥이가 선반 위의 생선을 먹은 범인임을 알아내었으므로 탐정의 추리가 논리적임을 알 수 있다.

• 논리적인 주장은 그렇지 않은 주장과 어떤 점이 다른지 말해 봅시다.

예시 답 | 주장을 내세울 때 주장과 근거 간의 관계를 논리적으로 탄탄하게 연결시키면 그렇지 않은 주장과 달리 설득력을 높일 수 있다.

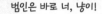

이렇게 열자

탐정이 범인을 추리하는 과정을 살펴보자. 탐정은 점프력이 좋은 고양이의 특성을 근거로 하여 냥이가 범인임을 추리하고 있어. 이런 추리의 근거가 논리적인지 판단하여 다음 물음에 답해 보도록 하자.

🌱 이 단원의 학습 요소

학습 목표 | 글에 사용된 다양한 논증 방법을 파악하며 읽을 수 있다.

| 글에 사용된 논증 방법 파악하기 | ▶ | 글에 사용된 논증 방법을 파악하며 귀납, 연역, 유추 등 다양한 논증 방법을 이해한다. |
| 논증 방법에 주목하여 논지 전개 방식과 글의 구조를 체계적으로 이해하며 읽기 | ▶ | 귀납, 연역, 유추 등의 논증 방법에 주목하여 글의 구조를 체계적으로 이해하며 글을 읽는다. |

소단원 바탕 학습

핵심 개념 미리 보기

1. 논증의 개념

논증은 다른 사람을 설득하거나 자신의 주장을 정당화하기 위해 근거를 제시하여 자신의 주장이 타당하다는 것을 논리적으로 증명하는 방식이다.

2. 논증의 구성

주장	의견의 옳고 그름에 대해 말하는 것
근거	주장이나 판단을 뒷받침하는 이유 • 근거는 객관적이며 정확하며 풍부할수록 좋음. • 객관적으로 증명된 지식이나 구체적으로 확인할 수 있는 사실, 전문가의 견해나 공정한 다수의 의견 등이 근거로 적절함.
추론	근거를 바탕으로 주장을 이끌어 내는 과정

3. 논증의 방식

(1) 귀납
• 개별적이고 구체적인 사실에서 일반적이고 보편적인 법칙을 이끌어 내는 방법이다.
• 결론이 참이 되기 위해서 가능한 한 많은 사실을 제시해야 하며, 전제에서 예외가 발견되면 안 된다.

> 예 [구체적 사실 1] 포유류인 사자는 새끼를 낳는다.
> [구체적 사실 2] 포유류인 원숭이는 새끼를 낳는다.
> [구체적 사실 3] 포유류인 고래는 새끼를 낳는다.
> [결론] 그러므로 포유류는 새끼를 낳는다.

(2) 연역
• 일반적인 원리나 법칙을 바탕으로 구체적이고 개별적인 사실을 논증하여 주장을 내세우는 방법이다.
• 근거가 되는 전제가 거짓이면 결론도 거짓이므로 결론이 참이 되기 위해서는 반드시 전제가 참이어야 한다.

> 예 [대전제] 모든 생물은 반드시 죽는다.
> [소전제] 인간은 생물이다.
> [결론] 인간은 누구나 죽는다.

(3) 유추
• 둘 이상의 대상이나 현상이 여러 면에서 비슷하다는 점을 근거로 결론을 이끌어 내는 방법이다.
• 말하고자 하는 대상과 비교 대상의 비슷한 점이 많을수록 결론의 설득력이 높아진다.

> 예 (가) 지역과 (나) 지역은 모두 열대성 다우(비가 많이 오는) 지역이다.
> → (가) 지역에서 식물 A가 번성하므로, (나) 지역에서도 식물 A가 번성할 것이다.

4. 주장하는 글을 읽을 때 유의할 점

• 주장이 무엇이고 그것이 어떤 가치를 지니는지 판단해야 한다.
• 주장을 뒷받침하는 근거가 객관적이고 정확한지 평가한다.
• 근거를 바탕으로 주장을 내세우는 과정, 즉 추론 과정이 논리적인지 판단해야 한다.

제재 훑어보기

디지털 치매, 걱정할 일 아니다(이준기)

• **해제:** 이 글은 디지털 기술에 의존하게 되면서 기억력, 계산력 등이 저하되는 디지털 치매 현상을 소재로 하여 자신의 주장과 근거를 논리적으로 전개한 논설문이다.
• **갈래:** 논설문(주장하는 글)
• **성격:** 예시적, 설득적, 논리적, 체계적
• **제재:** 디지털 기술 의존 현상
• **주제:** 디지털 기술 의존 현상은 인간 진화의 자연스러운 양상이니 걱정하지 말고, 미래형 인간을 향한 진보의 결과로 받아들이자.
• **특징**
  ① 디지털 치매의 사례를 통해 독자의 주의를 환기한다.
  ② 귀납적 방법으로 디지털 기술 의존 현상이 인간 진화의 양상이라는 주장을 펼친다.

디지털 치매, 걱정할 일 아니다 _이준기

학습 포인트
· 글을 쓴 의도를 생각하며 읽기
· 글의 구성 단계상의 특징 파악하기

서론 **가** 『모든 전화번호가 휴대 전화에 저장돼 있으나 외우고 있는 전화번호
『₁기억력이 떨어지는 현상의 사례들
는 손가락으로 꼽을 정도이고, 노래방 기기가 없이는 애창곡 하나 부를 수 없으
며, 계산기가 없으면 암산은커녕 간단한 계산조차 하지 못한다. *내비게이션이
필기도구, 계산기, 수판 따위를 이용하지 아니하고 머릿속으로 계산함.
없으면 여러 번 갔던 길도 찾을 수 없고, 심지어는 가족의 생일과 같은 단순한 정
보도 기억하지 못하는 경우가 있다.』 이러한 현상을 '디지털 치매', 또는 **아이티
디지털 기기에 의존하여 기억력, 계산력 등이 떨어지는 현상
(IT) 건망증'이라 부른다.   → 디지털 치매의 정의와 다양한 예

나 이처럼 디지털 기술에 지나치게 의존한 나머지 기억력과 계산 능력 등이
디지털 치매 현상의 개념
*현저하게 떨어지는 현상에 관해 많은 사람들이 걱정을 한다. 하지만 이러한 현상
은 단지 좋다, 나쁘다고 쉽게 말할 성격의 것은 아니다. 왜냐하면 디지털 치매
디지털 치매 현상의 평가에 대한 글쓴이의 주장   └근거
현상은 인류의 진화, 우리 사회의 노동 환경의 변화와 연관된 복잡한 현상이기
때문이다. 『여기서는 디지털 치매 현상에 관해 우리가 생각하지 못했던 측면들을
『₁이 글을 쓴 의도 제시
살펴보고자 한다.』   → 디지털 치매 현상에 관한 접근 방식의 제시

> **서론** 디지털 치매 현상의 새로운 측면을 살펴보고자 함.

➕ **보충 자료**
디지털 치매
디지털 기기가 일상에 필요한 기억을 대신 저장하여, 디지털 기기 없이는 전화번호, 사람의 이름 등을 기억하지 못하거나 계산 능력이 떨어지는 현상을 '디지털 치매'라고 한다. 주로 디지털 기기에 친숙한 10~30대에서 발견된다. 생활에 심각한 위협이 따르는 것은 아니어서 병으로 분류되지는 않지만, 스트레스를 일으켜 공황 장애, 정서 장애 등이 발생할 수 있으며 치매로 발전할 가능성이 있다는 의견도 제시되고 있다.

작가 소개: 이준기(1962~)
대학교수. 주요 저서로 『웹 2.0 비즈니스 전략』, 『서비스 사이언스』 등이 있다.

어휘 풀이
· 치매: 정상적이던 지능이 대뇌의 질환으로 저하된 것.
· 내비게이션: 지도를 보이거나 지름길을 찾아 주어 자동차 운전을 도와주는 장치나 프로그램.
· 아이티(IT): 정보의 생산과 획득, 가공 처리 및 응용에 관련된 모든 기술.
· 현저하다: 뚜렷이 드러나 있다.

■ **이 글의 갈래 및 중심 제재**

이 글은 자신의 생각을 주장하는 글, 즉 논설문이야. 글의 제목을 보면 중심 제재와 이에 대한 글쓴이의 주장이 잘 드러나 있어. '디지털 치매, 걱정할 일 아니다'에서 이 글이 '디지털 치매' 현상을 다루고 있으며, 이에 대한 글쓴이의 생각은 '걱정할 일이 아니다'임을 짐작할 수 있겠지?

'디지털 치매' 현상에 대해서는 **가**에서 구체적인 예를 들어 설명하며 독자의 주의를 환기하고 있어. '치매'란 뇌의 기능이 떨어지는 병을 가리키는 말인데, 그 원인이 디지털 기기에 의존하기 때문이라는 것이지.

▶핵심 포인트◀

디지털 치매 (아이티 건망증)	디지털 기술에 지나치게 의존한 나머지 기억력과 계산 능력 등이 현저하게 떨어지는 현상

↓

부정적 입장	낙관적 입장(글쓴이)
치매처럼 뇌 기능이 떨어지므로 걱정할 일이다.	걱정할 일이 아니다.

■ **구성 단계상의 특징 – 서론**

일반적으로 주장하는 글은 '서론 – 본론 – 결론'의 논리적인 구성으로 이루어져 있어. 서론 부분에서는 주로 글을 쓰는 동기나 목적, 문제 제기 등을 다루는데, 이 글의 **가**와 **나**가 서론에 해당해. 이 글에서는 '디지털 치매' 현상에 관해 사람들이 걱정하는 문제 상황을 제기하고 있어. 그리고 이런 걱정과 달리 글쓴이는 디지털 치매 현상에 관한 새로운 측면을 살펴보고자 한다며 글을 쓰는 동기를 밝히고 있지.

▶핵심 포인트◀

서론	문제 제기 상황	많은 사람이 디지털 치매 현상을 걱정하고 나쁘다고 인식함.
	글을 쓴 동기	디지털 치매 현상에 관해 생각하지 못한 측면들을 살펴보고자 함.

1. 이와 같은 글에 대한 설명으로 알맞은 것은?
① 실용적인 정보를 알려주는 글이다.
② 자신의 체험을 통해 교훈을 전하는 글이다.
③ 현대 사회의 현상에 대한 정보를 공유하는 글이다.
④ 타당한 근거를 바탕으로 자신의 생각을 주장하는 글이다.
⑤ 아름답고 감성적인 비유와 표현으로 감동을 주는 글이다.

2. 이 글을 읽은 후의 반응으로 적절하지 <u>않은</u> 것은?
① 제목에 글쓴이의 주장이 함축되어 있군.
② 디지털 기기를 사용할 때 일어나는 현상을 다루고 있군.
③ 디지털 치매를 우려하는 사람들에게 새로운 측면을 알려주겠군.
④ 디지털 치매는 인류의 복잡한 사회 환경 변화와 연관된 것이겠군.
⑤ 디지털 치매를 걱정하는 사람보다 긍정적으로 생각하는 사람들이 더 많군.

3. (가)~(나)의 내용을 참고할 때, 〈보기〉에서 '디지털 치매'로 볼 수 있는 경우만 묶은 것은?

보기

ㄱ. 아빠는 재작년에 갔던 맛집을 내비게이션이 있어야 찾을 수 있다.
ㄴ. 은지는 수시로 가족과 친구와 통화하지만 외우고 있는 전화번호가 없다.
ㄷ. 여행지에서 휴대 전화 배터리가 다 돼서 가려했던 관광지에 전화를 하지 못하였다.
ㄹ. 민희는 원래 잘 알고 있던 내용도 기억나지 않아 휴대전화로 검색하는 경우가 잦다.
ㅁ. 수철이는 노래방에서는 노래를 잘 부르지만, 교실에서는 가사를 몰라 노래를 못 부른다고 한다.

① ㄱ, ㄴ, ㅁ
② ㄱ, ㄷ, ㅁ
③ ㄴ, ㄹ, ㅁ
④ ㄴ, ㄷ, ㄹ, ㅁ
⑤ ㄱ, ㄴ, ㄷ, ㄹ, ㅁ

|서술형|
4. 이 글의 중심 제재와 관련하여 문제 제기된 사항은 무엇인지 서술하시오.

조건

• 글의 내용을 바탕으로 쓸 것.
• 한 문장으로 쓸 것.

본론 **다** 먼저 프랑스의 철학자 미셸 세르의 저서 『호미네상스(Hominescence)』와 2005년 12월 '새로운 기술들은 우리에게 무엇을 가져다 주는가'라는 제목의 강연 내용을 살펴보면 인류의 진화 과정에 관한 흥미로운 내용을 볼 수 있다. 이를 요약하면 다음과 같다.

- ⓐ 직립 원인으로 진화하는 과정에서 인류는 손을 도구로 사용하게 됨으로써 그 이전에 먹이나 물건을 무는 데 쓰였던 입의 기능이 퇴화했지만, 그 대신 입은 말하는 기능을 획득했다.
  _{글을 보지 않고 입으로 욈.}
- ⓑ 문자와 인쇄술이 발명되면서 인간은 *호메로스(Homeros)의 서사시를 암송할
  _{역사적 사실이나 신화, 전설, 영웅의 사적 따위를 서사적 형태로 쓴 시}
  수준의 기억력을 상실했지만, 기억의 압박에서 해방되어 새로운 지식 생산과 같은 일에 능력을 활용하게 되었다.
- ㉠ ⓒ 오늘날, 휴먼 인터페이스로 인해 인간은 기억력, 계산력 등이 약화되었지만
  _{자판을 이용하지 않고, 말이나 촉각을 사용하여 컴퓨터에 정보를 입력할 수 있는 기술}
  단순 기억이나 계산의 부담에서 벗어나 정보를 통제하고 관리하며, 지식을 창조하는 능력이 향상되었다.
- ⓓ 인류의 진화 과정과 역사를 돌아볼 때, 인간은 상실하는 능력이 있으면 동시
  _{ⓐ~ⓒ의 구체적인 근거를 들어 ⓓ의 일반적인 결론을 이끌어 내는 귀납 논증 방법이 사용됨.}
  에 얻게 되는 능력도 있다.

이러한 관점으로 볼 때, 디지털 기술은 인간의 기억력, 계산력 등의 약화를 가
_{상실한 능력}
져온 대신 그보다 창조적인 능력을 향상한 것이라 볼 수 있다. 그러므로 디지털
_{얻은 능력}
치매 현상은 인간 진화의 양상으로 볼 수 있지 않겠는가?
→ 진화 과정에서 창조적인 능력을 향상시켜 온 인류

라 현대의 노동 환경을 생각해 보자. 우리는 과거와 완전히 다른 방식으로 일하고 있다. 세상은 훨씬 더 복잡해졌고 제공되는 정보의 양은 너무나 많다. 상대해야 하는 사람의 수도 훨씬 많아졌고, 무엇보다도 발달된 정보 통신 기술 때문에 이들을 실시간으로 상대해야 하는 환경에 처해 있다.

어느 여류 작가의 말처럼, 오늘날 우리는 ㉡'끊임없는 작은 집중'의 시대에 살고 있다. 이 일에서 저 일로 빨리빨리 주의를 옮겨 가야 할 때, 아무리 집중을 하더라도 우리는 그 각각의 일에 관한 정보를 모두 갖고 있기가 힘들게 마련이다. 수많은 일을 처리해야 하는 이러한 근무 환경에서라면 많은 정보들을 다른 곳에
_{디지털 기기의 활용은 현대의 노동 환경에 효율적인 선택임.}
저장했다가 필요할 때마다 빨리 찾아내어 사용하는 것이 효율적인 방법인 동시에 불가피한 선택이라 하겠다. ㉢이제 정보는 '기억하는' 것이 아니고 '찾는' 것인 시대가 되고 있는 것이다.
→ 정보는 '기억하는' 것이 아닌 '찾는' 것인 시대가 된 현대 사회

66 학습 포인트
· 주장과 근거 파악하기
· 글에 사용된 논증 방법 파악하기

읽기 중 활동

교과서 날개
'끊임없는 작은 집중'의 시대에 살고 있다는 말은 무슨 뜻일까요?

→ 현대의 노동 환경은 한 가지 일에 계속해서 집중하는 것을 요구하는 것이 아니라 수많은 일을 처리해야 하는 근무 환경으로 인해 정보들을 저장했다가 필요할 때마다 빨리 찾아내야 하는 환경으로 바뀌었다. 이에 따라 그때그때 짧게 집중하고, 또 계속해서 다른 일을 해야 하는 시대로 변화되었음을 말하고 있다.

➕ **보충 자료**
미셸 세르(1930~2019)
프랑스의 철학자. 과학과 철학을 결합하여 미래에 대한 비전을 제시할 수 있는 몇 안 되는 철학자로 평가받는다. 주요 저서로는 『헤르메스』, 『천사들의 전설』, 『기식자』 등이 있다.

어휘 풀이
· 직립 원인: 유인원과 현생 인류(호모 사피엔스)의 중간 단계의 화석 인류. 호모 에렉투스라고도 한다. 직립 보행하고 불을 사용한 특징을 가지고 있다. 전기 구석기 문화생활을 하였으며, 중국 베이징 원인 · 자바의 자바 원인 등이 있다.
· 호메로스: 고대 그리스의 시인(?~?). 유럽 문학의 최고(最古) 서사시 『일리아드』와 『오디세이』의 작자로 알려져 있다. 『일리아드』는 모두 1만 5,693행으로 되어 있고, 『오디세이』는 24권으로 쓰여 있다.

■ **주장과 근거**

다에서 글쓴이는 디지털 치매 현상에 대한 낙관적 견해를 제시하고 있는데, 그 근거로 철학자 미셀 세르의 저서와 강연 내용을 인용하고 있어. 인류는 진화하면서 하나의 기능을 잃게 되면 대신 다른 기능이나 능력이 향상되었다는 내용이지. 이를 바탕으로 글쓴이는 디지털 기술이 인간의 기억력, 계산력 등의 약화를 가져 온 대신 그보다 창조적인 능력을 향상하였다는 주장을 펼치고 있어.

라에서는 현대 노동 환경의 변화를 근거로 들고 있지. 복잡한 세상에서 수많은 일을 처리해야 하는 근무 환경에서는 정보를 '기억하는' 것보다 '찾는' 것이 효율적이라는 것이지.

▶핵심 포인트◀

근거	• 철학자 미셀 세르의 저서와 강연 내용 – 진화 과정에서 인간은 상실하는 능력이 있으면 동시에 얻게 되는 능력도 있음. • 현대의 복잡한 노동 환경에서는 정보를 '기억하는' 것보다 '찾는' 것이 효율적임.

↓

효과	디지털 기술은 인간의 기억력, 계산력 등의 약화를 가져온 대신 그보다 창조적인 능력을 향상함. – 디지털 치매는 인간 진화의 양상

■ **논증 방법의 파악 – 귀납 논증**

다의 인류의 진화 과정에 관한 내용은 구체적인 사실들을 근거로 하여 일반적인 사실을 결론으로 이끌어 내고 있어. 이런 논증 방법을 '귀납'이라고 해.

▶핵심 포인트◀

귀납 논증	
구체적 사실(근거)	• 손을 도구로 사용: 먹이나 물건을 무는 입의 기능이 퇴화 → 입은 말하는 기능을 획득 • 문자와 인쇄술의 발명: 기억력이 저하 → 지식 생산에 능력 활용 • 휴먼 인터페이스: 기억력, 계산력 약화 → 정보 통제, 관리 및 지식 창조 능력 향상

↓

일반적 사실(결론)	인간은 상실하는 능력이 있으면 얻게 되는 능력도 있음.

5. 이 글에 드러난 글쓴이의 견해를 이해한 내용으로 적절하지 <u>않은</u> 것은?

① 디지털 치매는 인간 진화의 양상으로 볼 수 있다.

② 현대의 노동 환경은 디지털 치매 현상과 관련이 있다.

③ 인간은 모든 능력을 다 갖출 수 없는 불완전한 존재이다.

④ 디지털 기술은 인간의 창조적인 능력을 향상한 것이라 볼 수 있다.

⑤ 현대에는 단순 기억력과 계산력보다 정보 검색 및 처리 능력이 더 중요하다.

6. (다)에서 주장의 타당성을 높이기 위해 글쓴이가 사용한 방법은?

① 신뢰할 만한 언론 자료를 인용하였다.

② 개인의 실제적 경험을 근거로 제시하였다.

③ 가상의 상황을 설정하여 주장을 뒷받침하였다.

④ 객관적이고 믿을 만한 통계 자료를 인용하였다.

⑤ 주장과 관련된 권위 있는 전문가의 견해를 인용하였다.

7. ㉠에 나타난 논증 방식에 대한 설명으로 적절한 것은?

① 문제점을 제시하고 그 해결 방안을 모색하고 있다.

② 추상적인 대상에서 구체적인 사실을 이끌어 내고 있다.

③ 구체적인 사실에서 일반적인 법칙을 이끌어 내고 있다.

④ 일반적인 원리에서 구체적인 사실을 이끌어 내고 있다.

⑤ 둘 이상의 대상이 여러 면에서 비슷하다는 점을 근거로 결론을 이끌어 내고 있다.

8. ㉡의 의미로 가장 적절한 것은?

① 현대는 일을 빨리 처리한다.

② 현대는 큰 업무를 개인이 나누어 한다.

③ 현대는 정보를 대량으로 수집하고 이를 기억하는 능력이 요구된다.

④ 현대는 그때그때 짧게 집중하여 수많은 다른 일을 계속 처리해야 한다.

⑤ 현대는 수많은 일을 처리해야 하는 근무 환경으로 정보를 누락하여 처리해야 한다.

|서술형|

9. ㉢과 같이 말한 이유가 무엇인지 서술하시오.

조건

• 글에 드러난 노동 환경을 언급하여 쓸 것.

• '~ 때문이다.'의 형태로 쓸 것.

마 일하는 환경이 이렇게 바뀜에 따라 우리 뇌의 능력은 점점 기억하는 뇌가 <u>아닌 필요한 정보를 빨리 찾는 뇌로 바뀌어 가고 있다.</u> 자신이 알고 있는 몇몇 정보보다는 다른 사람이 갖고 있는 모든 정보를 모아 놓은 것이 ㉠정보로써 훨씬 더 가치가 있으며, 자기 자신만의 정보를 잘 기억하는 능력보다는 여기저기 놓여 있는 정보를 효과적으로 잘 찾는 능력이 훨씬 중요하게 여겨지는 사회로 바뀌고 있는 것이다. 어떤 사람들은 지금과 같은 디지털 기술 의존 현상이 결국 기억 능력을 크게 떨어뜨려 인간을 ㉡*퇴보하게 할 것이라고 주장하지만, <u>보조 기억을 디지털 기기로 이동하는 것이 기억 능력의 퇴보는 아니라고 본다.</u> 정보를 어디서 찾을 수 있는가에 대한 정보도 기억이 돼야 하며, 앞으로는 정보 자체의 기억보다는 이런 정보를 찾을 수 있는 원천이나 방법에 대한 기억이 더욱 중요해질 것이기 때문이다.

환경의 변화에 따른 뇌의 능력 변화: 정보를 기억하는 뇌 → 정보를 찾는 뇌
디지털 기술 의존 현상에 관한 글쓴이의 견해
글쓴이의 견해에 대한 근거 ①
글쓴이의 견해에 대한 근거 ②

➡ 일하는 환경에 따른 뇌의 변화 방향

> **본론** 인간은 하나의 기능이 상실되면 새로운 기능을 획득하는데, 환경의 변화에 따라 정보 기억 능력보다 정보 검색 능력이 중요해짐.

결론 **바** ㉢요컨대 디지털 기술 의존 현상은 인간의 진화와 문명의 진전 과정에서 늘 존재해 왔던 기존의 기술 의존 현상과 다를 바 없는 것이요, ㉣*방대한 정보 처리와 효율적 업무 처리를 요하는 현대 사회의 환경에 적응하기 위한 ㉤불가피한 선택일 뿐이며, 그로 인해 오히려 더욱 창조적인 새로운 능력을 인간에게 가져다준 것으로 보아야 한다. 그러니 굳이 디지털 치매라는 이상한 종류의 병에 걸렸다고 걱정하지 말고 인간 진화의 자연스러운 양상일 뿐이며 미래형 인간을 향한 진보의 결과로 마음 편하게 받아들이길 권할 따름이다.

정보 통제 및 관리 능력, 지식 창조 능력 등
교과서 날개

➡ 디지털 치매 현상에 관한 낙관적 전망

> **결론** 디지털 기술 의존 현상은 미래형 인간을 향한 진보의 결과로 받아들이기를 권함.

– 이준기 외, 「지식의 이중주」

읽기 중 활동

교과서 날개
디지털 치매에 관한 글쓴이의 주장은 무엇인가요?
→ 디지털 치매는 인간 진화의 자연스러운 양상이며 미래형 인간을 향한 진보의 결과로 받아들이자.

➕ 보충 자료
디지털 치매 예방법
• 손글씨로 메모하는 습관 들이기: 손끝의 자극은 뇌를 자극하여 활동적으로 만든다.
• 간단한 계산은 되도록 암산으로 하기: 간단한 계산은 계산기를 이용하는 것보다는 암산하는 것이 좋다.
• 잠들기 약 2시간 전에는 휴대 전화 끄기: 수면 시간이 줄어들면 기억력이 저하되므로 잠들기 전 휴대 전화 사용을 피하면 좋다. 휴대 전화 전자파가 숙면을 방해하기 때문이다.

어휘 풀이
• 퇴보하다: 정도나 수준이 이제까지의 상태보다 뒤떨어지거나 못하게 되다.
• 방대하다: 규모나 양이 매우 크거나 많다.

■ 주장과 근거

라에서 변화된 현대의 노동 환경을 언급한 뒤, 마에서는 이런 환경 변화에 따라 우리 뇌의 능력도 바뀌어 가고 있다고 말하고 있어. 즉 환경의 변화에 따라 정보 기억 능력보다 정보 검색 능력이 중요해졌다는 것이지. 이는 결국 디지털 치매란 인간이 환경의 변화에 적응하여 기억력이나 계산력보다는 정보 검색 능력이나 방법에 대한 기억이 더 중요해서 일어난 진화 양상이라는 글쓴이는 주장을 뒷받침하는 근거야.

◆ 핵심 포인트 ◆

근거	현대의 노동 환경의 변화로 뇌의 능력은 기억하는 뇌가 아닌 정보를 빨리 찾는 뇌로 바뀌어 감.

↓

주장	• 보조 기억을 디지털 기기로 이동하는 것은 기억 능력의 퇴보가 아님. • 정보 검색 원천이나 방법에 대한 기억이 더 중요해짐에 따른 적응 양상임.

■ 구성 단계상의 특징 – 본론, 결론

다~마는 구체적인 근거를 제시하여 글쓴이의 주장을 내세운 '본론' 부분이고, 바는 '결론' 부분에 해당해. 논설문의 '결론' 부분에서는 주로 본론의 내용을 종합하여 결론을 내리거나 주장을 다시 강조하기도 하지. 바에서 글쓴이는 '디지털 치매'는 인간 진화의 자연스러운 양상이며 미래형 인간을 향한 진보의 결과로 받아들이라며 자신의 주장을 정리하며 마무리하고 있어.

◆ 핵심 포인트 ◆

본론	다~마 (근거 제시 및 주장)	• 인간은 진화하면서 한 가지 능력을 상실하면 새로운 능력을 획득함. • 복잡한 현대 사회에서는 정보 기억 능력보다 정보 검색 원천이나 방법이 더 중요해짐.
결론	바 (본론의 요약 및 마무리)	디지털 치매 현상은 인간 진화의 자연스러운 양상이며 미래형 인간을 향한 진보의 결과임.

10. 이 글을 쓴 궁극적인 이유로 가장 적절한 것은?

① 미래 사회로의 발전을 촉구하기 위해
② 디지털 기술 의존 현상을 줄이기 위해
③ 디지털 치매 현상의 장점을 홍보하기 위해
④ 디지털 치매 현상을 인류 진보의 양상으로 받아들이길 권하기 위해
⑤ 현대인의 방대한 업무를 뇌의 능력을 활용하여 효율적으로 처리하는 방법을 안내하기 위해

11. 이 글에서 알 수 있는 디지털 치매 현상에 대한 글쓴이의 태도로 알맞은 것은?

① 이중적(二重的)　　② 획일적(劃一的)
③ 부정적(否定的)　　④ 낙관적(樂觀的)
⑤ 비관적(悲觀的)

12. 〈보기〉에서 이 글의 내용과 일치하는 것끼리 골라 묶은 것은?

> 보기
> ㄱ. 일하는 환경의 변화에 따라 뇌의 능력이 바뀌어 가고 있다.
> ㄴ. 현대 사회는 자신만의 정보를 잘 기억하는 능력을 높이 평가한다.
> ㄷ. 인간의 진화 과정에서 기술 의존 현상은 늘 존재해 왔다.
> ㄹ. 현대의 노동 환경에서는 많은 정보를 효율적으로 처리해야 한다.
> ㅁ. 미래 사회에 필요한 인간의 기능은 디지털 기기로 대체할 수 있다.
> ㅂ. 디지털 기술 의존은 인간에게 창조적인 새로운 능력을 가져다주었다.

① ㄱ, ㄴ, ㄹ, ㅁ　　② ㄱ, ㄷ, ㄹ, ㅂ
③ ㄱ, ㄴ, ㄷ, ㄹ, ㅁ　　④ ㄴ, ㄷ, ㄹ, ㅁ, ㅂ
⑤ ㄱ, ㄴ, ㄷ, ㄹ, ㅁ, ㅂ

13. ㉠~㉤에 대한 설명으로 옳지 않은 것은?

① ㉠: 자격을 나타내고 있으므로 '정보로서'로 써야 맞는 표기이다.
② ㉡: 반대의 뜻을 가진 말은 '진보하게'이다.
③ ㉢: '요컨데'로 고쳐 써야 맞는 표기이다.
④ ㉣: '막대한'과 바꿔 써도 의미가 통한다.
⑤ ㉤: '어쩔 수 없는'과 바꿔 써도 의미가 통한다.

학습활동

🧑 이해 활동

1. **이 글의 내용을 떠올리며 아래의 활동을 해 봅시다.**

   1 이 글의 화제인 '디지털 치매' 현상이 무엇인지 정리해 봅시다.

   예시 답ㅣ '디지털 치매'는 디지털 기술에 의존한 나머지 인간의 기억력과 계산력 따위가 현저히 떨어지는 현상을 말한다.

   2 '디지털 치매' 현상과 관련하여 일반적으로 문제 제기된 사항과 그에 관한 글쓴이의 생각을 파악해 봅시다.

   > 예시 답ㅣ
   > • **문제 제기된 사항:** 많은 사람이 디지털 치매 현상을 걱정하고 나쁘다고 쉽게 인식함.
   > • **글쓴이의 생각:** 디지털 치매 현상은 인간 진화의 자연스러운 양상이다.

   3 이 글에 나오는 다음 구절의 의미를 설명해 봅시다. 예시 답ㅣ

상황		
구절	문자와 인쇄술이 발명되면서 인간은 호메로스의 서사시를 암송할 수준의 기억력을 상실했지만, 기억의 압박에서 해방되어 새로운 지식 생산과 같은 일에 능력을 활용하게 되었다.	이제 정보는 '기억하는' 것이 아니고 '찾는' 것인 시대가 되고 있는 것이다.
의미	문자와 인쇄술이 발명되면서 정보를 모두 기억해야 하는 필요성이 없어져 서사시를 모두 외워 부르던 수준의 기억력을 잃게 되었지만, 기억을 해야만 한다는 수고로움에서 벗어나 그 능력을 새로운 지식을 만들어 내는 일에 활용하게 되었다는 뜻이다.	노동 환경이 바뀜에 따라 현대 사회는 수많은 정보를 처리해야 하는 상황이 되었다. 따라서 정보를 기억했다가 처리하는 것이 아니라 저장했다가 빨리 찾는 것인 시대가 되었다는 뜻이다.

1. 글의 중심 내용 파악하기

⭐ **지학이가 도와줄게! – 1 1**

'디지털 치매' 현상이 무엇인지는 글의 첫 부분에서 언급되었지? 확인해 보고 정리하면 돼.

⭐ **지학이가 도와줄게! – 1 2**

주장하는 글에서 문제 제기는 주로 글의 서론 부분에 나타나. 그리고 주장은 본론에도 드러나지만 결론에 요약되어 있으니 찾기 쉬울 거야.

⭐ **지학이가 도와줄게! – 1 3**

기술의 발전으로 변화하는 시대 상황을 서술한 내용들이야. 단순하게 구절의 의미를 찾는 데서 멈추지 말고, 구절의 내용이 글쓴이의 주장을 내세우기 위해 사용되고 있음도 기억해 두자.

정답과 해설 41쪽

🗨 **시험엔 이렇게!!**

1. 이 글에 대한 내용 이해로 적절하지 않은 것은?

① 글쓴이에 따르면 디지털 치매란 인간 진화의 자연스러운 양상이야.

② 글쓴이는 결국 디지털 치매를 이겨 내는 방법을 알리려고 이 글을 쓴 것이군.

③ 글쓴이는 현대 사회에서는 정보 기억보다 정보 찾기가 더 중요하다고 보았군.

④ 글쓴이는 사람들이 디지털 치매를 부정적으로 인식하는 것에 문제를 제기하였군.

⑤ 글쓴이는 기술의 발전에 따라 인간의 두뇌가 새로운 능력을 획득한다는 사실에 공감하는군.

목표 활동

1. 이 글에서 글쓴이가 자신의 주장을 펼치기 위해 사용한 논증 방법을 파악해 봅시다.

1 논지 전개 과정에 따라 이 글의 중심 내용을 정리해 봅시다.

예시 답 I

단락	중심 내용
가	디지털 치매의 정의와 다양한 예
나	디지털 치매 현상에 관한 접근 방식의 제시
다	진화 과정에서 창조적인 능력을 향상시켜 온 인류
라	정보가 '기억하는' 것이 아닌 '찾는' 것인 시대가 된 현대 사회
마	일하는 환경에 따른 뇌의 변화 방향
바	디지털 치매 현상에 관한 낙관적 전망

2 다에 나타난 논증 방법을 파악해 봅시다. 예시 답 I

근거 1
직립 원인으로 진화하는 과정에서 인류는 손을 도구로 사용하게 됨으로써 그 이전에 먹이나 물건을 무는 데 쓰였던 입의 기능이 퇴화했지만, 그 대신 입은 말하는 기능을 획득했다.

근거 2
문자와 인쇄술이 발명되면서 인간은 호메로스(Homeros)의 서사시를 암송할 수준의 기억력을 상실했지만, 기억의 압박에서 해방되어 새로운 지식 생산과 같은 일에 능력을 활용하게 되었다.

근거 3
오늘날, 휴먼 인터페이스로 인해 인간은 단순 기억이나 계산의 부담에서 벗어나 정보를 통제하고 관리하며, 지식을 창조하는 능력이 향상되었다.

↓

결론
인류의 진화 과정과 역사를 돌아볼 때, 인간은 상실하는 능력이 있으면 동시에 얻게 되는 능력도 있다.

1. 논증 방법 파악하기

지학이가 도와줄게! – 1 **1**
글의 전개 과정을 따라 각 문단의 중심 내용을 정리하고, 빈 칸을 채워 보자. 이처럼 내용을 도식화하면 글의 논지가 어떻게 전개되는지 잘 확인할 수 있어.

지학이가 도와줄게! – 1 **2**
다에는 근거들을 제시하고 이를 바탕으로 마지막에 결론을 이끌어 내는 귀납 논증 방법이 사용되어 있어. 근거와 결론을 잘 찾아 정리해 보자.

시험엔 이렇게!!

2. 이 글을 읽고 답을 얻을 수 있는 질문으로 적절하지 않은 것은?

① 디지털 치매란 무엇인가?
② 디지털 치매 현상의 사례는 어떤 것인가?
③ 현대 사회에서 정보는 어떤 가치가 있는가?
④ 뇌의 변화 방향은 일하는 환경과 관련이 있는가?
⑤ 디지털 치매 현상에 대해 글쓴이는 어떤 태도를 취하고 있는가?

|서술형|
3. 미셸 세르의 강연 내용에서 요약한 근거들에 나타난 공통점은 무엇인지 서술하시오.

3 **2**에서 정리한 논증 방법이 다음 설명 중 어떤 것에 해당하는지 생각해 봅시다.

귀납

개별적이고 특수한 사실이나 현상에서 일반적인 사실이나 진리를 결론으로 이끌어 내는 논증 방법이다. 일반화나 유추도 이에 속한다.

> **예** 나비는 알을 낳는다.
> 잠자리는 알을 낳는다.
> 개미는 알을 낳는다.
> 그러므로 곤충은 모두 알을 낳는다.

연역

일반적 원리나 진리를 전제로 하여 특수한 사실을 결론으로 이끌어 내는 방법으로, 참인 대전제를 사용하는 삼단 논법이 대표적인 연역의 논증 방법이다.

> **예** 모든 사람은 죽는다.
> 소크라테스는 사람이다.
> 그러므로 소크라테스는 죽는다.

예시 답 | 귀납

2. 다음 글에 나타난 논증 방법을 파악해 봅시다. 예시 답 |

> 사람은 사회적 동물이다. 누구나 사회적 집단을 이루어 살면서 가정, 마을, 나아가 국가라는 공동체와 더불어 산다. 사람은 날마다 먹는 음식, 입는 옷, 사는 집 등의 삶의 기본 요소를 혼자 힘으로는 마련하기 힘든 데다가, 사람 간의 관계를 추구하며 함께 어울려 살기를 원하기 때문이다. 우리는 모두 이러한 사람이다. 그러므로 우리는 사회적 동물이다.

● 위 글에 사용된 논증 방법에 따라 다음 빈칸에 내용을 정리해 봅시다.

대전제 사람은 사회적 동물이다.

소전제 우리는 사람이다.

결론 그러므로 우리는 사회적 동물이다.

➕ 보충 자료
귀납과 연역 논증의 유의점

귀납	결론이 참이 되려면 가능한 한 많은 사실을 전제로 해야 하며, 전제에서 예외가 발견되지 않아야 함.
연역	근거가 되는 전제가 거짓이면 결론도 거짓이므로 결론이 참이 되기 위해서는 대전제와 소전제가 모두 참이어야 함.

지학이가 도와줄게! – 1 **3**

먼저 귀납, 연역의 개념을 이해한 후, **2**에서 정리한 내용이 어떤 논증 방법에 해당하는 것인지 파악해 보자.

시험엔 이렇게!!

4. 다음 글에 사용된 논증 방법을 바르게 설명한 것은?

> 모든 사람은 죽는다.
> 소크라테스는 사람이다.
> 그러므로 소크라테스는 죽는다.

① 대조적인 사례를 통해 주장을 이끌어 낸다.
② 개별적인 사례에서 일반적인 법칙을 결론으로 이끌어 낸다.
③ 일반적인 원리에서 구체적인 사실을 결론으로 이끌어 낸다.
④ 대상이 지닌 문제점을 분석하여 해결 방법을 이끌어 낸다.
⑤ 둘 이상의 대상이나 현상이 여러 면에서 비슷하다는 점을 바탕으로 결론을 이끌어 낸다.

2. 연역 논증 이해하기

지학이가 도와줄게! – 2

삼단 논법은 연역 논증의 대표적인 형식으로서 '대전제-소전제-결론'으로 이루어지는 구성이야. 연역의 결론의 내용은 대전제에 이미 포함되어 있어.

시험엔 이렇게!!

|서술형|
5. 연역적 추론의 과정을 고려하여 밑줄에 들어갈 알맞은 문장을 쓰시오.

• 대전제: 거짓말을 하면 나쁜 아이다.
• 소전제: 세영이는 _____.
• 결론: 그러므로 세영이는 나쁜 아이다.

3. 〈보기〉를 참고하여 다음 글에 사용된 논증 방법을 이해해 봅시다.

> 산을 오르는 과정은 누구나 힘듭니다. 비탈길도 올라가야 하고, 고개도 넘어야 합니다. 한참을 올랐는데도 끝이 나지 않을 것 같은 기분이 들기도 합니다. 그러나 그 고난을 뒤로 참고 견디어 정상에 오르면 우리는 세상 무엇과도 바꿀 수 없는 성취감에 큰 기쁨을 맛보게 됩니다. 독서도 이와 같습니다. 글을 읽는 동안에는 인내와 노력이 필요하기도 합니다. 때로는 졸립기도 하고, 때로는 독서 밖의 세상이 더 재미있어 보이기도 합니다. 하지만 한 권의 책을 다 읽고 나면 책이 주는 즐거움과 감동을 맛볼 수 있게 됩니다.

보기

유추

둘 이상의 대상이나 현상이 몇 가지 점에서 비슷하다는 점을 근거로 하나의 대상에서 나타나는 현상이 다른 대상이나 현상에서도 그럴 것이라고 추론하는 논증 방법이다.

예 지구에는 공기, 햇빛, 물이 있고 생물이 살고 있다.
화성에도 공기, 햇빛이 있고, 물의 흔적이 발견되었다.
따라서 화성에도 생물이 살 수 있을 것이다.

1 위 글을 아래와 같이 구조화해 봅시다. 예시 답 |

> 산을 오르는 과정은 힘들어도 정상에 오르면 큰 기쁨을 얻을 수 있다.
>
> 독서도 이와 비슷하여 글을 읽는 동안에는 인내와 노력이 필요하지만 다 읽고 나면 즐거움과 감동을 맛볼 수 있다.

2 위 글에 사용된 논증 방법의 효과를 글쓴이가 전달하고자 하는 내용과 연관 지어 설명해 봅시다.

예시 답 | 보편적인 원칙보다 생생하고 구체적인 예시를 진술하여 독자가 이해하기 쉽다.

➕ 보충 자료

유추를 사용하면 효과적인 경우	유추를 사용하지 않는 것이 좋은 경우
• 보편적인 원칙보다 생생하고 구체적인 예시를 진술하면 독자의 반응이 더 클 것으로 예상될 때 • 전제를 명확하게 진술하는 방식이 떠오르지 않을 때	• 비유의 타당성을 독자들이 의심할 수 있을 때 • 유추가 이유와 주장에 어떻게 적용되는지 독자들이 의심할 수 있을 때

지학이가 도와줄게! – 3

귀납 논증의 한 종류에 해당하는 유추는 일상생활에서도 사용하는 경우가 많아. 제시된 글은 등산과 독서의 과정이 비슷한 점에 착안하여 유추의 방법으로 주장을 펴고 있어. 논증의 과정을 구조화하며 이해해 보자.

시험엔 이렇게!!

6. 다음 글에 사용된 논증 방식을 밝혀 쓰시오.

> 황량한 사막의 어딘가에는 오아시스가 있다. 이와 마찬가지로 고달픈 인생살이에서도 어딘가에는 위로와 기쁨을 주는 진정한 친구가 있는 법이다.

7. 유추의 방식을 사용하여 글을 쓰기 위한 계획으로, 적절하지 않은 것만 골라 묶은 것은?

ㄱ. 등산과 독서의 유사점에 바탕을 두고 결론을 이끌어 내야겠어.
ㄴ. 문제 해결 방식의 논증 방법으로 주장을 펴야겠어.
ㄷ. 등산은 일반적인 원리이므로 여기에서 독서란 구체적인 사실을 이끌어 내야지.
ㄹ. 독서의 효과를 등산에 빗대어 주장하면 독자가 더 생생하게 느낄 수 있을 거야.
ㅁ. 등산과 독서에 대한 분석을 통해 객관적인 정보를 전달해야겠어.

① ㄱ, ㅁ   ② ㄷ, ㄹ
③ ㄴ, ㄹ   ④ ㄴ, ㄷ, ㅁ
⑤ ㄷ, ㄹ, ㅁ

학습활동

창의 · 융합 활동

▍ 다음은 어느 논증의 오류를 설명하기 위한 만화입니다. 만화를 보고, 이어지는 활동을 해 봅시다.

논증의 오류 이해하기

한 농부가 칠면조 한 마리를 사서 키우기 시작했습니다.

농부는 하루도 거르지 않고, 매일 아침 6시와 저녁 6시에 모이를 주었습니다.

처음에 칠면조는 조심스레 다가가 눈치를 보며 모이를 먹었습니다.

한 달, 두 달이 지나자 칠면조는 과거의 경험을 통해 '매일 6시는 식사 시간'이라는 나름대로의 법칙을 세웁니다.

오우, 6시! 식사 시간이구나.

그 후 이 법칙의 정당성은 아침, 저녁으로 확인되었습니다.

아홉 달, 열 달이 지나자 칠면조는 매일 6시가 되면 아무런 의심 없이 먼저 달려가 기다렸다 모이를 먹었습니다.

열한 달째 되던 날, 추수 감사절이 되자 칠면조는 아침에 모이를 먹었으나 저녁에는 먹지 못했습니다.

꼬르륵

농부가 저녁에 모이를 주는 대신 칠면조를 만찬 식탁에 올렸기 때문입니다.

○ 논리적 오류의 유형

겉으로는 확실해 보이나 실제로는 잘못된 추리를 가리키는 논리학 용어이다.

• **성급한 일반화의 오류**: 제한된 정보, 불충분한 자료, 대표성을 결여한 사례 등의 특수한 경우를 근거로 하여 성급하게 일반화하는 오류

예 음식점에 가면 음식을 빨리 달라고 독촉하고, 일할 때면 빨리 빨리를 입에 달고 하나. 이런 것을 보면 저 사람은 성질이 급함에 틀림 없어.

• **원인 오판의 오류**: 어떤 사건의 원인과 결과를 혼동하거나, 단순히 시간적 선후 관계를 인과 관계로 혼동함으로써 발생하는 오류

예 저 사람이 우리 마을에 오고 나서 사고가 자꾸 발생해. 저 사람이 문제이니 내보내야 해.

• **잘못된 유추**: 부당하게 적용된 유추에 의해 잘못된 결론을 이끌어 내는 오류

예 오래된 포도주일수록 맛도 좋고 향기도 진하듯이, 지식도 오래 된 지식이라야 더 가치가 있다.

• **흑백 논리의 오류**: 어떤 주장에 대해 선택 가능성이 두 가지밖에 없다고 생각함으로써 발생하는 오류

예 그녀는 나한테 싫다고 말한 적이 없다. 그러므로 그녀가 나를 좋아하는 것은 분명한 사실이다.

• **발생학적 오류**: 어떤 대상의 기원이 갖는 속성을 그 대상도 그대로 가지고 있다고 추리하는 오류

예 민희는 수학을 잘할 거야. 왜냐하면 민희 어머니께서 뛰어난 수학 선생님이거든.

1. 이 만화의 논지 전개 방식을 파악해 봅시다. 예시 답 |

칠면조의 경험(사례)	칠면조의 예측	실제 결과
농부는 하루도 거르지 않고 매일 아침 6시와 저녁 6시에 모이를 준다.	농부는 앞으로도 매일 아침 6시와 저녁 6시에 모이를 줄 것이다.	열한 달째가 되던 날, 농부는 칠면조를 추수 감사절 만찬에 올린다.

만화를 읽고, 만화의 내용을 '칠면조의 경험-칠면조의 예측-실제 결과'로 정리해 보면 어떤 방식으로 논지가 전개되었는지 쉽게 파악할 수 있어.

2. 이 만화는 어떤 논증 방법의 단점을 드러내는 것인지 파악하고, 이를 통해 말하려고 한 바를 이해해 봅시다.

예시 답 | 이 만화는 성급한 일반화의 단점을 드러내기 위한 것으로, 일반적인 원리를 도출할 때는 충분한 사례를 통해야 한다는 점, 대표성을 가진 사례들을 활용해야 한다는 점을 이야기하고 있다.

칠면조는 경험에 의한 사례가 충분하다고 생각했지만 실제로는 충분하지 않았던 거야. 이는 일반화의 단점에 해당하는 것이지.

3. 일상생활에서 이 만화에 나타난 것과 같은 종류의 논증 방법의 단점을 떠올려 보고, 이를 친구들에게 소개해 봅시다.

> 예 나는 2학년 2학기 달리기 대회에서 1등을 했다. 3학년에 올라와서 1학기 달리기 대회에서 1등을 했다. 그러므로 2학기 달리기 대회에서도 내가 1등을 할 것이다.

예와 같이 생활 속에서 성급한 일반화를 한 사례를 찾아보자. 이 활동을 통해 일반화의 개념과 특징, 단점을 더 잘 이해할 수 있을 거야.

● 친구들의 소개를 듣고, 적합한 사례인지 평가해 봅시다.

예시 답 | • 1학년 소풍날 날씨가 맑았고, 2학년 소풍날도 날씨가 맑았다. 그러므로 3학년 소풍날도 날씨가 맑을 것이다.
→ 평가: 소풍날은 일기예보를 고려하여 날짜를 정하므로 맑을 가능성이 높긴 하겠지만, 날씨는 작은 변수로도 바뀔 수 있으므로 일반화의 단점의 예로 적절하다.
• 까마귀는 날 수 있고 참새도 날 수 있다. 뻐꾸기도 날 수 있고 비둘기도 날 수 있다. 그러므로 모든 새는 날 수 있다.
→ 평가: 대부분의 새들은 날 수 있지만, 펭귄이나 타조 등의 날지 못하는 새를 확인하지 않은 경우이므로 일반화의 단점의 예로 적절하다.

소단원 콕! 짚고 가기

제재 정리

글쓴이	이준기	갈래	①□□□(주장하는 글)
성격	②□□적, 설득적, 체계적, 예시적	제재	디지털 기술 의존 현상
주제	디지털 기술 의존 현상은 인간 진화의 자연스러운 양상이니 걱정하지 말고, 미래형 인간을 향한 진보의 결과로 받아들이자.		
특징	• 디지털 치매의 사례를 통해 독자의 주의를 환기함. • 귀납 논증을 사용하여 디지털 치매는 인간 진화의 양상이라는 주장을 펼침.		

핵심 포인트

1. 디지털 치매의 개념과 이에 대한 인식

디지털 치매	디지털 기술에 지나치게 의존한 나머지 기억력과 계산 능력 등이 현저하게 떨어지는 현상

부정적으로 인식		③□□□으로 인식(글쓴이)
치매처럼 뇌 기능이 떨어지므로 걱정할 일임.	대조	인간 진화의 자연스러운 양상이니 걱정할 일이 아님.

2. 주장과 근거

주장		④□□
디지털 치매는 인간 진화의 양상이며 미래형 인간을 향한 진보의 결과임.	뒷받침	• 권위 있는 철학자 미셸 세르의 견해 인용(인간은 진화하면서 한 가지 능력을 상실하면 새로운 능력을 획득함.) • 복잡한 현대 사회에서는 정보 기억 능력보다 정보 검색 원천이나 방법이 더 중요해짐.

3. 논증의 종류

귀납	개별적이고 특수한 사실이나 현상에서 ⑤□□□인 사실이나 진리를 결론으로 이끌어내는 논증 방법. 일반화나 유추도 여기에 속함.	
	• 손을 도구로 사용: 입은 무는 기능이 퇴화하고, 말하는 기능을 획득 • 문자와 인쇄술의 발명: 기억력이 저하되지만 지식 생산에 능력 활용 • 휴먼 인페이스: 기억력, 계산력은 약화되지만 정보 통제, 관리 및 지식 창조 능력 향상	인간은 상실하는 능력이 있으면 얻게 되는 능력도 있음.
⑥□□	일반적 원리나 진리를 전제로 하여 특수한 사실을 결론으로 이끌어 내는 방법. 삼단 논법이 대표적임.	
유추	둘 이상의 대상이나 현상이 몇 가지 점에서 ⑦□□하다는 점을 근거로 하나의 대상에서 나타나는 현상이 다른 대상이나 현상에서도 그럴 것이라고 추론하는 논증 방법	

정답: ① 논설문 ② 논리 ③ 낙관적(긍정적) ④ 근거 ⑤ 일반적 ⑥ 연역 ⑦ 비슷

[01~04] 다음 글을 읽고, 물음에 답하시오.

가 모든 전화번호가 휴대 전화에 저장돼 있으나 외우고 있는 전화번호는 손가락으로 꼽을 정도이고, 노래방 기기가 없이는 애창곡 하나 부를 수 없으며, 계산기가 없으면 암산은커녕 간단한 계산조차 하지 못한다. 내비게이션이 없으면 여러 번 갔던 길도 찾을 수 없고, 심지어는 가족의 생일과 같은 단순한 정보도 기억하지 못하는 경우가 있다. 이러한 현상을 '디지털 치매', 또는 '아이티(IT) 건망증'이라 부른다.

나 이처럼 디지털 기술에 지나치게 의존한 나머지 기억력과 계산 능력 등이 현저하게 떨어지는 현상에 관해 많은 사람들이 걱정을 한다. 하지만 이러한 현상은 단지 좋다, 나쁘다고 쉽게 말할 성격의 것은 아니다. 왜냐하면 디지털 치매 현상은 인류의 진화, 우리 사회의 노동 환경의 변화와 연관된 복잡한 현상이기 때문이다. 여기서는 디지털 치매 현상에 관해 ㉠우리가 생각하지 못했던 측면들을 살펴보고자 한다.

다 먼저 프랑스의 철학자 미셸 세르의 저서 『호미네상스(Hominescence)』와 2005년 12월 '새로운 기술들은 우리에게 무엇을 가져다 주는가'라는 제목의 강연 내용을 살펴보면 인류의 진화 과정에 관한 흥미로운 내용을 볼 수 있다. 이를 요약하면 다음과 같다.

[A]

- ⓐ직립 원인으로 진화하는 과정에서 인류는 손을 도구로 사용하게 됨으로써 그 이전에 먹이나 물건을 무는 데 쓰였던 입의 기능이 퇴화했지만, 그 대신 입은 말하는 기능을 획득했다.
- ⓑ문자와 인쇄술이 발명되면서 인간은 호메로스(Homeros)의 서사시를 암송할 수준의 기억력을 상실했지만, 기억의 압박에서 해방되어 새로운 지식 생산과 같은 일에 능력을 활용하게 되었다.
- ⓒ오늘날, 휴먼 인터페이스로 인해 인간은 기억력, 계산력 등이 약화되었지만 단순 기억이나 계산의 부담에서 벗어나 정보를 통제하고 관리하며, 지식을 창조하는 능력이 향상되었다.
- ⓓ인류의 진화 과정과 역사를 돌아볼 때, 인간은 상실하는 능력이 있으면 동시에 얻게 되는 능력도 있다.

이러한 관점으로 볼 때, 디지털 기술은 인간의 기억력, 계산력 등의 약화를 가져온 대신 그보다 창조적인 능력을 향상한 것이라 볼 수 있다. 그러므로 디지털 치매 현상은 인간 진화의 양상으로 볼 수 있지 않겠는가?

01. 이 글의 설명 방법으로 적절하지 <u>않은</u> 것은?

① 중요 용어의 개념을 정의하였다.
② 구체적인 사례를 통해 독자의 주의를 환기하고 있다.
③ 대상에 대한 독자의 생각을 변화시킬 목적을 갖고 있다.
④ 효과적인 정보 전달을 위해 다양한 추론 방법을 사용하고 있다.
⑤ 권위 있는 전문가의 저서를 인용하여 주장의 신뢰성을 높이고 있다.

02. 이 글의 내용을 이해한 것으로 적절하지 <u>않은</u> 것은?

① 디지털 치매 현상은 일하는 환경의 변화와 연관된다.
② 새로운 능력을 얻는 과정에서 기존의 능력은 약화된다.
③ 디지털 치매 현상에 대해 걱정하는 사람들이 많이 있다.
④ 인류는 기술이 발달하면서 지속적으로 지능이 쇠퇴하였다.
⑤ 디지털 기기 의존 현상은 기억력이나 계산 능력의 약화를 가져온다.

활동 응용 문제

03. [A]에 대한 설명으로 적절하지 <u>않은</u> 것은?

① 귀납 논증의 예이다.
② ⓐ~ⓒ를 바탕으로 ⓓ을 이끌어 냈다.
③ ⓐ~ⓒ는 구체적인 사례, ⓓ는 일반적인 원칙이다.
④ ⓐ~ⓒ의 사례가 많이 확인될수록 ⓓ가 참일 확률이 높아진다.
⑤ ⓐ~ⓒ에 담긴 일반적 진리를 전제로 하여 ⓓ라는 특수한 사실이 결론으로 도출되었다.

| 서술형 |

04. (다)의 내용을 참고하여, 글쓴이가 살펴보고자 하는 ㉠은 무엇인지 서술하시오.

┤ 조건 ├
- 20자 내외의 한 문장으로 쓸 것.
- 글에 들어 있는 말을 활용하여 쓸 것.

[05~10] 다음 글을 읽고, 물음에 답하시오.

가 먼저 프랑스의 철학자 미셸 세르의 저서 『호미네상스(Hominescence)』와 2005년 12월 '새로운 기술들은 우리에게 무엇을 가져다 주는가'라는 제목의 강연 내용을 살펴보면 인류의 진화 과정에 관한 흥미로운 내용을 볼 수 있다. 이를 요약하면 다음과 같다.

[A] ─ 직립 원인으로 진화하는 과정에서 인류는 손을 도구로 사용하게 됨으로써 그 이전에 먹이나 물건을 무는 데 쓰였던 입의 기능이 퇴화했지만, 그 대신 입은 말하는 기능을 획득했다.
─ 문자와 인쇄술이 발명되면서 인간은 호메로스(Homeros)의 서사시를 암송할 수준의 기억력을 상실했지만, 기억의 압박에서 해방되어 새로운 지식 생산과 같은 일에 능력을 활용하게 되었다.
─ 오늘날, 휴먼 인터페이스로 인해 인간은 기억력, 계산력 등이 약화되었지만 단순 기억이나 계산의 부담에서 벗어나 정보를 통제하고 관리하며, 지식을 창조하는 능력이 향상되었다.
─ 인류의 진화 과정과 역사를 돌아볼 때, 인간은 상실하는 능력이 있으면 동시에 얻게 되는 능력도 있다.

이러한 관점으로 볼 때, 디지털 기술은 인간의 기억력, 계산력 등의 약화를 가져온 대신 ⊙그보다 창조적인 능력을 향상한 것이라 볼 수 있다. 그러므로 디지털 치매 현상은 인간 진화의 양상으로 볼 수 있지 않겠는가?

나 현대의 노동 환경을 생각해 보자. 우리는 과거와 완전히 다른 방식으로 일하고 있다. 세상은 훨씬 더 복잡해졌고 제공되는 정보의 양은 너무나 많다. 상대해야 하는 사람의 수도 훨씬 많아졌고, 무엇보다도 발달된 정보 통신 기술 때문에 이들을 실시간으로 상대해야 하는 환경에 처해 있다. 어느 여류 작가의 말처럼, 오늘날 우리는 ⓒ'끊임없는 작은 집중'의 시대에 살고 있다. 이 일에서 저 일로 빨리빨리 주의를 옮겨 가야 할 때, 아무리 집중을 하더라도 우리는 그 각각의 일에 관한 정보를 모두 갖고 있기가 힘들게 마련이다. 수많은 일을 처리해야 하는 이러한 근무 환경에서라면 많은 정보들을 다른 곳에 저장했다가 필요할 때마다 빨리 찾아내어 사용하는 것이 효율적인 방법인 동시에 불가피한 선택이라 하겠다. 이제 정보는 '기억하는' 것이 아니고 '찾는' 것인 시대가 되고 있는 것이다.

다 일하는 환경이 이렇게 바뀜에 따라 우리 뇌의 능력은 점점 기억하는 뇌가 아닌 필요한 정보를 빨리 찾는 뇌로 바뀌어 가고 있다. 자신이 알고 있는 몇몇 정보보다는 다른 사람이 갖고 있는 모든 정보를 모아 놓은 것이 정보로서 훨씬 더 가치가 있으며, 자기 자신만의 정보를 잘 기억하는 능력보다는 여기저기 놓여 있는 정보를 효과적으로 잘 찾는 능력이 훨씬 중요하게 여겨지는 사회로 바뀌고 있는 것이다. 어떤 사람들은 지금과 같은 디지털 기술 의존 현상이 결국 기억 능력을 크게 떨어뜨려 인간을 퇴보하게 할 것이라고 주장하지만, 보조 기억을 디지털 기기로 이동하는 것이 기억 능력의 퇴보는 아니라고 본다. 정보를 어디서 찾을 수 있는가에 대한 정보도 기억이 돼야 하며, 앞으로는 정보 자체의 기억보다는 이런 정보를 찾을 수 있는 원천이나 방법에 대한 기억이 더욱 중요해질 것이기 때문이다.

라 요컨대 디지털 기술 의존 현상은 인간의 진화와 문명의 진전 과정에서 늘 존재해 왔던 기존의 기술 의존 현상과 다를 바 없는 것이요, 방대한 정보 처리와 효율적 업무 처리를 요하는 현대 사회의 환경에 적응하기 위한 불가피한 선택일 뿐이며, 그로 인해 오히려 더욱 창조적인 새로운 능력을 인간에게 가져다준 것으로 보아야 한다. 그러니 굳이 디지털 치매라는 이상한 종류의 병에 걸렸다고 걱정하지 말고 인간 진화의 자연스러운 양상일 뿐이며 미래형 인간을 향한 진보의 결과로 마음 편하게 받아들이길 권할 따름이다.

---

05. 이 글을 쓰기 위한 글쓴이의 계획으로 적절하지 <u>않은</u> 것은?

① 주장과 근거를 잘 배치해서 논리적으로 서술해야겠군.
② 미셸 세르의 견해를 근거로 해서 주장을 뒷받침해야겠군.
③ 현대 사회의 특징을 잘 나타내는 말을 골라 인용해야겠군.
④ 인류는 끊임없이 진보한다는 것을 결론으로 이끌어 내야겠군.
⑤ 디지털 치매 현상이 생기는 이유를 노동 환경의 변화와 연관 지어 뒷받침해야겠군.

06. 이 글의 내용을 참고할 때, ⊙으로 보기에 적절하지 <u>않</u>은 것은?

① 지식 생산 능력   ② 정보 암기 능력
③ 정보 통제·관리 능력   ④ 정보 검색 능력
⑤ 정보 탐색 방법의 기억 능력

07. 이 글을 통해 짐작할 수 있는 현대 사회의 특징으로 적절하지 <u>않은</u> 것은?

① 디지털 기기 의존도가 높아졌다.

② 실시간으로 많은 사람이나 정보를 상대한다.

③ 정보가 대중화되어 직업을 바꾸는 것이 쉬워졌다.

④ 정보 통신 기술의 발달로 방대한 정보가 제공된다.

⑤ 필요한 정보를 효과적으로 잘 찾는 능력이 중요해졌다.

08. 〈보기〉는 이 글의 글쓴이의 주장에 반론을 제기하기 위해 수집한 자료이다. ㄱ~ㅁ 중 비판 근거로 쓰기에 적절한 내용만 묶은 것은?

┤ 보기 ├

ㄱ. 벨기에 일부 기술 철학자들은 디지털 치매 등을 낳는 기술 발전이 전통적인 인간 본성의 관념을 변형시키고 있다는 점을 지적한다.

ㄴ. 의사 결정에 영향을 주는 중요한 정보에 초점을 맞추기 위해 우리 뇌는 부적절하거나 사소한 정보를 망각한다는 연구 결과가 나왔다.

ㄷ. 독일 철학자 하이데거는 조건이나 상황을 고려하지 않고, 옳고 그름을 따지지 않는 기술의 맹목적 속성은 인간 존재에 큰 위협이 된다고 경고한 바 있다.

ㄹ. 기술이 발전하면서 인간의 능력 중 어디까지가 잃어도 좋은 사소한 능력인지, 얻을 수 있는 새로운 능력인지 분명하지 않은 상태에서 기술 낙관주의를 주장하는 것은 문제가 있다.

ㅁ. 기술 발전과 그로 인한 기기 의존이 인간 고유의 능력들, 즉 이성의 핵심 기능도 상실할 것이라고 내다보는 학자들이 있다. 데이터를 수집, 가공, 해석하는 모든 과정을 컴퓨터에 의존하는 과학자들이 이를 잘 보여 준다.

① ㄴ, ㄷ ② ㄱ, ㄷ, ㄹ

③ ㄱ, ㄴ, ㄷ, ㄹ ④ ㄱ, ㄷ, ㄹ, ㅁ

⑤ ㄴ, ㄷ, ㄹ, ㅁ

활동 응용 문제

09. [A]에 사용된 논증 방식에 대한 설명으로 적절하지 <u>않은</u> 것은?

① 구체적인 사실들에서 예외가 발견되면 결론이 부정된다.

② '구체적인 사실들+결론'과 같은 형식으로 이루어진다.

③ 구체적인 사실에서 일반적인 원리를 이끌어 내는 논증 방식이다.

④ 결론이 참이 되기 위해서는 가능한 한 많은 사례를 제시해야 한다.

⑤ 전제로 사용되는 구체적인 사실들은 서로 대립되는 내용이어야 한다.

| 서술형 |

10. ⓒ의 의미를 〈조건〉에 맞게 서술하시오.

┤ 조건 ├

• 현대의 노동 환경과 관련지어 한 문장으로 요약하여 서술할 것.

활동 응용 문제

11. 〈보기〉에 사용된 논증에 대한 설명으로 적절하지 <u>않은</u> 것은?

┤ 보기 ├

사람은 사회적 동물이다. 누구나 사회적 집단을 이루어 살면서 가정, 마을, 나아가 국가라는 공동체와 더불어 산다. 사람은 날마다 먹는 음식, 입는 옷, 사는 집 등의 삶의 기본 요소를 혼자 힘으로는 마련하기 힘든 데다가, 사람 간의 관계를 추구하며 함께 어울려 살기를 원하기 때문이다. 우리는 모두 이러한 사람이다. 그러므로 우리는 사회적 동물이다.

① 대전제가 거짓이면 결론도 거짓이 된다.

② '대전제-소전제-결론'으로 이루어지는 삼단 논법이다.

③ 결론은 새로운 주장이 아니라 대전제에 이미 포함되어 있다.

④ '사람은 사회적 동물이다.'라는 대전제를 통해 결론을 이끌어 냈다.

⑤ 개별적 사실을 통해 일반적 사실을 이끌어 내는 논증 방법을 사용하였다.

②비판적으로 분석하며 듣기

● 이렇게 열자 ●

생각 열기

다음 그림을 보고, 말하는 이의 설득 전략에 주목하여 아래의 활동을 해 봅시다.

강아지 전용 사료입니다. 먹이면 증세가 좋아질 거예요.

옆집 강아지도 이 사료 먹고 좋아졌대요.

제시된 두 상황에서 모두 강아지 사료를 추천하고 있다. 첫 번째 그림은 수의사가, 두 번째 그림은 아주머니가 말하고 있다. 그런데 누가 하는 말이 더 설득적일까? 그리고 그 설득된 이유는 무엇일까?

이 활동을 통해 말하는 사람이 누구인가에 따라 설득의 효과가 달라진다는 것을 이해할 수 있다.

이 단원에서는 이처럼 설득력에 영향을 주는 요인들, 즉 여러 가지 설득 전략에 대해 알아보자. 또 설득하는 말을 비판적으로 분석하며 듣는 법에 대해서도 생각해 보자.

• 나라면, 위의 두 사람 중 어떤 사람이 파는 사료를 선택할까요?

예시 답 ㅣ 수의사

• 왜 그렇게 생각했는지 그 까닭을 말해 봅시다.

예시 답 ㅣ 수의사는 동물에 관한 전문적인 지식을 가진 사람이므로 강아지의 증상을 완화하는 데 도움을 주는 사료를 권했을 것이라고 생각했기 때문이다.

이 단원의 학습 요소

학습 목표 ㅣ 설득 전략을 비판적으로 분석하며 들을 수 있다.

설득 전략 파악하기	▶	일상생활에서 활용하는 설득 전략의 종류와 그 효과를 이해한다.
설득 전략을 비판적으로 분석하며 듣기	▶	연설을 듣고, 연설에 나타난 설득 전략을 살펴보며 비판적으로 분석하며 듣는 태도를 기른다.

🌱 소단원 바탕 학습

핵심 개념 미리 보기 🕮

1. 비판적 듣기

(1) 비판적 듣기의 개념

단순히 들은 정보를 이해하고 수용하는 데 그치지 않고, 상대방의 입장이나 견해를 평가하고 판단하면서 듣는 방법이다.

(2) 비판적 듣기의 필요성과 평가 기준

여러 가지 매체를 통해 접하게 되는 다양한 주장들을 합리적으로 평가하고 수용하기 위해 우리가 갖추어야 하는 중요한 언어 사용 능력 중의 하나이다.

신뢰성	• 전달하는 정보나 자료가 정확한가? • 정보나 자료의 출처를 밝히며 믿을 수 있는가?
타당성	• 주장하는 내용에 관련되는 적절한 근거를 들고 있는가? • 근거를 바탕으로 주장을 이끌어 내는 방식이 논리적 추론 형식에 맞는가?
공정성	• 화자의 주장은 보편적 진리에 비추어 볼 때 정의로운 것인가? • 화자는 어느 한쪽으로 치우치지 않고 공평하게 주장을 펴고 있는가?

2. 연설

개념	'청중 설득'을 목적으로 하여 격식을 갖춰 말하는 공적인 말하기
특성	화자와 청중이 일대다(一對多)의 형식으로 의사소통하고, 화자를 중심으로 진행됨.

3. 설득 전략의 개념과 종류

설득 전략은 상대의 신념이나 태도, 행동을 변화시키려는 목적으로 사용한다. 비판적 듣기를 위해서는 설득 전략이 적절한지를 판단하며 듣는 것이 필요하다.

① 이성적 설득

• 논리적이고 이성적인 방법으로 화자의 주장을 뒷받침하는 전략이다.

• 논리적이고 체계적인 설명을 통해 상대방을 설득하는 효과가 있다. **예** 홍수로 인한 피해 상황을 언급하고, 홍수의 원인과 앞으로의 대처 방안에 관해 논리적으로 연설한다.

② 감성적 설득

• 청중의 욕망과 분노, 자긍심, 동정심 등과 같은 감정에 호소하여 청중의 마음을 움직이게 하는 전략이다.

• 상대방의 감성을 자극하여 호소력 있게 설득하는 효과가 있다. **예** 홍수로 인한 피해 상황의 사례를 생생하게 소개하여 청중이 지닌 동정심을 자극하면서 청중으로부터 반드시 대책이 필요하겠다는 감성을 이끌어 낸다.

③ 인성적 설득

• 화자의 사람 됨됨이를 바탕으로 하여 화자의 주장에 신뢰를 갖게 하는 전략이다.

• 말하는 사람의 됨됨이, 인성, 전문성 등을 통해 설득하는 효과가 있다. **예** 홍수로 인한 피해 상황을 보도하면서 전문가를 초빙하여 앞으로의 대책을 논의한다.

눈으로 찍고 가기 🕮

1. 비판적 듣기가 필요한 이유로 가장 알맞은 것은?
① 들은 내용을 쉽게 이해하기 위해서
② 화자의 생각이나 견해를 잘 받아들이기 위해서
③ 들은 내용을 합리적으로 평가하고 수용하기 위해서
④ 화자의 생각이나 감정을 깊이 있게 공감하기 위해서
⑤ 화자가 생략하거나 표현하지 않은 내용을 추리하기 위해서

2. 연설의 목적은 무엇인지 2어절로 쓰시오.

3. 다음 빈칸에 들어갈 알맞은 말을 쓰시오.
(1) 논리적인 방법으로 주장에 대한 타당한 근거를 들어 설득하는 것을 (   )적 설득 전략이라고 한다.
(2) 화자의 성품이나 평판, 경험, 전문성을 들어 설득하는 것을 (   )적 설득 전략이라고 한다.

정답: 1. ③ 2. 청중 설득 3. (1) 이성, (2) 인성

활동 1 설득 전략 이해하기

▌ 다음의 대화에 나타난 설득 전략을 찾고, 그 효과를 말해 봅시다.

가 상점에서 점원이 휴대 전화를 파는 상황

이 전화기의 좋은 점은 무엇이죠?

이 전화기는 새로운 처리 장치를 *장착하여 이전 기종보다 두 배 이상 빨라졌습니다. 카메라의 성능도 향상되어 마치 고성능 카메라로 찍은 것 같은 원근감 표현이 가능합니다.

나 오디션 상황

왜 이 오디션에서 당신을 뽑아야 하는지, 당신이 이 역할에 적합한 인물인지를 말해 보세요.

저는 그동안 평범한 삶을 살았습니다. 영화 속 이름 없는 *행인 1이나 손님 2와 같은 삶이었죠. 이제는 나를 위한 삶을 살며 제 삶의 주인공이 되고 싶습니다.

다 주민 대표 선거 상황

오늘 제가 이 자리에서 말씀 드리려고 하는 것은······.

저분은 평소에도 이웃을 위해 봉사 활동도 많이 하시고, 항상 *솔선수범하신대. 저런 분이라면 우리 대표로 뽑아 드려야지.

❝ **학습 포인트**
· 설득 전략 파악하기
· 설득 전략의 개념과 효과, 필요성 이해하기

○ **활동 탐구**
일상의 구체적인 대화 상황에서 사용된 설득 전략을 살펴보고, 그 개념을 확인하는 활동이다.

○ **가 ～ 다의 대화 상황**
· **가** 점원은 추천하는 전화기의 장점을 '처리 속도'와 '카메라의 성능' 면에서 향상된 점을 근거로 제시함. → 이성적 설득
· **나** 참가자는 이름 없는 평범한 인물에서 주인공이 되고 싶다는 소망을 밝혀 오디션 심사 위원의 감정에 호소함. → 감성적 설득
· **다** 주민은 화자의 평소 행동과 태도에서 신뢰심을 얻고 있어 설득 효과가 높음. → 인성적 설득

➕ **보충 자료**
화자의 공신력
화자가 청자에게 공적으로 신뢰를 받을 만한 능력을 의미한다.

전문성	화자가 해당 문제에 관해 충분한 지식이나 경험을 갖추고 있는가에 관한 요소 예 화자의 지적 수준, 학력, 경험 등
성품	화자의 성품이 신뢰할 만한 것인가에 관한 요소 예 화자의 말과 행동, 태도, 성품 등
평판	화자에 관한 주변의 비평이 어떠한지에 관한 요소 예 화자의 인간성, 관계, 습관 등

어휘 풀이
· 장착하여: 장치를 붙여.
· 행인: 길을 가는 사람.
· 솔선수범: 남보다 앞장서서 행동해서 몸소 다른 사람의 본보기가 됨.

1. **가**, **나**, **다**에 나타난 설득 전략과 그 효과를 바르게 연결해 봅시다.

감성적 설득
- 청중의 욕망과 분노, 자긍심, 동정심 등과 같은 감정에 호소하여 청중의 마음을 움직이게 하는 전략
- 상대방의 감성을 자극하여 호소력 있게 설득하는 효과가 있음.

인성적 설득
- 화자의 사람 됨됨이를 바탕으로 하여 화자의 주장에 신뢰를 갖게 하는 전략
- 화자의 됨됨이, 인성을 통해 설득하는 효과가 있음.

이성적 설득
- 논리적이고 이성적인 방법으로 화자의 주장을 뒷받침하는 전략
- 논리적이고 체계적인 설명을 통해 상대방을 설득하는 효과가 있음.

☀ 지학이가 도와줄게! - 1

먼저 설득 전략의 특성을 읽고 이를 이해한 후에 **가**~**다**가 어느 전략에 해당하는지 파악해 보자. 제시된 상황은 각각의 설득 전략이 부각되어 있지만, 실제 일상생활에서는 다양한 설득 전략이 함께 쓰일 수도 있단다.

2. **가**~**다**의 상황을 바탕으로 설득 전략이 적절한지 평가해 보고, 그 까닭을 각각 이야기해 봅시다. 예시 답 ㅣ

가 — 적절하다. 추천하는 전화기의 장점을 항목별로 나누어 설명하면서 향상점들을 근거로 제시하는 이성적 설득 전략을 구현하여 설득력을 갖기 때문이다.

나 — 적절하다. 오디션 참가자는 어떤 이유로 자신이 이 오디션에 적합한 인물인지 이야기함으로써 오디션 심사 위원의 감정에 호소하는 감성적 설득 전략을 구현하여 설득력을 갖기 때문이다.

다 — 적절하다. 주민들의 평판에서 연설자의 평소 인물 됨됨이와 인격적 측면이 드러나고 있고, 이를 통해 인성적 설득 전략이 구현됨으로써 설득력을 갖게 되었기 때문이다.

☀ 지학이가 도와줄게! - 2

제시된 상황에 나타난 설득 전략이 적절한지 평가해 보는 활동이야. 이 활동을 하는 이유는 설득 전략을 비판적으로 분석하며 듣기 위한 것이란다.

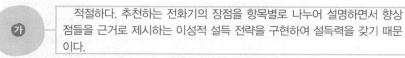

찬찬샘 **핵심** 강의

■ **설득 전략의 종류**

	이성적 설득	감성적 설득	인성적 설득
개념	논리적이고 이성적인 방법으로 화자의 주장을 뒷받침하는 전략	청중의 욕망과 분노, 자긍심, 동정심 등과 같은 감정에 호소하여 청중의 마음을 움직이게 하는 전략	화자의 사람 됨됨이를 바탕으로 하여 화자의 주장에 신뢰를 갖게 하는 전략
효과	논리적이고 체계적인 설명을 통해 상대방을 설득하는 효과가 있음.	상대방의 감성을 자극하여 호소력 있게 설득하는 효과가 있음.	화자의 됨됨이, 인성을 통해 설득하는 효과가 있음.

콕콕 **확인 문제** 정답과 해설 42쪽

1. **가**에 나타난 점원의 설득 전략을 바르게 이해한 것은?

① 친근감을 주어 손님의 호감을 얻고 있다.
② 손님의 필요에 호소하는 감성적 설득 전략을 사용하고 있다.
③ 휴대 전화에 대한 사람들의 평판을 설득 전략에 이용하고 있다.
④ 휴대 전화의 장점을 근거로 제시하는 이성적 설득 전략을 사용하고 있다.
⑤ 통계 자료나 전문 지식을 근거로 하여 논리적으로 대응하는 전략을 사용하고 있다.

ㅣ서술형ㅣ
2. **나**에 사용된 설득 전략은 무엇인지 밝히고, 그 효과를 서술하시오.

활동 2 비판적으로 분석하며 듣기

🎧 다음 연설을 듣고, 이어지는 활동을 해 봅시다.

❝ 학습 포인트
• 설득 전략을 파악하기
• 설득 전략을 비판적으로 분석하기

나에게는 꿈이 있습니다

마틴 루서 킹

청중: '워싱턴 평화 행진'의 참가자

저는 오늘 우리 역사에서 자유를 위한 가장 위대한 행진으로 기억될 이 자리에 여러분
<u>1963년, 미국 워싱턴에 모여 벌인 흑인들의 인종 차별 철폐 시위. 연설이 끝나고 함께 워싱턴을 행진하며 의지를 보여 줌.</u>
과 함께하게 되어 기쁩니다.

100년 전, 우리 위대한 미국인(링컨 대통령)이 노예 해방령에 서명했습니다. 지금 우리는 그를 상징하는 자리에 서 있습니다. 그 중대한 선언은 부당함이라는 불길에 몸을 데이며 시들어 간 수백만 흑인 노예들에게 희망의 등불이었습니다. 그 선언은 노예 생활의 기나긴 밤을 걷어 내는 환희의 새벽이었습니다. → 노예 해방령이 이루어진 100년 전의 오늘

그러나 그로부터 100년이 지났지만 흑인은 여전히 자유롭지 못합니다. 100년이 지났지만 흑인은 여전히 인종 분리 정책이라는 족쇄와 인종 차별이라는 쇠사슬에 묶인 채 절
<u>죄인의 발목에 채우는 쇠사슬. 자유를 제한하는 것을 비유적으로 이르는 말</u>
뚝거리며 비참하게 살고 있습니다. 100년이 지났지만 흑인은 이 거대한 물질적 풍요의 바다 한가운데에 가난이라는 섬에 고립되어 살고 있습니다. 100년이 지났지만 흑인은 여
<u>흑인들의 빈곤한 현실</u>
전히 미국 사회의 후미진 곳으로 내몰려, 자신의 땅에서 추방당한 채 살고 있습니다. 그
<u>구석지고 으슥한</u>
리하여 우리는 이 치욕스러운 현실을 알리고자 오늘 이 자리에 모였습니다. [중략]
<u>워싱턴 평화 행진의 목적</u> → 흑인이 처한 비참한 현실을 알리고자 함.

동지 여러분, 저는 오늘 여러분에게 말씀드리고 싶습니다. 절망의 구렁에 빠져 허우적대지 맙시다.

비록 우리는 지금 고난을 마주하고 있지만 나에게는 꿈이 있습니다. 그 꿈은 아메리칸 드림에 깊이 뿌리를 내리고 있습니다.

나에게는 꿈이 있습니다. 언젠가 이 나라가 '모든 인간은 평등하게 태어난다는 사실을
<u>나라를 세우는 데 최고의 이상으로 믿어 지키고 있는 생각</u>
우리는 자명한 진리로 받아들인다.'라는 이 나라 건국 신조의 참뜻을 되새기며 살아가리
<u>설명이나 증명을 하지 않아도 그 자체로 알 수 있을 정도로 명백한</u>
라는 꿈입니다.

나에게는 꿈이 있습니다. 언젠가 조지아주의 붉은 언덕에서 노예의 후손과 노예 주인의 후손이 형제애라는 식탁 앞에 나란히 앉을 수 있는 날이 오리라는 꿈입니다.

나에게는 꿈이 있습니다. 부당함과 억압의 뜨거운 열기로 신음하는 미시시피주도 언젠가 자유와 정의가 샘솟는 오아시스가 되리라는 꿈입니다.

나에게는 꿈이 있습니다. 언젠가 내 아이들이 자신의 피부색이 아니라 인격으로 평가받는 나라에서 살게 되리라는 꿈입니다.

◐ 활동 탐구
연설에 사용된 설득 전략을 비판적으로 분석해 보는 활동이다. 설득 전략이 어디에서 어떻게 나타나 있는지를 찾아보고, 이 설득 전략이 적절한지 판단해 보도록 한다.

◐ 활동 제재 개관
갈래: 연설
성격: 설득적
주제: 흑인에 대한 인종 차별을 철폐하자.
특징
① 역사적 사실을 근거로 제시하여 주장의 정당성을 드러냄.
② 흑인과 백인이 평등하게 지내는 모습을 화자의 간절한 꿈으로 제시하여 청중에게 감동을 줌.

➕ 보충 자료
인종 분리 정책
인종과 민족별로 생활공간과 공공시설 사용 공간 등을 강제로 분리시키는 정책. 주거 시설이나, 학교, 화장실, 급수대, 기차 여객 칸 등을 흑인 전용, 백인 전용으로 나누는 등의 예시가 있다.

아메리칸 드림(American dream)
미국 사람들이 갖고 있는, 미국적인 이상 사회를 이룩하려는 꿈. 다수 미국인의 공통된 소망으로 계급이 없는 사회와 경제적 번영의 재현, 자유로운 정치 체제의 지속 등이다.

➕ 보충 자료
마틴 루서 킹(1929~1968)
미국의 목사이자 인권 운동가, 흑인 해방 운동가. 미국 내 흑인의 인권 운동을 이끌었다. 링컨의 노예 해방 선언 100주년을 기념해 1963년 8월 워싱턴에서는 수십만 명의 흑인이 모여 최대 규모의 흑인 시위를 벌였다. 여기에서 킹 목사는 「나에게는 꿈이 있습니다」라는 명연설을 남겼다. 1964년에 킹 목사는 흑인 인권 신장에 대한 공로로 노벨 평화상을 수상했으며, 미국 내에서는 흑인에 대한 모든 정치적, 사회적 차별 철폐를 규정한 시민권법이 의회를 통과해 흑인 인권 신장의 획기적 전기가 마련되었다. 킹 목사는 1968년 4월, 테네시 주 멤피스에서 한 백인 우월론자의 손에 목숨을 잃고 말았다.

지금 나에게는 꿈이 있습니다!

나에게는 꿈이 있습니다. 지독한 인종 차별주의자들이 들끓는 앨라배마, 주지사가 '주권 우위'라느니, '연방 법령 실시 거부'라느니 같은 말만 떠벌리는 저기 앨라배마에서도 언젠가 흑인 소년, 소녀들이 백인 소년, 소녀들과 형제자매처럼 손을 마주 잡게 되리라는 꿈입니다.
> 미국에서 각 주(州)의 권리가 연방 정부의 법령보다 우위에 있다는 주장
> 미국에서 주(州)가 연방 정부에서 통과된 법령의 실시를 거부하는 것

이것이 우리의 희망입니다. 저는 이러한 믿음을 안고 남부로 돌아갈 것입니다.

이러한 믿음이 있으면 우리는 절망이라는 산을 깎아 희망이라는 돌을 만들 수 있을 것입니다. 이러한 믿음이 있으면 우리는 이 시끄러운 불협화음을 형제애라는 아름다운 교향곡으로 바꿀 수 있을 것입니다. 이러한 믿음이 있으면 우리는 언젠가 자유로워지리라는 사실을 알면서 함께 일하고 함께 투쟁하며 함께 감옥에 갈 것이요, 함께 자유를 옹호할 것입니다.
> ➜ 인종 차별이 없는 평등한 사회가 오기를 소망함.
> 어떤 집단 내의 사람들 사이가 원만하지 않음을 비유적으로 이르는 말
> ➜ 인종 차별이 사라질 것을 믿고 투쟁할 것임.

– 에드워드 험프리 엮음 · 홍선영 옮김, 『사람의 마음을 움직이는 위대한 명연설』

○ 연설문의 평가 항목
• 주장하고자 하는 바가 분명하게 드러나고 있는가?
• 주장에 관한 적절한 근거가 제시되었는가?
• 청중을 고려하였는가?
• 청중의 주목을 끌 수 있는 장치가 마련되었는가?
• 적절한 자료를 활용하여 설득력을 높이고 있는가?

➕ 보충 자료
연설할 때 설득력을 높이는 표현 전략
• 신뢰감을 줄 수 있도록 청중을 바라보며 말한다.
• 목소리의 크기나 높낮이 등을 조절하며 청중의 관심을 끌도록 한다.
• 주제를 효과적으로 전달하기 위해서 알맞은 표정, 몸짓, 손짓을 섞어 가며 말한다.

1. 이 연설의 내용을 다음과 같이 정리해 봅시다.

연설의 목적	인종 차별 철폐의 필요성과 당위성을 주장하고자 한다.
화자	마틴 루서 킹
청중	'워싱턴 평화 행진'의 참가자

지학이가 도와줄게! - 1

연설의 목적, 화자, 청중 등 연설의 구성 요소를 정리해 보는 활동이야. 연설은 어떤 목적으로 어떤 대상에게 하는지에 따라 설득 전략과 연설 내용이 바뀔 수 있어.

2. 이 연설에 나타난 설득 전략을 이해해 봅시다.

1 다음 부분을 참고하여 빈칸을 채워 보고, 이 부분에서 사용한 설득 전략과 그 효과를 파악해 봅시다.

지학이가 도와줄게! - 2 **1**

이성적 설득 요소는 주장과 그 주장을 뒷받침하는 근거로 구성돼. 각각에 해당하는 내용을 찾아보자.

> - 100년 전, 우리 위대한 미국인(링컨 대통령)이 노예 해방령에 서명했습니다. 지금 우리는 그를 상징하는 자리에 서 있습니다. 그 중대한 선언은 부당함이라는 불길에 몸을 데이며 시들어 간 수백만 흑인 노예들에게 희망의 등불이었습니다. 그 선언은 노예 생활의 기나긴 밤을 걷어 내는 환희의 새벽이었습니다.
> - 나에게는 꿈이 있습니다. 언젠가 이 나라가 '모든 인간은 평등하게 태어난다는 사실을 우리는 자명한 진리로 받아들인다.'라는 이 나라 건국 신조의 참뜻을 되새기며 살아가리라는 꿈입니다.

➕ 보충 자료
설득 연설

청중의 신념이나 태도, 행동 등을 변화시키기 위한 목적으로 행해지는 연설이다. 청중을 잘 분석하여 적절하게 대처하는 것이 중요하다.
- 청중이 주제에 관심이 있고, 연사에게 우호적인 경우: 청중이 이미 알고 있는 것은 간단히 하고 바로 구체적이고 자세한 내용으로 들어가면서 긍정적인 부분을 보다 강화하고 청중의 행동을 촉구하는 것이 효과적이다.
- 청중이 주제에 관해 중립적인 입장을 취하는 경우: 가능한 한 여러 가지 설득의 방법을 동원하여 충분한 정보들을 신중하면서도 적극적으로 제공해 주는 것이 효과적이다.

마틴 루서 킹은 설득력 있는 주장을 위해 역사적 사실인 <u>링컨 대통령의 노예 해방령</u> 와/과 <u>미국의 건국 신조</u> 을/를 근거로 제시하고 있어. 이러한 논리적 설득 전략은 주장의 타당성을 높이는 데 효과적이야.

이 부분에서는 <u>이성적</u> 설득 전략을 활용하였구나.

2 다음 부분에 사용된 설득 전략과 효과를 말해 봅시다.

> - 흑인은 여전히 자유롭지 못합니다. 100년이 지났지만 흑인은 여전히 인종 분리 정책이라는 족쇄와 인종 차별이라는 쇠사슬에 묶인 채 절뚝거리며 비참하게 살고 있습니다. 100년이 지났지만 흑인은 이 거대한 물질적 풍요의 바다 한가운데에 가난이라는 섬에 고립되어 살고 있습니다. 100년이 지났지만 흑인은 여전히 미국 사회의 후미진 곳으로 내몰려, 자신의 땅에서 추방당한 채 살고 있습니다. 그리하여 우리는 이 치욕스러운 현실을 알리고자 오늘 이 자리에 모였습니다.

지학이가 도와줄게! - 2 **2**

감성적 설득 요소는 이성적 설득에 비해 찾기 어려울 수 있어. 그러므로 논리적인 주장이 아닌 청중의 감성을 자극하는 요소들이 사용된 곳을 먼저 찾아보는 것도 한 방법일 수 있어.

• 나에게는 꿈이 있습니다. 지독한 인종 차별주의자들이 들끓는 앨라배마, 주지사가 '주권 우위'라느니, '연방 법령 실시 거부'라느니 같은 말만 떠벌리는 저기 앨라배마에서도 언젠가 흑인 소년, 소녀들이 백인 소년, 소녀들과 형제자매처럼 손을 마주 잡게 되리라는 꿈입니다.

　　이것이 우리의 희망입니다. 저는 이러한 믿음을 안고 남부로 돌아갈 것입니다.

예시 답ㅣ 감성적 설득 전략. 흑인들이 처한 인종 차별의 상황을 제시하여 부당한 상황에 관한 청중의 분노에 호소하고 있으며, 흑인과 백인이 평등하게 지내는 모습을 간절한 꿈으로 이야기함으로써 청중에게 감동을 불러일으키고 희망을 전달하고 있다.

3 다음은 이 연설의 화자인 마틴 루서 킹에 관한 설명입니다. 이를 바탕으로 화자의 어떤 면이 설득력을 지녔는지 말해 봅시다.

> 　　마틴 루서 킹은 미국의 목사이자 시민권 운동을 이끈 지도자이다. 1955년 앨라배마주의 버스에서 한 흑인 여성이 백인 승객에게 자리를 양보하지 않아 체포되자, 마틴 루서 킹은 비폭력적인 시위를 통해 인종 차별 금지 판결을 받아 냈다. 이후 그는 전국을 돌며 흑인 인권 보호를 위한 강연을 했고, 비폭력 저항 운동을 펼쳤다. 킹은 「나에게는 꿈이 있습니다」라는 연설을 통해 흑인과 백인이 평등한 세상을 주장하였으며, 그해 35세의 나이로 최연소 노벨 평화상 수상자가 되었다.

예시 답ㅣ 화자 마틴 루서 킹은 여러 가지 시련에도 불구하고 흑인들의 인권을 위해 앞장 선 흑인 인권 운동의 지도자였다. 그는 부당한 현실을 개혁하기 위해 끊임없이 노력한 사람이므로 이러한 그의 인성적인 측면이 설득력을 갖게 하고 있다.

찬찬샘 핵심 강의

■ **비판적으로 분석하며 듣기**

　　비판적 듣기를 할 때는 화자의 설득 전략을 이해하는 것이 중요해. 설득 전략을 알면 화자가 어떤 목적으로, 목적을 이루기 위해 어떤 전략을 사용하는지 분석적으로 이해하며 들을 수 있기 때문이지. 제시된 마틴 루서 킹의 연설은 감동적이고 설득력이 뛰어난 명연설로 손꼽히고 있어. 인종 차별 철폐를 목적으로 행해진 이 연설에는 이성적, 감성적, 인성적 설득 전략을 모두 찾아볼 수 있단다. 설득 전략이 사용된 부분은 아래와 같아.

♪핵심 포인트♪

마틴 루서 킹의 연설에서 설득력을 높이는 요소	
이성적 설득 전략	역사적 사실인 링컨 대통령의 노예 해방령과 미국 건국 신조를 근거로 제시하여 주장의 타당성을 높임.
감성적 설득 전략	• 흑인들이 처한 인종 차별의 부당한 상황에 관한 청중의 분노에 호소함. • 흑인과 백인이 평등하게 지내는 모습을 간절한 꿈으로 이야기함으로써 청중에게 감동을 불러일으키고 희망을 전달함.
인성적 설득 전략	부당한 현실을 개혁하기 위해 끊임없이 노력한 마틴 루서 킹의 인성적인 측면이 설득력을 갖게 함.

✽지학이가 도와줄게! - 2❸

인성적 설득 요소를 찾는 활동이야. 제시된 글을 읽고 화자의 됨됨이가 어떤 점에서 신뢰를 갖게 하는지 판단해 보자.

콕콕 확인 문제

3. 이 연설에 대한 설명으로 적절하지 **않은** 것은?

① 인종 차별 철폐를 주장하기 위한 연설이다.

② 전문가들의 견해를 인용하여 신뢰성을 높였다.

③ 역사적 사실을 근거로 하여 주장의 타당성을 높였다.

④ 헌신적인 흑인 인권 운동가란 화자의 됨됨이가 연설의 설득력을 높였다.

⑤ 당시 흑인이 처한 부당한 현실을 청중의 감정에 호소함으로써 설득력을 높였다.

|서술형|

4. 〈보기〉에 사용된 설득 전략과 그 효과를 서술하시오.

보기

　　나에게는 꿈이 있습니다. 언젠가 이 나라가 '모든 인간은 평등하게 태어난다는 사실을 우리는 자명한 진리로 받아들인다.'라는 이 나라 건국 신조의 참뜻을 되새기며 살아가리라는 꿈입니다.

창의 · 융합 활동

혼자 하기 ⬤

다음 광고를 보고, 광고의 설득 전략과 그 효과를 파악해 봅시다.

★★
광고의 설득 전략 파악하기

◐ 활동 탐구

생활 속에서 자주 접할 수 있는 텔레비전 광고의 설득 전략을 찾아보는 활동이다. 설득의 상황은 토론이나 논쟁 거리에만 해당하는 것으로 이해하기 쉬우나 실제로는 광고 등의 매체나 다양한 글에서 나타날 수 있다. 여기서는 광고에 나타난 설득 전략을 파악하며 비판적으로 분석해 본다.

◐ 제재 연구

갈래: 공익 광고, 영상 광고
제재: 한 회사원의 하루
주제: 타인을 배려하고 돕는 마음을 갖자.
특징
① 문자, 소리, 이미지, 영상 등을 복합적으로 활용하여 시각적, 청각적 인상을 줌.
② 남을 배려하고 돕는 데 많은 시간이 들지 않음을 수치로 보여 줌으로써 주장을 강조함.

1. **다음 빈칸을 채우며 이 광고의 장면 구성을 정리해 봅시다.**

출근길 → 회사 → 퇴근길 장면을 통해

인물의 하루를 이야기로 구성하여 순서대로 보여 주고 있다.

✺ 지학이가 도와줄게! - 1

광고의 장면을 시간과 공간 기준으로 정리해 보며 광고의 내용을 파악해 보자.

2. 이 광고가 전달하고자 하는 주제를 말해 봅시다.

타인을 배려하고 돕는 마음을 갖자.

✭ 지학이가 도와줄게! - 2

광고는 기본적으로 설득을 목적으로 하는 매체야. 이 광고의 장면을 살펴보고 광고가 시청자들에게 어떤 주장을 전달하고자 하는지 알아보자.

3. 이 광고에서 사용한 설득 전략과 그 효과를 말해 봅시다.

예시 답 |

설득 전략	효과
나는 이 광고에 이성적 설득 전략이 사용된 것 같아. 하루 동안 타인을 돕는 데 사용되는 시간을 수량화하여 보여 줌으로써 우리가 적은 시간으로도 타인을 배려할 수 있음을 논리적으로 설득하고 있어.	타인을 배려하자는 의도로 광고를 만들 때는, 대개의 경우 과도한 감성적 표현을 활용하는 경우가 많아서 잘 와닿지 않는데, 이 광고는 우리가 타인을 배려하는 데 드는 시간을 수량화하여 보여 줌으로써 이성적으로 판단할 수 있도록 하고, 나 자신의 하루를 다시 한번 되돌아보게 하는 효과가 있는 것 같아.

✭ 지학이가 도와줄게! - 3

2에서 파악한 주제를 바탕으로 설득 전략을 찾아보자. 논리적 근거를 지닌다면 이성적 설득이며, 감정에 호소하고 있다면 감성적 설득임을 알 거야. 또한, 인성적 설득은 화자의 됨됨이를 바탕으로 하는 것이기에 광고 매체는 포함이 안 되겠지만, 화자를 넓은 개념으로 보자면 광고를 전달하는 주체도 포함할 수 있어.

활동 더 해 보기 광고에 쓰인 설득 전략 분석하기

① 기억에 남는 광고 찾기	② 광고의 내용 분석하기	③ 광고에 쓰인 설득 전략을 찾아 내용 작성하기	④ 설득 전략 분석하기	⑤ 완성된 내용을 반 친구들 앞에서 발표하기
• 기억에 남는 광고를 고른다. • 공익 광고뿐만 아니라 상업 광고도 활용할 수 있다.	• 자신이 찾은 광고의 내용을 분석한다. 내용을 분석할 때는 시간의 흐름이나 공간의 이동과 같은 광고의 특성에 따라 정리한다.	• 광고에 쓰인 설득 전략을 찾을 때는 광고의 주제, 광고의 예상 독자, 광고를 통해 이루고자 했던 목적 등을 파악하여 작성한다.	• 광고에 사용된 설득 전략을 찾고, 그 내용을 작성하도록 한다. • 설득 전략은 이성적 설득, 감성적 설득, 인성적 설득을 중심으로 한다.	• 학습지 형식으로 발표를 한다면 모두 같은 형식으로 되어 있으므로 발표를 듣는 학습자들이 자신의 것과 비교하기에 좋다.

핵심 포인트

1. 설득 전략 이해하기

	이성적 설득	감성적 설득	①▢▢▢ 설득
개념	②▢▢적이고 이성적인 방법으로 화자의 주장을 뒷받침하는 전략	청중의 욕망과 분노, 자긍심, 동정심 등과 같은 ③▢▢에 호소하여 청중의 마음을 움직이게 하는 전략	화자의 사람 됨됨이를 바탕으로 하여 화자의 주장에 신뢰를 갖게 하는 전략
효과	논리적이고 체계적인 설명을 통해 상대방을 설득하는 효과가 있음.	상대방의 감성을 자극하여 호소력 있게 설득하는 효과가 있음.	말하는 사람의 됨됨이, 인성을 통해 설득하는 효과가 있음.
예시	(상점에서 점원이 휴대 전화를 파는 상황) 이 전화기는 새로운 처리 장치를 장착하여 이전 기종보다 두 배 이상 빨라졌습니다. 카메라의 성능도 향상되어 마치 고성능 카메라로 찍은 것 같은 원근감 표현이 가능합니다.	(오디션 상황) 저는 그동안 평범한 삶을 살았습니다. 영화 속 이름 없는 행인 1이나 손님 2와 같은 삶이었죠. 이제는 나를 위한 삶을 살며 제 삶의 주인공이 되고 싶습니다.	(주민 대표 선거 상황) 저 분은 평소에도 이웃을 위해 봉사 활동도 많이 하시고, 항상 솔선수범 하신대. 저런 분이라면 우리 대표로 뽑아드려야지.

2. 설득 전략을 비판적으로 분석하며 듣기

(1) 「나에게는 꿈이 있습니다」의 연설 요소 정리

연설 목적	④▢▢ ▢▢ 철폐의 필요성과 당위성 주장
화자	마틴 루서 킹
청중	'워싱턴 평화 행진'의 참가자

(2) 「나에게는 꿈이 있습니다」에 나타난 설득 전략

이성적 설득	역사적 사실인 링컨 대통령의 노예 해방령과 미국 건국 신조를 근거로 제시하여 ⑤▢▢의 타당성을 높임.
⑥▢▢▢ 설득	• 흑인들이 처한 인종 차별의 부당한 상황에 관한 청중의 분노에 호소함. • 흑인과 백인이 평등하게 지내는 모습을 간절한 꿈으로 이야기함으로써 청중에게 감동을 불러일으키고 희망을 전달함.
인성적 설득	마틴 루서 킹은 인권 운동가로서 여러 가지 시련에도 불구하고 흑인들이 처한 부당한 현실을 개혁하기 위해 끊임없이 노력한 사람으로서, 이러한 인성적인 측면이 주장에 설득력을 갖게 함.

정답: ① 인성적 ② 논리 ③ 감정
④ 인종 차별 ⑤ 주장 ⑥ 감성적

[01~03] 다음 대화 상황을 보고, 물음에 답하시오.

가 상점에서 점원이 휴대 전화를 파는 상황

나 오디션 상황

다 주민 대표 선거 상황

③ 통계 자료를 근거로 제시하여 상대가 판단할 수 있도록 설득한다.

④ 판매하려는 휴대 전화의 기능적인 장점을 들어 논리적으로 상대방을 설득한다.

⑤ 두 개 이상의 대상을 비교하여 설득할 제품의 장점을 강조하여 상대방의 신뢰를 얻고 있다.

활동 응용 문제

02. 〈보기〉에서 (나)와 같은 종류의 설득 전략을 사용한 예를 모두 고른 것은?

| 보기 |

ㄱ. (친구에게 영화를 보러 가자고 권유하는 상황) 이 영화는 평점도 좋고 작년에 천만 관객이 관람했다고 해. 우리도 보러 가자.

ㄴ. (농구 대회를 앞두고 연습하자고 권하며) 이번 농구 대항전에 3반이 우리 반에 도전장을 냈대. 우리 반쯤은 쉽게 이길 거라고 큰소리 친다더라. 우승컵을 지키려면 열심히 연습해야겠어.

ㄷ. (다이어트를 하려는 10대 조카에게) 한창 자라야 할 청소년이 다이어트를 한다는 이유로 필요한 영양분을 섭취하지 못하면 오히려 건강을 해칠 수 있어.

ㄹ. (반려동물 키우는 것을 반대하는 엄마에게) 엄마는 고양이 배설물이 위생적이지 않다고 하시는데요, 저는 동생도 없어요. 빈집에 혼자 있으면 얼마나 외로운지 모르실 거예요.

ㅁ. 저 분은 에어컨 수리를 20년 동안이나 하신 분이야. 에어컨 소리만 들어도 뭐가 문제인지를 금방 아시더라고. 그러니 저분이 말씀하신 대로 에어컨을 고치는 것이 좋겠어.

① ㄱ, ㄴ   ② ㄱ, ㄹ

③ ㄱ, ㄷ, ㅁ   ④ ㄴ, ㄹ

⑤ ㄴ, ㄹ, ㅁ

01. (가)에 나타난 설득 전략에 대한 설명으로 적절한 것은?

① 상대에게 호감을 주는 친절한 인성을 강조하여 설득한다.

② 휴대 전화를 갖고 싶은 상대의 욕망에 호소하여 설득한다.

| 서술형 |

03. (다)에 사용된 설득 전략이 무엇인지 밝히고, 그 개념을 서술하시오.

[04~06] 다음 글을 읽고, 물음에 답하시오.

가 저는 오늘 우리 역사에서 자유를 위한 가장 위대한 행진으로 기억될 이 자리에 여러분과 함께하게 되어 기쁩니다. ㉠100년 전, 우리 위대한 미국인(링컨 대통령)이 노예 해방령에 서명했습니다. 지금 우리는 그를 상징하는 자리에서 있습니다. 그 중대한 선언은 부당함이라는 불길에 몸을 데이며 시들어 간 수백만 흑인 노예들에게 희망의 등불이었습니다. 그 선언은 노예 생활의 기나긴 밤을 걷어 내는 환희의 새벽이었습니다.

나 그러나 그로부터 100년이 지났지만 흑인은 여전히 자유롭지 못합니다. ㉡100년이 지났지만 흑인은 여전히 인종 분리 정책이라는 족쇄와 인종 차별이라는 쇠사슬에 묶인 채 절뚝거리며 비참하게 살고 있습니다. 100년이 지났지만 흑인은 이 거대한 물질적 풍요의 바다 한가운데에 가난이라는 섬에 고립되어 살고 있습니다. ㉢100년이 지났지만 흑인은 여전히 미국 사회의 후미진 곳으로 내몰려, 자신의 땅에서 추방당한 채 살고 있습니다. 그리하여 우리는 이 치욕스러운 현실을 알리고자 오늘 이 자리에 모였습니다.

다 ㉣나에게는 꿈이 있습니다. 언젠가 이 나라가 '모든 인간은 평등하게 태어난다는 사실을 우리는 자명한 진리로 받아들인다.'라는 이 나라 건국 신조의 참뜻을 되새기며 살아가리라는 꿈입니다.

라 ㉤나에게는 꿈이 있습니다. 지독한 인종 차별주의자들이 들끓는 앨라배마, 주지사가 '주권 우위'라느니, '연방 법령 실시 거부'라느니 같은 말만 떠벌리는 저기 앨라배마에서도 언젠가 흑인 소년, 소녀들이 백인 소년, 소녀들과 형제자매처럼 손을 마주 잡게 되리라는 꿈입니다.

04. 이 연설에 대한 이해로 적절하지 **않은** 것은?

① 청중 설득을 목적으로 한다.

② 인종 차별의 철폐에 대한 소망을 나타내었다.

③ 다양한 설득 전략을 활용하여 설득력을 높였다.

④ 연설 당시에 흑인은 미국에서 인종 분리 정책에 의해 차별을 받고 있었다.

⑤ 공동체의 문제를 해결하기 위해 화자와 청자가 다양한 생각과 의견을 나누는 말하기이다.

 활동 응용 문제

05. ㉠~㉤을 이성적 설득 전략과 감성적 설득 전략으로 바르게 구분한 것은?

	이성적 설득 전략	감성적 설득 전략
①	㉠, ㉡	㉢, ㉣, ㉤
②	㉠, ㉢	㉡, ㉣, ㉤
③	㉠, ㉣	㉡, ㉢, ㉤
④	㉠, ㉡, ㉢	㉣, ㉤
⑤	㉠, ㉢, ㉤	㉡, ㉣

 활동 응용 문제

06. 〈보기〉를 참고할 때, 이 연설이 당시에 큰 설득력을 가질 수 있었던 이유로 가장 적절한 것은?

┤ 보기 ├

마틴 루서 킹은 미국의 목사이자 시민권 운동을 이끈 지도자이다. 1955년 앨라배마주의 버스에서 한 흑인 여성이 백인 승객에게 자리를 양보하지 않아 체포되자, 마틴 루서 킹은 비폭력적인 시위를 통해 인종 차별 금지 판결을 받아 냈다. 이후 그는 전국을 돌며 흑인 인권 보호를 위한 강연을 했고, 비폭력 저항 운동을 펼쳤다. 킹은 「나에게는 꿈이 있습니다」라는 연설을 통해 흑인과 백인이 평등한 세상을 주장하였으며, 그해 35세의 나이로 최연소 노벨 평화상 수상자가 되었다.

① 청중이 처한 억눌린 현실을 이해하고 공감하였기에

② 청중의 문제를 파악하고 해결책을 제시해 주었기에

③ 역사적 사실을 근거로 활용하여 주장이 정당함을 밝혔기에

④ 청중의 고통스러운 현실을 이겨 낼 수 있다고 희망을 심어 주었기에

⑤ 흑인의 인권 운동가로서 부당한 현실을 개혁하기 위해 끊임없이 노력한 사람이 말했기에

단원＋단원 통합과 적용

단원＋단원, 이렇게 통합·적용했어요!

디지털 치매, 걱정할 일 아니다
글의 논지 전개 방식을 이해하고, 다양한 논증 방법 파악하기

＋

비판적으로 분석하며 듣기
다양한 설득 전략을 이해하고, 설득 과정을 비판적으로 분석하기

⬇

연설문을 통해 설득 전략 확인하기

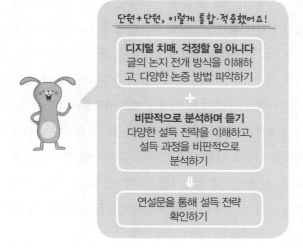

▌ 다음에 제시된 연설문을 읽고, 이어지는 활동을 해 봅시다.

하버드 대학교 졸업 축사

빌 게이츠

총장님, 경영진과 이사진, 교수 여러분과 학부모님, 그리고 특히 졸업생 여러분.

저는 이 말을 하기 위해 30년 이상을 기다려 왔습니다. "아빠, 제가 언젠가 하버드로 다시 돌아가 학위를 받아 올 거라고 늘 말했었죠?"

이러한 영예에 관해 학교 측에 감사를 드립니다. 내년에 저는 직업을 바꿀 생각입니다. 그런데 드디어 제 이력서에도 학사 학위를 보탤 수 있게 되었으니 참으로 기분 좋은 일이로군요.

저는 저처럼 자퇴하지 않고 정상적인 방법으로 졸업을 하게 된 여러분에게 박수를 보냅니다. 저로서는 크림슨지가 저를 하버드의 중퇴자 중에서 가장 성공한 사람이라고 언급해 주어서 매우 기쁘게 생각합니다. 그러한 칭찬이 오늘 제가 자퇴로 학업을 끝내지 못한 사람

들의 대표로 이렇게 졸업 연설을 할 수 있게 해 주었다고 생각합니다.

그러나 과거를 진지하게 돌아보니 한 가지 크게 후회스러운 일이 있습니다. 저는 이 세상의 엄청난 불평등에 관한 진정한 인식이 없이 하버드를 떠났던 것입니다. 즉, 건강과 부와 기회에 관한 끔찍한 격차가 수백만의 사람들을 절망으로 몰아넣고 있다는 인식 말입니다. 저는 이곳 하버드에서 경제학과 정치학의 새로운 사상을 많이 배웠습니다. 그리고 과학이 이룩한 업적들에 관해서도 많이 접했습니다. 그러나 인류의 가장 위대한 진보는 이런 교과목들에 있는 것이 아니라 이들을 어떻게 하면 불공평을 감소시키는 데 적용할 수 있느냐에 달려 있습니다. 민주주의, 강력한 공교육, 양질의 의료 서비스 혹은 폭넓은 경제적 기회의 제공 등을 통해서 불평등을 감소시키는 것이 인간의 가장 고귀한 성취인 것입니다.

여러분은 제가 하버드에 있을 당시와는 다른 시대에 이곳에 왔습니다. 여러분은 선배인 동창생들보다 세상의 불평등을 더욱 잘 알고 있습니다. 이 가속적 기술의 시대에 어떻게 하면 이러한 불공평한 문제들에 맞설 수 있으며

해결할 수 있을지 생각해 볼 기회를 가졌기를 바랍니다.

여러분이 일주일에 단 몇 시간만 혹은 한 달에 몇 달러쯤 어느 단체에 기부할 수 있고, 아울러 그 시간과 돈이 타인들의 생명을 구하고 타인들의 삶을 개선하는 가장 영향력 있는 곳에 쓰이길 바란다고 하면, 여러분은 그것을 어디에 쓰시겠습니까?

멜린다와 저도 같은 난제에 직면했습니다. 즉 어떻게 우리가 가진 자원을 이용해 가장 많은 사람에게 가장 좋은 일을 할 수 있을까, 하는 문제 말입니다. 이러한 문제를 논의하는 동안에 멜린다와 저는 어느 기사를 읽게 되었습니다. 이 나라에서는 이미 오래전에 해를 끼치지 못하게 된 질병들 때문에 가난한 나라들에서는 매년 수백만 명의 어린이들이 죽어간다는 기사였습니다. 홍역, 말라리아, 폐렴, B형 간염, 황열병. 그리고 제가 이름도 들어 보지 못했던 질병인 *로타바이러스 때문에 매년 50만 명의 어린이들이 죽어갔습니다.

변화가 이루어지지 않는 것은 관심이 너무 적기 때문이 아니라 너무 복잡한 문제이기 때문입니다. 우리의 관심을 행동으로 옮기기 위해서는 우리의 문제를 알고, 해결책을 알고, 그 영향력을 알아야 합니다. 하지만 복잡성이 이 세 가지 단계 모두를 가로막고 있습니다.

첫 번째 단계에 해당하는 문제를 제대로 알게 된다면 우리는 두 번째 단계로 접어들어 해결책을 찾기 위해 복잡한 것들을 헤치고 나아가야 합니다. 우리의 관심을 최대한 활용하기를 바란다면 해결책을 찾는 것이 가장 중요합니다. 만약 우리가 단체나 개인들의 "어떻게 도울 수 있나요?"라는 질문에 언제라도 명료하고 입증된 대답을 할 수 있게 된다면 우리는 행동을 취할 수 있고 세상의 관심도 헛되지

않도록 할 수 있을 것입니다. 그러나 복잡성이 우리의 관심이 실행에 옮겨지는 것을 힘들게 만들며 그들의 관심을 사안으로 다루기도 어렵게 만듭니다. 해결책을 발견하기 위해 복잡성을 헤치고 나아가면 예측 가능한 네 가지 단계로 이어집니다. 그 네 가지 단계는 목표를 설정하는 것, 가장 효과적인 접근법을 찾아내는 것, 그 접근법에 가장 알맞은 기술을 내놓는 것, 그리고 그동안에 신약처럼 정교한 것이든, 그물 침대처럼 단순한 것이든 어쨌든 여러분이 이미 준비해 둔 그런 것들에 기술을 잘 적용하여 사용하는 것입니다.

에이즈를 예로 들어 보지요. 넓은 의미의 목표는 물론 그 질병을 퇴치하는 것이고, 가장 효과적인 접근법은 예방입니다. 이상적인 기술은 단 한 알로 평생 면역이 되는 백신이 될 것입니다. 그러므로 정부와 제약 회사들, 그리고 재단들은 백신 연구를 후원합니다. 하지만 그들의 연구는 10년 이상 걸리기 쉽습니다. 그래서 그동안 우리는 우리가 지금 가진 것을 활용해야 하며 우리가 지금 가진 최선의 예방 방법은 사람들이 위험한 행동을 하지 않게 하는 것입니다.

문제를 알고 접근법을 찾고 난 후의 마지막 단계는 그 일의 효과를 평가하고 다른 사람들이 그 노력들로부터 배울 수 있도록 그 성공과 실패를 공유하는 것입니다.

여러분은 경이로운 시대에 성년을 맞이하고 있습니다. 하버드를 떠나는 여러분에게는 저의 학우들이 결코 가지지 못했던 과학 기술이 있습니다. 여러분은 우리 세대와는 달리 세계적 불평등에 관한 인식이 있습니다. 그러한 인식과 더불어, 여러분이 만약 여러분의 조촐한 노력만으로도 삶을 변화시킬 수 있는 사람들을 포기한다면 여러분은 양심의 소리에 고뇌하게 될 것입니다. 여러분은 저희 세대보다 더 많은 것을 가졌습니다. 그러므로 여러분은 더 빨리 시작해야만 하며 또한 더 오래 계속해야만 합니다.

그리고 저는 여러분이 앞으로 30년 후에 이곳 하버드로 되돌아와서 여러분이 재능과 열정을 가지고 행했던 일들에 관해 회고해 보시기를 바랍니다. 저는 여러분이 단지 여러분의 직업적인 성취도만이 아니라 세계의 심각한 불공평 문제를 어떻게 잘 다루어 왔는가 하는 면도 포함해서 스스로를 평가하게 되기를 바랍니다. 인간이라는 점을 제외하면 여러분과 아무런 공통점이 없는, 세계 저 멀리에 있는 사람들을 어떻게 잘 대해 왔는지를 말입니다.

여러분의 행운을 빕니다.

– 쿨라인미디어 편집부, 『빌 게이츠 명연설』

- 크림슨지 하버드 대학교의 교내 신문.
- 로타바이러스 방사상으로, 영아의 급성 위장염을 일으키고 쥐, 송아지, 돼지의 설사를 일으키는 바이러스.

---

1. 이 연설의 연설자가 전달하고자 한 주장을 한 문장으로 정리해 봅시다.

예시 답 | 사회적 특권층이 가져야 할 사회적 책임과 의무에 대해 당부하고 있다.

2. 이 연설을 듣고, 연설자의 주장에 관한 자신의 생각을 말해 봅시다.

예시 답 | 이 연설을 듣고 사회적 특권층이 가져야 할 사회적 책임과 의무에 대한 연설자의 의견에 공감되었다. 사회 구성원으로서 가져야 할 책임과 의무를 다시 한번 생각해 보는 계기가 되었다.

3. 2의 생각을 바탕으로 이 연설문을 분석하고 난 후, 아래의 질문에 답해 봅시다.

1 이 연설문에 사용된 설득 전략을 정리해 봅시다.

예시 답 |

이성적 설득 전략	변화가 이루어지지 않는 것은 ~ 그 성공과 실패를 공유하는 것입니다.: 청중이 문제에 대한 관심이 있더라도 쉽게 동참하지 못하는 이유를 논리적으로 설명하여 설득의 효과를 높임.
감성적 설득 전략	• 총장님, 경영진과 이사진, ~ 참으로 기분 좋은 일이로군요.: 청중에게 화자와의 동질감을 느낄 수 있게 하여 설득의 효과를 높임. • 여러분은 우리 세대와는 달리 ~ 양심의 소리에 고뇌하게 될 것입니다.: 청중이 자부심을 느낄 수 있도록 하여 설득의 효과를 높임.
인성적 설득 전략	연설자는 자선 재단을 설립하고 전 세계적인 불평등 문제를 해결하려는 활동을 하고 있다는 점에서 청자에게 높은 신뢰감을 준다.

2 연설에 사용된 설득 전략이 타당한지 판단해 봅시다.

예시 답 | 연설자는 하버드 대학교 졸업생들의 자긍심, 동정심에 호소함으로써 감성적 설득 전략을 구사하기도 하고, 현상에 대한 이유를 논리적으로 설명함으로써 이성적 설득 전략을 구사하기도 한다. 또한 자선 재단을 설립하고 불평등 문제를 해결하는 활동을 하는 모습에서 신뢰감을 형성함으로써 이성적·감성적·인성적 측면의 설득 전략을 모두 적절하게 활용하여 청중에게 감동을 주고 있다.

▶ 활동 더 해 보기 과정에 따라 연설 연습하기

청중 앞에서 연설을 제대로 하기 위해서는 충분한 준비와 연습의 과정이 필요하다. 연설 성공의 핵심은 준비에 있고 그 준비는 개요서를 몇 번 읽고 암기하는 것에 머물지 않고 내용을 말로 자연스럽게 전달하는 연습이 반드시 포함되어야 한다.

목적·주제 설정 → 청중 분석 → 자료 수집과 정리 → 아이디어 조직·개요 작성 → 연설문 작성 → 연설 연습

대단원을 닫으며

❶ 디지털 치매, 걱정할 일 아니다

다양한 논증 방법 파악하며 읽기

> • 논증 방법에는 연역 논증, 귀납 논증, 유추 등이 있다.
> • 「디지털 치매, 걱정할 일 아니다」에서는 인류가 기술의 진보와 함께 진화해 왔다는 것을 근거을/를 들어 주장함으로써 디지털 치매가 미래형 인간을 위한 진보의 과정임을 밝히고 있다.

⟹ **잘 모른다면**
교과서 178~180쪽의 내용을 살펴보면 논증 방법의 개념을 알 수 있을 거야.

❷ 비판적으로 분석하며 듣기

설득 전략을 비판적으로 분석하며 듣기

> • 설득 전략은 이성적 설득, 감성적 설득, 인성적 설득이 있다.
> • 화자가 어떤 목적을 가지고 말하는지, 목적을 이루기 위해 어떤 전략을 사용하는지에 대해 분석적(으)로 이해하며 듣는 능력을 기를 필요가 있다.

⟹ **잘 모른다면**
교과서 185쪽의 내용을 살펴보면 설득 전략의 뜻과 종류를 알 수 있을 거야.

다음 문장의 빈칸에 어울리는 말을 바르게 연결해 보자.

(1) 그의 집은 [   ] 골목에 있었는데 가로 등 불빛도 들어오지 않았다.   •

(2) 학문에서는 철저한 [   ]이/가 가장 중요하다.   •

(3) 공부를 열심히 한 그가 시험에 붙는 것은 [   ] 일이다.   •

(4) 정부의 개방화 조치로 우리의 농산물과 외국의 농산물 경쟁이 [   ].   •

• ㉠ 논증

• ㉡ 자명한

• ㉢ 후미진

• ㉣ 불가피하다

• **논증**: 옳고 그름을 이유를 들어 밝힘.
• **자명한**: 설명하거나 증명하지 아니하여도 저절로 알 만큼 명백한.
• **후미진**: 물가나 산길이 휘어서 굽어 들어간 곳이 매우 깊은. 아주 구석지고 으슥한.
• **불가피하다**: 피할 수 없다.

정답: (1) ㉢ (2) ㉠ (3) ㉡ (4) ㉣

[01~06] 다음 글을 읽고, 물음에 답하시오.

⑦ 디지털 기술에 지나치게 의존한 나머지 기억력과 계산 능력 등이 현저하게 떨어지는 현상에 관해 많은 사람들이 걱정을 한다. 하지만 이러한 현상은 단지 좋다, 나쁘다고 쉽게 말할 성격의 것은 아니다. 왜냐하면 디지털 치매 현상은 인류의 진화, 우리 사회의 노동 환경의 변화와 연관된 복잡한 현상이기 때문이다. 여기서는 디지털 치매 현상에 관해 우리가 생각하지 못했던 측면들을 살펴보고자 한다.

⑭ 먼저 프랑스의 철학자 미셀 세르의 저서 『호미네상스 (Hominescence)』와 2005년 12월 '새로운 기술들은 우리에게 무엇을 가져다 주는가'라는 제목의 강연 내용을 살펴보면 인류의 진화 과정에 관한 흥미로운 내용을 볼 수 있다. 이를 요약하면 다음과 같다.

- ⊙ – 직립 원인으로 진화하는 과정에서 인류는 손을 도구로 사용하게 됨으로써 그 이전에 먹이나 물건을 무는 데 쓰였던 입의 기능이 퇴화했지만, 그 대신 입은 말하는 기능을 획득했다.
- ⓛ – 문자와 인쇄술이 발명되면서 인간은 호메로스 (Homeros)의 서사시를 암송할 수준의 기억력을 상실했지만, 기억의 압박에서 해방되어 새로운 지식 생산과 같은 일에 능력을 활용하게 되었다.
- ⓒ – 오늘날, 휴먼 인터페이스로 인해 인간은 기억력, 계산력 등이 약화되었지만 단순 기억이나 계산의 부담에서 벗어나 정보를 통제하고 관리하며, 지식을 창조하는 능력이 향상되었다.
- – 인류의 진화 과정과 역사를 돌아볼 때 ⓔ

이러한 관점으로 볼 때, 디지털 기술은 인간의 기억력, 계산력 등의 약화를 가져온 대신 그보다 창조적인 능력을 향상한 것이라 볼 수 있다. 그러므로 디지털 치매 현상은 인간 진화의 양상으로 볼 수 있지 않겠는가?

⑭ 현대의 노동 환경을 생각해 보자. 우리는 과거와 완전히 다른 방식으로 일하고 있다. 세상은 훨씬 더 복잡해졌고 제공되는 정보의 양은 너무나 많다. 상대해야 하는 사람의 수도 훨씬 많아졌고, 무엇보다도 발달된 정보 통신 기술 때문에 이들을 실시간으로 상대해야 하는 환경에 처해 있다. 어느 여류 작가의 말처럼, 오늘날 우리는 '끊임없는 작은 집중'의 시대에 살고 있다. 이 일에서 저 일로 빨리빨리 주의를 옮겨 가야 할 때, 아무리 집중을 하더라도 우리는 그 각각의 일에 관한 정보를 모두 갖고 있기가 힘들게 마련이다. 수많은 일을 처리해야 하는 이러한 근무 환경에서라면 많은 정보들을 다른 곳에 저장했다가 필요할 때마다 빨리 찾아내어 사용하는 것이 효율적인 방법인 동시에 불가피한 선택이라 하겠다.

⑭ 일하는 환경이 이렇게 바뀜에 따라 우리 뇌의 능력은 점점 기억하는 뇌가 아닌 필요한 정보를 빨리 찾는 뇌로 바뀌어 가고 있다. 자신이 알고 있는 몇몇 정보보다는 다른 사람이 갖고 있는 모든 정보를 모아 놓은 것이 정보로서 훨씬 더 가치가 있으며, 자기 자신만의 정보를 잘 기억하는 능력보다는 여기저기 놓여 있는 정보를 효과적으로 잘 찾는 능력이 훨씬 중요하게 여겨지는 사회로 바뀌고 있는 것이다. 어떤 사람들은 지금과 같은 디지털 기술 의존 현상이 결국 기억 능력을 크게 떨어뜨려 인간을 퇴보하게 할 것이라고 주장하지만, 보조 기억을 디지털 기기로 이동하는 것이 기억 능력의 퇴보는 아니라고 본다.

⑭ 요컨대 디지털 기술 의존 현상은 인간의 진화와 문명의 진전 과정에서 늘 존재해 왔던 기존의 기술 의존 현상과 다를 바 없는 것이요, 방대한 정보 처리와 효율적 업무 처리를 요하는 현대 사회의 환경에 적응하기 위한 불가피한 선택일 뿐이며, 그로 인해 오히려 더욱 창조적인 새로운 능력을 인간에게 가져다준 것으로 보아야 한다. 그러니 굳이 디지털 치매라는 이상한 종류의 병에 걸렸다고 걱정하지 말고 인간 진화의 자연스러운 양상일 뿐이며 미래형 인간을 향한 진보의 결과로 마음 편하게 받아들이길 권할 따름이다.

01. **이와 같은 글에 대한 설명으로 가장 적절한 것은?**

① 조사하고 연구한 내용을 정리하여 보고하는 글이다.

② 어떤 내용을 다른 사람에게 소개하고 알려 주기 위한 글이다.

③ 어떤 문제에 대한 자신의 생각을 논리적으로 풀어 설득하는 글이다.

④ 어떤 대상에 대한 정보를 독자들이 이해하기 쉽게 풀어 쓰는 글이다.

⑤ 자신의 체험이나 의견 또는 감상을 형식에 구애되지 않고 자유롭게 쓰는 글이다.

|고난도|

02. 이 글에서 사용한 서술 방법을 〈보기〉에서 모두 골라 바르게 묶은 것은?

┤ 보기 ├
ㄱ. 현재와 미래를 대조하여 서술하였다.
ㄴ. 짜임새 있게 체계적으로 내용을 전개하였다.
ㄷ. 글쓴이의 구체적인 체험을 위주로 제시하였다.
ㄹ. 디지털 치매 현상에 대한 새로운 관점을 제시하였다.
ㅁ. 권위 있는 학자의 견해를 인용하여 주장을 뒷받침하였다.

① ㄱ, ㅁ   ② ㄴ, ㄷ   ③ ㄷ, ㄹ
④ ㄴ, ㄹ, ㅁ   ⑤ ㄷ, ㄹ, ㅁ

03. 이 글의 글쓴이가 글을 쓴 궁극적인 이유로 가장 적절한 것은?

① 디지털 기술 의존을 줄이기 위해
② 인류의 진화 과정을 알리기 위해
③ 디지털 치매 현상의 실태를 알리기 위해
④ 인류의 창조적인 능력의 중요성을 알고 키우기 위해
⑤ 디지털 치매 현상을 인간 진화의 현상으로 받아들이길 권하기 위해

04. 이 글을 읽고 난 후의 반응으로 적절하지 않은 것은?

① 디지털 기기 의존은 현대 노동 환경에서 불가피한 일이군.
② 디지털 치매 현상은 인류의 진화, 사회 노동 환경과 연관된 현상이야.
③ '끊임없는 작은 집중의 시대'는 현대 노동 환경의 열악함을 나타낸 말이군.
④ 정보의 통제 및 관리, 지식을 창조하는 능력의 향상은 인간 진화의 결과로군.
⑤ 문자와 인쇄술, 휴먼 인터페이스 등의 기술로 인간은 기억에 대한 부담이 줄어들었군.

05. 이 글에서 (가) 부분의 역할로 알맞은 것은?

① 쟁점에 대한 문제를 제기한다.
② 글의 전개 방식을 소개한다.
③ 문제에 대한 해결책을 제시한다.
④ 내용을 정리하고 주제를 부각한다.
⑤ 기존의 의견에 대한 반론을 실제 사례를 근거로 제시한다.

|서술형|

06. ㉠~㉢의 내용을 참고하여, ㉣에 들어갈 결론은 무엇일지 서술하시오.

┤ 조건 ├
• ㉠~㉢이 근거가 되도록 서술할 것.
• 귀납 논증의 방식이 되도록 결론을 서술할 것.

[07~08] 다음 글을 읽고, 물음에 답하시오.

　사람은 사회적 동물이다. 누구나 사회적 집단을 이루어 살면서 가정, 마을, 나아가 국가라는 공동체와 더불어 산다. 사람은 날마다 먹는 음식, 입는 옷, 사는 집 등의 삶의 기본 요소를 혼자 힘으로는 마련하기 힘든 데다가, 사람 간의 관계를 추구하며 함께 어울려 살기를 원하기 때문이다. 우리는 모두 이러한 사람이다. 그러므로 우리는 사회적 동물이다.

07. 이 글에 사용된 논증 방법에 대한 이해로 적절하지 않은 것은?

① 널리 알려진 사실이 대전제로 사용되었군.
② 대전제와 소전제를 바탕으로 결론을 얻었군.
③ 결론의 내용은 대전제에 이미 포함되어 있군.
④ 대전제와 소전제가 모두 참이므로 결론도 참이겠군.
⑤ 특정한 사례의 속성이 유사하다는 것을 근거로 하여 다른 속성도 유사할 것이라고 판단하였군.

| 서술형 |

08. 이 글을 다음과 같이 분석할 때, 빈칸에 들어갈 내용을 정리하여 쓰시오.

대전제	ⓐ:

↓

소전제	ⓑ:

↓

결론	ⓒ:

10. 이 글에 사용된 논증 방법의 효과로 적절한 것은?

① 결론의 참과 거짓을 쉽게 파악할 수 있다.

② 문제를 단순화하여 해결 방법을 찾기 쉽다.

③ 생생하고 구체적인 예시를 진술하여 이해하기 쉽다.

④ 일반적인 원리나 진리를 이끌어 내는 데 효과적이다.

⑤ 널리 알려진 일반적인 법칙을 전제로 하므로 결론의 타당성을 높일 수 있다.

[09~11] 다음 글을 읽고, 물음에 답하시오.

산을 오르는 과정은 누구나 힘듭니다. 비탈길도 올라가야 하고, 고개도 넘어야 합니다. 한참을 올랐는데도 끝이 나지 않을 것 같은 기분이 들기도 합니다. 그러나 그 고난을 뒤로 참고 견디어 정상에 오르면 우리는 세상 무엇과도 바꿀 수 없는 성취감에 큰 기쁨을 맛보게 됩니다. 독서도 이와 같습니다. 글을 읽는 동안에는 인내와 노력이 필요하기도 합니다. 때로는 졸립기도 하고, 때로는 독서 밖의 세상이 더 재미있어 보이기도 합니다. 하지만 한 권의 책을 다 읽고 나면 책이 주는 즐거움과 감동을 맛볼 수 있게 됩니다.

09. 이 글에 쓰인 논증 방법에 대한 설명으로 적절한 것은?

① 인과 관계를 바탕으로 결론을 이끌어 내는 방식

② '대전제–소전제–결론'으로 이루어지는 삼단 논법 방식

③ 개별적인 사실에서 일반적인 원리를 이끌어 내는 방식

④ 일반적인 원리에서 개별적인 사실을 이끌어 내는 방식

⑤ 두 대상이 유사하다는 전제를 바탕으로 결론을 이끌어 내는 방식

| 고난도 |

11. 이 글과 같은 논증 방법이 사용된 예를 〈보기〉에서 모두 골라 바르게 묶은 것은?

┤ 보기 ├

ㄱ. 태국은 강수량과 일조량이 많아 벼농사가 잘된다. 베트남도 강수량과 일조량이 많으므로 벼농사가 잘될 것이다.

ㄴ. 우리 사회는 음식물 쓰레기로 인한 낭비가 심하다. 사회적 차원에서 음식물 쓰레기를 분리 수거하여 재활용할 수 있는 방법을 모색해야 한다.

ㄷ. 황량한 사막의 어딘가에는 오아시스가 있다. 이와 마찬가지로 고달픈 인생살이에서도 어딘가에는 위로와 기쁨을 주는 진정한 친구가 있는 법이다.

ㄹ. 계단을 오를 때 차근차근 밟고 올라가지 않고, 두세 계단씩 건너뛰며 급히 오르려 하면 발을 헛디뎌 넘어지게 된다. 인생도 이와 마찬가지여서 삶의 과정을 하나씩 밟고 올라가야지 단계를 건너뛰며 서두르다 보면 실패한 삶을 살게 된다.

ㅁ. 페루의 아마존 유역에서는 유실수를 벌목하자 다른 종류의 나무들까지 줄어들어 목재 생산량이 떨어졌다. 캐나다의 브리티시 컬럼비아에서는 가파른 지대에 있는 나무들을 베어 내자 연어잡이 수익이 절반으로 줄어들었다. 이처럼 삼림 파괴는 자연 생태계를 파괴할 뿐만 아니라 경제적 손실도 가져온다.

① ㄱ, ㄴ   ② ㄴ, ㄷ   ③ ㄴ, ㅁ

④ ㄱ, ㄷ, ㄹ   ⑤ ㄱ, ㄴ, ㅁ

12. 〈보기〉를 설득 전략의 종류별로 바르게 분류한 것은?

┤ 보기 ├

㉠ 말하는 사람의 인성을 통해 설득하는 효과가 있다.

㉡ 주장에 대한 타당한 근거를 들어 논리적으로 설득한다.

㉢ 청중의 욕망과 분노, 자긍심, 동정심 등에 호소하여 설득한다.

㉣ 상대방의 감성을 자극하여 호소력 있게 설득하는 효과가 있다.

㉤ 통계 자료나 전문가의 의견, 역사적 사실 등을 근거로 제시한다.

㉥ 화자의 사람 됨됨이를 바탕으로 하여 주장에 신뢰를 갖게 하는 전략이다.

	이성적 설득	감성적 설득	인성적 설득
①	㉡, ㉢	㉠, ㉥	㉣, ㉤
②	㉡, ㉤	㉠, ㉣	㉢, ㉥
③	㉡, ㉥	㉠, ㉣	㉢, ㉤
④	㉢, ㉤	㉡, ㉣	㉠, ㉥
⑤	㉡, ㉤	㉢, ㉣	㉠, ㉥

13. 다음 상황에 나타난 설득 전략으로 적절한 것은?

〈오디션 상황〉

왜 이 오디션에서 당신을 뽑아야 하는지, 당신이 이 역할에 적합한 인물인지를 말해 보세요.

저는 그동안 평범한 삶을 살았습니다. 영화 속 이름 없는 행인 1이나 손님 2와 같은 삶이었죠. 이제는 나를 위한 삶을 살며 제 삶의 주인공이 되고 싶습니다.

① 근거를 들어 자신의 주장을 뒷받침함으로써 논리적으로 설득하고 있다.

② 자신이 살아온 삶을 구체적으로 언급하며 심사 위원의 신뢰를 얻고 있다.

③ 나를 위한 삶의 주인공이 되고 싶다며 심사 위원의 감정에 호소하고 있다.

④ 자신에 대한 다른 사람들의 평판을 제시함으로써 설득력을 높이고 있다.

⑤ 오디션에 임하는 자신의 성실성을 보여 줌으로써 설득력을 얻고 있다.

[14~18] 다음 글을 읽고, 물음에 답하시오.

㉮ 저는 오늘 우리 역사에서 자유를 위한 가장 위대한 행진으로 기억될 이 자리에 여러분과 함께하게 되어 기쁩니다.

㉠100년 전, 우리 위대한 미국인(링컨 대통령)이 노예 해방령에 서명했습니다. 지금 우리는 그를 상징하는 자리에 서 있습니다. 그 중대한 선언은 부당함이라는 불길에 몸을 데이며 시들어 간 수백만 흑인 노예들에게 희망의 등불이었습니다. 그 선언은 노예 생활의 기나긴 밤을 걷어 내는 환희의 새벽이었습니다.

㉯ 그러나 그로부터 100년이 지났지만 흑인은 여전히 자유롭지 못합니다. ㉡100년이 지났지만 흑인은 여전히 인종 분리 정책이라는 족쇄와 인종 차별이라는 쇠사슬에 묶인 채 절뚝거리며 비참하게 살고 있습니다. 100년이 지났지만 흑인은 이 거대한 물질적 풍요의 바다 한가운데에 가난이라는 섬에 고립되어 살고 있습니다. ㉢100년이 지났지만 흑인은 여전히 미국 사회의 후미진 곳으로 내몰려, 자신의 땅에서 추방당한 채 살고 있습니다. 그리하여 우리는 이 치욕스러운 현실을 알리고자 오늘 이 자리에 모였습니다.

㉰ 나에게는 꿈이 있습니다. ㉣언젠가 이 나라가 '모든 인간은 평등하게 태어난다는 사실을 우리는 자명한 진리로 받아들인다.'라는 이 나라 건국 신조의 참뜻을 되새기며 살아가리라는 꿈입니다.

라 나에게는 꿈이 있습니다. ⓜ지독한 인종 차별주의자들이 들끓는 앨라배마, 주지사가 '주권 우위'라느니, '연방 법령 실시 거부'라느니 같은 말만 떠벌리는 저기 앨라배마에서도 언젠가 흑인 소년, 소녀들이 백인 소년, 소녀들과 형제자매처럼 손을 마주 잡게 되리라는 꿈입니다.

마 이러한 믿음이 있으면 우리는 절망이라는 산을 깎아 희망이라는 돌을 만들 수 있을 것입니다. 이러한 믿음이 있으면 우리는 이 시끄러운 불협화음을 형제애라는 아름다운 교향곡으로 바꿀 수 있을 것입니다. 이러한 믿음이 있으면 우리는 언젠가 자유로워지리라는 사실을 알면서 함께 일하고 함께 투쟁하며 함께 감옥에 갈 것이요, 함께 자유를 옹호할 것입니다.

14. 이와 같은 연설을 비판적으로 분석하며 듣는 방법으로 적절하지 <u>않은</u> 것은?

① 연설의 설득 전략을 파악한다.
② 연설의 목적과 청중을 파악한다.
③ 연설의 주장이 무엇인지 파악한다.
④ 연설자의 주장에 적극적으로 공감한다.
⑤ 주장을 뒷받침하는 근거의 타당성을 살펴본다.

15. 이 연설을 통해 알 수 있는 내용이 <u>아닌</u> 것은?

① 앨라배마주의 인종 차별은 다른 지역보다 극심하였군.
② 화자는 흑인도 백인과 동등한 권리를 갖기를 주장하는군.
③ 화자는 흑인이 처한 부당한 현실을 세상에 알리고자 하였군.
④ 화자는 흑인 차별이 미국의 건국 신조에 위배된다고 생각하는군.
⑤ 화자는 100년 전의 노예 해방령이 흑인의 인권을 침해하였다고 생각하는군.

16. ㉠~㉤ 중 〈보기〉의 의견과 관련된 설득 전략이 나타난 부분끼리 묶은 것은?

┤ 보기 ├
역사적 사실을 근거로 제시하여 주장의 타당성을 높이는 이성적 설득 전략을 사용하고 있어.

① ㉠, ㉡   ② ㉠, ㉢   ③ ㉠, ㉣
④ ㉡, ㉢, ㉣   ⑤ ㉢, ㉣, ㉤

17. (나)에서 구현된 설득 전략에 대한 설명으로 적절한 것은?

① 공신력 있는 기관의 통계 자료를 이용하여 설득하고 있다.
② 전문가의 의견을 근거로 제시하여 논리적으로 설득하고 있다.
③ 흑인이 처한 부당한 상황을 들어 청중의 분노에 호소하고 있다.
④ 말할 내용을 체계적으로 조직하여 간결하게 전달함으로써 설득력을 높이고 있다.
⑤ 흑인이 처한 구체적 사례들로부터 일반적인 결론에 도달하는 귀납적 주장으로 설득하고 있다.

18. 〈보기〉를 참고할 때, 이 연설이 당시 청중에게 큰 울림을 준 이유로 가장 적절한 것은?

┤ 보기 ├
마틴 루서 킹은 미국의 목사이자 시민권 운동을 이끈 지도자이다. 1955년 앨라배마주의 버스에서 한 흑인 여성이 백인 승객에게 자리를 양보하지 않아 체포되자, 마틴 루서 킹은 비폭력적인 시위를 통해 인종 차별 금지 판결을 받아 냈다. 이후 그는 전국을 돌며 흑인 인권 보호를 위한 강연을 했고, 비폭력 저항 운동을 펼쳤다.

① 청중에게 희망을 불어넣어 주었기 때문에
② 청중의 관심사를 정확하게 분석하였기 때문에
③ 논리적인 설명으로 청중을 이해시켰기 때문에
④ 청중의 상황에 대한 해결책을 제시했기 때문에
⑤ 흑인 인권 운동의 지도자로서의 면모를 보여 주었기 때문에

[01~02] 다음 글을 읽고, 물음에 답하시오.

가 디지털 기술에 지나치게 의존한 나머지 기억력과 계산 능력 등이 현저하게 떨어지는 현상에 관해 많은 사람들이 걱정을 한다. 하지만 이러한 현상은 단지 좋다, 나쁘다고 쉽게 말할 성격의 것은 아니다. 왜냐하면 디지털 치매 현상은 인류의 진화, 우리 사회의 노동 환경의 변화와 연관된 복잡한 현상이기 때문이다. 여기서는 디지털 치매 현상에 관해 우리가 생각하지 못했던 측면들을 살펴보고자 한다.

나 먼저 프랑스의 철학자 미셸 세르의 저서 『호미네상스 (Hominescence)』와 2005년 12월 '새로운 기술들은 우리에게 무엇을 가져다 주는가'라는 제목의 강연 내용을 살펴보면 인류의 진화 과정에 관한 흥미로운 내용을 볼 수 있다. 이를 요약하면 다음과 같다.

– 직립 원인으로 진화하는 과정에서 인류는 손을 도구로 사용하게 됨으로써 그 이전에 먹이나 물건을 무는 데 쓰였던 입의 기능이 퇴화했지만, 그 대신 입은 말하는 기능을 획득했다.

– 문자와 인쇄술이 발명되면서 인간은 호메로스 (Homeros)의 서사시를 암송할 수준의 기억력을 상실했지만, 기억의 압박에서 해방되어 새로운 지식 생산과 같은 일에 능력을 활용하게 되었다.

– 오늘날, 휴먼 인터페이스로 인해 인간은 기억력, 계산력 등이 약화되었지만 단순 기억이나 계산의 부담에서 벗어나 정보를 통제하고 관리하며, 지식을 창조하는 능력이 향상되었다.

– 인류의 진화 과정과 역사를 돌아볼 때, 인간은 상실하는 능력이 있으면 동시에 얻게 되는 능력도 있다.

다 세상은 훨씬 더 복잡해졌고 제공되는 정보의 양은 너무나 많다. 상대해야 하는 사람의 수도 훨씬 많아졌고, 무엇보다도 발달된 정보 통신 기술 때문에 이들을 실시간으로 상대해야 하는 환경에 처해 있다.

어느 여류 작가의 말처럼, 오늘날 우리는 '끊임없는 작은 집중'의 시대에 살고 있다. 이 일에서 저 일로 빨리빨리 주의를 옮겨 가야 할 때, 아무리 집중을 하더라도 우리는 그 각각의 일에 관한 정보를 모두 갖고 있기가 힘들게 마련이다. 수많은 일을 처리해야 하는 이러한 근무 환경에서라면 많은 정보들을 다른 곳에 저장했다가 필요할 때마다 빨리 찾아내어 사용하는 것이 효율적인 방법인 동시에 불가피한 선택이라 하겠다.

라 요컨대 디지털 기술 의존 현상은 인간의 진화와 문명의 진전 과정에서 늘 존재해 왔던 기존의 기술 의존 현상과 다를 바 없는 것이요, 방대한 정보 처리와 효율적 업무 처리를 요하는 현대 사회의 환경에 적응하기 위한 불가피한 선택일 뿐이며, 그로 인해 오히려 더욱 창조적인 새로운 능력을 인간에게 가져다준 것으로 보아야 한다.

01. 이 글에서 글쓴이가 제기한 문제는 무엇이고, 이에 대한 글쓴이의 주장은 무엇인지 서술하시오.

02. (나)에 사용된 논증 방법을 쓰고, 그 논증 방법의 개념을 서술하시오.

03. 〈보기〉에 사용된 논증 방법을 밝혀 쓰고, 그 효과를 글쓴이가 전달하고자 하는 내용과 연관 지어 서술하시오.

┤ 보기 ├

산을 오르는 과정은 누구나 힘듭니다. 비탈길도 올라가야 하고, 고개도 넘어야 합니다. 한참을 올랐는데도 끝이 나지 않을 것 같은 기분이 들기도 합니다. 그러나 그 고난을 뒤로 참고 견디어 정상에 오르면 우리는 세상 무엇과도 바꿀 수 없는 성취감에 큰 기쁨을 맛보게 됩니다. 독서도 이와 같습니다. 글을 읽는 동안에는 인내와 노력이 필요하기도 합니다. 때로는 졸립기도 하고, 때로는 독서 밖의 세상이 더 재미있어 보이기도 합니다. 하지만 한 권의 책을 다 읽고 나면 책이 주는 즐거움과 감동을 맛볼 수 있게 됩니다.

01. 다음 상황에 사용된 설득 전략을 파악하여 쓰고, 설득 전략이 적절한지 평가하여 서술하시오.

〈오디션 상황〉

왜 이 오디션에서 당신을 뽑아야 하는지, 당신이 이 역할에 적합한 인물인지를 말해 보세요.

저는 그동안 평범한 삶을 살았습니다. 영화 속 이름 없는 행인 1이나 손님 2와 같은 삶이었죠. 이제는 나를 위한 삶을 살며 제 삶의 주인공이 되고 싶습니다.

[02~03] 다음 글을 읽고, 물음에 답하시오.

㉮ 저는 오늘 우리 역사에서 자유를 위한 가장 위대한 행진으로 기억될 이 자리에 여러분과 함께하게 되어 기쁩니다.

100년 전, 우리 위대한 미국인(링컨 대통령)이 노예 해방령에 서명했습니다. 지금 우리는 그를 상징하는 자리에 서 있습니다. 그 중대한 선언은 부당함이라는 불길에 몸을 데이며 시들어 간 수백만 흑인 노예들에게 희망의 등불이었습니다. 그 선언은 노예 생활의 기나긴 밤을 걷어 내는 환희의 새벽이었습니다.

㉯ 그러나 그로부터 100년이 지났지만 흑인은 여전히 자유롭지 못합니다. 100년이 지났지만 흑인은 여전히 인종 분리 정책이라는 족쇄와 인종 차별이라는 쇠사슬에 묶인 채 절뚝거리며 비참하게 살고 있습니다. 100년이 지났지만 흑인은 이 거대한 물질적 풍요의 바다 한가운데에 가난이라는 섬에 고립되어 살고 있습니다. 100년이 지났지만 흑인은 여전히 미국 사회의 후미진 곳으로 내몰려, 자신의 땅에서 추방당한 채 살고 있습니다. 그리하여 우리는 이 치욕스러운 현실을 알리고자 오늘 이 자리에 모였습니다.

㉰ 비록 우리는 지금 고난을 마주하고 있지만 나에게는 꿈이 있습니다. 그 꿈은 아메리칸드림에 깊이 뿌리를 내리고 있습니다.

나에게는 꿈이 있습니다. 언젠가 이 나라가 '모든 인간은 평등하게 태어난다는 사실을 우리는 자명한 진리로 받아들인다.'라는 이 나라 건국 신조의 참뜻을 되새기며 살아가리라는 꿈입니다.

02. 〈보기〉를 참고하여, 이 연설이 설득력을 높이는 데 도움이 된 이유를 화자와 관련지어 서술하시오.

┤ 보기 ├

마틴 루서 킹은 미국의 목사이자 시민권 운동을 이끈 지도자이다. 1955년 앨라배마주의 버스에서 한 흑인 여성이 백인 승객에게 자리를 양보하지 않아 체포되자, 마틴 루서 킹은 비폭력적인 시위를 통해 인종 차별 금지 판결을 받아 냈다. 이후 그는 전국을 돌며 흑인 인권 보호를 위한 강연을 했고, 비폭력 저항 운동을 펼쳤다. 킹은 「나에게는 꿈이 있습니다」라는 연설을 통해 흑인과 백인이 평등한 세상을 주장하였으며, 그해 35세의 나이로 최연소 노벨 평화상 수상자가 되었다.

03. (가)에 나타난 설득 전략을 파악하여 쓰고, 어떤 효과가 있는지 〈조건〉에 맞게 서술하시오.

┤ 조건 ├

• 설득 전략의 종류를 밝힐 것.
• (가)의 내용과 관련지어 효과를 서술할 것.

정답과 해설

중학교 국어 **3-1**

1 문학을 통한 소통과 공감

(1) 나를 멈추게 하는 것들

콕콕 확인 문제
21쪽

1. ③ 2. ⑤ 3. ⑤ 4. ② 5. '나'를 멈추게 하는 것들의 의미

1. 수미상관은 시의 처음과 끝에 같은 구절을 반복하여 배치하는 기법을 말한다. 이 시에는 수미상관의 구조가 나타나지 않는다.

오답 해설

① 일상의 평범하고 사소한 대상들의 가치를 발견하고 그것으로부터 다시 걸을 힘을 얻는 과정에서 사색적이고 성찰적인 성격이 드러난다.

② '나'를 멈추게 하는 대상들인 '씀바귀꽃 한 포기', '제비 한두 마리', '(노점) 할머니의 옆모습', '(실업자의) 어머니의 뒷모습'에 모두 시각적 심상이 쓰였다.

④ 1~4연에서 작고 나약하지만 꿋꿋하게 살아가는 소재들을 나열하여 그들이 주는 삶의 위안이라는 주제를 효과적으로 드러내고 있다.

⑤ 이 시에 등장하는 소재들은 모두 일상에서 볼 수 있는 평범한 대상들이다.

2. 1~4연에서는 '~(하)는 ~이/가 나를 멈추게 한다.'라는 문장 구조를 반복함으로써 운율을 형성하고 있다.

지식 창고 – 음보

시에 있어서 운율을 이루는 기본 단위로, 우리나라 시조의 경우 대체로 3음절이나 4음절이 한 음보를 이룬다.

㉠ 이 몸이 / 죽고 죽어 / 일백 번 / 고쳐 죽어 (4음보)
백골이 / 진토 되어 / 넋이라도 / 있고 없고 (4음보)
님 향한 / 일편단심이야 / 가실 줄이 / 있으랴 (4음보)
– 정몽주, 「단심가」

---

3. 이 시는 '나'를 멈추게 하는 대상들을 통해 얻은 깨달음을 이야기하고 있다. 그 대상들은 주변에서 쉽게 볼 수 있는 일상의 평범한 대상들로, 작고 보잘것없지만 꿋꿋하게 살아가는 존재들이다. 그것들로부터 화자는 삶의 가치를 발견하고 따뜻한 위안을 얻고 있다.

4. '보도블록 틈에 핀 씀바귀꽃 한 포기'는 주변에서 쉽게 볼 수 있는 식물로, 작고 연약하지만 생명력을 지닌 존재이다. '매일 아침 낮은 담장에 앉아 지저귀는 참새'도 일상에서 쉽게 볼 수 있는 평범한 대상으로, 작고 연약하지만 생명력을 지닌 존재라고 할 수 있다.

오답 해설

① 일상적으로 볼 수 있지 않고, 갇혀 있다 하더라도 으르렁거리는 사자는 작고 연약한 존재로 보기 어렵다.

③ 세계적인 인기를 누리는 유명 영화배우는 일상의 평범한 대상이라고 보기 어렵다.

④ 꽃다발을 화려하게 장식하는 장미는 작고 보잘것없는 씀바귀꽃과는 대조된다.

⑤ 큰 성공을 거둔 벤처 사업가는 작고 연약한 평범한 존재로 보기 어렵다.

5. 1~2연에는 '나'를 멈추게 하는 주변 사물들로 '씀바귀꽃 한 포기', '제비 한두 마리'가 제시되어 있고, 3~4연에는 '나'를 멈추게 하는 주변 사람들로 '(노점) 할머니의 옆모습'와 '(실업자의) 어머니의 뒷모습'가 제시되어 있다. 5연에는 1~4연의 이런 대상들로부터 얻은 깨달음이 제시된 부분으로, '나'를 멈추게 하는 대상들이 지닌 의미를 이야기하고 있다.

시험엔 이렇게!!
22~24쪽

1. ④ 2. ② 3. ② 4. ⑤ 5. ⑤

1. 이 시의 화자는 어느 봄날 길을 걷다가 사소하고 일상적이지만 가치 있는 대상들을 발견하고 길을 멈춘 상황이다. 그러므로 '가치 있는 대상들을 발견해서'라는 것은 적절하다.

2. 1~4연에 제시된 소재들인 '씀바귀꽃 한 포기', '제비 한두 마리', '(노점) 할머니의 옆모습', '(실업자의) 어머니의 뒷모습'은 작고 연약하며 우리 주위에서 흔히 발견할 수 있는 대상으로, 화려하거나 뛰어나진 않기 때문에 관심을 기울이지 않으면 쉽게 지나칠 수 있는 것들이다. 그런 대상들로부터 화자는 삶의 의미와 가치를 발견하고 위안을 얻는다.

3. '나'를 멈추게 한 소재들은 평범하고 사소한 것으로, 화자는 평소에는 큰 의미가 없었던 일상의 사소한 대상들에서 의미를 발견하여 발걸음을 멈춘다.

4. 일상의 사소한 대상들로부터 화자가 발견한 의미를 통해 화자가 체험한 심미적 인식을 짐작할 수 있다. 화자는 '씀바귀꽃 한 포기', '제비 한두 마리', '(노점) 할머니의 옆모습', '(실업자의) 어머니의 뒷모습'과 같이 작고 나약하지만 꿋꿋하게 살아가는 존재들을 통해 삶의 위안과 힘을 얻고 있다.

5. 심상은 시를 읽을 때 마음속에서 떠오르는 감각적인 이미지를 말한다. 빛깔, 소리, 냄새, 맛, 촉감 등 감각적인 느낌이 드러나는 심상을 활용하면, 화자가 무엇을 느꼈는지를 독자도 구체적이고 생생하게 느낄 수 있다.

28쪽

소단원 나의 실력 다지기

1. ② **2.** ⑤ **3.** ② **4.** ③ **5.** 우리 주위에서 흔히 발견할 수 있는 대상들이다. / 작고 연약한 대상들이다. / 화자에게는 삶의 의미와 가치를 전해 주는 대상들이다. 등

1. 1연의 '~ 핀 ~ 한 포기가 나를 멈추게 한다', 2연의 '~ 선회하는 ~ 한두 마리가 나를 멈추게 한다', 3연의 '~ 다듬는 ~ 옆모습이 나를 멈추게 한다', 4연의 '~ 돌아서는 ~ 뒷모습은 나를 멈추게 한다'라는 문장을 살펴보면, '~(하)는 ~이/가 나를 멈추게 한다'라는 문장 구조가 반복되고 있다는 것을 알 수 있다. 이렇게 비슷한 문장 구조를 반복함으로써 운율을 형성하고 있다.

오답 해설

①, ③ '나'는 어느 봄날 길을 걷다가 씀바귀꽃 한 포기, 제비 한두 마리, 노점 할머니의 옆모습, 어느 실업자의 어머니의 뒷모습을 보고 길을 멈춘 상황이다. 이는 현재 상황으로 과거나 미래에 대한 언급은 없다.

④ '나'를 멈추게 한 소재들은 평범하고 사소하지만 '나'에게 깨달음을 준 것들로, 부정적 대상으로 볼 수 없다.

⑤ 평이한 일상언어를 사용하고 있으며, 비유적 표현은 쓰이지 않았다.

2. 이 시에 나오는 '씀바귀꽃', '제비', '봄볕'이라는 시어를 통해 계절적 배경이 '봄'이라는 것을 알 수 있다. 그리고 '~이/가 나를 멈추게 한다'와 '나를 멈추게 한 힘으로 다시 걷는다'라는 시구를 통해 길을 걷다가 일상의 사소한 것들에서 의미를 발견하여 발걸음을 멈추었음을 알 수 있다. 따라서 이 시는 화자를 봄날 길을 걷다가 멈추게 한 그 대상들에 대한 이야기를 담고 있다.

3. 이 시에 나오는 '씀바귀꽃 한 포기', '제비 한두 마리', '(노점) 할머니의 옆모습', '(어느 실업자의) 어머니의 뒷모습'은 관심을 기울이지 않으면 쉽게 지나칠 정도로 일상의 사소한 존재이다. 이러한 존재들로부터 화자는 삶의 의미와 가치를 발견하고 있다.

4. 이 시의 주된 심상은 시각적 심상이다. 보도블록 틈에 씀바귀꽃 한 포기가 피어 있는 모습, 제비 한두 마리가 서울 하늘을 선회하는 모습, 노점 할머니가 육교 아래 봄볕에 탄 까만 얼굴로 도라지를 다듬는 옆모습, 고향의 어머니가 굽은 허리로 실업자 아들을 배웅하다 돌아서는 모습은 모두 눈으로 감각할 수 있는 시각적 대상이기 때문이다. 낮은 담장 위에 참새들이 나란히 앉아 있는 모습도 눈으로 감각할 수 있으므로 시각적 심상이 쓰인 예에 해당한다.

오답 해설

①은 촉각적 심상이, ②와 ⑤는 청각적 심상이, ④는 후각적 심상이 쓰인 예이다.

5. ㉠~㉣은 '나'를 멈추게 한 존재들로, 우리 주변에서 볼 수 있는 사소하고 일상적인 대상이다. 그 작고 나약하지만 꿋꿋이 살아가는 존재들을 통해 화자는 삶의 의미와 가치를 발견하고 삶의 위안과 힘을 얻었다.

(2) 별

콕콕 확인 문제

33~45쪽

1. ④ **2.** ④ **3.** ② **4.** ④ **5.** 먹을 것을 날라다 주러 온 농장 사람들에게 스테파네트 아가씨의 근황을 알아본다. **6.** ④ **7.** ① **8.** ⑤ **9.** ① **10.** 보급품을 가지고 직접 산으로 올라온 아가씨를 만나게 되어 '나'는 놀라고 설레어 한다. **11.** ① **12.** ⑤ **13.** ① **14.** ⑤ **15.** • 비유적 대상: 에스테렐 요정. • 의미: (요정처럼) 아름답고 신비로우며 금방 사라져 버리는 꿈과 같은 존재같기 때문이다. **16.** ⑤ **17.** ㉮: 비유, ㉯: 의성어 또는 의태어 **18.** ④ **19.** ④ **20.** 소르그강이 넘쳐 강을 건너지 못해 농장으로 돌아가지 못했기 때문이다. **21.** ③ **22.** ② **23.** ⑤ **24.** ③ **25.** ② **26.** ② **27.** ③ **28.** 양치기들은 높은 산에서 새벽이나 저녁에 별을 보며 지내기 때문에 다른 사람들보다 별에 대해 잘 이해하고 있다는 뜻이다. **29.** ⓐ: 비유, ⓑ: 친근감 **30.** ② **31.** ④ **32.** ② **33.** ⑤ **34.** 배려심이 많으며, 순수한 사랑을 추구한다.

1. 이 작품 속 이야기는 '나'가 과거 뤼브롱산에서 양을 치던 시절을 배경으로 한다. 하지만 그때가 구체적으로 어느 시대인지에 대해서는 나와 있지 않다.

오답 해설
① 이 작품의 주인공은 '나'로, '나'의 스테파네트 아가씨에 대한 순수한 사랑을 이야기하고 있다.
② '그때 내 나이 갓 스물이었고'라는 구절에서 '나'가 스무 살이 넘었음을 알 수 있다.
③ **1**에는 인물간의 대화가 제시되어 있지 않다.
⑤ 공간적 배경은 인적이 드문 뤼브롱산으로, '나'는 산 속에서 홀로 양치기 일을 하고 있다.

2. 이 작품은 '내가 뤼브롱산에서 양을 치던 시절 이야깁니다.'라는 문장으로 시작하여 '나'의 과거 양치기 시절 이야기를 들려주는 회상 수법을 활용하고 있다. 이렇게 과거의 회상을 말투를 사용함으로써 실제로 자신에게 일어났던 과거의 이야기를 들려주는 듯한 느낌을 받게 하며, 지나간 일에 대한 애틋한 느낌을 불러일으키는 효과를 줄 수 있다.

3. '나'는 '뤼브롱산에서 양을 치'는 일을 하고 있으며, '몇 주 동안 내내 사람 하나 보지 못하고'라는 구절에서 사람들을 거의 만나지 못하고 혼자 생활하고 있음을 알 수 있다.

4. '나'는 혼자 외롭게 지내던 터라 보름마다 먹을 것을 날라다 주는 꼬마 미아로나 노라드 할머니가 오는 것을 ㉠과 같이 무척 반긴다. '나'는 그들로부터 산 아랫마을 소식을 얘기해 달라고 부탁해서 듣곤 하는데, 그중에서도 스테파네트 아가씨의 소식에 가장 관심을 둔다고 하고 있다.

5. '나'는 먹을 것을 날라다 주러 온 농장 사람을 만나면 '너무 관심 갖는 티는 내지 않으면서도' 아가씨가 어떻게 지내는지 근황을 알아보는데, 이런 행동에서 '나'가 아가씨를 좋아하고 있음을 알 수 있다.

6. **3**에서 아가씨는 '꽃 모양 리본을 달고, 반짝거리는 치마와 레이스 장식으로 일요일답게 치장을 한' 모습을 하고 있다. 따라서 활동하기 편한 복장을 했다는 내용은 적절하지 않다.

오답 해설
① **2**와 **3**에서 보급품을 가지고 온 사람은 아가씨 혼자

이고, 노새 등에서 내렸다는 구절을 통해 노새를 타고 왔음을 알 수 있다.
② **2**에서 '보름마다 꼬박꼬박 오는 보급품을 기다리는데'라는 표현에서 알 수 있다.
③ **2**에서 정오쯤 되니 거센 비바람이 몰아쳤다고 했고, 오후 3시쯤 되니 하늘이 환해졌다고 했다.
⑤ **2**에서 보급품을 가져온 사람이 꼬마 미아로나 노라드 할머니가 아니라 아가씨라는 사실에 '나'가 놀라는 것으로 보아, 평소에는 꼬마 미아로나 노라드 할머니가 보급품을 가져왔음을 짐작할 수 있다.

7. 서술자인 '나'가 자신의 이야기를 들려주고 있으므로 이 작품의 시점은 1인칭 주인공 시점이다. 서술자인 '나'는 보급품을 직접 가지고 산으로 올라온 아가씨를 보고 느낀 감정을 진술하게 표현하고 있으며, '누구였을까 맞혀 보세요!', '그야말로 정신 못 차릴 만한 일 아니었겠어요?' 등 독자와 직접 대화를 나누듯이 친근하게 이야기를 전달하고 있음을 알 수 있다.

8. **2**에서 '나'는 보급품을 전하러 오는 사람이 나타나지 않자 불안해하며 걱정하고 있다. 하지만 오후에 아가씨가 직접 나타나자 깜짝 놀라면서도 설레어 한다.

9. '눈에 넣어도 아프지 않다.'라는 표현은 표준국어대사전 누리집에 관용 표현으로 '매우 귀엽다.'는 의미로 올라와 있다. **3**에서 '나'가 아가씨를 보면서 이런 표현을 사용한 것은, 아가씨를 몹시 귀엽고 사랑스럽게 생각하는 '나'의 감정이 표현된 것이라고 할 수 있다.

10. **2**에는 아가씨가 보급품을 직접 가지고 산으로 올라온 사건이 나와 있다. 이런 사건에 대한 '나'의 심리는 **2**와 **3**에 드러나 있는데, **2**에서 뜻밖의 상황에 깜짝 놀라면서도 기뻐하는 모습이, **3**에서는 아가씨가 자신에게 보급품을 주기 위해 몸소 왔다는 사실에 감동하면서 설레어 하는 모습이 드러나 있다.

11. 이 작품의 서술자는 등장인물인 '나'이므로 1인칭 시점이다. 그리고 이야기의 주인공 역시 '나'로, '나'가 자신의 이야기를 직접 들려주고 있으므로 시점은 1인칭 주인공 시점이 된다.

12. 아가씨는 '나'가 생활하는 울안을 신기한 듯이 구경하면서 '나'에게 스스럼없이 말을 걸고 짓궂은 농담을 하고 있다. 하지만 아가씨가 '나'가 생활하면서 불편한 것들이 있는지 알아보는 내용은 나타나지 않는다.

13. '나'는 아가씨의 짓궂은 질문과 농담에 쩔쩔매며 당황스러워하고 있고, 아가씨를 좋아하는 자신의 속마음을 솔직하게 이야기하지 못하고 있다. 이런 모습을 통해 '나'는 수줍음이 많고 순박한 성격임을 알 수 있다.

14. ⓐ를 보면, 아가씨는 '나'에게 보급품을 전달해 준 후에 그냥 돌아가지 않고 '나'가 생활하는 울안을 살펴보면서 양치기의 생활에 대해 호기심을 느끼고 '나'를 곤혹스럽게 만드는 짓궂은 질문을 던지고 있다.

오답 해설
① '나'의 양치기 생활에 호기심을 느끼고 있을 뿐, 낯선 곳에 대한 두려움이 담긴 행동은 나타나 있지 않다.
② '나'에게 스스럼없이 말을 걸고 농담을 하는 것으로 보아 자신을 불편하게 여길까 봐 신중하게 행동하고 있다고 보기는 어렵다.
③ 아가씨는 낯선 양치기 생활에 대해 궁금증과 호기심을 가지고 있어서 울안을 둘러보고 있을 뿐, 일부러 과장된 언행을 하고 있다고 보기는 어렵다.
④ 아가씨가 '나'에게 짓궂은 질문을 하고 있지만 밝고 쾌활한 성격 때문이지 '나'를 좋아해서 그런 행동을 한다고 볼 만한 근거는 없다.

15. '아가씨가 바로 그 에스테렐 요정 같기만 했습니다.'라는 표현에서 아가씨를 '에스테렐 요정'에 빗대어 표현하고 있음을 알 수 있다. 에스테렐 요정은 숲의 정령으로 아름답고 신비로운 존재를 의미한다. '나'는 아가씨를 그 요정처럼 아름답고 신비로운 존재라고 생각한다. 또한, '지금 찾아온 것이 마치 환영처럼 느껴지는'이라는 표현에서 아가씨가 그 상상 속 요정처럼 금방 사라져 버리는 꿈과 같은 존재라고 생각하고 있음을 알 수 있다.

16. 아가씨는 낯선 곳에서 밤을 보내야 하는 뜻밖의 상황에 당황스러워하며 결국 눈물을 보인다. 이런 모습을 지켜보면서 '나'는 7월은 밤이 짧다며 잠시만 참으면 된다고 아가씨를 위로한다. 따라서 '나'가 아가씨의 마음을 몰라준다고 보기는 어렵다.

17. '나'는 아가씨와의 이별에 대한 아쉬움을 표현하기 위해 아가씨가 탄 노새의 발굽에 치여 구르는 자갈돌 하나하나가 자기 가슴에 떨어지는 것만 같다고 비유적으로 표현하고 있다. 또한, 그 자갈돌이 '툭툭' 떨어진다고 표현하고 있는데, '툭툭'은 '갑자기 자꾸 떨어지는 소리. 또는 그 모양'을 뜻하는 의성어 또는 의태어이다. 소리

나 모양을 흉내 낸 말을 사용하여 상황을 보다 실감나게 표현하고 있는 것이다.

18. ⓛ은 '나'가 사는 산속의 저녁 풍경을 묘사한 부분이다. '골짜기 저 아래쪽까지 검푸른 빛깔로 변하기 시작하고'에서는 시각적 심상을, '양들이 우리에 들어가려고 매매 울어 대며'에서는 청각적 심상을 사용하여 풍경을 감각적이고 생생하게 표현하고 있다.

19. ⓒ에서 놀라고 당황한 아가씨가 불도 쬐지 않고 먹지도 못하고 눈물을 보이자, '나'는 울고 싶은 심정이었다고 말하고 있다. 따라서 '나'가 아가씨를 진심으로 걱정하고 아가씨가 처한 상황을 안타까워하고 있음을 알 수 있다.

20. ⓐ와 같은 일이 일어난 까닭은 ⓐ 뒤에 이어지는 내용에 나타나 있다. 아가씨가 집으로 돌아가던 중, 쏟아진 비로 불어난 소르그강을 어떻게든 건너려다 물에 빠질 뻔하여 다시 돌아왔다고 나와 있다.

21. 울안에 있던 아가씨는 잠을 이루지 못하고 '나'가 있는 모닥불 곁으로 다가온다. 이는 아가씨가 '나'를 더 이상 경계하지 않고 '나'와 함께 있고자 한다는 것을 보여 준다.

22. 다른 모든 양보다 더 하얀 양 한 마리 같은 아가씨는 그만큼 순수한 존재임을 드러낸다고 할 수 있다. 또한, 양은 '나'가 돌봐 주고 지켜 줘야 하는 대상임을 고려할 때, 다른 모든 양보다 훨씬 더 소중한 양 같은 아가씨는 '나'가 지켜 주어야 할 연약한 존재를 뜻한다고 할 수 있다.

23. 문맥상 '나'의 상황을 고려할 때, '나'에게 밤하늘과 별이 다른 때보다 아름답게 보인 까닭은 자신이 아가씨를 지켜 주고 있다는 자랑스러움과 행복감 때문이라고 할 수 있다.

24. ⓒ에 대해 구체적으로 서술한 부분은 바로 뒤에 이어지는 '그럴 때 샘물은 낮보다 ~ 쑥쑥 커 오르는 소리처럼 들려온다니까요.'이다. 이 부분에는 샘물이 노래하듯 흐르고 연못들이 불꽃들을 밝힌다고 표현하여, 자연물을 사람처럼 표현하는 의인법이 사용되고 있다.

25. **7**과 **8**은 '나'와 아가씨의 대화를 중심으로 이야기를 전개한 부분이기 때문에 사건을 요약적으로 제시했다는 설명은 적절하지 않다.

①, ④ 아가씨가 질문을 하면 '나'가 그 질문에 답변을 하는 방식으로 대화가 이루어지고 있다.

③ **7**에서 '나'는 아가씨가 성호를 긋는 모습을 관찰하여 서술하면서 아가씨가 '아주 골똘히, 뭔가 생각에 깊이 빠진 사람처럼 앉아 있었'다고 심리를 추측하여 보여 주고 있다.

⑤ **7**에서 아가씨를 '천상의 작은 목동'에 빗대어 표현하고 있다.

26. **7**과 **8**에서 처음에는 작은 목소리로 묻던 아가씨는 '나'에게 이런저런 질문을 던지고 하늘의 별을 관찰하면서 별의 아름다움을 느낀다. '나'와 별에 관한 대화를 나누면서 낯선 환경에서 밤을 보내야 되는 무서움이나 두려움의 감정이 사라지고 있음을 짐작할 수 있다.

27. 별자리 이야기를 할 때 '왕'이 나오지만, 신분 제도를 비판하는 내용은 나타나지 않는다.

오답 해설

① 별을 '짐수레꾼'이나 '영혼'에 빗대어 표현하는 의인법이 쓰였다.

② 큰곰자리 앞에 보이는 '별 세 개'를 '세 마리 짐승'이라고 표현하여 별을 동물에 빗대어 표현하고 있다.

④ 양치기들이 오리온자리를 시계처럼 이용한다고 하는 부분에서 양치기들에게 있어 별자리가 어떤 쓸모가 있는지 이야기하고 있음을 알 수 있다.

⑤ 은하수의 이름이 '성 자크의 길'이 된 까닭을 갈리시아의 성 자크와 사라센 사람들의 전쟁과 관련지어 설명하고 있다.

28. 별들과 훨씬 가까이 생활한다는 것은, 양치기들이 별들과 지리적으로 가까운 위치인 산속에서 생활하는 것을 말한다. 양치기들이 높은 산에서 생활하다 보니 일반인들에 비해 하늘의 별을 자주 보기 때문에 잘 이해하고 있다는 것을 의미한다고 할 수 있다.

29. 아가씨를 '천상의 작은 목동'에 빗대어 표현하고 있는데, 이는 아가씨가 천상의 존재처럼 선하고 순수하다는 것을 나타내고 있다. 또한, '나'보다 신분이 높은 주인댁 따님인 아가씨를 '나'와 같은 신분의 양치기(목동)에 빗대어 표현함으로써 아가씨에 대한 친근감을 느끼게 한다.

30. **10**에서 '나'는 자신의 어깨에 기대어 잠이 든 아가씨를 지켜 주면서 꼼짝도 하지 않고 밤을 지새우게 된다. '오

직 선한 생각만을 내게 전해 주었던 이 밝은 밤의 성스러운 보호를 받으면서' 아가씨를 지켜 준다는 표현을 통해 순수하고 아름다운 사랑, 고귀하고 정신적인 사랑의 가치를 작가가 독자에게 전하고 있다고 할 수 있다.

31. 아가씨는 '나'에게서 별자리 이야기를 관심 있게 듣다가 밤이 깊어지자 그만 '나'의 어깨에 기대어 잠이 들고 만다. 별자리 이야기를 통해 아가씨와 '나'가 좀 더 친밀한 관계를 맺게 되었음을 알 수 있다.

32. '양치기의 별'은 양치기들만 볼 수 있는 별이 아니라, 양치기들이 새벽에 양 떼를 몰고 나갈 때와 저녁에 다시 들어올 때 두 번에 걸쳐 빛나고 있기 때문에 붙여진 이름이다.

33. ⓛ에는 아가씨에 대한 '나'의 마음이 표현되어 있다. 아가씨를 '가장 여릿여릿하고 가장 반짝이는 별 하나'에 빗대어 표현하여, 아가씨가 고귀하며 아름다운 존재임을 이야기하고 있다. 또한, 그 별이 '길을 잃고 내게 내려와서는 이 어깨에 기대어 잠든 것'이라고 표현함으로써, 아가씨를 자신이 지켜 주어야 하는 소중한 존재로 묘사하고 있다. 따라서 ⓛ에는 아가씨에 대한 '나'의 순수하고 아름다운 사랑이 표현되어 있다고 할 수 있다. 하지만 아가씨와 산속에서 평생 함께 살고 싶다는 바람이 직접적으로 드러나 있다고 볼 수 있는 근거는 없다.

34. [A]에 나타난 '나'가 자신의 어깨에 기대어 잠든 아가씨를 위해 꼼짝도 하지 않고 밤을 지새우는 행동에서 배려심이 많고 순수한 사랑을 추구하는 인물임을 알 수 있다.

시험엔 이렇게!! 　　　　　　　　　　46~48쪽

1. ③ **2.** ④ **3.** ① **4.** 직유법, 의인법과 같은 비유적 표현을 사용하여 별들의 모습을 구체적이고 생생하게 보여 주고 낭만적이고 서정적인 분위기와 정서를 불러일으킨다. **5.** ㉠: 감각적, ㉡: 심미적

1. 아가씨가 산으로 다시 돌아온 까닭은 불어난 소르그강 때문에 강을 건널 수 없었기 때문이다.

2. '나'는 아가씨를 동경하고 연모하며 순수한 사랑을 추구하는 인물로, 이 이야기의 주인공이다. 산 위에 밤하늘

을 보며 '나'는 아가씨와 함께 별에 관한 대화를 나누며 친밀한 관계가 되지만 연인 관계로 발전하는 내용은 나와 있지 않다.

3. '나'는 별자리 이야기를 듣다가 아가씨가 자신의 어깨에 기대어 잠이 들자 날이 밝을 때까지 꼼짝도 하지 않고 아가씨를 지켜 준다. '밝은 밤의 성스러운 보호'를 받으면서 그렇게 아가씨를 지켜 주는 모습을 통해 '나'의 순수하고 아름다운 사랑을 엿볼 수 있다. 이런 사랑을 통해 작가는 순수의 가치를 독자에게 전하고 있다고 할 수 있다.

4. 별들이 쏟아지는 모습을 직유법을 사용하여 비가 오는 모습에 빗대어 표현함으로써 구체적이고 생생하게 그려 내고 있다. 또한, 그 별들을 '하느님이 하늘나라에 받고 싶지 않았던 영혼들'이라고 의인화하여 표현하여 낭만적이고 서정적인 분위기를 연출하고 있다.

5. 〈보기〉에 제시된 부분은 깜깜한 밤에 들리는 다양한 소리들에 대한 감각적 묘사를 통해 밤의 역동적이고 생명력 넘치는 모습을 심미적으로 표현하고 있다.

소단원 나의 실력 다지기　　　　　　　53~55쪽

> **1.** ③　**2.** ①　**3.** ②　**4.** '나'는 수줍음이 많고 순박하며, 아가씨는 밝고 쾌활하다.　**5.** ④　**6.** ⑤　**7.** ⑤　**8.** 아가씨는 불어난 소그르강에 빠질 뻔하여 농장으로 가지 못하고 다시 산으로 올라왔다.　**9.** ①　**10.** ⑤　**11.** ⑤　**12.** 대상: (스테파네트) 아가씨, ㉠: 선하고 순수한 존재, ㉡: 연약하고 고귀하며 아름다운 존재

1. 이 작품에는 아가씨를 좋아하는 '나'의 마음이 드러나 있을 뿐, '나'와 아가씨 사이의 갈등은 그려져 있지 않다.

오답 해설

① (가)의 '내가 뤼브롱산에서 양을 치던 시절 이야깁니다.'라는 첫 문장에서 '나'가 자신의 과거 양치기 시절 이야기를 회상하고 있음을 알 수 있다.

② '나'는 '라브리종 개와 양들과 함께 목초지에서 지냈'다고 했고, '산꼭대기에 이르는 오르막길'을 통해 '나'가 있는 곳으로 올 수 있다고 서술했다. 따라서 '나'는 목초지가 있는 산꼭대기에서 생활하고 있었음을 알 수 있다.

④ 본격적인 사건은 (나)에서 시작되고 있다. (나)에서 일어난 중심 사건은 어느 일요일에 평소와 달리 아가씨

가 직접 보급품을 가지고 온 일이다.

⑤ 이 작품의 서술자는 등장인물인 '나'이고, 이야기의 주인공인 '나'가 뤼브롱산에서 양치기하던 시절에 있었던 자신의 이야기를 들려주고 있다.

2. (가)에서 '나'는 '몇 주 동안 내내 사람 하나 보지 못'했다고 이야기하고 있다. 그래서 보름마다 먹을 것을 날라다 주는 꼬마 미아로나 노라드 할머니를 만나면 너무나 행복했다고 서술하고 있다. 따라서 '나'가 평소에는 사람들과 거의 교류하지 못하고 외로운 생활을 하고 있음을 알 수 있다.

3. ㉡은 와야 할 보급품이 오지 않자 나름의 이유를 찾아 보면서 별일 아닐 거라고 불안감을 애써 누르며 스스로를 위안하고 있는 부분이다. 따라서 문제의 원인을 찾아 '나'가 안도하고 있다고 보기는 어렵다.

4. (다)에서 아가씨는 '나'에게 스스럼없이 짓궂은 질문도 하고 농담도 하고 있다. 반면 '나'는 그런 질문과 농담에 쩔쩔매며 당황스러워하는 모습을 보이고 있다. 이를 통해 아가씨는 밝고 쾌활한 성격이고, '나'는 수줍음이 많고 순박한 성격임을 알 수 있다.

5. (가)에서 '나'는 아가씨와 이별하게 되자 서운하고 아쉬운 마음에 자리를 뜨지 못하고 있다. 하지만 저녁 무렵에 흠뻑 젖은 채로 다시 나타난 아가씨를 보며 깜짝 놀라고 있다. (나)에서는 울안에서 쉬고 있는 아가씨를 밖에서 지켜 주고 있는 자신에 대해 자랑스러움을 느끼고 있다.

6. ㉠에서 '나'는 아가씨를 자신이 돌보고 있는 양에 빗대어 표현하고 있다. 아가씨가 '나'의 보호를 받아야 하는 연약한 존재임을 드러내고 있는 것이다. 그리고 아가씨를 '다른 모든 양보다 훨씬 더 소중하고 더 하얀 양'이라고 표현한 것으로 보아, 아가씨의 순수한 모습을 강조하고 있다고 할 수 있다.

오답 해설

① 아가씨를 양에 비유하여 자신이 지켜 주어야 할 대상으로 표현한 것인지, 양을 버린다는 의미는 아니다.

② 아가씨를 다른 모든 양보다 더 하얀 양이라고 한 것은, 아가씨의 피부색을 나타내기 위함이 아니라 그만큼 순수한 존재임을 표현하기 위한 것으로 볼 수 있다.

③ 아가씨를 자신이 지켜 주어야 할 소중한 존재라고 표현한 것일 뿐, 아가씨와 영원히 함께할 수 있다는 믿

음을 드러내었다고 볼 수 있는 근거는 없다.

④ 아가씨는 울안에서 쉬고 있고 '나'는 울 밖에서 아가씨를 지켜 주고 있는 상황이므로, '나'는 아가씨의 자는 모습을 볼 수 없다. 따라서 아가씨의 자는 모습이 양들이 자는 모습과 비슷하다는 의미로 해석하기는 어렵다.

7. [A]는 '나'가 느낀 밤 풍경의 역동적이고 생기 있는 모습을 감각적으로 묘사하고 있다. 객관적인 정보 전달과는 거리가 멀다.

오답 해설

① '샘물은 낮보다 한결 또랑또랑한 소리로 노래하듯 흐르고, 연못은 작은 불꽃들을 밝히지요.'에서 자연물을 의인화한 표현이 쓰였다.

② 연못의 작은 불꽃들에서 시각적 심상이, 다양한 소리들에 대한 묘사에서 청각적 심상이 쓰였다.

③ '삭삭', '쓱쓱'과 같은 의성어와 의태어가 쓰였다.

④ '낮 시간은 존재들의 삶이지만, 밤은 사물들의 삶입니다.'라는 표현에서 대구법이 쓰였다.

8. (가)의 '춥고 두려워서 흠뻑~빠질 뻔했던 거지요.'를 보면, 아가씨가 쏟아진 비로 넘치고 있던 소그르강을 무리해서 건너려다 빠질 뻔했고 다시 산으로 돌아온 것임을 알 수 있다.

9. (라)에서 '나'가 자신의 어깨에 기대어 잠든 아가씨를 위해 꼼짝 않고 밤을 지새우는 모습을 통해 아가씨에 대한 '나'의 사랑이 순수하고 정신적인 것임을 짐작할 수 있다. 작가는 아가씨에 대한 '나'의 순수한 사랑을 통해 이러한 정신적 사랑의 아름다움을 독자에게 전하고 있다.

10. (나)에서 아가씨는 별들에 대해 관심을 보이면서 '나'에게 별들에 관한 질문을 하고 있다. 따라서 아가씨가 별들에 관한 이야기를 지루하게 느꼈다고 보기는 어렵다.

11. (나)와 (다)에 제시된 별자리 이야기는 비유, 심상 등 문학적 표현과 낭만적이고 서정성이 풍부한 환상적인 이야기를 통해 서정적인 분위기와 정서를 불러일으키고 있다. 다양한 별자리의 위치나 특성 등을 과학적으로 설명하고 있지 않기 때문에 별자리에 관한 궁금증을 과학적으로 풀어 주고 있다고 보기는 어렵다.

12. ㉠은 아가씨를 '천상의 목동'에 빗대어 표현한 것이고, ㉡은 아가씨를 '하늘의 반짝이는 별'에 빗대어 표현한 것이다. 아가씨를 하늘에서 하늘의 양들을 돌보고 지켜 주는 작은 목동이라고 표현한 것에서는 아가씨의 선하고 순수한 모습을 드러낸다고 할 수 있다. 하늘의 별들 중 가장 여릿여릿하고 가장 반짝이는 별이라고 표현한 것에서는 아가씨를 연약하고 고귀하며 아름다운 존재로 생각하는 '나'의 마음을 읽을 수 있다.

(3) 자연이 하는 말을 받아쓰다

콕콕 확인 문제

59~67쪽

1. ③ **2.** ② **3.** ④ **4.** ④ **5.** 늘 세상을 새로운 눈으로 바라보는 신비함을 가르쳐 주었다. **6.** ② **7.** ③ **8.** ③ **9.** 아이들이 자기 나무를 보게 되면서 자기 나무에 관심을 가진다. **10.** ④ **11.** ② **12.** ④ **13.** ② **14.** 매체 자료를 활용하여 학생이(/경수가) 실제로 쓴 시를 청중에게 직접 보여 주었다. **15.** ④ **16.** ① **17.** ⑤ **18.** 나무가 변화하는 환경을 받아들이고 새로운 모습을 창조해서 보여 주듯이 창의적 생각, 창조적 사고는 우리가 사는 세계(변화하는 환경)를 다 받아들였을 때 키울 수 있다. **19.** ④ **20.** ③ **21.** ① **22.** 창의적이고 창조적인 생각을 키우는 공부이다.

1. ❶에서 강연자는 자신을 '시인 김용택'이라고 소개하고 있다. ❷에서는 '시골의 작은 초등학교에서 2학년 아이들을 가르치고 있'다고 소개하고 있다.

오답 해설

① 강연의 주제는 ❶에 나오듯이 '행복한 삶을 위한 공부'이다.

② 강연이 진행되는 장소는 구체적으로 제시되어 있지 않다.

④ 강연을 듣는 대상이 '청소년'임을 알 수 있지만 그 외의 구체적인 언급은 찾을 수 없다.

⑤ 강연의 목적은 행복한 삶을 위한 공부가 무엇인지 이야기하고 그런 공부를 하도록 설득하려는 것이지, 행복한 삶과 관련 없는 교육을 비판하려는 데 초점을 두고 있지는 않다.

2. 이 강연은 청소년들을 대상으로 행복한 삶을 위한 공부가 무엇인지 이야기하고 있다. 따라서 청중 개개인의 가족 구성까지 고려할 필요는 없다. 강연 주제에 관한 청중의 사전 지식, 관심과 요구, 강연 주제와 청중의 관련성, 청중의 수준 등을 고려하여 적절한 내용을 선정

하고 표현 전략을 짜야 한다.

3. **3**에서 강연자는 아이들은 뛰어놀 땅만 있어도 행복한데, 그 이유는 모든 것들이 새롭고 신비롭기 때문이며 그래서 감동을 잘한다고 이야기하고 있다.

4. **1**에서 강연자는 '여러분은 혹시 이 주제에 관해 생각해 본 적이 있나요?'라고 질문한 후, 청중과 눈을 맞추며 대답을 기다리고 있다. 이렇듯 청중에게 질문하고 대답을 기다리며 청중의 호응을 유도하는 전략을 취하고 있다.

5. 아이들을 통해 배우는 것은 **3**에 드러나 있다. 마지막 문장에서 '아이들은 늘 세상을 새로운 눈으로 바라보는 신비함을 저에게 가르쳐 주었습니다.'라고 하여 아이들을 통해 무엇을 배웠는지를 분명하게 이야기하고 있다.

6. **4**에서는 강연자가 아이들에게 글쓰기를 통해 세상 바라보는 눈을 갖도록 해 주려고, 글쓰기의 방법과 기술을 가르치지 않고 글쓰기 수업을 했다고 이야기하고 있다. 이어지는 **5**~**6**에서는 그 글쓰기 수업이 구체적으로 어떻게 진행되었는지를 설명하고 있다. 따라서 이 강연의 제시된 부분에서는 강연자가 아이들에게 글쓰기를 가르친 경험을 다루고 있다고 할 수 있다.

7. **5**, **6**에서 강연자는 아이들이 자기 나무를 정해서 그 나무에서 일어나는 일을 쓰게 한 일화를 이야기하기 위해, 실제 아이들과 나눈 대화를 생생하게 재현하고 있다. 또한, **5**에서는 그 대화 장면을 들려줄 때, 눈앞에 학생이 있는 듯 손가락으로 앞을 가리키는 행동을 하는 등 비언어적 표현을 사용하여 상황을 실감 나게 전달하고 있다.

8. ㉠의 구체적 내용은 **5**, **6**에 나와 있다. 특히 **5**의 앞부분에서 강연자는 글쓰기의 방법과 기술을 가르치지 않고 세상을 바라보는 눈을 갖도록 해주기 위해 아이들에게 자기 나무를 정하게 한 후, 그 나무를 관찰하도록 했음을 알 수 있다.

9. 강연자가 아이들에게 나무를 봤는지를 계속해서 물어본 이유는 아이들에게 자기 나무를 관찰하게 하기 위해서이다. 선생님의 질문에 답변하기 위해서라도 아이들은 자기 나무를 보게 될 것이고, 그러면서 자기 나무에 관심을 갖고 관찰하게 되길 바란 것이다.

10. ㉡은 강연자가 아이들에게 나무를 관찰했는지 질문하는 내용이다. 이런 질문의 의도는 **6**의 마지막 부분에 나와 있다. 아이들이 나무를 '다시 보는 순간 세상은 달라'진다고 강연자는 말하고 있다. 즉, **4**의 마지막 부분에서 이야기한 것처럼, 아이들이 나무를 관찰하면서 나무에서 무슨 일이 일어나는지 보게 되는 과정을 통해 세상을 바라보는 눈을 갖게 되길 바란 것이다.

11. **7**에는 강연자가 충영이에게 자기 나무를 관찰한 내용을 글로 쓰게 하는 과정이, **8**에는 강연자가 경수에게 자기 나무를 관찰한 내용을 글로 쓰게 한 과정과 그 결과가 소개되어 있다. 이렇게 충영이와 경수라는 아이의 글쓰기 사례를 구체적으로 제시하여 강연자는 전달하려는 내용을 청중이 쉽게 이해하도록 돕고 있다.

12. 강연을 통해 강연자가 전달하려는 내용은 **8**에 나와 있다. 강연자는 경수가 쓴 '느티나무'라는 제목의 시를 소개하면서, 이 시는 경수가 '새로운 세계를 창조한 것'이라고 이야기하고 있다. 즉, 새로운 세계를 창조한다는 것이 어떤 것인지를 구체적 사례를 들어 이해하기 쉽게 설명한 것이다.

13. '새로운 세계를 창조한 것'은, 세상을 새로운 눈으로 바라보는 것을 의미한다. 강연자는 충영이와 경수가 각자 자기 나무에서 관찰한 내용을 글로 쓰면, 그것이 새로운 세계를 창조한 것이라고 설명하고 있다.

14. **8**에서 강연자가 매체 자료를 활용하여 경수가 쓴 시를 큰 화면으로 청중에게 직접 보여 준다. 이렇게 매체 자료를 활용하면 강연 내용에 대한 청중의 신뢰도를 높일 수 있고, 강연에 대한 흥미도 유발할 수 있다.

15. **10**에서 강연자는 청중이 지루해하지 않도록 '그럼 창의적 생각, 창조적 사고는 어떻게 키울 수 있을까요?'라고 질문을 던지면서 청중의 주의를 집중시키고 있다. 또한, 아이들에게 나무를 보게 했던 실제 경험을 바탕으로 창조적 힘과 창의적 생각을 키우는 법을 연결해 설명하여 청중이 내용을 쉽게 이해하도록 돕고 있다.

오답 해설
ㄱ. 강연자는 자기보다 어린 청중에게 격식을 갖추어 해요체나 하십시오체 같은 높임말을 사용하고 있다.
ㄷ. 강연자가 강의 내용이 바뀔 때마다 쉬어가면서 침묵의 시간을 가졌는지의 여부는 이 강연문에서 알 수 없다.

16. **10**에서 강연자는 나무는 늘 완성이 되어 있는데 놀랍게도 새롭다고 이야기하고 있다. 즉, 늘 새롭지만 늘 완

성되어 있는 것이 자연이라고 강조하고 있다.

오답 해설

② 자연은 늘 완성되어 있다고 했으므로, 자연이 불완전하다는 설명은 적절하지 않다.

③ 자연은 변화하는 환경을 받아들여 새로운 모습이 된다고 했을 뿐, 변화하는 환경 때문에 수난을 겪는다는 내용은 나와 있지 않다.

④ 자연이 변화하는 환경을 받아들이고 새로운 모습이 되는 것을 생존을 위한 투쟁이라고 말하고 있지는 않다.

⑤ 자연은 변화하는 환경을 받아들여 늘 새롭다고 했으므로, 변함없이 그대로의 모습을 유지한다는 내용은 적절하지 않다.

17. ❾에서 강연자는 '하나를 자세히 보면 이것도 보이고 저것도 보이는 것'이며, '새로운 세계는 그걸로 만드는' 것이고, 그것이 바로 '창조'라고 이야기하고 있다. 즉, 하나의 대상을 관심을 가지고 꾸준히 관찰하다 보면 새로운 세계를 만나게 되는데, 그것이 바로 창조라고 할 수 있다.

18. ❿에서 강연자는 '창조적 힘이란, 창의적 생각이란 우리가 사는 세계를 다 받아들였을 때' 온다고 하였다. 이것을 설명하기 위해 ❿~⓬에서 나무가 변화하는 환경을 다 받아들이면서 어떻게 새로운 모습을 창조하는지를 보여 주고 있다. 이런 나무의 속성을 바탕으로 창의적 생각을 키우는 법을 이해하기 쉽게 설명하고 있는 것이다.

19. 강연을 준비할 때에는 청중에 대한 분석이 필수적이다. 강연에서 다루는 내용이 청중의 삶과 밀접한 관련이 있는지를 살펴보고, 청중의 관련성을 고려하여 강연 주제와 내용을 선정해야 한다.

오답 해설

① 매체 자료들은 목적에 맞게 적절한 수준에서 사용되어야 한다. 무조건 다양한 종류로 많이 사용한다고 해서 좋은 것이 아니다.

② 강연자의 삶이 강연 내용에 꼭 반영되어 있을 필요는 없다. 강연 주제를 청중에게 효과적으로 전달하기 위해 필요한 내용을 선정하면 된다.

③ 청중의 요구와 관심을 고려한다고 해서 강연 내용을 수시로 바꾸는 것은 적절하지 않다. 강연 주제를 정했으면 강연 내용은 그 주제를 잘 뒷받침할 수 있도록 통

일성 있게 마련해야 한다.

⑤ 강연 주제는 강연자의 관심사가 아니라 청중의 관심사를 반영하여 정해야 한다.

20. ㄴ과 관련하여 ⓮에서 강연자는 청소년들이 하는 공부가 '행복한 삶, 안정된 삶을 살 수 있는 공부로 바뀌어야 한다'고 말하고 있다. 또한, ⓯에서는 청소년들이 행복하고 안정된 삶을 살기 위해서는 '좋아하는 것을 찾는 것이 공부'라고 말하고 있다. ㄷ에 관한 내용은 ⓯에 제시되어 있다. ⓯에서 강연자는 '돈을 많이 벌고 출세하는 그런 삶이 아니라 행복하고 안정된 삶, 자기가 좋아하는 것을 찾아 자기가 좋아하는 일을 하는 삶을 살아야' 한다고 말하고 있다.

21. ⓮에서 강연자는 '청소년 여러분은 지금 받아들이는 힘을 키우고 있는 때'라고 하고 있다. 〈보기〉에서도 자연이 늘 완성되어 있고 늘 새로운 까닭은 '자연이 받아들이는 힘이 있기 때문'이라고 말하고 있다. 따라서 청소년에게는 나무처럼 변화하는 세계를 받아들일 수 있는 힘을 기르는 것이 중요하다는 것을 알 수 있다.

22. 강연자는 자기가 좋아하는 것을 찾아 안정적이고 행복한 삶을 살아야 창의적이고 창조적인 생각을 키울 수 있다고 말하고 있다.

시험엔 이렇게!!   68~71쪽

1. ⑤ **2.** ③ **3.** ③ **4.** ② **5.** ③ **6.** 친근한 어조로 아이들의 말투를 따라한다. / 아이들과의 일화를 소개할 때 실제처럼 생생하게 전달한다. **7.** ⑤

1. 강연자는 아이들에게 글쓰기를 가르친 경험을 바탕으로 새로운 세계를 창조하는 것이 무엇인지를 설명하고 있다. 또한, 글쓰기를 가르칠 때 아이들에게 자기 나무를 관찰하게 한 의도가 바로 나무가 자연을 받아들여 새로운 모습을 창조하는 것을 보여 줌으로써 창조적 사고를 어떻게 키워야 하는지를 알려 주기 위한 것임을 설명하고 있다.

2. 이 강연의 목적은 행복한 삶을 위한 공부, 창의적 사고를 키우는 공부가 무엇인지에 대한 자신의 생각을 청소년들에게 전달하고, 청소년들이 그런 공부를 하도록 당부하기 위한 것이라고 할 수 있다. 따라서 사실 자체를

정확하게 전달하는 것이 목적이라고 보기 어렵다.

3. 강연자는 이 강연을 통해 학교에서 교육을 받는 시기의 청소년들에게 행복한 삶을 위한 공부에 관한 자신의 생각을 전달하고 있다. 행복한 삶을 위한 공부에 관한 강연을 준비할 때 청중 개개인의 취미 생활을 파악하는 것은 강연 주제와 직접적인 관련이 없으므로 고려할 요소로 보기 어렵다.

4. 이 강연의 도입 부분에서는 '행복한 삶을 위한 공부'라는 주제와 관련하여 '여러분은 혹시 이 주제에 관해 생각해 본 적이 있나요?'라고 질문하면서 청중의 관심을 유발하고 있다.

5. 이 강연에는 관용적 표현을 사용한 표현 전략은 나타나지 않는다.

6. 문제에 제시된 내용은 강연자가 충영이라는 학생에게 글쓰기를 가르치면서 실제로 나눈 대화를 중심으로 이루어져 있다. 이렇게 대화 상황을 인용하면서 친근한 어조로 아이들의 말투를 따라하고, 아이들과의 일화를 실제처럼 생생하게 전달하고 있다.

7. 강연의 주제를 정할 때에는 청중의 관심과 요구, 청중과의 관련성 등을 고려해야 한다. 청중과 강연자가 어떤 친분 관계에 있는지는 강연 주제를 정하는 것과는 직접적인 관련이 없다.

75~77쪽

소단원 나의 실력 다지기

1. ⑤ **2.** ③ **3.** ⑤ **4.** 청소년, 청소년은 학교에서 교육을 받으며 공부하는 시기이므로 '행복한 삶을 위한 공부'라는 주제는 청중과 밀접한 관련이 있다. **5.** ④ **6.** ⑤ **7.** 창조란 대상에 대한 지속적인 관심과 진지한 관찰에서 비롯되는 것이다. **8.** ⑤ **9.** ⑤ **10.** ④ **11.** ① **12.** 좋아하는 것을 찾아 평생 하면서 행복하고 안정된 삶 속에서 새로운 세계를 창조하며 살아가야 한다.

1. 강연은 일정한 주제에 관하여 청중 앞에서 강의 형식으로 진행하는 말하기이다. 여러 사람을 대상으로 이루어지는 공식적인 말하기이며, 청중의 관심사와 요구를 분석하여 내용을 구성하고 표현 전략을 세워야 한다. 따라서 화자의 관심사와 전문성보다는 청중의 관심사와 요구를 우선적으로 고려해야 한다.

2. (다)에서 강연자는 아이들에게는 사색과 명상보다는 끊

임없이 움직이는 것이 행복이라고 말하고 있다. 그리고 그렇게 뛰어놀 땅만 있으면 행복해하는 아이들을 통해 세상을 새로운 눈으로 바라보는 신비함을 배웠다고 이야기하고 있다.

오답 해설

① (가)에서 '행복한 삶을 위한 공부'에 관한 강연을 하려고 한다고 강연 주제를 제시하고 있다.

② (나)에서 강연자는 '저는 아이들을 가르치는 매 순간마다 깨닫고, 뉘우치고, 반성하면서 자신을 고쳐가고 바꿔가고 있'으며, 그것이 바로 '공부'라고 말하고 있다.

④ (다)에서 강연자는 '이렇게 아이들은 늘 세상을 새로운 눈으로 바라보는 신비함을 저에게 가르쳐 주었'다고 말하고 있다.

⑤ (라)에서 강연자는 '아이들과 제가 같이 했던 것이 글쓰기였'는데, 아이들에게 '글쓰기의 방법과 기술을 가르치지 않고 세상을 바라보는 눈을 갖도록 해줬'다고 말하고 있다.

3. 강연자는 청중에게 강연 주제에 관해 생각해 본 적이 있는지를 질문한 뒤, ㉠과 같이 청중과 눈을 맞추며 기다리는 행동을 취하고 있다. 이렇게 청중과 시선을 맞추면서 대답을 기다리는 행동을 통해 청중의 호응을 유도하여 청중이 강연에 몰입하도록 만들고 있다.

4. 이 강연의 청중은 (가)의 첫 문장에 나오듯이 '청소년'이다. 그리고 강연 주제는 '행복한 삶을 위한 공부'이다. 청소년은 일반적으로 학교에서 교육을 받으며 공부하는 시기에 놓여 있으므로, 행복한 삶을 위해서는 어떤 공부를 해야 하는지를 다룬 강연 주제는 청소년과 밀접한 관련이 있다고 할 수 있다.

5. (가)~(다)는 글쓴이가 아이들에게 글쓰기를 가르친 경험을 다루고 있다. 특히 (다)에서는 글쓰기를 가르치면서 경수라는 아이와 나눈 대화를 구체적 사례로 들려주고 있다. 따라서 실제 경험과 구체적 사례를 활용하여 청중에게 내용을 쉽게 전달하고자 하는 전략을 사용했다고 볼 수 있다.

오답 해설

① 강연자는 아이들과 나눈 대화를 청중에게 들려줄 때 아이들의 말투를 흉내 내며 대화 상황을 실감 나게 전달하고 있다. 하지만 다양한 배역을 초대하진 않았다.

② (가)~(다)는 꾸며 낸 이야기가 아니라 강연자가 초

등학교에 재직하면서 실제로 진행한 글쓰기 수업을 소개하고 있는 것이다.

③ 강연자가 전문가의 말을 인용한 내용은 나와 있지 않다.

⑤ (다)에서 경수가 쓴 시를 직접 보여 주고 있다는 것은 짐작할 수 있지만, 동영상을 활용한 내용은 나와 있지 않다.

6. (가)에서 ㉠이 나오는 대사는 강연자가 교사로서 학생에게 글쓰기를 가르칠 때, 학생이 나무를 봤는지 물어보는 내용이다. 따라서 마치 학생이 눈앞에 있는 것처럼 손가락으로 앞을 가리키는 행동을 비언어적 표현으로 사용하는 것이 효과적이다.

7. 강연자가 청중에게 전달하려는 중심 내용은 (라)에 나타나 있다. (가)~(다)에 나타난 경험과 사례를 바탕으로 (라)에서 창조가 무엇인지를 설명하고 있기 때문이다. 하나를 통해 열을 아는 것, 즉 하나의 대상에 대한 지속적인 관심과 진지한 관찰을 통해 새로운 세계를 만날 수 있고 그것이 바로 창조라고 이야기하고 있다.

8. 매체 자료를 준비할 때에는 강연의 목적을 고려하여 주제를 효과적으로 전달할 수 있는 수준에서 적절하게 사용해야 한다. 강연 내용과 직접적인 관련이 없는 매체 자료를 사용하거나 지나치게 많은 매체 자료를 사용하면 청중에게 꼭 전달해야 할 강연 주제를 효과적으로 전달하기 어려워지고 강연이 산만해질 수 있다.

9. 강연은 여러 사람을 대상으로 이루어지는 공식적이고 일방적인 말하기이다. 그러므로 강연에서 화자는 대화에서와 달리 청자와 내용을 수시로 주고받기보다는 청중에게 일방적으로 내용을 전달하는 경우가 많다. 따라서 청중의 이야기를 경청하며 적절한 맞장구를 치는 전략은 강연에서 쓸 수 있는 전략과는 거리가 멀다.

10. (가), (나)에서 강연자는 나무가 변화하는 환경을 받아들이는 힘이 있기 때문에 늘 새롭고 늘 완성되어 있다고 이야기하고 있다. 그리고 (다), (라)에서 그런 나무처럼 청소년들도 받아들이는 힘을 키워야 창조적 사고를 키울 수 있다고 이야기하고 있다.

11. (라)에서 강연자는 행복하고 안정된 삶을 살 수 있는 공부는 좋아하는 것을 찾는 것이라고 말하고 있다. 좋아하는 것을 평생 하면서 살아야 행복한 삶을 살 수 있

고 창조적인 사고도 키울 수 있기 때문이다.

12. ㉠과 ㉡이 가리키는 내용은 바로 앞부분에 제시되어 있다. 좋아하는 것을 평생 하면서 살아야 행복한 삶이 되고, 행복하고 안정이 되어야 새로운 세계를 창조하면서 살 수 있는데, 바로 이런 삶이 '여러분이 가야 할 길'이고 '우리 인류가 가야 할 길'이라고 말하고 있다.

대단원 평가 대비하기　　　　　　　　　80~85쪽

1. ① **2.** ③ **3.** ① **4.** ④ **5.** 딸이 주변을 관찰하고 도움이 필요한 대상을 배려할 줄 아는 사람이 되기를 바란다. **6.** ④ **7.** ③ **8.** ⑤ **9.** 첫째, '나'가 자신에게 실제로 일어났던 과거의 이야기를 들려주는 듯한 느낌을 준다. 둘째, 지나간 일에 대한 애틋한 느낌을 불러일으킨다. **10.** ③ **11.** ⑤ **12.** ④ **13.** ③ **14.** ② **15.** ⑤ **16.** 행복하고 안정된 삶을 살기 위해서는 **17.** ③ **18.** ① **19.** ① **20.** 청중(/청자) **21.** 아이들에게 자기 나무를 정해 글로 쓰게 한 사례

1. (가)에서는 작고 사소한 것들에서 가치를 발견하고 삶의 위안을 얻는 화자의 모습에서 일상의 평범한 대상들을 대하는 따뜻한 시선을 느낄 수 있다. (나)에서는 딸이 주변을 관찰하고, 도움이 필요한 대상을 배려할 줄 아는 사람이 되기를 바라는 아버지의 마음에서 세상에 대한 따뜻한 시선을 느낄 수 있다.

2. (가)는 일상의 평범하고 사소한 대상에서 발견한 가치를 통해 삶의 의미를 성찰하고 있다.

3. (가)에는 작고 나약하지만 꿋꿋하게 살아가는 존재들에게서 발견한 가치가 드러나 있고, 〈보기〉에도 풀꽃처럼 작고 보잘것없는 것이라도 관심을 가지고 대한다면 나름의 의미와 가치를 발견할 수 있다는 깨달음이 드러나 있다.

4. (가)에 등장하는 소재들은 모두 시각적 심상을 활용하여 표현되어 있다. 1연의 '보도블록 틈에 핀 씀바귀꽃 한 포기'도 눈에 보이듯이 시각을 활용하여 떠올릴 수 있고, 2연의 '어쩌다 서울 하늘을 선회하는 제비 한두 마리'도 마찬가지로 시각을 활용하여 그려 볼 수 있는 이미지이다. 3연의 '(노점) 할머니의 옆모습'이나 4연의 실업자 아들을 배웅하는 '어머니의 뒷모습'도 시각적 심상을 활용하여 표현되어 있다.

5. '한 시인'이 '어린 딸'에게 학교에 가서 도시락을 안 싸

온 아이가 누구인지 살피라고 한 것은 주변을 관찰하여 도움이 필요한 대상에 관심을 가지라는 것을 의미한다. 그리고 그런 아이가 있다면 도시락을 함께 나누어 먹으라는 것은 그 아이를 배려할 줄 아는 사람이 되라는 것을 의미한다.

6. 작가의 심미적 인식은 일반적으로 작품을 통해 말하고자 하는 바인 주제 의식을 통해 드러난다. 이 글에서도 '아가씨를 향한 양치기의 순수하고 아름다운 사랑'이라는 주제를 통해 '순수'와 '정신적 사랑'의 아름다움이라는 가치에 대한 작가의 심미적 인식을 드러내고 있다.

오답 해설
① 작품 뒤에 이어질 이야기를 상상하는 것은 독자의 감상과 관련된 것이지 작가의 심미적 인식을 파악하는 것과는 거리가 멀다.
② 이 작품에서는 인물 간의 갈등과 대립이 잘 드러나지 않는다.
③ 이 작품에는 구체적인 시대 상황이 드러나지 않는다.
⑤ 이 작품의 결말은 '나'가 자신의 어깨에 기대어 잠든 아가씨를 지켜 주면서 밤을 새는 장면으로 끝이 나므로, 비극적 결말이라고 볼 수 없다.

7. (다)에서 아가씨가 떠날 때 노새 발굽이 땅을 차면서 이리저리 구르는 자갈돌 하나하나가 '나'의 가슴에 떨어지는 것만 같다고 표현한 것과, 날이 저물 때까지 움직일 엄두도 못 내고 그렇게 서 있었다는 행동을 통해 '나'가 아가씨와의 이별을 무척 아쉬워하고 있음을 알 수 있다.

8. (라)에서 아가씨를 '다른 모든 양보다 훨씬 더 소중하고 더 하얀 양 한 마리'라고 빗대어 표현함으로써 아가씨는 '나'가 보호해야 할 소중하고 연약한 존재임을 효과적으로 드러내고 있다. (마)에서는 '가장 여릿여릿하고 가장 반짝이는 별 하나'라고 빗대어 표현함으로써 아가씨의 연약함과 고귀한 아름다움을 드러내고 그런 아가씨를 향한 '나'의 순수하고 아름다운 마음을 심미적으로 드러내고 있다.

9. '나'가 자신의 과거를 회상하면서 그 과거의 이야기를 독자에게 들려주는 구조를 취함으로써, 독자 입장에서는 앞으로 펼쳐질 과거의 이야기가 실제 '나'에게 일어났던 일처럼 느껴진다. 또한, 그 이야기가 다시는 돌아오지 않을 과거의 일이기 때문에 애틋한 느낌을 받게 된다.

10. (가)에서 아가씨는 양 우리에서 나와 '나'의 곁에 나란히 앉아 모닥불을 쬔다. (나)에서는 '나'에게 별들의 이름에 관해 물으면서 대화를 나누고 있다. (가)와 (나)를 통해 '나'와 아가씨의 관계가 별자리 이야기를 하면서 친밀해지고 있음을 짐작할 수 있다.

11. '세 왕들(오리온자리)' 이야기는 장 드 밀랑과 병아리장, 그리고 세 왕들이 친구 별의 결혼식에 초대를 받아 길을 떠난 이야기로, 오리온자리의 모양을 설명하기 위해 지어낸 이야기이다. 아가씨에 대한 '나'의 감정을 엿볼 수 있는 내용은 나와 있지 않다.

12. (라)에서 강연자는 변화와 혁신을 공부와 관련지어 이야기한다면, 청소년들이 하는 공부가 행복하고 안정된 삶을 살 수 있는 공부로 바뀌는 것이라고 이야기하고 있다. 세상의 문제점을 찾아 고치는 것이라는 내용은 나와 있지 않다.

13. (다)에서 강연자가 아이들에게 나무를 보게 한 것은 자연이 받아들이는 힘으로 새로운 모습을 창조하는 과정을 관찰하기 위함이다. 자연의 경이로움을 예찬하고 있다는 진술은 적절하지 않다.

14. ㄱ은 (나)에서 '눈앞에 학생이 있는 듯 손가락으로 앞을 가리'키는 비언어적 표현을 사용한 것에서 알 수 있다. ㄹ은 (가)에서 청중에게 강연 주제에 관한 질문을 던진 후 청중과 눈을 맞추며 청중의 대답을 기다리고 있는 것에서 확인할 수 있다.

15. 이 강연은 청소년들에게 행복한 삶을 위한 공부가 무엇인지를 알려주고, 행복한 삶을 위한 공부를 하도록 당부하는 내용을 담고 있다. 효율적인 학습 기술에 관한 지식은 다루고 있지 않기 때문에, 이 내용을 사전에 청중의 요구로 분석했다고 추측하는 것은 적절하지 않다.

16. (라)에서 행복한 삶, 안정된 삶을 살 수 있는 공부로 바뀌어야 한다고 했고, (마)에서 그러기 위해서는 여러분이 좋아하는 것을 찾는 공부를 해야 한다고 했다. 또한 좋아하는 것을 찾는 공부를 하면 결국 행복하고 안정된 삶을 살게 된다고 하였으므로, ㉠은 '행복하고 안정된 삶을 살기 위해서는'으로 이해하는 것이 적절하다.

17. 이 강연의 주제는 마무리 부분인 (마)에서 확인할 수 있다. 자기가 좋아하는 것을 찾아 자기가 좋아하는 일을 하여 행복하고 안정된 삶을 살면, 창의적이고 창조적인 생각을 키워 나갈 수 있다는 내용을 통해, 이 강연

의 주제가 '행복한 삶을 위한 공부' 또는, '창의적 사고를 키우는 공부'임을 짐작할 수 있다.

18. ㉠은 경수가 느티나무와 그 주변 풍경을 관찰하여 쓴 글로, 경수가 새로운 세계를 어떻게 창조했는지를 보여 주는 예이다. 따라서 경수와 강연자가 함께 창작한 글이 아니라 경수가 창작한 글임을 알 수 있다.

19. 이 강연은 아이들과의 글쓰기 수업이나 나무의 속성 등과 같은 청중이 이해하기 쉬운 소재를 활용하여 내용을 효과적으로 전달하고 있다.

오답 해설
② 중학교가 아니라 강연자가 초등학교에서 아이들을 가르친 사례가 제시되어 있다.
③ 강연자는 공부가 중요하지 않다고 말한 게 아니라, 좋아하는 것을 찾는 공부, 그래서 행복하고 안정된 삶을 살 수 있는 공부를 해야 한다고 주장하고 있다.
④ 이 강연에 사용된 매체 자료는 경수가 쓴 시를 시각 자료로 제시한 것이다. 동영상의 사용 여부는 나타나지 않았다.
⑤ 이 강연에 나온 글쓰기 수업 사례는 초등학교에서 실제 이루어진 글쓰기 수업이기 때문에 현실에서 찾기 어려운 이야기라고 보기는 어렵다.

20. 강연과 같이 여러 사람 앞에서 말할 때에는 자신의 강연을 듣는 청중에 대한 분석이 사전에 이루어져야 한다. 청중의 수준, 관심과 요구 등을 분석하여 강연 주제를 정하고 표현 전략을 짜야 하며, 말하기 도중에도 청중의 반응을 지속해서 점검하는 것이 필요하다.

21. (다)에서 글쓴이는 경수란 아이에게 어떻게 글쓰기를 가르쳤는지를 청중에게 직접 들려주고 있다. 이렇게 경수가 느티나무를 자기 나무로 정하고 그 느티나무를 관찰한 후 관찰한 내용을 글로 쓴 실제 사례를 제시함으로써, 새로운 세계를 창조하는 것의 의미를 청중이 이해하기 쉽게 전달하고 있다.

논술형 평가 대비하기　　　　　　86~88쪽

(1) 나를 멈추게 하는 것들
1. 일상의 평범하고 사소한 대상들이 지닌 가치에 대한 깨달음(/작고 나약하지만 꿋꿋하게 살아가는 존재들이 주는 삶의 위안) **2.** 일상의 평범하고 사소한 대상들을 '보도블록

틈에 핀 씀바귀꽃 한 포기', '어쩌다 서울 하늘을 선회하는 제비 한두 마리', '육교 아래 봄볕에 탄 까만 얼굴로 도라지를 다듬는 할머니의 옆모습', '굽은 허리로 실업자 아들을 배웅하다 돌아서는 어머니의 뒷모습'과 같은 시각적 심상을 활용하여 구체적이고 생생하게 표현하고 있다. **3.** 1~4연에서 '~(하)는 ~이/가 나를 멈추게 한다'라는 문장 구조를 반복하고, 1~5연에서 '나를 멈추게 한다(한)'라는 구절을 반복하여 운율을 형성하고 있다. **4.** 작고 나약하지만 꿋꿋하게 살아가는 존재들이 주는 따뜻한 위안 덕분에 화자는 다시 힘을 내어 살아갈 수 있다.

(2) 별
1. '나'는 아가씨가 자신의 어깨에 기대어 잠이 들자 아가씨를 별과 같은 고귀한 존재로 생각하며 밤새 꼼짝 않고 앉아서 아가씨를 지켜 준다. 이를 통해 순수와 정신적 사랑의 아름다움이라는 보편적 가치를 전달하고 있다. **2.** (가)에서 '나'는 아가씨가 자신에게 짓궂은 질문을 하고 농담을 건네자 쩔쩔매며 당황스러워하면서도 행복해하고 있다. (나)에서 '나'는 아가씨가 울안에서 쉴 수 있도록 자신이 아가씨를 지켜 주고 있다는 사실을 자랑스럽게 느끼고 행복해하고 있다. **3.** ⓐ: '나'의 보호를 받아야 하는 연약한, ⓑ: 아가씨를 요정, 양, 목동 같은 구체적이고 감각적인 대상에 빗대어 표현하여 아가씨에 대한 '나'의 생각이나 감정을 심미적으로 드러낸다.

(3) 자연이 하는 말을 받아쓰다
1. 이 강연의 청중은 학교에서 교육을 받는 시기에 있는 청소년이기 때문에 공부를 왜 해야 하는지에 관심이 많을 것이고, 어떤 공부가 행복한 삶을 위한 공부인지 알고 싶어 할 것이므로 '행복한 삶을 위한 공부'라는 강연 주제를 정하였으며, 이는 청중의 관심과 요구를 고려한 것이라고 평가할 수 있다. **2.** 첫째, 경수라는 학생의 일화를 소개할 때 대사를 인용하여 실제처럼 생생하게 전달하였다. 둘째, 경수가 실제로 자기 나무를 관찰하여 쓴 글을 매체 자료를 활용하여 직접 제시하였다. **3.** 자신이 좋아하는 것을 찾아 자기가 좋아하는 일을 하는 행복하고 안정된 삶을 통해 창의적 사고를 키우는 공부

(1) 나를 멈추게 하는 것들
1. 이 시를 통해 작가가 독자와 공유하고 소통하고 싶었던 심미적 인식과 체험은 '나를 멈추게 한 힘'에 관한 것이다. 작고 사소한 대상들로부터 발견한 삶의 가치 또는 그 일상의 평범한 대상들이 주는 삶의 위안이라는 이 시의 주제를 통해 작가가 독자와 나누고 싶어 한 심미적 인식과 체험의 내용을 짐작할 수 있다.

평가 요소	확인(√)
이 시의 주제와 관련지어 작가의 심미적 인식과 체험을 서술하였다.	
'가치'나 '위안'이라는 단어를 포함하였다.	
명사로 끝맺으며 35자 이내로 서술하였다.	

2. 1~4연에 나열된 소재들은 모두 시각적 심상을 활용하여 표현되어 있다. '보도블록 틈에 핀 씀바귀꽃 한 포기', '서울 하늘을 선회하는 제비 한두 마리', '육교 아래 봄볕에 탄 까만 얼굴로 도라지를 다듬는 할머니의 옆모습', '굽은 허리로 실업자 아들을 배웅하다 돌아서는 어머니의 뒷모습'은 시를 읽는 독자로 하여금 구체적인 이미지를 눈으로 보듯이 생생하게 떠올리게 하고 있다.

평가 요소	확인(√)
심상이 쓰인 시구를 두 가지 이상 제시하였다.	
심상의 종류와 효과를 서술하였다.	
'~와/과 같은 ~을/를 활용하여 ~하고 있다.'의 형태로 서술하였다.	

3. 1~4연에서 '~(하)는 ~이/가 나를 멈추게 한다'라는 문장 구조를 반복하여 사용하고 1~5연에서는 '나를 멈추게 한다(한)'라는 말을 반복하여 사용함으로써, '나'를 멈추게 하는 것들의 공통점에 독자가 집중하도록 유도하고 있다. 또한, 문장 구조나 특정 구절의 반복을 통해 운율을 형성함으로써 화자의 심미적 인식과 체험을 인상적으로 보여 주는 효과를 거두고 있다.

평가 요소	확인(√)
운율을 형성하는 요소인 '문장 구조', '구절(시구)'이라는 말을 사용하였다.	
'~(하)는 ~이/가 나를 멈추게 한다', '나를 멈추게 한다(한)'이라는 시구를 사용하였다.	
완성된 문장으로 서술하였다.	

4. 화자는 '나를 멈추게 한 힘'인 작고 사소한 것들에게서 발견한 가치 덕분에 다시 걸을 힘을 얻는다. 즉, 우리 주변의 작고 나약한 존재들이 꿋꿋하게 살아가는 것을 보면서 삶의 위안을 얻고 다시 살아갈 힘을 얻고 있다.

평가 요소	확인(√)
㉠의 함축적 의미를 서술하였다.	
화자가 받은 영향을 서술하였다.	
완성된 문장으로 서술하였다.	

(2) 별

1. (라)에는 '나'의 아가씨에 대한 순수한 사랑이 아름답게 그려져 있다. '나'는 아가씨가 자신의 어깨에 기대어 잠이 들자 꼼짝도 하지 않고 앉은 채로 '밤의 성스러운 보호를 받으면서' 아가씨를 지켜 준다. 이러한 행동을 통해 순수하고 정신적인 사랑의 가치를 확인할 수 있다.

평가 요소	확인(√)
'순수', '정신적 사랑'이라는 말을 사용하였다.	
(라)에 나타난 '나'의 생각과 행동을 근거로 서술하였다.	
완성된 문장으로 서술하였다.	

2. (가)에서는 '나'에게 보급품을 날라다 주러 온 아가씨가 '나'에게 짓궂은 질문을 하고 농담을 건네는 상황이 제시되어 있다. 이런 상황에서 '나'는 아가씨의 질문에 제대로 대답을 하지 못하고 쩔쩔매는 모습을 보인다. 하지만 아가씨가 곧 떠나려고 하자 아가씨를 에스테렐 요정 같다고 표현하며, 아가씨와 함께 있는 순간을 꿈만 같은 행복한 순간으로 생각하고 있다. (나)에는 아가씨가 산속으로 다시 돌아와 울안에서 쉬고 있고, '나'는 그런 아가씨를 지켜 주고 있는 상황이 제시되어 있다. 아가씨를 지켜 주고 있다는 사실에 '나'는 스스로를 자랑스럽게 여기고 있다.

평가 요소	확인(√)
(가)에서 '나'가 처한 상황과 그에 따른 심리를 서술하였다.	
(나)에서 '나'가 처한 상황과 그에 따른 심리를 서술하였다.	
(가)와 (나)에 나타난 심리를 각각 한 문장으로 서술하였다.	

3. (나)에서 '나'가 아가씨를 ㉡과 같이 양 한 마리에 빗대어 표현한 것은, 자신이 돌봐 주고 있는 양처럼 아가씨도 자신이 지켜 주고 보호해 주어야 할 연약한 존재임을 드러내는 것이다. ㉠~㉢에서는 아가씨를 각각 요정, 양, 목동에 빗대어 표현하고 있는데, 이런 보조 관념은 모두 구체적이고 감각적인 대상이며 아가씨에 대한 '나'의 생각이나 감정이 아름답게 표현되어 있다.

평가 요소	확인(√)
ⓐ가 아가씨를 어떠한 존재로 느끼고 묘사한 것인지 서술하였다.	
ⓐ를 빈칸에 알맞은 문장 형태로 서술하였다.	
ⓑ에서 표현의 효과를 정확하게 서술하였다.	
ⓑ를 완성된 문장으로 서술하였다.	

(3) 자연이 하는 말을 받아쓰다

1. 이 강연의 청중과 강연 주제는 (가)에 나오듯이 각각 '청소년'과 '행복한 삶을 위한 공부'이다. 청소년은 학교에서 교육을 받는 시기이므로 공부를 왜 해야 하는지, 행복한 삶을 위한 공부는 무엇인지에 대해 관심이 있을 것이다. 따라서 이 강연 주제는 청중의 관심과 요구를 고려한 것이라고 평가할 수 있다.

평가 요소	확인(√)
강연의 청중과 강연 주제를 정확히 서술하였다.	
청중의 특징을 강연 주제와 관련지어 서술하였다.	
완성된 문장으로 서술하였다.	

2. (나)에서는 강연자가 경수라는 아이에게 글쓰기를 가르친 사례를 구체적으로 들려주고 있다. 이 사례를 보다 효과적으로 전달하기 위해, 경수와의 대화 장면을 실감나게 재현하고 있고, 경수가 쓴 글을 매체를 활용하여 직접 청중에게 보여 주고 있다.

평가 요소	확인(√)
대화를 인용하여 대화 장면을 생생하게 전달하였음을 서술하였다.	
매체 자료를 활용한 것을 서술하였다.	
두 가지의 표현 전략을 각각 한 문장으로 서술하였다.	

3. (다)에서 강연자는 행복한 삶을 살기 위해서는 자신이 좋아하는 것을 찾아야 하고, 좋아하는 것을 하면서 살면 행복한 삶을 살게 되고, 행복하고 안정이 되면 창조성이 발현되어 창의적이고 창조적인 생각을 키워 나갈 수 있다고 하였다. 따라서 행복한 삶을 위한 공부란 자기가 좋아하는 것을 찾아 그것을 평생 하며 사는 행복하고 안정된 삶을 통해 창의적(창조적) 사고를 키우는 공부라고 할 수 있다.

평가 요소	확인(√)
좋아하는 것을 찾는 공부를 해야 한다고 서술하였다.	
창의적 사고를 키우는 공부를 해야 한다고 서술하였다.	
완성된 문장으로 서술하였다.	

② 좋은 글, 바른 문장

(1) 문제 해결 과정으로서의 쓰기

콕콕 확인 문제 96~106쪽

1. ③ **2.** ② **3.** ③ **4.** 관광 정보가 아니기 / 여수를 알리기 위한 주제와 글의 목적에 맞지 않기 **5.** ⑤ **6.** 주제, 목적, 독자 **7.** ⑤ **8.** ③ **9.** ① **10.** ⑤ **11.** ③ **12.** ② **13.** 고쳐쓰기 단계

1. '문단 간의 통일성'은 본격적으로 글을 쓰는 표현하기나 고쳐쓰기 단계에서 고려해야 할 사항이다.

2. '우리 고장 여수를 소개하는 글'에서 주제를, '내가 사는 고장에 관해 아는 게 별로 없'다는 부분에서 부딪히게 된 문제가 무엇인지 알 수 있다. 따라서 〈보기〉는 주제에 대한 배경지식이 부족하여 어려움에 부딪힌 상황이다.

3. 글쓰기는 주제, 목적, 독자, 매체를 고려해 이루어지는 문제 해결 과정이다. 주제와 목적에 맞게 내용을 수집하고 생성하더라도 예상 독자의 흥미나 배경지식에 적절한지 고려해 내용을 선별해야 한다.

4. 필요한 자료를 수집하되, 목적이나 주제를 고려하여 불필요한 내용은 수정하거나 삭제해야 한다.

5. '우리나라 음식의 특징'은 '우리 고장 여수를 알림.'이라는 글의 주제를 뒷받침하기에 적절한 내용이 아니므로 삭제해야 한다.

6. 쓰기가 문제 해결 과정이라는 것을 이해하고 주제, 목적, 독자, 매체를 고려해야 한다. 제시된 진욱이의 개요표를 보면, 글의 주제, 목적, 독자를 고려하여 수정하고 있음을 알 수 있다.

7. 다른 지역에 사는 또래 친구들에게 자신이 살고 있는 고장인 여수를 소개하는 글을 블로그에 쓴다고 할 때, 적절한 시각 자료를 활용하면 글의 목적을 효과적으로 달성할 수 있다. 그러므로 ⑤는 적절하지 않다.

오답 해설

① 글로만 내용을 전달하는 것보다 영상을 활용하면 생동감을 전할 수 있다.

② 지리적인 특징은 글로만 설명하면 복잡하지만, 지도를 활용하면 한눈에 해당 내용을 파악할 수 있다.

③ 향일암, 오동도 등의 관광지의 아름다운 경관은 글보다는 사진을 활용해 설명하면 더 효과적이다.
④ 독자들의 흥미를 고려하여 노래를 활용하는 것도 글의 내용을 효과적으로 전달하기 위한 좋은 방법이다.

8. 표현하기 단계에서는 개요를 토대로 내용을 잘 서술하는 것이 중요한데, 이때 독자들의 배경지식을 고려해 표현의 난이도를 조절하는 것이 좋다.

9. 쓰기는 일정한 단계에 따라 이루어지지만 단계별로 활동이 완료되었다고 하더라도, 이전 단계로 돌아가 필요한 작업을 다시 할 수 있다. 〈보기〉는 초고에서 부족한 내용을 보충하기 위해 내용 생성 단계로 회귀하고 있다.

10. 좋은 글을 쓰는 것은 모든 글을 쓰는 데 있어 중요한 목표가 될 수는 있으나, 그것을 가능하게 하기 위해서는 내용을 점검하여 수정·보완하는 과정이 필요하다. 문제없는 글을 쓰려고 하기 보다는 단계별로 부딪힐 수 있는 여러 문제를 해결하며 차근차근히 한 편의 글을 만들어나가는 것이 더 중요하다.

11. 글에 어떤 내용을 포함하면 좋겠다는 생각은 보통 '내용 생성하기' 단계에서 이루어진다.

12. '개요'란 '글의 틀'을 의미하는 데 개요 작성하기, 즉 '내용 조직하기' 단계에서는 글의 목적이나 독자의 흥미나 배경지식 등을 고려해 수집·생성한 내용의 배치 순서를 결정해야 한다.

13. 초고를 쓴 후에는 작성된 내용을 읽으며 주제, 목적, 독자, 매체를 고려하여 내용이 글 수준, 문단 수준, 문장 수준, 단어 수준 등의 표현이 적절한지 점검하고 수정하는 고쳐쓰기 단계를 가진다.

소단원 나의 실력 다지기   111~113쪽

1. ②   **2.** ③   **3.** ①   **4.** ①   **5.** 진남 체육 공원에 관한 자료는 주제를 뒷받침하기에 적절하지 않으므로 삭제해야 한다.
6. ①   **7.** ⑤   **8.** ④   **9.** ④   **10.** ③   **11.** ⑤   **12.** ④   **13.** ⑤
14. ②

1. (가)와 (다)를 통해 다른 지역에 사는 친구들에게 자신이 사는 고장 여수를 소개하는 글을 쓰려는 목적을 확인할 수 있다.

2. (가)를 보면 예상 독자인 또래 친구들이 여행에 관한 정보를 검색할 때 활용하는 블로그, 즉 예상 독자가 쉽게

글을 찾을 수 있도록 인터넷 매체를 활용한다고 하고 있다. 따라서 가장 중요하게 고려한 요소는 예상 독자이다.

3. 쓰기는 일정한 단계와 과정을 거쳐 이루어진다. (가)는 본격적인 글쓰기에 앞서 주제, 목적, 예상 독자, 매체 등을 설정하는 단계로, '계획하기'에 해당한다.

4. (나)는 글의 주제와 목적 등을 마련했으나, 이와 관련해 아는 내용이 별로 없어서 고민하고 있는 상황이다. 즉, 배경지식이 부족하여 내용 생성에 어려움을 겪고 있음을 알 수 있다.

5. '진남 체육 공원'에 관한 내용은 관광 정보에 해당하지 않고, 여수를 소개하는 주제와 목적에도 맞지 않기 때문이다.

6. 내용상 주제를 뒷받침할 자료를 수집했다고 하더라도 예상 독자의 지적 수준이나 흥미를 고려할 때 적절하지 않은 경우가 생길 수 있다. 이럴 때는 독자를 고려해 내용을 수정하거나, 필요한 내용을 추가로 수집 생성해야 한다.

7. 제목은 독자들의 흥미를 끌 수 있어야 하고, 글의 주제나 목적을 잘 드러내고 있는 것이 좋다. 이러한 제목의 요건을 생각할 때, ⑤가 글의 제목으로 가장 적절하다.

8. 개요표를 통해 여수를 소개하기 위한 글을 쓰는 것임을 알 수 있다. '우리나라 음식의 특징'은 글의 주제와 전체적인 흐름을 고려할 때 적절하지 않아 삭제해야 한다.

9. 다른 지역에 사는 친구들에게 여수를 소개하고 있는 이 글은 이토록 볼거리가 풍성하고, 먹거리가 많은 여수를 방문하기를 권하는 내용으로 마무리하는 것이 좋다. 그러므로 친구들이 여수에 관해 알고, 방문했으면 하는 글쓴이의 소망이 제시되는 것이 적절하다.

10. 상원과 선이의 대화에서 설명할 대상의 특성을 나타내기에 알맞은 자료 제공 방법으로 파일 첨부 방식을 생각하고, 독자의 이해를 효과적으로 도울 수 있는 매체로 영상 매체를 고려하고 있는 것으로 보아, 글을 쓰기 전 매체의 특성을 고려하여 수집된 자료를 활용할 계획에 관해 대화하는 것으로 볼 수 있다.

11. 쓰기는 개요표를 토대로 초고를 작성했다고 하더라도 이전 단계로 돌아가서 글의 내용을 수정·보완할 수 있다. 그러나 주제를 다시 정하는 것은 수정·보완의 수

준을 벗어난 것으로 ⑤는 초고를 작성한 후 부딪히는 문제나 해결해야 할 문제라고 보기 어렵다.

12. 계획하기 단계에서는 주제, 목적, 독자, 매체를 설정해야 한다. ④는 내용 생성하기 단계에서 해결해야 할 문제이다.

13. 쓰기는 모든 과정의 단계에서 내용에 대한 점검 및 수정이 이루어진다.

14. 글쓰기는 단계별로 부딪히는 여러 가지 문제를 주제, 목적, 독자, 매체를 고려해 해결해 나가는 과정이다.

(2) 문장의 짜임과 양상

콕콕 확인 문제   116~124쪽

1. ③ **2.** 매우 **3.** ⑤ **4.** ⑤ **5.** 나는-입었다, 할머니가-주신, 겹문장 **6.** 비가 와서(/오니까) 옷이 젖었다. **7.** ⑤
8. 친구가 와서(/오니까) 나는 기분이 좋았다. **9.** ⑤ **10.** ⑤
11. ④ **12.** ⑤ **13.** ㉠ 물이 유리처럼 투명하다. ㉡ 관형
14. 그가 범인임이, 명사 **15.** ④ **16.** ③

1. '빨간 구두가 예쁘다.'에서 '빨간'은 관형어이므로 부속 성분에 해당한다.

오답 해설

① '철수가'는 문장의 주어에 해당하므로 주성분이다.

② '책을'은 목적어에 해당하므로 주성분이다.

④ '부른다'는 서술어에 해당하므로 주성분이다.

⑤ '어른이'는 보어에 해당하므로 주성분이다.

2. '매우'는 서술어를 꾸며, 뜻을 더해주는 부사어로, 부속 성분에 해당한다.

3. 서술어는 주어의 움직임, 성질, 상태 등을 서술하는 말이므로, '먹었구나'는 '사과를'이 아니라 '네가'를 설명한다.

4. 주어와 서술어의 관계가 두 번 이상 나타나는 문장은 겹문장이다. ⑤에서 주어는 '나는'과 '언니는'이고, 서술어는 '부르다'와 '추다'이다.

오답 해설

① 주어 '책'과 서술어 '줄래?'로 이루어진 홑문장이다.

② 주어 '지우는'과 서술어 '바쁘다'로 이루어진 홑문장이다.

③ 주어 '엄마가'와 서술어 '안았다'로 이루어진 홑문장이다.

④ 주어 '아기가'와 서술어 '예쁘네요'로 이루어진 홑문장이다.

5. 제시된 문장은 '나는-입었다'와 '할머니가-주신'으로 주어와 서술어의 관계가 두 번 나타나는 겹문장이다.

6. 제시된 홑문장 두 개를 나란히 이어 겹문장을 만들면 앞 문장이 뒤 문장의 원인이 되는 '비가 와서(/오니까) 옷이 젖었다.'와 같은 이어진문장이 완성된다.

7. 홑문장과 겹문장은 주어와 서술어의 관계가 몇 번 나타나는지에 따라 판단한다. '집에'는 주어와 서술어 중 무엇에도 해당하지 않는다.

오답 해설

① '가다'와 '기다리다'가 서술어이다.

② '집에 가기를'이 안긴문장에 해당하므로, 명사절을 가진 안은문장이다.

③ '학생들은 기다렸다.'와 '(학생들은) 집에 가다.'가 결합된 문장이다.

④ '학생들은'은 안은문장의 주어에 해당한다.

지식 창고 – 명사절을 가진 안은문장

안긴문장이 명사형 어미 '-(으)ㅁ', '-기'와 결합하여 명사 구실을 하는 절을 명사절이라고 한다. 명사절은 명사형 어미가 안긴문장에 붙어 전체 문장에서 주어나 목적어 역할을 한다.

8. 이어진문장은 두 개의 홑문장이 나란히 연결되어 있는 문장이다. 제시된 문장을 연결하면 '친구가 와서(/오니까) 나는 기분이 좋았다.' 정도의 형태로, 앞뒤 문장이 종속적으로 연결된 문장이 된다.

9. ㉠은 대등하게 이어진 문장이고 ㉡은 종속적으로 이어진 문장이다. 즉 ㉠, ㉡은 모두 주어와 서술어의 관계가 두 번 이상 나타나는 겹문장이다.

오답 해설

① ㉠의 주어는 '나는'과 '누나는'이다.

② ㉡의 서술어는 '오다'와 '연기되다'이다.

③ ㉠은 대등하게 이어진 문장이다.

④ ㉡은 종속적으로 이어진 문장이다.

10. '그가 돌아오기를'이 안긴문장으로, 목적어 역할을 하는 명사절이다. 그러므로 제시된 문장은 명사절을 가진 안은문장이다.

① 겹문장 중 명사절을 가진 안은문장에 해당한다.

② 주어는 '우리는', '그가' 두 개이고, 안은문장의 주어는 '우리는'이다.

③ 안은문장도 하나의 문장 안에서 주어와 서술어의 관계가 두 번 이상 이루어지는 겹문장이다. 제시된 문장은 두 개의 홑문장이 결합하여 만들어졌다.

④ 제시된 문장에서 안긴문장('그가 돌아오기를')은 전체 문장의 목적어 역할을 한다.

11. '가을이 오다.'+'산에 단풍이 들다.'의 두 문장이 결합하여 만들어진 종속적으로 이어진 문장이다.

오답 해설

① '코가 길다'는 서술절에 해당한다. 그러므로 서술절을 가진 안은문장이다.

② '땀이 나게'가 부사절에 해당한다. 그러므로 부사절을 가진 안은문장이다.

③ '기분이 좋다고'는 인용절에 해당한다. 그러므로 인용절을 가진 안은문장이다.

⑤ '선생님이 결혼하셨다는'은 관형절에 해당한다. 그러므로 관형절을 가진 안은문장이다.

지식 창고 – 부사절을 가진 안은문장

부사절은 부사형 어미 '-게', '-도록', '-아/-어', '-아서/-어서' 또는 부사 파생 접미사 '-이' 등에 의해서 만들어지며, 문장 속에서 부사어의 기능을 한다.

---

12. 〈보기〉는 부사절을 가진 안은문장에 대한 설명이다. ⑤에서 '눈이 부시도록'은 '아름다웠다'를 한정하는 기능을 하므로 부사절이다.

오답 해설

① 서술절을 가진 안은문장이다.

② 인용절을 가진 안은문장이다.

③, ④ 관형절을 가진 안은문장이다.

13. '물이 유리처럼 투명하다.'가 전체 문장의 관형절로 안겨서 만들어진 안은문장이다.

지식 창고 – 관형절을 가진 안은문장

안긴문장이 관형사형 어미 '-(으)ㄴ', '-는', '-(으)ㄹ'과 결합하여 문장에서 관형어의 구실을 하는 절을 관형절이라고 한다.

---

14. '그가 범인이다.'를 안긴문장으로 하여 안은문장을 만드는 문제이다. 이를 안은문장으로 만들면 '그가 범인임이 밝혀졌다.' 정도가 적절하고, 이 문장은 안긴문장이 주어처럼 쓰이는 명사절을 가진 안은문장에 해당한다.

15. ㄹ은 '성공으로 향하다.'가 안긴문장인 관형절을 가진 안은문장으로, 두 개의 절로 구성된 겹문장이다. 안긴문장을 통해 이야기하려는 대상의 뜻을 한정하고 있다.

오답 해설

①, ② ㄱ은 두 개의 홑문장을 나란히 이어 대등하게 이어진 문장을 이루고 있다. 앞 문장과 뒤 문장의 뜻이 대조적으로 대등한 관계에 있다.

③, ⑤ ㄴ과 ㄷ은 홑문장으로, 짧고 간결하게 중요한 내용을 전달하고 있다.

16. 제시된 속담은 앞 문장의 상황에 '설사 그렇더라도'라는 뜻을 더하여 뒤 문장으로 이어지면서 구슬을 꿰지 않으면 (아무리 훌륭하고 좋은 것이라도) 의미가 없음을 나타내는, 종속적으로 이어진 문장이다. 이 속담의 앞 문장과 뒤 문장의 순서를 바꾸면 문장의 의미가 달라지기 때문에 ③은 적절하지 않다.

소단원 나의 실력 다지기 127~129쪽

1. ① **2.** ① **3.** ④ **4.** ㄱ: 주어, ㄴ: 목적어, 공통점: 문장에서 주성분이다. / 문장의 골격을 이룬다. / 문장을 이루는 필수적인 성분이다. 등 **5.** ③ **6.** ② **7.** ⑤ **8.** ① **9.** 바람이 불어서(/부니) 나뭇잎이 떨어졌다. **10.** ④ **11.** ④ **12.** ③ **13.** ① **14.** ⑤ **15.** ③ **16.** ⓐ: 눈이 예쁘다, ⓑ: 서술절 **17.** ① **18.** ⑤

---

1. ㄱ 문장의 골격을 이루는 주성분의 경우 생략할 수 없는 경우도 있다. ㄴ 문장 성분은 주성분, 부속 성분, 독립 성분으로 나눌 수 있다.

오답 해설

ㄷ 다른 문장 성분과 관계없이 쓰이는 것은 독립 성분이다.

ㄹ 문장에서 다른 성분의 내용을 꾸며 주는 역할을 하는 것은 부속 성분만이다.

2. 보어는 '되다/아니다' 앞에서 문장의 불완전한 부분을 채워 주는 말이다. ①의 문장에서 '화가가'는 보어의 기능을 한다.

오답 해설

②는 관형어, ③은 목적어, ④는 독립어, ⑤는 주어이다.

3. 다른 성분의 내용을 꾸며 주는 역할을 하는 부속 성분인 관형어와 부사어를 모두 포함한 문장은 ④이다. '낡은'은 관형어, '크게'는 부사어에 해당한다.

4. ㉠의 '제가'는 문장의 주어이다. ㉡의 '옷을'은 목적어이다. 둘은 문장의 주성분이며, 문장의 골격을 이루는 필수적인 성분이라는 공통점이 있다.

5. 홑문장을 두 개 이상 결합하면 겹문장이 된다. 그러므로 ③은 적절하지 않다.

오답 해설

① 홑문장은 주어와 서술어의 관계가 한 번만 이루어진다. 그러므로 겹문장에 비해 주어의 수가 적다.

② 문장의 짜임은 주어와 서술어의 관계가 몇 번 나타나느냐에 따라 판단한다.

④, ⑤ 홑문장은 주어와 서술어의 관계가 한 번, 겹문장은 주어와 서술어의 관계가 두 번 이상 나타난다.

6. '빵이 노릇노릇 익었다.'는 주어와 서술어의 관계가 한 번 이루어진 홑문장이다.

오답 해설

① 서술절을 가진 안은문장에 해당하므로 겹문장이다.

③ 관형절을 가진 안은문장에 해당하므로 겹문장이다.

④ 명사절을 가진 안은문장에 해당하므로 겹문장이다.

⑤ 종속적으로 이어진 문장에 해당하므로 겹문장이다.

7. ⑤는 목적어-서술어 관계이고, 나머지는 주어-서술어 관계이다.

8. ①은 두 개의 홑문장이 나란히 연결된 대등하게 이어진 문장에 해당한다.

오답 해설

②, ④는 관형절을 가진 안은문장, ③은 홑문장, ⑤는 명사절을 가진 안은문장이다.

9. 제시된 두 홑문장을 이어 원인-결과의 의미 관계로 종속적으로 이어진 문장을 만들면, '바람이 불어서(/부니) 나뭇잎이 떨어졌다.' 정도의 형태가 적절하다.

지식 창고 – 종속적으로 이어진 문장

앞 문장과 뒤 문장이 종속적 연결 어미에 의해 연결되면서 의미가 긴밀하게 연결된 문장을 말한다. 종속적으로 이어진 문장의 경우 앞 문장과 뒤 문장의 순서를 바꾸면 의미가 달라진다.

10. 〈보기〉는 대등하게 이어진 문장에 대한 설명이다. '어머니가 함께 가시거나, 아버지가 함께 가신다.'는 앞 문장과 뒤 문장의 의미 관계가 대등하기 때문에 대등하게 이어진 문장이다.

오답 해설

①은 서술절을 가진 안은문장, ②, ⑤는 종속적으로 이어진 문장, ③은 부사절을 가진 안은문장이다.

11. ①, ②, ③, ⑤는 안은문장에 속한 안긴문장이다. ④는 홑문장에서 목적어와 서술어와 관계가 나타난 부분이다.

12. '오늘 윤아는 친구를 만났다.'와 '친구는 마음이 착하다.'가 결합한 문장이다. 그런데 '친구는 마음이 착하다'는 '마음이 착하다.'라는 서술절을 안은 문장이므로 홑문장 세 개가 결합하여 만들어졌다고 볼 수 있다.

13. ㉠, ㉡은 명사절이고, ㉢은 관형절, ㉣은 부사절이다.

14. 〈보기〉는 겹문장 중 부사절을 가진 안은문장에 대해 설명하고 있는데, ⑤는 주어와 서술어의 관계가 한 번만 이루어지는 홑문장이다.

오답 해설

① '눈이 부시게', ② '말도 없이', ③ '소리도 없이', ④ '이가 시리게'가 부사절에 해당한다. 그러므로 ①~④는 부사절을 가진 안은문장이다.

15. 홑문장과 겹문장은 주어와 서술어의 관계가 몇 번 나타나느냐에 따라 구분한다. 겹문장은 결합하는 방식에 따라 이어진문장과 안은문장으로 나뉜다.

16. 동생의 눈이 예쁘다는 의미이므로 '예쁘다'의 짝이 되는 주어는 '동생이'가 아니다. 제시된 문장은 '눈이 예쁘다'가 서술절인, 서술절을 가진 안은문장이다.

지식 창고 – 서술절을 가진 안은문장 vs 홑문장

서술절을 가진 안은문장과 홑문장을 혼동하는 경우가 많다. 헷갈릴 때는 겹문장의 기본 개념으로 돌아가 문장의 주어와 서술어의 관계를 따져보면 쉽게 둘을 구분할 수 있다. 홑문장의 경우엔 주어와 서술어의 관계가 한 번 나타나지만, 안은문장은 주어와 서술어의 관계가 두 번 이상 나타나기 때문이다.

17. ㉠의 주어는 '인생은'과 '예술은'이고, 겹문장 중 이어진문장에 해당하며, 짧은 인생과 긴 예술을 대조하여 표현했으므로 제시된 조건을 모두 만족한다.

18. ㉤은 '성공으로 향하는'이라는 관형절이 안긴문장으로 쓰인 안은문장이다. 그러므로 ⑤는 적절하다.

오답 해설

① ㉠은 대등하게 이어진 문장이다. 짧고 간결하게 중요한 내용을 전달하는 데는 홑문장이 효과적이다.

② ㉡은 종속적으로 이어진 문장이다.

③, ④ ㉢과 ㉣은 홑문장이다.

대단원 평가 대비하기 132~135쪽

1. ③ **2.** ⑤ **3.** ② **4.** ④ **5.** ② **6.** ④ **7.** ② **8.** ④ **9.** ③
10. ④ **11.** ㉠ 독립 성분, ㉡ 주성분, 다른 문장 성분과 관계를 맺지 않고 독립적으로 쓰인다. **12.** ② **13.** ③ **14.** 홑문장: ㉠, ㉡ 겹문장: ㉢, ㉣, ㉤ **15.** ⑤ **16.** ④ **17.** ②

1. 그림 속 상황에 비추어 볼 때, 예상 독자는 여수 이외의 지역에 사는 '여행에 관한 정보를 검색하는 친구들'이다. 그러므로 ㉢은 적절하지 않다.

2. 제시된 그림은 글을 쓰기 위해 계획하는 내용을 담은 상황이다. 그림 속에서 글의 주제와 목적을 밝히고, 예상 독자를 고려한 자료 활용 구성 계획이나 매체 등을 정하는 부분을 확인할 수 있으므로, ⑤번이 적절하다.

3. 은호가 글쓰기 과정 중 내용 생성 단계에서 부딪힌 문제에 관해 이야기하고 있다는 점과 이에 찬성이 제시한 해결 방법을 고려할 때, 주제에 관련해서 아는 게 별로 없다는 배경지식 부족으로 인해 어려움을 겪고 있는 내용이 들어가는 것이 적절하다.

4. 제시된 글은 여수의 관광지 중 붉은 동백꽃이 아름답게 핀 '오동도'에 대한 정보이다. 붉은 동백꽃이 피어있는 풍경이 갖는 매력을 효과적으로 설명하기 위해서는 사진과 같은 시각 자료를 활용하는 것이 적절하다.

5. 글을 쓸 때는 예상 독자의 흥미나 배경지식을 고려해 내용을 생성·조직하는 것이 좋다. 설문 결과에서 또래 친구들은 여수의 맛집과 축제, 학교 정보 등에 대해 궁금해하고 있음을 알 수 있다. 이 설문 결과를 토대로 할 때 현재 수집한 자료만으로는 또래 친구들의 흥미를 돋우기에 적절하지 않다. 또한, '오동도'에 국한하지 말고 '여수'에 관한 정보를 얻고 싶어 한다. 그러므로 필요한 자료를 더 수집하는 게 좋다고 평가할 수 있다.

6. '어촌 체험 활동'은 여수의 즐길 거리에 해당하므로 중간 부분에 위치하는 것이 좋다.

오답 해설

① 제목은 주제와 목적을 효과적으로 함축하며 독자의 흥미를 유발하는 것이어야 한다.

② '향일암의 일출'은 여수의 자랑거리 중 여수의 아름다운 경관에 해당하는 내용이므로 중간 2-(1)에 위치하는 것이 좋다.

③ '우리나라 음식의 특징'은 글의 주제를 뒷받침하기에 적절한 내용이 아니므로 삭제하는 것이 좋다.

⑤ '여수의 지리적인 특징'은 여수에 관한 기본 설명에 해당하므로 중간 1에 위치하는 것이 적절하다.

7. 제시된 조건을 모두 만족하는 것은 ②이다.

오답 해설

①, ③, ⑤ 중간 부분에 나온 내용을 일부 포함하고 있으나 나머지 조건을 만족하지 못하였다.

④ 조건 중 아무것도 만족하지 못했다.

8. (가), (나)와 개요를 바탕으로 글쓴이가 여행지로 '경주'를 소개하고 경주의 과거와 현재 모습을 담으려 한다는 것을 알 수 있다. 그러므로 중간의 내용에 '맛과 멋의 도시 경주'는 적절하지 않다.

9. 경주가 오래된 전통이 숨 쉬고 있는 곳이지만 또래 친구들이 즐거워할 만한 현대식 놀 거리도 있는 곳이라는 것을 '놀이공원 정보'를 통해 소개할 수 있다.

10. '수박을'은 문장의 목적어로, 주성분에 해당한다. 나머지는 부속 성분에 해당한다.

오답 해설

①, ③ 부사어로 부속 성분에 해당한다.

②, ⑤ 관형어로 부속 성분에 해당한다.

11. ㉠은 독립어로 독립 성분이고, ㉡은 주어로 주성분이다. ㉠은 다른 문장 성분과 직접적인 관계를 맺지 않고 독립적으로 쓰이는 성분이다.

12. 주어와 서술어의 관계가 한 번 나타나는 것은 홑문장이고 이에 해당되는 문장은 ②이다.

오답 해설

①은 서술절을 가진 안은문장, ③과 ④는 명사절을 가진 안은문장, ⑤는 대등하게 이어진 문장이다.

13. 종속적으로 이어진 문장의 경우 앞 문장과 뒤 문장의 순서를 바꾸면 의미가 달라진다. 또한, 결합된 문장의 의미를 고려할 때, 뒤 문장이 전체 문장의 중심이 된다.

오답 해설

① ㉠과 ㉡은 홑문장으로 문장의 주어는, '냉면이'와 '이가'로 각각 하나씩이다.

② ㉡은 주어와 서술어로만 이루어진 문장이다.

④ ㉣은 형태상 안은문장의 형태를 띠고 있다. 홑문장은 결합하는 방식에 따라 안은문장도 이어진문장도 될 수 있다.

⑤ ㉢을 ㉤으로 바꾸었을 때 의미가 어색해지는 것으로 볼 때, ㉢은 종속적으로 이어진 문장임을 알 수 있다.

14. ㉠, ㉡은 홑문장이다. ㉢, ㉤은 종속적으로 이어진 문장, ㉣은 형태상 안은문장에 해당한다.

15. ⑤는 대등하게 이어진 문장이다.

16. ㉠에는 홑문장의 개념에 대한 설명이 들어가야 하는데, 홑문장은 주어와 서술어의 관계가 한 번만 나타나는 문장을 말한다. ㉡에는 겹문장의 종류 중 하나인 '안은문장'이 들어가야 한다.

17. (2)는 안은문장에 대한 설명이다. ②는 의미상 종속적으로 이어진 문장이므로 적절하지 않다.

논술형 평가 대비하기   136~137쪽

(1) 문제 해결 과정으로서의 쓰기
1. 주제, 목적, 독자, 매체를 고려해 계획을 마련하는 것 **2.** '우리 학교의 역사'는 신입생들에게 학교 도서관의 이용 방법을 알리려는 이 글의 주제와 목적에 맞지 않아 불필요하다. **3.** 〈예시답〉'학교 도서관의 위치'를 설명하는 부분에 위치를 표시한 지도나 찾아가는 방법을 촬영한 동영상을 활용하여 학교 누리 소통망(SNS)에 올리면 효과적일 것이다. **4.** 〈예시답〉여수에서는 다양한 놀 거리도 즐길 수 있습니다. 특히 바닷가 마을에서 조개 잡기 체험을 할 수 있는 '어촌 체험'은 모두에게 즐거움을 줄 수 있을 것입니다.

---

(2) 문장의 짜임과 양상
1. 주어와 서술어의 관계가 한 번만 이루어지기 때문에 ㉠~㉢ 모두 홑문장이다. **2.** 보어, 뒤에 서술어 '되었다'가 있고, 문장의 불완전한 부분을 채우고 있으므로 **3.** 수업을 시작하려고(/고자) 선생님은 아이들을 불렀다. **4.** 이어진문장은 ㉠과 같이 앞 절이 뒤의 절의 원인이 되는 종속적 관계에 있는 종속적으로 이어진 문장과, ㉡과 같이 앞 절과 뒤 절의 내용이 대등하게 연결된 대등하게 이어진 문장으로 나뉜다. **5.** 하나의 홑문장이 다른 문장의 성분이 되는 **6.** 〈예시답〉나는 집으로 가는 경서를 만났다. '나는 경서를 만났다.'와 '경서는 집으로 갔다.'라는 두 개의 문장이 결합하여 만들어진 문장으로, '집으로 가는'이 '경서'를 꾸며 주는 관형절의 역할을 한다. **7.** 〈예시답〉서술절을 가진 안은문장, 기린은 목이 길다.

---

(1) 문제 해결 과정으로서의 쓰기

1. 글쓰기는 일정한 단계에 따라 이루어지는 활동이다. 또한 단계마다 부딪히는 여러 가지 문제를 주제, 목적, 독자, 매체를 고려해 해결해나가는 과정이기도 하다. 본격적인 글쓰기에 앞서서 주제, 목적, 독자, 매체를 고려해 계획을 꼼꼼히 세우는 것이 좋은 글쓰기의 시작이다.

평가 요소	확인(√)
글쓰기의 본질을 이해하였다.	
글쓰기의 단계를 파악하였다.	
맞춤법에 맞게 서술하였다.	

2. 글을 쓰기 위해 수집한 자료를 활용하려면 글쓰기 계획 단계에서 설정한 주제나 목적, 독자, 매체 등을 뒷받침하기에 충분한지를 고려해야 한다. 쓰기 계획표에 따르면 '신입생들이 학교 도서관을 잘 이용하기 위함.'이 목적이므로 '우리 학교의 역사'에 관한 내용은 불필요하다.

평가 요소	확인(√)
글을 쓰는 주제와 목적을 파악하였다.	
쓰려는 글의 통일성을 고려해 내용의 적절성을 파악하였다.	
60자 내외의 한 문장으로 서술하였다.	

3. 쓰기 계획표에 따르면 독자는 1학년 신입생들이므로, 학교 지리에 익숙하지 않아 지리적인 정보가 중요한 것을 알 수 있다. 그리고 매체의 특성을 고려할 때, 위치 정보를 담은 내용은 사진이나 동영상 자료를 활용하는 것이 효과적이다.

평가 요소	확인(√)
쓰기 계획에 제시된 글의 주제와 목적을 파악하였다.	
내용을 효과적으로 드러낼 수 있게 서술하였다.	
맞춤법에 맞게 서술하였다.	

4. 수집된 내용과 개요표에 따라 글을 쓸 수 있다. 여수의 대표적인 먹거리에 관한 내용이 문단의 앞부분에 나왔으므로 뒤에는 여수의 즐길 거리에 관한 내용이 서술되는 것이 적절하다.

평가 요소	확인(√)
수집된 내용을 활용할 방안에 대해 이해하였다.	
글의 통일성을 고려해 내용을 적절하게 서술하였다.	
맞춤법에 맞게 서술하였다.	

(2) 문장의 짜임과 양상

1. ㉠~㉢은 주어와 서술어의 관계가 한 번만 나타나는 홑문장이다.

평가 요소	확인(√)
홑문장의 개념을 이해하였다.	
각 문장의 공통점을 파악하였다.	
30자 이내의 한 문장으로 서술하였다.	

2. 보어는 서술어 '되다', '아니다' 앞에 와서 문장의 불완전한 부분을 채워준다. 이러한 보어의 특징을 토대로 할 때 '대학생이'의 문장 성분이 보어임을 알 수 있다.

평가 요소	확인(√)
주어진 말의 문장 성분을 파악하였다.	
보어가 문장에서 하는 역할을 이해하였다.	

3. 홑문장을 이어서 겹문장을 만들 때, 의도의 관계가 드러나도록 하려면 연결 어미를 적절하게 활용해야 한다. '-려고', '-고자'는 어떤 행동을 할 의도나 욕망을 가지고 있음을 나타내는 연결 어미이므로 두 문장을 연결하여 의도의 관계가 드러난 문장을 만들기에 적절하다.

평가 요소	확인(√)
홑문장을 연결하여 겹문장을 만들었다.	
의도의 관계가 드러나도록 하기 위한 연결 어미를 적절하게 사용하였다.	

4. ㉠은 의미상 앞 절의 내용이 뒤 절에 종속되는 종속적으로 이어진 문장이고, ㉡은 두 절이 대등하게 연결되어 있는 대등하게 이어진 문장이다.

평가 요소	확인(√)
각 문장의 짜임을 파악하였다.	
이어진문장의 종류를 이해하였다.	
종속적으로 이어진 문장과 대등하게 이어진 문장의 차이점을 이해하였다.	

5. 안은문장은 홑문장 하나가 전체 문장의 문장 성분이 되는 방식으로 결합한다. 그러므로 ㉠에는 홑문장이 다른 문장 속 문장 성분이 된다는 내용이 들어가야 한다.

평가 요소	확인(√)
안은문장의 개념을 이해하였다.	
안은문장이 만들어지는 방식을 이해하였다.	

6. 관형절을 가진 안은문장을 만들 때는 홑문장 하나가 체언을 수식하는 관형절이 되도록 해야 한다. 관형절을 가진 안은문장의 특성을 고려해 각자 문장을 만들어보자.

평가 요소	확인(√)
관형절을 가진 안은문장의 개념을 파악하였다.	
홑문장 두 개를 결합해 겹문장을 만들었다.	
관형절을 가진 안은문장을 다시 홑문장으로 분리해 각 절의 역할을 바르게 설명하였다.	

7. '형은 마음이 넓다'는 서술절을 가진 안은문장에 해당한다. 이 안은문장의 경우 홑문장과 많이 혼동하는데, 문장의 주어와 서술어의 관계를 꼼꼼히 따져보면 어렵지 않게 둘의 차이를 파악할 수 있다. 비슷한 형태의 다른 문장을 만들어 보면 더 쉽게 이해할 수 있다.

평가 요소	확인(√)
문장의 짜임을 파악하였다.	
문장의 짜임을 고려해 새로운 문장을 만들었다.	

전략적으로 읽고 논리적으로 쓰기

(1) 모두를 위한 디자인

콕콕 확인 문제

1. ③ **2.** ① **3.** ② **4.** 사회적 약자도 사용하는 데 불편하지 않은 디자인에서, 모든 사람을 위한 디자인이라는 의미로 확대되었다. **5.** ⑤ **6.** ③ **7.** ② **8.** 모르는 단어는 문장의 앞뒤 내용을 바탕으로 짐작해 보고, 사전을 통해 확인한다. **9.** ② **10.** (사회적 약자만을 위한 것이 아니라 모두를 위한 보편적인 디자인이라는) '모두를 위한 디자인'의 성격과 가치를 전달하기 위해서이다.

1. ②를 보면, 특정한 집단을 목표 대상으로 하는 것이 디자인의 일반적인 특성임을 알 수 있다. 특수한 특성이라는 설명은 거리가 멀다.

2. '특정 집단'은 보다 많은 수요자인 일반인을 가리킨다.

3. 우리나라의 디자인 산업이 일상화되고 발전된 상황이라는 것은 디자인이 매우 중요한 요소가 되었음을 강조하기 위한 것이다. 이렇게 디자인의 중요성을 강조함으로써 이어지는 내용에 디자인 산업이 어떤 방향으로 나가야 하는지를 안내하려는 의도를 지닌다.

오답 해설

① ①~③에는 '모두를 위한 디자인'이 우리나라 디자인 산업에서 얼마나 비중이 있는지에 대한 정보를 언급한 부분은 찾을 수 없다.

③ 이 글의 설명 대상은 '모두를 위한 디자인'이다.

④ 디자인이 국가 경쟁력에서 매우 중요한 역할을 한다는 말은 있지만, 다른 나라와의 경쟁에서 이기기 위해서임을 강조하고 있지는 않다.

⑤ 다른 산업보다 디자인 산업이 더 발전했다는 내용은 언급되지 않았으며, 이 글은 '모두를 위한 디자인'의 성격과 가치를 설명하는 글이다.

4. (다)의 내용을 보면 처음에는 복지 차원에서 장애인과 노약자 같은 사회적 약자를 위한 디자인이라는 의미였으나, 현재는 장애 여부나 연령, 성별, 국적과 관계없이 모든 사람을 위한 디자인으로 그 의미가 확대되었음을 알 수 있다.

5. ④에 '동그란 문손잡이는 손이 불편하거나 악력이 약한 사람이 사용하기에는 힘들다.'라고 설명하고 있으므로, '동등한 기회' 정신이 적용된 디자인이라 볼 수 없다.

6. ④에서는 '모두를 위한 디자인'의 다양한 사례를 제시하고 있으므로 '예시'의 방법이 나타나고 있다.

지식 창고

정의	어떤 사물이나 용어의 뜻을 명확하게 밝혀 주는 설명 방법
분석	하나의 대상을 구성 요소로 나누어 설명하는 방법
인과	어떤 사물 또는 현상의 원인과 결과를 밝혀 주는 설명 방법
분류	대상을 일정한 기준에 따라 나누거나 설명하는 방법

7. 이 글을 읽으면서 부딪힐 수 있는 문제 상황으로 ②에서는 '모두를 위한 디자인'의 원칙이 무엇인지 모르겠다'고 말하고 있으나 '모두를 위한 디자인'의 원칙은 ⑤에 직접적으로 제시되고 있다.

8. 글을 읽을 때, 제시된 단어나 문장의 의미를 이해하지 못해 읽기가 어려울 때는 앞뒤 문장의 맥락을 파악하며 의미를 짐작해 본 후, 사전을 찾아 단어의 의미를 이해해야 한다.

9. 글쓴이가 전달하고자 하는 중심 생각은 끝 부분인 ⑥에 잘 나타나고 있는데, 글쓴이는 '모두를 위한 디자인'이 모든 사람을 위한 보편적인 디자인임을 강조하고 있다.

10. ⑥에서 '모두를 위한 디자인'의 디자이너는 타인을 보살피려는 마음 자세가 요구된다고 하였다. 이러한 디자이너의 자세에 대해 언급한 것은 '모두를 위한 디자인'의 성격과 가치를 효과적으로 전달하기 위해서이다.

시험엔 이렇게!!

1. ③ **2.** '버스 정류장'의 상부에 지붕을 덮어 누구나 궂은 날씨를 피할 수 있도록 디자인했고, '엘리베이터 버튼'은 나이나 시력의 여부에 관계없이 누구나 사용하기 편하도록 디자인했기 때문에 '모두를 위한 디자인'이다. **3.** ② **4.** ③

1. ④의 주요 내용은 '모두를 위한 디자인'이 보편적으로 유용한 물건과 시설, 환경을 추구한다는 것으로, '모두를 위한 디자인'의 특성을 말하고 있다.

2. 버스 정류 공간 상부에 지붕을 덮은 것과 엘리베이터

버튼을 쉽게 사용하도록 만든 것은 '모두를 위한 디자인'의 사례가 된다.

3. 주제가 처음에 제시되는 것도 있지만 그렇지 않은 글도 있다. 일반적으로 처음에는 설명 대상을 소개하고 글을 쓰게 된 동기를 제시한다. 주제를 파악하지 못했을 때는 각 문단의 중심 내용을 찾아 보고 그것을 바탕으로 주제를 파악해야 한다.

4. 이 글은 설명문으로, 글쓴이는 '모두를 위한 디자인'의 성격과 가치에 대해 설명하고 있다. '디자인이 모든 사람을 위한 것이 되어야 한다.'라고 주장하는 글이 아니다.

소단원 나의 실력 다지기　　166~167쪽

1. ③　**2.** ⑤　**3.** ③　**4.** '모두를 위한 디자인'과 관련된 배경지식을 넓힌다.　**5.** ⑤　**6.** ④　**7.** ④　**8.** 예시를 통해 설명함으로써 독자의 이해를 돕고 있다.

---

1. 이 글은 독자들에게 설명 대상에 대한 정보를 제공하는 설명문으로, 글에 나온 정보들을 정확히 파악하며 읽어야 한다.

2. 제시된 글에는 '동등한 기회' 정신이 담긴 사례가 나타나지 않는다.

오답 해설

①, ② (나)에서 확인할 수 있다.

③ (다), (라)를 통해 나타나고 있다.

④ (라)에서 '동등한 기회' 정신에 관한 언급이 있다.

3. (나)에서 말하는 '특정 집단'은 노인이나 장애를 가진 사람 같은 사회적 약자가 아니라 비사회적 약자를 말하며, 일반인을 가리킨다.

4. 글을 읽을 때는 글에 나타난 정보와 배경지식을 활용해서 읽기 문제를 해결해야 한다. 용어에 대한 경험이나 배경지식의 부족으로 글의 내용이 이해되지 않을 때는 인터넷 검색이나 책을 참고하여 글의 내용과 관련된 배경지식을 넓혀야 한다.

5. ⑤는 문학 작품과 같은 글의 종류를 읽을 때 필요한 읽기 방법이다.

6. ④는 제시된 지문에서 설명하는 '모두를 위한 디자인'과는 거리가 멀다. ①~③, ⑤는 비사회적 약자를 포함한 모든 사람들이 편리하고 쉽게 사용할 수 있도록 한 디

자인으로 '모두를 위한 디자인'에 해당한다.

7. (다)에 보면 '모두를 위한 디자인'도 이윤을 배제하고 남을 돕는 일만 하려 한다고 착각해서도 안 된다고 하였다.

8. (가)에는 '모두를 위한 디자인'의 다양한 사례를 제시하고 있으므로, '예시'의 설명 방법이 나타나고 있다. 예시는 구체적인 사례를 통해 독자의 이해를 돕는 역할을 한다.

---

(2) 주장하는 글 쓰기

콕콕 확인 문제　　170~177쪽

1. ③　**2.** ⑤　**3.** ④　**4.** ④　**5.** ④　**6.** ①　**7.** ④

---

1. 제시된 글은 주장하는 글이므로, 타당한 근거를 들어 주장을 전개하는 것이 가장 중요하다.

오답 해설

① 기사문과 같은 글을 쓸 때의 유의 사항이다.

② 수필 등을 쓰는 방법이다.

④ 설명하는 글의 대표적인 특성이다.

⑤ 독자를 설득할 때는 감정적인 측면을 드러낼 것이 아니라 타당한 근거를 가지고 논리적으로 설득해야 한다.

2. 제시된 글의 마지막 문장을 보면 글쓴이의 주장이 담겨 있다. ①~④는 이를 뒷받침하는 근거와 관련 있다.

3. 타당한 근거를 들어 주장하는 글을 쓰기 위해서는 일단 쟁점을 지닌 사회 현상을 분석하고 자신의 관점을 정하는 것이다. 그런 다음에 주장할 내용을 한 문장으로 써 보고, 그것과 관련된 자료를 수집하여 개요를 작성하며 주장하는 글을 쓰면 된다.

4. 자료 수집에서 가장 중요한 것은 주장과 관련이 있는 것인지, 주장을 뒷받침할 수 있는 자료인지를 판단하는 것이다.

오답 해설

① 자신의 최근 관심사가 아니라 주장을 뒷받침할 수 있는 자료를 수집해야 한다.

②, ③ 인터넷 매체나 영상 매체뿐만 아니라 다양한 매체에서 글의 내용에 맞는 자료를 수집해야 한다.

⑤ 전문가의 의견뿐만 아니라 다양한 매체에서 다양한 자료를 수집할 필요가 있다.

5. (가)와 (나) 모두 팬덤 문화를 긍정적으로 바라보는 관점의 근거가 될 수 있다. (가)는 팬덤 활동 시 드는 긍정적인 기분에 대한 통계 자료이고, (나)는 사회적 문제에도 관심을 가지고 행동하는 팬덤 문화의 긍정적 행태를 다루고 있다.

6. 문제에 대한 전망을 제시하는 것은 일반적으로 결론 부분에 들어갈 내용이다.

7. 주장하는 글을 쓸 때는 비유적이고 개성 있는 문장 표현보다는 정확하고 분명한 문장 표현을 사용해야 한다.

소단원 **나의 실력 다지기**   181~182쪽

1. ⑤ **2.** ⑤ **3.** ① **4.** ① **5.** ⑤ **6.** ④ **7.** ⑤ **8.** (나)

1. 주장하는 글을 쓸 때는 분명하고 정확한 어휘와 문장으로 써야 하므로, 비유와 상징적인 표현을 피해야 한다. ⑤는 시와 같은 문학 작품을 쓸 때의 방법이다.

2. 일반적으로 주장하는 글의 결론에는 본론을 요약·정리하는 내용을 많이 다루지만, 제시된 글의 (라) 부분에는 이와 같은 내용은 담겨 있지 않다. 앞으로의 상황을 전망하며 글쓴이의 주장을 강조하고 있다.

3. 인구가 증가하면 식량이 더 필요해지므로, 곡식 재배를 위한 담수 필요량이 늘어나게 된다. 따라서 〈보기〉의 내용이 들어갈 부분은 ㉠이다.

4. ⓐ에는 앞의 내용과 대조적인 내용을 연결해 주는 접속어 '그러나(그렇지만)'가 들어간다. ⓑ에는 앞의 내용에 유사한 내용을 추가하는 접속어 '또한(또, 그리고)'이 들어간다.

5. (가)와 (다)는 팬덤 문화의 변화와 활동의 긍정적인 측면을 다루고 있고, 이와 반대로 (나)는 부정적인 활동의 측면을 다루고 있다. (다)가 부정적인 주장을 뒷받침할 수 있는 자료로 활용되는 것은 적절하지 않다.

6. (가)는 팬덤 문화를 긍정적으로 보는 관점이 나타난다. ④는 팬덤 문화에 대한 부정적인 관점을 보여 준다.

7. 결론에는 본론의 내용을 요약하고 전망을 제시하는데, '팬덤 활동으로 사회 문제를 해결한 사례를 제시'하는

것은, 제목인 '청소년의 활력소'와도 거리가 있고 결론 부분에 넣기에도 적절하지 않다.

8. 〈보기〉는 팬덤 문화에 대한 부정적인 내용을 담고 있는데, 땀 흘려 노력한 다른 가수들에게 피해를 끼치는 일이며 맹목적인 팬덤 문화를 형성한다는 내용으로 보아, (나)와 관점이 같고 관련이 깊다.

대단원 평가 대비하기   185~188쪽

1. ③ **2.** ④ **3.** ④ **4.** 이제 디자인은 일상화되었으며, 기업 혁신과 국가 경쟁력에서도 매우 중요한 핵심어가 되었다. **5.** ② **6.** ⑤ **7.** ④ **8.** '모두를 위한 디자인'은 모두를 위한 보편적인 디자인이다. **9.** ② **10.** ③ **11.** ⑤ **12.** 팬덤 문화는 청소년들에게 소중한 추억을 만들고, 청소년 시기의 넘치는 에너지를 건전하게 표출하는 계기가 된다는 긍정적인 관점을 취하고 있다. **13.** ④ **14.** 모든 사람을 위한 디자인 **15.** ③ **16.** 본론의 내용을 재강조하고 앞으로의 전망을 제시한다. (본론의 내용을 요약하고 앞으로 나아갈 방향을 제시한다.)

1. (나)에서 디자인은 특정한 집단을 목표 대상으로 한다고 하였는데, '특정한 집단'은 일반인을 가리킨다.

오답 해설

① (나)에서 디자인은 보통 대량 생산을 전제로 한다고 하였다.

② (다)에서 '모두를 위한 디자인'은 개인이 사용하는 물건뿐만 아니라 공공시설 같은 환경에도 사용된다고 하였다.

④, ⑤ '모두를 위한 디자인'에 한한 비용이나 국가 경쟁력 획득에 관한 내용은 나타나지 않는다.

2. '모두를 위한 디자인'은 사회적 약자만이 아니라 모든 사람에게 유용한 디자인이다.

3. '방대한'은 '규모나 양이 매우 크거나 많음.'의 의미를 지닌다.

4. (가)는 디자인이 일상화되었고 중요한 핵심어가 되었음을 말하고 있다.

5. (나)를 보면 '모두를 위한 디자인'이 타인을 배려하는 마음 자세에서 나온다는 내용은 나타나고 있으나, 그것이 타인에 대한 희생과 봉사를 의미하는 것으로 볼 수는 없다.

6. <보기>의 버스 정류소는 교통 약자를 포함한 누구나 아무 제약 없이 대기할 수 있도록 충분한 대기 공간을 확보하고 있고, 일반 통행자들의 동선을 방해하지 않도록 한 '모두를 위한 디자인'이다.

7. ④는 운동 에너지를 전기 에너지로 바꾼 사례로 에너지를 친환경적으로 이용한 사례에 해당한다. 모두를 위한 디자인과는 관련이 다소 멀다.

8. (다)에는 '모두를 위한 디자인'이 사회적 약자만을 위한 것이 아니라, 모두를 위한 보편적인 디자인이라는 '모두를 위한 디자인'의 성격과 가치가 나타나고 있다.

9. (가)에는 팬덤 문화에 관한 긍정적인 관점이 나타나고 있다. ②에도 팬덤 문화를 건전한 문화 향유 방법으로 보는 긍정적인 관점이 나타난다.

오답 해설
① '팬덤 문화'에 관한 글쓴이의 관점이 직접적으로 드러나지 않는다.
③~⑤ '팬덤 문화'에 대한 부정적인 관점이 나타나고 있다.

10. 내용을 조직할 때는 자료를 찾은 순서에 따라 조직하는 것이 아니라, 글의 논리적인 순서를 고려하여 자료의 순서를 재조정해야 한다.

11. (가)~(다)는 '팬덤 문화'를 긍정적으로 바라보는 입장이 나타나고 있다. 그런데 ⑤에는 팬덤 문화에 대한 부정적인 관점이 나타나고 있다.

12. (가)에는 팬덤 문화를 긍정적으로 보는 관점이 나타나고 있는데, 글의 끝 문장을 통해 팬덤 문화를 긍정적으로 보는 관점에 대한 이유가 제시되고 있다.

13. 이와 같은 글을 읽을 때에는 글을 읽으면서 부딪힌 문제들을 해결하기 위해 글에 나타난 정보와 배경지식을 적극 활용해야 한다.

오답 해설
① 글쓴이의 개성이 잘 드러나는 수필 읽기 방법에 해당된다.
②, ③, ⑤는 일반적인 문학 작품을 읽는 방법에 해당한다.

14. (가)에서 처음에는 사회적 약자를 위한 디자인이었던 '모두를 위한 디자인'의 개념이 '모든 사람을 위한 디자인'으로 바뀌었음을 말하고 있다.

15. ③은 팬덤 활동을 통해 연예 기획사와의 불공정한 전속 계약의 문제를 바꿨다는 의미로, 팬덤 활동을 통해 사회에 참여한다는 주장의 근거가 될 수 있다.

오답 해설
①, ②는 본론의 주장 2에 대한 근거로 적절하다.
④, ⑤는 본론의 주장 1에 대한 근거로 적절하다.

16. 주장하는 글 쓰기에서 결론 부분에서는 본론의 내용을 요약·정리하고 주장을 재강조한다. 또한, 앞으로의 전망을 제시하기도 한다.

논술형 평가 대비하기　　　　　189~190쪽

(1) 모두를 위한 디자인
1. 디자인이 매우 중요한 요소가 되었음을 강조함으로써 디자인 산업이 나아가야 할 방향을 안내하기 위해서이다. **2.** [문제 상황] •은주: 단어의 의미를 이해하지 못해 읽기가 어려움. •영호: 배경지식의 부족으로 글의 내용이 이해가 안 됨. •수연: 주제나 중심 생각을 파악하지 못함. [읽기의 본질] 읽기는 글의 의미를 이해하기까지 수많은 문제를 해결해야 하는 수준 높은 사고 활동이다. **3.** '모두를 위한 디자인'은 보통 사람에게도 보편적으로 유용한 물건과 시설, 환경을 추구한다. **4.** 성별, 연령, 국적, 문화적 배경, 장애의 유무 등에 상관없이 누구나 손쉽게 쓸 수 있는 제품 및 사용 환경을 만드는 디자인

(2) 주장하는 글 쓰기
1. 주장: 물 소비 행태에 관한 경각심을 가지고 물을 경제적으로 써야 한다. 근거: 담수화는 물 부족 문제의 해결책이 될 수 없다. **2.** 음원 사재기 등의 정당하지 않은 방법에 의한 맹목적인 팬덤 문화 현상은 다른 가수들에게 피해를 끼칠 뿐 아니라 다른 사람들과의 갈등으로 이어질 수 있으므로 바로잡아야 한다. **3.** 이 자료는 팬덤 문화에 참여하는 사람들의 긍정적인 심리 상태를 보여 준다는 점에서 적절하다. **4.** 자신이 세운 주장을 뒷받침해 줄 수 있는 자료인지를 판단해야 한다.

(1) 모두를 위한 디자인

1. 글쓴이가 우리나라의 디자인 산업에 대해서 언급한 이유는 디자인이 그만큼 중요한 요소가 되었다는 것이고, 앞으로 디자인 산업이 나아가야 할 방향을 안내하는 차원에서 설명 대상을 소개하기 위한 것이다.

평가 요소	확인(√)
글쓴이가 강조하려는 내용을 바르게 서술하였다.	
글쓴이가 강조하려는 내용에 담긴 글쓴이의 의도를 바르게 서술하였다.	
〈조건〉에 제시된 문장 형태로 50자 내외로 서술하였다.	

2. '은주'는 단어의 의미를 이해하지 못한 경우이고, '영호'는 배경지식이 부족한 경우, '수연'이는 글의 주제를 파악하지 못한 경우이다. 읽기는 이처럼 수많은 문제 상황을 해결해야 하는 수준 높은 사고 활동이다.

평가 요소	확인(√)
'문제 상황' 3가지를 바르게 서술하였다.	
'읽기의 본질'을 바르게 서술하였다.	
〈조건〉에 제시된 문장 형태를 지켜 '읽기의 본질'을 40자 내외로 작성하였다.	

3. (나)의 중심 내용은 '모두를 위한 디자인은 보통 사람에게도 보편적으로 유용한 물건과 시설, 환경을 추구한다'로 첫 번째 문장에 나타나고 있다.

평가 요소	확인(√)
(나)의 중심 내용을 바르게 요약하였다.	
한 문장으로 서술하였다.	

4. '모두를 위한 디자인'의 대상은 보편적인 모든 사람이 되는 것이고, 특성은 성별, 연령, 국적, 문화적 배경, 장애의 유무 등에 상관없이 누구나 쉽고 편하게 쓸 수 있는 제품이나 사용 환경을 만드는 것이다.

평가 요소	확인(√)
'모두를 위한 디자인'의 대상을 바르게 서술하였다.	
'모두를 위한 디자인'의 특성을 바르게 서술하였다.	
〈조건〉에 제시된 문장 형태로 50자 내외로 서술하였다.	

(2) 주장하는 글 쓰기

1. 글쓴이의 주장은 '물 소비 형태에 관한 경각심을 가지고 물을 경제적으로 써야 한다'로, 마지막 문장에 나타나고 있다. 그렇게 주장하는 근거는 담수화가 물 부족 문제를 근본적으로 해결해 주지 못하기 때문이다.

평가 요소	확인(√)
글쓴이의 주장을 바르게 서술하였다.	
주장을 뒷받침해 주는 근거를 바르게 서술하였다.	
각각 한 문장으로 서술하였다.	

2. ㉠은 '음원 사재기'를 의미하므로, 음원 사재기가 어떤 점에서 문제가 있는지를 근거로 제시하여 팬덤 문화 현상을 바로잡아야 한다는 주장이 제시되어야 한다.

평가 요소	확인(√)
㉠이 가리키는 바를 구체적으로 포함하여 작성하였다.	
글쓴이의 주장을 바르게 서술하였다.	
주장에 대한 근거를 포함하여 서술하였다.	
한 문장으로 서술하였다.	

3. 제시된 자료는 팬덤 문화에 참여하는 사람들의 긍정적인 심리 상태를 보여 주고 있다. 따라서 팬덤 문화를 긍정적으로 보는 주장에 적합한 자료이다.

평가 요소	확인(√)
자료의 내용을 분석하여 서술하였다.	
〈조건〉에 제시된 문장 형태로 서술하였다.	

4. 자료 분석의 가장 중요한 기준은 글쓴이가 세운 주장을 뒷받침해 줄 수 있는가 하는 것이다.

평가 요소	확인(√)
자료 분석의 기준을 바르게 서술하였다.	
한 문장으로 서술하였다.	

문학 속의 세상

(1) 천만리 머나먼 길에

1. ⑤ 2. ④ 3. ⑤ 4. 단종 5. 유배지에 단종을 두고 오면서 슬픔과 안타까움을 느꼈기 때문이다.

1. 화자는 임과 이별하고 돌아오는 길에 냇가에 앉아 임을 생각하며 슬퍼하고 있다. 그러나 임과의 재회를 기대하는 내용은 나타나 있지 않다.

오답 해설
① 초장에서 임과 이별한 상황임을 알 수 있다.
② 이 시조는 단종이 왕위를 빼앗기고 영월로 유배되었던 역사적 사실을 배경으로 하고 있다.
③ 초장의 '천만리'는 '고운 님'과 이별한 화자와 임의 심리적 거리를 수량화하여 슬픔을 극대화한 표현이다.
④ 임과 이별한 화자는 슬픈 마음을 자연물인 물(냇물)에 담아 애절하게 드러내고 있다.

2. 시조는 형식이 정해져 있기는 하나, 종장의 첫 구를 세 글자로 해야 한다는 것 말고는 각 장의 글자 수가 한두 자 줄거나 늘어날 수 있다.

3. '천만리'는 화자의 슬픔의 크기를 수량화하여 표현한 것으로 실제 임과 떨어진 거리가 아니라, 이별한 임과의 거리가 아주 멀게 느껴진다는 심리적 거리를 나타낸 것이다.

4. 이 시조는 조선 세조(수양 대군) 때 단종의 영월 유배라는 역사적 사실을 배경으로 창작되었다. 당시 금부도사로서 어린 임금(단종)을 강원도 영월까지 호송해야 하는 책임을 맡게 된 작가(왕방연)가 어린 임금을 유배지에 두고 돌아오면서 느낀 자신의 비통한 심정을 읊은 것이다. 따라서 '고운 님'은 영월에 남겨진 단종을 가리킨다.

5. 이 시조는 어린 단종을 유배지인 영월에 호송하고 돌아가야 하는 왕방연의 심정을 노래한 작품이다. 따라서 화자가 마음을 둘 데 없다고 한 이유는 유배지에 두고 온 어린 임금과의 이별로 인한 슬픔과 안타까움이 크기 때문이다.

1. ① 2. ③ 3. ⑤

1. 이 시조에는 슬픔, 애통함, 상실감, 안타까움 등의 정서가 나타나고 있지만, 누군가를 향한 원망의 마음을 드러내는 부분은 찾을 수 없다.

2. 이 시조에서 화자는 임(임금)과 이별하고 느끼는 슬픔이나 비통함, 안타까움 등을 '물'도 울며 간다며 자연물에 감정 이입하여 표현하고 있다.

3. 이 시조의 작가(왕방연)는 수양 대군(세조)의 명에 따라 단종을 유배지로 호송하는 임무를 수행하고 있지만, 화자를 통해 자신의 그러한 임무 수행에 대한 변명이나 이해를 구하고 있지 않다. 어린 단종을 유배지에 두고 오며 느낀 슬프고 애절한 심사를 드러내고 있을 뿐이다.

1. ② 2. ⑤ 3. ① 4. ③ 5. ④

1. 이 시조에서 화자는 '고운 님'과 이별하고 그 슬픔과 상실감에 냇가에 앉아 자신의 마음과 같이 울며 흐르는 물소리를 듣고 있다. 따라서 임과 이별한 슬픔을 노래하고 있다.

2. 이별한 임이 '천만리'만큼 아주 멀리 있다고 느끼는 화자의 슬픔과 심리적 거리감을 수량화하여 표현을 극대화한 것이다.

3. '내 안'은 '내 마음', 즉 화자의 마음을 뜻한다. 화자는 임과 이별하고 느끼는 슬픔, 애절한 심정을 '물'에 이입하여 흘러가는 물소리가 자신의 울음소리 같다고 생각하고 있다.

4. 이 시조의 화자는 임금에 대한 신하로서의 '충'의 마음을 드러내고 있다. 이를 통해 이 시조에 반영된 사회·문화적 배경은 유교적 사회·문화라고 볼 수 있다.

오답 해설
① 이 시조는 수양 대군(세조)이 조카 단종의 왕위를 빼앗고 유배를 보냈다는 역사적인 사실을 배경으로 하고 있다.
② '고운 님'은 영월에 유배된 단종을 가리킨다.
④ 이 시조의 화자인 '나'는 작가인 왕방연으로 볼 수 있

으며, 〈보기〉에서 왕방연은 단종을 유배지로 호송하는 임무를 수행한 관리임을 알 수 있다.

⑤ 이 시조는 '임금'을 '임'으로 표현하던 우리 문학의 전통을 통해 임금에 대한 '충'과 임금을 그리워하는 마음을 드러내고 있다.

5. 이 시조의 주제는 임(단종)과 이별로 인한 슬픔이다. 「간 밤에 우던 여흘~」은 조선 초기 생육신의 한 사람인 원호가 지은 시조로, 영월로 유배된 단종에 대한 슬픔, 그리움을 담은 시조이다.

오답 해설

① '노래'를 통한 설움의 정화를 노래하고 있다.

② 변치 않는 바위의 덕성을 예찬하고 있다.

③ 부모에 대한 효를 강조하고 있다.

⑤ 부지런한 삶을 독려하고 있다.

(2) 수난이대

콕콕 확인 문제

209~227쪽

1. ③ **2.** ⑤ **3.** ② **4.** ③ **5.** 전사 **6.** ② **7.** ④ **8.** '외나무다리'는 만도에게 과거에 (외다무다리에서 떨어졌던) 경험을 떠올리게 하는 매개체 역할을 한다. **9.** ② **10.** ③ **11.** ⑤ **12.** ③ **13.** 아들에 대한 만도의 사랑을 보여 준다. **14.** ④ **15.** ① **16.** ③ **17.** 일제 강점기에 많은 조선인이 징용에 끌려 나갔다. **18.** ④ **19.** ③ **20.** ① **21.** ④ **22.** ④ **23.** ⑤ **24.** ③ **25.** 근본적인 원인은 일제의 강제 징용이다. **26.** ② **27.** ④ **28.** ① **29.** ② **30.** ④ **31.** ⑤ **32.** ② **33.** 아들인 진수를 사랑하는 만도의 마음이다. **34.** ② **35.** ① **36.** ② **37.** 만도와 진수가 서로 협동하도록 만든다. **38.** ④ **39.** ④ **40.** ① **41.** 눈앞에, 있었다.

1. 이 소설은 전쟁(6.25 전쟁) 직후라는 역사적 사실을 배경으로 하고 있지만, 인물이나 사건 등은 작가가 꾸며 낸 것이다.

오답 해설

① 이 소설은 일제 강점기부터 6.25 전쟁 직후까지를 시간적 배경으로 한 전후 소설이다.

② 일제 강점과 6.25 전쟁이라는 민족 수난의 역사를 바탕으로 하고 있다.

④ 만도의 행동을 통해 그의 기쁨, 설렘, 불안감 등의 심리를 드러내고 있다.

⑤ 만도의 사투리 사용은 글에 생동감을 부여하는 기능을 한다.

지식 창고 – 「수난이대」의 사투리 사용 효과

등장인물의 소박하고 가식 없는 성격을 보여 주고 작품의 토속적인 분위기를 연출하며 생동감을 부여한다.

2. 아들이 도착할 시간이 아직 멀었는데도 만도가 서둘러 정거장으로 가는 까닭은 아들이 살아 돌아온다는 기쁨과 아들을 빨리 보고 싶은 마음 때문이다.

오답 해설

① **3**에 언급된 '삼대독자'는 '삼대에 걸쳐 형제가 없는 외아들'이라는 뜻이다. 따라서 진수뿐 아니라 만도와 만도의 아버지까지 외아들이라는 것을 알 수 있다.

② **3**에서 왼쪽 소맷자락이 비어 있다는 것을 통해 만도가 한쪽 팔이 없다는 사실을 알 수 있다.

③ **2**에서 만도가 아들 진수를 마중하기 위해 정거장으로 가고 있음을 알 수 있다.

④ **3**의 '병원에서 나온다 하니 어디를 좀 다치기는 다친 모양이지만'이라는 부분에서 알 수 있다.

3. **1**, **2**에서 만도는 아들이 전쟁터에서 살아 돌아온다는 소식에 기뻐하며 아들을 만날 기대감에 부풀어 정거장으로 바삐 움직인다. **3**에서는 아들이 병원에서 나온다고 하니 설마 자신처럼 불구의 몸이 되지는 않았을거라며 걱정으로 인한 불안감을 애써 누르고 있다.

4. **3**에서는 만도가 한쪽 팔이 없다는 것을 알 수 있지만 이러한 만도의 외양과 관련된 구절로 보기 어려운 것은 ③이다. ③은 오르막일 때와 달리 무리하게 팔을 흔들면 내리막에서는 굴러가는 것만큼 매우 빨리 간다는 것을 나타내기 위한 표현이다.

5. '전사(戰死)'는 '전쟁터에서 적과 싸우다 죽음.'을 의미한다. 이를 통해 이 글의 시대적 상황이 전쟁 중이거나 전쟁 직후라는 것을 알 수 있다.

6. 불구의 몸 때문에 생긴 아픈 기억도 웃음으로 넘겨 버리는 것으로 볼 때 만도는 소탈하고, 순박하며 낙천적인 성격의 인물이라 평가할 수 있다.

7. 만도는 한쪽 팔이 없는 자신의 몸을 밖에서 사람들에게 드러내는 것을 창피하게 생각하고 있다.

8. 만도는 '외나무다리'를 보고 과거에 있었던 일을 떠올리

는데, 이때 이야기가 자연스럽게 현재에서 과거의 사건으로 넘어간다. 즉 '외나무다리'는 과거를 회상하게 만드는 매개체 역할을 하고 있는 것이다.

9. 소설은 사실 또는 작가의 상상력에 바탕을 두고 허구적으로 이야기를 꾸민 문학 양식이다. 이 소설은 일제 강점기와 6.25 전쟁이라는 역사적 사건을 배경으로 하고 있지만, 등장인물들이 겪는 사건은 작가가 허구적으로 창작해 낸 것이다. 따라서 인물이 겪은 사건의 사실 여부를 판단하며 읽을 필요는 없다.

10. 만도는 고등어를 들고 있는 한쪽 팔밖에 없어서 가려운 겨드랑이를 긁을 수가 없기 때문에 어깻죽지를 위아래로 움직거리고 있는데, 작가는 이 장면을 통해 만도의 신체적 결함을 부각하여 그가 얼마나 불편할지를 독자에게 보여 주고 있다.

11. 만도는 '정거장 대합실'에 와서 앉아 있으면 생각나는 일이 있는데, 그 일을 떠올리면 등골을 찬 기운이 스쳐 내려간다고 하였다. 이로 볼 때 '정거장 대합실'은 만도가 불행한 과거를 회상하게 하는 매개체 역할을 한다고 볼 수 있다.

12. '자책감'은 '자신의 결함이나 잘못에 대하여 깊이 뉘우치고 자신을 책망하는 마음'이라는 뜻이므로 ⓒ의 상황과는 어울리지 않는다. ⓒ에는 아들의 도착 시간에 늦지 않았다는 안도감이 담겨 있다.

13. 장거리에서 '고등어'를 사는 행위는 살아 돌아오는 아들에게 맛있는 식사를 주고 싶은 만도의 아들에 대한 사랑을 드러낸다.

14. 11~13에 드러나 있는 시대는 일제 강점기이다. 만도를 비롯한 조선인들이 일제에 의해 어딘지도 모르는 곳으로 징용에 끌려가 가혹한 환경 속에서 강제 노역을 당하는 시대 상황이 드러나 있다. 따라서 이는 조선의 산업화 과정과는 아무 관련이 없다.

15. 만도는 배를 처음 타 보는 것이지만 남들과 달리 뱃멀미도 하지 않고 식사도 곧잘 하는 것으로 볼 때 적응력이 뛰어난 사람임을 알 수 있다.

오답 해설

② 징용지에 도착한 후 만도가 해가 지는 모습에 감탄하고 있기는 하지만, 이러한 아름다운 자연환경이 만도에게 위로가 되었는지는 알 수 없다.

③ 만도의 아내는 한눈도 안 팔고 만도만을 바라보다 눈물을 닦으며 남편을 떠나보내는 슬픔을 드러내고 있다. 이로 볼 때 무뚝뚝한 사람이라고 보기는 어렵다.

④ 남들이 밥을 남기는 것은 뱃멀미 등으로 식욕이 없었기 때문이지 식사량이 충분해서가 아니다.

⑤ 만도가 기차를 타고 유쾌함을 느끼는 것은 새로운 풍경에 빠져들었기 때문이므로 아내와의 사이가 나빴다고 보는 것은 적절하지 않다.

16. 만도는 징용에 끌려가면서도 담담한 모습을 보였지만, 울고 있는 아내의 모습을 보고는 슬퍼한다. 그러나 기차가 출발하고 새로운 풍경이 보이자 오히려 유쾌함까지 느끼는 단순하고 낙천적인 면모를 보인다.

17. '징용'이라는 단어와 '북해도', '남양 군도', '만주' 등의 징용지를 말하고 있는 것으로 보아, 일제 강점기에 많은 조선 사람들이 징용에 끌려갔음을 알 수 있다.

18. 이 글에서 사람의 힘이 무섭다고 한 것은 험난한 산속에 비행장을 만들어 냈기 때문인데, 이는 만도 일행의 기술이 뛰어났기 때문이 아니라 그만큼 일제의 강제 노역이 가혹했음을 의미하는 것이다.

19. 만도의 두 눈에서 불이 번쩍 하는 상황은 굴속에 있는 다이너마이트가 폭파하면서 만도가 충격을 입는 장면으로, 만도의 사고를 암시하는 부분이라고는 할 수 없다.

20. 징용자들이 공습을 기다린 것은 일제의 가혹한 강제 노역에서 벗어나 잠시라도 휴식을 얻고 싶었기 때문이다.

21. 이 소설은 이야기가 시간의 흐름에 따라 전개되지 않고 현재와 과거를 오가며 전개되는데, 이는 특정한 장면을 강조하기 위해 시간의 흐름을 바꾸어 구성하는 방법으로 역순행적 구성이라고 한다.

오답 해설

①은 평면적 구성, ②는 피카레스크식 구성, ③은 액자식 구성, ⑤는 전기적 구성이라고 하며, 모두 이 글의 구성 방법과는 거리가 먼 구성 방법들이다.

지식 창고 – 피카레스크식 구성

독립된 여러 개의 이야기를 모아, 전체적으로 보다 큰 통일성을 갖도록 구성하는 방식. 여러 개의 사건이 인과 관계에 의해 긴밀하게 짜여진 구성이 아니라, 산만하게 나열되어 있는 연작 형식의 구성이다.

----

22. 만도는 상이군인을 보기는 했지만, 그 사람이 아들이라고는 전혀 생각을 하지 않았기 때문에 주의가 가지 않았던 것이지, 아들과 닮았다고 생각하면서 부정한 것이 아니다.

23. ⑲에서 만도는 아들이 돌아온다는 기대감에 설렜지만 기차가 도착한 뒤에도 아들의 모습이 보이지 않자 불안해하다가 한쪽 다리를 잃은 아들을 보고 충격을 받고 절망하게 된다.

24. 만도는 과거 한쪽 팔을 잃었던 사고를 회상하고 있다가 ㉠의 기차 소리를 듣고 현실로 돌아오고 있으므로, ㉠은 만도를 과거에 관한 회상에서 현실 세계로 돌아오게 하는 역할을 한다고 볼 수 있다.

25. 만도는 일제 강점기에 강제로 징용에 끌려가 일본의 군사 기지에 비행장을 닦는 것은 물론 연합군의 공격에 대비하기 위해 굴까지 파는 일에 강제 동원되다 한쪽 팔을 잃게 된다. 따라서 만도가 겪은 수난의 근본 원인은 일제 강점기에 일본이 우리 민족을 강제 징용했기 때문이다.

26. 만도는 진수가 지팡이를 땅바닥에 던져 놓고, 한쪽 손으로는 볼일을 보고 한쪽 손으로는 나무둥치를 안고 있는 모습을 보며 눈살을 찌푸리고 무거운 신음 소리를 내며 괴로운 심정을 드러내 보인다. 그러나 진수는 이러한 행동을 하며 괴로운 심정을 드러내고 있지는 않다.

27. ⑳에서 전쟁에서 불구가 된 것이 진수의 책임이 아님에도 만수가 아들 진수에게 모진 말을 하고 무뚝뚝하게 구는 것은 자신에게 닥친 불행이 아들에게까지 이어지는 현실에 대한 분노와 좌절 때문이다.

28. 진수는 한쪽 다리를 잃은 것에 대한 좌절과 서러움, 아버지에 대한 미안함 등을 느끼고 있으므로, 울음이 섞인 목소리로 연기하는 것이 가장 적절하다.

29. ㉔~㉖에서는 인물의 대화와 행동을 통해 인물의 심리를 간접적으로 제시하며 사건을 전개하고 있다.

30. 술기운이 퍼지자 만도는 속이 좀 풀리면서 아들 진수에게도 마음이 누그러지고, 아들을 향한 애정을 '국수'를 통해 표현하기도 한다. 따라서 '술'은 만도의 마음을 풀어 주는 도구로 인물의 갈등을 해소해 준다고 볼 수 있다.

31. ㉠은 '몹시 놀라거나 어이없어서 말을 못한다.'의 의미로 사용된 관용 표현이다. 관용 표현은 두 개 이상의 단어로 이루어져 원래의 뜻과는 다른 새로운 뜻으로 쓰이는 표현을 말한다. ⑤의 '혀로 핥다'는 단어의 뜻 그대로 사용된 말이므로 관용 표현이 아니다.

오답 해설
① 혀를 굴리다: (낮잡는 뜻으로) 말을 하다.
② 혀가 굳다: 놀라거나 당황하여 말을 잘하지 못하다.
③ 혀를 깨물다: 어떤 일을 힘들게 억지로 참다.
④ 혀를 차다: 마음이 언짢거나 유감의 뜻을 나타내다.

32. ⓑ는 작가가 만도의 심리를 모두 알고 직접적으로 제시한 전지적 작가 시점이고, 나머지는 인물의 행동을 통해 심리를 간접적으로 드러내는 관찰자 시점이다.

33. 〈보기〉에 나타난 만도의 대사들은 아들에게 맛있는 국수를 배불리 먹이고 싶은 아버지의 사랑이 드러난 부분이다.

34. 만도가 주막집을 나온 뒤 진수를 앞세운 것은, 진수가 다리를 잃었다는 현실을 인정하고, 진수가 천천히 걸을 수 있도록 배려해 주기 위해서이다. 즉 진수를 빨리 걷게 하기 위한 것이 아니다.

35. ㉘에서 진수는 "이래 가지고 우째 살까 싶습니더."라며 한쪽 다리가 없는 자신의 미래에 대한 걱정과 불안한 마음을 표출하고 있다.

36. ㉠은 서로 도우며 살면 된다는 내용이므로 이와 의미가 통하는 속담은 협력의 중요성을 강조한 ②이다.

오답 해설
① 같은 값이면 품질이 좋은 것을 선택한다는 뜻의 속담이다.
③ 이웃끼리 서로 친하게 지내다 보면 먼 곳에 있는 일가보다 더 친하게 되어 서로 도우며 살게 된다는 뜻의 속담이다.
④ 남의 것은 항상 제 것보다 좋게 보인다는 뜻의 속담이다.
⑤ 아무리 약한 자라도 막다른 지경에 이르면 마지막 힘을 내어 반항한다는 뜻의 속담이다.

37. 만도는 소변을 보기 위해 손에 든 고등어 묶음을 입으로 물려고 한다. 이때 진수는 아버지를 돕기 위해 고등어를 대신 들어 주므로 여기에서 '고등어'는 아버지와 아들의 협력을 유발하는 역할을 한다고 볼 수 있다.

38. 작가는 민족의 수난을 극복하는 두 부자의 이야기를 통해 일제 강점기와 6.25 전쟁이 우리 민족에게 큰 상처를 남겼지만, 서로 힘을 합쳐 노력하면 극복할 수 있다는 희망과 용기를 전달하고자 한다.

39. **30**의 '외나무다리'는 신체적 장애가 있는 만도와 진수에게는 고난과 시련의 대상이며, 서로 힘을 합쳐 극복해야 할 대상이다. 따라서 만도와 진수가 겪어 온 과거의 시련을 떠올리는 매개체 역할을 한다는 것은 적절하지 않은 이해이다.

40. 만도는 속으로 진수의 처지와 앞날을 걱정하고 안타까워하고 있고, 진수는 자신 때문에 더 힘들어질 아버지에 대한 안타까움과 미안한 마음을 중얼거리는 말 속에 드러내고 있다. 따라서 두 인물은 공통적으로 상대방을 염려하고 걱정하는 연민의 심정을 보인다고 할 수 있다.

41. **31**의 마지막 문장은 서술 시점에 변화를 줌으로써 상황을 객관화하고 감동의 여운을 남기고 있다.

시험엔 이렇게!!   228~231쪽

1. ② 2. ① 3. 진수가 불구가 된 사실에 매우 화가 났다.
4. ② 5. ② 6. ⑤ 7. 〈예시답〉 수난의 연속이었던 우리의 근현대사를 구체적으로 보여 주었다. / 오늘날 사회에서 일어나는 여러 시련의 극복과 갈등 해결에 대한 희망과 용기를 주고 있다. 등

1. (나)는 만도가 십이삼 년 전 일제 강점기에 징용에 끌려가 사고로 팔을 잃는 과거 회상 장면이므로 시간상으로 가장 앞선 사건이다.

2. 만도는 아들 진수가 돌아온다는 소식에 정거장으로 급히 가다가 읍 들머리에 이르러 망설이다 장거리를 찾아간다. 그리고 진수에게 먹일 고등어를 한 손 산 뒤, 정거장으로 가서 진수를 기다린다. 그러다 정거장 대합실에서 자신이 징용을 갔던 일을 떠올리고 있으므로 (가)의 뒤가 적절하다.

3. 만도는 한쪽 다리를 잃은 아들을 보고 놀란 후 자신에게 닥친 불행이 아들에게까지 이어지는 현실에 대한 분노와 좌절로 매우 화가 나서 진수에게 모질게 말하게 되었다.

4. 불구가 된 자신의 처지를 걱정하는 소심한 성격의 아들과 달리, 만도는 불행 속에서도 희망을 잃지 않는 굳건하고 긍정적인 성격을 지녔다.

5. 일제 강점기에 징용으로 끌려가는 사람들은 자신이 어디로 가는지도 모른 채 끌려가 힘든 노동과 열악하고 위험한 상황에서 고통을 겪었다.

6. 작가가 일제 강점과 6.25 전쟁을 시대 배경으로 선택한 것은 민족의 수난을 극복하는 만도와 진수 부자의 이야기를 통해 그러한 수난이 우리에게 큰 상처를 줬지만 서로 힘을 합쳐 노력하면 극복할 수 있다는 희망과 용기를 전달하기 위해서이다.

7. 이 글이 오늘날 우리에게도 의미 있는 경험을 제공해 준다는 점에 주목하여 이 글이 갖는 가치를 생각해 서술해 본다.

소단원 나의 실력 다지기   235~237쪽

1. ④ 2. ⑤ 3. ④ 4. ③ 5. 만도가 과거의 일을 회상하게 되는 공간(매개체)으로서의 역할을 한다. 6. ③ 7. ④ 8. 용머리재 9. ② 10. ① 11. ② 12. ② 13. ②

1. (나)에 나타난 만도의 외양 묘사를 통해 인물이 처한 상황을 알 수는 있으나, 성격을 드러내고 있지는 않다.

오답 해설
① 이 작품의 서술자는 작품 안에 등장하는 인물이 아니고, 작품 밖에 존재한다.
② 아들을 마중하러 정거장 대합실에 온 만도는 (라)와 (마)에서 십이삼 년 전에 징용에 끌려 나갔던 때를 떠올리고 있는데, 이로써 현재에서 과거로 옮겨 가고 있다.
③ (가)의 '전사', (마)의 '징용'과 같은 어휘를 통해 시대적 배경을 알 수 있다.
⑤ 아들을 마중 나가며 용머리재도 단숨에 오르는 만도의 행동을 통해 아들을 만난다는 만도의 기쁨과 기대감 등의 심리를 엿볼 수 있다.

2. (다)에서 만도는 진수가 돌아오는데 고등어나 한 손 사야지 하고 장거리를 갔던 것이고, 고깃전에는 없는 고기가 없이 많았지만 결국 고등어를 산 것을 알 수 있다.

3. (가)에서 만도는 진수가 살아 돌아온다는 소식에 어깻

바람이 날 일이라며 기뻐하고 용머리재도 단숨에 올라 채며 설렘 속에 진수를 마중 나가고 있다. 또한, 진수가 도착할 시각이 멀었는데도 서두르는 것으로 보아 빨리 보고 싶은 조급한 마음을 지니고 있음을 알 수 있다.

4. ㉠에서 만도는 진수가 크게 다쳤을까 봐 불안해하고 있지만 애써 '설마 나같이 이렇게사 되지 않았겠지.'라며 의식적으로 자기 암시를 하고 있다. 자신이 기대하는 방향, 즉 진수가 크게 다치지 않았을 거라는 쪽으로 생각하며 불안한 마음을 떨쳐 버리려고 하는 것이다.

5. 만도는 정거장 대합실에 오면 곧잘 생각나는 일 한 가지, 즉 십이삼 년 전 일을 떠올리고 있으므로 '정거장 대합실'은 만도가 과거의 일을 회상하게 되는 공간(매개체)으로서의 역할을 한다고 볼 수 있다.

6. 만도는 전쟁에서 살아 돌아오는 진수를 만나러 정거장 대합실에 들어선 뒤에 일제 강점기 당시 징용에 끌려가서 강제 노역을 하던 때를 회상하고 있으므로, (나)가 가장 먼저 일어난 사건임을 알 수 있다. 다음으로는 진수가 돌아온다는 소식을 듣고 마중을 나가는 장면인 (가)가, 그 다음으로는 만수가 진수를 만나는 장면인 (다)가, 만수와 진수가 만나 앞으로 살아갈 일을 걱정하는 장면인 (라), (마)가 차례대로 오는 것이 알맞다.

7. 이 글은 일제 강점기에 징용에 끌려가 강제 노역에 시달리며 전쟁의 희생양이 된 조선인들의 상황과 6.25 전쟁 직후 상황을 배경으로 하고 있다. (나)에서 징용에 끌려가는 사람들 중에서 더러는 만주로 가면 좋겠다고 하기도 했다는 말이 나와 있지만 이를 통해 많은 사람이 만주로 가서 돈벌이하길 원했다고 볼 수는 없다.

8. (마)의 '눈앞에 우뚝 솟은 용머리재가 이 광경을 가만히 내려다보고 있었다.'에서는 '용머리재'가 만도와 진수를 바라보게 함으로써 인물들이 화합하여 외나무다리를 건너려는 의지적 태도를 감동적으로 여운을 남기며 표현하고 있다.

9. (라)에서 만도는 진수에게 자초지종을 묻고 현실을 수용하면서 아들을 위로하고 격려하고 있으므로, 만도와 진수의 갈등이 점점 고조되어 간다는 진술은 적절하지 않은 반응이다.

오답 해설

① 진수는 전쟁 중에 수류탄 조각에 맞은 뒤 다리가 썩

어 들어가자 군의관이 다리를 잘라 버렸다며 자신이 다리를 잃게 된 경위를 구체적으로 이야기하고 있다.

③, ④ 만도는 한쪽 팔이 없는 자신을 예로 들어 앞으로의 삶을 걱정하는 아들을 위로하고, 서로 도와 가며 살면 된다며 현실적 고난을 극복하는 방법을 제시하고 있다. 이로 볼 때 만도는 낙천적이고 긍정적인 삶의 자세를 가지고 있음을 알 수 있다.

⑤ 작품에서 사투리를 사용하면 인물들에게 생동감을 부여할 수 있으며, 작품에 현장감을 줄 수도 있다.

10. ㉠에서 만도는 진수가 전쟁터에서 살아 돌아온다는 소식에 기쁨을 드러내고 있고, ㉡에서는 아들이 불구가 되어 돌아왔다는 사실에 절망과 분노의 감정을 드러내고 있다. ㉢에서는 진수를 업고 외나무다리를 건너며 아들에 대한 안타까움과 연민의 감정을 느끼고 있다.

11. 아들이 다리를 자르게 된 사정을 들으며 아무 말도 못하는 만도의 심정은 안타깝고 애가 탔을 것임을 짐작할 수 있다.

12. ⓑ는 다리가 불편하지만 두 손이 자유로운 진수가 앉아서 할 수 있는 일들을 하고, 팔이 불편하지만 두 다리가 자유로운 만도가 돌아다니면서 할 수 있는 일들을 하며 서로 돕자는 의미이다. 이와 같은 상황에 가장 잘 어울리는 한자 성어는 '서로서로 도움.'을 의미하는 '상부상조(相扶相助)'이다.

오답 해설

① 사면초가(四面楚歌): 아무에게도 도움을 받지 못하는, 외롭고 곤란한 지경에 빠진 형편을 이르는 말이다.

③ 새옹지마(塞翁之馬): 인생의 길흉화복은 변화가 많아서 예측하기가 어렵다는 말이다.

④ 설왕설래(說往說來): 서로 변론을 주고받으며 옥신각신함을 이르는 말이다.

⑤ 전화위복(轉禍爲福): 재앙과 근심, 걱정이 바뀌어 오히려 복이 된다는 말이다.

13. 만도 부자는 역사적으로 비극의 시대를 살아야 했던 우리 민족의 삶을 대변한다. 따라서 자신들에게 닥친 비극을 받아들이고 서로 힘을 모아 이를 극복하기 위해 노력하는 만도 부자의 모습을 통해 민족적 수난을 극복하려는 의지를 드러내고 있다고 볼 수는 있다. 그러나 이를 개인의 의지가 역사의 흐름을 바꿀 수 있음을 말하고자 한 것이라고 보기는 어렵다.

(3) 성북동 비둘기

1. ⑤ **2.** ⑤ **3.** ② **4.** ④ **5.** 자연과 인간이 모두 사랑과 평화를 누리며 함께 조화를 이루는 삶의 모습

1. '돌 깨는 산울림', '채석장 포성'과 같은 청각적 이미지들은 화자가 부정적으로 생각하는 공간을 보여 주고 있다.

오답 해설

①, ② 1, 2연과 3연은 비둘기를 형상화하는 방식에서 차이를 보이는데, 1, 2연에서는 중심 소재인 비둘기의 모습을 구체적으로 묘사하고 있고, 3연에서는 비둘기에 대한 화자의 판단을 서술하고 있다.

③ 이 시의 비둘기는 '자연'으로 해석할 수도 있지만, 한편으로는 '인간'을 우의적으로 표현한 것으로 볼 수도 있다. 즉, 비둘기를 의인화하여 인간에 의한 자연 파괴와 비인간화되어 가는 현대 사회를 비판하고 있는 것이다.

④ 3연에서는 비둘기의 과거의 모습과 현재의 모습을 대조하여 주제 의식을 강화하고 있다.

2. 〈보기〉에서는 이 시에 쓰인 감각적 이미지의 활용 효과를 설명하고 있다. 감각적 이미지는 인간의 감각 기관에 따라 시각, 청각, 후각, 촉각, 미각 등으로 구분되는데, ⑤에서는 이러한 감각적인 이미지 활용이 나타나 있지 않다.

오답 해설

①은 청각, ②와 ③은 시각, ④는 촉각적 이미지를 활용한 시구들이다.

3. 현대 문명의 횡포나 이로 인해 파괴된 자연 등의 부정적 의미를 지닌 다른 시어들과 달리, '새파란 아침 하늘'은 비둘기가 자유롭게 나는 공간을 의미한다.

4. 이 시에서 '성북동 비둘기'는 산업화·도시화로 밀려난 소외 계층을 상징하기도 하며, 순박한 인간성을 상실한 현대인을 상징하기도 한다. '산업화로 안정된 삶을 사는 사람'은 '성북동 비둘기'가 상징하는 의미와 관계가 없다.

5. 이 시에서 작가는 개발로 인해 자연이 파괴되거나 현대 문명으로 인간성을 상실해 가는 현대인에 대해 비판적 시각을 드러내므로, 이와 관련하여 작가가 생각하는 바람직한 삶의 모습을 서술할 수 있다.

1. ① **2.** ①, ③ **3.** ④ **4.** ①

1. ㉠은 새로운 번지로 '사람들의 집' 또는 '현대 문명'을 의미하고, ㉡은 없어진 번지로 '비둘기들의 보금자리, 즉 자연'을 의미한다.

2. '돌 깨는 산울림', '채석장 포성'은 현대 문명의 횡포성을 드러내는 시어로, 이로 인해 비둘기는 자신의 보금자리, 즉 자연을 잃고 말았다.

3. 이 시에는 파괴되어 가는 자연에 대한 안타까움과 함께 현대 문명으로 인간성을 상실해 가는 현대인에 대한 비판을 드러내고 있으므로, 화자의 비판적 어조를 읽을 수 있다.

4. 비둘기가 살던 곳에 사람들이 집을 짓고 살게 되면서 비둘기는 보금자리인 자연을 빼앗기고 쫓기는 새가 되는데, 이런 시각에서 이해한다면 '비둘기'는 개발만을 앞세우는 인간들에 의해 점차 파괴되고 훼손되어 가는 자연을 상징한다고 할 수 있으므로, 시인이 말하고자 하는 바로 가장 적절한 것은 ①이다.

1. ③ **2.** ㉠은 인간의 삶의 터전(문명)이고, ㉡은 비둘기의 삶의 터전(자연)이다. **3.** ⑤ **4.** ④ **5.** ④

1. 이 시의 배경인 '성북동 산'은 돌 깨는 산울림과 채석장 포성이 메아리치는 곳이다. 따라서 목가적(소박하고 평화로우며 서정적) 분위기와는 거리가 멀다.

오답 해설

① 이 시는 규칙적인 운율이 겉으로 드러나 있는 외형률과 달리 운율이 겉으로 드러나 있지 않은 내재율을 지닌 작품이다.

② '비둘기'와 같은 상징적 시어로 주제를 전달하고 있다.

④ 이 시에서는 시각, 청각, 후각, 촉각 등의 감각적 이미지를 통해 비둘기와 비둘기가 처한 상황을 구체적으로 형상화하고 있으며, 이를 통해 독자의 감정을 직접적으로 자극하고 그 상황에 공감하게 한다.

⑤ 이 시에서는 '비둘기'를 통해 '인간'을 우의(다른 사물에 빗대어 비유적인 뜻을 나타내거나 풍자함.)적으로

표현하여 문명 비판적인 시각을 드러내고 있다.

2. 비둘기가 살던 곳에 사람들이 집을 짓고 살게 되면서 비둘기의 보금자리가 없어졌다고 하였으므로, ㉠은 인간의 삶의 터전인 문명을, ㉡은 비둘기의 보금자리인 자연을 의미한다.

3. ㉢는 비둘기가 느끼는 그리움, 또는 향수를 표현한 구절이다. 즉 비둘기는 금방 따낸 돌 온기에 입을 닦으며 파괴되어 버린 옛날의 보금자리에 대해 향수를 느끼고 있다.

오답 해설
① 자연 파괴의 모습을 청각적 심상으로 드러내고 있다.
② 인간과 조화를 이루고자 하는 비둘기의 모습을 나타낸다.
③ 훼손된 비둘기의 보금자리, 즉 자연을 가리킨다.
④ '피난하듯'에서 삶의 터전을 잃은 비둘기의 처지를 알 수 있다.

4. '채석장 포성'은 1연의 '돌 깨는 산울림'과 마찬가지로 산업화·도시화로 파괴되어 가는 자연을 청각적 이미지로 형상화한 시구로, 현대 문명의 횡포성을 보여 준다.

5. 이 시의 화자는 산업화·도시화 과정에서 인간에 의해 파괴된 자연에 대한 안타까움과 향수를 노래하고 있다.

대단원 평가 대비하기   250~254쪽

1. ③ 2. ⑤ 3. ⓐ는 단종을, ⓑ는 왕방연을 가리키며, 이 시조에서 왕방연은 어린 단종을 유배지에 두고 오며 든 비통하고 안타까운 마음을 드러내고 있다. 4. ③ 5. ④ 6. ④ 7. ② 8. ① 9. 아들인 진수가 전쟁터에서 한쪽 다리를 잃은 것이 화가 났기 때문이다. 10. ④ 11. ③ 12. ② 13. 외나무다리 14. ① 15. ⑤ 16. 돌 깨는 산울림, 채석장 포성 17. ② 18. ② 19. ⑤ 20. ③

1. 이 시조는 강원도 영월에 단종을 호송하고 되돌아오는 길에 느끼는 화자의 비통한 심정을 노래하고 있을 뿐, 신하로서의 다짐은 드러나지 않는다.

2. 이 시조의 형식적인 특성상 반드시 세 글자로 고정되어야 하는 부분은 종장의 첫 구로, '저 물도'가 이에 해당한다.

3. 〈보기〉를 통해 왕방연이 어린 임금(단종)을 영월에 호송하고 돌아오는 길에 이 시조에 자신의 심정을 담아 노래했음을 알 수 있다. 숙부인 수양 대군(세조)에게 왕위를 빼앗기고 강원도 영월에 유배된 어린 단종과 이별 후에 느끼는 비통함, 안타까움, 죄책감 등의 심정을 시조에 담은 것이다.

4. 두 시조 모두 화자의 슬픔을 직접적으로 표현하지 않고 자연물에 이입하여 표현하고 있으므로, ③의 진술은 적절하지 않다.

오답 해설
① 두 시조 모두 수양대군(세조)의 왕위 찬탈과 단종의 유배라는 역사적 사실을 배경으로 하고 있다.
② 두 시조 모두 모시던 임금에 대한 지조와 충심이 바탕에 깔린 시조이다.
④ 〈보기 2〉의 시조 역시 임을 모시지 못하는 안타까움과 슬픔을 '여흘(여울물)'에 의탁하여 표현하고 있다.
⑤ 두 시조 모두 일정한 글자 수의 반복과 4음보의 율격으로 운율을 형성하고 있는 시조이다.

5. 이 소설은 일제 강점기 강제 징용과 6.25 전쟁이라는 역사적 사실을 배경으로 하고 있지만, 등장인물은 작가가 꾸며 낸 허구의 인물이다.

6. (나)의 '주막'은 만도가 자주 들르는 곳으로, 이곳에 오면 만도는 언짢은 일이 있어도 저절로 풀린다고 하고 있다. 따라서 주막은 만도가 자신의 마음을 편안하게 드러낼 수 있는 공간, 즉 만도의 마음이 편해지고 걱정을 사라지게 하는 곳임을 알 수 있다.

7. '문둥이'는 경상도 출신의 사람을 낮잡아 이르는 말이지만, 여기서는 그만큼 주막집 여자와 만도 사이의 관계가 편안하다는 것을 드러내 준다. 따라서 친근한 태도를 드러내 준다는 진술이 적절한 이해이다.

8. ⓐ의 '서방님 들어가신다.'라는 표현은 주막집 여자와의 친근감을 표현한 구절로, 만도가 편안해 하는 심리가 드러나는 반면에, 나머지는 만도의 괴로운 심정이 드러나 있는 행동들이다.

9. 한쪽 다리를 잃고 돌아온 진수를 본 만도는 심한 충격을 받은 상태로, 속상해하면서 분노에 차 있는 상황이다.

10. 작가는 민족의 수난을 극복하는 두 부자의 이야기를 통해 일제 강점기와 6.25 전쟁이 우리 민족에게 큰 상처를 남겼지만, 서로 힘을 합쳐 노력하면 극복할 수 있

다는 희망과 용기를 전달하고 싶었을 것이다.

11. 만도와 진수가 겪은 수난은 개인의 힘으로는 어쩔 수 없는 사건에서 비롯된 비극적 상황을 함축한다.

오답 해설
①, ② (나)에서 진수는 "이래 가지고 우째 살까 싶습니더."라며 자신의 미래를 걱정한다. 하지만 만도는 그런 아들에게 "그러니까 집에 앉아서 할 일은 니가 하고, 나 댕기메 할 일은 내가 하고, 그라면 안 대겠나, 그제?"라고 위로하며 긍정적인 태도를 보이고, 이에 진수는 "예."라고 응답하고 있다.
④, ⑤ 이 글의 제목에서 '이대(二代)'는 만도와 진수 부자를 가리키지만, 이들이 겪은 수난을 통해 작가는 우리 민족이 겪은 비극을 형상화했다고 볼 수 있다.

12. (가)에서 '징용', '북해도 탄광, 남양 군도, 만주' 등과 '십이삼 년 전'이라고 한 부분에서 만도 세대와 연관된 전쟁은 일제 강점기 때의 태평양 전쟁이 배경임을 짐작할 수 있다. 그렇기 때문에 (나)의 십이삼 년 후 진수 세대가 겪은 전쟁은 6.25 전쟁임을 알 수 있다.

13. 이 글에서 '외나무다리'는 우리 민족이 겪어 나갈 수난을 상징하며, 만도와 진수가 서로 화합해야만 건널 수 있는 대상이다.

14. 이 시에는 청각, 시각, 후각, 촉각 등의 감각적 이미지가 활용되어 있지만, 미각과 같은 이미지는 나타나 있지 않다.

오답 해설
② 1, 2연에서는 중심 소재인 비둘기의 모습을 구체적으로 묘사하고 있으며, 3연에서는 비둘기에 대한 화자의 생각을 서술하고 있다.
③, ④ 이 시는 비둘기를 의인화하여 우의적으로 당대 상황을 비판하고 있는 문명 비판적인 성격이 강한 시이다.
⑤ 이 시에서는 1960년대 산업화 · 도시화의 급격한 진행이 만들어 낸 자연 파괴 현상과 함께 현대 문명으로 인간성을 상실해 가는 현대인의 모습을 이야기하고 있다.

15. 〈보기〉는 1960년대 이후 진행된 산업화 · 도시화의 물결로 자연이 파괴되어 가는 상황을 바탕으로 이 시를 해석하고 있으므로, 이와 같은 시 감상에 밀접하게 관여한 요소는 시가 창작된 사회 · 문화적 배경이라고 할 수 있다.

16. 성북동에 새로운 번지(문명)가 생기면서 비둘기들의 번지(자연)는 사라졌다. 이러한 자연을 파괴하는 현대 문명의 횡포성을 청각적 이미지를 사용하여 형상화하고 있는 시구는 '돌 깨는 산울림'과 '채석장 포성'이다.

17. 문명에 의해 파괴된 자연의 온기에 입을 닦는 것은 온전했던 과거의 자연을 그리워하는 모습으로 볼 수 있다. 즉 파괴되기 이전의 자연에 대한 향수를 촉각적 이미지를 활용하여 ⊙과 같은 구체적 행동으로 형상화하고 있다.

18. (가)~(다)의 작품은 작품이 창작된 의도 또는 창작 당시의 사회 · 문화적 배경이 나타나 있으므로, 이를 고려하여 작품을 감상해야 더욱 깊이 있고 정확하게 이해할 수 있다.

19. (다)의 마지막 부분을 보면 의인화된 자연(용머리재)이 인간을 바라보도록 서술 시점에 변화를 주고 있는데, 이로 볼 때 시선은 가까이에서 멀어지는 것으로 변화되고 있다고 볼 수 있다.

20. ⊙은 흐르는 냇물에 화자의 감정을 이입하여 어린 임금과 이별하고 돌아오는 비통하고 안타까운 심정을 표현한 것이다. ⊙에서도 자연물인 '벌레'에 부끄러움을 이입하여 표현하고 있다.

논술형 평가 대비하기   255~257쪽

(1) 천만리 머나먼 길에
1. 수양 대군(세조)에게 쫓겨난 어린 단종과 유배지에서 이별하고, 그 슬프고 안타까운 마음을 달래지 못하여 냇가에 앉아 있다. **2.** 임과 이별한 슬픔에 따른 심리적 거리감을 수량화한 표현으로, 이를 통해 화자가 느끼는 슬픔이 깊고 크다는 것을 효과적으로 나타내었다. **3.** 〈예시답〉 '고운 님'은 화자에게 미안하고 애처로운 마음이 들었을 것이다. 화자가 자신과 헤어지고 난 뒤에 냇가에 앉아서 흐르는 물처럼 흐느껴 울었다는 내용이 애처롭게 느껴졌을 것이기 때문이다.
4. 이 시조는 '물'에, 〈보기〉는 '촛불'에 감정을 이입하여 표현하고 있는데, 이를 통해 임과 이별한 비통한 심정, 안타까움과 충정 등을 더욱 절실하게 표현하고 있다.

(2) 수난이대
1. '고등어'는 아들에 대한 만도의 사랑을 의미하며, 한쪽 팔이 없는 만도의 신체적 결함을 부각하는 역할을 하고 있다.

2. '수난이대'는 아버지와 아들에 걸친 수난으로, 일제 강점기에서 6.25 전쟁으로 이어지는 우리 민족의 수난의 역사를 의미한다. 3. 아버지와 아들 두 세대가 겪은 수난을 통하여 우리 민족이 겪은 비극을 보여 주고, 그 속에서도 좌절하지 않고 수난을 극복하려는 의지를 부각하고자 하였다.

(3) 성북동 비둘기

1. 성북동에 번지가 새로 생기면서 비둘기는 자신의 번지를 잃었다. 새로 생긴 번지는 인간의 삶의 터전으로 문명을 의미하는데, 이러한 문명이 들어오면서 자연이 파괴되었고 비둘기는 자신의 번지, 즉 자연을 잃은 것이다. 2. 청각적 이미지를 활용하여 묘사하고 있는 시구는 '돌 깨는 산울림', '채석장 포성'이다. 이러한 표현을 통해 현대 문명의 횡포, 폭력성 등을 효과적으로 드러내었다. 3. 산업화·도시화 과정에서 인간에 의해 파괴된 자연에 관한 안타까움과 향수 4. 〈예시답〉 현재도 산업화·도시화는 계속되고 있으며 이로 인해 어려운 이웃이나 사회 초년생들의 주거지가 도심에서 점차 밀려나고 있다. 그 결과 점점 인간의 순수함과 순박한 인간성이 상실되어 가고 있으므로, 이를 잃지 않으려는 인간성 회복의 방안을 고민하고 실천해야 할 것이다.

(1) 천만리 머나먼 길에

1. 〈보기〉는 이 시조가 창작된 시대의 사회·문화적 배경으로, 이를 통해 이 시조의 '고운 님'이 단종이라는 것을 알 수 있고, 화자가 단종을 유배지까지 호송하고 돌아오면서 이 시조를 지어 슬픈 마음을 표현하고 있음을 알 수 있다.

평가 요소	확인(√)
〈보기〉의 내용을 반영하여 서술하였다.	
시조에 드러난 내용을 바탕으로 화자의 상황을 구체적으로 서술하였다.	
문장이 어색하거나 맞춤법에 어긋나는 경우 없이 서술하였다.	

2. '천만리'는 영월까지의 실제 거리가 아니라 심리적 거리감으로, 어린 단종과 이별한 화자의 슬픔을 수량화하여 그 비통한 심정을 극대화한 표현이다.

평가 요소	확인(√)
시적 표현에 담긴 의미를 바르게 서술하였다.	
시적 표현에 담긴 표현의 기능을 화자의 정서를 포함하여 바르게 서술하였다.	
문장이 어색하거나 맞춤법에 어긋나는 경우 없이 서술하였다.	

3. ⓒ은 세조에게 유배당한 단종으로, 단종이 이 시조의 화자의 마음을 알았다면 고맙고 미안하기도 하고 애처로운 마음이 들기도 하였을 것이다.

평가 요소	확인(√)
화자의 마음이 시적 대상에게 전달되었다는 가정에 바르게 서술하였다.	
이 시조의 내용을 바탕으로 근거를 들어 서술하였다.	
문장이 어색하거나 맞춤법에 어긋나는 경우 없이 서술하였다.	

4. 〈보기〉는 세조에게 왕위를 빼앗긴 후 불안한 정치 현실 속에 어렵게 지내던 단종을 걱정하며 이개가 지은 작품이다. 이 시조에서 화자는 자신의 비통하고 안타까운 심정을 흐르는 '물'에 감정 이입하여 표현하였고, 〈보기〉역시 임과 이별한 슬픔, 안타까움, 충정 등을 '촛불'에 감정 이입하여 표현하였다. 이와 같은 감정 이입의 사용은 화자의 심정을 더욱 절실하게 드러낼 수 있게 한다.

평가 요소	확인(√)
공통된 표현 방법을 바르게 서술하였다.	
공통된 표현 방법의 효과에 대해 바르게 서술하였다.	
문장이 어색하거나 맞춤법에 어긋나는 경우 없이 서술하였다.	

(2) 수난이대

1. '고등어'는 만도가 아들 진수를 위해 산 먹거리라는 점, 그리고 한쪽 팔만 있는 만도가 고등어를 들고 있느라 간질간질한 겨드랑 밑을 긁지 못해 애를 먹고 있는 상황을 바탕으로 그 의미와 역할을 서술할 수 있다.

평가 요소	확인(√)
'고등어'의 의미를 〈조건〉을 고려하여 바르게 서술하였다.	
'고등어'의 역할을 〈조건〉을 고려하여 바르게 서술하였다.	
문장이 어색하거나 맞춤법에 어긋나는 경우 없이 서술하였다.	

2. 〈보기〉에는 이 글의 사회·문화적 배경인 일제 강점기와 6.25 전쟁이 제시되어 있다. 이를 고려할 때 이 글의 제목은 만도와 진수, 이들 이대(二代)에 걸친 수난인 일제 강점과 6.25 전쟁으로 이어지는 우리 민족의 수난의 역사를 의미함을 짐작할 수 있다.

평가 요소	확인(√)
이대에 걸친 수난의 내용을 바르게 서술하였다.	
'우리 민족의 수난의 역사'라는 내용을 포함하여 서술하였다.	
문장이 어색하거나 맞춤법에 어긋나는 경우 없이 서술하였다.	

3. (나)에서 만도는 외나무다리에 다다르자 아들을 업고 다리를 건넌다. 외나무다리가 만도 부자에게 닥친 시련을 상징한다고 할 때, 부자가 협력하여 이 외나무다리를 건넌다는 것은 이들이 자신들에게 닥친 시련을 극복해 내고 있다는 것을 의미한다.

평가 요소	확인(√)
이 글의 주제 의식을 바르게 서술하였다.	
〈조건〉에서 요구한 단어와 문장 형태를 갖추어 서술하였다.	
문장이 어색하거나 맞춤법에 어긋나는 경우 없이 서술하였다.	

(3) 성북동 비둘기

1. 비둘기가 살던 곳에 사람들이 집을 짓고 살게 되면서 비둘기의 보금자리가 없어졌는데, 여기에서 비둘기의 '번지'는 비둘기의 보금자리, 즉 자연을 의미한다.

평가 요소	확인(√)
〈조건〉을 고려하여 '번지'의 변화를 중심으로 서술하였다.	
〈조건〉을 고려하여 '번지'의 의미를 바르게 서술하였다.	
문장이 어색하거나 맞춤법에 어긋나는 경우 없이 서술하였다.	

2. 이 시에서 시인은 청각적 심상을 활용하여 인간 문명의 횡포, 폭력성과 같은 부정적으로 생각하는 이미지를 효과적으로 그려 내고 있다.

평가 요소	확인(√)
청각적 이미지를 활용한 시구를 바르게 찾아 서술하였다.	
청각적 이미지를 사용한 표현이 주는 효과를 바르게 서술하였다.	
문장이 어색하거나 맞춤법에 어긋나는 경우 없이 서술하였다.	

3. 〈보기 1〉의 기사에는 1960년대에, 자연 경관을 해치면서까지 개발을 하며 도시화가 진행되던 당시의 사회·문화적 상황이 드러나 있다. 즉 도시화로 자연이 파괴

되는 상황에 대한 비판적 관점이 드러나 있으므로, 이와 같은 관점을 유지하면서 시인이 이 시에서 말하고자한 바가 무엇인지 파악해 본다.

평가 요소	확인(√)
〈보기 1〉에 나타난 사회·문화적 상황을 바르게 파악하였다.	
〈보기 1〉과 〈보기 2〉의 관점에서 시인의 생각을 바르게 서술하였다.	
문장이 어색하거나 맞춤법에 어긋나는 경우 없이 서술하였다.	

4. 〈보기〉를 참고하여 이 시에서 비판하고 있는 사회의 모습을 오늘날의 모습과 비교해 보고, 오늘날 우리 사회의 문제를 성찰해 본다.

평가 요소	확인(√)
〈보기〉를 바탕으로 이 시와 현재 사회의 모습을 비교하여 서술하였다.	
현재 우리 사회의 모습을 성찰한 내용을 포함하여 서술하였다.	
문장이 어색하거나 맞춤법에 어긋나는 경우 없이 서술하였다.	

5 비판적인 읽기와 듣기

(1) 디지털 치매, 걱정할 일 아니다

1. ④ **2.** ⑤ **3.** ③ **4.** 많은 사람들이 디지털 치매 현상을 걱정하고 나쁘게 인식한다. **5.** ③ **6.** ⑤ **7.** ③ **8.** ④ **9.** 현대의 노동 환경은 복잡하여 제공되는 정보의 양이 너무 많으므로 정보들을 다른 곳에 저장했다가 필요할 때마다 빨리 찾아내어 사용하는 것이 더 효율적이기 때문이다. **10.** ④ **11.** ④ **12.** ② **13.** ③

1. 이 글은 근거를 바탕으로 자신의 생각을 주장하는 논설문이다.

2. 글쓴이는 디지털 치매 현상을 걱정하는 사람들이 많으므로 이를 다른 측면에서 살펴보고자 한다고만 하였다. 디지털 치매를 걱정하는 사람보다 긍정적으로 생각하는 사람들이 더 많다고 판단할 만한 근거는 (가)~(나)에서 찾을 수 없다.

3. (가)에 따르면, 외우고 있는 전화번호가 손에 꼽을 정도이고(ㄴ), 단순한 정보도 기억하지 못하는 경우(ㄹ), 노래방 기기 없이는 애창곡 하나 부를 수 없는 경우(ㅁ)는 디지털 치매라고 볼 수 있다.

오답 해설

ㄱ. 관광지를 재작년에 갔다면 시간이 많이 흘러 길을 찾기가 어려울 수 있으므로 디지털 치매 현상이라고 보기 어렵다.

ㄷ. 관광지의 번호는 실행자에게 미리 내재된 기억이라 볼 수 없으므로 디지털 치매 현상이라고 보기 어렵다.

4. 글쓴이는 디지털 기기 의존으로 기억력이나 계산력 등이 떨어지는 현상을 많은 사람이 걱정하는 것을 문제 상황으로 인식하고 있다.

5. 인류는 진화 과정에서 하나의 능력을 상실하면 동시에 다른 능력을 얻게 된다고 하였으나, 이를 통해 인간의 불완전성을 언급하지는 않았다.

6. (다)에서 프랑스의 철학자 미셸 세르의 저서와 강연 내용을 인용하여 자신의 주장을 뒷받침하고 있다.

7. ㉠에는 구체적인 사례들을 들어 일반적인 사실을 결론으로 이끌어 내는 귀납 논증이 사용되었다. 직립 원인으로의 진화, 문자와 인쇄술의 발명, 휴먼 인터페이스 등으로 인한 인간 능력의 변화를 구체적인 예로 들어 인간은 상실하는 능력이 있으면 동시에 얻게 되는 능력도 있다는 일반적인 사실을 결론으로 이끌어 낸 것이다.

8. 현대는 수많은 일을 처리해야 하는 노동 환경으로 인해 정보들을 저장했다가 필요할 때마다 빨리 찾아내야 하는 환경으로 바뀌었다. 이에 따라 그때그때 짧게 집중하고, 또 계속해서 다른 일을 해야 하는 시대로 변화되었음을 말하고 있다.

9. 단순히 정보를 '기억하는' 것이 아니라 필요할 때마다 '찾는' 것인 시대가 되었다는 것은 현대 노동 환경의 특성을 말한 것이다.

10. 글쓴이는 디지털 치매 현상을 인간 진화의 자연스러운 양상일 뿐이며 미래형 인간을 향한 진보의 결과로 마음 편하게 받아들이길 권한다고 하였다.

11. 글쓴이는 디지털 치매 현상을 인간 진화의 결과라며 낙관적으로 생각하고 있다. '낙관적 태도'란 '인생이나 사물을 밝고 희망적인 것으로 보는 태도'이다.

오답 해설

① 이중적(二重的): 두 가지 요인이 동시에 작용함.

② 획일적(劃一的): 모두가 개성이 없이 한결같아서 다름이 없는 것.

③ 부정적(否定的): 그렇지 아니하다고 단정하거나 옳지 아니하다고 반대하는 것.

⑤ 비관적(悲觀的): 인생을 어둡게만 보아 슬퍼하거나 절망스럽게 여기는 것.

12. ㄱ. (마)의 첫 문장에서, 일하는 환경의 변화에 따라 우리 뇌의 능력이 기억하는 뇌가 아닌 필요한 정보를 빨리 찾는 뇌로 바뀌어 가고 있다고 하였다.

ㄷ. (바)의 첫 문장, '디지털 기술 의존 현상은 인간의 진화와 문명의 진전 과정에서 늘 존재해 왔던 기존의 기술 의존 현상과 다를 바 없는 것이요'라는 내용에서 확인할 수 있다.

ㄹ. (바)의 첫 문장, '방대한 정보 처리와 효율적 업무 처리를 요하는 현대 사회'란 문장에서 확인할 수 있다.

ㅂ. (바)의 첫 문장에서 디지털 기술 의존 현상은 오히려 더욱 창조적인 새로운 능력을 인간에게 가져다준 것으로 보아야 한다고 하였다.

ㄴ. (마)의 두 번째 문장에서, 현대 사회는 자기 자신만의 정보를 잘 기억하는 능력보다는 여기저기 놓여 있는 정보를 효과적으로 잘 찾는 능력이 훨씬 중요하게 여겨지는 사회로 바뀌고 있다고 하였으므로 이 글의 내용과 일치하지 않는다.

ㅁ. 디지털 기기의 발달이 현재 인간 기능의 일부를 대체한다고 하였을 뿐이다. 이 글에서 미래 사회에 인간에게 필요한 기능이 무엇인지 알 수 없으며, 그 기능을 디지털 기기로 대체할 수 있다는 내용도 확인할 수 없다.

13. ⓒ '요컨대'가 맞는 표기이다.

시험엔 이렇게!!
274~277쪽

1. ② **2.** ③ **3.** 인류는 진화 과정에서 상실하는 능력이 있으면 동시에 얻게 되는 능력도 있다는 점이다. **4.** ③ **5.** 거짓말을 하였다. **6.** 유추 **7.** ④

1. 이 글의 글쓴이는 디지털 치매를 이겨 내야 할 부정적 현상이 아니라 인간 진화의 자연스러운 양상이라고 보고 있다.

2. 현대 사회에서 정보는 '기억하는' 것이 아니고 '찾는' 시대가 되었다고 하였을 뿐 정보가 어떤 가치를 가지고 있는지에 대해서는 언급하지 않았다.

3. 〈근거 1〉은 손을 도구로 사용하면서 입이 도구로서의 기능을 상실하는 대신 말하는 기능을 획득한 사례, 〈근거 2〉는 문자와 인쇄술의 발명으로 기억력을 상실한 대신 지식 생산 등의 능력을 획득한 사례, 〈근거 3〉은 휴먼 인터페이스로 인해 단순 기억력, 계산의 부담에서 벗어난 대신 정보 통제 및 관리, 지식 창조 능력이 향상된 사례들이다. 이들은 모두 인간은 상실하는 능력이 있으면 동시에 얻게 된 능력이 있음을 보여 주고 있다.

4. '모든 사람은 죽는다.'라는 일반적 진리를 전제로 하여 '사람인 소크라테스는 죽는다.'라는 특수한 사실을 결론으로 이끌어 내는 연역 논증 방법이 사용되었다.

5. 연역적 추론에서 결론은 새로운 주장이 아니라 대전제 안에 포함되어 있다.

6. 황량한 사막의 오아시스가 나그네에게 목마름을 해결할 수 있는 쉼터가 되어 주듯이 고달픈 인생살이에서도 진

정한 친구는 오아시스와 같은 역할을 할 것이라고 유추하고 있다.

7. 〈보기〉는 등산과 독서의 과정이 비슷한 점에 착안하여 유추의 방법으로 주장을 펴고 있다(ㄱ). 또한, 등산이라는 생생하고 구체적인 예시를 진술하여 독자가 이해하기 쉽게 전달하는 효과가 있다(ㄹ).

소단원 나의 실력 다지기
281~283쪽

1. ④ **2.** ④ **3.** ⑤ **4.** 디지털 치매 현상을 인간 진화의 양상으로 볼 수 있다. **5.** ④ **6.** ② **7.** ③ **8.** ④ **9.** ⑤ **10.** 현대는 수많은 일을 처리해야 하는 근무 환경으로 바뀜에 따라 그때그때 짧게 집중하고, 또 계속해서 다른 일을 해야 하는 시대로 변화되었음을 말하고 있다. **11.** ⑤

1. 이 글은 타당한 근거를 들어 자신의 주장을 뒷받침하여 독자를 설득시킬 목적으로 쓴 논설문(주장하는 글)이다. 추론 방법을 사용한 것은 효과적인 정보 전달을 위해서가 아니라 자신의 주장을 논리적으로 펴기 위해서이다.

① (가)에서 '디지털 치매' 현상의 개념을 정의하였다.

② (가)의 첫 부분에 디지털 치매 현상의 구체적인 사례를 제시함으로써 독자의 주의를 환기하였다.

③ 디지털 치매 현상에 대해 걱정하는 사람들의 생각을 변화시킬 목적으로 쓴 글이다.

⑤ (다)에서 프랑스의 철학자 미셸 세르의 저서를 인용하여 자신의 주장을 뒷받침하였다.

2. 기술 발전으로 인류는 단순 기억력, 계산력 등의 기능이 저하되었지만 다른 창조적인 능력을 획득했다고 하였으므로 지속적으로 지능이 쇠퇴했다고 이해하는 것은 적절하지 않다.

3. [A]는 귀납 논증으로, ⓐ~ⓒ에 담긴 구체적인 사례들을 통해 ⓓ란 일반적인 사실이 결론으로 도출된 것이다.

4. 사람들이 디지털 치매 현상에 대해 걱정하지만 글쓴이는 이러한 현상을 인류의 진화, 노동 환경의 변화와 연관된 현상으로 파악하고자 하였다.

5. 이 글의 결론은 디지털 치매 현상은 인간 진화의 자연스러운 양상이니 미래형 인간을 향한 진보의 결과로 마음 편하게 받아들이길 권한다는 것이다.

6. 정보를 암기하는 능력은 기억력과 같은 것으로, 창조적인 능력으로 보기 어렵다.

7. 현대 사회의 특징으로 제공되는 정보의 양이 많아졌다고 하였을 뿐, 정보의 대중화로 직업을 바꾸는 것이 쉬워졌다고 판단할 내용은 들어 있지 않다.

8. ㄱ. 벨기에의 기술 철학자들은 디지털 치매 등을 불러오는 기술 발전이 인간 본성의 관념을 바꾼다는 점을 지적하며 부정적으로 인식하고 있으므로 글쓴이의 견해를 비판할 자료로 삼기에 적절하다.
ㄷ. 하이데거는 옳고 그름을 따지지 않는 기술의 맹목적 속성이 인간 존재에 큰 위협이 된다고 하였으므로 디지털 치매를 낙관적으로 보는 글쓴이의 견해를 비판할 자료로 적절하다.
ㄹ. 기술 낙관주의를 비판하는 자료이므로 적절하다.
ㅁ. 기술 의존이 인간 고유의 능력인 이성의 핵심 기능도 상실하게 할 것이라며 기술 낙관주의에 부정적인 입장이므로 글쓴이의 견해를 비판할 자료로 삼기에 적절하다.

오답 해설
ㄴ. 뇌가 더 중요한 일을 하기 위해서는 사소한 정보를 망각한다는 연구 결과는 디지털 치매가 뇌의 창조적 능력을 가져오기 위함이라는 글쓴이의 견해를 뒷받침하는 자료로 삼을 수 있다.

9. 귀납 논증에서 전제로 사용되는 구체적인 사실들은 서로 대립되는 내용이 아니라 공통적인 속성이 있는 내용들이어야 한다.

10. 현대는 복잡하고 방대한 양의 정보가 제공되며 상대해야 할 사람 수도 훨씬 많아졌다. 따라서 이 일에서 저 일로 빨리빨리 주의를 옮겨 가므로 그때마다 짧게 집중하고 또 다른 일로 옮겨가 집중하는 그런 시대가 되었다는 뜻이다.

11. 〈보기〉에는 일반적 사실에서 특수한 사실을 결론으로 이끌어 내는 연역 논증의 하나인 삼단 논법이 사용되었다. 개별적 사실을 통해 일반적 사실을 이끌어 내는 논증 방법은 귀납이다.

오답 해설
①, ② 〈보기〉는 '대전제-소전제-결론'으로 이루어진 삼단 논법이다. 삼단 논법은 대전제에서 결론을 이끌어 내므로 대전제가 거짓이면 결론도 거짓이 된다.

③ 대전제에서 결론이 나오므로 결론은 대전제에 포함되어 있다.
④ '사람은 사회적 동물이다.'라는 일반적 사실에서 '우리도 사회적 동물이다.'라는 특수한 사실을 결론으로 이끌어 내었다.

(2) 비판적으로 분석하며 듣기

287~291쪽

콕콕 확인 문제

1. ④ 2. 감성적 설득 전략으로, 상대방의 감성을 자극하여 호소력 있게 설득하는 효과가 있다. 3. ② 4. 이성적 설득 전략으로, 논리적이고 체계적인 설명을 통해 상대방을 설득하는 효과가 있다.

1. (가)에서 점원이 추천하는 전화기의 장점을 항목별로 나누어 설명하면서 향상된 점들을 근거로 제시하는 이성적 설득 전략을 구현하고 있다.

2. (나)에서 참가자는 어떤 이유로 자신이 이 오디션에 적합한 인물인지 이야기함으로써 오디션 심사 위원의 감정에 호소하는 감성적 설득 전략을 구현하여 설득력을 갖고 있다.

3. 이 연설은 전문가의 견해를 인용하지 않았다.

오답 해설
①, ④ 화자는 대표적인 흑인 인권 운동가인 마틴 루서 킹 목사로, 인종 차별 철폐를 주장한 연설이다.
③ 링컨의 노예 해방령과 미국의 건국 신조라는 역사적 사실을 근거로 하였다.
⑤ 흑인들이 처한 인종 차별의 부당한 현실을 언급하여 청중의 감정에 호소하는 감성적 설득 전략을 폈다.

4. 〈보기〉는 '모든 인간은 평등하게 태어난다는 사실을 우리는 자명한 진리로 받아들인다.'라는 미국 건국 신조를 근거로 제시하여 주장의 타당성을 높이는, 논리적이고 체계적인 이성적 설득 전략을 사용하였다.

소단원 나의 실력 다지기
295~296쪽

1. ④ 2. ④ 3. 인성적 설득 전략으로, 화자의 사람 됨됨이를 바탕으로 하여 화자의 주장에 신뢰를 갖게 하는 전략이다. 4. ⑤ 5. ③ 6. ⑤

1. (가)의 점원은 휴대 전화기의 기능적인 장점을 항목별로 설명하며 개선된 점을 근거로 제시하여 논리적으로 설득하고 있다.

2. (나)의 오디션 참가자는 어떤 이유로 자신이 오디션에 적합한 인물인지 이야기함으로써 오디션 심사위원의 감정에 호소하는 감성적 설득 전략을 구사하고 있다. 이와 같은 감성적 설득 전략을 사용한 것은 ㄴ, ㄹ이다. ㄴ은 다른 반의 도발을 전하여 분노에 호소해 승부욕을 돋우는 전략을 사용하고 있다. ㄹ은 반려동물을 반대하는 엄마에게 외로움을 강조하며 동정심을 호소하는 전략을 사용하고 있다.

오답 해설
ㄱ. 영화 평점과 관람 관객 수를 근거로 들어 논리적으로 설득하는 이성적 설득 전략을 사용하였다.
ㄷ. 청소년 다이어트의 위험성을 근거로 들어 논리적으로 설득하는 이성적 설득 전략을 사용하였다.
ㅁ. 에어컨 수리 전문가라는 점을 들어 설득하는 인성적 설득 전략을 사용하였다.

3. (다)는 청중들의 평가에서 연설자의 평소 인물 됨됨이와 인격적 측면이 드러나고 있고, 이를 통해 인성적 설득 전략이 구현되고 있음을 알 수 있다.

4. 일반적으로 연설은 화자의 일방적 말하기이다. 공동체의 문제를 해결하기 위해 화자와 청자가 다양한 생각과 의견을 나누는 말하기는 토의와 토론이다.

5. ㉠은 링컨 대통령의 노예 해방령, ㉣은 미국의 건국 신조로, 모두 역사적 사실을 근거로 들어 논리적으로 설득하는 이성적 설득 전략에 해당한다. ㉡, ㉢은 흑인들이 처한 인종 차별의 부당한 상황에 관한 청중의 분노에 호소하고, ㉤은 흑인과 백인이 평등하게 지내는 모습을 간절한 꿈으로 이야기함으로써 청중에게 감동을 불러일으키고 희망을 전달하는 감성적 설득 전략에 해당한다.

6. 〈보기〉에는 흑인 인권 운동가로서의 마틴 루서 킹 목사의 인격적 측면과 업적이 제시되어 있다. 이러한 화자의 인성적 측면은 연설의 설득력을 높이는 효과를 준다.

1. ③ 2. ④ 3. ⑤ 4. ③ 5. ① 6. 인간은 상실하는 능력이 있으면 동시에 얻게 되는 능력도 있다. 7. ⑤ 8. ⓐ: 사람은 사회적 동물이다. ⓑ: 우리는 사람이다. ⓒ: 그러므로 우리는 사회적 동물이다. 9. ⑤ 10. ③ 11. ④ 12. ⑤ 13. ③ 14. ④ 15. ⑤ 16. ③ 17. ③ 18. ⑤

1. 이 글은 타당한 근거를 들어 자신의 주장을 논리적으로 펼쳐 설득하는 논설문(주장하는 글)이다.

2. ㄴ: 이 글은 짜임새 있고 체계적으로 내용을 전개하였다.
ㄹ: 디지털 기기 의존이 기억력, 계산력 등의 약화를 가져온다며 많은 사람이 부정적으로 인식하자, 글쓴이는 이를 인간 진화, 사회 노동 환경과 연관된 복잡한 현상으로 규정하고, 디지털 치매는 인간 진화의 자연스러운 양상이라는 새로운 관점을 제시하였다.
ㅁ: 프랑스의 철학자 미셸 세르의 저서와 강연에 담긴 내용을 인용하여 자신의 주장을 뒷받침하였다.

3. 글쓴이는 디지털 치매 현상은 인간 진화의 자연스러운 양상이며, 미래형 인간을 향한 진보의 결과라며 자연스럽게 받아들이기를 권유하고 있다.

4. '끊임없는 작은 집중의 시대'는, 복잡하고 방대한 양의 정보가 제공되며 상대해야 할 사람 수도 훨씬 많아진 현대 사회에서는 이 일에서 저 일로 빨리빨리 주의를 옮겨 가므로 그때마다 짧게 집중하고 또 다른 일로 옮겨 가 집중해야 한다는 의미이다.

오답 해설
① (다)에서 수많은 일을 처리해야 하는 현대의 노동 환경에서라면 많은 정보를 다른 곳에 저장했다가 필요할 때마다 빨리 찾아내어 사용하는 것이 효율적인 방법이고 불가피한 선택이라고 하였다.
② (가)에서 디지털 치매 현상은 인류의 진화, 우리 사회의 노동 환경의 변화와 연관된 복잡한 현상이라고 하였다.
④ (나)에서 휴먼 인터페이스로 인해 인간은 단순 기억이나 계산 부담에서 벗어나 정보의 통제 및 관리, 지식을 창조하는 능력이 향상되었다고 하였다. 이를 글쓴이는 인간 진화의 결과로 보고 있다.
⑤ (나)에서 문자와 인쇄술, 휴먼 인터페이스 등의 기술이 개발되어 인간은 기억에 대한 부담이 줄어들었다고

하였다.

5. (가)에서는 디지털 기기 의존으로 기억력과 계산력 등이 현저하게 떨어지는 디지털 치매 현상을 많은 사람이 걱정을 한다며 문제를 제기하고 있다.

6. 귀납은 구체적인 사례들을 근거로 하여 일반적 사실을 결론으로 이끌어 내는 논증 방법이다. ㉠~㉢은 모두 인간의 진화 과정에서 하나의 능력을 잃은 대신 새로운 능력을 획득한 구체적인 사례들이다.

7. 특정한 사례의 속성이 유사하다는 것을 근거로 하여 다른 속성도 유사할 것이라고 판단하는 것은 '유추'이다.

8. 연역 논증의 대표적인 예인 삼단 논법이 사용된 이 글은 '사람은 사회적 동물이다.'라는 대전제와 '우리는 사람이다.'라는 소전제에서 '그러므로 우리는 사회적 동물이다.'라는 결론을 이끌어 내고 있다.

9. 이 글에서는 둘 이상의 대상이 비슷하다는 전제를 바탕으로 공통점을 찾아 가는 추론 방식인 유추의 방식이 적용되었다.

10. 추상적인 학문의 과정을 등산처럼 구체적이고 생생한 예에 빗댐으로써 독자는 더 쉽게 이해할 수 있게 된다.

11. ㄱ: 태국과 베트남의 기후가 비슷한 점을 근거로 치료약 베트남도 태국처럼 쌀농사가 잘 될 것이라는 유추의 논증이 사용되었다.

ㄷ: 사막의 오아시스가 위로와 기쁨을 주듯이 고달픈 인생살이에서 진정한 친구가 위로와 기쁨을 준다는 유추의 논증이 사용되었다.

ㄹ: 계단 오르기와 삶의 과정을 유추하여 차근차근 단계를 밟고 오르는 삶의 중요성을 논리적으로 주장하였다.

오답 해설

ㄴ: '문제–해결'의 논증 방법이 사용되었다.

ㅁ: 귀납의 논증 방법이 사용되었다.

12. ㉡, ㉣: 주장에 대한 타당한 근거, 통계 자료, 전문가의 의견, 역사적 사실 등의 근거를 들어 논리적으로 설득하는 것은 이성적 설득 전략이다.

㉢, ㉤: 청중의 욕망, 분노, 자긍심, 동정심 등에 호소하고 감성을 자극하여 설득하는 것은 감성적 설득 전략이다.

㉠, ㉥: 화자의 인성과 됨됨이를 바탕으로 주장에 신뢰를 갖게 하여 설득하는 것은 인성적 설득 전략이다.

13. 오디션 심사 위원의 감성에 호소하는 감성적 설득 전략이 나타나 있다.

14. 연설을 비판적으로 분석하며 듣기 위해서는 연설자의 주장에 적극적으로 공감하는 태도보다는 비판적 거리를 두고 설득 전략을 분석하면서 들어야 한다.

15. 화자는 노예 해방령 이후에 흑인의 인권이 개선되지 않았다고 하였다. 인권을 침해하였다고 하지는 않았다.

16. ㉠의 링컨 대통령의 노예 해방령, ㉣의 미국의 건국 신조 등의 역사적 사실을 근거로 제시하여 흑인도 백인과 동등하게 자유를 누리며 살 권리가 있음을 주장하는 이성적 설득 전략을 사용하였다.

17. 인종 분리 정책, 인종 차별 등 흑인이 처한 현실을 족쇄, 쇠사슬, 추방 등의 부정적 어휘를 사용하여 청중의 분노에 호소하고 있다.

18. 〈보기〉는 연설자 마틴 루서 킹의 삶에 대한 글이다. 킹은 흑인들의 인권을 위해 앞장 선 흑인 인권 운동의 지도자였다. 그는 부당한 현실을 개혁하기 위해 끊임없이 비폭력 저항 운동을 펼치고 노력한 사람이므로 이러한 그의 인성적인 측면이 설득력을 갖게 하고 있다.

논술형 평가 대비하기 306~307쪽

(1) 디지털 치매, 걱정할 일 아니다

1. 글쓴이가 제기한 문제는 많은 사람이 디지털 치매 현상을 디지털 기기 의존으로 인한 인간의 능력 상실로 인식한다는 것이다. 이에 대해 글쓴이는 디지털 치매 현상은 인간 진화의 자연스러운 양상이라고 주장한다. **2.** (나)에는 귀납 논증 방법이 사용되었다. 귀납 논증은 개별적이고 특수한 사실이나 현상에서 일반적인 사실이나 진리를 결론으로 이끌어 내는 논증 방법이다. **3.** 유추의 논증 방법이 사용되었다. 이는 글쓴이가 전달하고자 하는 내용인 독서의 과정이라는 보편적인 원칙보다 생생하고 구체적인 예시를 진술하여 독자가 이해하기 쉽다는 효과가 있다.

(2) 비판적으로 분석하며 듣기

1. 감성적 설득 전략이 사용되었다. 오디션 심사 위원에게 어떤 이유로 자신이 이 오디션에 적합한 인물인지 이야기함으로써 오디션 심사 위원의 감정에 호소하여 설득력을 갖고 있으므로 적절한 설득 전략이다. **2.** 연설자 마틴 루서 킹은 흑인들의 인권을 위해 앞장 선 흑인 인권 운동의 지도자였다. 그는 부당한 현실을 개혁하기 위해 끊임없이 노력한 사

람이므로 이러한 그의 인성적인 측면이 연설의 설득력을 갖게 하고 있다. **3.** 이성적 설득 전략이 나타나 있다. 노예 해방령이라는 역사적 사실을 근거로 제시하여 인종 차별 철폐라는 주장의 타당성을 높이는 효과가 있다.

(1) 디지털 치매, 걱정할 일 아니다

1. 글쓴이는 '디지털 치매' 현상을 부정적으로 생각하는 견해에 문제를 제기하고, 프랑스 철학가의 견해와 현대의 노동 환경을 근거로 하여 '디지털 치매' 현상은 인간 진화의 자연스러운 양상이라고 주장한다.

평가 요소	확인(√)
글쓴이가 제기한 문제를 바르게 서술하였다.	
문제 제기에 대한 글쓴이의 주장을 적절하게 서술하였다.	
맞춤법에 맞게 서술하였다.	

2. (나)에는 기술의 발달에 따른 인간 능력의 상실과 획득이 일어난 구체적 사례들을 먼저 나열한 뒤, 이를 근거로 하여 인간은 상실하는 능력이 있으면 동시에 얻게 되는 능력도 있다는 일반적인 사실을 결론으로 이끌어 내는 귀납 논증이 사용되었다.

평가 요소	확인(√)
(나)에 사용된 논증 방법을 바르게 밝혔다.	
(나)에 사용된 논증 방법의 개념을 적절하게 서술하였다.	
맞춤법에 맞게 서술하였다.	

3. 〈보기〉는 산을 오르는 과정과 독서의 과정이 비슷한 점에 착안하여 유추의 방법으로 주장을 펴고 있다. 이처럼 보편적인 원칙보다 생생하고 구체적인 예시를 진술하면 독자의 이해를 도울 수 있다.

평가 요소	확인(√)
〈보기〉에 사용된 논증 방법을 바르게 밝혔다.	
〈보기〉에 사용된 논증 방법의 효과를 글쓴이가 전달하고자 하는 내용과 관련지어 적절하게 서술하였다.	
맞춤법에 맞게 서술하였다.	

(2) 비판적으로 분석하며 듣기

1. 상대방의 감정에 호소하여 마음을 움직이게 하는 감성적 설득 전략이 사용되었다. 화자는 존재감 없는 평범한 삶을 살아왔지만 이제는 자신을 위한 삶을 살며 삶의 주인공이 되고 싶다고 심사 위원의 감정에 호소하고 있으므로 적절한 설득 전략이다.

평가 요소	확인(√)
설득 전략을 바르게 파악하였다.	
설득 전략이 적절한지 평가하였다.	
맞춤법에 맞게 서술하였다.	

2. 〈보기〉에 따르면 이 연설의 화자인 마틴 루서 킹은 흑인 인권 운동의 지도자로, 흑인들의 인권 보호를 위해 강연과 비폭력 저항 운동을 펼치며 노력하였다. 그는 이러한 공로로 많은 사람의 존경을 받았으며, 노벨 평화상을 수상하기도 하였다. 이 연설과 관련하여 충분한 경험과 전문성을 가지고 있는 화자의 이러한 인성적 측면으로 연설의 설득력은 더욱 높아지는 효과가 있다.

평가 요소	확인(√)
화자가 연설의 설득력을 높이는 데 도움이 된 이유를 화자와 관련지어 바르게 서술하였다.	
맞춤법에 맞게 서술하였다.	

3. (가)에는 논리적이고 이성적인 방법으로 화자의 주장을 뒷받침하는 전략인 이성적 설득 전략이 사용되었다. 화자는 '노예 해방령'이라는 역사적 사실을 근거로 제시하여 자신의 주장이 당위적인 것임을 효과적으로 드러내고 있다.

평가 요소	확인(√)
(가)에 사용된 설득 전략을 바르게 파악하였다.	
설득 전략의 효과를 적절하게 서술하였다.	
맞춤법에 맞게 서술하였다.	